a17-s85 Foto: gw

Jürgen Vogt

Argentinien

arg3-004 Foto: gw

Impressum

Jürgen Vogt
Argentinien

erschienen im
Reise Know-How Verlag Peter Rump GmbH
Osnabrückerstraße 79, 33649 Bielefeld

6., komplett aktualisierte Auflage September 2007

Gestaltung
Umschlag: G. Pawlak, P. Rump (Layout); K. Schmelzer (Realisierung)
Inhalt: G. Pawlak (Layout); K. Schmelzer (Realisierung)
Karten: B. Spachmüller; der Verlag (Atlas)
Fotos: J. Vogt (jv); G. Wessel (gw); Archiv G. Wessel (gwa); K. Därr (kd); Botschaft der Rep. Argentinien (ab); F. Schubert (fs); K. Görgen (kg)
Titelfoto: der Autor

Lektorat: M. Luck
Lektorat (Aktualisierung): Katja Schmelzer

Druck und Bindung: Wilhelm & Adam, Heusenstamm

ISBN 978-3-8317-1613-5
Printed in Germany

Dieses Buch ist erhältlich in jeder Buchhandlung Deutschlands, der Schweiz, Österreichs, Belgiens und der Niederlande.
Bitte informieren Sie Ihren Buchhändler über folgende Bezugsadressen:

Deutschland
Prolit GmbH,
Postfach 9, D-35461 Fernwald (Annerod)
sowie alle Barsortimente
Schweiz
AVA-buch 2000
Postfach, CH-8910 Affoltern
Österreich
Mohr Morawa Buchvertrieb GmbH
Sulzengasse 2, A-1230 Wien
Niederlande, Belgien
Willems Adventure
Postbus 403, NL-3140 AK Maassluis

Wer im Buchhandel trotzdem kein Glück hat, bekommt unsere Bücher auch über unseren **Büchershop im Internet:**
www.reise-know-how.de

Wir freuen uns über Kritik, Kommentare und Verbesserungsvorschläge.

Alle Informationen in diesem Buch sind vom Autor mit größter Sorgfalt gesammelt und vom Lektorat des Verlages gewissenhaft bearbeitet und überprüft worden.

Da inhaltliche und sachliche Fehler nicht ausgeschlossen werden können, erklärt der Verlag, dass alle Angaben im Sinne der Produkthaftung ohne Garantie erfolgen und dass Verlag wie Autor keinerlei Verantwortung und Haftung für inhaltliche und sachliche Fehler übernehmen.

Die Nennung von Firmen und ihren Produkten und ihre Reihenfolge sind als Beispiel ohne Wertung gegenüber anderen anzusehen.
Qualitäts- und Quantitätsangaben sind rein subjektive Einschätzungen des Autors und dienen keinesfalls der Bewerbung von Firmen oder Produkten.

Jürgen Vogt

Argentinien

Reise Know-How im Internet

Aktuelle Reisetipps und Neuigkeiten
Ergänzungen nach Redaktionsschluss
Büchershop und Sonderangebote

www.reise-know-how.de
info@reise-know-how.de

Wir freuen uns über Anregung und Kritik.

Vorwort

Argentinien gehörte lange nicht zu den bekannteren Reiseländern in Südamerika. Ein Grund: Reisen in Argentinien war teuer. Das ist vorbei. Reisen in Argentinien ist heute erschwinglich und die Zahl der Touristen aus Übersee steigt jährlich an. Zu Recht. Es gibt eine Vielzahl unterschiedlichster und spektakulärer Eindrücke. Die Palette reicht von schneebedeckten Andengipfeln im Westen Argentiniens zu den weißen Sandstränden an der Atlantikküste und von wuchtigen Wasserfällen im Norden bis zu den weiten, sturmgepeitschten Ebenen Patagoniens oder Feuerlands.

Argentinien bietet eine Fülle unterschiedlicher Kulturen: Buenos Aires, die Mischung aus Rom, Barcelona und Madrid, dessen kulturelle Wurzeln in Europa liegen, während man im Norden, in den Nordwestprovinzen Argentiniens, indianische Einflüsse und Traditionen noch deutlich spüren kann.

Argentinien ist recht leicht zu bereisen. Es gibt ein dichtes Flugnetz und ein gut ausgebautes Bussystem. Wer mit dem eigenen oder geliehenen Auto unterwegs ist, wird aber mitunter angesichts der Entfernungen stöhnen.

Ein paar Spanischkenntnisse – castellano – sind nützlich, dann werden sich schnell Kontakte ergeben.

Ich wünsche allen Reisenden einen schönen Aufenthalt in Argentinien.

Jürgen Vogt

Hinweise zur Benutzung

Thematisch hat das Buch mehrere Schwerpunkte:

Es beginnt mit **praktischen Tipps** zur Reisevorbereitung und zum Reisen in Argentinien.

Es folgt eine **Länderkunde.** Darin wird die gemeinsame Geschichte der drei La-Plata-Länder Argentinien, Uruguay und Paraguay bis zu ihrer Unabhängigkeit im Kapitel „Geschichte der La-Plata-Staaten" behandelt.

Der Vorstellung von Land und Leuten folgt schließlich der eigentliche **Reiseteil** mit der umfangreichen Darstellung von Reiserouten, Städten und Sehenswürdigkeiten.

Eine abschließende Bemerkung: In Europa wird die Bezeichnung „Indio" oder deutsch „Indianer" verwendet; sich selbst aber bezeichnen die so Genannten als „Indígenas", was spanisch ist und einfach „Einheimischer" heißt. „Indio" hat für die meisten Indígenas eine abwertende Bedeutung. In diesem Buch werden die Begriffe Ureinwohner, Indio, Indianer und Indígena gleichberechtigt und ohne Wertung verwendet.

Exkurse

Inhalt

Cuyo

Córdoba und Mittelargentinien

Patagonien

Feuerland – Tierra del Fuego

Anhang

Kartenatlas

Kartenverzeichnis

arg3-012 Foto: gw

Praktische Reisetipps A–Z

a58-302 Foto: gw

img290 Foto: ab

Buenos Aires: Entspannung in der Großstadt

Brücke aus der Kolonialzeit bei Mendoza

Badespaß am Atlantik

Anreise

Argentinien ist über den Landweg, per Flugzeug und per Schiff zu erreichen. Der größte Verkehrsknotenpunkt ist Buenos Aires, die meisten Urlauber reisen auch über die argentinische Hauptstadt ein.

Mit dem Flugzeug

Der internationale Flughafen der Landeshauptstadt **Buenos Aires, Ezeiza,** wird von zahlreichen Airlines aus Europa angeflogen.

Die **Direktverbindungen** aus dem deutschsprachigen Raum nach Argentinien bestehen nur mit Lufthansa von Frankfurt nach Buenos Aires (über São Paulo).

Daneben gibt es interessante **Umsteigeverbindungen** mit *Air France* (über Paris), *Alitalia* (über Mailand oder Rom), *British Airways* (über London), *Iberia* (über Madrid) und *Varig* (über Rio de Janeiro oder São Paulo). Diese können zwar billiger sein als die Nonstop-Flüge mit Lufthansa, aber man muss hier auch eine längere Flugdauer einkalkulieren.

Die Dauer eines Nonstop-Fluges von Frankfurt nach Buenos Aires liegt **bei knapp 14 Stunden,** mit Zwischenlandung oder Umsteigen bei etwa 2–3 Stunden mehr.

Flugpreise

Je nach Fluggesellschaft, Jahreszeit und Aufenthaltsdauer in Argentinien bekommt man ein Economy-Ticket von Deutschland, Österreich und der Schweiz hin und zurück nach Buenos Aires **ab 850 Euro** (inkl. aller Steuern, Gebühren und Entgelte). Am teuersten sind Flüge in der **Hochsaison** (in den Sommerferien in Europa sowie über Weihnachten und Neujahr), in der die Preise für einen Hin- und Rückflug auf über 1000 Euro steigen können.

Preiswertere Flüge sind mit **Jugend- und Studententickets** (je nach Airline alle jungen Leute bis 29 Jahre und Studenten bis 34 Jahre) möglich. Außerhalb der Hauptsaison gibt es einen Hin- und Rückflug von Frankfurt nach Buenos Aires ab etwa 800 Euro.

Von Zeit zu Zeit offerieren die Fluggesellschaften **befristete Sonderangebote.** Dann kann man z.B. mit *Iberia* für etwas unter 800 Euro von vielen Flughäfen in Deutschland, Österreich und der Schweiz über Madrid nach Buenos Aires und zurück fliegen. Diese Tickets haben in der Regel eine befristete Gültigkeitsdauer und eignen sich nicht für Langzeitreisende. Ob für die gewünschte Reisezeit gerade Sonderangebote für Flüge nach Argentinien auf dem Markt sind, lässt sich im Internet der Website von *Jet-Travel* (www.jet-travel.de) unter „Flüge" entnehmen, wo sie als **Schnäppchenflüge** nach Südamerika mit aufgeführt sind.

In Deutschland gibt es von Frankfurt aus die häufigsten Verbindungen nach Buenos Aires. Tickets für Flüge von und nach anderen deutschen Flughäfen sind oft teurer. Da kann es für Deutsche attraktiver sein, mit einem **Rail-and-Fly-Ticket** per Bahn nach Frankfurt zu reisen (entweder bereits im Flugpreis enthalten oder nur 30 bis 60 € extra). Man kann je nach Fluglinie auch einen preiswerten **Zubringerflug** der gleichen Airline von einem kleineren Flughafen in Deutschland buchen. Außerdem gibt es **Fly & Drive-Angebote,** wobei eine Fahrt vom und zum Flughafen mit einem Mietwagen im Ticketpreis inbegriffen ist.

Indirekt sparen kann man auch als **Vielflieger,** indem man Mitglied bei einem Vielflieger-Programm wird. *British Airways, Iberia* und *LAN Argentina* gehören www.oneworld.com an, *Air France* und *Alitalia* sind Partner bei www.skyteam.com, während *Lufthansa* im Verbund www.star-alliance.com ist. Die Mitgliedschaft ist kostenlos und mit den gesammelten Meilen von Flügen bei Fluggesellschaften innerhalb eines Verbundes reichen die gesammelten Flugmeilen dann vielleicht schon für einen Freiflug bei einem der Partnergesellschaften beim nächsten Flugurlaub. Bei Einlösung eines Gratisfluges ist langfristige Vorausplanung nötig.

- Bei internationalen Flügen von Buenos Aires wird eine **Flughafengebühr** von 18 US-$ fällig.

Buchtipps:
- Erich Witschi
Clever buchen – besser fliegen
- Frank Littek
Fliegen ohne Angst
(beide Bände Reise Know-How Praxis)

Buchung

Folgende **zuverlässigen Reisebüros** haben meistens günstigere Preise als viele andere:

- **Jet-Travel,** Buchholzstr. 35, D-53127 Bonn, Tel. 0228-284315, Fax 284086, info@jet-travel.de, www.jet-travel.de. Auch für Jugend- und Studententickets. Sonderangebote auf der Website unter „Schnäppchenflüge".
- **Globetrotter Travel Service,** Löwenstr. 61, CH-8023 Zürich, Tel. 01-2286666, zh-loewenstrasse@globetrotter.ch, www.globetrotter.ch. Weitere Filialen siehe Website.

Die vergünstigten Spezialtarife und befristeten Sonderangebote kann man nur bei wenigen Fluggesellschaften in ihren Büros oder direkt auf ihren Websites buchen; diese sind jedoch immer auch bei den oben genannten Reisebüros erhältlich.

Airpässe für Inlandsflüge in Argentinien

Ausländische Besucher in Argentinien können für mindestens drei Inlandsflüge in diesem Land die vergünstigten Airpässe von *Aerolineas Argentinas* und *LAN* in Anspruch nehmen (buchbar nur vor Ankunft in Argentinien!). Für die Airpässe gelten unterschiedliche Preise, und zwar abhängig davon, ob man mit *Aerolineas Argentinas* bzw. *LAN* auch von Europa nach Argentinien und wieder zurück oder mit einer anderen Fluggesellschaft fliegt. Die Preise sind außerdem streckenabhängig und betragen beispielsweise für Flüge mit *Aerolineas Argentinas* in Verbindung mit einem Interkontinentalflug der gleichen Airline von Buenos Aires nach Rosario 62 US-$ und von El Calafate nach Ushuaia 129 US-$ (zuzüglich Steuern, Gebühren und Entgelte).

Ein Airpass ist jedoch kein „Gutscheinheft", aus dem man einen herausreißt, wenn man fliegen möchte. Auch mit den Airpässen müssen Strecken und Daten fest gebucht werden. Danach sind Streckenänderungen

Mini „Flug-Know-how"

Check-in

Nicht vergessen: Ohne einen **gültigen Reisepass bzw. Personalausweis** (nur EU- und EFTA-Staatsbürger) kommt man nicht an Bord.

Das Gepäck

In der Economy-Class darf man in der Regel nur **Gepäck bis zu 20 kg pro Person** einchecken (Ausnahme z.B. *Ryan Air* mit nur 15 kg) und zusätzlich ein Handgepäck von 7 kg in die Kabine mitnehmen, welches eine Größe von 55 x 40 x 23 cm nicht überschreiten darf. In der Business Class sind es meistens 30 kg pro Person und zwei Handgepäckstücke, die insgesamt nicht mehr als 12 kg wiegen dürfen. Man sollte sich beim Kauf des Tickets über die Bestimmungen der Airline informieren.

Seit November 2006 dürfen Fluggäste **Flüssigkeiten** oder Gegenstände in ähnlicher Konsistenz (z.B. Getränke, Gels, Sprays, Shampoos usw.) nur noch in der Höchstmenge von 0,1 Liter als Handgepäck mit ins Flugzeug nehmen. Sie müssen in einem durchsichtigen, wiederverschließbaren Plastikbeutel transportiert werden, der maximal einen Liter Fassungsvermögen hat. Nähere Informationen unter www.auswaertiges-amt.de.

Aus Sicherheitsgründen dürfen **Taschenmesser, Nagelfeilen, Nagelscheren,** sonstige Scheren und Ähnliches nicht mehr im Handgepäck untergebracht werden. Diese sollte man unbedingt im aufzugebenden Gepäck verstauen, sonst werden diese Gegenstände bei der Sicherheitskontrolle einfach weggeworfen. Darüber hinaus gilt, dass Feuerwerke, leicht entzündliche Gase (in Sprühdosen, Campinggas), entflammbare Stoffe (in Benzinfeuerzeugen, Feuerzeugfüllung) etc. nichts im Passagiergepäck zu suchen haben.

gar nicht mehr möglich und Datumsänderungen nur gegen Gebühr.

Die Airpässe kann man in Verbindung mit einem internationalen Flug nach Argentinien z.B. bei *Jet-Travel* (s.o.) buchen.

Eine Anmerkung für Umweltbewusste

Am Himmel herrscht Hochbetrieb – und das hat negative Folgen für das Klima. Dem maßgeblichen Bericht der internationalen Klimaforscher von 1999 zufolge betrug der Anteil des Flugverkehrs am Menschen gemachten Treibhauseffekt 1992 etwa 3,5%. Aktuelle Schätzungen gehen von einer höheren Wirksamkeit der Emissionen aus. Danach könnte der Flugverkehr heute bis etwa 10% zur globalen Erwärmung beitragen.

Wer nach Buenos Aires will, kann theoretisch auch mit dem Schiff fahren. Doch tatsächlich existiert diese Möglichkeit für fast niemanden, schon aus Zeitgründen. Die Alternativen heißen deshalb: zu Hause bleiben, ein anderes Reiseziel wählen oder fliegen.

Für Menschen, denen die Folgen ihres Fliegens nicht egal sind, gibt es jetzt ein Angebot: **„Atmosfair".** Mithilfe eines Emissionsrechners rechnet „atmosfair" aus, wie viel Klimagase die Reise verursacht und gleichzeitig, wie viel Geld nötig ist, um diese Menge an Emissionen durch Maßnahmen in Entwicklungsländern einzusparen. Ziel ist es, die gleiche Menge klimaschädlicher Gase an anderer Stelle zu vermeiden, die eine vergleichbare Klimawirkung haben wie die Emissionen aus dem Flugzeug. Dafür benötigt man Geld.

Ein Flug von Frankfurt nach Buenos Aires verursacht laut Emissionsrechner Abgase mit einer Klimawirkung von insgesamt etwa 8340 kg CO_2. Diese Menge CO_2 lässt sich bei „atmosfair" durch ein Klimaschutzprojekt für 169 Euro einsparen.

„Atmosfair" ist ein Forschungsprojekt, das vom Bundesumweltministerium und der Umweltorganisation „Germanwatch" initiiert und vom Ministerium gefördert wird. Es soll zukünftig eine eigenständige gemeinnützige Non-Profit-Organisation werden, denn nur so lässt sich garantieren, dass mit den atmosfair-Geldern so viel wie möglich für den Klimaschutz getan wird. Mindestens 60% der Einnahmen fließen bislang in Klimaschutzprojekte, weitere 5% in einen Klimaschutz-Fonds der Vereinten Nationen und bis zu weitere 5% in lokale Umweltprojekte in Entwicklungsländern. Mehr Informationen zu der Initiative und auch zum konkreten Handeln unter **www.atmosfair.de.**

Last-Minute

Wer sich erst im letzten Augenblick für eine Reise nach Argentinien entscheidet oder gern pokert, kann Ausschau nach Last-Minute-Flügen halten, die von einigen Airlines mit deutlicher Ermäßigung **ab etwa 14 Tage vor Abflug** angeboten werden, wenn noch Plätze zu füllen sind. Diese Last-Minute-Flüge lassen sich nur bei Spezialisten buchen:

- **L'Tur,** www.ltur.com, (D)-Tel. 01805 212121 (0,12 €/Min.), (A)-Tel. 0820 600800 (0,12 €/Min.), (CH)-Tel. 0848 808088 (0,12 SFr./Min.); 140 Niederlassungen europaweit.
- **Lastminute.com,** www.de.lastminute.com, (D)-Tel. 01805 777257 (0,12 €/Min.).
- **5 vor Flug,** www.5vorflug.de, (D)-Tel. 018 05 105105 (0,12 €/Min.).
- **www.restplatzboerse.at,** Schnäppchenflüge für Leser in Österreich.

Auf dem Landweg

Für Reisende, die länger in Südamerika unterwegs sind, bestehen mehrere Möglichkeiten, auf dem Landweg nach Argentinien einzureisen.

Chile hat eine lange Grenze zu Argentinien. Beliebte Übergänge sind im chilenischen Patagonien oder auch auf Feuerland. In Zentralchile führt die beste Überfahrt am Gipfel des Aconcagua vorbei von Santiago de Chile nach Mendoza. Im Norden ist die Route von Calama über San Pedro de Atacama nach Jujuy mittlerweile sehr beliebt. Sie wird zwar nur von wenigen Bussen befahren, aber von San Pedro kommt man leicht per Autostopp über den Paso de Jama nach Argentinien.

Die beste Möglichkeit, von **Bolivien** nach Argentinien einzureisen, führt über La Quiaca.

Reisende von **Brasilien** überqueren die argentinische Grenze beim brasilianischen Foz de Iguaçu.

Mit dem Frachtschiff

Eine Schiffsreise von Europa aus ist die **langsamste und teuerste,** für viele aber auch schönste **Möglichkeit,** nach Buenos Aires zu gelangen. Die Fahrten dauern 19 bis 35 Tage. Alle Schiffe machen in europäischen und brasilianischen Häfen Station.

Von Hamburg kostet die Schiffspassage für die einfache Fahrt nach Buenos Aires 1750 bis 2500 Euro, je nach Kabinenklasse. Ähnlich sind die Preise für die Schiffe, die ab Genua oder Valencia fahren.

Buchbar sind diese Reisen über die Hamburg Süd Reiseagentur GmbH, Willy-Brandt-Str. 59–61, 20457 Hamburg, Tel. (040) 3705157, Fax (040) 37659380, frachtschiff@hamburgsued reiseagentur.de, www.hamburgsued frachtschiffreisen.de.

Ausrüstung

Wer in Argentinien die Möglichkeit hat, sein Gepäck zu deponieren, oder wer im Rahmen einer organisierten Reise unterwegs ist, braucht sich kaum Gedanken um seine Ausrüstung zu machen. Er nimmt einfach alles mit und beachtet nur die **Obergrenze von 20 kg,** die **fast alle Fluglinien** für das Gepäck angeben.

Schwieriger wird es für Individualreisende, die ihr gesamtes Gepäck immer mitnehmen müssen. Was ist wirklich nötig? Das hängt davon ab, was man machen und wohin man fahren will. Plant man etwa einen Badeurlaub an den Stränden am Atlantik, braucht man außer Badezeug im Sommer mitunter auch wärmere Kleidung. Ist man weiter im argentinischen Süden, so ist ein Pullover auch im Sommer unabdingbar. Hat man noch formelle Kontakte zu Behörden oder will man in Buenos Aires das Teatro Colón besuchen, empfiehlt sich auch die Mitnahme schickerer Kleidung, um nicht unangenehm als „Gringo" aufzufallen. Glücklicherweise kann man in Argentinien überall nahezu alles kaufen, nur Reisende mit besonders großen Füßen können auf Märkten mitunter Probleme haben, die passende Schuhgröße zu finden.

In den Sommermonaten empfiehlt sich die Mitnahme von leichter, luftiger Kleidung, am besten aus Naturfasern wie Baumwolle und Leinen. Unbedingt erforderlich sind auch ein Hut oder anderer Sonnenschutz, an den Abenden benötigt man häufig eine

Ausrüstungsliste

Die folgende Liste enthält das Wichtigste für Reisende, die sich in Argentinien für ein paar Wochen aufhalten wollen, ohne ihre Ausrüstung ständig durch Neukäufe ergänzen zu müssen. Wer campen will, sollte zusätzlich noch beim Stichwort „Camping" (im Kapitel „Unterkunft") nachschauen.

Mit den Gegenständen dieser Liste lassen sich auch keine komplizierten Bergtouren machen, diese erfordern ganz andere Ausrüstungen. Man sollte sich dafür speziell informieren, z.B. beim „Deutschen Alpenverein" (Zentrale: Von-Kahr-Str. 2–4, 80997 München, Tel. (089) 14003-0, www.alpenverein.de).

- Rucksack und Tagesrucksack
- wasser- und windabweisende, am besten nicht gefütterte Jacke
- lange Hosen und Shorts
- Hemden und T-Shirts
- ein leichter, evtl. ein warmer Pullover
- Trekkingschuhe, evtl. auch Sportschuhe
- Badehose/-anzug/Bikini
- Badeschuhe/-latschen
- Unterwäsche
- Strümpfe/Wandersocken
- Kopfbedeckung als Sonnenschutz
- Sonnencreme mit hohem UV-Filter
- Sonnenbrille

Zusätzlich nützlich sind:

- Geldgürtel oder Bauchgurt-Tasche
- Taschenlampe
- Taschenmesser (mit Zusatzfunktionen)
- kleines Vorhängeschloss
- unzerbrechliche Wasserflasche
- Reisewecker
- Klappspiegel
- Handwaschmittel (Tube)
- Nähzeug
- Feuerzeug und Kerze
- Tagebuch, Schreibzeug
- Kopien von Ausweispapieren und Flugticket
- einige Passfotos

Jacke oder einen Pullover. Im Süden Patagoniens und auf Feuerland sollte man auch im Hochsommer immer einen Pullover oder eine dickere wind- und regenfeste Jacke dabeihaben.

Das beste Gepäckstück für Individualreisende ist der **Rucksack,** auch weil es in Argentinien keine Vorbehalte gegen Rucksacktouristen gibt. Was gehört nun da rein? Wer mit wenig Geld reist, der sollte einen **Schlafsack** einpacken. Zwar gibt es auch in den billigen Hotels und Pensionen saubere Bettwäsche, aber in den Jugendherbergen ist ein Schlafsack oft nötig und macht den Aufenthalt billiger. Wer campt, hat sowieso einen dabei. Wie dick der Schlafsack sein sollte, hängt davon ab, ob man campen will. In den Jugendherbergen reicht ein ganz dünner, dort finden sich immer dickere Decken. Im Zelt braucht man, außer im Sommer in den nördlichen Landesteilen, schon etwas Wärmeres. In den Bergen und im Süden Patagoniens kann es selbst im Hochsommer nachts sehr kalt werden, in den anderen Jahreszeiten erst recht.

In jeder Stadt gibt es *lavanderías* (Wäschereien), wo man seine **Wäsche** abgibt und diese fünf bis 25 Stunden später getrocknet und gefaltet zurückbekommt (pro Maschine Wäsche 3–5 US-$).

Buchtipp:
- Rainer Höh
Wildnis-Ausrüstung
(REISE KNOW-HOW Praxis)

Dokumente, Ein- und Ausreisebestimmungen

Reisedokumente

Die Einreise nach Argentinien ist für Deutsche, Schweizer und Österreicher unproblematisch. Sie brauchen lediglich einen **Reisepass,** der noch mindestens drei Monate gültig sein sollte. Ein Visum wird nicht benötigt.

Bei der Einreise erhält man meist – jedenfalls bei der Einreise über den Internationalen Flughafen von Buenos Aires, Ezeiza, bei der über Land nicht unbedingt – eine **Touristenkarte,** die bei der Ausreise wieder abgegeben werden sollte. Gleichzeitig wird der Einreisestempel in den Pass gedrückt, auf dem vermerkt wird, wie lange, in der Regel drei Monate, der Aufenthalt maximal dauern darf.

Für Deutsche, Österreicher und Schweizer ist es auch problemlos möglich, diese Aufenthaltsdauer um weitere drei Monate bei der **Einwanderungsbehörde** („Migraciónes", in Buenos Aires in der Av. Antártida Argentina 1355, Tel. 43170237/8, oder in allen Provinzhauptstädten) verlängern zu lassen. Einfacher dürfte es aber sein, das Land für einige Tage in Richtung Paraguay, Uruguay, Chile, Brasilien oder Bolivien zu verlassen, um dann bei der erneuten Einreise wieder einen drei Monate langen Aufenthalt genehmigt zu bekommen.

Minderjährige (nach der Definition des Herkunftslandes) benötigen zur

Alleineinreise eine Reiseerlaubnis, die von den Erziehungsberechtigten unterzeichnet und von einem argentinischen Konsulat beglaubigt sein muss.

In Deutschland, Österreich oder der Schweiz lebende Staatsbürger von Nicht-EU-Staaten sollten sich bei der entsprechenden argentinischen **Botschaft** erkundigen, ob sie ein Visum benötigen:

- **Deutschland:** Kleiststr. 23–26, 10787 Berlin, Tel. (030) 2266890, Fax 2291400, www.argentinische-botschaft.de.
- **Österreich:** Goldschmiedgasse 2/1, 1010 Wien, Tel. (01) 5338577, Fax 5338797.
- **Schweiz:** Jungfraustr. 1, 3005 Bern, Tel. (031) 3564343, Fax 3564340, www.embargentina-suiza.org.

Man sollte **von den wichtigsten Ausweispapieren** eine **Fotokopie** machen, die man an sicheren Orten hinterlegt. Theoretisch muss man seinen Pass immer mit sich führen, wer aber noch einen Personalausweis dabei hat, sollte besser den Pass sicher deponieren und den Ausweis bei kurzen Touren in die Stadt mitnehmen. Bei längeren Exkursionen im Land muss man den Pass allerdings eingesteckt haben. Bei Verlust erhält man einen neuen Pass bei seiner zuständigen Botschaft.

Ganz wichtig ist, dass man sich bei jeder Einreise nach Argentinien einen neuen **Einreisestempel** geben lässt. Denn im Norden, so z.B. an der Grenze bei Iguazú und auch an den dortigen Grenzen zu Chile, ist es mitunter möglich einzureisen, ohne die „Migración“ zu passieren. Dann fehlt der Stempelabdruck im Pass, was bei der Ausreise teuer werden kann.

Zollvorschriften

Die Einfuhr von so genannten Gegenständen des persönlichen Bedarfs wie Kleidung, Schuhen, Wäsche und Toilettenartikeln ist zollfrei. Dazu zählt auch die Einfuhr von einem Fotoapparat mit Filmen, der Videokamera, einem tragbaren Fernseh- oder auch Tonbandgerät, Walkman, Radio, Fernglas sowie Sportgeräten. Diese Gegenstände müssen bei der Ausreise auch wieder mitgeführt werden. Hinzu kommen für Touristen aus Nicht-Nachbarländern bis zu 400 Zigaretten oder 50 Zigarren, 2 l alkoholische Getränke, 5 kg Lebensmittel sowie 10 ml Parfüm oder Duftwasser. Bei der Ausreise nach Chile dürfen keine Lebensmittel, insbesondere kein Obst und Gemüse mit über die Grenze genommen werden. Für die Einfuhr von Jagdwaffen bedarf es einer Genehmigung. Auskunft erteilen die Konsulate.

PKWs, Wohnmobile und Motorräder können mit dem „Carnet de Passage en Douanes“ nach Argentinien eingeführt werden. Dieses Carnet ist bei den Automobilclubs wie beispielsweise dem ADAC, ÖAMTC oder TCS erhältlich (siehe auch „Reisen in Argentinien“, „Mit dem eigenen Auto“).

Andere Dokumente

Zur Miete eines Leihwagens benötigt man einen **Internationalen Führerschein,** obwohl mitunter auch der nationale ausreicht. Am besten nimmt man sicherheitshalber beide mit.

Der **Internationale Studentenausweis** (ISIC), Lehrerausweis (ITIC) oder Schülerausweis (IYTC) helfen ebenfalls. Es gibt zahlreiche Vergünstigungen bei Eintrittskarten für Museen und Konzerte (fragen!), aber auch bei Busgesellschaften (fragen!) oder sogar Hotels. In den praktischen Hinweisen bei den einzelnen Orten sind einige Hotels aufgeführt.

- **ISIC/ITIC/IYTC,** zum Kauf (10 Euro bzw. 20 SFr) geht man zum AStA, in ein Reisebüro oder zum Studentenwerk und muss Immatrikulationsbescheinigung bzw. Schüler- oder Lehrerausweis, Personalausweis und Passbild vorlegen. Den nächsten Verkaufspunkt findet man unter www.isic.org oder www.isic.de.

Ebenso günstig ist der **Internationale Jugendherbergsausweis.** Hiermit werden Übernachtungen in den wenigen Jugendherbergen in Argentinien billiger (s.a. „Unterkunft" unter dem Punkt „Jugendherbergen"), sonst muss man eine Tagesmitgliedschaft erwerben. Den Jugendherbergsausweis kann man auch als Familie beantragen!

- **Deutsches Jugendherbergswerk,** Bismarckstr. 8, 32756 Detmold, Tel. 05231-74010, www.jugendherberge.de, 12–20 Euro.
- **Österreichischer Jugendherbergsverband,** Schottenring 28, 1010 Wien, Tel. 01-53353530, www.oejhv.or.at, 10–20 Euro.
- **Schweizer Jugendherbergen,** Schaffhauserstr. 14, 8042 Zürich, Tel. 044-3601414, www.youthhostel.ch, 22–55 SFr.

Zollvorschriften bei Rückeinreise nach Europa

Bei der Rückreise gibt es auch auf europäischer Seite **Freigrenzen, Verbote und Einschränkungen,** die man beachten sollte, um böse Überraschungen am Zoll zu vermeiden. Folgende **Freimengen** darf man zollfrei einführen:

- **Tabakwaren** (über 17-Jährige in EU-Länder und in die Schweiz): 200 Zigaretten oder 100 Zigarillos oder 50 Zigarren oder 250 g Tabak.
- **Alkohol** (über 17-Jährige in EU-Länder): 1 l über 22% Vol. oder 2 l bis 22% Vol., zusätzlich 2 l nicht-schäumende Weine; in die Schweiz: 2 l (bis 15% Vol.) und 1 l (über 15% Vol.).
- **Andere Waren für den persönlichen Gebrauch** (über 15-Jährige): nach Deutschland 500 g Kaffee, nach Österreich zusätzlich 100 g Tee; ohne Altersbeschränkung: 50 g Parfum und 0,25 l Eau de Toilette sowie Waren bis zu 175 Euro; in die Schweiz Waren bis zu einem Gesamtwert von 300 SFr. p.P.

Wird der Warenwert von 175 Euro bzw. 300 SFr überschritten, sind **Einfuhrabgaben** auf den Gesamtwert der Ware zu zahlen und nicht nur auf den die Freigrenze übersteigenden Anteil. Die Berechnung erfolgt entweder pauschal oder nach dem Zolltarif jeder einzelnen Ware zzgl. sonstiger Steuern.

Einfuhrbeschränkungen bestehen z.B. für Tiere, Pflanzen, Arzneimittel, Betäubungsmittel, Feuerwerkskörper, Lebensmittel, Raubkopien, verfassungswidrige Schriften, Pornografie, Waffen und Munition; in Österreich auch für Rohgold und in der Schweiz auch für CB-Funkgeräte. **Nähere Informationen** gibt es bei:

- **Deutschland:** www.zoll.de oder beim Zoll-Infocenter, Tel. 069-469976-00.
- **Österreich:** www.bmf.gv.at oder beim Zollamt Villach, Tel. 04242-33233.
- **Schweiz:** www.zoll.admin.ch oder bei der Zollkreisdirektion in Basel, Tel. 061-2871111.

Hinweis: Da sich die **Einreisebedingungen kurzfristig ändern** können, raten wir, sich kurz vor der Abreise beim Auswärtigen Amt (www.auswaertiges-amt.de bzw. www.bmaa.gv.at oder www.dfae.sdmin.ch) oder der jeweiligen Botschaft zu informieren.

Essen und Trinken

Essen

Schon auf der Speisekarte Argentiniens zeigt sich, dass das Land immer Einwanderland war. Vieles kommt einem aus Europa bekannt vor, beispielsweise aus der **Küche Italiens, Spaniens, aber auch Deutschlands, Österreichs oder Polens und Frankreichs.** Vorherrschend ist der italienische Einfluss, allerdings in typisch argentinischer Abwandlung.

Das **Frühstück** stammt eindeutig aus Südeuropa. Es ist weniger als spärlich, viele nehmen nur einen ungesüßten Kaffee. Argentinier, die reichlich frühstücken wollen, bestellen verwegen einen *café con leche* (Milchkaffee) und dazu *medialunas* (Halbmonde), kleine, krosse Hörnchen, die meist sehr süß sind – ein Alptraum für den Zahnarzt, aber ein Traum zum Frühstück. Sonst gibt es häufig einfach nur ein bisschen Brot mit Marmelade.

Das **Mittagessen** ist meistens eine größere Mahlzeit, es sei denn, dass die Zeit zum Essen fehlt. Es besteht aus einem warmen Hauptgericht, eventuell mit Vorspeise und Nachtisch, aber immer mit Kaffee hinterher. Es wird zwischen 12 und 15 Uhr eingenommen. Am Nachmittag gibt es dann noch eine Art Tee- oder Kaffeestunde, eventuell mit Sandwiches statt Kuchen. Beliebt ist auch eine **Picada,** bei der man gegen 19 Uhr einen Teller mit kleinen Happen, von Salami- über Paprikastückchen bis zu Erdnüssen gemeinsam mit einem Glas Bier zu sich nimmt. Das **Abendessen** ist die zweite warme Mahlzeit: Sie besteht aus drei Gängen mit anschließendem Kaffee. Das ist das Maximalprogramm, das Minimalprogramm bei armen Familien beschränkt sich auf eine kleine Mahlzeit täglich.

Argentinien ist für **Rindfleisch** zu Recht weltberühmt. Rindfleisch in allen Variationen beherrscht die Speisenfolge, für die meisten Argentinier ist es undenkbar, nicht täglich Fleisch zu essen. Das größte Stück ist das **Asado.** Es ist mehr als nur ein gegrilltes Stück Fleisch – es ist ein Ritual, das am Wochenende von den meisten Familien praktiziert wird. Ein typisches Asado beginnt bereits am Vormittag. Der Grill wird vorbereitet, es wird diskutiert, wie gegrillt wird; denn die Argentinier sind natürlich alle Weltmeister der Grillkunst, und jeder hat sein Spezialrezept. Überflüssig zu sagen, dass ein Asado selbstverständlich Männersache ist. Gegrillt wird nicht wie in Europa auf Holzkohle, stattdessen wird hartes Holz verbrannt, die dabei entstandene Glut unter einen Rost gezogen, und darauf wird gegrillt. Ein Asado besteht aus einer bestimmten Folge von verschiedenen Würsten und Fleischstücken, das Essen dauert mindestens drei Stunden, und die Kunst des Asadors besteht darin, das richtige Stück Fleisch oder Wurst zum richtigen Zeitpunkt richtig gegart zu haben.

Zum Fleisch reicht man Brot und eventuell ein wenig Salat, getrunken wird Rotwein, und unter mindestens 500 g Fleisch steht am Ende kein Teilnehmer vom Tisch auf. Bei einem **typi-**

a4-34 Foto: gw

schen Asado werden u.a. serviert: *chorizos* (gewürzte Bratwürste), *morcilla* (Blutwurst), *mollejas* (Bries), *chinchulines* (Därme nur mit Milch genährter Rinder), *riñones* (Niere), nach den Innereien folgen dann verschiedene Stücke Rindfleisch wie *Asado de Tira* (Rippchen), *Pulpa* (Rindfleisch ohne Knochen), *Lomo* (Filetsteak) und *Bife de Chorizo* (Rumpsteak). Beim Rindfleisch treffen die deutschen Bezeichnungen nur in etwa zu, denn Fleisch wird in Argentinien anders geschnitten.

Will man ein asado in einem Restaurant genießen, sollte man in eine **parrillada** (Grillrestaurant) gehen. Natürlich kann man dort auch nur Teile eines *asados* bestellen.

Andere beliebte Fleischgerichte sind die unvermeidlichen *hamburguesas* (Hamburger) in sehr unterschiedlicher Qualität und die *milanesas,* panierte Schnitzel meist aus Rindfleisch, oft aber auch aus Geflügel. Snacks sind belegte Brötchen mit Bratwurst *(choripan)* oder Brühwürste *(panchos).*

Eine argentinische Spezialität ist der *puchero,* ein Eintopf, der in der Regel Kartoffeln, Möhren, Süßkartoffeln, Kürbis, Maiskolben, Porree, Petersilie sowie verschiedene Fleischsorten enhält. Er wird ohne Brühe serviert.

In Argentinien wird selbst an der Küste **wenig Fisch** gegessen, eher mal im Binnenland, in den Provinzen, die im Zweistromland zwischen Río Uruguay und Río Paraná liegen.

Metzgerstand in der Markthalle von Salta

Wegen der vielen italienischen Einwanderer hat sich Argentinien zu einem echten **Nudel- und Pizzaland** entwickelt. Manche Argentinier behaupten, dass es in ihrem Land die besten Teigwaren der Welt gäbe. Ob das stimmt, sei dahingestellt, aber die Ravioli, Canneloni und Gnocchi (dort *ñoqui)* am Río de la Plata würden auch italienischen Feinschmeckern munden. Ñoquis sind das traditionelle Gericht zum Monatsende. Wahrscheinlich gab es sie früher an den letzten Tagen des Monats, wenn das Geld nicht mehr ausreichte, ein Fleischstück für die Familie zu kaufen. Ñoquis werden aber auch manche „empleados públicos" (öffentliche Bedienstete, Staatsangestellte) genannt, weil man ihnen vorwirft, dass sie eh nur am 29. des Monats ihr Büro aufsuchen würden, um ihren Gehaltsscheck abzuholen. Die Pizza ist in Argentinien meistens wundervoll. Den italienischen Einwanderern verdankt man auch das gute Eis *(helado),* das in den Eisdielen *(heladerías)* verkauft wird.

Im **Nordwesten Argentiniens** gibt es einige besondere Spezialitäten. Daher kommen die *Empanadas,* Teigtaschen, die mit Fleisch, Mais, Huhn oder auch Tunfisch gefüllt werden. Die besten gibt es, sagt man, in Salta. *Locro* ist ebenfalls eine Spezialität des Nordens. Es wird aus Mais, Rindfleisch, Kartoffeln, Kürbis und Süßkartoffeln gekocht und mit einer scharfen Soße gewürzt. Im Süden Argentiniens wird man vergeblich *humitas* auf der Speisekarte suchen. Sie bestehen aus Mais, Paprikaschoten, Schalotten, Eiern und Käse und werden in einem Maisblatt zum Paket zusammengeschnürt serviert. Man kann sie im Nordwesten auch auf Märkten kalt kaufen und später einfach im Topf erneut erhitzen.

Wer **süße Nachtische** liebt, kommt in Argentinien auf seine Kosten. Es gibt hervorragendes Gebäck *(facturas),* die überall beliebten *alfajores,* mit Karamel gefüllte und mit Schokolade überzogene Kekse, aber die Hauptsüßigkeit am Río de la Plata ist *dulce de leche.* Milch, Zucker und Vanilleschote werden eingekocht bis eine braune, klebrige, sehr süße Creme entsteht. Man kann sie pur löffeln, aufs Brot schmieren, als Beilage zu anderen Nachtischen reichen, sie wird auch in Teilchen gefüllt. Andere Nachtische sind *Chaja,* ein kugelförmiger Kuchen, der mit Sahne und Marmelade gefüllt ist, *Massini* (Sahnetörtchen), Zitronentörtchen, Eisschnee oder andere Süßigkeiten. Beliebt sind in Argentinien auch *Queso con dulce,* eine dicke Scheibe Käse, auf der eine ebenso dicke Schicht Quitten-, Süßkartoffel- oder Kürbismarmelade liegt, sowie *Flan con dulce de leche,* wie hier die „Creme caramel" genannt wird.

Trinken

Getrunken werden meistens Wasser, die üblichen internationalen Soft-Drinks, Bier und Wein, aber auch große Mengen Kaffee und Mate (siehe Exkurs).

Argentinien hat seine eigenen **Biermarken.** Die bekannteste ist *Quilmes.*

Eine „cerveza" ist eine Flasche Bier, ein gezapftes heißt „chopp".

Das Alltagsgetränk ist allerdings **Kaffee** und zwar in seiner italienischen Form. Nicht nur Pasta, Pizza und Eiskrem verdanken die Argentinier ihren italienischen Ahnen, sondern auch die hochglanzpolierten Espressomaschinen in jeder Bar.

Der **argentinische Wein** ist exzellent, schließlich ist das Land der fünftgrößte Weinproduzent der Welt, und inzwischen gelangen auch mehr und mehr argentinische Spitzenprodukte nach Europa. Hauptanbaugebiet ist die Provinz Mendoza, gefolgt von der Provinz San Juan, dann La Rioja, Salta, Catamarca, Río Negro und Neuquén. Die meisten Weine sind vollmundige Rotweine. Sie sind wie die weißen Spitzenweine trocken.

a6-40 Foto: kd

Estanzias

„In diesem schönen südlichen Lande hat das Landleben eine Entwickelung genommen, welche den Nordamerikaner überrascht. Ein bedeutender Teil des Landes ist in ungeheure Estancias abgeteilt, deren Eigentümer der Mehrzahl nach reiche Argentinier sind, die im Winter in Buenos Aires und im Sommer auf dem Lande leben. Einige dieser Estancias haben einen Flächeninhalt von bis zu 300 englischen Quadratmeilen, solche von 20 bis 40 Meilen sind aber gewöhnlich. Der Fremde ist im ersten Augenblick ganz verblüfft, wenn ihm so ein Estanciero ganz ruhig sagt, dass auf seiner Estancia 60.000 Schafe, 40.000 Rinder und 10.000 Pferde weiden ... Und wenn ihn dann der gastfreie Besitzer einer solchen Estancia einladet, Morgens einen „kleinen Galopp" in einen Winkel seines Besitztums zu machen und der „Galopp" dauert ununterbrochen 5–6 Stunden, vom Wohnhaus weg, welches gewöhnlich in der Mitte des Besitzes liegt, da fängt der Gast an zu begreifen, was die Landwirtschaft in der argentinischen Republik bedeutet.

Die in den Estancias gebotene Gastfreundschaft macht das Leben des

Gauchos

Mate

Mate wird überall getrunken: beim Zuschauen auf dem Sportplatz, am Strand, im Bus, in der Warteschlange, bei der Pause im Büro oder im Laden oder abends vor dem Haus sitzend. Mate ist das **Lebenselexier am Río de la Plata,** der Alltags- und Zaubertrank von Millionen Argentiniern.

Mate wird gewonnen, indem man die Triebe und Blättchen der wissenschaftlich *Ilex paraguariensis* genannten Pflanze abschneidet, trocknet und zerkleinert, sowie danach mit Wasser aufgießt; mit heißem, aber nicht kochendem, in Argentinien und Uruguay, mit kaltem in Paraguay. So ergibt sich ein dicker Sud. Der wird nun mit der Bombilla, einem silbernen Saugröhrchen, das sich unten wie ein Löffel verbreitert und dort auch als Sieb fungiert, getrunken, bis alle Flüssigkeit herausgesaugt ist, dann kommt wieder frisches Wasser aus der Thermoskanne darüber. Die Kalebasse, aus der man trinkt, wird ebenfalls Mate genannt. Heißes Wasser erhält man fast überall – in Kneipen, Restaurants und an Tankstellen.

Mate trinken ist aber mehr als bloßes Durstlöschen mit einem bitteren und daher sehr gewöhnungsbedürftigen Getränk – den süßen Mate lehnt der Purist ab. Es ist eine soziale Handlung, die auch Gemeinschaft stiftet. Denn nicht jeder trinkt seinen eigenen Mate, sondern man trinkt mit ein- und derselben Bombilla aus ein- und derselben Kalebasse, die im Freundeskreis herumgeht. Einer gießt den Mate auf, gibt die Kalebasse an jemand anderes weiter, der die Flüssigkeit heraussaugt und sie dann dem Spender zurückgibt. Der füllt erneut auf und reicht sie dann einem anderen weiter. Eine Art Friedenspfeife. Man bedankt sich, wenn man nicht mehr weitertrinken will.

Das Mategefäß kann unterschiedlich aussehen. Es ist meist eine Kalebasse, aus der Frucht des Flaschenkürbisses geschnitzt, in unterschiedlichen Formen und Größen. Die ganz edlen Gefäße sind mit Silber beschlagen, genau wie die teuersten Bombillas, die ebenfalls aus reinem Silber sind. Andere Mate-Trinker outen sich dagegen mit Bombilla und Kalebasse als Fans eines bestimmten Fußballvereins. Selbst mit *Ché Guevaras* Porträt lassen sich Kalebassen kaufen. Die größte Sammlung steht im **Museum,** im Museo del Mate in der Stadt Paraná.

Der Mate enthält Minerale wie Kalzium, Schwefel, Eisen und Kalium, dazu Vitamin C, Zucker und Koffein. Er nimmt den Hunger und wirkt bei dem, der ihn nicht gewohnt ist, leicht abführend.

Schon vor der Ankunft der Spanier bekannt, bezeichneten diese ihn irrtümlich als „Yerba mate", als Mate-„Kraut", aber um ein Kraut handelt es sich nun wirklich nicht. Der Baum wird 4 bis 8 m hoch, in Ausnahmefällen sogar bis zu 16 m. Er wächst am besten in den argentinischen Nordostprovinzen, im Süden Brasiliens und in Paraguay. Dort wurde er auch erstmals in den Jesuitenmissionen systematisch angebaut, bis dahin hatte man die wild wachsenden Pflanzen im Urwald suchen und abschlagen müssen.

Im 19. Jahrhundert gab es in Paraguay riesige Mate-Plantagen, die ihre Besitzer unendlich reich machten. Die Arbeiter hingegen starben am Mate. Sie wurden mit Versprechen angelockt und erhielten große Kredite auf den später erwarteten hohen Lohn. Einmal in Abhängigkeit vom Kreditgeber, dem Plantagenbesitzer, hatten sie keine Möglichkeit mehr zu gehen. Der Lohn war niedrig, denn das vorgeschriebene Soll bei der Ernte konnte gar nicht erreicht werden. So wurden die Schulden immer größer, denn natürlich konnte man nur beim Plantagenbesitzer Wohnung nehmen und einkaufen, und natürlich reichte dafür der Lohn nicht – Ausbeutung wie aus dem Bilderbuch. Entfliehen konnte man nicht; wer es versuchte, wurde mit Hunden gehetzt, oft auch einfach erschossen. Weniger über den heutigen Mate-Kult als vielmehr über das Leben der Mate-Arbeiter erzählt das sehr lesenswerte Buch „Menschensohn" des paraguayischen Schriftstellers *Augusto Roa Bastos.*

Gastes einfach bezaubernd. Das Wohnhaus ist gewöhnlich weitläufig, frisch und bequem, erbaut auf einem malerischen Punkt, wo es Ueberfluss an Bäumen, Blumen und Früchten giebt. Die Argentinier glauben nicht an den „Selbstmord der Rasse" und so giebt es in jeder Estancia einige hübsche Damen, Töchter und Verwandte, welche das gesellige Leben mit Grazie leiten, und ebenso gewandte Chevaliers – Brüder, Verwandte oder Freunde des Hauses. So kommen auch die Besucherinnen des schönen Geschlechtes auf ihr soziale Rechnung."

In etwas ungewöhnlicher Rechtschreibung und Zeichensetzung rühmt im Handbuch „Argentinien als Ziel für die germanische Auswanderung" von 1906 ein *Mr. John Barrett* das argentinische Landleben.

Die Estanzias sind wirklich mehr als Bauernhöfe oder Farmen. Sie sind riesige Landgüter mit oft ebenso riesigen Herrenhäusern. Als mit Rindfleisch und Wolle noch weltweit gute Geschäfte zu machen waren, häuften die Besitzer unvorstellbare Reichtümer an. Sie bauten sich prachtvolle Mini-Schlösser statt Wohnhäusern. Häufig kamen alle Materialien aus Europa, und so findet man heute noch inmitten des Nirgendwo kleine Fantasieschlösschen, in denen ein englischer Billardtisch vor einem Kamin aus italienischem Marmor steht und wo man mit englischem Silber tafelt.

Da die Preise für Wolle und Rindfleisch weltweit verfallen sind, müssen die Estanzieros heute über Alternativen nachdenken, wie sie ihre großen Häuser unterhalten können. Tourismus ist eine Möglichkeit, und so kann man heute Tagesausflüge dorthin machen oder längere Aufenthalte buchen.

Ein Tagesaufenthalt auf einer Estanzia kostet pro Person 40–90 US-$ (mit Übernachtung), darin sind meist alle Kosten – für Ausritte oder Kutschfahrten, Mahlzeiten, Grillabende, Getränke zwischendurch etc. – enthalten.

Es gibt inzwischen mehr als hundert Estanzias, auf denen Touristen bleiben können. Die beste Anlaufstelle mit der größten Auswahl ist die Tourismusabteilung der **Casa de la Provincia de Buenos Aires,** Av. Callao 237, Tel. 437 17045/46. Eine weitere Alternative bietet ein Besuch im Tourismusbüro der Provinz Santa Cruz, Suipacha 1120, Buenos Aires, info@santacruz.gov.ar. Dort werden Aufenthalte auf den Schaf-Estanzias in Patagonien vermittelt. Oder bei *Estancias de Santa Cruz,* Información y Reservas, Maipú 864, Piso 3°, Büro A, Buenos Aires, Tel. 52374043, info@estanciasdesantcruz.com.

Im **Internet** unter www.estanciasargentinas.com oder www.hresa.com.

Estanzias in den Provinzen Chubut, Santa Cruz und Feuerland unter www.estanciasdesantacruz.com.

- **Flyer,** Reconquista 621, Piso 8°, 1003 Buenos Aires, Cap. Fed., Tel. (005411) 43138224, Fax (005411) 43121330, flyer@flyer.com.ar.
- **Oceantur,** Paraguay 577, Piso 3°, 1057 Buenos Aires Cap. Fed., Tel./Fax (005411) 43111761, ventas@oceantur.com.ar.

Feiertage

Argentinien ist ein **sehr katholisches Land.** Dennoch gibt es weniger katholische Feiertage als in Deutschland. So fehlen beispielsweise der zweite freie Tag an Weihnachten, Ostern und Pfingsten.

An folgenden **kirchlichen und staatlichen Feiertagen** haben die öffentlichen Einrichtungen geschlossen:

- **1.1.** Neujahr – *Año Nuevo*
- März/April: Karfreitag, Ostern
- **24.3.** *Día Nacional de la Memoria por la Verdad y la Justicia* – Tag der Erinnerung für Wahrheit und Gerechtigkeit, erinnert an den Tag des Militärputsches am 24. März 1976.
- **2.4.** *Día del Veterano y de los Caídos en la Guerra de Malvinas* – Tag der Veteranen und Gefallenen des Malwinen-Krieges
- **25.12.** *Navidad* – Weihnachten

Die **Schulferien** dauern im Sommer von Mitte Dezember bis Mitte März, im Winter nur zwei Wochen im Juli.

Fotografieren

Der beste Tipp zuerst: Man überlege sich, wie viele **Filme** man brauchen könnte, und nehme dann sicherheitshalber **doppelt so viele** mit. Allerdings sind Filme jeder Qualität in Argentinien problemlos zu kaufen, durch den günstigen Umtauschkurs teilweise sogar preiswerter als in Mitteleuropa.

Kauft man außerhalb der Hauptstadt Filme, sollte man auf das **Haltbarkeitsdatum** achten. Ebenso sollte man mindestens einen Satz **Ersatzbatterien** für die Kamera einstecken, denn diese entleeren sich in bestimmten Gebieten aufgrund der sehr hohen **Luftfeuchtigkeit** schnell. Deshalb sollte man Filme und Ersatzbatterien in einen dicht schließenden Behälter packen und noch einige Tütchen Silicagel (bekommt man in jedem Fotogeschäft) hineinlegen. Das zieht die Feuchtigkeit an.

Den **Durchleuchtgeräten** auf den internationalen Flughäfen kann man trauen, auf kleineren Provinzflughäfen sollte man sicherheitshalber bestimmt nachfragen. Auch die Filmentwicklung und das Herstellen von Abzügen sind mittlerweile preiswerter als zu Hause – freilich gibt es auch hier große Qualitätsunterschiede.

Ein paar **kleine Tipps** – geübte Fotografen werden das alles schon wissen: Die schlechteste Zeit zum Fotografieren ist die Mittagsstunde. Dann ist die Sonneneinstrahlung zu hell, die Schatten sind zu stark, alle Feinheiten verwischen. Besser sind die frühen Morgenstunden oder die am späten Nachmittag, wenn das Licht milder und weicher ist und die Farben besser hervorkommen. Wer dann die Kamera auspackt, kann sicher sein, z.B. in den bunten Schluchten im Nordosten Argentiniens stimmungsvolle Fotos zu machen. Bei zu grellem Mittagslicht kann ein UV-Filter ein wenig helfen. Er

Buchtipps:
- Helmut Herrman
Reisefotografie
- Volker Heinrich
Reisefotografie digital
(beide Bände REISE KNOW-HOW Praxis)

ist ohnehin empfehlenswert und sei es „nur" als Schutz des Objektivs.

Wenn man keine Kamera mit einem besonders lichtstarken Objektiv besitzt, empfiehlt sich auch die Mitnahme von einigen etwas stärker **lichtempfindlichen** Filmen (200 oder sogar 400 Asa). Diese können dann für Innenaufnahmen ohne Blitz genutzt werden, bei Außenaufnahmen zur Abendstunde od. in den teilweise sehr dunklen Wäldern der Nationalparks.

Verboten ist es, **militärische und polizeiliche Einrichtungen** zu fotografieren. Darunter fallen auch die Polizeikontrollstellen an den Überlandstraßen.

Frauen allein unterwegs

Argentinien ist für lateinamerikanische Verhältnisse vergleichsweise **sicher,** auch für allein reisende Frauen. Natürlich ist der **Machismo** der Männer überall deutlich spürbar, und selbstverständlich werden Frauen nach ihrem Aussehen beurteilt. Ebenso natürlich definieren sich Männer hier stärker noch als in Europa über ihre vermeintlich spezifisch männlichen Fähigkeiten.

Ein Zitat aus *Julio Cortázars* Roman „Die Gewinner" macht einiges deutlich: *„Es war ihr zuwider, sich zwangsläufig in die Reihe der Reiseamüsements eingeordnet zu fühlen. Wie eine Zielscheibe nagelte man sie an die Wand, damit der Herr Jäger sich im Scharfschießen üben konnte. Aber Jamaica John war so sympathisch, sie konnte ihm nicht wirklich böse sein. Sie fragte sich, ob er vielleicht ähnliche Überlegungen anstellte; sie wußte wohl, daß er sie für kokett halten konnte, erstens weil sie es war, und zweitens weil ihre Art, sich zu geben, leicht mißzuverstehen war. Als echter Argentinier würde der arme López vielleicht glauben, er mache vor ihr eine schlechte Figur, wenn er nicht alles daransetze, sie zu erobern. Eine idiotische, irgendwie aber auch eine unabänderliche Situation wie die der Handpuppen im Kasperletheater, die gezwungen waren, die rituellen Schläge mit der Peitsche auszuteilen."*

Aushalten muss frau das Hinterherpfeifen auf der Straße und die vielen anzüglichen **Piropos,** eine poetische, meistens aber derb sexuelle Anmache, die hinterhergerufen wird. Ignorieren, auch wenn es schwer fällt, ist hier immer noch die beste Reaktion.

Meistens werden allein reisende Frauen aber eher neugierig angesprochen, auch weil allein reisende Frauen aus den Ländern selbst eine riesengroße Ausnahme sind. Da ausländische Frauen besonders auffallen, sollten sie sich in der Wahl ihrer **Kleidung** zurückhalten. Ein BH ist „Pflicht" für Frauen in Argentinien, ansonsten gibt es kaum Kleiderregeln. Oben-ohne-Baden ist nicht erlaubt.

Buchtipp:
- Birgit Adam
Als Frau allein unterwegs
(Reise Know-How Praxis)

Geld

Anfang 2002 endete die Kopplung des **Argentinischen Peso (ARS)** im Verhältnis 1:1 an den US-Dollar, die seit 1992 künstlich aufrechterhalten worden war. Seither wird der Peso wieder frei gehandelt. Nach einem anfänglichen Sturzflug bewegt er sich in letzter Zeit stabil bei einem Kurs von **1 US-$ = 3 ARS.**

Der **US-Dollar** war lange die heimliche **Zweitwährung** und daher in vielen Geschäften gern gesehen. Heute ist es jedoch üblich in Peso zu bezahlen. Bevor man mit Dollar bezahlt, sollte man deshalb auch nach dem Umrechnungskurs fragen, den der jeweilige Laden veranschlagt. Auch muss man damit rechnen, das Wechselgeld in Pesos zu bekommen.

Die beste Art der Geldbeschaffung ist die Barabhebung vom Geldautomaten unter Angabe der PIN mit der **(EC-)Maestro-Karte.** Je nach Hausbank wird dafür pro Abhebung eine Gebühr von 1,30–4 Euro bzw. 4–6 SFr. berechnet.

Von Barabhebungen per **Kreditkarte** ist abzuraten, weil dabei bis zu 5,5% an Gebühr einbehalten werden. Aber für das bargeldlose Zahlen per Kreditkarte berechnet der Kreditkartenaussteller nur eine Gebühr für den Auslandseinsatz in Höhe von 1–2%.

Reiseschecks von *American Express* und *Thomas Cook* sind nur sehr eingeschränkt eine Alternative, da sie kaum akzeptiert werden. So ist das Büro von American Express in Buenos Aires (Plaza San Martín zwischen Arenales und Juncal) der einzige Ort in Argentinien, wo man die Schecks ohne Kommission eingetauscht bekommt. Alle anderen **Büros** von American Express **tauschen zumeist keine Schecks** (sie sind lediglich Reisebüros) oder verlangen genau wie die Banken zwischen 2 und 5% Kommission. In manchen Kleinstädten findet man auch keine Bank, die bereit ist, Reiseschecks einzutauschen. Also: Immer genug Bargeld dabeihaben!

Wer unbedingt schon **Bargeld aus Europa** mitbringen möchte, versorgt sich am besten mit **US-Dollar,** weil sie entweder überall direkt angenommen oder leicht eingetauscht werden können. **Euro** und mit Einschränkungen auch Schweizer Franken kann man jedoch problemlos in den größeren Städten tauschen.

Reisekosten

Argentinien gehörte jahrelang durch die Dollarbindung des Peso zu den teuersten Reiseländern in Südamerika. Dies hat sich 2002 schlagartig geändert: Der Peso ging auf Talfahrt gegenüber dem Dollar, und obwohl die Preise in einigen Bereichen angezogen haben, sind viele Dinge für den europäischen Touristen plötzlich sehr billig geworden. Dieser Effekt hat sich durch die Schwäche der südamerikanischen Leitwährung US-Dollar zum Jahreswechsel 2004/2005 noch verstärkt; die Dollarpreise in diesem Buch werden bei der Umrechnung in Euro noch einmal 25% billiger. Mit einem Tagessatz von ca. 13 Euro (ca. 50 Pesos) kommt man bereits über die Runden, mit dem Doppelten kann ein Rucksacktourist schon fast fürstlich leben. Am teuersten sind nach wie vor die Großstädte, hingegen war der Aufenthalt in den Nationalparks schon früher billig.

Ein paar **Preisbeispiele:** Ein Frühstück in einer Bar ist ab 5 Pesos (1,70 US-$) zu haben, ein einfaches Mittagessen kostet zwischen 10 und 25 Pesos (3,50 bis 8,50 US-$), ein Abendessen je nach Qualität 15 bis 30 Pesos (5 bis 10 US-$). Übernachten kann man in einer einfachen Herberge ab 30 Pesos (10 US-$), ein Doppelzimmer in einem simplen Hotel ist ab ca. 70 Pesos (23 US-$) zu haben. Eine Bus- oder Metrofahrt in Buenos Aires kostet ca. 0,70 bis 0,80 Pesos (20 Cent).

Die Argentinier haben mit der Dollarbindung an Kaufkraft im Ausland verloren. Der Trend geht zum Urlaub im eigenen Land. Das belebt nicht nur die inländische **Tourismusindustrie,** sondern führt gerade in den beliebten Reiseorten zu Preisanhebungen und Engpässen. Außerhalb der Saison ist das Reisen in Argentinien erheblich günstiger. Hochsaison sind die Monate Januar, Februar und Juli, die Osterwoche und jedes lange Wochenende.

Schon immer recht preiswert waren Überlandreisen. Wer mit **öffentlichen Verkehrsmitteln** unterwegs ist, muss für den ausgezeichneten Service verhältnismäßig wenig bezahlen. So kostet die etwa 36-stündige Busfahrt durch das halbe Land von Río Gallegos nach Buenos Aires rund 90 US-$.

Die **Fluggesellschaften,** allen voran *Aerolíneas Argentinas,* haben damit begonnen unterschiedliche Tarife für Nicht-Argentinier einzuführen. Die Inlandsflugpreise sind für Ausländer kräftig gestiegen.

Preis-Splitting machen auch zunehmend die Hotels. Das ist ärgerlich, aber niemand sollte sich wundern, wenn der einheimische Hotelgast we-

a8-46 Foto: gw

Nationalbank in Buenos Aires

niger bezahlt. Dies gilt auch für die Eintrittspreise, beispielsweise bei den Nationalparks. Die Busgesellschaften betreiben diese Preis-Splitting zum Glück noch nicht.

Gepäckträger oder diejenigen, die im Busbahnhof das Gepäck verstauen, erwarten ein **Trinkgeld** *(Propina)*, meistens in Höhe von 1 bis 2 Pesos.

Feilschen ist nicht selbstverständlich wie etwa in Bolivien oder Peru. Normalerweise gelten Fixpreise, aber besonders auf Märkten, wo Kunsthandwerk verkauft wird, ist auch ein wenig Handeln angesagt. Selbst in den Lederwarengeschäften in Buenos Aires kann man mit etwas Glück und Geschick einen kleinen „Descuento" (Nachlass) erlangen. Wenn nicht anders ausgezeichnet, sind 10% bei Barzahlung üblich.

Gesundheit

Glücklicherweise bedarf eine Reise nach Argentinien **keiner umfangreichen medizinischen Vorkehrungen.** Meistens sind die hygienischen Verhältnisse gut, und wenn man auf einige Punkte achtet, ist der Aufenthalt problemlos. Selbst viele Reisende, die wochenlang Leitungswasser in den drei Ländern getrunken haben – was ich nicht empfehlen würde –, wurden nicht krank. Nach dem Lesen der folgenden Abschnitte sollte man deshalb nicht in Panik verfallen, im großen und ganzen ist das Risiko nicht wesentlich größer als in vielen Ländern Europas.

Vorbeugende Maßnahmen

Die meisten Reiseerkrankungen gründen auf eigenem Fehlverhalten, besonders auf **fehlender Hygiene bei Nahrungsmitteln** oder Trinkwasser. Einige grundsätzliche Ratschläge:

- **Wasser** am besten nur in abgekochter Form als Kaffee oder Tee trinken; am besten keine Eiswürfel. Auch das Desinfizieren mit Micropur oder anderen Mitteln ist letztlich nur ein Notbehelf.
- **Nur frisch zubereitete Speisen essen,** alles sollte gut durchgegart sein, besonders Fleisch, Fisch und Meeresfrüchte. Muscheln nie roh essen.
- **Vorsicht bei ungeschältem Obst, Gemüse und Salaten!**

Besonders in den ersten Tagen sollte man seinem Magen nicht zu viel zumuten. Wird man trotz aller Vorsicht von einem **Reisedurchfall** erwischt, sollte man es zunächst mit harmloseren Mitteln probieren, bevor man zur Chemie greift. Denn Medikamte wie Imodium oder Lopedium, die dennoch in jede Reiseapotheke gehören, haben mitunter starke Nebenwirkungen. Bei ganz leichten Fällen hilft vielleicht schon die bekannte Cola-Salzstangen-Diät. Besser ist eine mit schwarzem Tee, Zwieback, Haferflocken, dazu viel Salz und Kohletabletten. Der Tee sollte bei starkem Flüssigkeitsverlust mit einem Teelöffel Salz und zehn Teelöffeln Zucker je Liter getrunken werden. Eine andere Möglichkeit ist, folgende Zutaten mit einem Liter abgekochtem Wasser zu mischen: ein Teelöffel Salz, ein halber Teelöffel Natriumcarbonat (Backpulver), drei Tabletten Kaliumchlorid, vier Teelöffel

Traubenzucker oder acht Teelöffel normalen Zucker.

Impfungen

Die **Tetanus-Impfung** sollte sowieso alle zehn Jahre aufgefrischt werden. Sie ist gut verträglich und schützt vor dem in aller Welt verbreiteten Wundstarrkrampf, der durch verschmutzte Wunden hervorgerufen werden kann. Wer sich nicht sicher ist, wie lange seine letzte Impfung gegen Tetanus zurückliegt, sollte diese wiederholen und gleichzeitig auch seinen **Polio-Schutz** gegen Kinderlähmung, die nicht vom Lebensalter abhängig ist (!), auffrischen.

Manche Ärzte empfehlen auch eine zusätzliche Impfung gegen **Tollwut,** besonders bei längerem Aufenthalt in sehr abgelegenen Gebieten. Die Immunität wird durch drei Impfungen innerhalb von drei Wochen erreicht, die nach einem Jahr aufgefrischt werden müssen. Danach hält die Immunität zwei bis fünf Jahre an.

Auch gegen **Typhus** besteht eine Impfmöglichkeit. Diese Krankheit wird bei mangelhafter Hygiene durch Nahrung und Trinkwasser übertragen. Man kann sich durch eine Schluckimpfung oder durch eine Injektion dagegen für etwa zwei bis drei Jahre immun machen.

Gegen **Cholera** kann man sich zwar auch impfen lassen, die meisten Mediziner raten aber davon ab. Zurzeit besteht nur in den argentinischen Provinzen Salta, Jujuy, Mendoza und Tucumán eine sehr geringe Choleragefahr. Die Übertragung erfolgt durch das Trinken von kontaminiertem Wasser oder das Essen von kontaminierten Speisen. Also sind die vorbeugenden Maßnahmen schnell klar: Immer darauf achten, dass alles gut abgekocht ist, und die persönliche Hygiene auf keinen Fall vernachlässigen. Symptome der Erkrankung sind ein sehr starker, schmerzloser, wässriger Durchfall ohne Fieber, aber einhergehend mit Erbrechen. Gefährlich ist die damit verbundene Schwäche und die Dehydratisierung (Wasserverlust) des Körpers. Cholera ist eine Armutskrankheit, sie ist dort verbreitet, wo die hygienischen Bedingungen unzureichend sind.

Hepatitis A (Gelbsucht) ist ebenfalls in den Regionen verbreitet, wo die Hygiene mangelhaft ist. Sie wird über Nahrungsmittel, Trinkwasser oder durch Kontakt zu infizierten Personen übertragen. Die Inkubationszeit ist recht lang, allerdings werden die ersten Erreger bereits zwei Wochen nach der Ansteckung, vor dem Ausbruch der Krankheit, mit dem Stuhl ausgeschieden. Die Symptome sind zunächst recht harmlos: Appetitlosigkeit, eine Abneigung gegenüber fetten Speisen, Alkohol und Nikotin, Übelkeit, Schwäche, Fieber und Durchfälle. Verräterisch ist eine schmerzende Leber (unter dem rechten Rippenbogen). Später färben sich die Augen gelblich, der Urin wird dunkler und der Stuhl weißlich. Dann allerdings sollte man spätestens einen Arzt aufsuchen. Der verschreibt einige Medikamente, dazu aber vor allem Schonkost, Bettruhe und den lang andauernden Verzicht auf Alkohol und Nikotin.

Man kann durch eine Blutuntersuchung feststellen lassen, ob man bereits Antikörper gegen eine Hepatitis A besitzt. Ist das der Fall, ist man mit hoher Wahrscheinlichkeit lebenslänglich immun. Dann hatte man vermutlich früher bereits eine schwache Hepatitis-Infektion, die nicht richtig zum Ausbruch gekommen ist.

Der Impfschutz gegen die Hepatitis A wird durch zwei Injektionen im Abstand von zwei bis vier Wochen gewährleistet. Diese sollten nach einem halben bis ganzen Jahr wiederholt werden, dann hält die Immunität etwa zehn Jahre vor. Die Impfung mit Gammaglobulin hält allerdings nur etwa zwei bis vier Monate vor.

Dengue

Das Denguefieber ist eine **Viruskrankheit,** deren Erreger durch die Moskitoart *Aedes agypty* übertragen wird. Da es gegen den Virus keinen wirksamen Impfstoff gibt, bleibt nur der Schutz vor den Moskitos. Die klassische Variante des Denguefieber ruft in der Regel hohes Fieber und Kopf- und Gliederschmerzen hervor. Eine ernstere Variante, *Dengue hemorrágico,* kann starke Blutungen aus Mund und Nase auslösen. Aus den nördlichen Provinzen Salta, Formosa, Misiones und Corrientes werden regelmäßig Fälle von Denguefieber gemeldet.

Malaria

Malaria wird von einzelligen Blutparasiten verursacht und von Stechmücken übertragen. Es gibt zwei Formen der Malaria, die so genannte gutartige (**Malaria tertiana**) und die bösartige (**Malaria tropica**). Der Krankheitsverlauf ist ähnlich, man leidet unter Fieber, Kopf- und Gliederschmerzen, Durchfall und Erbrechen. Die bösartige muss behandelt werden, sie kann ansonsten sogar zum Tod führen.

Entwarnung: In Nordargentinien, in den Provinzen Salta und Jujuy kommt fast ausschließlich die gutartige Malaria vor, alle anderen Gebiete sind zwar nicht mücken-, aber malariafrei. Malaria ist in Salta und Jujuy nur unterhalb von 1200 m Höhe verbreitet – die Stadt Salta liegt auf knapp 1200 m, Jujuy auf mehr als 1500 m. Sie kommt in den Monaten Oktober bis Mai vor.

Der simpelste **Schutz** besteht darin, sich vor dem Stich der Stechmücken zu hüten. Die Mücken stechen nur abends und nachts, daher sollte man:

- in den Abendstunden Kleidung tragen, die den Körper möglichst bedeckt;
- sich mit Insekten vertreibenden Mitteln einreiben *(repelente);*
- sich entweder in vollklimatisierten Räumen aufhalten oder
- die Mücken anderswie vertreiben, so z.B. durch so genannte Moskito-Coils, die abgebrannt werden und deren Geruch die Mücken vertreibt.

Hauterkrankungen

Die schlimmste Hauterkrankung ist der **Sonnenbrand,** den man nicht unterschätzen sollte. Im Gebirge und im Süden Patagoniens, wo sich das Ozonloch auswirkt, ist die Gefahr besonders groß und wird, da es dabei häufig recht kühl ist, leicht unterschätzt. Eine Sonnencreme mit mindestens Lichtschutzfaktor 25 gehört unbedingt ins Reisegepäck, eine noch stärkere evtl. für die Lippen und andere empfindliche Hautstellen. Zudem sollte man das Sonnenbaden zwischen 11 und 16 Uhr vermeiden.

Andere Hauterkrankungen resultieren aus Insektenbissen/-stichen. Gegen Fußpilz schützt man sich durch den Gebrauch von Badelatschen.

Höhenkrankheit

Vorsichtig sollte man beim schnellen Aufstieg in große Höhen sein, Argentinien ist hierbei ein gefährliches Land, denn leicht gelangt man mit dem Pkw auf Höhen von 3500 oder 4000 m, ohne sich vorher an die dünne, sauerstoffarme Luft zu gewöhnen. Die Höhenkrankeit befällt jeden, der sich zu schnell in große Höhen begibt und sich dort zu sehr anstrengt. Sie kündigt sich durch **Kopfschmerzen** an und kann im allerschlimmsten Fall zum Tod führen. Also Vorsicht beim Aufstieg in die Berge, eine **gute Akklimatisation** ist bei Höhen über 3000 m wichtig. Bei ersten Anzeichen von Unwohlsein sollte man sofort in niedrigere Regionen absteigen.

AIDS

Wie überall auf der Welt ist AIDS (spanisch **SIDA**) auch in Argentinien ein Thema. Besonders in der Hauptstadt finden immer wieder Aufklärungskampagnen über die Krankheit, die Gefahren der Ansteckung und den Schutz davor statt. Der einzige wirksame Schutz sind Kondome *(condónes),* die in den Apotheken und Drogerien der größeren Städte zu bekommen sind.

Der HI-Virus wird auch durch den Gebrauch nicht-steriler Spritzen übertragen. Sollte eine Injektion nötig sein, empfiehlt es sich, in einer Apotheke eine Einwegspritze zu kaufen und diese vom Arzt setzen zu lassen.

Medizinische Versorgung

Das **Gesundheitssystem** in Argentinien gehört zu den besten in Lateinamerika. Allerdings gibt es ein starkes **Gefälle in der Ärztedichte zwischen den Haupt- und Großstädten und dem Landesinnern.** In den Großstädten, vor allem aber in Buenos Aires, findet man auch problemlos deutschsprachige Allgemeinmediziner (Auskünfte in Botschaften und Konsulaten).

Die **Apotheken** *(farmacias)* haben in Argentinien und Uruguay oftmals bis tief in die Nacht geöffnet. Viele Medikamente, die z.B. in Deutschland nur auf Rezept zu erhalten sind, können dort frei erworben werden. Sie sind auch häufig wesentlich billiger. Es ist nicht ungewöhnlich, dass Apotheken auf dem Land aus einer Packung nur ein paar Tabletten verkaufen. Selbstmedikamentation ist weit verbreitet.

Tropenmedizinische Institute

In Deutschland

- **Berlin:** Institut für Tropenmedizin, 14050 Berlin, Spandauer Damm 130, Haus 10, Tel.

(030) 301166, Fax 30116888, tropeninstitut@charite.de.

- **Bonn:** Institut für medizinische Parasitologie der Universität, 53105 Bonn, Sigmund-Freud-Straße 25, Tel. 28715673, Fax 287 19573, sekretariat@parasit.meb.uni-bonn.de.
- **Dresden:** Städtisches Klinikum Dresden-Friedrichstadt, Referenzzentrum für Reisemedizin, 01067 Dresden, Friedrichstr. 39, Tel. (0351) 4803800, 4803805, Fax 4803809.
- **Hamburg:** Bernhard-Nocht-Institut, 20359 Hamburg, Bernhard-Nocht-Str. 74, Tel. (040) 428180, Fax 42818400 (bei schriftlichen Anfragen frankierten Rückumschlag beilegen, Reiseziele und als Betreff „Reiseprophylaxe" angeben); www.bni.uni-hamburg.de.
- **Heidelberg:** Institut für Tropenhygiene am Ostasieninstitut der Uni, 69120 Heidelberg, Im Neuenheimer Feld 324, Tel. (06221) 562905 oder 562999, Fax 565948.
- **Koblenz:** Zentrales Institut des Sanitätsdienstes der Bundeswehr, Ernst-Rodenwald-Institut für Wehrmedizin und Hygiene, 56068 Koblenz, Viktoriastr. 13, Tel. (0261) 9143862.
- **München:** Institut für Infektions- und Tropenmedizin der Universität und Landesimpfanstalt, 80802 München, Leopoldstr. 5, Tel. 2180-13506; Impfauskünfte (durchgehend) für Mittel- und Südamerika: Tel. 2180-13506; „Impfsprechstunde" (persönliche Impfberatung und Impfungen): Leopoldstr. 5/Ecke Georgenstr., Mo bis Fr 11–12 Uhr, Mi, Do 16.30–18 Uhr; www.tropinst.med.uni-muenchen.de.
- **Tübingen:** Institut für Tropenmedizin, 72074 Tübingen, Keplerstr. 15, Tel. 2982364, Fax 2986021.
- **Würzburg:** Missionsärztliche Klinik, Tropenmedizinische Abt., 97074 Würzburg, Salvatorstr. 7, Tel. (0931) 7912825, Fax 7912453.

Tropenmedizinische Institute geben grundsätzlich **keine telefonischen Auskünfte!**

Reiseapotheke

- persönlich benötigte Medikamente
- Tabletten gegen Reisekrankheit
- Tabletten gegen Magen- und Darmerkrankungen
- Malaria-Prophylaxe-Mittel
- Schmerztabletten
- Insektenschutzmittel
- Sonnenschutzmittel (hoher Lichtschutzfaktor)
- (Wasser-) Desinfektionsmittel
- Lippenschutzstift
- Nasentropfen *(gotas para la nariz)*
- Augentropfen *(gotas para los ojos)*
- Antibiotika
- Salben gegen Juckreiz und Hauterkrankungen, Wundsalben
- Kondome *(condónes)*
- Pflaster
- Mullbinde; elastische Binde

Buchtipps:

Zum Thema Gesundheit/Krankheiten auf Reisen hat REISE KNOW-HOW nützliche Ratgeber im Programm:

- Dr. Dürfeld, Dr. Rickels
Selbstdiagnose und -behandlung unterwegs
- David Werner
Wo es keinen Arzt gibt, Gesundheitshandbuch zur Hilfe und Selbsthilfe
- Armin Wirth
Erste Hilfe unterwegs effektiv und praxisnah
- Werner und Jeanette Lips
Schwanger reisen

In der Schweiz

- CH-4051 **Basel,** Socinstr. 57, Tel. (061) 284 8111, Fax 2848101 (Vorwahl Schweiz: 0041), www.sti.ch.

In Österreich

- A-1080 **Wien,** Lenaugasse 19, Tel. (01) 40268610, (Vorwahl Österreich: 0043) www.tropeninstitut.at.

Weitere **Infos zur Gesundheit** unter www.travelmed.de und im Anhang.

Informations-stellen

In Europa

Für den deutschsprachigen Raum zuständig ist in Europa die

- **Botschaft der Republik Argentinien,** Kleiststraße 23–26, 4. Stock, 10787 Berlin, Tel. (030) 226689-0, Tourismusabteilung: Tel. 226689-20, Fax 2291400, www.argentinischebotschaft.de.

Sie ist die beste Auskunftsstelle und übernimmt gleichzeitig die Aufgaben eines Fremdenverkehrsamtes.

In Argentinien

In Argentinien selbst hat jede größere Stadt oder jedes touristische Ziel sowie jede Provinz ein mehr oder weniger gut organisiertes und hilfreiches Touristenbüro. Diese lokalen Informationsbüros werden jeweils bei den praktischen Hinweisen genannt.

Alle Provinzen haben in der Hauptstadt Buenos Aires ein weiteres **Informationsbüro,** teils mit exzellentem, teils mit nahezu gar keinem Material. Die Öffnungszeiten der einzelnen Büros sind sehr unterschiedlich und sehr veränderlich, kommt man aber Mo bis Fr zwischen 10 und 13 Uhr und zwischen 15 und 17 Uhr, hat man sehr gute Chancen, dass geöffnet ist. Die Adressen der **Provinzbüros:**

- **Buenos Aires,** Av. Callao 237, turismo@casaprov.gba.gov.ar
- **Catamarca,** A. Córdoba 2080, turismocatamarca@speedy.com.ar
- **Chaco,** Av. Callao 322, casa.del.chaco@velocom.com.ar
- **Chubut,** Sarmiento 1172, casachubut@chubut.gov.ar
- **Córdoba,** Av. Callao 332, casadecordoba@cba.gov.ar
- **Corrientes,** San Martín 333, Piso 4°, casacorrientes@hotmail.com
- **Entre Ríos,** Suipacha 846, caserios@fibertel.com.ar
- **Formosa,** H. Irigoyen 1429, info@casadeformosa.gov.ar
- **Jujuy,** Santa Fe 967, casadejujuy@jujuy.gov.ar
- **La Pampa,** Suipacha 346, clapampa@lapampa.gov.ar
- **La Rioja,** Av. Callao 745, casadelarioja@fibertel.com.ar
- **Mendoza,** Av. Callao 445, casademendoza@speedy.com.ar
- **Misiones,** Santa Fe 989, infomisiones@ciudad.com.ar
- **Neuquén,** Maipu 48, casadelneuquen@neuquen.gov.ar
- **Río Negro,** Tucumán 1916, casaderionegro@fibertel.com.ar
- **Salta,** Av. Roque Sáenz Peña 933, cultura@casadesalta.gov.ar
- **San Juan,** Sarmiento 1251
- **San Luis,** Azcuénaga 1083/87, casasanluisbsas@sanluis.gov.ar
- **Santa Cruz,** Suipacha 1120, info@santacruz.gov.ar
- **Santa Fé,** Montevideo 373, Piso 2°, delegacionsantafe@ciudad.com.ar
- **Santiago del Estero,** Florida 274, Piso 1°, casasgo@casantiago.gov.ar
- **Tierra del Fuego,** Sarmiento 745
- **Tucumán,** Suipacha 140, casaenbsas@turismoentucuman.gov.ar

Sonstige wichtige Adressen

Gute Informationen bekommt man auch beim:

- **Studentenreisebüro „Asatej",** Florida 835, 3° Piso, of. 320, Tel. 45118700, informes@asatej.com.ar, www.asatej.net; hier kann man auch Nachrichten für andere Reisende hinterlassen oder auch günstige Flüge buchen.

Wer einen **Jugendherbergsausweis** benötigt, bekommt ihn bei:

- **Asociación de Albergues de la Juventud,** Brasil 675, Buenos Aires, Tel. 4300-9321, www.aaaj.org.ar, info@aaaj.org.ar.
- **Red Argentina de Alojamiento para Jóvenes (RAAJ),** raaj@hostels.org.ar.

Eine zweite Jugendherbergsorganisation ist:

- **Hostelling International Argentina,** Florida 835, Buenos Aires, Tel. 45118723, hiargentina@hostels.org.ar, www.hostels.org.ar.

Informationen bietet auch der:

- **Automobil Club Argentina,** Hauptstelle auf der Av. del Libertador 1850 in Buenos Aires. Er hilft eigentlich nur Mitgliedern weiter, aber für gut 30 US-$ Jahresbeitrag kann man Mitglied werden und dann vom Pannenservice und von den billigeren Hotel- und Campingplatzangeboten profitieren (meistens Mittelklassehotels), zudem gibt es Kooperationsverträge mit Automobilclubs wie z.B. dem ADAC, ÖAMTC oder TCS; www.aca.org.ar.
- Die zentrale **Verwaltung der Nationalparks** ist Av. Santa Fe 690 an der Plaza San Martín in Buenos Aires; Tel. 43116633/0303; informes@apn.gov.ar. info@parquesnacionales.gov.ar.

Im Internet

Internet ist in Argentinien weit verbreitet und unter der jungen Generation so **selbstverständlich wie das Telefon.** Viele staatliche Stellen, lokale Tourismusbehörden, Organisationen, Reiseagenturen und Hotels haben ihre eigenen Webseiten. Sie sind zumeist auf Spanisch, mitunter Englisch und auf Deutsch. Wo eine Homepage angeklickt werden kann, ist sie vermerkt, unabhängig von der Sprache, in der sie sich präsentiert.

Im Internet finden sich auch zahlreiche allgemein-interessante **Web-Seiten** mit Informationen zu Argentinien. So macht es inzwischen keinen Sinn mehr, als Stichwort bei Google nur noch „Argentinien" einzugeben. Stattdessen sollte man mehrere Begriffe genauer miteinander kombinieren, z.B. Argentinien und Tourismus oder Wirtschaft usw. Oder einfach den Ort eingeben, zu dem man eine genaue Information haben möchte.

Gute Web-Seiten mit Informationen und weiterführenden **Links zu Argentinien** sind:

- **www.argentinien.com**
Aktuelle Landesinformationen, Pressespiegel, Linkliste und Forum – auf Deutsch.
- **www.argentina-online.de**
Übersichtliche und aktuelle Infos zu Land und Leuten – auf Deutsch.
- **www.redargentina.com**
Portal mit zahlreichen Informationen auf Spanisch.
- **www.turismo.gov.ar**
Offizielle Webseite der staatlichen Tourismusbehörde mit guten Infos auf Englisch, Spanisch und Portugiesisch.
- **www.hostels.org.ar**
Jugendherbergen im Netz
- **www.clarin.com**
Argentiniens größte Tageszeitung
- **www.lanacion.com.ar**
Die konservative Tageszeitung Argentiniens
- **www.pagina12.com.ar**
Die linksliberale Tageszeitung Argentiniens
- **www.tageblatt.com.ar**
Die deutschsprachige Wochenzeitung „Argentinisches Tageblatt" im PDF-Format.

- Neueste Infos über das Land bitte an den Verlag (info@reise-know-how.de) oder direkt an den Autor (juevo@arnet.com.ar) mailen – vielen Dank!

Kleidung und Umgangsformen

Die Wahl der Reisekleidung hängt natürlich vom Reiseziel und der Reisezeit ab (vgl. auch „Ausrüstung").

Argentinier legen Wert auf ein gepflegtes Aussehen. Im Alltag kleiden sie sich oft schlicht. Trotzdem ist, wer in Buenos Aires, aber auch in den Städten im Binnenland Shorts trägt, im Zweifelsfall ein Ausländer bzw. Tourist. Höchstens am Wochenende in ihrem Stadtviertel, im Urlaub, in den Badeorten an der Atlantikküste, gehen die Einheimischen auch mal mit Shorts in ein Café. Gleichzeitig zieht man sich gern **modisch** an, wobei die Extravaganzen in Buenos Aires am größten sind. Frauen sollten auf Frisur und Make-Up achten, als unattraktiv gelten Achsel- und Beinbehaarung. All das gilt natürlich in erster Linie für die Hauptstadt, in der Provinz sind die Regeln weniger streng.

Die normalen **Anredeformen** sind „Señor" und „Señora", Bekannte werden aber sehr schnell mit den Vornamen und „du" angesprochen. Das Duzen passiert ohne Absprache, es wird niemals gefragt, ob man nun mit dem „du" beginnen dürfe. Ist man im Zweifel, ist das förmlichere „usted" aber nie falsch. Bei formelleren Bekanntschaften werden auch gern Visitenkarten ausgetauscht.

Bis Mittag sagt man zur Begrüßung „buenos días", danach bis 18 Uhr „buenas tardes", danach „buenas noches". Bekannte begrüßt man mit „hola", dann fragt man „que tal" oder „como te va" (wie geht es dir?). Eine Antwort wird dabei nicht unbedingt erwartet. Selbst wenn man sich nicht kennt, begrüßen sich Mann und Frau mit einem Kuss auf die Wange, Frauen untereinander auch, Männer hingegen mit einem Händedruck bzw. gute Bekannte neuerdings auch mit einem Kuss auf die Wange oder mit einem herzlichen Schulterklopfen.

Pünktlich ist in Argentinien fast niemand. Wer bei einer Einladung für 21 Uhr wirklich um 21 Uhr erscheint, stürzt wahrscheinlich selbst den Gastgeber in große Verlegenheit. Denn der beginnt gerade mal mit den Vorbereitungen für den Abend. Eine Stunde später ist immer noch im Rahmen, wer mit einer halben Stunde Verspätung erscheint, ist superpünktlich. Ein kleines Gastgeschenk ist gern gesehen, am besten natürlich etwas aus dem Heimatland.

Tipps

Im Restaurant: In Argentinien ist es absolut unüblich, in einem Restaurant an einem besetzten Tisch, selbst wenn dort nur eine Person sitzt, Platz zu nehmen. Man wartet, bis ein Tisch frei wird, Stühle darf man aber umstellen.

Trinkgelder werden häufig gegeben. Kellner erhalten 5 bis 10%. Das Trinkgeld lässt man einfach auf dem Tisch liegen. Auch sollte man sich nicht als Gringo outen, indem man die Rechnung getrennt bezahlt oder die Dame bezahlen lässt. Kellner werden „mozo" gerufen.

Auch wenn es im Straßenverkehr nicht so wirkt: Argentinier sind sehr geduldige Menschen. **Schlangestehen** scheint niemanden zu stören, und für gewöhnlich gibt es auch nur wenige, die sich vordrängeln.

Bei **Adressen** sollte man sich unbedingt Hausnummer, Geschoss und Wohnung merken. Denn nur in absoluten Ausnahmefällen steht neben der Klingel ein Name.

Medien

Wer Spanisch kann, wird keine Probleme haben, sich über das Weltgeschehen zu informieren. Die größten **Zeitungen** Argentiniens sind „El Clarín" und „La Nación". Wer nicht auf die spanischsprachigen Medien setzen kann, der sollte in Buenos Aires und den größeren Provinzstädten Argentiniens den englischsprachigen „Buenos Aires Herald" kaufen, der vorwiegend über Wirtschaft berichtet, oder die **deutschsprachige Wochenzeitung „Argentinisches Tageblatt"**, die ebenfalls in Buenos Aires und in den größeren Städten des Inlandes zu haben ist.

Wer ganz dringend über die aktuelle deutsche Politik Bescheid oder die Fußball-Bundesliga-Ergebnisse wissen will, kann – von der Möglichkeit, in ein Internetcafé zu gehen, einmal abgesehen – in Buenos Aires an zahlreichen Kiosken auf der Florida deutsche Zeitungen kaufen oder das deutschsprachige Programm der **Deutschen Welle** verfolgen. Die meisten Kabelanbieter haben auf den hinteren Plätzen auch das Programm von DW-TV, während DW-Radio auf Kurzwelle zu hören ist. Hinweise über Empfangsmöglichkeiten und Programmierung finden sich unter www.dw-world.de.

Notfall

Wird der **Reisepass oder Personalausweis im Ausland gestohlen,** muss man das bei der örtlichen Polizei melden. Darüber hinaus sollte man sich an die nächste diplomatische Auslandsvertretung seines Landes wenden, damit man einen Ersatz-Reiseausweis zur Rückkehr ausgestellt bekommt.

Auch in **dringenden Notfällen,** z.B. medizinischer oder rechtlicher Art, sind die Auslandsvertretungen bemüht vermittelnd zu helfen.

- **Deutschland, Botschaft:** Calle Villanueva 1055, Buenos Aires, Tel. (011) 47782500; **Konsulate:** Eliseo Canton 1870, Barrio Villa Paez, **Córdoba,** Tel. (0351) 4890900; Av. San Martín 1666, Piso 1°, **Eldorado,** Tel. (03751) 423214; Avellaneda 3076, **Mar del Plata,** Tel. (0223) 4728374; Montevideo 127, Piso 2°, **Mendoza,** Tel. (0261) 4296539; Junin 1811, Piso 1°, **Posadas,** Tel. (03752) 435508, Gral. Las Heras 3, **Salta,** Tel. (0387) 4229088; Emilio Morales 460, **San Carlos de Bariloche,** Tel. (02944) 425695; Juan de Garay 2957, **Santa Fé,** Tel. (0342) 4597544; San Martin 631, 6a, **San Miguel de Tucumán,** Tel. (0381) 4215811; Bdier. Gral Juan Manuel de Rosas 516, **Ushuaia,** Tel. (02901) 430763.
- **Österreich, Botschaft:** Calle French 3671, Buenos Aires, Tel. (011) 48079185 oder 48079186; **Konsulate:** Jéronimo Cortez 636, **Córdoba,** Tel. (0351) 4720450 oder 4720455;

San Luis 2492, **Posadas,** Tel. (03752) 427 588; Pettoruti 262, **San Carlos de Bariloche,** Tel. (02944) 462600.

- **Schweiz, Botschaft:** Av. Santa Fe 846, Piso 10°, Buenos Aires, Tel. (011) 43116491; **Konsulate:** Av. Colón 184, Piso 1°, Esc. 6, **Córdoba,** Tel. (0351) 4232176; Calle Kennedy 67, **Eldorado,** Tel. (03751) 421325; Tucuman 8364 „A" (Fisherton), **Rosario,** Tel. (03414) 514444; c/o Inst. Linéa Cuchilla, **Ruiz de Montoya,** Tel. (03743) 495015.

Diebstahl oder Verlust

Bei Verlust oder Diebstahl der Kredit- oder Maestro-(EC-)Karte sollte man diese umgehend sperren lassen. Für deutsche Maestro-(EC-) und Kreditkarten gibt es die einheitliche **Sperrnummer 0049 116116** und im Ausland zusätzlich 0049 30 40504050. Für österreichische und schweizerische Karten gelten:

- **Maestro-(EC-)Karte,** (A)-Tel. 0043 1 2048800; (CH)-Tel. 0041 44 2712230, UBS: 0041 800 888601, Crédit Suisse: 0041 800 800488.
- **MasterCard/VISA,** (A)-Tel. 0043 1 71701 4500 (MasterCard) bzw. Tel. 0043 1 7111 1770 (VISA); (CH)-Tel. 0041 58 9588383 für alle Banken außer Crédit Suisse, Corner Bank Lugano und UBS.
- **American Express,** (A)-Tel. 0049 69 9797 1000; (CH)-Tel. 0041-44 6596333.
- **Diners Club,** (A)-Tel. 0043 1 5013514; (CH)-Tel. 0041 44 8354545.

Nur wenn man den Kaufbeleg mit den Seriennummern der Reiseschecks sowie den Polizeibericht vorlegen kann, wird der Geldbetrag von einer größeren Bank vor Ort binnen 24 Stunden zurückerstattet. Also muss der Verlust oder Diebstahl umgehend bei der örtlichen Polizei und auch bei American Express bzw. Travelex/Thomas Cook gemeldet werden. Die Rufnummer für ihr Reiseland steht auf der Notrufkarte, die Sie mit den Reiseschecks bekommen haben.

Geldnot

Bei der **Kreditkarte** darf man pro Woche nur einen eingeschränkten Höchstbetrag bar abheben (sehr unterschiedlich je nach Karte). Bei der untersten Kategorie von Kreditkarten sind es üblicherweise 1000 US-$ pro Woche. Damit kommt man im echten Notfall nicht weit.

Wer dringend eine größere Summe ins Ausland überweisen lassen muss wegen eines Unfalles o.Ä., kann sich weltweit **über Western Union Geld schicken lassen.** Man muss dazu lediglich die Person, die das Geld schicken soll, vorab benachrichtigen. Diese muss dann bei einer Western-Union-Vertretung (in Deutschland u.a. bei der Postbank) ein entsprechendes Formular ausfüllen und Ihnen den Code der Transaktion telefonisch oder anderweitig übermitteln. Man muss dann nur noch zu einer beliebigen Vertretung von Western Union in Argentinien gehen (mit dem Code und Reisepass). Nach Ausfüllen eines Formulares wird das Geld binnen Minuten ausgezahlt.

- Die nächstgelegene Repräsentanz kann man im Telefonbuch oder unter www.western-union.com nachschlagen.

Öffnungszeiten

In Argentinien gibt es **kein Ladenschlussgesetz,** und so differieren die Öffnungszeiten häufig beträchtlich. Kleinere Lebensmittelläden öffnen meist gegen 8 Uhr, schließen gegen 13 Uhr für eine ein- bis zweistündige Siesta und haben dann oft bis 20 oder 21 Uhr geöffnet. Auch am Wochenende ist es in solchen Geschäften ebenso wie in den zahlreichen Malls häufig möglich einzukaufen. Nicht-Lebensmittel-Geschäfte, besonders die in den Fußgängerzonen der Städte, haben meist von etwa 10 Uhr morgens bis 19 Uhr am frühen Abend geöffnet. In Buenos Aires kann man in manchen Buchhandlungen und Schallplattenläden auch bis 2 oder 3 Uhr nachts einkaufen. Nach Ladenschluss helfen die **Kioske** – es ist wirklich erstaunlich, was deren Besitzer alles aus den verstecktesten Winkeln ihrer kleinen Läden hervorzaubern können.

Banken und Wechselstuben haben i.d.R. von 10–15 Uhr geöffnet, samstags meist geschlossen. Behördengänge sollte man vormittags erledigen.

In vielen Geschäften ist es üblich, eine Nummer zu ziehen, in deren Reihenfolge dann bedient wird.

Organisierte Touren

Die Entfernungen in Argentinien und die mitunter **unzureichende Infrastruktur** stellen den Individualreisenden häufig vor Probleme. Wie soll er zur Pinguinkolonie Punta Tomba gelangen, die über 100 km von jeder Stadt entfernt und ohne Busanschluss ist? Wie in den Nationalpark Perito Moreno, in den auch kein Bus fährt?

Wer sich eine Auto leihen kann, hat es einfach. Die anderen müssen gucken, was die **Reiseveranstalter** bieten. In jedem größeren Ort gibt es einige Unternehmen, die auf Ausflüge in die Provinz spezialisiert sind. Sie werden immer unter der Rubrik „Reiseveranstalter" an den einzelnen Punkten genannt, darüber hinaus können die Touristeninformationen immer etwas vermitteln. Intensiver Preisvergleich lohnt kaum, in der Regel verlangen die Veranstalter für dasselbe Programm dieselben Preise. Man achte darauf, wie groß die Reisegruppe ist. Je kleiner, desto besser lassen sich individuelle Wünsche berücksichtigen.

Organisierte Touren sind bei vielen argentinischen Touristen beliebt; für viele ist wichtig, dass am jeweiligen Urlaubsort eine ausgebaute touristische Infrastuktur mit Restaurants etc. zur Verfügung steht. Bei einigen Ausflügen nimmt deshalb die Essenspause viel Zeit in Anspruch.

Andere Touren werden von **Spezialveranstaltern** angeboten, so Aufenthalte auf Estanzias (siehe dort).

Hier die Adressen von **zwei** renommierten, auch deutschsprachigen **Reiseagenturen in Buenos Aires,** die fast überallhin Ausflüge und Programme vermitteln:

- **Flyer,** Reconquista 621, Piso 8°, 1003 Buenos Aires, Cap. Fed., Tel. (0054-11) 43138224, Fax (0054-11) 43121330, flyer@flyer.com.ar.
- **Oceantur,** Paraguay 577, Piso 3°, 1057 Buenos Aires, Cap. Fed., Tel./Fax (0054-11) 431 11761, ventas@oceantur.com.ar.

Wer direkt von Europa per **Pauschalreise** nach Argentinien will, sollte in den Reiseteil großer überregionaler Tages-/Wochenzeitungen wie „Frankfurter Allgemeine Zeitung", „Frankfurter Rundschau", „Süddeutsche Zeitung" oder „Die Zeit" schauen. Dort inserieren viele **Reiseveranstalter** ihre Programme. Einige Adressen:

- **airtours.de Service Center,** c/o TUI interactive GmbH, Geschäftsstelle Bremen, Otto-Lilienthal-Str. 17, 28199 Bremen, Tel. (0180) 5988288, www.airtours.de.
- **Dr. Tigges,** Studienreiseveranstalter, Holzkoppelweg 19a, 24118 Kiel, Tel. (0431) 5446-0, www.DrTigges.de.
- **Duma Naturreisen,** Naturnahe Gruppenreisen, Geislinger Straße 33, 70327 Stuttgart, Tel. (0711) 8386580, duma@naturstudienreisen.de, www.duma-naturreisen.de.
- **Footprints Reisen,** Naturnahe Gruppenreisen, Mathias-Giesen-Gasse 25, 41540 Dormagen, Tel. (02133) 219292, www.footprintsreisen.de.
- **Gaucho Tours,** Mit einem Spezialfahrzeug durchs Land, Tel. (08379) 728597, info@gauchotours.de, www.gauchotours.com.
- **Hauser-Exkursionen,** Trekking-Touren unterschiedlicher Schwierigkeitsgrade, Spiegelstr. 9, 81241 München, Tel. (089) 235006-0, www.hauser-exkursionen.de; in Wien: Tel. (01) 5050346, wien@hauser-exkursionen.at; in Zürich: Tel. (044) 380 4343, schweiz@hauser-exkursionen.ch.
- **Ikarus Tours,** Gute Kleingruppentouren, und Individualangebote, Am Kaltenborn 49–51, 61452 Königstein, Tel. (06174) 29020, central@ikarus.com, www.ikarus.com.
- **Lernidee Reisen,** Gute Kleingruppentouren und Individualangebote auch für Flusskreuzfahrten und Bahn, Eisenacher Str. 11, 10777 Berlin, Tel. (030) 7860000, www.lernidee-reisen.de.
- **Studiosus-Reisen,** Führender Veranstalter für hochklassige Studienreisen, Riesstr. 25, 80992 München, Tel. (089) 50060250, www.studiosus.com.
- **Take Off Reisen,** Dorotheenstr. 65, 22301 Hamburg, Tel. (040) 4222288, info@takeoffreisen.de, www.takeoffreisen.de.
- **Wendy-Pampa-Tours,** Kulturtourismus, Trekking-Touren, mehrwöchige Wohnmobil-Reisen, aber auch Extratouren wie beispielsweise ein Tango-Kurs oder Bandoneón-Kurs in Buenos Aires, Kleingruppentouren; Oberer Haldenweg 4, 88696 Owingen-Billafingen, Tel. (07557) 929374, www.wendy-pampatours.de.
- **Windrose,** Anspruchsvolle Kleingruppentouren oder Privat, Neue Grünstr. 28, 10179 Berlin, Tel. (030) 201710, info@windrose.de, www.windrose.de.
- **Wigwam,** Naturreisen und Expeditionen, Lerchenweg 2, 87448 Waltenhofen, Tel. (083 79) 92060, www.wigwam-tours.de.
- **Wikinger-Reisen,** Hochklassige Outdoor-Reisen, Kölner Str. 20, 58135 Hagen, Tel. (02331) 9046, www.wikinger-reisen.de.

Post und Telefon, Internet und E-Mail

Wer statt mit dem Telefon oder mit Briefen lieber per E-Mail kommuniziert, ist in Argentinien gut aufgehoben. **E-Mail und Internet** sind **weit verbreitet,** nicht nur in Buenos Aires, sondern auch in den kleineren Orten. In Argentinien findet man nahezu in jeder Telefonzentrale einen Computer, mit dem man im Internet surfen kann. Selbst in den kleinsten Nestern kann man seine E-Mail lesen, weshalb auf gesonderte Hinweise zu Internetlokalen verzichtet wird. Der Service kostet in der Regel etwa 0,70 US-$ pro Stunde, manchmal unterteilt in Zehn-Minuten-Einheiten, mitunter wird aber auch sogar minutengenau abgerechnet. Hier kann man auch die Vorteile der IP-Telefonie ausnutzen: Ausgestattet mit einem Nutzerkonto bei einem deutschen Anbieter wie web.de und einem Headset, kann man von jedem Internet-Café mit Breitbandverbindung für rund 2,5 Eurocent pro Minute ins deutsche Festnetz telefonieren, mit anderen Nutzern sogar umsonst. Freilich lässt die Qualität mitunter noch zu wünschen übrig.

Die argentinische Post arbeitet mit Einschränkungen recht zuverlässig, allerdings sollte man keine Geschwindigkeitsrekorde erwarten. Es scheint leichter zu sein, Post nach Europa zu senden, als von Europa nach Argentinien. Eine Woche, mitunter etwas länger, sollte man schon für einen Brief nach Europa einkalkulieren. Das Porto ist recht günstig, ein Luftpostbrief kostet mit der staatlichen Post 2 US-$, mit der privaten wesentlich mehr. Wer sicher gehen will, sollte seine Post „certificado" (als Einschreiben) schicken; das ist natürlich teurer. Die Paketpost per Luftpost ist sehr teuer, per Schiff muss man aber mit vier bis acht Wochen rechnen.

Post empfangen ist ebenfalls einfach. Die Adresse lautet: Señor/Señora X (am besten den Vornamen weglassen), Poste restante, Correo central, Name der Stadt, Argentina. Gegen Vorlage seines Ausweises, eventuell auch Zahlung einer Gebühr (i.d.R. 0,30 US-$ je Brief) kann man dann bei den Hauptpostämtern seine Briefe abholen. Innerhalb des Landes kann man Pakete und Briefe auch mit den Busunternehmen versenden. Die bieten oft eine besseren Service als die Post – sie lagern die Sendungen in der Regel aber nur vier Wochen.

Seit der **Privatisierung des Telefonnetzes** gibt es zwei Gesellschaften im Land und weitere für den Auslandsverkehr. Das hat zu Preiserhöhungen, aber auch zum Ausbau des Telefonnetzes geführt. Ein Ortsgespräch kostet ca. 0,25 Pesos pro Minute (etwa 8 Cent), ein Ferngespräch innerhalb Argentiniens das Doppelte, und nach Deutschland kann man schon für 1,20 Pesos (ca. 40 Cent) anrufen. Mittlerweile gibt es in jeder Stadt eine oder mehrere **Telefonzentralen,** von denen man problemlos auch ins Ausland anrufen kann. Die Telefonzentralen werden meist privat betrieben, die Betreiber erhalten einen günstigeren

Internationale Vorwahlnummern

- Deutschland: 0049
- Österreich: 0043
- Schweiz: 0041
- Argentinien: 0054

Bei den jeweiligen Städtevorwahlnummern ist dann die „0" wegzulassen.

Großkundentarif von den Telefongesellschaften.

Einige Tipps für diejenigen, die viel telefonieren müssen oder wollen: In den meisten Telefonzentralen oder Locutorios kann man sich zwar nicht zu allen Uhrzeiten, aber dennoch meistens **problemlos zurückrufen** lassen. Eine andere Möglichkeit besteht darin, sich bei der Telekom in Deutschland oder einer Kreditkartengesellschaft eine so genannte **Calling Card** zu besorgen. Damit ruft man zunächst eine Servicenummer an, die dann das Gespräch nach Hause vermittelt. Die Gebühren werden in diesem Fall nach anderen, wesentlich niedrigeren Tarifen abgerechnet. Ähnliche Karten gibt es auch in Argentinien, beispielsweise „Hable Más". Für 10 Peso (ca. 3 US-$) kann man dafür in einem Locutorio, zuvor fragen ob es mit der Karte geht, rund 30 Minuten nach Europa telefonieren. Schließlich gibt es die preiswerteste Alternative von allen, die Internet-Telefonie (siehe oben).

Das eigene **Mobiltelefon** lässt sich teilweise auch in Argentinien problemlos nutzen, wenn man ein Mobiltelefon hat, das GSM 1900 MHz nutzen kann und seine Mobilfunkgesellschaft einen Roamingvertrag mit einer der drei argentinischen Gesellschaften CTI Movil, Telecom oder Movistar hat. Wegen hoher Gebühren sollte man bei seinem Anbieter nachfragen oder auf dessen Website nachschauen, welcher der Roamingpartner günstig ist und diesen per **manueller Netzauswahl** voreinstellen. Nicht zu vergessen sind die **passiven Kosten,** wenn man von zu Hause angerufen wird (Mailbox abstellen!). Der Anrufer zahlt nur die Gebühr ins heimische Mobilnetz, die teure Rufweiterleitung ins Ausland zahlt der Empfänger.

Wesentlich preiswerter ist es sich von vornherein auf **SMS** zu beschränken, der Empfang ist dabei in der Regel kostenfrei.

Städtevorwahlen

• Buenos Aires	011
• Bahía Blanca	0291
• Calafate	02902
• Catamarca	03833
• Comodoro Rivadavia	0297
• Córdoba	0351
• Corrientes	0783
• Formosa	0717
• La Plata	0221
• La Rioja	03822
• Mar del Plata	0223
• Mendoza	0261
• Neuquén	0299
• Paraná	0343
• Posadas	03752
• Puerto Iguazú	03757
• Puerto Madryn	02965
• Puerto San Julian	02962
• Rawson	02965
• Resistencia	03722
• Río Gallegos	02966
• Río Grande	02964
• Rosario	0341
• Salta	0387
• San Carlos de Bariloche	02944
• San Juan	0264
• San Luis	0652
• San Miguel de Tucumán	0381
• San Salvador de Jujuy	0388
• Santa Fe	0342
• Santa Rosa	0954
• Santiago del Estero	0385
• Trelew	02965
• Ushuaia	02901
• Viedma	02920

Da in den letzten Jahren das Telefonnetz erneuert wurde, haben sich viele Nummern geändert. Vor allem die ersten zwei oder drei Ziffern wurden häufig ausgetauscht. Falls eine Nummer nicht stimmt, kann man versuchen, bei der **Auskunft 110** die neue Nummer zu erfragen.

Öffentliche **Telefonzellen** funktionieren mit Telefonkarten oder mit Münzen.

Die argentinischen **Telefonsitten** erscheinen etwas unhöflich. Statt sich mit dem Namen zu melden, sagt man dort schlicht „hola", dann fragt der Anrufer nach dem gewünschten Gesprächspartner, und erst auf Nachfrage („¿de parte de quién?") nennt er seinen Namen. Auch ist es völlig üblich, bei Freunden und Bekannten noch nach 22 oder 23 Uhr oder sogar 24 Uhr anzurufen.

Von fast allen privaten Telefonzentralen aus lässt sich ein **Fax** schicken, in der Regel kostet es pro Blatt etwa 1 Peso plus der Telefongebühren. Dort kann man auch Faxe empfangen, der Preis beträgt meist 1 Peso pro Blatt.

Buchtipps:
- Volker Heinrich
Kommunikation von unterwegs
- Günter Schramm
Internet für die Reise
(beide Bände Reise Know-How Praxis)

Reisen in Argentinien

Flugzeug

Da die Entfernungen mitunter riesig sind – von Buenos Aires nach Ushuaia im äußersten Süden sind es 3400 Straßenkilometer – lohnt sich mitunter in Argentinien ein Inlandsflug.

Das **Inlandsflugnetz in Argentinien** ist dicht, und auch die Verbindungen in die Nachbarländer sind gut. Im Reiseteil wird bei jeder Stadt der dazugehörige Flughafen genannt, auch die Adresse der jeweiligen Stadtbüros der einzelnen Fluggesellschaften sowie die wichtigsten Verbindungen.

Das dichteste Streckennetz hat **Aerolíneas Argentinas** gemeinsam mit ihrer Tochtergesellschaft *Austral.* Sie bietet auch das **Rundflugticket „Visite Argentina"** (Besuchen Sie Argentinien) an, das nur im Ausland gekauft werden kann und nur in Verbindung mit einem internationalen Flugticket nach Buenos Aires gültig ist.

Die Bedingungen des Airpasses ändern sich häufig. Zuletzt konnte man beliebig viele Coupons erwerben, nur für Übersee-Passagiere anderer Gesellschaften bestand ein Minimum von drei Coupons für je einen Einweg-Inlandsflug. Die Coupons kosten für Reisende mit einem Übersee-Ticket der *Aerolíneas* zwischen 40 und 145 US-$ für eine Strecke, für alle anderen 50% mehr. Die jeweiligen Flüge können vor der Einreise oder am Ort gebucht werden, einzige Einschränkung (auch für die – kostenlose – Umbuchung) ist die Verfügbarkeit. Jede Stadt außer Buenos Aires darf nur einmal angeflogen werden (außer zum Umsteigen). Der Nachteil des Pakets: Viele Inlandsflüge gehen über Buenos Aires. Um von Trelew an der Atlantikküste nach Bariloche am Andenrand zu kommen, muss man in Buenos Aires umsteigen. Weitere Informationen unter www.aeroli neas.com.ar.

Ein weiterer Tipp: Wer **von Deutschland aus** schon seine Flüge innerhalb Argentiniens **buchen** will (um sicher zu gehen, dass die Verbindungen noch nicht ausgebucht sind), sollte nicht direkt beim Veranstalter wie *Aerolineas Argentinas* buchen, sondern per E-Mail und Überweisung via Western Union über ein Reisebüro in Buenos Aires die Flüge buchen. So kann man mitunter viel Geld sparen und dann die Tickets im Reisebüro abholen. Möglich ist das z.B. über *Bue Bue Travel,* Esmeralda 740, Tel. 5237-0350, www.buebuetravel.com.

Man beachte bitte: Alle Flüge bitte unbedingt immer wieder bestätigen, und fragen, ob die angegebenen Zeiten stimmen – oft wird überbucht, und oft werden auch die Termine kurzfristig geändert. Umbuchungen auf frühere Flüge sind oft kostenlos möglich – auch hier lohnt das Nachfragen.

Auch die **LADE** verfügt noch über ein recht ausgedehntes Streckennetz, dazu kommen mitunter regionale Anbieter. Diese werden ebenfalls in den einzelnen Städtekapiteln genannt. Die **Adressen** der zentralen Büros:

a10-57 Foto: gw

In Argentinien (Buenos Aires):
- **Aerolineas Argentinas,** Perú 2, Tel. 43202 000, gratis 0810-2228-6527, www.aerolineas argentinas.com/ar/.
- **LADE (Líneas Aéreas del Estado),** Perú 710, Tel. 51299000, www.lade.com.ar.
- **LAN,** Cerrito 866, Tel. 0810-9999526, www.lan.com.

Überlandbusse

Busse sind das wichtigste Verkehrsmittel in Argentinien. Zwischen den einzelnen Städten verkehren Überlandbusse. Sie sind in Argentinien in der Regel sehr gut. Ausnahmen bestätigen aber auch hier die Regel. Preiswert sind sie auf jeden Fall und zudem erstaunlich pünktlich.

Die meisten Städte haben einen **zentralen Busbahnhof (Terminal),** wo alle Busse starten. Diese Busbahnhöfe sind unterschiedlich gut organisiert, Spitzenbahnhöfe mit allem Komfort findet man z.B. in Córdoba, manch andere sind traurige und verlorene Plätze, v.a. in den kleinen Landstädten. Man kann Tickets nur für jeweils eine einfache Fahrt kaufen. Es empfiehlt sich überall, sein **Busticket so früh wie möglich zu buchen,** denn erstens hat man dann bei der Reservierung die Auswahl des Sitzplatzes, zum anderen sind die Busse mancher Linien in der Sommersaison (Dezember bis Februar) sehr voll.

Auch bei langen Strecken braucht man sich um sein leibliches Wohl nicht sorgen. Viele Busse in Argentinien haben einen **Essensservice,** der unter-

a13-67 Foto: gw

schiedlich gut ist. Man bekommt Sandwiches und Kekse sowie *Gaseosas* (Cola, Limo) serviert, auf manchen Linien sogar ein warmes Abendessen und Rotwein dazu. Auf anderen Strecken halten die Busse vor Restaurants an, wo man eine schnelle Mahlzeit zu sich nehmen kann. In Nordargentinien wird bei Zwischenstopps auf den Bahnsteigen allerlei angeboten, mitunter fahren auch Verkäufer ein Stück mit.

Langeweile ist in argentinischen Bussen zumeist ein Fremdwort. Erstens kommt man schnell mit seinem Nachbarn ins Gespräch, zum anderen wird oft ein mehr oder weniger gutes Videoprogramm gezeigt (englisch mit spanischen Untertiteln). Die Qualität ist abhängig vom Geschmack der beiden Fahrer. Manchmal werden sogar Gesellschaftsspiele gepflegt, eine Bingorunde im Bus ist sehr beliebt.

Zu den besseren Gesellschaften gehören Andesmar (www.andesmar.com), Chevallier (www.nuevachevallier.com.ar), Flecha Bus (www.flechabus.com.ar), Via Bariloche (www.viabariloche.com.ar) und La Estrella/El Cóndor (www.condorestrella.com.ar). Einige bieten auch Studentenrabatte bis zu 20%.

Für das Ein- und Ausräumen des Gepäcks erwarten die Bediensteten der Gesellschaften häufig ein Trinkgeld: 0,25 bis 1 Peso sind angebracht. Viele Busbahnhöfe haben auch Gepäckaufbewahrungen *(Custodia),* wo man seine Taschen bei Tagesausflügen deponieren kann.

Grundsätzlich gibt es **drei** verschiedene **Klassen Busse,** die sich in Qualität, Ausstattung, Komfortabilität und Preis unterscheiden. Die besten sind die der Klasse „super coche cama", mitunter auch „salón cama" genannt. Hier sitzt man wie in der Business Class. Also lassen Sie sich beim Ticketkauf nicht nur vom Preis beeindrucken, fragen Sie auch nach den Bustypen und den Zusatzleistungen (Abendessen, Snacks, Getränke, Essen im Bus oder bei einer Pause im Restaurant).

Zwei Tipps: Bei Nachtfahrten sollte man sich einen Pullover oder eine dünne Jacke mit in den Bus nehmen, denn oft ist die Klimaanlage zu stark eingestellt. Wenn zwei Busse parallel dieselbe Route fahren, sollte man überlegen, ob man sich nicht den teureren leisten kann. Oft bedeutet teurer auch leerer, und bei Nachtfahrten ist es schön, eine Sitzreihe für sich allein zu haben.

Buchtipp:
- Harald A. Friedl
Respektvoll reisen
(Reise Know-How Praxis)

Wichtigstes Verkehrsmittel in Argentinien sind Busse

Leihwagen

Leihwagen sind erschwinglich geworden und lohnen sich oft schon deswegen, weil viele Punkte und Sehenswürdigkeiten mit öffentlichen Verkehrsmitteln nur sehr schwer und zeitaufwendig zu erreichen sind. Am teuersten sind die international agierenden Vermieter wie Localiza oder Avis, wesentlich preiswerter hingegen die lokalen Anbieter, zumal dort die Preise meistens auch Verhandlungssache sind. Die Kreditkarte ist meistens notwendig als Sicherheit. In der Hauptsaison muss man für einen normalen PKW mit etwa 40–50 US-$ am Tag rechnen. Ein Jeep oder Pick-up kostet 60 bis 70 US-$ pro Tag. Außerhalb der Saison kann man oft einen nahezu unglaublichen Preisnachlass bekommen. Theoretisch braucht man einen internationalen und den nationalen Führerschein.

Man sollte den Wagen immer **ohne Kilometerbeschränkung** leihen. Nicht immer ist der Abschluss einer **Vollkaskoversicherung** obligatorisch, trotzdem empfiehlt es sich. Der Nachteil dieser Versicherungen: Die Eigenbeteiligung ist oft sehr hoch. Die meisten Autovermieter vermieten keine Neuwagen, häufig haben die Autos schon einige Schrammen oder kleinere Schönheitsfehler. Beim Verleih werden die größten Mängel in eine Liste aufgenommen. Achten Sie beim Autoleihen unbedingt darauf, dass der Wagen technisch in Ordnung ist, dass **Handbremse und Beleuchtung funktionieren und das Reserverad genügend Luft hat.** Mittelklassewagen sind normalerweise ausreichend, auch für die Schotterpisten. Wer neuere oder größere Wagen möchte, sollte zu den Vertretungen der internationalen Verleihfirmen gehen. Bei den jeweiligen Städtekapiteln werden Autovermieter genannt.

Die **Verkehrsregeln** in Argentinien entsprechen im Wesentlichen den europäischen, allerdings werden sie nur in Ausnahmefällen beachtet. Es gilt auch hier Rechts-vor-Links, aber darauf sollte man sich auf keinen Fall verlassen. Man fährt drauflos, und in den Städten sollte auch nur derjenige fahren, der gute Nerven hat, überdurchschnittlich reaktionsschnell ist und Augen auch im Hinterkopf hat. Das Auto muss dort sehr gute Bremsen, eine schnelle Beschleunigung und eine funktionierende Hupe besitzen. Es besteht Anschnallpflicht.

Benzin („nafta“) kostet ungefähr 0,70 US-$ pro Liter, in Südpatagonien aufgrund einer Steuerbefreiung nur etwa die Hälfte. Die **Höchstgeschwindigkeit** auf städtischen Nebenstraßen beträgt 40 km/h, auf den Hauptachsen 60 km/h und auf Landstraßen und Autobahnen 100 bis 120 km/h. Generell wird viel und streng kontrolliert,

Grenzübergang zwischen Chile und Argentinien in Patagonien

wobei neben der Geschwindigkeit oft auch „nur" die Papiere überprüft werden. Die Strafen liegen zwischen 50 und 150 Pesos.

Bei **Überlandfahrten** sollte man immer mindestens einen Ersatzkanister und einen Ersatzreifen dabeihaben. Von **Nachtfahrten** wird abgeraten. Straßen und andere Autos sind entweder schlecht oder gar nicht beleuchtet, Fahrradfahrer nie. Auf **Schotterpisten** gelten einige Besonderheiten: Kommt ein Wagen entgegen, drückt man mit dem Daumen vor die Windschutzscheibe, damit ein eventuell hochgewirbelter Stein die Windschutzscheibe nicht vollständig zertrümmert, sondern nur ein kleines Loch hineinschlägt. Um überhaupt zu vermeiden, dass die Steine so weit hochgewirbelt werden, sollte man dicht an den entgegenkommenden Fahrzeugen vorbeifahren.

Wohnmobile/Geländewagen

Einige **wenige Verleiher** vermieten auch Campingbusse oder Wohnmobile, teilweise sogar mit Allradantrieb. Der Spaß ist allerdings nicht billig. Ein umgebauter Ford-Pick-up mit Kabine und zwei Schlafplätzen, angetrieben von einem Dieselmotor, kostet am Tag mindestens 70 US-$. Darin enthalten sind die Miete sowie täglich 200 bis 250 Freikilometer, jeder weitere Kilometer kostet extra. Hinzu kommt eine Vollkaskoversicherung, die pro Monat mindestens 400 US-$ kostet, allerdings immer noch eine Selbstbeteiligung vorsieht. Da es relativ wenige

a2-24 Foto: gw

Anbieter gibt, ist eine frühzeitige Buchung anzuraten.

- **ContactChile,** Huelén 219, Providencia, Santiago de Chile, Tel. (0056-2) 2641719, www.contactchile.de. Die deutschsprachige Agentur vermittelt auch Camper und Wohnmobile. Die Übergabe ist an jedem beliebigen Ort möglich, die Modelle sind für autonome Touren in abgelegene Gebiete komplett ausgestattet.

Eine dritte Möglichkeit ist eine **organisierte Fahrt mit dem Geländewagen,** die von Santiago de Chile bis nach Punta Arenas führt und dabei immer wieder die argentinische Andenseite berührt. So sieht diese Tour auch Wanderungen am Fitzroy-Massiv vor. Die zwanzig Tage dauernde Reise ist allerdings nicht billig. Sie kostet inkl. der Inlandsflüge von Santiago nach Punta Arenas oder zurück, der Hotels, Übernachtungen und sämtlicher Mahlzeiten, Bootspassagen, kultureller Veranstaltungen, Eintrittspreise und deutschsprachiger Reiseleitung pro Person rund 3500 Euro. Weitere **Informationen bei:**

- **Wendy-Pampa-Tours,** Oberer Haldenweg 4, 88696 Owingen-Billafingen, Tel. (07557) 929374, www.wendy-pampa-tours.de. Auch Vermittlung von Leihwagen.

Buchtipps:
- Rainer Höh
Wildnis-Ausrüstung;
Handbuch Wohnmobil-Ausrüstung;
Clever reisen mit dem Wohnmobil
- Bernd Büttner
Fernreisen mit dem eigenen Fahrzeug
(alle Bände Reise Know-How Praxis)

Mit dem eigenen Auto

Pkw, Wohnmobile und Motorräder können mit dem „Carnet de Passage en Douanes“ nach Argentinien eingeführt werden. Das Carnet ist bei den Automobilclubs wie z.B. dem ADAC, ÖAMTC oder TCS zu bekommen, in den anderen Ländern bei den dortigen Automobilclubs.

Fahrzeug verladen und verschiffen

Sein eigenes Fahrzeug nach Südamerika zu transportieren, ist unproblematischer, als man zunächst glaubt. Mehrere deutsche Seefrachtunternehmen bieten einen Container-Service. Buenos Aires wird nahezu wöchentlich angefahren. Der Preis pro angeliefertes Fahrzeug ab Hamburg oder Bremerhaven beträgt etwa 1300 Euro für die Container-Fracht bis Buenos Aires (inkl. Abfertigung und sichern des Fahrzeugs im Container). Man sollte sich möglichst etwa drei Wochen vor dem geplanten Reisebeginn mit einer Spedition in Verbindung setzen, die reine Reisezeit auf dem Schiff dauert dann noch einmal 20 bis 22 Tage.

Anders als nach Nordamerika werden in den Süden des Doppelkontinents seltener Fahrten im Roll-on-Roll-off-Verfahren (Ro/Ro) angeboten. Diese Möglichkeit des Fahrzeugtransports ist angeblich nicht ganz so sicher, immer wieder wird erzählt, dass Autos aufgebrochen oder Autoteile abmontiert wurden. Außerdem übernimmt die Reederei keine Haftung für im Auto befindliche Gegenstände. Dieser RoRo-Transport nach Buenos Aires ist zwar billiger (etwa 300 Euro), sicherer ist jedoch der Transport per Container.

Weitere **Auskünfte** erteilt:

- **deugro,** Friedrichstr. 9A, 70174 Stuttgart, Tel. (0711) 22273-60, www.deugro.com.

Ankauf und Papiere

Wer Zeit und Geduld mitbringt, kann in Argentinien ein Fahrzeug kaufen und nach der Reise wieder verkaufen. Die Preise von Gebrauchtwagen sind nach dem Währungs-Crash überaus günstig, und mit den richtigen Papieren kann man mit dem Wagen auch die Grenzen zu den Nachbarländern überqueren. Hier steckt der Teufel freilich im Detail, man sollte im Zweifelsfall mehrmals und bei verschiedenen Stellen nachfragen, um nicht plötzlich an einer abgelegenen Grenzstation nicht weiter zu kommen. In Argentinien genügt es, eine Adresse angeben zu können, das kann sogar ein Hotel sein. Man ruft den *Registro del Automotor* an (Kraftfahrzeugbehörde, Tel. 40117410), lässt sich das für die Wohnadresse zuständige Büro sagen (oder sucht es im Internet auf der Seite www.dnrpa.gov.ar) und kann dort den Papierkram für den Autokauf abwickeln – dazu benötigt man lediglich seinen Pass. Für das gekaufte Fahrzeug müssen bei der *Dirección de Rentas* Steuern entrichtet werden. Nähere Informationen über die Papiere für den Grenzübertritt erteilt ebenfalls der *Registro del Automotor.* Beim Kauf des Wagens von einem Händler übernimmt dieser meistens die Abwicklung.

Eisenbahn

Eisenbahnfreunde kommen in Argentinien nicht auf ihre Kosten. Der **Zugfernverkehr ist weitgehend eingestellt.** Dort, wo die Eisenbahn noch fährt, ist sie allenfalls preislich eine Alternative, vom Tempo her nicht.

Infos über den Betrieb der noch verbleibenden Zugverbindungen gibt die *Comisión Naciónal de Regulación del MéxicoTransporte,* Maipú 88, Tel. 4331 3280.

Schiff

Die einzige wirklich gut funktionierende Schiffsverbindung besteht **zwischen Buenos Aires und Montevideo.**

Autostopp

Autostopp kann allein schon wegen des fehlenden Verkehrs ein **echtes Geduldsspiel** sein. In Patagonien kann man sich leicht mal die Füße in den Bauch stehen, bis sich irgendwann ein LKW-Fahrer erbarmt. Am besten stellt man sich an die Tankstellen an den Ausfallstraßen der Städte.

Stadtbusse und Taxis

Die Stadtbusse **(colectivos)** sind meistens schnaubende und stinkende Ungetüme. Eine Ausnahme ist Mendoza, dort verkehren in der Innenstadt Oberleitungsbusse. In Argentinien bezahlt man meistens am Automaten beim Einstieg, manchmal auch beim Fahrer.

Die **Haltestellen** *(paradas)* sind nur selten gekennzeichnet, am besten fragt man immer nach. Die Busse halten nur auf Handzeichen. Beeilung und Vorsicht sind nicht nur beim Einsteigen angebracht: Die Colectivo-Fahrer fühlen sich meist als legitime Nachfolger der Formel-I-Piloten *Carlos Reutemann* oder *Juan Manuel Fangio.*

Taxis sind bei dem günstigen Wechselkurs überaus erschwinglich und insbesondere nachts eine gute und sichere Alternative. Sie haben überall Taxameter und zeigen den Preis an. Auf manchen Strecken allerdings wird der Preis vorher ausgehandelt.

Remise nennt man private Taxis, die ohne Taxameter, aber nach vorher ausgehandelten Preisen fahren. Hotelbesitzer wissen in der Regel die Telefonnummer so genannter *Remiseras,* wo man solche Autos chartern kann. Aus Sicherheitsgründen, insbesondere in Großstädten wie Buenos Aires, ist es angeraten, sich ein solches Funktaxi rufen zu lassen, statt irgendeins auf der Straße anzuhalten.

Reiserouten und -ziele

Argentinien ist ein **Land der Gegensätze,** hier die hektische Metropole Buenos Aires und dort die unendlichen Weiten Patagoniens. Die großen Entfernungen machen es schwierig, das Land in seiner ganzen Vielfalt kennen zu lernen. Wer nur wenig Zeit hat, sollte sich auf einen Landesteil konzentrieren oder versuchen, bestimmte Ziele schnell anzufliegen.

Zum Pflichtprogramm gehört natürlich **Buenos Aires.** Einige Tage sollte man schon in der Metropole verbringen, zumal auch alle Verkehrswege über die argentinische Hauptstadt führen. Nach dem ersten Schock entdeckt man vielleicht auch die stilleren Ecken und kann das Stadtleben genießen.

Die **Provinz Buenos Aires** lässt sich auf einer Route von der Hauptstadt bis nach Bahía Blanca und dann zur Sierra de la Ventana entdecken, eine Tour, die die wichtigsten Sommerorte der Porteños an der Küste berührt. Landschaftlich ist sie für den Europäer vielleicht nicht ganz so attraktiv, andererseits ist es schon interessant, das sommerliche Leben hier kennen zu lernen. Bei Abstechern ins Landesinnere lässt sich die berühmte Einsamkeit der argentinischen Pampa erleben.

Will man das **subtropische Argentinien** kennen lernen, sollte man sich auf die Provinzen zwischen Río Uruguay und Río Paraná konzentrieren. Dort gibt es tiefgrünen Urwald, rote Erde, geheimnisvoll glitzernde Sumpfgebiete, mächtig dahinströmende Flüsse, dazwischen rätselhaft wirkende alte Jesuitenmissionen und als absoluten Höhepunkt eine der größten Natursensationen Südamerikas: die tosenden Wasserfälle in Iguazú.

Der **Nordwesten** lockt mit alten Indianersiedlungen und Kolonialkirchen, mit wüstenartigen Hochebenen, umgeben von den Gipfeln der Fünf- und Sechstausender, mit kahlen Bergtälern und Schluchten, die im Sonnenlicht in allen Regenbogenfarben glitzern. Dort fuhr auch von Salta bis San Antonio de los Cobres der „Tren a las Nubes“. Derzeit wird an der Erneuerung der Bahnlinie gearbeitet.

Um **die höchsten Berge Amerikas** zu sehen, fährt man nach Mendoza. Dort ist das Tor zum **Aconcagua, mit 6962 m der höchste Andengipfel.** Weiter könnte eine Rundreise über Córdoba, Argentiniens zweitgrößte Stadt, und später dann in die Provinzen San Juan und La Rioja führen; dort locken mit dem Nationalpark Talampaya die argentinische Ausführung des Grand Canyon und im Provinzpark Ischigualasto, auch „Tal des Mondes“ genannt, eine bizarre Sandfelsenlandschaft.

Auf der **Península Valdés** lassen sich wie sonst nirgendwo Wale, Seelöwen, See-Elefanten und auch Pinguine beobachten. Im argentinischen Frühjahr treffen sich dort verschiedene Walarten zur Paarung, später kommen die See-Elefanten und -löwen. 120 km südlich liegt bei Punta Tomba die größte Pinguinkolonie Südamerikas.

Nicht versäumen sollte man das **argentinische Seengebiet** auf der Andenseite in Nordpatagonien. Hier liegen der Parque Nacional Lanín und der Nahuel Huapi, zwei der schönsten Nationalparks des Landes; sie locken mit blaugrünen Seen, schneebedeckten Gipfeln und tiefgrünen Wäldern. Weiter südlich, im Parque Nacional Los Glaciares, finden sich zwei der spektakulärsten Sehenswürdigkeiten des Landes: der riesige **Gletscher Perito Moreno** mit seiner mehr als 60 m hohen Eiswand, die sich langsam vorwärtsschiebt, sowie die bizarren Gipfel des **Fitzroy Massivs.** Von dort ist es nur noch ein kurzes Stück zum „Ende der Welt“, nach **Feuerland.**

Reisezeit

Argentinien hat das ganze Jahr über Saison. Je nach Lage der Reiseziele sollte man seinen Aufenthalt planen. Im Nordwesten ist beispielsweise der Spätherbst/frühe Winter (April) eine der schönsten Reisezeiten. Dann ist es hier trockener, aber die Tage sind immer noch schön warm, die Nächte allerdings, je nach Höhenlage, sehr kalt. Für den Nordosten gilt dasselbe.

In Iguazú sind die hohen Sommertemperaturen, gepaart mit hoher Luftfeuchtigkeit, mitunter nur schwer zu ertragen. Nach Buenos Aires sollte man auch lieber im Frühjahr oder Herbst reisen, da die Sommermonate sehr heiß sein können. Allerdings ist die Stadt im Januar und Februar doch spürbar leerer als z.B. im Oktober oder März.

Je weiter man südwärts kommt, desto eher sollte man den argentinischen Sommer als Reisezeit nehmen, denn in den Bergen Patagoniens oder auch Feuerlands hat man nur selten eine Gute-Wetter-Garantie. Dort kann es selbst im Sommer recht kühl werden.

Die **Hochsaison** ist in den Monaten Januar, Februar und Juli, in der Osterwoche und an langen Wochenenden.

Sicherheit und Kriminalität

Argentinien gehörte bis vor kurzem zu den sichersten Ländern in Südamerika. Dies muss man nach den turbulenten Jahren 2001/2002 relativieren. Die **Wirtschaftskrise** hat Millionen von Menschen in die Armut getrieben, und in der Folge stieg die Kriminalität Besorgnis erregend an, vor allem in den großen Städten, insbesondere in Buenos Aires. In ländlichen Regionen braucht man um sein Leben, Hab und Gut keine besondere Angst zu haben.

In den Zentren und touristischen Vierteln der Großstädte werden verstärkt Polizeikräfte aufgeboten; so wurde in Buenos Aires eine **Comisaría del Turista** (Corrientes 436, Tel. 43465748, turista@policiafederal.gov.ar) eingerichtet, eine spezielle Polizeitruppe für Touristen, deren Beamte Englisch sprechen, Diebstahlanzeigen entgegennehmen und in den Fußgängerzonen des Microcentro patrouillieren. Schwieriger wird die Situation in anderen Vierteln und Außenbezirken, die man als Tourist generell versuchen sollte zu meiden. Im Zweifelsfall sollte man sich vor dem Besuch eines unbekannten Viertels genau nach der Sicherheit erkundigen und besondere Vorsicht walten lassen.

In den Zentren sind die größte Gefahr nach wie vor die **Taschendiebe,** die im Gedränge der U-Bahn oder auf belebten Straßen geschickt agieren, sich ihre Opfer sehr gut aussuchen und die wissen, dass die Gringos oft einiges an Bargeld mit sich herumtragen oder eine teure Kamera besitzen. Daher sollte man seine Wertsachen nie offen tragen, in der U-Bahn besonders gut auf Brief- und Handtasche achten und auf die Mitnahme der teuren Uhr verzichten. Vielleicht nimmt man auch nicht immer seine gesamte Barschaft mit, bewahrt ein wenig Kleingeld in der Hosentasche auf und den Rest im sicheren Geldgürtel, den man allerdings unter der Kleidung tragen sollte. In größeren Städten kann es in bestimmten Stadtvierteln (in Buenos Aires z.B. La Boca) zu bewaffneten Überfällen kommen.

Die größte Gefahr bestohlen zu werden droht immer da, wo viele Leute aufeinandertreffen, also z.B. in Busbahnhöfen, auf Bahnsteigen, in Warteschlangen usw. (zu Buenos Aires s.a. den Punkt „Gefahren" eingangs des entsprechenden Stadtkapitels).

Seit 2002 haben in Argentinien und insbesondere in der Hauptstadt die Fälle von **Entführungen** stark zugenommen. Deren Opfer sind zumeist zahlungskräftige Geschäftsleute, Prominente oder Manager, darunter immer wieder Spitzenangestellte ausländischer Unternehmen. Ziel der oft gewaltbereiten Entführer ist ein üppiges und schnelles Lösegeld. Touristen sind nur selten betroffen.

Buchtipp:
- Matthias Faermann
Schutz vor Gewalt und Kriminalität unterwegs
(Reise Know-How Praxis)

Aktuelle Reisehinweise zu allen Transitländern neben Hinweisen zur allgemeinen Sicherheitslage erteilen:

- **Deutschland:** www.auswaertiges-amt.de und www.diplo.de/sicherreisen (Länder- und Reiseinformationen), Tel. 030-5000-0, Fax 5000-3402.
- **Österreich:** www.bmaa.gv.at (Bürgerservice), Tel. 05-01150-4411, Fax 05-01159-0.
- **Schweiz:** www.eda.admin.ch (Reisehinweise), Tel. 031-3238484.

Strom

Die Stromspannung in Argentinien beträgt wie in Mitteleuropa **220 Volt/ 50 Hz.** Allerdings passen europäische Stecker nicht oder nur selten in die Steckdosen. **Zwischenstecker (Adapter)** bekommt man fast überall problemlos.

Souvenirs und Einkäufe

Lederwaren und Kunsthandwerk sind die beliebtesten Mitbringsel. Alle drei Länder bieten verhältnismäßig preiswerte Lederwaren. Die Sachen sind in der Hauptstadt am modischsten, allerdings mit Abstand auch am teuersten.

Beliebt als Souvenirs sind auch **Mate-Kalebassen,** die auf jedem Markt in Argentinien zu kaufen sind. Die luxuriösesten sind mit dünnem Leder umkleidet und am Rand mit getriebenem Blech oder – ganz aufwendig – Silber verziert, die gewöhnlichen Varianten sind schlichte Kalebassen oder tragen das Signet des bevorzugten Fußballvereins. Ebenso sind die Bombillas, die Trinkhalme, in allen Preis- und Güteklassen zu kaufen. Wer den Mate lieben gelernt hat, sollte sich unbedingt mit einem kleinen Vorrat eindecken, denn in Europa ist das Alltagsgetränk der Argentinier echter Luxus.

Kunsthandwerk ist sehr beliebt, doch variiert dessen Qualität beträchtlich. Es gibt ein Nord-Süd-Gefälle.

Wer bereit ist, mehr oder viel Geld auszugeben, kann gut auf einem der Antikmärkte oder in einem Antiquitätengeschäft in Buenos Aires fündig werden.

Unterkunft

In Argentinien kann man aus einer Fülle von Unterkünften wählen. Die meisten sind **Hotels und Pensionen, es gibt aber auch Residenciales, Hosterías, Cabañas und Casas de Familias.** Es gibt wie bei allen Lebenshaltungskosten auch bei den Hotelpreisen ein deutliches Süd-Nord-Gefälle: Je weiter man nach Norden kommt, desto billiger werden die Übernachtungsmöglichkeiten. Auf Feuerland sind sie am teuersten.

Die Währungskrise von 2002 hat im einst teuren Argentinien die Unterkünfte erschwinglich und in vielen Fällen sogar außerordentlich preiswert gemacht. Die angegebenen **Preise** sind – soweit nicht anders vermerkt –

gültig für **zwei Personen im Doppelzimmer.** Bei Hotels ab Mittelklasse aufwärts hat man immer ein eigenes Bad, in der unteren Preisklasse kann es auch schon einmal mit „Baño común" (Gemeinschaftsbad) statt „Baño privado" sein. Einzelzimmer sind häufig im Verhältnis teurer. Manchmal zahlt man für sie das gleiche wie für ein Doppelzimmer. Für Reservierungen verlangen viele Hotels eine Anzahlung. Eine Reaktion auf das Verhalten der eigenen Landsleute: Per Telefon reservieren und nicht kommen. Die Anzahlung hat meist etwas umständlich auf ein Bankkonto zu erfolgen.

Hotels

Hotels sind meistens nach Sternen klassifiziert, was aber eher eine preisliche als eine qualitative Festschreibung ist. In touristischen Regionen ist das Preis-Leistungs-Verhältnis meist ganz gut. Ein gutes Preis-Leistungs-Verhältnis in der gehobenen Kategorie bieten immer die Hotels des argentinischen Automobilclubs, allerdings muss man, um dort unterzukommen, Mitglied des ACA oder eines europäischen Partnerclubs (z.B. ADAC, ÖAMTC, TCS) sein. Viele Hotels haben nicht nur Doppel- oder Einzelzimmer, sondern verfügen auch über Mehrbettzimmer.

Einfache Unterkünfte

Sie heißen **„Residencial", „Hostería"** oder manchmal auch Hotel, sind einfache und teils etwas abgewohnte Unterkünfte. Die billigsten sind immer in der Nähe des Busbahnhofs zu finden. Allzuviel Komfort sollte man in der Regel nicht erwarten, dann kann man mitunter doch sehr, sehr positiv überrascht werden. Hier hilft: Herumschauen, Zimmer angucken, eventuell weitergehen.

„Cabañas" sind kleine Apartments oder Ferienwohnungen, mitunter kleine Bungalows, die sich für einen mehrtägigen Aufenthalt hervorragend eignen. Sie sind im Verhältnis meist billiger als Hotels gleicher Güteklasse und bieten zudem die Möglichkeit, sich selbst zu verpflegen.

Jugendherbergen

In Argentinien gibt es wenige **„Albergues de la Juventud".** Bei den Ortsbeschreibungen werden sie immer genannt. Die Jugendherbergen sind gute Treffpunkte besonders auch für Alleinreisende. Sie stellen oft regelrechte Info-Börsen dar und bieten eine Kochgelegenheit und die Möglichkeit, die Wäsche zu waschen. Übernachtet wird in Doppel- bis Achtbettzimmern, je nach Komfort- und Preiswunsch.

Grundsätzlich stehen die Jugendherbergen auch Nicht-Mitgliedern des Internationalen Jugendherbergsverbandes offen, allerdings ist dann die Übernachtung teurer. Einen internationalen Jugendherbergsausweis bekommt man in Deutschland in jeder Jugendherberge oder beim *Deutschen Jugendherbergswerk,* Bismarckstr. 8, 32756 Detmold, Tel. (05231) 74010, www.jugendherberge.de. In Argentini-

030-a Foto: jv

en erhält man diesen Ausweis nur in der Zentrale des nationalen Verbandes; die **Adressen:**

- **Red Argentina de Alojamiento para Jovenes (RAAJ),** Florida 835, Buenos Aires, Tel. 45118723, Fax 43120089, hiargentina@hostels.org.ar – die inzwischen größere und bessere Organisation im Land.
- **Asociación Argentina de Albergues de la Juventud,** Brasil 675, Buenos Aires, Tel. 430 09321, zwei Passbilder mitbringen; www.aaaj.org.ar, info@aaaj.org.ar, info@aaaj.org.ar.

Übrigens: **„Albergues Transitorios"** sind keine Jugendherbergen, auch wenn dort vermehrt junge Menschen absteigen. Es handelt sich um **Stundenhotels** für unverheiratete Paare, die im Hause der Eltern nicht zusammenkommen können.

Camping

Für Reisende, die **preiswert** unterkommen wollen/müssen, ist Camping in Argentinien die beste Alternative.

Die Zeltplätze sind zwar nicht immer sehr komfortabel, aber immer recht preiswert, die besten sind die des argentinischen Automobilclubs ACA, die billigsten die meist kostenlosen in den Nationalparks. Nur im Nationalpark Iguazú ist das Zelten nicht erlaubt. **In vielen Nationalparks** ist **Campen** überhaupt die **einzige Übernachtungsmöglichkeit.** Die Zeltplätze des ACA sind wegen ihrer guten Installationen, aber auch wegen ihres Sicherheitsstandards im Zweifelsfall vorzuziehen. Eine Liste findet sich unter www.aca.org.ar, nähere Informationen auch im ACA-Büro Buenos Aires, Av. del Libertador 1850, Tel. 48084040, turismo@aca.org.ar.

Die beste Campingzeit ist natürlich der Sommer. Man braucht aber auch dann vor allem im Süden eine **hochwertige Ausrüstung,** denn der patagonische Sturm zerrt mitunter mehr als heftig an den Zeltwänden. Gute Campingutensilien sind mitunter teurer als in Europa, aber fast überall zu haben, ebenso wie die notwendigen Zubehörteile.

Versicherungen

Auslandskrankenversicherung

Da mit Argentinien **keine Sozialabkommen** bestehen, übernehmen die gesetzlichen Krankenkassen normalerweise keine Leistungen, so dass man gut beraten ist, für die Reisezeit eine zusätzliche **Auslandskrankenversicherung** abzuschließen. Dabei muss man allerdings sämtliche Arzt- und Krankenhauskosten selbst vorstrecken, sie werden erst später gegen Beleg von der Versicherung zurückerstattet. Bei Abschluss der Versicherung, die es mit bis zu einem Jahr Gültigkeit gibt, sollte auf einige Punkte geachtet werden. Zunächst sollte ein **Vollschutz ohne Summenbeschränkung** bestehen, im Falle einer schweren Krankheit oder eines Unfalls sollte auch der **Rücktransport** übernommen werden. Wichtig ist, dass im Krankheitsfall der **Versicherungsschutz über die vorher festgelegte Zeit hinaus** automatisch verlängert wird, wenn die Rückreise nicht möglich ist.

Schweizer sollten bei ihrer Krankenversicherungsgesellschaft nachfragen, ob die Auslandsdeckung auch für Argentinien inbegriffen ist. Sofern man keine Auslandsdeckung hat, kann man sich kostenlos bei Soliswiss (Gutenbergstr. 6, 3011 Bern, Tel. 031-3810 494, info@soliswiss.ch, www.soliswiss.ch) über mögliche Krankenversicherer informieren.

Zur Erstattung der Kosten benötigt man grundsätzlich ausführliche **Quittungen** (mit Datum, Namen, Bericht über Art und Umfang der Behandlung, Kosten der Behandlung und Medikamente).

Der Abschluss einer **Jahresversicherung** ist in der Regel kostengünstiger als mehrere Einzelversicherungen. Günstiger ist auch die **Versicherung als Familie** und nicht als Einzelpersonen. Hier sollte man nur die Definition von „Familie" genau prüfen.

Andere Versicherungen

Ob es sich lohnt, weitere Versicherungen abzuschließen wie eine Reiserücktrittsversicherung, Reisegepäckversicherung, Reisehaftpflichtversicherung oder Reiseunfallversicherung, ist individuell abzuklären. Gerade diese Versicherungen enthalten viele **Ausschlussklauseln,** sodass sie nicht immer Sinn machen.

Die **Reiserücktrittsversicherung** für 35–80 € lohnt sich nur für teure Reisen und für den Fall, dass man vor der Abreise einen schweren Unfall hat, schwer erkrankt, schwanger wird, gekündigt wird oder nach Arbeitslosigkeit einen neuen Arbeitsplatz bekommt, die Wohnung abgebrannt ist u.Ä. Nicht gelten hingegen: Terroranschlag, Streik, Naturkatastrophe etc.

Die **Reisegepäckversicherung** lohnt sich seltener, da z.B. bei Flugreisen verlorenes Gepäck oft nur nach Kilopreis und auch sonst nur der Zeitwert nach Vorlage der Rechnung ersetzt wird. Wurde eine Wertsache nicht im Safe aufbewahrt, gibt es bei Diebstahl auch keinen Ersatz. Kameraausrüstung und Laptop dürfen beim Flug nicht als Gepäck aufgegeben worden sein. Gepäck im unbeaufsichtigt abgestellten Fahrzeug ist ebenfalls nicht versichert. Die Liste der Ausschlussgründe ist endlos ... Überdies deckt häufig die Hausratsversicherung schon Einbruch, Raub und Beschädigung von Eigentum auch im Ausland. Für den Fall, dass etwas passiert ist, muss der Versicherung als Schadensnachweis ein Polizeiprotokoll vorgelegt werden.

Eine **Privathaftpflichtversicherung** hat man in der Regel schon. Hat man eine **Unfallversicherung,** sollte man prüfen, ob diese im Falle plötzlicher Arbeitsunfähigkeit aufgrund eines Unfalls im Urlaub zahlt.

Zeit

Die Zeitverschiebung zu Mitteleuropa (MEZ) beträgt normalerweise **minus vier Stunden,** während der mitteleuropäischen Sommerzeit minus drei Stunden.

arg3-076 Foto: gw

Land und Leute

a69-356 Foto: gw

arg3-077 Foto: gw

Das Kongressgebäude in Buenos Aires

Landschaft bei Bariloche

Beagle-Kanal: Leuchtturm am Ende der Welt

Geografie

Lage und Größe

Beim flüchtigen Blick auf eine Weltkarte fällt vor allem eine Besonderheit Argentiniens auf: Es ist mit Chile das Land, dessen Grenzen dem **Südpol** am nächsten kommen. Die Südspitze Feuerlands liegt etwa 3200 km südlicher als das Kap der Guten Hoffnung in Südafrika und auch noch 1500 km südlicher als Neuseeland. Die zweite Besonderheit teilt Argentinien ebenfalls mit Chile: Kein anderes Land hat eine solche **Nord-Süd-Ausdehnung.** In Argentinien trennen Feuerland und der nördlichste Punkt bei La Quiaca an der argentinisch-bolivianischen Grenze etwa 3700 km, vom Polarmeer bis zu den Tropen reicht folglich die Bandbreite.

Argentinien erstreckt sich zwischen 53° und 73° westlicher Länge und 21,5° und 55° südlicher Breite. Die Nord-Süd-Ausdehnung würde auf der Nordhalbkugel koordinatengetreu etwa der Strecke von Kopenhagen bis zur Südgrenze Ägyptens entsprechen.

Das Land am Río de la Plata hat im Westen eine 5308 km lange **Grenze** mit Chile und im Nordwesten eine 742 km lange mit Bolivien. Die nördliche Grenze zu Paraguay ist 1699 km lang, die im Nordosten mit Brasilien 1132 km. Die kürzeste Grenze hat das Land zu Uruguay. Der Río Uruguay trennt die beiden Länder auf einer Länge von 495 km voneinander. Die Atlantikküste Argentiniens ist etwa 5100 km lang.

Die meisten Landesgrenzen werden durch **natürliche Barrieren** gebildet: Die Westgrenze zu Chile verläuft fast durchgängig über die Andenhöhen, nur im Süden an der Magellanstraße und auf Feuerland wurde sie per Strich auf der Karte gezogen – und zwar erst spät, 1902, nach einem Schiedsspruch des englischen Königs. Die Grenze südlich des Fitzroy-Massivs auf dem Patagonischen Inlandeis ist zwischen den Nachbarländern immer noch umstritten. Auch die Grenzziehung in der Antarktis ist unsicher, denn Chile und Argentinien erheben Anspruch auf teilweise dasselbe Stück. Der Grund dafür ist einfach: Dort werden große Mengen an Bodenschätzen vermutet.

Die Nordgrenze zu Bolivien wird nicht durch ein natürliches Hindernis gebildet. Sie verläuft quer duch die Bergwelt und trifft dann im Osten auf den **Río Pilcomayo,** der im weiteren Verlauf nach Südosten die natürliche Grenze zwischen Argentinien und Paraguay ist. Bei Asunción mündet der Pilcomayo in den südlich fließenden Paraguay, dort folgt die Landesgrenze dem Flusslauf ebenfalls nach Süden bis zur Mündung des Paraguay in den Paraná. Die weitere Grenze zu Paraguay wird nun nach Osten vom **Río Paraná** gebildet, bis zum Dreiländereck Argentinien-Paraguay-Brasilien bei der Mündung des Iguazú in den Paraná. Dort endet die paraguayisch-argentinische Grenze, es beginnt die mit Brasilien, die zunächst flussaufwärts dem Iguazú folgt, sich dann – als nicht natürliche Grenze – quer durchs Land nach Süden wendet und auf den **Río**

Argentinien in Kürze

• Staatsname
República Argentina

• Staatsform
Präsidiale Bundesrepublik

• Staatsoberhaupt
Néstor Kirchner

• Staatsflagge
Blau-weiß-blau

• Staatssprache
Spanisch (castellano)

• Grenzen
Argentinien grenzt im Westen an Chile, im Nordwesten an Bolivien, im Norden an Paraguay, im Nordosten an Brasilien und Uruguay. Im Osten besitzt das Land eine etwa 5100 km lange Atlantikküste.

• Fläche
Mit 2.791.810 km² Fläche ist Argentinien das achtgrößte Land der Erde und nach Brasilien das zweitgrößte in Südamerika. Damit ist es etwa achtmal so groß wie Deutschland.

• Lage
Argentinien erstreckt sich zwischen 53° und 73° westlicher Länge und 21,5° und 55° südlicher Breite. Die größte Nord-Süd-Ausdehnung des Landes beträgt 3700 km, die größte Ost-West-Ausdehnung 1570 km.

• Höchster Berg
Aconcagua, 6962 m

• Längster Fluss
Paraná, 3700 km

• Gesamtbevölkerung
38,9 Mio. Einwohner (2006)

• Mittlere Bevölkerungsdichte
14 Einwohner je km² (zum Vergleich: In Deutschland teilen sich 228 Einwohner einen km²)

• Hauptstadt
Buenos Aires (2,8 Mio. Einwohner, im Großraum 11,5 Mio.)

• Wichtigste Städte
Buenos Aires, Córdoba (1,3 Mio. Einwohner), Rosario (1,1 Mio.), Mendoza (880.000), La Plata (600.000)

• Lebenserwartung
Männer 71 Jahre, Frauen 78 Jahre

• Analphabetenrate
5% (geschätzt)

• Religionen
Katholiken 95%, Protestanten 2%, Minderheiten von Juden und Moslems und anderer Religionen.

• Währung
1 Peso = 100 Centavos

• Bruttoinlandsprodukt
5458 US-$ pro Kopf (2006)

• Kaufkraft
11.450 US-$ (2004)

• Arbeitslosenquote
Um 9,3%; 10,8% Unterbeschäftigung

• Internationale Mitgliedschaften
UN und UN-Sonderorganisationen, OAS (Organisation der Amerikanischen Staaten), SELA (Lateinamerikanische Wirtschaftssystem), Mercosur („Mercado Común del Cono Sur", gemeinsame Handelszone mit Brasilien, Uruguay, Paraguay und Venezuela)

• Uhrzeit
MEZ minus 4 Stunden

Uruguay trifft. Der bildet wieder eine natürliche Barriere, zunächst zu Brasilien, dann bis zu seiner Mündung in den Río de la Plata zu Uruguay. Diese Flussgrenzen dürfen nicht unterschätzt werden, ist der Río Uruguay doch z.B. beim uruguayischen Fray Bentos, wo eine Brücke von Argentinien nach Uruguay führt, knapp 3 km breit.

Argentinien ist nach Brasilien das **zweitgrößte Land Südamerikas** und das achtgrößte Land der Erde. Mit **2.791.810 km²** Fläche ist es knapp achtmal so groß wie Deutschland oder so groß wie Deutschland, Frankreich, Spanien, Portugal, Schweiz, Österreich, Liechtenstein, Italien, Großbritannien, Irland, die Benelux-Staaten, Polen, Dänemark, die Tschechische Republik und Slowenien zusammen.

Geografische Gliederung

Argentinien lässt sich in drei geografische Zonen untergliedern: die Anden im Westen, das Flachland im Norden und Osten sowie Patagonien.

Die Anden

Die Anden ziehen sich **wie ein Rückgrat durch das gesamte Land.** Sie erscheinen als einheitliches Gebirge, der Geograf unterscheidet aber innerhalb Argentiniens drei Hauptabschnitte: die **Puna** im Norden, anschließend die **Hochkordillere** und – weiter südlich – die **Südkordillere.**

Die Anden sind ein recht junges Gebirge. Sie entstanden größtenteils im Tertiär und sind damit etwa gleich alt wie die europäischen Alpen. Die Gebirgsbildung ist nicht vollständig abgeschlossen, darauf weisen die zahlreichen, teilweise aktiven Vulkane hin.

Puna wird das Hochland im Nordwesten Argentiniens genannt. Es ist ähnlich wie der bolivianische **Altiplano** strukturiert: 5000 bis 6000 m hohe Gebirge umgeben ein abflussloses Hochland auf etwa 3500 m Höhe. Die Landschaft ist wüstenartig, und es gibt zahlreiche Salzseen. Die Puna ist keine Hochebene, sondern besteht aus verschiedenen lang gezogenen Senken, die etwa 1000 bis 1500 m höhere Bergzüge voneinander trennen.

Der Puna vorgelagert sind im Nordosten die Gipfel der so genannten **Vorpuna,** ein Gebirgszug, der auch **Präkordillere** genannt wird. Fährt man beispielsweise von Salta aus in Richtung der chilenischen Grenze, so passiert man zunächst diese Präkordillere, die aber bereits riesige Höhenzüge besitzt. So erreicht der Nevados de Cachi stolze 6720 m Höhe, der Nevados de Acay, gut zu sehen auf der Fahrt nach San Antonio de los Cobres, 5950 m.

Südlich von San Miguel de Tucumán, etwa auf der Höhe des 27. Breitengrades, beginnen die **Hochkordilleren,** zwei parallel in Nord-Süd-Richtung verlaufende Gebirgszüge. Hier liegt der höchste Andengipfel Argentiniens, der **6962 m hohe Aconcagua,** den die Argentinier gleich mit zwei Superlativen rühmen: als höchsten Berg des Doppelkontinents Amerika und höchsten Gipfel der südlichen Hemisphäre. Ohne seine Größe zu schmälern, könnte man ihn auch einfach als die höchste Erhebung außerhalb Asiens beschreiben. Von den fünf höchsten Gipfeln der Anden finden sich vier in diesem Abschnitt der Hochkordillere: Neben dem Aconcagua, der westlich von Mendoza liegt, sind es der **Nevado Ojos del Salado** (6893 m) auf der argentinisch-chilenischen Grenze westlich von Tucumán, ebenfalls dort der **Volcán Bonete** (6872 m), der auf der Grenze liegenden **Cerro Tupungato** (6800 m), südwestlich von Mendoza, sowie der **Cerro Mercedario** (6770 m), westlich von San Juan. Der fünfte liegt nicht in Argentinien, es ist der 6882 m hohe Nevado de Illimani in Bolivien.

Etwa beim 38. Breitengrad – ca. 100 km nördlich der Linie vom chilenischen Temuco zur argentinischen Stadt Neuquén – beginnt die **Südkordillere.** Sie reicht von dort bis über Feuerland hin zu den vorgelagerten Islas de los Estados. Charakteristisch ist die fehlende durchgehende Kammlinie. Stattdessen finden sich isoliert stehende Gipfel, wie der Cerro Tronador (3554 m) bei Bariloche oder der Fitzroy (3375 m). Tiefe Quertäler zerschneiden das Gebirge, als tiefstes die **Magellanstraße,** die Meerenge zwischen dem Festland und Feuerland.

Das Flachland im Norden und Osten

Drei Großlandschaften werden unter dem Begriff des argentinischen Flachlandes zusammengefasst: der **Gran Chaco** im Norden, eine flach gewellte Ebene, die bis auf 500 m ansteigt, das **Zweistromland** zwischen den beiden Flüssen Río Uruguay und Río Paraná sowie die **Pampa,** eine baumlose Ebene, die südlich des Gran Chaco beginnt und sich bis zur patagonischen Grenze hinzieht.

Der Name **Chaco** stammt aus der Quetschua-Sprache und bedeutet „Jagdfeld". Der Chaco gehört heute etwa zur Hälfte zu Argentinien, die andere Hälfte teilen sich Bolivien und Paraguay. Der Chaco liegt stellenweise unter der Höhe des Meeresspiegels, er ist zu einem Drittel mit Wald bedeckt, dazwischen dehnt sich Grasland aus. In Argentinien sind nach Süden die Grenzen zwischen dem Chaco und der Pampa fließend.

Pampa ist ebenfalls ein Quetschua-Wort. Es bedeutet „baumlose Ebene", womit der Charakter der Großlandschaft ziemlich exakt beschrieben wird. Die Pampa erstreckt sich vom Atlantik bis zu den Anden, sie wird im Norden vom Chaco, im Nordosten vom Río Paraná und im Süden von Patagonien begrenzt. Eine heute noch gültige Beschreibung der Pampa lieferte der deutsche Zoologieprofessor **Hermann Burmeister,** von 1861–1892 Direktor des Naturhistorischen Museums in Buenos Aires und Gründer der Akademie der Wissenschaften in Córdoba (1870). Er schrieb 1857: *„Wenn man die äußersten, meist aus dürftigen Lehmhütten bestehenden Teile der Stadt Rosario hinter sich hat, so gelangt man schon auf die Pampa und sieht eine endlose Ebene vor sich, deren Boden mit einem feinen, kniehohen Grase bedeckt ist. Kein Gegenstand von irgendwelcher Eigentümlichkeit zeichnet sich darin aus; der weite Hori-*

zont verschwimmt in violetter Bläue, und völlig wie auf dem Meere wird man von einem kreisförmig abgegrenzten, überall gleich fernen Gesichtsfelde umgeben, dessen äußerste Grenze selbst der Färbung dem Meereshorizont ähnelt. Auf dieser einförmigen, aber nicht ganz öden Ebene fährt man eine Stunde nach der anderen, einen Tag wie den anderen, und hat keine Abwechslung darin zu erwarten als etwa eine weidende Viehherde, ein aufgescheuchtes Wild, einen Ochsenkarrenzug, ein Bauerngehöft oder einen kleinen See; auch große wasserreiche Flüsse gehen den Pampas gänzlich ab, kleine Bäche mit veränderlichem Wassergehalt durchfurchen hier und da die Ebene."

Die Pampa ist das Kernland Argentiniens. 60% der Viehzucht und etwa 90% des Ackerbaus werden hier betrieben. Umstritten war lange, ob die Pampa ein natürliches Grasland ist oder ob das Fehlen von Bäumen die Folge menschliche Eingriffe sei. Inzwischen ist aber erwiesen, dass die kompakte, sehr feste Bodenstruktur das Wachstum von Gräsern fördert, dem von Bäumen aber so hinderlich ist, dass sie sich nicht selbst verbreiten.

Das **Zweistromland,** das „argentinische Mesopotamien" zwischen dem Río Uruguay und dem Río Paraná, ist eine hügelige, teils sumpfige Landschaft. Der südliche Teil ist eine Marschlandschaft, nach Norden werden Klima und Landschaft subtro-

a18-88 Foto: gw

pisch. Die Nordspitze des Zweistromlandes gehört einer anderen Großlandschaft an: dem brasilianischen Schild. Sein Übergang zur flacheren Landschaft in Mesopotamien ist an einer Stelle spektakulär – bei den Iguazú-Fällen bricht das höher gelegene Basaltplateau einfach ab.

Patagonien

Patagonien umfasst den gesamten **Süden Argentiniens, südlich des Río Colorado.** Das Tafel- und Schichtstufenland steigt von der Atlantikküste bis auf eine Höhe von etwa 1500 m an. Die Landschaft ist weitgehend gleichförmig, lediglich einzelne kleinere Mittelgebirgszüge unterbrechen sie. Der argentinische Teil Patagoniens liegt im Regenschatten der Anden und ist deshalb ein sehr trockenes Gebiet. Auch aufgrund des ständigen Windes können nur niedrige Sträucher und Büschelgräser wachsen.

Die Flüsse

Mehrere große Flüsse durchqueren Argentinien. Die größten münden in den Río de la Plata, einige patagonische direkt im Atlantik, wieder andere – v.a. im Nordwesten – versiegen im Binnenland oder enden in salzigen Seen. Die wichtigsten Flüsse sind der Río Paraná, der Río Uruguay, die Flüsse Patagoniens und natürlich der Río de la Plata.

Im Nationalpark Los Glaciares, in der Nähe des Fitzroy-Massivs

Río Paraná

Der Río Paraná ist der **wichtigste Fluss Argentiniens** und des gesamten La-Plata-Raumes. Er entsteht in Brasilien aus dem Zusammenfluss von Paranaíba und Río Grande, die beide im brasilianischen Bergland entspringen. **Der Paraná ist auf seiner gesamten Länge in Argentinien schiffbar,** selbst für Hochseeschiffe 600 km flussaufwärts bis nach Rosario.

Der Paraná bildet die Landesgrenze zwischen Paraguay und Brasilien. Vor Ciudad del Este wird er gestaut, dort liegt **Itaipú,** eines der **größten Wasserkraftwerke der Welt,** ein paraguayisch-brasilianisches Gemeinschaftsunternehmen. Von Osten mündet kurz darauf der Río Iguazú in den Paraná, danach ist er Grenzfluss zwischen Argentinien und Paraguay. Bei Posadas und Encarnación wird der Fluss ein weiteres Mal gestaut, die beiden Anliegerländer wollen hier ein Wasserkraftwerk errichten. Ab Posadas gleicht der Paraná mehr einem See als einem Fluss. Er fließt träge dahin, überall finden sich kleine und größere Inseln. Er hat hier eine Breite von 3–4 km. Bei Corrientes, der Mündung des Río Paraguay, seines größten Nebenflusses, wendet sich der Paraná südlich. Charakteristisch für den weiteren Verlauf ist seine Aufgliederung in viele Haupt- und Nebenarme, die parallel nach Süden fließen, bis bei San Nicolás, südlich von Rosario, sein eigentliches **Delta** beginnt. Der Fluss zerteilt sich bis zur Mündung in den Río de la Plata in unzählige Arme und Kanäle, dazwischen liegt sumpfiges

Land, das immer wieder weg- und neu angeschwemmt wird. Da der Paraná viele Sinkstoffe mit sich führt, baut er sein Delta immer weiter nach Osten vor.

Río Uruguay

Der Río Uruguay ist der **Grenzfluss zwischen Argentinien und Uruguay.** Er entspringt in Brasilien, durchfließt dort das Bergland und bildet dann gemeinsam mit dem Paraná das Paraná-Uruguay-Tiefland. Sein größter Nebenfluss ist der **Río Grande,** der in ostwestlicher Richtung fast das ganze Staatsgebiet von Uruguay durchfließt. Am Unterlauf wirkt der Río Uruguay nicht wie ein Fluss, eher wie ein See. Er fließt träge dahin und besitzt dort eine Breite von stellenweise bis zu 10 km. Schiffbar ist er lediglich bis Salto (Uruguay). Die Stromschnellen dort können vom Schiffsverkehr nicht überwunden werden. Oberhalb von Salto wird der Fluss allerdings wieder als Verkehrsweg genutzt. Nördlich von Colonia (Uruguay) mündet der Río Uruguay nach etwa 1650 km in den Río de la Plata.

Die patagonischen Flüsse

Die meisten patagonischen Flüsse haben eine **Gemeinsamkeit:** Sie entspringen in der Südkordillere, werden dort von Regenfällen und Gletschern gespeist – vom Gletscherwasser haben sie auch ihre leicht milchige Färbung – und haben bis zu ihrer Mündung in den Atlantik keinen nennenswerten Zufluss mehr. So hängt ihr Wasserstand einzig von den Niederschlägen in den Anden ab. Die wichtigsten Flüsse (von Nord nach Süd) sind: der etwa 1300 km (entspricht etwa der Länge des Rheins) lange **Río Colorado,** der 750 km lange **Río Negro,** der bei Neuquén durch den Zusammenfluss von Río Neuquén und Río Limay, dem Abfluss des Nahuel-Huapi-Sees, entsteht. Südlich der Península Valdés mündet bei Rawson der 1000 km lange **Río Chubut,** bei Puerto Deseado der **Río Deseado.** Gespeist von den großen Gletscherseen fließen bei Puerto Santa Cruz der **Río Chico,** er entspringt im Lago Viedma, und der **Río Santa Cruz** (im Lago Argentino) in den Atlantik. Der südlichste Fluss ist der **Río Gallegos,** der beim gleichnamigen Ort ins Meer mündet.

Klima

Aufgrund der großen Fläche und der unterschiedlichen Höhenlagen weist Argentinien klimatisch **große Unterschiede** auf: Von subtropischen Temperaturen im Norden bei gleichzeitiger Eiseskälte in Patagonien oder auf Feuerland reicht die Palette. Eine Konstante ist, dass die Temperaturen von Nord nach Süd abnehmen, ebenso die Niederschläge von Ost nach West.

Etwa entlang des **68. Längengrads** verläuft von Feuerland bis hinauf nach Ecuador längs durch Südamerika eine **Trennungslinie:** Grob gesagt, regnet es auf dem gesamten Kontinent westlich dieser Linie wesentlich weniger. Verfolgt man den Verlauf des 68. Längengrades in Argentinien, stellt man fest, dass der Norden des Landes östlich dieser Linie liegt, während sich südlich von Comodoro Rivadavia Argentinien fast durchgehend westlich des 68. Längengrades erstreckt.

Im Nordosten des Landes regnet es am meisten. Dort fallen bis zu 1900 mm Niederschläge jährlich, während die Trockengebiete Patagoniens nicht einmal auf 250 mm kommen.

Die Winde

Eine Besonderheit Argentiniens sind die Winde, die für einen **schnellen Wetterumschwung** sorgen. Sie fegen mit bis zu 180 km/h über das baumlose Land. Da es in Argentinien keine Gebirgszüge gibt, die in Ost-West-Richtung verlaufen, kann der Wind ungebremst über die Ebenen fahren. Vier Arten von Stürmen gibt es, der berühmteste ist der Pampero, die anderen heißen Norte, Sudestada und Zonda. Sie werden hier – mit Ausnahme des Zonda – mit ihrer Wirkung im Gebiet Buenos Aires beschrieben.

Der **Pampero** weht alle sieben bis zehn Tage am Río de la Plata. Nach einigen Tagen Nordwind, bei denen das Thermometer steigt und gleichzeitig der Luftdruck fällt, es schwül und heiß wird, kommt der Pampero, ein Sturm-

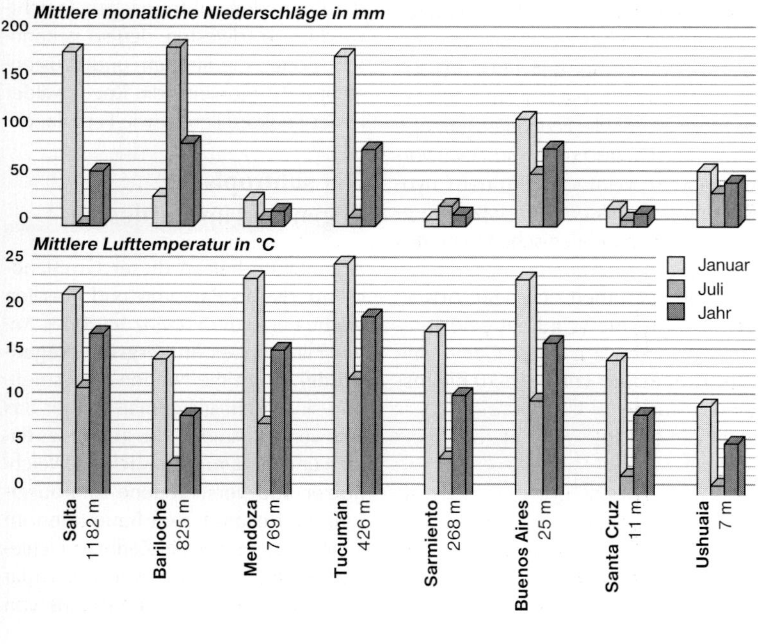

wind, meist aus Süd-Ost-Richtung. Die Temperatur fällt plötzlich, oft um 10° bis 15°C. Man kennt den „trockenen Pampero", der nur für eine ordentliche Abkühlung sorgt, den „feuchten Pampero", der mit Gewittern einhergeht, sowie den „schmutzigen Pampero", der zusätzlich große Staubmengen aus dem Süden heranweht.

Der **Norte** ist der häufigste Sommerwind. Er bringt feuchtheiße Meeresluft und wird normalerweise durch den Pampero abgelöst. Er kann aber schon einmal über einen längeren Zeitraum anhalten. Dann stöhnen die Bewohner der Stadt über die schwüle Hitze, die auch nachts nicht weicht.

Der **Sudestada** heißt ebenfalls nach seiner Richtung. Er weht vorwiegend an der Atlantikküste bei Buenos Aires in den Wintermonaten von Juni bis Oktober. Er ist bei den Porteños gefürchtet, nicht wegen seiner Stärke, sondern weil er viel Feuchtigkeit bringt.

Der **Zonda,** ein Föhnwind, weht vorwiegend im Winter und in der Cuyo-Region. Luftmassen vom Pazifik regnen sich an der chilenischen Seite des Gebirges ab, überqueren dann die Anden und erwärmen sich beim Absteigen. Der warme Wind hat eine Temperatur von etwa 20°–25°C und eine Geschwindigkeit von etwa 70 Kilometer pro Stunde.

Pflanzen- und Tierwelt

Die großen klimatischen und geografischen Unterschiede im Land bedingen natürlich auch große Kontraste in Fauna und Flora. Menschliche Eingriffe haben in der Pampa darüber hinaus große Veränderungen bewirkt. Buschland und Wälder wurden gerodet, stattdessen säten die Einwanderer importierte Gräser; der Raubbau an bestimmten Holzsorten hat die Wälder artenärmer gemacht.

Geografen unterscheiden in Argentinien **neun unterschiedliche Naturräume:** den subtropischen Regenwald im Nordosten, die Pampa, den Chaco, die Puna, den subtropischen Feuchtwald im Nordwesten, den so genannten Monte, die Strauch- und Wüstensteppe Patagoniens, die Regenwälder in der Südkordillere sowie Feuerland.

Der subtropische Regenwald im Nordosten

Argentinien hat an dieser Großlandschaft, die bis Paraguay und Brasilien reicht, nur in der Provinz Misiones Anteil. Hier gibt es **immergrüne Regenwälder,** denn die Niederschlagsmengen sind recht gleichmäßig über das Jahr verteilt. An den Flussufern des Paraná und des Uruguay wachsen Weichhölzer und verschiedene Bambusarten, die bekanntesten Baumarten im Landesinnern sind die Zeder, verschiedene Palmen-Arten sowie der Lapacho-Baum, der bis zu einer Höhe von

20 m aufragt. Hier wächst auch wild der **Yerba-Baum** – wissenschaftlich *Ilex paraguayensis* –, der in Paraguay und Südbrasilien als Kulturpflanze angebaut wird und dessen getrocknete Blätter die Mate liefern (siehe entsprechenden Exkurs).

Artenreich, aber auch gefährdet ist die **Tierwelt** im Nordosten: Einen Tapir wird man nur mit sehr viel Glück sehen, Jaguare sind noch seltener geworden. Im Wald um Iguazú bekommt man Affen, vielleicht auch Gürteltiere und Wildkatzen zu Gesicht. Nicht ganz so selten sind Papageie, großschnäblige Tukane, die winzigen Kolibris und bunte Schmetterlingsarten.

Die Pampa

Die Pampa ist die Landschaft Argentiniens, deren Pflanzenwelt sich durch **menschliche Eingriffe** am meisten gewandelt hat. Zahlreiche neue Gräser wurden angesiedelt, die Pampa ist heute eine Kultursteppe. Dazu pflanzten die Viehzüchter Bäume, unter denen das Vieh Schutz vor Kälte oder Hitze suchen kann. So wurde der Ombú – leicht an seiner breiten, ausladenden Krone zu erkennen – gern als Schattenspender angepflanzt, ebenso wie die ursprünglich aus Australien stammenden, schnell wachsenden Eukalyptusbäume.

Die **Tierwelt der Pampa** hat nur teilweise überlebt. Zwar wird jeder Besucher bei seiner Fahrt durchs Land irgendwo **Ñandus** treffen. Der Laufvogel, ein kleinerer Verwandeter des südafrikanischen Vogel Strauß, ist aber im Verhältnis zu früher selten geworden. Fast ausgestorben ist der Pampahirsch. Häufig trifft man hingegen kleinere Höhlenbewohner wie das Stinktier oder auch das Gürteltier. Der bekannteste Vogel ist der **Hornero,** zu deutsch Töpfervogel. Sein charakteristisches Nest ist leicht zu erkennen. Den Rundbau aus Lehm baut er oft auf Zaunpfähle, die höchsten Punkte der Ebene.

Der Chaco

Der nördlich angrenzende Chaco unterscheidet sich zunächst nur wenig von der Pampa. Im Bereich der Flüsse ist die **Vegetation,** v.a. der Bäume, artenreich, nach Nordwesten wird sie immer dünner. Hier wachsen immergrüne Trockenwälder sowie sperriges Dorngebüsch.

Die **Tierwelt** des Chaco ist ausgesprochen artenarm. Manche Tierarten der Pampa wie der Ñandu leben auch hier. In den Feuchtgebieten um den Río Paraguay an der argentinisch-paraguayischen Grenze finden sich Tapire, Schlangen und diverse Affenarten.

Die Puna

Die Hochkordillere und die Puna sind nahezu **Wüstenlandschaften.** Unterhalb einer Höhe von 3200 m findet sich ein wenig Buschwald, in höheren Regionen nur Büschelgräser und Polsterpflanzen. Auffällig sind die großen Kakteen.

Die Wüstenregion bietet aber **vielen Tieren** Lebensraum. Mit Glück sieht man kleinere Herden von Guanacos oder deren Verwandten, Lamas, Alpacas oder Vicuñas. Öfter trifft man auf Füchse; wer sehr viel Glück hat, sieht auch einen Puma. Zahlreich sind die Vogelarten: Kleinere Greifvögel kann man leicht beobachten, eventuell auch den einen oder anderen Adler. Die Kondore mit ihrer Flügelspannweite von über 3 m sind selten.

Der subtropische Feuchtwald

Bei Tucumán, Salta und Jujuy versperren **große Gebirge** den Zugang zur Ostseite der Puna. Die vom Flachland aufsteigenden Wolken regnen sich an dieser Gebirgsschwelle ab und haben dort einen unterbrochenen Streifen subtropischer Feuchtwälder entstehen lassen. Besonders eindrucksvoll kann dieser auf einer Fahrt von Salta nach Jujuy über die sehr steile und kurvenreiche und auch nicht sehr gut ausgebaute „Ruta 9" betrachtet werden.

Moose, Flechten, Lianen und schmarotzende Orchideenarten überwuchern die dicken Stämme, so dass das Licht nur noch schwach bis zum Waldboden vordringt. In diesen Wäldern leben viele **Tierarten:** Affen, Tapire, Wildschweine, aber auch Jaguare und andere (kleine) Raubkatzen.

Der Monte

Südlich des Chaco schließt sich im Westen Argentiniens die Region der westlichen Pampa und der so genannten pampinen Sierren an. Diese **pampinen Sierren** werden auch als Monte bezeichnet: Es handelt sich um einen Buschwald, der immer wieder von großen Grasflächen unterbrochen ist, eine maximale Höhe von 3–5 m erreicht und von Kakteen durchsetzt ist. Die Tierwelt gleicht der der Pampa und des Chaco, es fehlt allerdings der Ñandu. Die Fauna ist artenarm, es finden sich Pampahase, Stinktier und kleinere Gürteltiere.

Patagonien

Südlich des Río Colorado endet der Monte, es beginnt die **Strauch- und Wüstensteppe Patagoniens.** Sie lässt sich am besten negativ beschreiben: Es fehlt hier nahezu jeglicher natürlicher Baumwuchs. Über Hunderte von Kilometern wechseln Trockenbüsche von maximal 2 m Höhe und Büschelgräser einander ab. Die meisten Gräser und Büsche sind hart und dornig, nur in den feuchteren Talböden wachsen weiche, saftige Gräser.

Die **Tierwelt** ist trotzdem erstaunlich **vielfältig:** Es gibt Guanakos, Füchse, den „patagonischen Hasen" und Ñandus. Tierliebhaber fahren aber besonders gern zur Atlantikküste: Auf bzw. vor der Península Valdés leben Wale, See-Elefanten, Seelöwen, Robben und Pinguine.

Die Südkordillere

Ein schmaler Streifen entlang der Südkordillere gehört zu einem anderen klimatischen Gebiet als Patagonien. Hier ist die Niederschlagsmenge größer, hier wächst deshalb auch wieder undurchdringlicher, **kalter Regenwald.** Besonders im nördlichen Teil der Südkordillere, also zwischen der Linie Temuco-Neuquén und der Stadt Esquel, ist er artenreich, hier gedeihen Bäume wie Ñirre, Lenga, aber auch Alercen. Die Baumgrenze liegt hier bei etwa 1900 m, südwärts senkt sie sich immer weiter ab und endet schließlich auf Feuerland bei 500 m.

Die **Tierwelt** ist allerdings **artenarm,** was daran liegt, dass die Südanden und weite Teile ihres Vorlandes in vorgeschichtlicher Zeit lange eisbedeckt waren.

Feuerland

Feuerland ist durch eine **Mischung aus Steppe und ausgedehnten Laubwäldern** gekennzeichnet. Hinzu kommen weite **Moorgebiete.** Die Laubwälder bestehen vorwiegend aus sommergrünen Südbuchen. Biologen und Geografen vermuten, dass Feuerland einst dichter bewaldet war. Klimaverschlechterungen seit etwa 2000 Jahren haben zu einer langsamen Erkaltung und zum Vordringen der Steppe geführt.

Feuerland besitzt eine **artenreiche Tierwelt**, besonders an Wassertieren und Vogelarten. Eine Besonderheit sind die **Biber,** die im Nationalpark auf Feuerland leben. Sie wurden 1947 aus Kanada geholt und in einer Farm gehalten, um sie als Pelztiere zu nutzen. Das Projekt scheiterte, die Biber entkamen, und da sie auf Feuerland keine natürlichen Feinde haben, konnten sie sich ungestört und zu schnell vermehren: Heute sind große Flächen im Nationalpark von ihnen geschädigt. Die Biberdämme sorgen für eine dauernde Überschwemmung des wassernahen Waldes, die faulen Baumwurzeln können den Stamm irgendwann nicht mehr halten, die Bäume stürzen um.

Naturschutz und Umweltprobleme

Nationalparks und andere Schutzzonen

Argentinien besitzt eine Fülle unterschiedlicher Naturschutzgebiete. Die meisten, aber nicht alle liegen in der Andenregion, wo auch 1903 der erste Park Argentiniens eingerichtet wurde. Damals stiftete der Naturforscher *Francisco Perito Moreno* 7500 Hektar Land in der Nähe von Bariloche, sie sind heute Teil des Nationalparks Nahuel Huapi.

Die Naturparks besitzen keinen einheitlichen Status. Die meisten sind Nationalparks, es gibt aber auch einige kleinere, dabei sehr lohnende Naturschutzgebiete, die von den Provinzen eingerichtet wurden, beispielsweise auf der Península Valdés.

Im Folgenden die wichtigsten Nationalparks und Naturparks der Provinzen in aller Kürze, ausführlicher werden sie in den Reiserouten vorgestellt. Wer allgemein mehr Informationen über das System der Nationalparks, die Natur und die Probleme des Umweltschutzes in den Parks erfahren will, sollte die Website www.parques nacionales.gov.ar konsultieren oder persönlich die zentrale Verwaltung der Nationalparks in Buenos Aires aufsuchen. Insgesamt gibt es heute **39 Parques Nacionales (P.N.), Reservas Naturales (R.N.) und Monumentos Naturales (M.N.),** die von der „Administración de Parques Nacionales", Santa Fe 690, Buenos Aires, Tel. 43116633/0303, verwaltet werden. Über die Vegetation in den Nationalparks Argentiniens erschien – allerdings schon 1989 – eine gut bebilderte Broschüre, die vom „Palmengarten" (dem Botanischen Garten) der Stadt Frankfurt herausgegeben wurde: „Von Iguazú bis Feuerland. Zur Vegetation argentinischer Nationalparks", Palmengarten der Stadt Frankfurt, Siesmayerstr. 61, 60323 Frankfurt/Main.

In den **Provinzen Salta und Jujuy** gibt es mittlerweile fünf Nationalparks, die nicht weit voneinander entfernt sind: An der bolivianischen Grenze in der Provinz Salta liegt der **P.N. Baritú,** in dem 72.000 ha subtropischer Regenwald geschützt werden. Die über 16.000 ha große **Laguna de los Pozuelos** ist ein Monumento Natural. Auf dem See lebt eine Fülle unterschiedlicher Wasservögel, darunter alle drei Flamingoarten, die in Argentinien vorkommen. Der **P.N. Calilegua** beherbergt subtropische und subalpine Wälder. Er wurde 1979 in einem schwer zugänglichen Gebiet eingerichtet. Ebenfalls subtropischen Andenwald findet man im 1948 ausgewiesenen Nationalpark **El Rey.** 1996 eingerichtet umfasst der **P.N. Los Cardones** 65.000 ha. Hier gibt es auf einer hochgelegenen Wüste tausende riesiger Kandelaber-Kakteen zu bewundern.

Im **Norden und Nordosten** des Landes liegen fünf attraktive Parks: Der **P.N. Río Pilcomayo** in der Provinz Formosa bietet an der argentinisch-paraguayischen Grenze Sumpf- und Palmenlandschaft. Erst 1993 wurde in der Nordostecke der Provinz Santiago del Estero der **P.N. Copo** eingerichtet, um auf 114.000 Hektar typische Vegetationsformen des Trocken-Chaco zu schützen. Der nur 15.000 ha große **P.N. Chaco** wird nur wenig besucht. In ihm lassen sich ebenfalls große Palmenhaine bewundern. Einer der attraktivsten Nationalparks Argentiniens ist der ganz im Nordosten der Provinz Misiones liegende **P.N. Iguazú.** Auch im Nordosten, in der Provinz Entre Ríos, liegt der **P.N. El Palmar.** Er verrät schon im Namen, was hier zu sehen ist: große Palmenhaine, v.a. der Yatay-Palme.

Nahe den Anden Mittelargentiniens, in der Provinz La Rioja, liegt der 1997 vom Provinz- zum Nationalpark beförderte **P.N. Talampaya,** dessen eigenwillige Felsformationen zahlreiche prähispanische Felsgravuren bergen. Ebenfalls neu eingerichtet (1991) wurde der **P.N. Sierra de las Quijadas** mit seinen skurrilen roten Felsschluchten und der typischen Trockenchaco- bzw. Monte-Vegetation, in der Provinz San Luis.

Eine Besonderheit ist der mitten in der **Pampa** liegende Nationalpark **Lihué Calel.** Er gehört zur Monte-Zone;

M.N. Lag. de los Pozuelos
BOLIVIEN
R. Lag. de los Pozuelos
P.N. Baritu
CHILE
P.N. Calilegua
PARAGUAY
P.N. Los Cardones
P.N. El Rey
P.N. Rio Pilcomayo
P.N. Iguazú
R. Laguna Blanca
P.N. Chaco
R. Ibera
BRASILIEN
R. Talampaya
R. Mar Chiquita
R. Ischigualasto
P.N. El Palmar
P.N. Sierra de las Quijadas
P.P. Aconcagua
URUGUAY
PAZIFISCHER OZEAN
P.N. Lihué Calel
P.Ernesto Tornquist
P.N. Lanin
P.N. Los Arrayanes
P.N. Nahuel Huapi
P.N. Lago Puelo
R. Peninsula Valdés
P.N. Los Alerces
R. Punta Tombo
ATLANTISCHER OZEAN
M.N. Bosques Petrificados
P.N. Perito Moreno
P.N. Los Glaciares
R. Cabo Virgenes
N
500 km
CHILE
P.N Tierra del Fuego
NATIONALPARKS

in der sanft gewellten Landschaft lassen sich mit Glück viele Tiere beobachten: Guanakos, Maras (patagonische Hasen), Füchse und vielleicht sogar ein Puma.

Die anderen Nationalparks liegen alle in **Patagonien** bzw. vor der Küste oder auf Feuerland, die meisten in den Anden an der Grenze zu Chile. Von Nord nach Süd sind es die Nationalparks **Laguna Blanca, Lanín, Los Arrayanes, Nahuel Huapi, Lago Puelo** und **Los Alerces**, noch weiter in der Südkordillere folgen der **P.N. Perito Moreno** sowie der **P.N. Los Glaciares.** Die meisten dieser Parks sind gut bis sehr gut besucht, kein Wunder, bieten einige doch echte Attraktionen: Nahuel Huapi eine zauberhafte Berg- und Seenlandschaft und der P.N. Los Glaciares die spektakulären Gipfel des Fitzroy-Massivs sowie den Perito-Moreno-Gletscher.

An der patagonischen Küste liegen die beiden Provinzparks der **Península Valdés** und **Punta Tombo.** Die Península Valdés ist Rückzugsgebiet von Seelöwen und See-Elefanten, dazu gibt es unzählige Wasservögel zu sehen. Vor der Insel treffen sich in den Monaten des europäischen Herbstes Wale zur Paarung. Punta Tombo ist die größte Kolonie von Magellan-Pinguinen.

Im zentralen **Patagonien** liegt das **M.N. Bosques Petrificados,** ein 10.000 ha großes Gebiet, wo zahlreiche Stämme versteinerter Araukarien zu sehen sind. Diese Baumstämme sind älter als die Anden, sie stammen aus der Zeit, als Patagonien noch von feuchtem Wald bedeckt war. Zum Schutz des südlichsten Andenwaldes wurde 1963 bei Ushuaia der **P.N. Tierra del Fuego** angelegt.

Einige besondere landschaftliche und historisch wertvolle Attraktionen Argentiniens wurden von der UNESCO in die Liste des **Welterbes der Menschheit** aufgenommen: im Nordwesten die **Quebrada de Humahuaca** mit ihren einzigartigen Felsformationen und prähispanischen Siedlungsstätten; im Nordosten die **Iguazú-Wasserfälle;** in Mittelargentinien die **Jesuiten-Estanzias** bei Córdoba und die benachbarten Naturparks **Ischigualasto und Talampaya;** schließlich in Patagonien die **Halbinsel Valdés,** die großen **patagonischen Gletscher** und die Felszeichnungen der **Cueva de las Manos.**

Umweltprobleme

In **Buenos Aires** ist die **Umweltverschmutzung** für jeden spürbar, der sich auch nur auf mindestens einen seiner Sinne verlassen kann. Der Verkehr, der Lärm und Müll, die Luft- und die Wasserverschmutzung – die argentinische Hauptstadt leidet unter einer ganzen Reihe von Umweltbelastungen. Veraltete Techniken in der Industrie, fehlende Kläranlagen für die Abwässer, dazu oftmals auch ein ge-

Buenos Aires:
Umweltbelastung Straßenverkehr

rüttelt Maß an Gedankenlosigkeit im Alltagsverhalten haben nicht nur die gute Luft in Buenos Aires zum Verschwinden gebracht. Potenziert werden die Probleme durch das ungebremste Wachstum der Stadt. Inzwischen leben fast 14 Millionen Menschen im Großraum Buenos Aires, knapp 40 Prozent der Gesamtbevölkerung des Landes. Das Müllaufkommen steigt unaufhörlich, viele Einwohner der Armenviertel besitzen weder einen Anschluss an fließendes Wasser noch an die Kanalisation.

In manchen argentinischen Städten gibt es auch **Probleme mit dem Trinkwasser.** In Tucumán wird beispielsweise seit 1981 das Leitungswasser systematisch untersucht, und die Ergebnisse zeigen eine Besorgnis erregende bakteriologische Verschmutzung des Wassers an.

Außerhalb der Städte sind die Umweltprobleme nicht so offensichtlich, was nicht heißt, dass sie nicht vorhanden sind. Zahlreiche **Pflanzen- und Tierarten sind vom Aussterben bedroht,** stark gefährdet sind Affen, Wildkatzen und die Säugetiere des Meeres sowie Papageien, Adler, der Kondor und Reptilien wie Kaimane.

Das größte Problem Argentiniens ist aber mittlerweile die **Verwüstung:** In **Patagonien** haben sich in den letzten hundert Jahren weite Teile der ursprünglichen Steppe in Wüste verwandelt, an manchen Orten haben sich bereits die ersten Sanddünen gebildet. Schuld daran hatte der Kahlschlag des ohnehin spärlichen Waldes und die

a20-100 Foto: gw

Überweidung des Bodens durch zu viele Schafe. Trockene Jahre lassen das Gras nur langsam wachsen, die Schafe reißen es dann mit den Wurzeln aus, und der ständig stürmische Wind weht die fruchtbare Erdkrume einfach davon. So wird die Bodenerosion beschleunigt. Die Folgen spüren auch die großen Schafzuchtbetriebe: Sie mussten die Anzahl ihrer Schafe bereits reduzieren. Brauchte vor einem Jahrhundert ein Schaf etwa 3 ha Weidefläche, so reichen heute 5 bis 8 ha gerade mal zum Überleben aus.

In der **Pampa** sorgen **Überdüngung und zu großer Pestizideinsatz** mehr und mehr für Umweltprobleme. Gegen Heuschrecken und andere Schädlinge in den Luzernen- und Sonnenblumenfeldern versprühen die Farmer dort das Gift Monocrotophos; das vergiftet nicht nur die Heuschrecken, sondern auch andere Tiere wie Greifvögel, die in der Nahrungsmittelkette folgen.

Raubbau wird nach wie vor an den **argentinischen Wäldern** betrieben. Inzwischen steht nur noch ein Drittel der Waldflächen, die es noch 1914 in Argentinien gab. Der Kahlschlag war in allen Regionen stark: in den Nordprovinzen Chaco und Misiones genauso wie in San Luis, La Pampa oder in den Wäldern Feuerlands.

Argentinien betreibt zurzeit **zwei Atomkraftwerke,** das Werk Atucha I (ca. 360 Megawatt) in der Provinz Buenos Aires und Embalse (600 MW) in der Provinz Córdoba. Atucha I, 1974 als erstes Atomkraftwerk auf der Südhalbkugel errichtet, wurde von der Siemens-Tocher KWU gebaut. 1996 sollte seine Erweiterung vollzogen sein. Bislang ist das Projekt Atucha II an Finanzierungsschwierigkeiten gescheitert, es soll jedoch bis Ende 2010 fertig gestellt werden.

Das bislang nicht so stark ausgeprägte **Umweltbewusstsein** in Argentinien wächst. Das zeigt sich beispielsweise daran, dass bestimmte Großprojekte heute umstritten sind.

So gibt es nicht wenige Kritiker des **Staudamms,** der bei Posadas und Encarnación gebaut wurde, um dort am Paraná das zweitgrößte Wasserkraftwerk (nach Itaipu auf der paraguayisch-brasilianischen Grenze) entstehen zu lassen. Hier kam der Protest allerdings zu spät – das Bauwerk ist praktisch fertig und liefert Energie, lediglich der Stausee wurde noch nicht bis zur ursprünglich vorgesehenen Höhe geflutet.

Hoffentlich früh genug hat der Protest bei zwei anderen zweifelhaften Großprojekten eingesetzt: Das eine ist der geplante **Brückenschlag über den Río de la Plata.** Dieser Plan schwebt einigen Mercosur-Politikern vor. Um die Transportwege zwischen den Industrieregionen um Buenos Aires und São Paulo (Brasilien) zu verringern, ist eine 50 km lange Brücke geplant, die westlich der argentinischen Hauptstadt beginnen und westlich von Colonia de Sacramento in Uruguay enden soll. Dafür müssten große Teile des Paraná-Deltas zubetoniert werden.

Ein anderes Großprojekt ist der **Hidrovía Paraguay-Paraná:** Es handelt sich um eine **3300 km lange Wasser-**

straße, die von Cáceres im brasilianischen Mato Grosso bis an den Río de la Plata führen soll. Es geht im Wesentlichen darum, den Río Paraguay, der dort durch einige Quellflüsse gebildet wird, und später den Río Paraná durchgehend zur Schiffbarkeit auszubauen. Die Zeit für den Bau von Kanälen, Häfen und Dämmen wird auf 25 Jahre veranschlagt, die Höhe der Kosten auf etwa 1,3 Milliarden Dollar. Dazu kämen 18 Millionen Dollar jährlicher Folgekosten für das notwendige Freibaggern der durchgehend 13,5 m tiefen und 50 m breiten Fahrrinne. Inzwischen haben siebzig nationale und internationale **Umweltorganisationen** gegen das Vorhaben **protestiert,** darunter auch der „World Wildlife Fund for Nature" (WWF). Sie fürchten unabsehbare Folgen. Der Pantanal, durch den Kanäle gebaut werden sollen, ist ein gigantisches Wasserrückhaltereservoir. Während der Regenzeit saugt sich das Sumpfgebiet wie ein Schwamm voll und gibt dann das Wasser in den Trockenperioden langsam an die Flüsse Paraguay und Paraná ab. Ohne diesen natürlichen, langsamen Ausgleich gäbe es an den Flüssen und somit auch am Río de la Plata ständig einen krassen Wechsel von Hoch- und Niedrigwassern. Die Umweltorganisationen halten die ökologischen Folgekosten des Projektes zu Recht für völlig ungeklärt: Wie verändert sich die Natur, wenn der Wasserstand reguliert wird? Wird es zu Überschwemmungen kommen, wenn erst einmal der Wasserabfluss beschleunigt wird? Viele, besonders brasilianische Organisationen, halten die Modernisierung und den Ausbau des veralteten Eisenbahnnetzes für eine sinnvollere, billigere und ökologisch unbedenkliche Lösung des Transportproblems.

Gestritten wird über den Bau zweier Zellstofffabriken am Río Uruguay auf der uruguayischen Uferseite bei Fray Bentos, gegenüber von Gualeguaychú in der Provinz Entre Ríos. Die beiden Projekte haben eine starke Umweltbewegung in der Region hervorgerufen, die erreichte, dass Argentinien sein Nachbarland beim Internationalen Gerichtshof verklagt hat, weil es durch den Betrieb der Zellstofffabriken irreparable ökologische und wirtschaftliche Schäden befürchtet.

Geschichte der La-Plata-Staaten

Für den südlichen Teil Südamerikas gibt es zwei Bezeichnungen: die **„La-Plata-Länder"** und **„Cono Sur".**

Ein kurzer Blick auf die Karte Südamerikas macht deutlich, welche Länder zum **Cono Sur** – wörtlich übersetzt: „südlicher Kegel" – gehören: Es sind Chile, Argentinien, Paraguay und Uruguay. Die letzten drei werden als die **La-Plata-Länder** zusammengefasst, obwohl nur zwei direkt an den Río de la Plata grenzen und die Länder hinsichtlich Umfang, politischer und wirtschaftlicher Bedeutung kaum unterschiedlicher sein könnten. Das Riesenland Argentinien ist flächenmäßig und von der Bevölkerungszahl her mehr als viermal so groß wie Paragay und Uruguay zusammen.

Dennoch haben sie **Gemeinsamkeiten.** Sie liegen geografisch in einer Zone, Uruguay und Argentinien grenzen direkt an den Río de la Plata und den Atlantik, aber auch das Binnenland Paraguay gehört zu den Ländern, die durch das Flusssystem des Río de la Plata bestimmt werden: Durch Paraguay fließt der Río Paraguay, der sich an der argentinisch-paraguayischen Grenze in den Paraná ergießt.

Nicht nur geografisch, sondern auch **historisch und kulturell bestehen enge Verbindungen** zwischen den drei Ländern. Erst zu Beginn des 19. Jahrhunderts entstanden die drei eigenständigen Staaten, bis dahin bildeten sie das Vizekönigreich Río de la Plata. Dementsprechend wird im Folgenden zunächst die gemeinsame Geschichte der drei Länder beschrieben.

Von der präkolumbischen Zeit bis zur Unabhängigkeit

Über die **präkolumbische Geschichte** Argentiniens, Uruguays und Paraguays ist nur wenig bekannt. Zwei Gründe sind dafür ausschlaggebend: Zum einen wurde die Urbevölkerung der Region mit Ausnahme der paraguayischen Guaraní von den Eroberern weitgehend ausgerottet, zum anderen hinterließ die **Urbevölkerung** im Süden der Länder – anders als z.B. in Mexiko oder Peru – kaum Bauwerke. Die Lebensweise war vorwiegend **nomadisch oder halbnomadisch,** denn anders als in den mittelamerikanischen Kulturen fehlte den meisten Ureinwohnern im Cono Sur eine Kulturpflanze, die systematisch angebaut und gepflegt werden musste und somit zu einer sesshaften Lebensweise geführt hätte.

Die ältesten **archäologischen Funde,** die auf menschliche Besiedelung hinweisen, wurden im Nordwesten Argentiniens, in Patagonien, Feuerland, am Alto Paraná in Südparaguay und in Uruguay gemacht. Sie stammen aus der Zeit um 10.000 bis 8000 v.Chr.

Die Urbevölkerung

Zahlreiche Stämme unterschiedlicher **Ureinwohner** lebten zur Zeit der spanischen Eroberung in den La-Plata-Ländern. Im Nordwesten des heutigen Argentinien, in der Region um Jujuy, Mendoza und Córdoba siedelten die **Diaguita,** die auch als „Calchaquí-Indianer" bezeichnet werden. Bis hierher reichte der politische und kulturelle Einfluss der Inkas. So unterhielten die Diaguita schon ausgedehnte Handelsbeziehungen und kannten auch die Kulturpflanze Mais, die sie in Terrassenanlagen mit künstlicher Bewässerung anbauten, sowie das Lama als Haustier. Die Diaguitas besaßen auch schon weitläufige Siedlungen aus Steinbauten. Es wird angenommen, dass ihre Siedlungen bereits vor der spanischen Eroberung von nomadisierenden Ureinwohnern zerstört wurden, da sie in alten spanischen Aufzeichnungen nicht erwähnt werden.

Sesshaft waren auch die Ureinwohner des heutige Paraguay, die **Gua-**

raní. Sie lebten vom Feldbau, dabei betrieben sie eine Art Brandrodung, gleichzeitig ernährten sie sich vom Fischfang und auch von der Jagd sowie dem Sammeln von wild wachsenden Früchten. Das Gebiet des heutigen Uruguay beherrschten die **Charrúa,** ebenfalls Halbnomaden. Sie ernährten sich neben dem Feldbau von der Jagd und dem Fischfang.

Die argentinische Pampa war das Jagd- und Siedlungsgebiet der **Querandí.** Sie kannten keine festen Siedlungen, besaßen Zelte und jagten Guanakos und Ñandús. **Araukaner,** die sich selbst **Mapuche** (Menschen der Erde) nannten, wanderten aus Chile in die weiten Ebenen ein, wo sie teils als sesshafte, teils als nomadisierende Volksgruppen lebten: Im Bereich der heutigen Provinzen des nördlichen Neuquén und südlichen Mendoza waren es die **Pehuenche,** weiter südlich in Neuquén die **Huilliche,** in der heutigen Pampa-Provinz, im Süden der Provinz Buenos Aires und in Río Negro die **Puelche,** alles ursprünglich araukanische (Mapuche-)Stämme. Araukaner waren auch die **Tehuelche,** die mit Pfeil und Bogen die Ebenen Patagoni-

Der Río de la Plata

„Unvergleichbar den schläfrigen Mündungen des Rheins, des Po, des Ebro, des Tajo, wo man immerhin zur Rechten und zur Linken noch deutlich die Ufer wahrnehmen kann, dehnt sich hier endlos die Weite der Wasser." So beschrieb *Stefan Zweig* in seiner Magellan-Biographie den Eindruck, den die ersten europäischen Seefahrer vom Río de la Plata hatten.

Der Río de la Plata – der **„Silberfluss"**, wie ihn die spanischen Eroberer nannten, in der Hoffnung, auf ihm das Silberland Peru zu erreichen – ist der gemeinsame Mündungstrichter von Río Uruguay und Río Paraná. Er ist ein Zwischending aus Meeresbucht und Flussmündung. Sein Wasser ist bis etwa 30 km westlich von Montevideo, auf argentinischer Seite an der Westgrenze der Bahía Samborobón, süß, ab dort wird es salzig. Weder die Hochwasser von Río Uruguay und Río Paraná noch der Gezeitenhub des Meeres wirken sich wesentlich im Río de la Plata aus. An der schmalsten Stelle – der Mündung von Paraná und Uruguay – ist der Río de la Plata etwa 50 km breit, an der breitesten – beim Übergang in den Atlantik zwischen dem uruguayischen Punta del Este und dem argentinischen Punta Norte del Cabo San Antonio – etwa 220 km. Insgesamt hat er eine Oberfläche von ungefähr 36.000 km^2.

Der Río de la Plata ist sehr flach, seine größte Tiefe beträgt 25 m (vor der Mündung des Río Uruguay), meist aber nur weniger als 20 m. Da Paraná und Uruguay große Schlammmengen mit sich führen, wirkt das Wasser des Río de la Plata schmutzig-trüb, allerdings in unterschiedlichen Farben. Vom Flugzeug aus ist gut zu erkennen, wie sich die Wassermassen des Río Uruguay und des Río Paraná erst allmählich untereinander und dann mit denen des Atlantiks mischen. Aufgrund der geringen Tiefe müssen die wichtigsten Schifffahrtswege immer freigebaggert werden. Das Ufer des Río de la Plata eignet sich nur auf der uruguayischen Seite zum Baden. Es ist dort weitgehend eine Steilküste. Westlich von Montevideo werden sogar Höhen von 45 m erreicht.

a21-105 Foto: gw

ens in Chubut und Santa Cruz durchstreiften.

Auf Feuerland lebten die **Ona,** die sich selbst **Selk'nam** nannten und mit den Tehuelches verwandt sind. Sie waren ein mit Pfeil und Bogen jagendes Volk; das Guanako lieferte ihm alles, was es zum Leben brauchte: Fleisch, Fell für Kleidung und den Zeltbau, die Knochen wurden als Werkzeug und die Sehnen als Faden genutzt. Die Selk'nam zogen ursprünglich den Guanako-Herden hinterher.

„Er sagt, er heiße Colón und käme, um uns zu entdecken" („descubrir" kann auch entkleiden heißen ...)

Die Küsten und Kanäle Süd- und Westfeuerlands waren der Lebensraum der **Yámana** und der **Alakaluf.** Sie waren Wassernomaden, jagten von ihren Kanus, auf denen sie sogar Feuer entzündeten, vorwiegend Robben, Pinguine und Fische mit Speeren, Harpunen und Netzen.

Die Ankunft der Spanier

Am 12. Oktober 1492 landete **Christoph Columbus** auf San Salvador, einer kleinen Insel der Bahamas, am 27. Oktober auf Kuba und am 6. Dez. auf Hispaniola, der Insel, die heute zwischen Haiti und der Dominikanischen Republik geteilt ist. Damit war für die Europäer eine neue Welt (wieder)entdeckt worden. Sie wurde später nach dem Entdecker und Geografen **Amerigo Vespucci** benannt; der deutsche Karthograf **Martin Waldseemüller** führte den **Namen Amerika 1507** ein. *Vespucci* selbst hatte den neuen Erdteil immer als „Nuevo Mundo", als „Neue Welt", bezeichnet.

Columbus war im Zuge der „Capitulación de Santa Fe" durch König *Ferdinand von Aragón* und Königin *Isabella von Kastilien* beauftragt worden, „Inseln und Festländer des Ozeanischen Meeres" für die Herrscher in Besitz zu nehmen. Als Gegenleistung finanzierte das Herrscherhaus die Expedition. Dazu sollte *Columbus* Gewinnanteile aus dem Handel erhalten sowie Gouverneur und Vizekönig der entdeckten Gebiete werden. *Columbus'* (Geschäfts-)Vertrag mit dem spanischen Königshaus war der Mustervertrag für die späteren Entdecker und Eroberer.

Kein Wunder also, dass die Entdeckung der Neuen Welt vorwiegend von Eroberern und Abenteurern statt von Wissenschaftlern vorangetrieben wurde, konnte man sich doch persönlich gut bereichern.

Nach *Columbus'* Rückkehr bestätigte 1493 der spanischstämmige **Papst Alexander VI.** die Rechtmäßigkeit der Annexion der Westindischen Inseln für Spanien durch *Columbus.* Den Portugiesen war bereits 1455 die Aneignung großer Gebiete in Westafrika päpstlich legitimiert worden. Der Heilige Stuhl wurde somit als Schiedsrichter zwischen christlichen Herrschern anerkannt. So wurde mit dem Segen der Kirche eine Rechtspraxis geschaffen, die es den christlichen Potentaten erlaubte, Länder, die nichtchristlichen Herrschern unterstanden oder scheinbar unbewohnt waren, einfach in Besitz zu nehmen. So war es auch nur konsequent, dass die beiden großen Seefahrernationen Spanien und Portugal die Welt mit kirchlichem Segen unter sich aufteilten: Im **Vertrag von Tordesillas,** der am 7. Juni 1494 auf Vermittlung des Papstes geschlossen wurde, legten sie eine gedachte Linie 370 Seemeilen westlich der Kapverdischen Inseln von Pol zu Pol. Alle Gebiete westlich dieser Linie, etwa auf Höhe 40° westlicher Länge, waren seitdem kastilisches Gebiet, die Gebiete östlich davon (außer den Kanarischen Inseln) portugiesisch.

Nach *Columbus'* Rückkehr setzte ein regelrechter Entdecker- und Eroberer-boom ein. Am 22. April 1500 landete *Pedro Alvares Cabral* nahe des heutigen Porto Seguro, etwa 400 km südlich von Salvador de Bahia, an der brasilianischen Küste und nahm das Land entsprechend dem Vertrag von Tordesillas für Portugal in Besitz. In den ersten beiden Jahrzehnten des 16. Jahrhunderts rüsteten Spanier und Portugiesen zahlreiche Expeditionen in die Neue Welt aus. In Spanien wurden diese von der **Casa de Contratación** in Sevilla koordiniert. Die Kaufleute in der andalusischen Stadt bekamen 1503 von der Krone auch das Handelsmonopol mit den südamerikanischen Provinzen verliehen, ein Umstand, der für die weitere Entwicklung Südamerikas entscheidend wurde.

Spanien drängte auf weitere Ausdehnung seines Reiches. Ziel war es, eine **Seepassage um den neuen Kontinent von Osten nach Westen** zu finden. Denn man darf nicht vergessen: Die neue Welt bedeutete den Spaniern zunächst nichts. Ihnen ging es immer noch um den **Seeweg nach Indien,** auf die Molukken, zu den sagenumwobenen Gewürzinseln. *Columbus* war nicht ausgefahren, um Amerika zu entdecken, sondern den Seeweg nach Indien. Die Entdeckung des neuen Kontinents war bislang ein kommerzieller Misserfolg, es gab keine Gewürze, nicht einmal Sklaven, und von den sagenhaften Goldfeldern erfuhr man auch erst später.

Man wusste aber, dass sich hinter dem riesigen neuen Kontinent auch ein neues Meer erstreckte; 1513 hatte *Vasco Núñez de Balbao* die Landenge von Panama durchquert und als erster Europäer den Pazifik gesehen.

Am 8. August 1515 segelte **Juan Díaz de Solís** in Spanien mit dem Ziel los, eine Ost-West-Passage zum Pazifik zu finden. Anfang Februar 1516 gelangte er an den **Río de la Plata,** den er für die Durchfahrt zum östlichen Meer hielt. Beim Versuch, das Ufer des heutigen Uruguay zu erkunden, lauerte ihm allerdings ein Trupp der dortigen Charrúa auf – gemeinsam mit einem großen Teil seiner Expeditionsmannschaft wurde der Spanier getötet.

Der Portugiese **Fernando de Magallanes** segelte 1519 mit demselben Auftrag los, ebenfalls unter spanischer Flagge. Er durchforschte wochenlang den Río de la Plata, den er nach seinem getöteten Vorgänger Río Solís nannte. Auch er vermutete dort die ersehnte Ost-West-Passage. Fast besessen setzte er seine Fahrt nach Süden fort, monatelang ließ er jede Bucht erkunden, immer auf der Suche nach der Durchfahrt. Schließlich fand er sie, und im November 1520 durchsegelte er die Meerenge, die heute das argentinische und chilenische Festland von Feuerland trennt: die **Magellan-Straße.** Die Ost-West-Passage war gefunden. Der Seefahrer selbst hatte allerdings nicht viel von seiner Entdeckung – er wurde vier Monate später auf den Philippinen erschlagen.

Die Eroberung des Landesinnern

Die Außengrenzen des neuen Kontinents waren den Spaniern nun durch die Umsegelungen bekannt, das Landesinnere aber weiterhin eine „terra incognita". Die ersten Europäer, die

Die Suche nach der Ost-West-Passage

Ein Faktum bei der Entdeckung der Ost-West-Passage ist verwirrend. Woher wusste man von ihrer Existenz? *Magellan* behauptete bei seiner Abfahrt, er wisse genau, wo diese Durchfahrt liege. *Stefan Zweig* schreibt in seiner Magellan-Biografie: „Sondern er (Magellan) sagte mit dem erzenen Ton der Sicherheit: ich werde den „paso" finden. Denn ich weiß, ich allein, daß es einen Durchlaß gibt zwischen dem Atlantischen und dem Pazifischen Ozean, und ich weiß, an welcher Stelle ich ihn zu finden habe."

Woher wusste *Magellan* von dieser Durchfahrt? Hier setzten Spekulationen und Vermutungen ein. *Antonio Pigafetta,* der italienische Chronist an Bord von Magellans Schiff, liefert in seinem Tagebuch der Reise eine Begründung. Er schreibt über die Durchfahrt durch die Meerenge: „Ohne das Wissen des Anführers unserer Flotte hätte man sicherlich nicht den Ausgang aus dieser Meerenge gefunden, denn wir alle glaubten, daß sie auf der anderen Seite geschlossen sei; aber unser Anführer hatte Kunde, daß er durch eine sonderbare verborgene Meerenge hindurchsteuern müsse, welche er auf einer in den Archiven des Königs von Portugal aufbewahrten und von einem ausgezeichneten Kosmographen *Martino di Boemia* angefertigten Seekarte gesehen hatte."

Martino di Boemia war der Nürnberger Kartograph **Martin Behaim,** der bis zu seinem Tod 1507 wirklich Hofkartograph in Portugal gewesen war. Magellan, früher in portugiesischen Diensten, hatte wohl auch Zutritt zu den Archiven der Portugiesen gehabt. Martin Behaim starb zwölf Jahre vor der Abfahrt Magellans. Ob es die Karte wirklich gab, ist ungewiss, sie ist leider nicht erhalten.

Erhalten blieb aber ein Globus von *Johann Schöner.* 1515 geschaffen, zeigt er bereits eine Passage südlich von Südamerika, allerdings an einer ganz falschen Stelle. Und Schöner wusste offensichtlich noch mehr. Bereits 1513, sechs Jahre vor Magellans Abfahrt und neun Jahre vor der Rückkehr des einzigen Schiffes der Flotte, schrieb er: „Das Land Brasilien ist vom Kap der Guten Hoffnung aus gar nicht weit entfernt. Die Portugiesen haben dieses Land umschifft und eine Meerenge gefunden, die fast übereinstimmt mit derjenigen unseres Erdteils Europa, die wir bewohnen. Sie liegt versteckt zwischen Ost- und dem Westmeer (gemeint sind Atlantik und Pazifik)."

Vermutungen von Geografen oder echtes Wissen? Manch ein Historiker früherer Zeiten hat sogar Martin Behaim die Entdeckung der Ost-West-Passage zugeschrieben. Glaubhaft ist jedenfalls, dass bereits kleinere Expeditionen von Portugiesen, sei es im Auftrag des Königs, aus privater Abenteuerlust oder zum Zwecke der Bereicherung, bis an die Meerenge nach Süden gesegelt waren und ihre Forschungsergebnisse geheim gehalten hatten. Schließlich hatte der portugiesische König *Manuel* 1504 verboten, „Angaben über die Schiffahrt jenseits (d.h. südlich) des Kongostroms zu machen". Der Grund dafür war einfach: Spanien sollte keinen Profit aus den portugiesischen Entdeckungen ziehen, und außerdem war es den Portugiesen nach dem Vertrag von Tordesillas verboten, Ländereien jenseits des 40. Längengrades zu erforschen.

War Magellan also gar nicht der Entdecker der Magellan-Straße? Ein Handelsbrief in deutscher Sprache, um 1507 in Augsburg erschienen, scheint es endgültig zu beweisen. Die „Copia der Newen Zeytung aus Presillg Landt" (Presillg = Brasilien) spricht davon, dass bereits 1502/03 portugiesische Segler auf Höhe des 40. Breitengrades um ein Kap gesegelt seien, und dass sich hinter dem Kap eine breite Wasserstraße erstrecke, ähnlich der Straße von Gibraltar. Man sei 60 Meilen in diese Wasserstraße hineingesegelt, und von dort seien es nur noch ungefähr 600 Meilen bis nach Malakka.

Martin Behaim, Johann Schöner und zuletzt der Handelsbrief aus Augsburg, sie alle sprechen von oder zeichnen eine Durchfahrt vom Atlantik zum Pazifik. Aber alle verlegen diese Durchfahrt an eine falsche Stelle, nämlich etwa auf Höhe des 40. Breitengrades oder weiter nördlich auf Höhe des Kaps der Guten Hoffnung. Und weiter als 60 Meilen war bislang auch niemand in diese Meerenge hineingesegelt. Die Mündung des Río de la Plata liegt ungefähr auf Höhe des 35. Breitengrades, also auf der Höhe des Kaps der Guten Hoffnung; vom Zusammenfluss des Río de la Plata mit dem Atlantik bis zum Festland sind es etwa 350 km. Auf etwa dem 40. Breitengrad liegt der Golfo San Matías, ebenfalls eine Bucht, in die man fast 250 km hineinfahren kann. Hätten Kartographen wie Behaim oder Schöner nicht die riesige Mündungsbucht des Río de la Plata in ihre Karten eingezeichnet? Davon ist nichts bekannt. Wahrscheinlich ist Magellan mit falschen Karten losgesegelt: Ironie der Geschichte – mit falschen Informationen zum richtigen Ziel.

unter der Führung des Portugiesen **Alejo García** das Land erkundeten, waren fünf Schiffbrüchige aus der Flotte von Solís. Die Fünf schlugen sich nach Paraguay durch, verbündeten sich dort mit den Guaraní und marschierten weiter bis ins bolivianische Hochland. Dort mussten sie allerdings umkehren. García, der ebenso wie seine Begleiter später von den Guaraní getötet wurde, war somit der erste Europäer, der lange vor *Pizarro* mit dem Inka-Reich in Berührung kam.

Der italienisch-englische Seefahrer **Sebastiano Caboto** folgte 1526–30 im spanischen Auftrag. Er sollte eigentlich die Route der Magellan-Expedition nachvollziehen. Doch sei es, weil bereits in Brasilien eines seiner Schiffe zu Bruch ging, oder weil er von großen Silberschätzen im Hinterland des Río de la Plata gehört hatte – **Caboto segelte den La Plata hinauf,** dann in den Paraná hinein und gründete dort, nördlich des heutigen Rosario, an der Mündung des heutigen Río Tercero/Río Carcaraña eine erste Niederlassung. Von dort fuhr er weiter flussaufwärts. Stromschnellen, Klima, Hunger und nicht zuletzt der Widerstand der Einheimischen zwangen ihn schließlich zur Umkehr. *Cabotos* Expedition kam mit leeren Händen nach Spanien zurück, aber mit dem Glauben, dass sich über den Río Paraná das sagenumwobene Silberland, von dem er von den Eingeborenen gehört hatte, erreichen lasse. Río de la Plata – „Silberstrom" nannte *Caboto* deshalb die gemeinsame, riesengroße Mündung von Río Paraná und Río Uruguay.

Caboto wollte Geld und Soldaten vom spanischen Kaiser zur weiteren Erkundung des La-Plata-Raums. Bessere Argumente für *Karl V.* hatte aber ein anderer Seefahrer: 1528 war **Francisco Pizarro** am Hof erschienen und hatte erstmals Gold und Silber aus Peru vorgelegt und daraufhin 1529 mit *Karl V.* einen Vertrag geschlossen. Der spanische Herrscher setzte nun auf die Konquistadoren *Pizarro* und *Almagro,* die 1533 auch Vollzug melden konnten: Peru war brutal besiegt worden, das Inkareich zerschlagen, märchenhafte Reichtümer erobert.

Für Spanien hatte ab sofort die **Ausbeutung Perus** absoluten Vorrang. Am Río de la Plata interessierte nur noch, wie man seine strategische Position den Portugiesen gegenüber halten konnte und ob es über den Paraná wirklich eine Verbindung nach Peru gäbe. Lima wurde schließlich 1542 Sitz des Vizekönigs von Peru, dem formell das gesamte spanische Südamerika, mit Ausnahme des heutigen Venezuela, unterstand.

Die erste Gründung von Buenos Aires

Pedro de Mendoza war Anführer der Expedition, die 1536 am Río de la Plata landete. Seine Ausrüstung war nicht vom Kaiser, sondern er hatte die Mannschaft selbst bezahlen und ausstatten müssen, dafür aber schon im Vorfeld den Titel eines Gouverneurs über die neu zu erobernden Gebiete sowie andere Privilegien erhalten. Am 2. Februar 1536 ließ *Mendoza* ein Fort erbauen; er nannte es **Puerto de**

Nuestra Señora de Santa María del Buen Aire – es war die Keimzelle des heutigen Buenos Aires.

Mendozas Expedition umfasste über 1600 Menschen, war somit sehr groß und landete im Spätsommer/Herbst 1536 in einem Gebiet, das vorwiegend von halbsesshaften kleinen Indianergruppen bewohnt war. Damit sind die Gründe des Scheiterns dieser Expedition bereits benannt: Man war zu spät für die Getreideaussaat gelandet, die Indios bauten kaum Feldfrüchte an, und die Ergebnisse der Jagd und des Fischfangs reichten auch nicht aus, die vielen Menschen zu ernähren. Als man versuchte, die dort lebenden Querandí zu zwingen, Nahrungsmittel zu liefern, zogen die sich in die Pampa zurück. Später kam es zu einer Schlacht, bei der die Indianer die Oberhand behielten.

Wie groß Hunger und Elend der Spanier waren, zeigt der Bericht von **Ulrich Schmidl,** auch Schmiedel oder Schmidel geschrieben, eines deutschen Landsknechts, der zu *Mendozas* Heer gehörte und den ersten „Reise"-bericht vom Río de la Plata verfasste. Er erzählt als Augenzeuge: *„Viele starben vor Hunger, und die Not war so groß, daß das Pferdefleisch nicht mehr ausreichte. Drei Spanier hatten ein Roß gestohlen und heimlich verzehrt. Der Diebstahl wurde entdeckt, man brachte die Leute auf die Folter und richtete sie hin. Drei andere Spanier schnitten denen am Galgen Hängenden die Beine ab, rissen ihnen auch noch andere Stücke Fleisch vom Leibe und aßen sich davon in ihrer Hütte satt; ein anderer verzehrte gar den Körper seines Bruders, der in Buenos Ayres gestorben war."*

So gab *Mendoza* bald auf. 1537 schiffte er wieder nach Spanien ein, starb allerdings auf der Rückreise. Seinem Nachfolger **Juan de Ayola** erging es nicht wesentlich besser. Er war vor *Mendozas* Abreise den Paraná hinaufgefahren und wollte erkunden, ob es möglich sei, so nach Peru zu gelangen. *Ayola* blieb verschollen. Dennoch hatte *Mendozas* Expedition ein wichtiges Ergebnis: Seine beiden Hauptmänner *Juan Salazar de Espinoza* und *Gonzalo de Mendoza* errichteten am 15. August 1537 am Río Paraná während der Suche nach *Ayola* einen weiteren Stützpunkt, dem ein besseres Schicksal als Buenos Aires beschieden war und der zum Ausgangspunkt weiterer Erkundungen werden sollte – die Festung **Casa Fuerte de Nuestra Señora de Santa María de la Asunción.**

Asunción als Zentrum der spanischen Kolonisation

Asunción wurde zum Ausgangspunkt für das weitere spanische Vordringen: Die **Guaraní** in dieser Region waren sesshaft und mussten mit ihren Nahrungsmittelüberschüssen die Spanier, die ja als Eroberer, nicht als Kolonisten kamen, versorgen. Zunächst verlief das Miteinander weitgehend friedlich bis idyllisch, aber unter dem **Gouverneur Domingo Martínez Irala** nahmen die Übergriffe der Spanier zu. Gewalttaten waren an der Tagesordnung, so dass die Guaraní sich erhoben. Ein Aufstand 1544 scheiterte, auch weil die Spanier 1541 Buenos Aires aufgegeben hatten und deshalb Asunción verstärken konnten.

Weiterhin war das Ziel der Spanier das fabulöse **Silberland.** Von Asunción brach 1548 eine Expedition unter *Martínez Irala* auf, sie fuhr den Paraguay flussaufwärts bis zum 21. Breitengrad, schlug sich dann quer durch den Chaco und traf endlich kurz vor Potosí auf Spanisch sprechende Indios. Die Suche nach der Silberstadt hatte ein für *Martínez* und sein Heer enttäuschendes Ende gefunden: Man war zu spät gekommen, Perus Schätze waren bereits verteilt. Der Zugang zu Gold- und Silberland war für die Spanier in Asunción verloren. Sie mussten sich umorientieren, siedeln anstatt Gold zu suchen. Land und Bevölkerung wurden unter den Konquistadoren aufgeteilt.

Von Asunción aus erfolgten **weitere Stadtgründungen,** die den Herrschaftsbereich der Spanier ausdehnten: Santa Cruz de la Sierra im heutigen Bolivien 1561, Santa Fe am Unterlauf des Río Paraná 1573 und Corrientes 1588. Gleichzeitig überquerten Spanier aus Chile die Anden, sie gründeten Santiago del Estero (1553), Mendoza (1561), San Juan (1562), Tucumán (1565), Córdoba (1573), Salta (1582), La Rioja (1591), Jujuy (1592) und San Luis (1596). Die wichtigste Neugründung machten die Spanier aber 1580: In diesem Jahr wurde zum zweiten Mal Buenos Aires gegründet.

Die meisten spanischen Niederlassungen lagen weit isoliert voneinander. Sie dienten der militärischen Sicherung und entwickelten sich erst allmählich zu wirklichen Städten. Cór-

Repartimiento und Encomiendas

Die Herrschaft der Spanier gründete sich auf Gewalt; zunächst auf Sklaverei, dann auf Zwangsarbeit. Bereits 1503 wurden im gesamten Vizekönigreich Peru zwei einfache, unterschiedliche Systeme zur Aneignung der Arbeitskraft der Ureinwohner eingeführt.

„Repartimiento" bedeutete, dass unter den siegreichen Spaniern das eroberte Land mit seinen Bewohnern, den Indianern, aufgeteilt wurde. Sie waren Untertanen, zwar formal frei, aber letztlich schlimmer dran als früher die Sklaven, denn diesen musste der Besitzer wenigstens zu essen geben.

Die weiter verbreitete Variante des Repartimiento war die **„Encomienda".** Theoretisch funktionierte sie folgendermaßen: Der König „anempfahl" (spanisch: encomendar) einem seiner Konquistadoren ein Stück Land mit den dort lebenden Indios. Dieser Eroberer sollte nun als Schutzherr *(Encomendero)* für die Verteidigung, die Sicherheit, die politische und religiöse Unterweisung seiner Anvertrauten sorgen. Dafür musste er natürlich belohnt werden. Er durfte nun im Gegenzug im Namen des Königs von den ihm anvertrauten Indios Zahlungen verlangen: Sklavenarbeit, Nahrungsmittel, Gold. Das Land aber gehörte nicht dem Encomendero, sondern blieb Eigentum der Krone; er hatte nur ein lebenslanges Nutzungsrecht, das später auch erblich wurde. *Eduardo Galeano* schreibt: „Von 1536 an wurden die Indiander im „Encomienda"-Verhältnis (d.h. als „Anvertraute") zusammen mit ihrer Nachkommenschaft für die Dauer von zwei Lebensaltern, nämlich dem des „Encomendero" und dem seines unmittelbaren Erben, zugeteilt; von 1629 an wurde das System auf drei und von 1704 an auf vier Lebensalter ausgedehnt. Im 18. Jahrhundert sicherten die Indianer bereits, soweit sie am Leben blieben, ein bequemes Leben für vier Generationen."

Aus Rechtfertigungssicht beschreibt der Deutsche *Karl Andree* in seiner Mitte des 19. Jahrhunderts erschienenen Landeskunde das Encomienda-System. Glaubt man ihm, muss das Leben der Indígenas eine Idylle gewesen sein: „In diesen Gemeinden, Encomiendas (Pfründen), wie man sie nannte, mußte jeder männliche Einwohner vom achtzehnten bis zum fünfzigsten Jahr den sechsten Theil seiner Arbeitszeit seinem Herrn zur Verfügung stellen, nämlich zwei Monate von zwölfen. Zehn Monate im Jahr war er durchaus sein eigener Herr. Und auch um jene zwei Monate Arbeitszeit den Gemeinden zu erleichtern, sollte sie abwechseln. Sie hieß deshalb Mitayos, nach dem indianischen Ausdruck mittá, wechselweise. Die Kaziken, alle weiblichen Personen und die ältesten Söhne waren ohnehin von jeder Zwangsarbeit frei. Ueber eine so geringe Summe von Arbeit führten die Indianer keine Klage, ohnehin hatten sie reichliche Entschädigung dafür in der Sorgfalt, welche ihnen von Seiten der Regierung gewidmet wurde. Diese Mitaysiedlungen bildeten größere oder kleinere Commanderias, welche den Conquistadoren für zwei Lebenslängen (durante dos vidas) zuerkannt wurden; sie waren somit nur dem Eroberer und dessen unmittelbarem Erben verliehen. Der Besitzer konnte sie weder verkaufen noch sich ihrer auf irgend eine andere Art entäußern. Nach Ablauf jener zwei Lebenslängen sollten die Indianer all und jeder Dienstbarkeit enthoben sein; man nahm an, daß sie alsdann hinlänglich vorbereitet sein würden, um an allen Rechten ihrer spanischen Gebieter theilnehmen zu können. Bis dahin waren sie Vasallen der europäischen Herren."

Andree glaubte, dass die niedergeschriebenen Regeln auch der Wirklichkeit entsprachen. Realistischer ist da wohl die Einschätzung eines anderen Deutschen, nämlich von *Adolf Schuster*, der 1929 eine Landeskunde Paraguays veröffentlichte: „Besonders bedauernswürdig wurde das Leben der Eingeborenen, als man einmal mit der sehr einträglichen Gewinnung der Yerba, des Paraguaytees, begonnen hatte. Oft bestand das Essen dieser unglücklichen Leute kaum aus Pilzen, Früchten oder etwas Wurzeln. Wer nicht arbeitete, wurde durchgepeitscht oder kurzweg getötet." Schuster weist auch darauf hin, dass erstmals 1537 in einer Bulle Papst *Paul III.* die Eingeborenen Amerikas als „wirkliche Menschen" bezeichnet wurden, eine Ansicht, die weder alle Priester, erst recht aber nicht die Konquistadoren teilten.

doba nahm eine Sonderrolle ein: Hier wurde 1621 die erste Universität im La-Plata-Gebiet gegründet. Man darf sich keine falsche Vorstellung von der **Lebenswelt der Spanier** machen. Nur innerhalb der Städte und um sie herum herrschten sie wirklich. Schließlich lebten Ende des 16. Jahrhunderts nur etwa 4000 Spanier im gesamten La-Plata-Raum. Buenos Aires war immer noch eine kleine, vor sich hindümpelnde Siedlung, die vorwiegend vom Schmuggel lebte.

Für das Land östlich des Río Uruguay hatten sich die Spanier bislang kaum interessiert. Nur der Gouverneur von Asunción, **Hernando Arias,** hatte 1603 dort hundert Rinder und Pferde aussetzen lassen und somit die Grundlage für die heutige Weidewirtschaft gelegt. Der Mischling *Arias,* in Asunción als Sohn eines Spaniers und einer Indígena geboren, war der erste regierende „Amerikaner". Er schlug dem spanischen König vor, die riesige La-Plata-Provinz zu teilen: 1617 wurde dem entsprochen. Die nördliche **Provinz Guairá,** später Paraguay, wurde weiterhin von Asunción aus verwaltet, die **Provinz Río de la Plata** von Buenos Aires. Die Grenze entsprach noch nicht der heutigen; Misiones, heute Argentinien, gehörte damals noch zu Paraguay. Beide Provinzen unterstanden aber weiterhin dem Vizekönig von Lima, Peru.

Handelsbeschränkungen als Hindernis der Entwicklung

Haupthindernis für eine weitere Entwicklung der Provinzen Paraguay und Río de la Plata waren die Handelsbeschränkungen, die bereits 1503 eingeführt worden waren. Danach musste jeglicher **Südamerika-Handel** einen **bestimmten Handelsweg einhalten:** Von den spanischen Häfen wurden die Waren zum Karibikhafen Cartagena (Kolumbien) verschifft, dort ausgeladen und über die Landenge von Panama transportiert, dort erneut auf Schiffe geladen und an der Pazifikküste entlang bis Callao, dem Hafen von Lima, geschippert. Waren für Buenos Aires wurden dann entweder per Schiff weiter bis Valparaiso gebracht und von dort über Land getragen, oder direkt von Lima aus über den Landweg transportiert. Der Hafen von Buenos Aires durfte nicht für den Außenhandel genutzt werden.

Zollbeschränkungen gab es auch innerhalb des Vizekönigreiches Peru. 1623 wurde bei Córdoba eine **Zollgrenze** eingeführt, die den Warenverkehr zwischen Buenos Aires und Peru erschwerte, ab 1663 wurden dann die Schiffe aus Asunción gezwungen, ihre Güter bei Santa Fe aus- oder umzuladen. Paraguay wurde damit zum Binnenstaat ohne Hafenzugang, die paraguayischen Exporte, schon damals vorwiegend Yerba-Mate, wurden überteuert.

Schmuggel war die Folge. Besonders britische und portugiesische Schiffe versuchten über Buenos Aires Waren ins Land zu bringen, das bald zum größten spanischen Schmuggelzentrum in Südamerika wurde.

Die Portugiesen versuchten bald, direkten Einfluss in der La-Plata-Region zu gewinnen. Sie gründeten 1680 gegenüber von Buenos Aires, auf der heute uruguayischen Seite des Río de la Plata, eine Stadt: **Colonia del Sacramento** – der Streit um das Gebiet des heutigen Uruguay begann. Die Spanier eroberten die Stadt zwar mehrmals, mussten sie aber immer wieder den Portugiesen überlassen. Schließlich ließ der Gouverneur von Buenos Aires, **Bruno Mauricio de Zabala,** 1724 die einzige wirklich geschützte Bucht auf der nördlichen Seite des Río de la Plata besetzen. Dort entstand erst eine Festung und zwei Jahre später die Stadt **Montevideo.**

Das Vizekönigreich Río de la Plata

1776 war ein entscheidendes Jahr für die Río-de-la-Plata-Provinzen. Der spanische **König Carlos III.** verfügte die Gründung des Vizekönigreichs Río de la Plata und ein Jahr später die weitgehende Aufhebung der Handelsbeschränkungen, jedenfalls die des direkten Handels.

Der deutsche *Karl Andree* beschrieb die neuen Handelsgesetze in seiner um 1856 erschienenen Landeskunde über Argentinien. In Originalorthographie und -grammatik liest es sich so: *„Neun Häfen in Spanien und vierundzwanzig in den Colonien wurden zu puertos habilitados, Einfuhrhäfen, erklärt. Spanische Fabrikate aus Wolle, Baumwolle, Leinen, Stahl, Glas u.s.w. sollten für die Dauer der nächsten zehn Jahre frei von Eingangszoll in den Colonien importirt werden dürfen; auch sollten die als Rückfracht eingenommenen Roherzeugnisse, namentlich Baumwolle, Zucker, Kaffee, Cochenille, Indigo, Chinarinde und Kupfer zollfrei sein."* Und weiter: *„Die Verschiffung mehrerer ausländischer Artikel, welche der spanischen Fabrikation hätten Concurrenz machen können, insbesondere Baumwollwaren, Tuche, Hüte, seidene Strümpfe, Oel, Wein und Branntwein waren unbedingt verboten. Man wollte die spanischen Interessen schützen, dachte nur an den vermeintlichen Vortheil des Mutterlandes und nicht auch an jenen der Colonien, und erneuerte deshalb einige durchaus veraltete Erlasse, denen zufolge in einigen Provinzen der Anbau des Oelbaumes und der Weinrebe, in anderen jener von Flachs und Hanf verboten wurde. Auch zielte alles darauf ab, in den Colonien keine Gewerbsamkeit aufkommen zu lassen; die Südamerikaner durften kein Tuch weben, und sogar die Vicuñawolle mußte auf Befehl des Vicekönigs nach Spanien abgeliefert werden, wo sie in der königlichen Manufaktur zu Guadalajara verarbeitet wurde."* Wurde so der Grundstein zu einer vorwiegend Rohstoffe exportierenden Landwirtschaft gelegt?

Das Vizekönigreich umfasste das heutige Argentinien, Uruguay und Paraguay sowie das heutige Bolivien mit der Silberstadt Potosí. Es wurde in acht „Intendenzias" gegliedert. Das waren die Intendenzia Buenos Aires, die ungefähr dem Gebiet der heutigen Provinzen Chaco, Corrientes, Entre Ríos, Santa Fe und dem Nordteil der Provinz Buenos Aires entsprach, sowie die Intendenzias Paraguay, Salta (heute den Provinzen Salta, Tucumán, San-

a22-117 Foto: gw

tiago del Estero, Catamarca und Jujuy entsprechend), Córdoba (heute Córdoba, La Rioja, San Juan, Mendoza und San Luis), und zuletzt vier Intendenzias auf heute bolivianischem Boden, nämlich Santa Cruz de la Sierra, La Paz, Charcas und Potosí. Montevideo und damit das Gebiet des heutigen Uruguay hatten einen Sonderstatus als selbstständiges Gouvernement.

Spanien hoffte durch die Schaffung des neuen Vizekönigreiches die wichtiger werdende Region am Río de la Plata besser kontrollieren zu können. Nachdem die La-Plata-Region der Vormundschaft von Lima entrungen war, nahm sie einen ungeahnten **Aufschwung.** An der demographischen Entwicklung von Buenos Aires ist das exemplarisch abzulesen: Hatte die Stadt 1726 erst 2200 Einwohner, so lebten fünfzig Jahre später bereits 32.000 Menschen in ihren Grenzen.

Seit 1777 war auch der Status der „Banda Oriental", des heutigen Uruguay, geklärt: Im **Vertrag von San Ildefonso,** am 1. Oktober 1777 zwischen Spanien und Portugal abgeschlossen, hatten die Portugiesen ihren Verzicht auf das Land erklärt. Bis zum Ende der Kolonialzeit gehörte das Land nun zum Vizekönigreich Río de la Plata.

Auf dem Weg zur Unabhängigkeit

Und dieses Ende der Kolonialzeit war nah. Zwei Faktoren waren dafür ausschlaggebend: zum einen die immer deutlicher werdende Schwäche der europäischen Macht Spanien, zum anderen die eigene, innere Entwicklung des Vizekönigreiches.

Zwar waren die Bewohner der Städte am Río de la Plata vorwiegend spanischstämmig, lebten aber schon einige Generationen in der Neuen Welt und hatten die Bindung an das Mutterland Spanien weitgehend verloren.

In den Städten entwickelte sich eine **Kaufmannsschicht,** bei der die **Ideen der europäischen Aufklärung** sowie des **politischen und wirtschaftlichen Liberalismus** breiten Anklang fanden.

Im Landesinnern gab es eine kleine Schicht **sehr reicher Großgrundbesitzer,** der so genannten Estanzieros, die zwar politisch oft in großem Gegensatz zu den Stadtbewohnern stand – ein Konflikt, der in Argentinien und Uruguay später den Fortlauf der Geschichte bestimmte – aber gleichfalls an freiem Handel ohne Beschränkungen durch ein Mutterland interessiert war. Zudem gab es Beispiele bzw. Vorbilder: 1776, im gleichen Jahr, als das Vizekönigreich Río de la Plata eingerichtet wurde, hatten sich die nordamerikanischen Kolonien für unabhängig erklärt und diese Unabhängigkeit auch gegen die britischen Kolonialherren durchgekämpft. Auch die Ergebnisse der Französischen Revolution wurden am Río de la Plata natürlich bemerkt.

Anfang des 19. Jahrhunderts wurden die spanischen Kolonien direkt in innereuropäische Konflikte hineingezogen. Spanien hatte seit 1796 einen Bündnisvertrag mit Frankreich und wurde 1803 von Napoleon zur Hilfe gegen England gerufen. Zunächst versuchten die Spanier sich durch Geldzahlungen freizukaufen. Die Engländer aber, inzwischen eine wichtige Seemacht, begannen daraufhin spanische Schiffe zu kapern, worauf **Spanien** im **Dezember 1804 England** den **Krieg** erklärte. Der wurde in einer wichtigen Schlacht entschieden: Am 21. Oktober 1805 versenkten die Briten in der **Seeschlacht von Trafalgar** die spanische Flotte. Spaniens Seemacht war gebrochen, die überseeischen Kolonien schienen schutzlos.

Ob mit der Regierung in London abgesprochen oder nicht, jedenfalls später von ihr unterstützt, griffen – anfangs offiziell in privater Initiative – die beiden englischen Offiziere *Sir Home Popham* und *William Carr Beresford* am 27. Juni 1806 mit ihren Truppen Buenos Aires an. Gegenwehr gab es zunächst kaum, der spanische Vizekönig *Marqués de Sobremonte* flüchtete ins Landesinnere nach Córdoba.

Denkmal in Humahuaca zur Erinnerung an die indianische Unterstützung während der Freiheitskriege

Stattdessen erhob sich die Bevölkerung, und sie konnte unter Führung von **Santiago Liniers,** einem französischen Offizier in spanischen Diensten, die **Engländer am 12. August 1806 vertreiben.** Eine Blamage für die Kolonialmacht England, eine Blamage, die sie nicht auf sich sitzen lassen wollte. London schickte Verstärkung, und unter der Führung des Generals **John Whitelocke** sammelten sich 10.000 englische Soldaten im zwischenzeitlich eroberten Montevideo, um von dort eine weitere Invasion nach Buenos Aires zu starten.

Anfang Juli 1807 begann der Angriff, der mit einer Niederlage der Engländer endete. Am 5. Juli war der Kampf verloren, am 7. Juli unterzeichnete *Whitelocke* die Kapitulationsurkunde und erklärte darin den Rückzug aller Engländer aus dem La-Plata-Gebiet. Zwei Monate später, am 9. September 1807, segelte eine gewaltige Flotte nach England zurück: 200 Schiffe waren für die Truppen und die sicherheitshalber direkt mitgekommenen Händler und Kriegsgewinnler nötig.

Der **Sieg der Criollos** (Kreolen), wie sich die in Amerika geborenen Nachfahren der Spanier nannten, war weniger ein Bekenntnis der Treue zum spanischen Mutterland als der Auftakt des Unabhängigkeitskampfes der La-Plata-Staaten. Deutlich hatte sich gezeigt, dass man die großen europäischen Mächte schlagen konnte, ebenso klar war, dass man von Spanien nichts zu erwarten hatte. Am Río de la Plata begann der Unabhängigkeitskampf Argentiniens, Uruguays und Paraguay.

Geschichte Argentiniens

Argentinien wird unabhängig

Nachdem die Bewohner von Buenos Aires 1807 die Engländer vom Río de la Plata vertrieben hatten, setzten die Spanier 1808 einen neuen Vizekönig, nämlich *Baltasar de Cisneros,* für das Vizekönigreich Río de la Plata ein. Aber Spaniens Weltmacht war endgültig im Niedergang. In Europa war *Napoleon* in Spanien einmarschiert, hatte den König entmachtet und seinen eigenen Bruder *Josef* zum spanischen König gemacht.

Die Bewohner von Buenos Aires wussten die Schwäche Spaniens zu nutzen. Gegen den Willen des bestehenden Stadtrats *(Cabildo),* in dem vorwiegend spanientreue Royalisten saßen, riefen sie einen **Cabildo abierto** (offener Stadtrat) ein. Der erklärte am **25. Mai 1810** den spanischen **Vizekönig** für **abgesetzt,** legte aber gleichzeitig – wohl eher aus taktischen Gründen – ein Treuebekenntnis zu Spanien ab und wählte **Cornelio Saavedra** zum **Präsidenten.**

Dadurch, dass man sich noch nicht für unabhängig erklärte, wollte man wohl dem Zerfall des Gesamtterritoriums vorbeugen. Man befürchtete, dass sich einzelne Teile des ehemaligen Vizekönigreiches für autonom erklären würden, wie es ja dann auch 1811 in Paraguay passierte.

Uneinigkeit herrschte über den weiteren Weg. Zwei Fraktionen standen sich gegenüber, deren Auseinandersetzung auch über lange Jahre den kriegerischen Verlauf der argentinischen Innenpolitik bestimmen sollte.

Föderalisten und Unitarier

Föderalisten und Unitarier standen sich unversöhnlich gegenüber. Die **Föderalisten** waren größtenteils Vertreter der Großgrundbesitzer, sie waren die Träger der alten kolonialspanischen Ordnung und des Klerus. Ihr Ziel war ein lockerer Bund (Föderation) von einzelnen Bundesstaaten. Sie fürchteten das, was die **Unitarier** wollten: einen straff geführten Einheitsstaat unter der politischen Führung von Buenos Aires. Kein Wunder, kamen die führenden Unitarier doch aus der Hauptstadt. Sie waren Vertreter des Handelsbürgertums; ihr wirtschaftliches Programm las sich auch danach: totaler Freihandel, keine Schutzzölle, keine Subventionen. Uneinig waren sich die Unitarier hingegen über die künftige Regierungsform. Es gab Anhänger einer konstitutionellen Monarchie wie den General **Manuel Belgrano,** andere bevorzugten die Republik. Führend unter den liberalen Republikanern war der Publizist **Mariano Moreno.**

In den nächsten Jahren wurde die **innenpolitische Situation** – milde formuliert – **unübersichtlich.** Regierungen wechselten einander in immer kürzeren Abständen ab, mal war es eine mehrköpfige Junta, dann ein Triumvirat, mal ein einzelner „Director Supremo". Zwischendurch zerbrach das einheitliche Reich: Zunächst spaltete sich **Paraguay** vom Vizekönigreich ab (1811) und konnte auch durch den Einsatz von Belgranos Truppen nicht bezwungen werden, später war es das Gebiet östlich des Río Uruguay, das heutige **Uruguay,** das sich ebenfalls der Herrschaft von Buenos Aires entzog. Zusätzlich mussten noch die spanientreuen Truppen in den Provinzen geschlagen werden, um die Unabhängigkeit auch wirklich im ganzen Land durchzusetzen. Das gelang bei Córdoba 1810, bei Tucumán 1812 und Salta 1813, und so wurde am **9. Juli 1816 vom Nationalkongress in Tucumán die Unabhängigkeit erklärt** – „Vereinigte Provinzen von Südamerika" nannte sich das Land zunächst.

Der Nationalheld – José de San Martín

Die politische Unabhängigkeit musste aber auch militärisch durchgesetzt werden. Dabei gab es einen **Hauptgegner: die Spanier.** Die ehemaligen Herrscher kontrollierten von Peru aus noch große Teile des Kontinents. Ohne ihre Macht zu brechen, gab es keine wirkliche Unabhängigkeit. Das war die Stunde dreier Männer: von **Simon Bolívar, Bernardo O'Higgins** und dem Argentinier **José de San Martín.**

José de San Martín wurde am 25. Februar 1778 in Yapeyú in der Provinz Corrientes geboren. 1785 wurde er von seinem Vater, einem hohen Kolonialbeamten, nach Spanien geschickt. Dort besuchte er das Adelskolleg in Madrid, und bereits mit zwölf Jahren wurde er Kadett in der Armee. Im

Frühjahr 1812 kam *San Martín* nach Buenos Aires zurück, war zunächst Regimentsführer, dann ab 1815 Gouverneur der Cuyo-Region mit Sitz in Mendoza und begann dort mit Aufbau und Ausbildung eines großen Heeres.

Inzwischen hatte sich 1810 eine von *Bolívar* in Caracas angeführte Junta gegen die spanische Herrschaft erhoben. Zwar konnten die Spanier das Land zunächst zurückgewinnen, aber 1817 bis 1820 wurden Venezuela und Kolumbien unabhängig. Auch in Chile hatte man sich gegen die Spanier erhoben. *Bernardo O'Higgins* war Anführer der Truppen gewesen, jedoch ohne Kriegsglück. 1814 waren die Spanier erneut von Peru aus eingefallen und hatten die Chilenen bei Rancagua besiegt. *O'Higgins* musste fliehen, er kam nach Mendoza zu *San Martín.*

1817 begann dann der legendäre **Feldzug des San Martín.** Mit 10.000 Pferden und Mauleseln überquerte das Heer die Hochanden über Pässe in 4000 m Höhe, voll gepackt mit Waffen und tragbaren Brücken, um die engen Schluchten zu überwinden. Am 12. Februar 1817 schlugen Chilenen und Argentinier die zahlenmäßig überlegenen Spanier bei Chacabuco, drei Tage später waren sie in Santiago de Chile. Mit der **Schlacht von Maipú** am 5. April 1818 war die chilenische Unabhängigkeit endgültig erkämpft.

Doch *San Martín* setzte nach: Er glaubte, dass die Unabhängigkeit der neuen Staaten immer wieder gefährdet sei, solange die Spanier nicht endgültig aus Peru vertrieben seien. Der englische Abenteurer *Lord Cochrane* finanzierte dem Argentinier eine kleine Flotte, und San Martín landete im September 1820 in der Nähe von Callao an der peruanischen Küste. Im Juli 1821 konnte er in das von den Spaniern freiwillig geräumte Lima einziehen.

San Martíns Truppen waren in der Zwischenzeit stark geschrumpft. Er erhielt auch keine Unterstützung mehr aus Argentinien und bemühte sich daher um ein Treffen mit *Simon Bolívar,* das auch Ende Juli 1822 im ecuadorianischen Guayaquil stattfand. Über dieses Zusammentreffen ist nichts bekannt, doch kam es nicht zu der von *San Martín* gewünschten Zusammenarbeit. Ob die unterschiedlichen Vorstellungen über das Erreichen ihres wichtigsten politischen Ziels, nämlich eines starken Staatenbundes in Südamerika, eine Rolle spielten?

Da inzwischen der Widerstand der Spanientreuen in Lima gewachsen war, und *San Martíns* Ruhm in Buenos Aires dank verschiedenster Intrigen arge Kratzer abbekommen hatte, zog der später als „Libertador" (Befreier) Gefeierte sich nach Europa zurück. Er starb am 17. August 1850 in Boulogne-sur-Mer, einer Kleinstadt an der französischen Kanalküste. Dreißig Jahre später wurden seine sterblichen Reste nach Buenos Aires überführt und in der Kathedrale bestattet. Seitdem ist er der **Nationalheld Argentiniens,** und es gibt heute keine Stadt im Land, in der nicht eine Straße oder ein Platz nach ihm benannt ist und in der nicht ein Denkmal an ihn erinnert.

Bolívar eroberte 1824 mit seinem General *Sucre* **Peru** und vertrieb die

Spanier endgültig aus Südamerika. Südperu machte sich unabhängig und nannte sich ihm zu Ehren Bolivien. *Bolívar* starb am 17. Dezember 1830 in Santa Marta in Kolumbien.

Bürgerkrieg und Diktatur

Doch zurück nach Buenos Aires: In der Hauptstadt war inzwischen „relative Ruhe" eingekehrt. 1816 war der Unitarier *Juan Martín Pueyrredón* „Director Supremo" geworden. Er amtierte drei Jahre, schaffte es aber nicht, die Konflikte zwischen den Unitariern und Föderalisten zu lösen. **In den Provinzen herrschten „Caudillos"** (politische Führer, teilweise mit Privatarmee), sie zwangen schließlich auch *Pueyrredón* zum Rücktritt. Einer der wichtigsten Provinzführer war *Martín Güemes* aus Salta.

Doch die Unitarier behielten zunächst die Macht: **Bernadino Rivadavia** wurde **1826 erster Präsident Argentiniens.** Seine Amtszeit war nur kurz. Er scheiterte innenpolitisch wie sein Vorgänger am Widerstand der Föderalisten, außenpolitisch am Versuch, die Banda Oriental (Uruguay) wieder Argentinien einzuverleiben.

Nach seinem Rücktritt wechselte das Präsidentenamt häufig, dabei ging es nicht immer friedlich zu. Faktisch befand sich das Land im **Bürgerkrieg.** *Manuel Dorrego* löste *Rivadavia* ab, dann regierten unter anderem die Generäle *Juan Lavalle, Juan José Viamonte* und *Juan Ramón Balcarce,* alles Namen, die heute noch den Plan jeder Stadt schmücken.

Im Bürgerkrieg siegten die Föderalisten, am 13. April **1835** wurde General **Juan Manuel de Rosas** als Gouverneur von Buenos Aires Chef des Staates. Er herrschte als **Diktator,** der Tausende seiner Gegner umbringen ließ, die nächsten 23 Jahre.

1793 in Buenos Aires geboren, war *Rosas* auf dem Land als Gutsbesitzersohn unter Gauchos aufgewachsen. Ab 1820 wandelte sich der erfolgreiche Estanziero zum Caudillo, er setzte seine Gauchos und Landarbeiter mehr

a23-120 Foto: kg

Soldat in Paradeuniform

und mehr als Privatarmee zu politischen Zwecken ein. 1829 wurde er kurzfristig Gouverneur von Buenos Aires, trat aber zurück, weil man ihm keine diktatorischen Vollmachten übertragen wollte. Die bekam er 1835 zugesichert. Mit einer **Säuberungskampagne** in Heer und Verwaltung, mit Propaganda, Zensur, Terror und seiner gefürchteten Geheimpolizei, der „mazorca", setzte Rosas seine Ziele durch: weitgehende Einigung des Landes unter seiner Gewaltherrschaft, Bevorzugung des Argrarsektors gegenüber dem Handel.

Rosas war verbal ein großer Verfechter der Föderalisten – die Farbe Blau der Unitarier zu tragen war allein schon ein Verfolgungsgrund. Gleichzeitig zentralisierte er aber die politische Macht in seiner Person. Auch bevorzugte seine Politik die Hauptstadt, denn Buenos Aires war nach wie vor der einzige Überseehafen des Landes und jeglicher Handel musste über die Hauptstadt erfolgen. Aufgrund seiner Gewaltherrschaft konnte sich *Rosas* mehr als zwei Jahrzehnte an der Macht halten. Erst als er damit begann, sich auf außenpolitische Abenteuer einzulassen, etwa in den uruguayischen Bürgerkrieg einzugreifen oder auch Konflikte mit den Handelspartnern England und Frankreich heraufzubeschwören, schlossen sich Argentinier im Exil, im Untergrund und auch in *Rosas* eigenen Truppen zusammen, um den Diktator zu stürzen.

Intellektuell wurde dieser Widerstand von der **„Generation von 1837"** angeführt, einer Gruppe, der z.B. *Juan Bautista Alberdi, Domingo Faustino Sarmiento, Esteban Etcheverría* und *Bartolomé Mitre* angehörten. Militärischer Führer war der Gouverneur von Entre Ríos, **Justo José de Urquiza,** einer der mächtigsten Großgrundbesitzer dort. Er besiegte mit seinen Truppen die des Dikators am 3. Februar **1852** in der **Schlacht von Monte Casero.** *Rosas* musste das Land verlassen, er floh nach England. Dort starb er 1877 in der Nähe von Southampton. Inzwischen ist der lang verhasste Diktator rehabilitiert, 1989 holte man seine Gebeine nach Argentinien und beerdigte sie auf dem Friedhof der Reichen, Recoleta, in Buenos Aires.

Der Nationalstaat entsteht

Urquiza rief **1853** eine **Verfassungsgebende Versammlung** nach Santa Fe ein. *Urquiza* war wie *Rosas* Föderalist, seine Vorstellung von einem Staatenbund mit weitgehender Autonomie der einzelnen Provinzen stand derjenigen der nach *Rosas'* Flucht wiedererstarkten Unitariter konträr entgegen. Sie lehnten deshalb die Teilnahme an dem Verfassungskongress ab. Gleichzeitig trat das von ihnen beherrschte Buenos Aires aus der Föderation aus.

Die Föderalisten interessierte das zunächst nicht. Die übrig gebliebenen 13 Provinzen gaben sich am 1. Mai **1853** eine **Verfassung,** die in wesentlichen Punkten auch heute noch gültig ist. *Urquiza* residierte als Staatspräsident in der neuen Hauptstadt Paraná.

Später wurde ein Kompromiss gefunden. Er sah vor, dass Buenos Aires die Verfassung von 1853 anerkannte und dass auf nationaler Ebene freie Wahlen abgehalten wurden. Das Land änderte auch seinen Namen: Hieß es bisher „Provincias Unidas del Río de la Plata", so nannte es sich nun in **„República Argentina"** um.

Gewinner der nächsten Wahlen wurde der unitaristische General **Bartolomé Mitre.** Er verlegte den Sitz der Regierung wieder nach Buenos Aires, zunächst nur provisorisch. 1880 wurde dann der 200 km² große „Distrito Federal de Buenos Aires" zur Hauptstadt des Staates erklärt, die Provinz Buenos Aires erhielt mit La Plata eine eigene Provinzhauptstadt.

Mitre setzte auf **innenpolitischen Ausgleich,** auf die Stabilisierung des Landes. Die **europäische Einwanderung** wurde gefördert. Gleichzeitig stiegen die Exportchancen für argentinische Produkte, allerdings nur für Agrarprodukte. Ein ungleicher Warenverkehr mit den europäischen Ländern entstand: **Rohstoffe gegen Industriegüter.** *„Wir sind weder Industrielle noch Seefahrer, und Europa wird uns noch viele Jahrhunderte hindurch seine Erzeugnisse im Tausch gegen unsere Rohstoffe liefern",* schrieb der spätere Präsident *Sarmiento.* In *Mitres* Regierungszeit fällt auch der Beginn des „Tripelallianz-Krieges" (Argentinien, Brasilien und Uruguay gegen Paraguay), am Ende war Argentinien um die Provinzen Chaco, Formosa und Misiones größer.

Domingo Faustino Sarmiento löste *Mitre* **1868** als **Präsident** ab. Sarmiento war der erste **Denker** auf den Präsidentenstuhl. Er hatte jahrelang aus dem Exil gegen den Diktator *Rosas* angeschrieben, und er glaubte, dass dem erneuten Entstehen einer Diktatur wie der von *Rosas* nur durch Bildung zu begegnen sei. **„Zivilisation und Barbarei"** hieß sein wichtigstes Werk, der „Facundo", denn auch im Untertitel. So setzte *Sarmiento* das Schwergewicht seiner Regierungsarbeit auf die **Bildungspolitik.** Er ließ Lehrerbildungsanstalten gründen, holte ausländische Lehrer ins Land, erbaute Abend- und Fachschulen sowie wissenschaftliche Akademien. Dazu förderte auch er die europäische Einwanderung, denn als Garanten für die Zivilisation sah er die gebildeten Europäer.

Aber erst seine Nachfolger *Nicolás Avellaneda* (1874–80) und General *Julio Argentino Roca* (1880–86) kurbelten die europäische Einwanderung richtig an. Sie übernahmen das Alberdi-Wort **„gobernar es poblar"** (vgl. weiter unten, „Einwanderung"), und mit den Einwanderern kam der **Wirtschaftsboom.** Die Binnennachfrage stieg, der Export ging in die Höhe. Die „goldenen Jahre" Argentiniens begannen; aber nicht für alle brachte der wirtschaftliche Aufschwung auch eine Blütezeit: Opfer waren die Ureinwohner des Südens und Patagoniens, die nomadisierenden Indianerstämme. Schon unter *Avellaneda* hatte *Roca* als Kriegsminister mit der **Ausrottung der Indianer** begonnen – „Campaña del Desierto" wurde der Vernichtungskrieg genannt.

Mit **Krediten aus Europa** wurde die Infrastruktur verbessert; Kredite, die fürstlich entlohnt wurden: Engländer finanzierten bis 1890 den Bau der Eisenbahn und erhielten dafür für 99 Jahre das Betriebsrecht sowie das Gelände von jeweils 7 km links und rechts der Bahnlinie zugesichert. Durch den Ausbau der Infrastruktur entwickelte sich Argentinien zum größten Fleisch-, Woll- und Getreide-Exporteur der Welt.

Die Mittelschicht wächst – und fordert Demokratisierung

1890 war Buenos Aires zur größten und wichtigsten Stadt Lateinamerikas geworden. 700.000 Menschen lebten dort, und in den hauptstädtischen intellektuellen Zirkeln wollte man sich nicht mehr damit abfinden, dass Argentinien immer noch mehr oder weniger diktatorisch regiert wurde und es wenig demokratische Mitwirkungsmöglichkeiten gab.

Hinzu kamen erstmalig wirtschaftliche Schwierigkeiten im Gefolge der ersten internationalen Wirtschaftskrise. Die Inflation wuchs wegen der riesigen Auslandsschulden, und die Arbeiterschaft verarmte. Es gab keinen Arbeitsschutz und keinerlei Sozialgesetzgebung. Stattdessen herrschte immer noch eine verschwindend kleine Oberschicht mit den Mitteln der **Korruption** und Patronage. In **Opposition** dazu gründeten sich die ersten Parteien und Interessenverbände: Die Gewerkschaften, die Sozialistische Partei und auch die **Unión Cívica Radical** (UCR), die radikale Bürgerunion.

1916 fanden **erstmals Wahlen** statt, bei denen zumindest alle Männer Stimmrecht hatten – den Frauen blieb das noch bis 1948 verwehrt. Gewählt wurde der Kandidat der Radikalen Bürgerunion **Hipólito Irigoyen.**

Irigoyen verstand es, einerseits die Interessen der konservativen Großgrundbesitzer zu bedienen, die ansonsten vielleicht versucht hätten, ihn mit Gewalt zu stürzen, anderseits aber auch die Ansprüche der wachsenden Mittelschicht und der Arbeiterklasse nicht aus dem Auge zu verlieren. Die Hochschulen wurden reformiert und eine Sozialgesetzgebung mit Krankenversicherung, Arbeitszeitbegrenzung und Urlaubsregelung wurde eingeführt. Aber sein Regierungsstil war auch repressiv: Als im Januar 1919 die Stahlarbeiter in Buenos Aires streikten, wurde der Streik ebenso blutig nieder-

geschlagen („Semana Trágica") wie 1921 der große Landarbeiterstreik in Patagonien.

Im **Ersten Weltkrieg** blieb Argentinien außenpolitisch strikt **neutral.** Das führte zunächst zu Importeinbußen, stärkte aber letztlich die einheimische Industrie. Außerdem verscherzte man es sich mit keinem Handelspartner; während des Krieges und danach boomte der Markt für argentinische Agrarprodukte erneut. Die USA lösten England als wichtigsten Handelspartner Argentiniens ab.

Irigoyen schaffte es zwar nicht, die Korruption und Vetternwirtschaft abzuschaffen, zumindest aber blieb er selbst integer. Er lebte auf „kleinem Fuß", verzichtete auf Prunk und auch darauf, in den Präsidentenpalast, die „Casa Rosada", umzuziehen. Kein Wunder, dass er beliebt war und nach der obligatorischen Pause – die Verfassung erlaubte keine zwei Amtszeiten nacheinander – als Nachfolger von *Marcelo Torcuato de Alvear* im Jahr 1928 erneut zum Präsidenten gewählt wurde.

Diesmal überdauerte seine Präsidentschaft aber nicht die volle Amtszeit: Die **Weltwirtschaftskrise 1929 stürzte das Land ins wirtschaftliche Chaos,** die Arbeitslosigkeit stieg, der Peso verfiel. Im September 1930 fand die konservative Opposition den Zeitpunkt günstig: Mit Hilfe der Armee unter General *José Félix Uriburu* wurde *Irigoyen* gestürzt. Erstmals im 20. Jahrhundert griff das Militär in die Politik ein und machte sich ein General zum Präsidenten.

„La Década Infama" – das ehrlose Jahrzehnt

Nach Wahlmanipulation wurde im November **1931 General Agustín P. Justo** zum **Präsidenten** gewählt; er trat im Februar 1932 sein Amt an. Ihm folgte 1938 der – ebenfalls bei nicht ganz sauberen Wahlen – gewählte *Roberto M. Ortiz,* der 1940 zurücktrat und so Platz für den Vizepräsidenten *Ramón S. Castillo* machte.

Die meisten sozialen Errungenschaften der Irigoyen-Zeit wurden von diesen Präsidenten wieder rückgängig gemacht, statt demokratischer Verhältnisse herrschten **Wahlbetrug, Manipulation, Vetternwirtschaft, Korruption** und die deutliche **Bevorzugung der Oligarchie**.

Als 1939 der **Zweite Weltkrieg** begann, erklärte Argentinien sofort seine **Neutralität** und behielt diese auch bei, nachdem im Dezember 1941 die USA in den Krieg eingetreten waren und die anderen Staaten des Doppelkontinents zu einem Abbruch der diplomatischen Beziehungen zu den Achsenmächten Deutschland, Italien und Japan drängen wollten. Auf der Konferenz der amerikanischen Außenminister im Januar 1942 in Río de Janeiro setzten sich die Argentinier mit einer unverbindlichen Gummiformulierung durch, die lediglich den Abbruch von Beziehungen empfahl.

Seine Neutralität wahrte Argentinien aus zwei widerstreitenden Gründen: Das Land war im Ersten Weltkrieg mit diesem Kurs wirtschaftlich gut gefahren, und die großen Estanzieros wollten ihre Handelskontakte nach England nicht gefährden. Andererseits standen die starken, nationalistischen Kräfte, angeführt vom Militär, eher auf Seite der Achsenmächte, deren militärische Überlegenheit, besonders nach der Niederlage Frankreichs, nicht mehr bezweifelt wurde.

Der lange Krieg beeinträchtigte nach und nach auch die argentinische Wirtschaft. Zwar konnten weiterhin Nahrungsmittel in alle Welt verkauft werden, aber die Importe blieben immer mehr aus. Alle Importwaren und damit die meisten Industriegüter verteuerten sich, die Lebenshaltungskosten stiegen, ebenso die soziale Unzufriedenheit.

Im Militär gärte es beträchtlich. Eine Gruppe von rechtsgerichteten, meist jüngeren Offizieren, die **„Grupo de Oficiales Unidos“** (Gruppe der Vereinigten Offiziere, GOU), hatte sich bereits 1941 unter der Führung von Oberst **Juan Domingo Perón** zusammengefunden. Ihre Ziele: Bekämpfung aller kommunistischen Tendenzen, Beendigung der Korruption, eine autoritäre Staatsführung.

Die GOU stürzte schließlich am 4. Juni 1943 den amtierenden Präsidenten Castillo. Sein Nachfolger wurde General *Arturo Rawson,* allerdings nur für wenige Tage; er wurde durch General *Pedro Pablo Ramírez* ersetzt. Der sorgte erst einmal für die Ausschaltung der Opposition: Der Kongress wurde aufgelöst, die Gewerkschaften teilweise verboten, in Patagonien wurden Lager für Oppositionelle eingerichtet, und zum Jahresbeginn 1944 wurde die politischen Parteien verboten. Im Februar 1944 hatte er seine Schuldigkeit getan und übergab sein Amt an den Vizepräsidenten *Edelmiro J. Farrell.*

Außenpolitisch blieb Argentinien zunächst weiterhin neutral, aber schließlich sah das Land sich unter dem Druck der Alliierten doch gezwungen, im Januar 1944 – als letztes lateinamerikanisches Land – die diplomatischen und wirtschaftlichen Beziehungen zu Deutschland und Japan abzubrechen, und am 27. März 1945 erklärte Argentinien als letztes Land der Erde den beiden Staaten den Krieg.

Peróns Aufstieg

Innerhalb der Militärregierung hatte ein Mann schnell eine Schlüsselstellung eingenommen: **Juan Domingo Perón war Sozial- und Arbeitsminister geworden.** Ein wirkungsvoller dazu: 1944 setzte er eine 30-prozentige Erhöhung der Löhne für alle Industrie- und Landarbeiter durch und führte den Mindestlohn für Landarbeiter ein. So legte er den Grundstein für eine in Lateinamerika nahezu **beispiellose Sozialpolitik:** Es gab feste Arbeitszeitregelungen, ein 13. Monatsgehalt, Ruhestandsgelder, feste Höchstpreise für Genuss- und Nahrungsmittel, Unfall- und Krankenschutz, Preisbindung bei den Mieten. Innerhalb eines Jahres – von 1945 bis 1946 – stieg der Reallohn für die Arbeiter um 50 Prozent.

Kein Wunder, dass die Armen, die „Descamisados“ (Hemdlosen), in dem Offizier ihren Retter sahen. Als die Militärs ihn – der eine deutliche Sympathie für *Mussolini* und auch *Hitler* zeigte – im Oktober 1945 verhaften ließen und auf die Insel Martín García verbannten, kam es zu Arbeitsniederlegungen und Streiks und schließlich, am 17. Oktober 1945, zu einer der größten Demonstrationen in der argentinischen Geschichte: **300.000 Arbeiter demonstrierten vor dem Präsidentenpalast** für die Freilassung und Rückkehr *Peróns,* die noch am gleichen Abend in Buenos Aires erfolgen sollte. Noch heute feiern die Anhänger Peróns den 17. Oktober als *Día de la Lealtad* (Tag der Loyalität). Am nächsten Tag wurden Wahlen ausgeschrieben. „Stimmt gegen die Börse, die Großgrundbesitzer, das Großkapital und die offizielle Presse – stimmt für ein neues Argentinien ohne Armut und Korruption, stimmt für das Argentinien Peróns", hieß es auf den Plakaten, und die Wähler folgten dem Ratschlag. Mit weit über 50 Prozent aller Stimmen wurde *Juan Domingo Perón* am 24. Februar 1946 gewählt, im Juni 1946 übernahm er das Präsidentenamt.

Der Peronismus

Juan Domingo Perón nannte seine Politik nicht Peronismus, sondern **„Justicialismo"** (Justizialismus), abgeleitet von „justicia", Gerechtigkeit. Was war nun dieser Justizialismus, auf den sich noch heute die meisten führenden Politiker Argentiniens berufen, was dieser Peronismus, den die einen genauso vehement bejubeln, wie die anderen ihn ablehnen?

Im Wesentlichen handelte es sich um einen populären Nationalismus, einen **Populismus,** der sich um **sozialen Ausgleich** sowie **politische und wirtschaftliche Souveränität** bemühte, dabei dirigistisch in Wirtschaft und Lebensführung eingriff, Kritiker verfolgte, weitgehend **undemokratisch** regierte und das Militär hofierte, antikapitalistische und antikommunistische Parolen verbreitete und somit viel Widersprüchliches miteinander zu vereinen schien. *„Für uns steht weder positiv noch negativ irgendetwas fest. Wir sind Antikommunisten, weil die Kommunisten Sektierer sind, wir sind Antikapitalisten, weil die Kapitalisten Sektierer sind. Unser dritter Weg ist nicht ein Weg der Mitte. Er ist ein weltanschauliches Verhalten, das sich je nach besonderen Umständen mal nach der Mitte, mal nach links oder rechts orientiert",* so lautete das politische Credo *Peróns.* **Purer Pragmatismus** also, **oftmals garniert mit radikalen Parolen.**

Dennoch war Perón um den sozialen Ausgleich der Gesellschaft bemüht. Mit Sozialpolitik wollte er einem drohenden Umsturz begegnen, und Reformen sollten die Arbeiter in die Gesellschaft integrieren. Nicht nur wirtschaftlich, auch politisch wurden sie eingebunden: Die Gewerkschaften wurden zu einer großen und schlagkräftigen Organisation, ihre Mitgliederzahl stieg innerhalb weniger Jahre von 500.000 auf fünf Millionen Menschen. Sie zahlten dafür aber einen politischen Preis: Die nahezu bedingungslose Unterstützung von *Peróns* Politik wurde gefordert.

img13 Foto: ab

Wirtschaftliche Autonomie war ein weiteres Ziel der Peronisten. Sie verstaatlichten ausländische Unternehmen, kauften die von den Engländern betriebene Eisenbahn zurück und förderten die nationale Klein- und Mittelindustrie. Mit großer Geste beglichen sie sämtliche Auslandsschulden (231 Mio. US-$) – politische Neutralität war schließlich das erklärte außenpolitische Ziel.

La Plata –
Eingang zum Naturkundemuseum

Ermöglicht wurde Peróns Politik nur dank der äußerst guten finanziellen Lage Argentiniens. Während und nach dem Zweiten Weltkrieg boomte die Exportwirtschaft, Argentinien besaß bei seinen Handelspartnern ein gutes finanzielles Polster. So konnte zunächst mit diesen Geldreserven Sozialpolitik betrieben werden, und *Perón* brauchte weder Agrarreformen oder Enteignungen durchzusetzen oder sparsam zu regieren. Rückhalt erhielt er jetzt auch vom Militär. Zum einen entstammte er selbst dieser Schicht, zum anderen bediente er auch seine ehemaligen Kollegen großzügig: Es wurde maßlos aufgerüstet; in den ersten drei Jahren seiner Regierung wurde die Hälfte der Staatsaus-

Evita

Hunderttausende standen Schlange, um ihr einen letzten Blick zuzuwerfen: Sie defilierten weinend an dem gläsernen Sarg vorbei, in dem „Evita", der „Engel der Armen", aufgebahrt war. *Eva Perón* war am 26. Juli 1952 im Alter von nur 33 Jahren an Leukämie gestorben.

Am 7. Mai 1919 war sie als *Eva Duarte,* als uneheliches Kind einer baskischen Einwanderin in dem armen Pampa-Dorf Los Toldos geboren worden. Mit 15 ging sie nach Buenos Aires, schlug sich als Tänzerin und Sängerin in Bars durch, bis sie endlich einen Rundfunk-Vertrag bekam. Zehn Jahre später, 1944, sie war 25, lernte sie Oberst *Juan Domingo Perón* kennen und heiratete ihn.

An seiner Seite wurde sie rasch berühmt. Ob sie Einfluss auf seine Politik hatte, oder ob sie bloß Peróns auffälligster Lautsprecher war, ist umstritten. Eva Perón unterstützte die Forderung nach dem Frauenwahlrecht, gründete die feministisch-peronistische Front, forderte Bezahlung für Hausarbeit, sah den entstehenden Kult um ihre Person gern und beteuerte gleichzeitig immer wieder, dass sie alles nur für ihr geliebtes Argentinien und ihren geliebten Mann tue, für den sie sich auch opfern würde.

Sie war aber auch machtbewusst: Politische Gegner wurden gnadenlos verhaftet, Familienmitgliedern schob sie hohe Posten zu. Sie selbst leitete das Regierungsbüro für Arbeit und Wohlfahrt, und nach ihr war eine Stiftung benannt, die ebenfalls Geld verteilte: Die „Descamisados" (Hemdlosen), die Armen, waren die Nutznießer dieser Wohltätigkeit.

Evita ist unvergessen. „Evita vive" (Evita lebt) ist noch heute oft an Mauern zu lesen, und mit Bildern der Präsidentengattin ist jedes peronistische Büro geschmückt.

Seit einigen Jahren ist ihr ein eigenes Museum gewidmet. Am 26. Juli 2002, an ihren 50sten Todestag, wurde das **Museo Evita** eröffnet. Wer die Verehrung der Argentinier für diese Frau, ihre Epoche und auch für *Juan Domingo Perón* verstehen möchte, findet in den dreizehn Ausstellungsräumen einen guten Zugang. *Museo Evita,* Lafinur 2988, Buenos Aires, Tel. 48070306, institutoevaperon@museoevita.org; Führungen auf Englisch, Französisch, Portugiesisch.

Ein Leben wie aus dem Bilderbuch – Stoff für eine Operette oder ein Musical. *Andrew Lloyd Webber* erkannte das zuerst: 1976 schrieb er sein Musical „Evita", das 1978 erstmals aufgeführt wurde. „Don't cry for me, Argentina" – „Weine nicht um mich, Argentinien", Evitas Grabinschrift, wurde damit zum Welthit.

Zuletzt war Evita 1995 wieder in aller Munde. Der Peronismus feierte seinen fünfzigsten Geburtstag, der Vater der Bewegung, Juan Domingo Perón, wäre hundert Jahre alt geworden – wer aber bewegte die Gemüter? Genau: Evita. In Argentinien wechselten sich die Evita-Biographien an der Spitze der Bestsellerlisten ab, das Projekt eines großen Films über ihr Leben sorgte nicht nur in ihrem Heimatland für Gesprächsstoff: In Hollywood stand die erste Garde der Schauspielerzunft Schlange, um die Hauptrollen in einem geplanten Evita-Epos, der Verfilmung von Andrew Lloyd Webbers Musical, zu ergattern. *Madonna* durfte schließlich Evita spielen, *Antonio Banderas* den *Ché,* gedreht wurden große Teile des Films in Budapest.

gaben für Rüstung aufgewandt. Perón flankierte seine Politik durch heftige Propaganda. Missliebige Zeitungen wurden verboten, ein eigener peronistischer Pressekonzern vertrieb Zeitschriften und Zeitungen.

Ab 1949 wurde die Lage in Argentinien schwieriger. Die Devisen waren weitgehend aufgebraucht, die Wirtschaft stagnierte. *Perón* änderte seine Politik und setzte auf **freies Unternehmertum,** Streiks wurden brutal niedergeschlagen. Zwar wurde er 1951 noch einmal triumphal wiedergewählt, aber er hatte seine schichtenübergreifende Integrationskraft verloren. Das Militär stellte sich gegen ihn, Kirche und Großgrundbesitzer ebenfalls. Am 16. Mai **1955 stürzte das Militär** schließlich **den Präsidenten.** *Perón* floh zunächst nach Asunción, später ging er dann über Panamá und Santo Domingo nach Spanien.

Perón im Exil – Argentinien im Chaos

In den Jahren nach *Perón* wurden die meisten sozialen Errungenschaften wieder abgebaut. Peronisten wurden verfolgt, aus den Gewerkschaften gejagt, das Streikrecht wurde abgeschafft und die Verstaatlichungen rückgängig gemacht – **Entperonisierung** war das Ziel. Von Perón durfte nur noch als dem „geflohenen Tyrannen" gesprochen werden.

Die Militärs lösten einander schnell ab: Auf General *Eduardo Lonardi* folgte bereits im November 1955 General *Pedro Eugenio Aramburu.* 1957 kam es zu einer beeindruckenden Demonstration für *Perón:* Bei den Wahlen zur Verfassungsgebenden Versammlung hatte *Perón* seine Anhänger aus dem Exil zur Abgabe von leeren Stimmzetteln aufgerufen. Ein Viertel aller Wahlberechtigten folgte seinem Aufruf.

Der zivile **Präsident Arturo Frondizi** wurde nur gewählt, weil er den Peronisten Reformen und die Wiederzulassung der peronistischen Partei zugesichert hatte. Sein **Reformversprechen** konnte er nicht einhalten, das Parteiversprechen schon. Die Wahlen 1962 sahen die Peronisten mit über 40 Prozent der Stimmen als Sieger. Das Militär wurde nervös und verlangte erfolgreich die Annullierung der Wahlen.

Die **Peronisten** hatten sich inzwischen **gespalten:** Die **Linksperonisten** propagierten einen Peronismus ohne *Perón* und waren stark von marxistischen Gedanken geprägt, die **Rechtsperonisten** waren mehr in der Führungsebene der Gewerkschaften verankert und wollten zurück zum klassischen Peronismus der 1940er Jahre. *Perón* selbst beobachtete aus seinem Madrider Exil die Entwicklung, stärkte mal den einen, mal den anderen Flügel, auch um seine eigene Macht nicht zu erschüttern.

Präsident Arturo Illia, ein Rechtsliberaler, wurde **1963** gewählt. Er regierte ohne parlamentarische Mehrheit für drei Jahre und wurde von einem Militärputsch **unter General Juan Carlos Onganía gestürzt.**

Onganía ließ die Gewerkschaften verfolgen, schlug mit Polizeikräften Arbeiterstreiks nieder und öffnete das Land für ausländisches Kapital. Aber der erhoffte Aufschwung trat nicht ein. Im Gegenteil – immer mehr Argentinier waren ohne Arbeit. Am 29. und 30. Mai 1969 kam es zum **Aufstand der Arbeiter in Córdoba,** dem so genannten Cordobazo, der von Truppen blutig niedergeschlagen wurde. Onganía musste 1970 General *Roberto Marcelo Levingston* weichen, der dann ein Jahr später General *Alejandro Agustín Lanusse* Platz machen musste. *Lanusse* versuchte, die sich immer mehr spaltende Gesellschaft wieder zu vereinen. Er führte Gespräche um die Wiederzulassung der peronistischen Partei und die Rückkehr von *Perón.*

Währenddessen hatten sich auf der Linken mehrere **Guerilla-Organisationen** gebildet, die sich durch den bewaffneten Kampf die Befreiung Argentiniens erhofften. Eine war die linksperonistische „Monteneros", die andere der trotzkistische „ERP" (Revolutionäre Volksarmee). Beide Gruppen wurden von den Militärs brutal verfolgt, ihre Anschläge dienten zur Begründung für den Terror des Militärs gegen alles „Subversive".

Peróns Rückkehr

Perón unterstützte aus dem Exil den Linksperonisten *Héctor José Cámpora* – reine Taktik, wie sich später zeigen sollte. *Cámpora* erreichte bei den Wahlen im März 1973 49 Prozent der Stimmen und versuchte, eine linksperonistische Politik durchzusetzen. Er ließ die Kommunistische Partei wieder zu und berief zwei Linksperonisten gegen den Widerspruch von *Perón* in sein Kabinett.

Als am 20. Juni **1973 Perón nach Argentinien zurückkehrte,** kam es unter den Wartenden auf dem Flughafen in Ezeiza zu einem **Massaker.** Rechtsperonisten eröffneten aus Maschinengewehren das Feuer auf Linksperonisten, etwa 100 bis 200 Menschen starben. *Perón* rechtfertigte am nächsten Tag in einer Rundfunkansprache das Geschehen.

Am 13. Juli 1973 trat *Héctor Cámpora* zurück, ein Interimspräsident übernahm die Geschäfte, bis am **23. September Perón wiedergewählt** wurde. *Perón* setzte seine nach rechts gegebenen Wahlversprechen sofort in die Tat um. Alle Linksperonisten wurden aus wichtigen Stellungen verbannt, 1974 ließ *Perón* sogar den frei gewählten linksperonistischen Gouverneur von Córdoba absetzen.

Doch **Perón** blieb keine Zeit mehr. Er **starb am 1. Juli 1974,** und seine Witwe und Vizepräsidentin *María Estela Martínez de Perón,* genannt *Isabel* wurde seine Nachfolgerin. Das Land war zutiefst gespalten: Guerilla-Aktionen von links wurden mit ausuferndem **Staatsterror** gegen alles „Subversive" von rechts bekämpft, die peronistische Partei war korrupt, die Inflation stieg noch schneller als die Löhne sanken.

Am 24. März **1976 ergriff erneut das Militär die Macht.** Der Putsch war von vielen Bürgern lang erwartet gewesen und von manchen sogar erhofft. Eine dreiköpfige Junta mit **General Jorge Rafael Videla** als Führer übernahm die Macht.

Die Diktatur und der Terror

„Zuerst werden wir die Subversiven töten, dann ihre Helfershelfer, dann ihre Sympathisanten; dann kommen die Lauen und am Schluß die Furchtsamen an die Reihe.“ Dieses Zitat, das dem Gouverneur von Buenos Aires, General *Ibérico Saint-Jean* zugeschrieben wurde, verdeutlicht am besten, was die **Militärdiktatur bis 1983** auszeichnete: **Terror, grenzenloser Terror** gegen alle, die von ihnen selbst als „Subversive“ definiert wurden. Und das waren praktisch alle. Gewerkschaftler, Schüler oder Studenten, Pazifisten, kritische Journalisten, Sozialwissenschaftler – sie alle konnten verhaftet, gefoltert, vergewaltigt oder zusammengeschlagen werden. Oder sie verschwanden spurlos, mitgenommen von vier Gestalten, die im Morgengrauen mit einem schwarzem Ford Falcon ohne Nummernschilder vorfuhren.

„Proceso de la Reorganización Nacional“ (Prozess der nationalen Reorganisation) nannte sich der Staatsterror, dessen ganzer Umfang erst viel später ans Licht kam. Über 30.000 Menschen verschwanden in Folterzentren, der offizielle Bericht „Nunca más“ (Nie wieder) berichtet detailliert auf über 500 Seiten von den Menschenrechtsverletzungen. Im Frühjahr 1995 wurden weitere schreckliche Einzelheiten bekannt: Piloten berichteten von Flügen, bei denen Offiziere betäubte Menschen in den Atlantik geworfen hätten. Der ehemalige Korvettenkapitän *Francisco Scilingo* enthüllte das im Gespräch mit argentinischen Journalisten; in diesen Interviews zeigte sich auch die Normalität des Folterns, des Tötens und „Verschwindenlassens“ der Opfer. Ein Zitat: *„Es war etwas, was man machen mußte. Ich weiß nicht, was die Henker durchleben, wenn sie töten, die Klingen hinunterziehen oder die elektrischen Stühle vorbereiten. Niemand tat es gern, es war nichts Angenehmes. Aber es wurde gemacht, und es war selbstverständlich die beste Form, es wurde nicht darüber diskutiert. Es war etwas Höheres, das man für das Land tat. Ein höheres Werk.“*

Die bekanntesten Kämpfer gegen den Terror waren die **„Madres de la Plaza del Mayo“** (Mütter von der Plaza del Mayo), die jeden Donnerstag vor der Casa Rosada, dem Präsidentenpalast, mit weißen Kopftüchern demonstrierten und Auskunft über den Verbleib der Verschwundenen, oft genug ihrer eigenen Kinder und Enkel, verlangten.

Die Militärs waren ebenfalls angetreten, um die **marode Wirtschaft** des Landes in Griff zu bekommen. Aber auch dort versagten sie. Der neoliberale Kurs ihrer Wirtschaftsexperten endete in privater Bereicherung und in Spekulationsgewinnen. Lediglich Auslandsverschuldung und Inflation wuchsen, allerdings bis ins Unermessliche.

Mit dem **Falkland/Malwinen-Krieg** suchten die Militärs von ihrem Versagen abzulenken. Das gelang auch kurzzeitig, denn sie hatten richtig auf die nationalistischen Gefühle ihrer Landsleute gesetzt. 1833 hatten die Engländer die Islas Malvinas besetzt, die Argentinier hatten sie lange schon zurückgefordert. Am 2. April 1982 landete das argentinische Militär auf den Malwinen. Doch die englische Reaktion war falsch eingeschätzt worden. Den Briten lag durchaus etwas an dem Eiland, außerdem hatte die Regierung *Thatcher* ebenfalls innenpolitische Schwierigkeiten, Grund genug, auch die nationalistische Karte zu spielen. Nach knapp sechs Wochen waren die Argentinier blamabel geschlagen – auch auf ihrem eigenen Feld hatten die Militärs versagt.

So kam es bald zu ersten **Massendemonstrationen.** Ende 1983 musste das Militär die Casa Rosada räumen, bei den **Wahlen** im **Oktober 1983** setzte sich der Kandidat der Radikalen Bürgerunion, **Raúl Alfonsín,** durch.

Von Alfonsín zu Menem

Mit großer Unterstützung bedacht, startete Raúl Alfonsín 1983 sein politisches Programm: Abbau der Auslandsverschuldung, gerechtere Einkommensverteilung im Land, Aufarbeitung der schrecklichen Vergangenheit. Aber bald zeigten sich die widerstrebenden Kräfte. Die Militärs erkämpften 1986 das **Punto-final-Gesetz,** das einen Schlusspunkt unter die Aufarbeitung ihrer Verbrechen setzte, die Ökonomie sprang nicht so an wie erwartet, und bald erreichte die Inflation erneut Rekordmarken. Ein Drittel der Bevölkerung war unter die Armutsgrenze abgerutscht.

So wunderte es nicht, dass 1989 wieder der peronistische Kandidat gewählt wurde. Carlos Saúl Menem, der dreimalige Gouverneur der Provinz La Rioja, der im Wahlkampf noch linksperonistische Thesen vertreten hatte, wandelte sich schnell. Statt die angekündigte Sozialpolitik umzusetzen, verwirklichte er streng **neoliberale Politik:** Reduzierung des Staatsapparates, Privatisierung, Abbau der Importgrenzen. Er forcierte eine außenpolitisch enge Anbindung an die USA.

Trotz großer Kritik an seiner Politik, trotz Streiks und Arbeitsniederlegungen war *Menem* während seiner ersten Regierungszeit nie gefährdet. Die Senkung der Inflation, unzweifelhaft das Verdienst der Wirtschaftspolitik seiner Regierung, sicherte seinen Erfolg, ebenso seine mediale Art des Auftretens bei nationalen und internationalen Anlässen, eine Art, die bei den Intellektuellen verhasst war, aber vom Volk bejubelt wurde. 1995 wurde er, auch mangels Alternativen, mit großer Mehrheit wiedergewählt. Seine zweite Amtszeit war weniger erfolgreich, die wirtschaftliche Lage verschlechterte sich, und *Menem* wurden mafiöse Machenschaften, Korruption und persönliche Bereicherung nachgesagt. So wurde er nach seiner Ablösung wegen der Verstrickung in illegale Waffenlieferungen nach Ecuador und Kroatien angeklagt und zeitweise sogar unter Hausarrest gestellt.

De la Rúa und die Krise

1999 konnte Menem nicht erneut antreten. Bei den Präsidentschaftswahlen setzte sich der gemeinsame Kandidat

Geschichte in Zahlen

1776	Einrichtung des Vizekönigreiches Río de la Plata mit Buenos Aires als Hauptstadt.
25.05.**1810**	Absetzung des spanischen Vizekönigs.
09.07.**1816**	Unabhängigkeitserklärung. Anschließend beginnt das Zeitalter der Bürgerkriege.
1833	England annektiert die Islas Malvinas/Falkland-Inseln.
1853	Verabschiedung der ersten Verfassung. Argentinien wird offiziell Republik, die Hauptstadt ist Paraná.
1880	Unter Präsident Roca wird Argentinien endgültig zum Bundesstaat, Buenos Aires wird zur Hauptstadt erklärt. Während der Indianerkriege wird die Urbevölkerung im Süden weitgehend ausgerottet.
1910	Allgemeines, gleiches und geheimes Wahlrecht, allerdings nur für Männer. Das Frauenwahlrecht wird 1948 eingeführt.
04.06.**1946**	*Juan Domingo Perón* wird Staatspräsident.
19.09.**1955**	Sturz Peróns durch das Militär.
01.05.**1958**	Nach freier Wahl wird *Arturo Frondizi* Staatspräsident.
28.06.**1966**	Putsch des Militärs unter General *Juan Carlos Ongania.*
23.03.**1971**	Neue Junta unter General *Lanusse*. Dieser leitet die Rückkehr zur Demokratie ein.
25.05.**1973**	Der Peronist *Héctor Cámpora* wird zum Präsidenten gewählt.
20.06.**1973**	Perón kommt aus dem Exil nach Argentinien zurück und wird am 23.09. zum Präsidenten gewählt.
01.07.**1974**	Tod Peróns, seine Witwe *Isabel* wird Präsidentin.
24.03.**1976**	Das Militär unter Führung von General *Jorge Videla* übernimmt die Macht.
02.04.**1982**	Argentinien besetzt die Islas Malvinas/Falkland-Inseln, England erobert das Archipel aber sechs Woche später wieder zurück.
30.10.**1983**	Aus den ersten Wahlen seit 1976 geht *Raúl Alfonsín* als Sieger hervor.
14.05.**1989**	*Carlos Saúl Menem* gewinnt die Präsidentschaftswahlen und übernimmt am 08.07. die Macht. Er wird im Mai 1995 im Amt bestätigt. Eine Verfassungsreform hatte ihm zuvor den Weg zu einer zweiten Präsidentschaft ermöglicht.
Okt. **1997**	Bei den turnusgemäßen Nachwahlen zum Abgeordnetenhaus verlieren die Peronisten, die Partei Menems, die absolute Mehrheit im Parlament.
10.12.**1999**	*Fernando de la Rúa,* der gemeinsame Kandidat der Parteien UCR und FREPASO, tritt als Nachfolger von Carlos Menem das Amt als Staatspräsident an.
2001	Die Finanz- und Wirtschaftskrise eskaliert.
21.12.2001	De la Rúa tritt unter dem Druck einer Protestwelle zurück. Innerhalb von zehn Tagen wechseln sich drei provisorische Nachfolger ab, bis am
01.01.**2002**	der Kongress den Peronisten *Eduardo Duhalde* zum Interimspräsidenten ernennt. Abwertung des Peso und Einstellung des Schuldendienstes.
2002	Inflationsrate um die 40%.
27.04.**2003**	Der Peronist *Néstor Kirchner* wird zum Präsidenten gewählt.
Juni **2007**	Der Oberste Gerichtshof hebt die Amnestiegesetze auf, welche den Militärs Straffreiheit für die massiven Menschenrechtsverletzungen in der Diktaturzeit zusicherten.

der bisherigen Oppositionsparteien UCR und FREPASO, **Fernando de la Rúa,** bis dato Bürgermeister von Buenos Aires, durch. Von dem Vertreter der sozialdemokratisch orientierten Linken versprachen sich viele einen neuen politischen Impuls, ein Aufräumen mit dem alteingesessenen peronistischen Politikerklüngel und sozial verträgliche Reformen. Doch *De la Rúa* agierte zögerlich und ohne Rückhalt in den Reihen seines in sich zerstrittenen Parteienbündnisses. Zudem verschärfte sich während seiner Amtszeit die Rezession, die Regierung trieb die Auslandsverschuldung in die Höhe und klammerte sich zu lange an die künstliche Kopplung des Peso an den Dollar (siehe „Wirtschaft"). Im Dezember 2001 fror die Regierung die Spareinlagen der Bevölkerung ein (der so genannte *corralito,* siehe entsprechenden Exkurs), um der steigenden Kapitalflucht entgegenzusteuern. Es kam zu aufstandartigen Protesten der Bevölkerung und Plünderungen von Supermärkten, offenbar von peronistischen Kräften tatkräftig mitorganisiert. Bei Auseinandersetzungen zwischen Polizei und Demonstranten wurden 30 Menschen getötet. Im Dezember 2001 musste *De la Rúa* zurücktreten.

Damit war der Weg frei für die Rückkehr der Peronisten an die Macht. Die konnten sich zunächst intern nicht einigen: Zwei provisorische Nachfolger blieben jeweils nur Stunden im Amt, der vom Kongress eingesetzte *Adolfo Rodríguez Saá* brachte es immerhin auf eine Woche. Schließlich ernannte das Parlament am 1. Januar 2002 den Peronisten **Eduardo Duhalde** zum Präsidenten – dem fünften innerhalb von zehn Tagen. *Duhalde,* einst *Menems* Vizepräsident und als Präsidentschaftskandidat 1999 *De la Rúa* unterlegen, zog eine traurige Bilanz: „Argentinien ist ruiniert!", sagte der neue Staatschef in seiner Antrittsrede. Als erstes hob er die Kopplung des Argentinischen Peso an den Dollar auf; in der Folge kam es zu einer rapiden Entwertung der nationalen Währung. Gleichzeitig fror *Duhalde* die Rückzahlung von Krediten an private Geldgeber und die Weltbank ein, forderte aber ungeachtet dessen vom Internationalen Währungsfonds neue finanzielle Hilfsmaßnahmen.

Im Jahr 2002 bekamen die Argentinier die Folgen der schlimmsten Wirtschaftskrise ihrer Geschichte voll zu spüren: Rund die Hälfte der Bevölkerung rutschte unter die Armutsgrenze, jeder fünfte war arbeitslos, und Argentinien, bis dato eines der prosperierendsten Länder Lateinamerikas, gehörte über Nacht zur Liga der Dritte-Welt-Länder. *Duhalde* bemühte sich mit improvisierten und eher kurzsichtigen Mitteln um Schadensbegrenzung und schaffte es immerhin, die finanzpolitische Lage – wenn auch auf einem katastrophalen Niveau – zu stabilisieren. Im Dezember 2002 gab die Regierung die Bankkonten wieder frei, später auch die – entwerteten – Dollar-Guthaben (s.a. „Wirtschaft").

Bei den Präsidentschaftswahlen im April 2003 ließ es sich *Carlos Menem,* inzwischen schon fast 73 Jahre alt und von den erwähnten Gerichtsverfahren stark angeschlagen, nicht nehmen, erneut anzutreten. Und mit der Parole „Unter wem ging es euch gut in den 1990ern?" gelang ihm das politische Comeback: In der ersten Runde lag er mit 24,4 Prozent der Stimmen vorn. Nur knapp hinter ihm: der bis dahin weitgehend unbekannte patagonische Provinzgouverneur **Néstor Kirchner** (22,2%), der für den Peronistenflügel um *Duhalde* kandidierte. Doch *Menem* ahnte, dass er bei der notwendigen Stichwahl kaum Chancen hatte, er hatte sein Wählerpotenzial ausgereizt, *Duhaldes* Peronisten gegen sich, und zu viele Argentinier hatten genug von dem aalglatten Lebemann und seinen demagogischen Sprüchen. So verzichtete *Menem* freiwillig, und *Kirchner* wurde im Mai 2003 zum Staatsoberhaupt gekürt – ohne eine Wahl gewonnen zu haben, mit der niedrigsten Legitimation aller argentinischen Präsidenten und für viele mit dem Makel des kleineren Übels.

Kirchner und das magische Kleeblatt

Kirchner focht das nicht an, im Gegenteil: Ein Jahr darauf war er Umfragen zufolge der beliebteste aller argentinischen Präsidenten, den legendären *Perón* eingeschlossen, mit einer Popularitätsquote von über 70, zwischenzeitlich sogar 90 Prozent. Ein politisches Kunststück, das man dem als grau und hölzern belächelten Rechtsanwalt nicht zugetraut hatte. Sein Rezept? Die Macht auf sich konzentrieren, die Staatskasse sichern und die Staatsausgaben im Sozial- und Investitionsbereich unter Kontrolle bringen. So hatte er es zuvor als Bürgermeister von Río Gallegos und später als Gouverneur seiner Heimatprovinz Santa Cruz gemacht. Mit dabei waren und sind immer seine Frau *Cristina,* seine Schwester *Alicia* und der Mann für das Grobe, *Julio De Vido* – ein magisches Kleeblatt. Gleich zu Beginn bewies *Kirchner* sein feines Gespür für die Stimmung der Menschen, die er mit publikumswirksamen Aktionen für sich einnahm. So setzte er unter dem Motto „Schluss mit der Straflosigkeit" die Amnestiegesetze außer Kraft, die den Militärs Straffreiheit für die massiven Menschenrechtsverletzungen in der Diktaturzeit zusicherten. Er setzte hohe Militärs ab, säuberte den Obersten Gerichtshof, wechselte die komplette Polizeispitze aus und sagte Korruption und organisiertem Verbrechen den Kampf an. Nicht zuletzt fuhr er einen harten Kurs gegenüber dem Internationalen Währungsfonds und den privaten Gläubigern des Landes, um den fragilen Aufschwung zu stabilisieren. Ende 2005 konnte Argentinien vorzeitig seine gesamten Verbindlichkeiten in Höhe von 9,8 Milliarden US-Dollar beim Internationalen Währungsfonds (IWF) zurückzahlen. *Kirchner* inszeniert es wie eine nationale Befreiungstat. Kritiker, die die Rückzahlung als längst beglichene Schuld kritisierten, fanden kaum Gehör.

Bei den Teilwahlen zum Parlament 2005 konnte *Kirchner* endgültig den parteiinternen Streit mit seinem ehemaligen Gönner und Förderer *Eduar-*

a27-137 Foto: kg

do Duhalde für sich entscheiden. Ehefrau *Cristina Fernández de Kirchner* hatte die Senatswahl in Duhaldes Hochburg, der Provinz Buenos Aires, überlegen gewonnen. Seither wird sie als mögliche **Präsidentschaftskandidatin** für die Wahlen im Oktober 2007 gehandelt.

Freilich ist auch *Kirchner* bislang ein tiefgreifendes Reformkonzept schuldig geblieben, das Katastrophen wie die von 2001/2002 in Zukunft verhindern könnte. „Kirchner hat Glück und Soja", bewertete Ex-Präsident *Menem Kirchners* Amtszeit. Tatsächlich wächst Argentiniens Wirtschaft seit dessen Amtsantritt jährlich um 7 bis 10 Prozent. Das Land profitiert vom Nachfrageboom und den gestiegenen Weltmarktpreisen bei Soja. Über die Exportsteuer kommen die Dollar in Staatskasse und haben *Kirchner* finanzielle Handlungsspielräume eröffnet. Sollte er im Oktober 2007 selbst für eine zweite Amtszeit kandidieren, stehen alle Zeichen auf Wiederwahl.

Politik

Verfassung und Regierungsform

Argentinien ist eine **Bundesrepublik und Präsidialdemokratie.** Seit 1983 ist die am 25. Mai 1853 verabschiedete **Verfassung** wieder gültig. Sie war während der Militärdiktatur 1976–83 durch eine „Acta para el Proceso de Reorganización Nacional" ersetzt worden, die viele Freiheitsrechte außer Kraft setzte. Auf Drängen der regierenden Peronisten und besonders ihres Präsidenten *Carlos Menem* wurde 1994 die Verfassung geändert: Seither kann der Präsident direkt wiedergewählt werden, eine Änderung, die Menem aus eigenem Interesse durchsetzte und auch sofort nutzte. Er kandidierte zum zweiten Mal als Präsident und siegte bei den Wahlen. Vorher war eine zweite Amtszeit ebenfalls möglich, allerdings nur mit einer Legislaturperiode Pause dazwischen. Seitdem wird auch der Bürgermeister von Buenos Aires direkt gewählt, vorher konnte er vom Präsidenten eingesetzt werden. **Legislative** (Gesetzgebung), **Exekutive** (Regierung) und **Jurisdiktion** (Rechtssprechung) sind nach der Verfassung getrennt, und laut Verfassung herrscht auch ein Gleichgewicht zwischen den drei Gewalten.

Das Volk wählt den **Staatspräsidenten,** den Chef der Exekutive, und den Vizepräsidenten in direkter Wahl für eine Amtszeit von heute vier Jahren. Bis zur Verfassungsänderung 1994 waren es noch sechs Jahre. Bis 1994 schrieb die Verfassung vor, dass der Staatspräsident Katholik sein musste.

Seit 1912 hat jeder männliche Argentinier über 18 Jahre Wahlrecht, das Frauenwahlrecht wurde erst 1948 unter *Perón* eingeführt. Die Legislative obliegt dem **Kongress,** einem **Zwei-Kammer-Parlament,** das aus dem **Abgeordnetenhaus** und dem **Senat** besteht. Die 254 Mitglieder des Abgeordnetenhauses werden vom Volk für eine Amtszeit von vier Jahren gewählt. Diese Wahlen finden versetzt statt, so dass die Hälfte der Abgeordneten alle zwei Jahre neu gewählt wird. Die zweite Kammer des Parlaments ist der Senat, dessen 72 Senatoren von den Provinzen entsandt werden (sechsjährige Amtsdauer, je Provinz drei Senatoren). Von ihnen wird alle zwei Jahre ein Drittel neu gewählt. Beide Kammern sowie der Präsident haben das Recht, Gesetzentwürfe einzubringen, diese brauchen dann die Zustimmung beider Kammern. Aktuell ist die Macht der Exekutive, sprich die des Präsidenten, größer als die des Parlaments.

Die oberste Gerichtsbarkeit wird vom fünfköpfigen **Obersten Gerichtshof** in Buenos Aires ausgeübt. Seine Mitglieder werden vom Staatspräsidenten ernannt, benötigen aber die Zustimmung des Senats. Der Präsident benennt auch die Mitglieder der fünf Appellationsgerichte sowie mindestens eines Gerichtes in jeder der 23 Provinzen. Bei der Benennung der Gerichte spielen politische Motive eine ganz entscheidende Rolle.

Verwaltung

Argentinien ist aufgegliedert in **23 Provinzen sowie die Hauptstadt Buenos Aires** *(Capital Federal).* Die früher als selbstständige Einheit betrachteten Inseln des Südatlantiks – zu denen Argentinien auch die Falkland/Malwinen-Inseln rechnete – und die Teile der beanspruchten Antarktis wurden inzwischen der Provinz Tierra del Fuego (Feuerland) zugeschlagen. Die Provinzen besitzen eine eigene **Provinzregierung,** denen ein Gouverneur vorsteht, in der Hauptstadt ein Regierungschef. Die Parlamente und Gouverneure werden vom Volk gewählt, ihre Verfassungen dürfen nicht im Widerspruch zur nationalen Verfassung stehen. Insgesamt sind die Rechte der Provinzen eingegrenzt. Sie beschränken sich auf infrastrukturelle Belange in der jeweiligen Provinz und auf die Wirtschaftsförderung; eigene Steuerhoheit beispielsweise haben die Provinzen nicht.

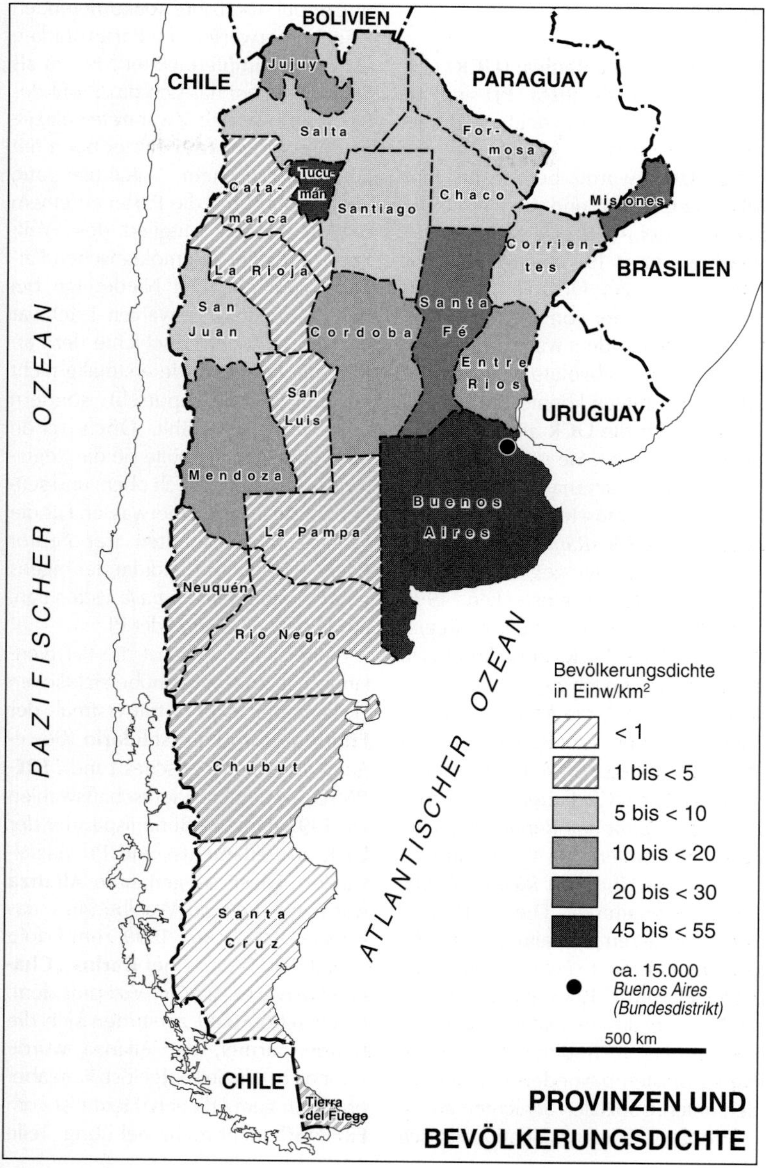
BOLIVIEN
CHILE
PARAGUAY
Jujuy
Salta
For-
mosa
Tucu-
mán
Cata-
marca
Santiago
Chaco
Misiones
Corrien-
tes
BRASILIEN
La Rioja
San
Juan
Cordoba
Santa
Fé
Entre
Rios
URUGUAY
San
Luis
Mendoza
Buenos
Aires
La Pampa
Neuquén
Rio Negro
Chubut
Santa
Cruz
CHILE
Tierra
del Fuego
PAZIFISCHER OZEAN
ATLANTISCHER OZEAN
Bevölkerungsdichte
in Einw/km²
< 1
1 bis < 5
5 bis < 10
10 bis < 20
20 bis < 30
45 bis < 55
ca. 15.000
Buenos Aires
(Bundesdistrikt)
500 km
PROVINZEN UND
BEVÖLKERUNGSDICHTE

Parteien

Die **Unión Cívica Radical (UCR)** und der **Partido Justicialista (PJ)** sind die beiden größten und wichtigsten Parteien des Landes.

Die **UCR** wurde bereits im Jahr 1890 gegründet und ist damit die älteste Partei Argentiniens. Angeführt wurde sie nach 1983 – der Rückkehr Argentiniens zur Demokratie – von *Raúl Alfonsín,* der von 1983 bis 1989 auch Staatspräsident war und sich teilweise auf eine absolute Mehrheit im Parlament stützen konnte. Traditionell versteht sich die UCR als Vertretung der Mittelschicht. Sie ist Mitglied der Sozialistischen Internationale. Bei den Wahlen 1995 musste der Spitzenkandidat der UCR *Raúl Alfonsín* eine schwere Niederlage gegen den PJ unter *Carlos Menem* einstecken. 1999 konnte *Fernando de la Rúa* die Regierung für die UCR zurückerobern, scheiterte aber nach zwei Jahren (s.o.). Danach versank die Radikale Bürgerunion zumindest auf Bundesebene in der Bedeutungslosigkeit. Abspaltungen aus der UCR haben sich in der *Afirmación para una República Igualitaria* (ARI) unter *Elisa Carrió* und im Recrear des Liberalen *Ricardo López Murphy* versammelt. Die UCR steht vor der weiteren Abspaltung eines Flügels, der Präsident *Kirchner* unterstützt.

Der **PJ** wurde 1946 gegründet und ist die Partei des ehemaligen Präsidenten *Juan Perón.* Traditionell sprechen die Peronisten besonders Wähler aus den unteren sozialen Schichten an; ihre Propaganda ist stark nationalistisch und populistisch. Ihre konkurrierenden Flügel unterwerfen die Partei starken Richtungskämpfen. Unter *Menem* als Staatspräsident hat sich das Profil des PJ stark gewandelt. Zwar treten einzelne Führer der Partei immer noch mit antikapitalistischem Vokabular auf, aber Menem hat die Partei zu einem beobachtenden Mitglied des Weltbundes der christdemokratischen Parteien gemacht. Die Niederlage bei den Präsidentschaftswahlen 1999 war die größte in der Geschichte der Partei – die Partei wurde erstmalig nicht aus der Macht geputscht, sondern vom Volk abgewählt. Doch schon zwei Jahre später spülte sie die Regierungskrise wieder nach oben, und seither hat sie erneut Oberwasser. Für die Wahl zum Präsidenten trat *Néstor Kirchner* 2003 als Kandidat der eigens gegründeten *Frente para la Victoria* an, ein Mitte-Links-Flügel der PJ.

Weiter links zerfranst die Parteienlandschaft zu einem unübersichtlichen Flickenteppich. 1995 trat erstmals der **Frente por un País Solidario** (Bewegung für ein solidarisches Land), **FREPASO,** zu den Präsidentschaftswahlen an, 1997 dann als Bündnispartner der UCR zu Parlaments- und Provinzialwahlen. Diese so genannte **Alianza** war dann auch das Wahlbündnis, das *Fernando de la Rúa* 1999 zum Erfolg verhalf; FREPASO-Chef **Carlos „Chacho" Alvarez** wurde Vizepräsident. Doch schon bald zerstritten sich die Bündnispartner, die Alianza wurde zwar nicht offiziell aufgelöst, kam aber praktisch zum Erliegen. Heute ist vom FREPASO nicht mehr viel übrig. Teile der Partei sind in neuen Bewegungen aufgegangen, die sich als Gegenmodell zu den traditionellen Parteien verstehen, jedoch bislang bei Wahlen kaum eine Rolle spielten.

Einen Achtungserfolg bei den letzten Teilwahlen hatte der Unternehmer *Mauricio Macri* mit seiner neoliberalen Bewegung **Propuesta Republicana** (PRO) erzielt. *Macris* Partei zielt vor allem auf die konservative Wählerschaft. Er hat große Chancen, Bürgermeister der Hauptstadt zu werden.

Arbeiterbewegung und Gewerkschaften

Die argentinische Gewerkschaftsbewegung hat ihre Wurzeln im 19. Jahrhundert. **Europäische Einwanderer** brachten auch neue politische Anschauungen mit ins Land – Ideen von sozialer Gerechtigkeit, von Sozialismus und Anarchismus. Bereits 1870 gründeten die Drucker eine erste politische Vereinigung, 1878 gab es den ersten Streik der Drucker, 1882 gründeten dann deutsche Einwanderer den Arbeiterverein **„Vorwärts"**. *Hermann Lallemant* gab die Zeitschrift „El Obrero" („Der Arbeiter") heraus, die Sozialisten und Anarchisten hatten ebenfalls ihre Blätter.

1890 wurde der erste **Gewerkschaftsverband** ins Leben gerufen. Die *Federación de Trabajadores de la Región Argentina* wurde später von der *Federación Obrera Argentina* abgelöst. Die ersten Jahrzehnte des 20. Jahrhunderts waren von harten Auseinandersetzungen geprägt. Streiks wurden vom Militär ohne Rücksicht niedergeschlagen, trauriger Höhepunkt war das Massaker an Landarbeitern in Patagonien 1921/22, wo in drei Monaten etwa 1500 Menschen von Truppen erschossen wurden.

Groß wurden die Gewerkschaften dann unter **Perón.** Er setzte zahlreiche ihrer Forderungen durch, machte aber gleichzeitig die **Confederacíon General del Trabajo (CGT)** zu einer der Stützen seines Regimes. Konkurrierende Gewerkschaften in einem Beschäftigungszweig waren verboten, die Beiträge zur Gewerkschaft wurden direkt von den Löhnen abgezogen. Die Führer der Gewerkschaften waren korrumpiert und in *Peróns* Herrschaftssystem eingebunden.

Unter der letzten Militärregierung sank der Einfluss der Arbeitnehmervertretung. Viele Gewerkschaftsführer hatten mit den Militärs paktiert, gleichzeitig beschnitten aber diese mit neuen Gesetzten den Einfluss der Gewerkschaften. Während der ersten demokratischen Regierung unter *Alfonsín* wurde die CGT wieder zur wichtigsten oppositionellen Kraft. Sie stützt bis heute die Politik der peronistischen Partei; ohne ihre Wahlkampfhilfe wäre *Menem* 1989 kaum zum Präsidenten gewählt worden.

Inzwischen mehrte sich die Kritik an der Führung der CGT. Einzelne Verbände haben sich von ihr abgespalten. 1994 entstand das **MTA (Movimiento de Trabajadores Argentinos),** das sich später zur **CGT disidente** wandelte, sich aber 2006 wieder mit der CGT vereinigte.

1992 entstand der alternative Dachverband **Central de Trabajadores Argentinos (CTA).** Er setzt sich hauptsächlich aus Gewerkschaften aus dem öffentlichen Dienst und kleineren Dienstleistungsgewerkschaften zusammen, aber auch aus Nichtregierungsorganisationen aus dem sozialen Bereich und ist deshalb eher als eine soziale Bewegung als ein reiner Gewerkschaftsdachverband zu verstehen (www.cta.org.ar).

Die Piqueteros

Neben den Gewerkschaften hat sich seit Mitte der 1990er Jahre die so genannte **Piqueterobewegung** gebildet. Als *Piqueteros* bezeichnen sich Arbeitslose und Empfänger von Sozialplänen, die argentinische Variante von Sozialhilfe (pro Monat ca. 150 Pesos), die durch Straßenblockaden auf ihre Situation aufmerksam machen. *Piquete* bedeutet eigentlich Streikposten. Da Arbeitslose jedoch keine Betriebe bestreiken können, haben die argentinischen Arbeitslosen die Straßenblockade als eine Form ihres sozialen Kampfes gewählt.

Während der **Wirtschaftskrise** der Jahre 1998 bis 2002 hatte die Bewegung starken Zulauf. Mit der Blockade wichtiger Verkehrsknotenpunkte legten sie oftmals für Tage und Wochen den Verkehr lahm. Heute ist die Bewegung ein wichtiger Faktor in den sozialen Auseinandersetzungen des Landes. Ihre Organisationen geben der Bevölkerungsschicht eine Stimme, um die sich die traditionellen politischen Organisationen kaum gekümmert hatten. Sie hat sich, typisch argentinisch, bereits mehrfach gespalten. Präsident *Kirchner* ist es gelungen einen Teil der Bewegung in seine Politik zu integrieren, weshalb oftmals von „offiziellen Piqueteros" und „Piqueteros duros", harten Piqueteros, gesprochen wird.

Das Militär

Das Militär hat seit 1930 immer wieder in die Innenpolitik eingegriffen. **Militärdiktaturen** gab es von 1930–38, 1943–46, 1955–58, 1966–73 und zuletzt von 1976–83 (s.a. „Geschichte"). Keine der Diktaturen zeichnete sich jedoch durch eine einheitliche Ideologie oder ein stringentes Konzept aus. Zu umstritten waren die Ziele innerhalb des Militärs, ein Grund vielleicht dafür, dass alle Diktaturen nicht nur am Widerstand, sondern auch an sich selbst scheiterten.

Von den drei Waffengattungen **Heer, Luftwaffe** und **Marine** ist die stärkste und einflussreichste das Heer. Insgesamt hat das Ansehen der Militärs, das zu Beginn der letzten Diktatur gar nicht so schlecht war, inzwischen sehr gelitten – Schuld sind die von ihnen verübten Gräueltaten während ihrer Herrschaft und der unverantwortlich vom Zaun gebrochene und schlecht geführte Falkland/Malwinen-Krieg.

Das älteste Steinhaus in Buenos Aires

Nach der Rückkehr zur Demokratie versuchte Präsident *Raul Alfonsín,* die **Untaten der Militärs bestrafen** zu lassen. Die Verantwortlichen für den „schmutzigen Krieg", für Menschenrechtsverletzungen und Folter wurden angeklagt – erstmalig wurden in Südamerika Diktatoren vor ein ziviles Gericht gestellt. Gleichzeitig kürzte er die Gehälter der Militärs und reduzierte die Truppenstärken.

Kleinere Aufstände, Meutereien und Putschversuche waren die Antwort der Militärs auf *Alfonsíns* Politik. 1986 musste dann das **„Punto-Final-Gesetz"** („Schlusspunkt-Gesetz"), 1987 das **Gesetz zum Befehlsnotstand** verabschiedet werden – letzteres attestierte allen Offizieren vom Brigadegeneral abwärts Befehlsnotstand für die begangenen Menschrechtsverletzungen und gewährte ihnen so Straffreiheit.

Später begnadigte Präsident *Menem* per Dekret alle wegen Menschenrechtsverletzungen verurteilten und inhaftieren Offiziere. Präsident *Menem* kürzte jedoch mit der Begründung, dass es im Cono Sur keine Kriegsgefahr mit den Nachbarn gäbe, die Militärausgaben drastischer als sein Vorgänger *Alfonsín.* Selbst der unter *Perón* geschaffene Wirtschaftskonzern der Streitkräfte („Fabricaciones Militares") wurde privatisiert, die Gewinne flossen in die Staatsschatullen, und auch Ländereien, deren Besitzer ursprünglich das Militär war, wurden verkauft.

arg3-170 Foto: gw

Auch die **allgemeine Wehrpflicht** wurde **abgeschafft.** Heute beläuft sich die **Gesamtstärke des Militärs** auf etwas über **80.000 Mann** (davon 16.000 Wehrpflichtige), 1980 waren es noch 180.000 Soldaten.

Präsident *Kirchner* hat sich die juristische Aufarbeitung der Menschenrechtsverbrechen während der letzten Militärdiktatur zum Ziel gesetzt. Die beiden Amnestiegesetze wurden 2003 wieder aufgehoben. Auch die Begnadigungsdekrete wackeln, 2007 wurden von der argentinischen Justiz zwei außer Kraft gesetzt.

Außenpolitik

Die argentinische Außenpolitik wurde lange von zwei Faktoren bestimmt: dem Ringen um die **Vormachtstellung in Südamerika** und dem traditionell **guten Verhältnis zu den europäischen Staaten.**

Das Verhältnis zu Europa war bedingt durch eine Fülle unterschiedlicher Faktoren: Zum einen waren die europäischen Mächte, besonders England, lange die wichtigsten Handelspartner Argentiniens, zum anderen waren auch die kulturellen Einflüsse aus Europa dank der vielen Einwanderer übermächtig. Im Selbstverständnis fühlte Argentinien sich lange als ein europäisches Land auf einem anderen Kontinent. Dafür hielt man **Distanz zu den USA;** schließlich waren die Vereinigten Staaten und Argentinien lange Zeit Konkurrenten auf dem Weltmarkt, und man sah sich auch selbst immer im Wettstreit mit den USA um die Vormachtstellung in Lateinamerika. Der Anti-USA-Gestus wird bejubelt und hat sich unter Kirchner noch verstärkt. Da werden im Wahlkampf oder bei Protesten gegen die Politik von IWF und Weltbank schon mal alte anti-nordamerikanische Lieder wie dieses angestimmt: „Wir Argentinier trinken unseren Wein/Die Coca-Cola steckt euch hinten rein."

Seit 1950 muss Argentinien allerdings einen immer größeren **Verlust an internationalem Einfluss** beklagen. In Südamerika verlor es bis in die 1980er Jahre seine Führungsrolle an Brasilien, innerhalb der spanischsprachigen Länder dann an Mexiko und später Chile. In den 1990er Jahren gewann Argentinien dank seiner wirtschaftlichen Stärke vorübergehend wieder an Gewicht. Spätestens mit der „Tango-Krise" war es damit jedoch wieder vorbei. Heute ist das Land mehr denn je von ausländischen Finanzhilfen abhängig und Venezuela spielt dabei eine immer größere Rolle.

Territoriale Konflikte belasteten lange das Verhältnis zum Nachbarland **Chile.** Zuletzt wurde über ein 530 km² großes Teilstück an der Laguna del Desierto in Patagonien gestritten. 1965 war es dort sogar zu einem bewaffneten Konflikt gekommen, bei dem ein Chilene getötet wurde. Im November 1994 legte ein internationales Schiedsgericht fest, dass das umstrittene Gebiet zu Argentinien gehöre. Ende der 1970er Jahre war es wegen der Grenzziehung im Beagle-Kanal in Südfeuerland fast zum Krieg zwischen den Nachbarländern gekommen; aus dieser Zeit stammen zahlreiche Minenfelder an strategischen Punkten der gesamten Grenze. Der Papst vermittelte und sprach drei kleine Inseln Chile zu, Argentinien darf allerdings die angrenzenden Meeresgebiete teilweise nutzen. Heute ist lediglich ein 1200 km² großes Gletschergebiet bei Calafate umstritten, ebenso wie der Antarktisanteil der beiden Staaten. Chile erhebt seit 1940 Anspruch auf einen Teil der Antarktis zwischen 53° und 90° westlicher Länge, ein Gebiet, das zurzeit Großbritannien für sich reklamiert und auf das zum Teil auch Argentinien Ansprüche, nämlich zwischen dem 25. und dem 74. westlichen Längengrad, erhebt.

Weiter schwelt jedoch der Konflikt mit Großbritannien um die **Falkland/Malwinen-Inseln** (siehe „Geschichte"). Zur Erinnerung: Am 2. April 1982 besetzte das argentinische Militär die Inseln, am 14. Juni mussten die argentinischen Truppen kapitulieren. Die USA und die EG, die damals ein Handelsembargo gegen Argentinien erließ, stellten sich hinter Großbritannien. Unter *Menem* wurde der Konflikt mit Großbritannien erst einmal beigelegt, auch wenn Argentinien nicht müde wird, zu versichern, dass die Besetzung der Inseln durch Großbritannien illegal sei – „Las Malvinas son argentinas" (die Malwinen sind argentinisch), das ist das erste, was man auf einem großen Schild liest, wenn man bei La Quiaca von Bolivien nach Argentinien einreist.

Auch wenn eine erneute militärische Intervention ausgeschlossen ist, hat die Kirchner-Regierung die **diplomatischen Bemühungen** wieder verstärkt, Großbritannien durch den Druck der internationalen Gemeinschaft zu Verhandlungen über die Inseln zu bringen.

Argentinien ist unter anderem Mitglied der Vereinten Nationen (UNO) und zahlreicher ihrer Unterorganisationen, der Organisation Amerikanischer Staaten (OAS), der Welthandelsorganisation (WTO), des Lateinamerikanischen Wirtschaftssystems (SELA), der Weltbank und des Internationalen Währungsfonds (IWF). Mit den Nachbarn Brasilien, Uruguay und Paraguay wurde 1996 ein gemeinsamer südamerikanischer Binnenmarkt gegründet (vgl. unter „Mercosur" im Kapitel „Wirtschaft").

Wirtschaft

10.000 Dollar brauche er mindestens zum Leben, hat **Domingo Cavallo,** lange Zeit unter *Menem* Wirtschaftsminister, einmal zugegeben, als er diese Summe für seine Dienste bei einer industrienahen Stiftung bekam. Bereits damals, in den „goldenen" 1990er Jahren, als es den meisten Argentiniern verhältnismäßig gut ging, wären viele froh gewesen, diese Summe im Jahr zu verdienen. Heute mag den Namen *Cavallo* kaum ein Argentinier mehr hören, ohne einen Wutanfall zu bekommen. Denn – Ironie der Geschichte – es war ausgerechnet dieser Superstar der Finanzwelt, der mit der Kopplung des Peso an den Dollar den

a28-142 Foto: gw

Grundstein legte für die wirtschaftliche Blüte der 1990er Jahre – und der, von dem verzweifelten *De la Rúa* zu Hilfe gerufen, als Wirtschaftsminister im Jahre 2001 das Land in die Katastrophe steuerte.

Welchen Anteil *Cavallo* an deren Ausmaß hatte, darüber streiten die Gelehrten. Für viele Argentinier hat sein ambitioniertes Maßnahmenpaket die Krise weiter angeheizt. Tatsächlich war es *Cavallo,* der die Sparguthaben der Bürger einfror und damit die Protestwelle auslöste, die die Regierung *De la Rúa* stürzen ließ. Kritiker behaupten, *Cavallo* habe zuvor den Banken genügend Zeit gegeben, große Beträge ins Ausland zu bringen. Andere meinen, dass *Cavallo* zu spät kam, um noch etwas zu retten. Heute lebt er im selbst gewählten Bostoner Exil: Für eine geraume Weile kann sich der Glatzkopf in seiner Heimat nicht mehr blicken lassen.

Brücke im Stadtteil La Boca (Buenos Aires)

Die **schwere Krise,** die das wohlhabende Argentinien binnen weniger Monate rasant verarmen ließ, ist ein trauriges Beispiel dafür, wie sich Experten aller Couleur gründlich irren können. Denn in den 1990er Jahren hatte die argentinische Wirtschaftspolitik durchweg gute Kritiken von Weltbank und Internationalem Währungsfond bekommen: Entbürokratisierung, Öffnung der Märkte, Senkung der Zölle,

Corralito und Corralón – der Geldpferch

Mit Sperrholzplatten vernagelte Schaufenster, am hellichten Tag herunter gelassene metallene Rollläden, in denen sich nur eine kleine Tür öffnet, an den Wänden Protestparolen, an den Jalousien unzählige Beulen – ein befremdliches Bild boten 2002 die Banken in Buenos Aires und anderen Städten. Dabei wetteiferten sie früher wie anderswo auf der Welt mit protzigen Glasfronten, eleganten Neon-Logos und bunten Reklametafeln um die Gunst der Kunden – bis zum 1. Dezember 2001, als die Regierung die Spareinlagen der Bevölkerung einfror mit der Begründung, einer massiven Kapitalflucht zuvorkommen zu müssen. Lediglich 250 Pesos pro Woche (damals 250 Dollar) durften die Konteninhaber in bar abheben, Zahlungen mit Kredit- oder Geldkarte waren allerdings weiterhin möglich. Schnell fanden die geschockten Argentinier ein griffiges Wort für die Maßnahme: **corralito,** was in der Verniedlichungsform eigentlich „Kinderlaufstall" bedeutet, aber von dem Wort corral, der Pferch, abgeleitet ist.

Als am Abend zuvor die Gerüchte über den corralito begannen, stürmten die Leute die Geldautomaten und versuchten abzuheben, was sie konnten – bald waren die Geräte leer, und hilflos mussten die Argentinier zusehen, wie ihre Bankguthaben „eingepfercht" wurden: insgesamt über 20 Milliarden Pesos, damals noch ebenso viel in Dollar wert. Plötzlich war Bargeld knapp: fatal in einer Gesellschaft, in der traditionell viele Zahlungen über Bargeld und nur wenige über Schecks oder Karten abgewickelt wurden. Die Argentinier mussten sich radikal umstellen und ihre Ausgaben auf das allernötigste beschränken.

In den folgenden Tagen, Wochen und Monaten kam es immer wieder zu Demonstrationen wütender Sparer, die mit Stöcken, Stangen und allem, was Lärm machte, auf die Rollläden der Banken einschlugen. Wer sich einen Anwalt leisten konnte, klagte vor Gericht – in tausenden Fällen mussten die Banken den Klägern ihr Geld zurückerstatten.

Doch es kam noch schlimmer: Der neue Präsident *Duhalde* wertete den Peso ab, die Bankeinlagen in US-Dollar (insgesamt 16 Milliarden) wurden mit einem Federstrich in Pesos umgewandelt – zu einem Kurs von 1,40 Pesos pro Dollar in einem Moment, als der Dollar bereits bei über 3 Pesos gehandelt wurde –, und ihre Auszahlung wurde auf 2003 bis 2005 „umprogrammiert": **corralón,** Riesen-Pferch, tauften die Leute die Maßnahme. Gleichzeitig wurden die Kredite, die die Argentinier zum Kauf von Häusern oder Wohnungen aufgenommen hatten, im Verhältnis 1:1 von Dollar auf Pesos umgestellt – sonst hätte niemand mehr Dividenden zahlen können.

Im Zuge der Stabilisierung des Finanzsystems wurde der corralito nach und nach gelockert und am 1. Dezember 2002 für die Pesokonten endgültig aufgehoben – eine Maßnahme, die in erster Linie den Konsum wieder ankurbeln sollte. Die Guthaben waren nun wieder voll verfügbar, aber – gemessen am US-Dollar – nur noch ein Drittel wert, und das Vertrauen der Argentinier in die Banken und die Wirtschaftspolitik des Staates war zerstört.

Privatisierung von Staatsbetrieben – die Grundregeln des Wirtschaftsliberalismus wurden eingehalten, egal ob es Proteste von Gewerkschaften, Unternehmen oder Staatsbediensteten gab.

Die Liberalisierung lockte ausländische Investoren an, die Wirtschaft boomte. Doch gegen Ende der 1990er, als sich – verstärkt durch die Krisen in Mexiko und Brasilien – **Rezession** und wachsendes **Haushaltsdefizit** abzuzeichnen begannen, zog sich das internationale Kapital rasch zurück. Die Kopplung des – damit überbewerteten – Peso an den Dollar wurde zum Hindernis, verteuerte sie doch die Exporte und brachte die Handelsbilanz aus dem Gleichgewicht. Dennoch bestanden IWF und Weltbank auf dieser Anbindung und forderten ebenso harsche Sparmaßnahmen der Regierung im sozialen Bereich, was die Unzufriedenheit der Bevölkerung schürte.

Freilich hatte Argentinien in all den Jahren die mit dem IWF vereinbarten Vorgaben nie erfüllt. Selbst die 1991 lancierte starre Bindung des Peso an den Dollar, die viele für die spätere Krise verantwortlich machen, war ursprünglich gegen den Willen des IWF eingeführt worden. Als der Währungsfonds in Argentiniens Boom Mitte der 1990er Jahre eine restriktivere Haushaltspolitik anmahnte, beschied Argentiniens damaliger Wirtschaftsminister *Domingo Cavallo,* die Technokraten des Währungsfonds hätten „keine Ahnung von der argentinischen Wirtschaft". So kritisieren denn auch manche Beobachter, der IWF sei nicht zu streng, sondern zu lax mit Argentinien umgegangen. Vor allem die letzten **Kreditzusagen** im Sommer 2001 seien ein Fehler gewesen, diagnostizierte später der ehemalige Chefvolkswirt des IWF, *Michael Mussa,* der aufgrund der laxen Haltung der IWF-Führung gegenüber Argentinien im Sommer 2001 von seinem Posten zurückgetreten war.

Trotz der sicher berechtigten Kritik an der Politik der internationalen Finanzinstitutionen gegenüber Argentinien war die **„Tango-Krise",** wie sie bald weltweit bezeichnet wurde, in erster Linie hausgemacht. Mehrere Faktoren kamen zusammen:

- eine **schwache Regierung,** die nicht nur von der peronistischen Opposition und den Provinzgouverneuren, sondern auch von internen Querelen blockiert wurde;
- verstärkte **Steuerflucht** und damit Mindereinnahmen des Staates, die dieser mit immer neuen Auslandsschulden auszugleichen suchte;
- die Einführung von **Parallelwährungen** wie der *patacones:* Gutscheine, die von den Provinzregierungen ausgegeben wurden, um ihre Zahlungsschwierigkeiten zu überbrücken, was die Schulden der öffentlichen Hand weiter nach oben trieb;
- das Versickern enormer Mittel in einem nach wie vor überdimensionierten, **uneffizienten Staatsapparat,** in dem viele sozialen Zwecken zugedachte Gelder nie ihre Adressaten erreichen;
- Verschlechterung der sozialen Situation durch radikale **Sparmaßnahmen.**

Hinterher ist müßig zu diskutieren, ob der Kollaps so dramatisch ausfallen musste oder durch zeitigeres, geschickteres Gegensteuern abzufedern gewesen wäre. Anfang Januar 2002 gab der neu eingesetzte Präsident *Eduardo Duhalde* quasi die **Bankrotterklärung** Argentiniens ab: Er stellte den Schuldendienst ein und koppelte den Peso vom Dollar ab. Vom künstlichen Kurs 1:1 fiel die Währung im freien Fall auf zwischenzeitlich 4:1 und pegelte sich dann bei 3:1 ein. Mit anderen Worten: Binnen weniger Wochen verlor der Peso rund 70 Prozent seines Wertes – und damit einen großen Teil seiner Kaufkraft.

Damit brach das ohnehin marode Wirtschaftsgefüge mit einem großen Krach auseinander. War das Bruttoinlandsprodukt schon in den Jahren 1999 bis 2001 deutlich gefallen (minus 4,8 Prozent im Jahr 2001), kam es 2002 zu einem dramatischen Rückgang von 11 Prozent; einige Branchen wie das Bauwesen brachen sogar mit über 40 Prozent ein, den Handel und die Banken traf es mit 25 Prozent. Damit fiel das Bruttoinlandsprodukt (BIP) auf den Stand von 1993 zurück: etwa 230 Milliarden Pesos. Auch wenn es inzwischen wieder deutlich zunimmt (2006: 8,5%), liegt das Prokopf-Produkt, umgerechnet in Dollar, mit ca. 5500 US-$ nach wie vor unter den Werten von 1993.

Mehr als an der Makroökonomie lassen sich die Krisenfolgen an der **Lage der Menschen** ablesen. Ende 2001 lag das Durchschnittseinkommen der Argentinier bei 540 Pesos monatlich – damals noch 540 Dollar. Wenig genug, doch einige Wochen später waren es aufgrund der Abwertung nur noch 150 Dollar. Dabei klafft in Argentinien die Einkommensschere zwischen Reich und Arm jährlich weiter auseinander: Die zehn Prozent Reichsten verdienen heute rund 28-mal mehr als die zehn Prozent Ärmsten – 1990 waren es „nur" 15-mal so viel. Rund 25 Prozent der Bevölkerung leben unterhalb der offiziellen Armutsgrenze (siehe „Armut").

Ein **Blick in die Vergangenheit:** Argentinien besaß bereits zu Beginn des Jahrhunderts gute Voraussetzungen, ein moderner Industriestaat zu werden. Die Bedingungen waren günstig: Es gab Rohstoffe in genügender Zahl und gut ausgebildete Fachkräfte dank der europäischen Einwanderung. Das Wirtschaftswachstum war enorm: Es lag bis zum Ersten Weltkrieg jährlich bei 7 Prozent für das reale Bruttoinlandsprodukt, bis zum Jahr 1929 verlangsamte es sich etwas, betrug aber immer noch jährlich 4 Prozent (ebenfalls am realen BIP gemessen) – „reich wie ein Argentinier" war ein geflügeltes Wort in Europa.

Nach der Weltwirtschaftskrise 1929 ließ das Wirtschaftswachstum weiter nach. Zwar gab es nach dem Zweiten Weltkrieg einen kurzzeitigen Boom, denn argentinisches Fleisch war begehrt, doch dann ging es endgültig bergab. Weltweit sanken die Nahrungsmittelpreise, fehlende Investitionen und ein abnehmendes Außenhandelsvolumen sorgten für ein immer langsameres Wachstum. Zur Zeit der letzten Militärdiktatur (1976–83) stiegen die Auslandsschulden. Die hohen Staatsausgaben konnten nicht mehr durch Einnahmen gedeckt werden, folglich wuchs die Inflation. Auch unter *Alfonsín* konnten Inflation und Auslandsschulden nicht reduziert werden.

Unbestritten war es das Verdienst der Regierung *Menems* und seines Wirtschaftsministers *Cavallo,* die **Inflation** zu stoppen. Lag sie in den 1980er Jahren noch bei dreistelligen Werten (1983: 434 Prozent; 1985: 385 Prozent; 1986: 86 Prozent; 1987: 175 Prozent; 1988: 388 Prozent, 1990: fast 5000 Prozent), so betrug sie in den 1990er Jahren nur rund 1 Prozent.

Auch das **Wirtschaftswachstum** war beeindruckend: Das Wachstum des Bruttoinlandsprodukts lag 1997 bei 5 Prozent, 1996 bei etwas über 4 Prozent, zu Beginn der 1990er Jahre wurden sogar Werte von über 8 Prozent erzielt. Geschafft wurde das im Wesentlichen dadurch, dass der Peso fest an den Dollar gekoppelt wurde, durch eine radikale Kürzung der Staatsausgaben und die Privatisierung der staatlichen Unternehmen.

Argentinien verhökerte alles: Die ehemals staatliche Fluggesellschaft Aerolíneas Argentinas gehört inzwischen zur Iberia-Gruppe, die Wasserwerke sind längst in privater Hand, ebenso wie die Telefongesellschaften und die Ölgesellschaft. Man hoffte so, große Investoren anzulocken, die längerfristig Geld anlegen und zu einem industriellen Boom mit neuen Arbeitsplätzen beitragen. Doch zunächst entließen die neuen Besitzer viele Angestellten. „Betriebssanierung“ und „Zurückgewinnung der Konkurrenzfähigkeit“ durch Straffung und leider unumgänglichen Beschäftigungsabbau – so nennt man dieses Verfahren auch in Argentinien. Und so wuchs die Arbeitslosenzahl schon unter *Menem.*

Die **Kritiker** der Privatisierungspolitik haben offenbar Recht behalten mit ihrer Behauptung, die Käufer hätten sich nur die Sahnestücke der argentinischen Industrie einverleibt, profitträchtige Unternehmen, die bei richtiger Führung auch dem Staat hätten Geld einbringen können. Das fremde Geld kam zum Großteil kurzfristig ins Land, schöpfte den Rahm ab und verschwand ebenso schnell wieder. Und nicht immer funktionierte die Privatisierung so wie von der Regierung erhofft: Zum Beispiel musste sich der argentinische Staat im Jahr 1992 wieder in die Fluglinie Aerolíneas Argentinas einkaufen, weil es der spanischen Iberia-Gruppe plötzlich an Kapital mangelte. Die Auswirkungen dieser kurzfristigen Politik sind bekannt. Heute ist Argentinien eins der am höchsten verschuldeten Länder der Erde, das Investitionsrisiko wird von internationalen Banken sehr hoch eingestuft. Die Arbeitslosigkeit betrifft real mindestens jeden fünften Argentinier, und 25 Prozent leben unterhalb der offiziellen Armutsgrenze. Auch Präsident *Kirchner* hat sich seit seinem Amtsantritt 2003 nicht an strukturelle Reformen gewagt.

Fleischtransporter auf Feuerland

Land- und Forstwirtschaft, Fischerei

Nach wie vor ist der Agrarsektor der wichtigste Wirtschaftsbereich Argentiniens: 55 Prozent der Exporterlöse werden hier erwirtschaftet. Da die Landwirte ihre eigene, weitaus stabilere „Währung" produzieren – von Weizen bis Soja –, sind sie von der Krise am wenigsten betroffen.

Die meisten landwirtschaftlichen Betriebe sind **Großbetriebe,** die zu knapp drei Vierteln von Pächtern bewirtschaftet werden. So haben etwa ein Prozent aller Betriebe eine Größe von über 5000 ha, sie vereinigen damit aber immerhin 20 Prozent der gesamten landwirtschaftlichen Nutzfläche. Diese Riesenbetriebe hemmen auch die Entwicklung der Landwirtschaft: Der Boden gilt vielen Eigentümern in erster Linie als soziales Statussymbol oder als Spekulationsobjekt und erst in zweiter Linie als produktiver Faktor. Auch bei nur geringer Bewirtschaftung brachte der Grundbesitz den Eigentümern ein hohes Einkommen. Mit dem Verfall der Preise für landwirtschaftliche Produkte änderte sich das nicht unbedingt. Die reichen Großgrundbesitzer konnten parallel dazu ihre Betriebsflächen immer weiter ausdehnen, da die kleineren Landwirte zuerst Pleite machten und ihr Land an die großen verkaufen mussten.

Der flächenintensivste Teil der Landwirtschaft ist die Viehzucht. Über die Hälfte aller landwirtschaftlich genutz-

Land und Leute

a29-147 Foto: gw

Schmeckt wie Frischfleisch

Nachdem das erste Kühlschiff, der Dampfer „Paraguay“, mit gefrorenem Rindfleisch aus Argentinien den Atlantik überquert hatte, wurde das Fleisch natürlich gründlich getestet. Die argentinische Nationalregierung ernannte eine besondere Prüfungskommission, die am 2. Oktober 1877 ihr Gutachten ablegte. In diesem wird auch die schwere und verantwortungsvolle Tätigkeit der Prüfungskommission deutlich. Das Gutachten:

„Buenos Aires, 2. Oktober 1877
Sr. Exzellenz, interimistischer Minister des Innern,
Herrn Dr. B. de Irigoyen.
Die Uebereinstimmung der Siegel und der Zeitangaben bezüglich der Ladung in Marseille stellte zuverlässig Herr Gualberto Shoolbred, Angestellter des Ministeriums des Aeußern, fest. Es ergab sich, daß der Aufenthalt des Fleisches in den Gefrierkammern der „Paraguay“ 47 Tage betragen hat. Denn laut Zeugnis des argentinischen Vicekonsuls hat das Verladen und Siegeln am 13. August gleichen Jahres stattgefunden.

Wir schritten zugleich zur Untersuchung des Fleisches im Lagerraum. Hier befand sich das Fleisch der Tiere in völliger Konservierung. Sein äußeres Aussehen unterschied sich von dem eines eben geschlachteten Tieres in nichts. Der Zustand des Fleisches ist der eines Steines. Die natürliche Konsistenz nimmt es wieder an, sobald es, je nach Größe des Stückes, einige Stunden an der frischen Luft zugebracht hat. (...)

Wir besichtigten sowohl das Fleisch im Lagerraum, als dasjenige, das zum Zwecke der Prüfung tags zuvor herausgenommen worden war. Nachher lud man uns zu einem Essen ein, in dessen Verlauf wir das nach dem System des „Paraguay“ aufbewahrte Fleisch kosten konnten. Es war auf verschiedene Art zubereitet und bot weder im Geschmack noch beim Kauen einen Unterschied gegenüber frischem Fleisch.

Am nächsten Tag wurde dieses Experiment mit demselben Fleisch und demselben Ergebnis an Land wiederholt.

Wir bemerken ausdrücklich, daß wir diese zweite Prüfung unternahmen, um uns zu überzeugen, daß wir uns das erste Mal nicht getäuscht hatten.

Man könnte Fleisch, das nach dem System des „Paraguay“ aufbewahrt wurde, Leuten mit dem feinsten Geschmack vorsetzen, und wir sind überzeugt, daß sie es in jeder beliebigen Form als Frischfleisch essen würden. Alle, die Gelegenheit hatten, dieses Fleisch zu genießen, sind derselben Ansicht ...

Mit diesen Ausführungen glauben wir unsere Aufgabe erfüllt zu haben.

gez. Guillermo White
Pedro N. Arata“

a75-388 Foto: gw

ten Fläche sind Wiesen und Weiden, nur 12 Prozent werden für den Ackerbau genutzt, den Rest teilen sich Wald und nicht besonders genutzte Flächen.

Ackerbau wird vorwiegend in den Pampaprovinzen betrieben, **Hauptanbaugüter** sind Weizen, Mais, Sorghum sowie Ölsaaten, vor allem Soja, und bei diesen Produkten gehört Argentinien auch zu den wichtigsten Produzenten weltweit. Obst und Gemüse tragen inzwischen mehr als 10 Prozent zu den landwirtschaftlichen Exporterlösen bei. Argentinien ist der fünftgrößte Weinproduzent der Welt – mit wachsendem Erfolg auf ausländischen Märkten. Insgesamt wird die landwirtschaftliche Erzeugung mehr und mehr diversifiziert. Vorwiegend für die Inlandsnutzung werden Baumwolle, Zuckerrohr, Gemüse und Obst angebaut.

Im Unterschied zum Nachbarland Brasilien hat Argentinien nur einen geringen Bestand an **forstwirtschaftlich nutzbaren Wäldern.** Etwa zwei Drittel des geschlagenden Holzes (10 Mio. Kubikmeter) werden als Nutzholz, das restliche Drittel als Brennholz verwandt. Die Waldnutzung erfolgt im Wesentlichen durch **Raubbau** an bestehenden Beständen. Zwar sieht das Gesetz die Aufforstung abgeholzter Flächen vor, doch bisher werden nur im Gebiet des Paraná-Deltas größere Neuanpflanzungen vorgenommen.

Die **Fischereiflotte** wurde in den 1970er Jahren nach Ausweitung der Fischfangzone auf 200 Meilen ausgebaut. Sie besteht vorwiegend aus kleineren Schiffen, die größeren, auf denen die Ladung direkt gefroren werden oder gar industriell weiterverarbeitet werden kann, gehören argentinisch-internationalen Gemeinschaftsunternehmen. Der größte Fischereihafen ist Mar del Plata.

Die Viehzucht

Argentinien lebte lange Jahre vorwiegend von der Viehzucht. Diese war nicht nur prägend für die Wirtschaft, sondern auch für die Kultur des Landes (siehe Exkurs „Gauchos"). Ihre Bedeutung sinkt aber, seitdem immer größere Teile der Pampa als Ackerland genutzt werden. Hinzu kommt der Preisverfall für Viehzuchtprodukte wie Rindfleisch oder Wolle auf dem Weltmarkt. Dennoch sind die Zahlen des Weideviehs in Argentinien beeindruckend. Insgesamt weiden über **50 Mio. Rinder,** darunter 2,5 Mio. Milchkühe auf argentinischen Wiesen; hinzu kommen mehr als **28 Mio. Schafe** und ungefähr **3 Mio. Pferde.**

Die **Viehwirtschaft** in Argentinien begann im 16. Jahrhundert, als aus Hoch-Peru und der Umgebung von Asunción die ersten Siedler ihre Rinder, Pferde und Schafe mit in das neue Land nahmen. Das Vieh vermehrte sich rasch und verwilderte. Es galt in der Folgezeit als herrenlos und durfte von jedermann gejagt, eingefangen und geschlachtet werden. Die ersten Gauchos lebten vorwiegend von der **Jagd auf Felle,** das Fleisch wurde als wertlos angesehen und nur für den Eigenverbrauch genutzt.

Mitte des 18. Jahrhunderts wurde begonnen, auch das Fleisch intensiver zu nutzen. **Pökelfleisch** war im Sommer bei hohen Temperaturen und großer Trockenheit leicht herzustellen. Das Tier wurde zerteilt, die besten Fleischstücke wurden eingesalzen und an der Luft getrocknet. Schon damals war die Fleischindustrie ein wichtiger Wirtschaftszweig.

Aber erst mit der Entstehung der modernen Konservierung wurde die Viehzucht auch für die Exportwirtschaft interessant. Im uruguayischen Fray Bentos entstand 1859 mit englischem und französischem Kapital die erste richtige Fabrik für **Salz- und Trockenfleisch,** und 1861 führte der deutsche Ingenieur *Georg Giebert* dort das Verfahren zur **Fleischextraktherstellung** von *Liebig* ein. 1864 wurde die „Liebigs Extract of Meat Company Ltd." (LEMCO) gegründet. Das Werk verarbeitete jährlich 100.000 bis 200.000 Rinder. Haut, Hufe, Hörner und Därme wurden verkauft, das Fett und der Talg wurden extrahiert, die Abfälle zu Mehl verarbeitet, das als Viehfutter diente, und das Fleisch wurde zu Extrakt eingekocht. Zwar enthielt dieser Extrakt nicht - wie ursprünglich vermutet - noch die Nährstoffe des frischen Fleisches, aber als Genussmittel war der Fleischextrakt dennoch weltweit ein Erfolg.

1866 gelang es dann erstmals, das Fleisch als **Corned Beef** direkt zu konservieren, und 1877 fuhr erstmals ein Kühlschiff mit **Gefrierfleisch** von Buenos Aires nach Frankreich. Danach entstanden die großen Gefrierfleischfabriken *(frigoríficos)*, und mit der besseren Verwertung des Fleisches wurde auch mehr Wert auf gute und fleischreiche Rinder gelegt.

Die bis dahin frei lebenden und gezüchteten **Criollo-Rinder** wurden uninteressant. Sie waren zu starkknochig und dabei fleischarm, zur Veredelung wurden ab 1860, aber besonders ab 1900 englische Rassetiere der Arten Hereford, Shorthorn und Durham eingeführt. Schweizer Braunvieh oder Schwarz-Bunten („Holländer" genannt) bilden auch heute noch die Mehrzahl der Fleischrinder.

Die **Schafzucht** ist heute vorwiegend in Patagonien verbreitet, obwohl sie dort erst Ende des 19. Jahrhunderts eingeführt wurde. 1886 wurden im Süden Patagoniens erst 10.000 Schafe gezählt, im Jahr 1895 waren es bereits 360.000, 1914 rund 4 Mio., 1942 über 8,7 Mio., 1957 mehr als 17,8 Mio. Die Überweidung der Steppe und der Verfall der Weltmarktpreise für Wolle und Schaffleisch haben dafür gesorgt, dass es heute insgesamt 28,5 Mio. Schafe im gesamten Argentinien gibt, davon weiden etwa 40 Prozent in Patagonien.

Die großen Viehzuchtbetriebe werden *Estancia,* eingedeutscht **Estanzia,** genannt. Meist im Zentrum der Estanzia liegt der „casco", der eigentliche Gutshof. Er besteht aus dem Herrenhaus, einigen Nebengebäuden *(ranchos)* für die Gauchos und Peones sowie Wirtschaftsgebäuden. Größere Estanzias besitzen darüber hinaus noch einige „puestos". Das sind kleinere Häuser weitab des Herrenhauses, in denen Verwalter, Peones oder Gauchos leben, die sich um die weitab weidenden Herden kümmern.

Diese Estanzias (vgl. entsprechendes Kapitel in „Praktische Tipps A–Z") entstanden mit der **Einzäunung des Landes.** 1845 umzäunte der Engländer *Richard B. Newton* als erster seine Estanzia mit einem **Drahtzaun,** ab 1860 folgten andere Großgrundbesitzer seinem Beispiel. Ein gutes Geschäft für die internationale Drahtindustrie: Die Argentinier gaben in den letzten 30 Jahren des 19. Jh. fast 64 Mio. Goldpesos für den Import von Draht aus, aber nur 7,5 Mio. für die Einfuhr von Zuchtvieh. Bereits vor der Umzäunung gab es große Landgüter, allerdings zogen die Viehherden damals relativ ungeordnet durchs Land, und trotz der Brennung der Tiere waren die Eigentumsverhältnisse nicht immer eindeutig geklärt.

Die **Bewirtschaftung der Estanzias** ist extensiv: Je Rind wird in den fruchtbaren Pamparegionen eine Weidefläche von 1,5 Hektar kalkuliert, je Schaf ein halber Hektar, die obligatorischen Pferde zählen nicht. In den unfruchtbareren Gebieten sind diese Zahlen natürlich anders, deshalb werden heute in Patagonien auch Landflächen nicht nach Hektar, sondern danach berechnet, wieviel Schafen sie Nahrung bieten. In manchen Regionen braucht ein Schaf heute allein 6 bis 8 ha.

Eine Estanzia von 1000 bis 2000 ha bedeutete in den 1920er und -30er Jahren **märchenhaften Reichtum:** Eigene Arbeit war nicht nötig, im Winter buchte man einen Platz auf dem Luxusliner und fuhr in das sommerliche Europa, zu Hause hatte man Dienstboten, Arbeiter und Gauchos. Auch heute reicht der Besitz meistens noch zu mehr als bescheidenem Wohlstand.

Zur Bestellung eines 1000-ha-Gutes reichen etwa sechs bis zehn Personen, für Spitzenzeiten werden Saisonarbeiter angeheuert. Die Arbeiter leben gleichfalls am Hof, allerdings nicht im Herrenhaus, sondern in einfachen Nebengebäuden. Der Verdienst ist gering, mehr als der Mindestlohn ist nicht drin. Hinzu kommt die Verpflegung: Alle paar Tage schlachten sich die Arbeiter ein Schaf.

Ohne **Pferde** ist die Bewirtschaftung einer Estanzia undenkbar. Das Pferd ist Arbeitstier, es dient zum Zusammentreiben der Rinder und als Fortbewegungsmittel. Auf vielen Estanzias arbeiten heute **Criollo-Pferde.** Sie sind nicht elegant, eher stämmig. Ihr Temperament ist ruhig, wenig nervös, sie sind daher als ausdauernde Arbeitstiere sehr geschätzt. Sie brauchen keinen Stall und außer der Weide kein zusätzliches Futter.

Die ersten Pferde kamen 1536 mit den Spaniern in die La-Plata-Gegend. Die Criollo-Rasse entstand aus einer Kreuzung von Berber- und Araberpferden; sie war zäh und ausdauernd, arbeits- und genügsam. Später verwilderten die Pferde teilweise, sie dienten den Indianern als Reittier und Nahrungsmittel. Andere europäische Pferdearten kamen hinzu, die Criollos wurden wieder und wieder gekreuzt und verloren dabei die Eigenschaften, die sie ursprünglich so ausgezeichnet hatten. Erst im Jahr 1911 gelang es *Emilio Solanet,* einem Tiermediziner aus Buenos Aires, in Südpatagonien reinrassige Criollos zu finden und wieder zu vermehren.

1925 begann dann der **längste Pferderitt der Geschichte,** ein Beweis für die Kondition und Genügsamkeit dieser Pferde. Der Schweizer Einwanderer *Aimé-Félix Tschiffely* ritt am 23. April 1925 mit seinen beiden 14- und 15-jährigen Criollos „Mancha" und „Gato" in Buenos Aires los. Sein Weg führte ihn in Etappen von 40 km täglich quer durch Argentinien, über die Höhen der Anden, durch Bolivien, Peru, Kolumbien und Mexiko, bis er schließlich am 29. August 1928 die Fifth Avenue in New York erreichte: 15.000 km hatte der Schweizer mit den beiden Pferden in dreieinhalb Jahren zurückgelegt.

Industrie, Bergbau und Energie

Industrie und Bergbau tragen zu rund einem Viertel (inklusive Bauwirtschaft sowie Elektrizität und Wasser) zum Bruttoinlandsprodukt bei. Die Industrie ist recht unterschiedlich über das Land verteilt: Industrielle Ballungszentren sind der Großraum Buenos Aires, dazu kommen die Provinzen Santa Fe, Córdoba und Mendoza. Auch auf Feuerland bemüht man sich, internationale Fertigungsindustrie anzusiedeln, die Insel wurde deshalb zur Freihandelszone mit Steuererleichterungen für die Fabrikation erklärt. Insgesamt arbeitet etwas mehr als ein Drittel aller Beschäftigten in Industriebetrieben.

Bis Mitte der 1970er Jahre hatte die Industrie fast ausschließlich für den **Binnenmarkt** produziert. Ziel war es, die Abhängigkeit von Importen zu verringern. Deshalb wurden auch die Importe mit hohen Steuern belegt, schließlich sollte sich die einheimische Industrie ohne große Konkurrenz entwickeln können. Das Konzept war nur theoretisch erfolgreich, denn in der Praxis standen dem fehlende Investitionen und fehlendes Know-How entgegen. Die argentinische Industrie veraltete mehr und mehr und war immer weniger konkurrenzfähig. 1976 wurde das Konzept schließlich aufgegeben. Seitdem hat sich der Markt für ausländische Produkte zunehmend geöffnet – die klare Folge: Importe verdrängten die einheimischen Produkte, der Anteil der Industrie am Bruttoinlandsprodukt sank zunächst kräftig.

Wichtigster Wachstumsbereich innerhalb der Industrie ist die **Automobilindustrie,** die immer noch Importschutz genießt. Mehrere internationale Marken haben Fertigungsstätten in Argentinien, allen voran *Ford* und *Chevrolet,* aber auch *Volkswagen* und *Daimler.* Auch die chemische Industrie hat wieder an Bedeutung zugenommen. In den letzten Jahren ist die Industrieproduktion auf Grund des billigen Peso wieder gewachsen. Insgesamt entwickeln sich jedoch die Industriezweige, die für den einheimischen Markt produzieren, besser als die exportorientierten Unternehmen.

Argentinien verfügt über große Mengen, allerdings zumeist unerschlossener, **Bodenschätze.** Die wichtigsten Bergbau-Produkte sind Kupfer, Gold, Steinkohle, Eisenerz, Mangan, Zink, Blei und Silber vor allem im Nordwesten des Landes und in Patagonien. Wichtigster Bereich ist die **Erdöl- und Erdgasförderung.** 1993 begann die argentinische Regierung mit dem Teilverkauf der staatlichen Erdölgesellschaft „Yacimientos Petrolíferos Fiscales" (YPF). YPF war bis dahin das größte argentinische und viertgrößte lateinamerikanische Unternehmen gewesen. Knapp 60 Prozent der Aktien von YPF wurden an internationalen Börsen verkauft. Argentinien ist in Lateinamerika drittgrößter Erdgaslieferant hinter Venezuela und Mexiko. Trotz der großen Erdöl und -gasvorkommen gibt es regelmäßig Engpässe.

Elektrische Energie wird heute v.a. mit Wärme- und Wasserkraftwerken erzeugt. Die Versorgungsleistung reicht zu normalen Zeiten noch aus. Werden im Winter die Heizungen angestellt oder laufen im Sommer die Klimaanlagen auf Hochtouren, wird die Versorgungslage nach wenigen Tagen kritisch. Hinzu kommt der steigende Verbrauch einer wachsenden Industrie. Die meisten Wasserkraftwerke sind Gemeinschaftsunternehmen mit den Nachbarstaaten, das letzte – die Talsperre Yacyretá am Río Paraná bei Posadas – ist ein argentinisch-paraguayisches Projekt.

Argentinien betreibt zurzeit **zwei Atomkraftwerke,** das Werk Atucha I (ca. 360 Megawatt) in der Provinz Buenos Aires und Embalse (600 MW) in der Provinz Córdoba. Atucha I, 1974 als erstes Atomkraftwerk auf der Südhalbkugel errichtet, wurde von der Siemens-Tocher KWU gebaut. Bereits 1996 sollte eine Erweiterung vollzogen sein. Bislang ist das Projekt Atucha II an Finanzierungsschwierigkeiten gescheitert. Die Regierung *Kirchner* setzt jedoch auf Atomkraft und Atucha II soll bis Ende 2010 fertig gestellt werden.

Erwerbsstruktur

In Argentinien sind die Grenzen zwischen Arbeit, Gelegenheitsarbeit, der Tätigkeit unbezahlt mithelfender Familienangehöriger und Arbeitslosigkeit fließend. Grund dafür ist die auch hier wie in fast allen Entwicklungsländern verbreitete Unterbeschäftigung. Deshalb sind die statistischen Zahlen über die Erwerbstätigkeit, vor allem die Arbeitslosenzahlen, oft ungenau. Hinzu kommt der stetig wachsende informelle Sektor, der von den Statistiken nicht erfasst wird.

In Argentinien zählen etwa 15 Mio. Menschen zur erwerbstätigen Bevölkerung, etwa 40 Prozent der Gesamtbevölkerung. Die meisten arbeiten in staatlichen oder privaten Dienstleistungsbereichen (etwa 50 Prozent). Im produzierenden Gewerbe sind etwa 20 Prozent aller Berufstätigen aktiv, in der Landwirtschaft 12 Prozent.

Arbeitslosigkeit und Unterbeschäftigung waren schon vor der „Tango-Krise" hoch und wurden durch diese noch verschärft. Auf dem Höhepunkt der Krise 2001/2002 lag die Arbeitslosigkeit bei gut 25 Prozent. Seit 2003 hat sich die Lage auf dem formellen Arbeitsmarkt jedoch deutlich erholt.

Offiziellen Angaben zufolge lag die Arbeitslosenquote Anfang 2007 bei ca. 9 Prozent.

Argentinien war lange Zeit ein **Einwanderungsland.** Besonders aus den ärmeren Ländern Südamerikas wie Bolivien, Paraguay, im Süden des Landes auch aus Chile kamen legale und illegale Einwanderer, um in Argentinien Arbeit zu finden. Die Zahl der legalen Einwanderer betrug in den 1990ern jährlich etwa 200.000, über die illegale Einwanderung liegen keine Statistiken vor. Heute ist dieser Zustrom weitgehend abgeflaut, stattdessen wandern die Argentinier ab. In der Verzweiflung der Wirtschaftskrise erinnerten sich viele ihrer ursprünglichen Abstammung, kramten alte Urkunden heraus und standen tagelang vor den Konsulaten europäischer Länder Schlange, um einen Pass zu beantragen und ihr Glück anderswo zu versuchen – darunter viele gut ausgebildete Fachkräfte. In den Jahren 2001/2002 verließen rund 200.000 Argentinier das Land, damit katapultierte sich das Land an die dritte Stelle der Auswanderungs-Statistik Lateinamerikas, nach Kolumbien und Nicaragua.

Informeller Sektor

In allen Ländern Lateinamerikas, so auch in Argentinien, wächst der so genannte informelle Sektor. Neben den klassischen Sparten der Industrie und des Handels entwickeln sich vorwiegend **Dienstleistungen, die nicht in den offiziellen Statistiken auftauchen.** In Klein- und Kleinstunternehmen, oft Ein-Mann-Betriebe, wird ge- und verkauft, ohne Steuerabgabe, ohne Sozial- oder Rentenversicherung, ohne gesetzlichen Mindestlohn. Seit den 1970er Jahren ist der informelle Sektor in Argentinien stetig gewachsen. Für 2007 wird geschätzt, dass gut 45 Prozent der Bevölkerung direkt oder indirekt im informellen Sektor tätig oder von ihm abhängig sind.

An den Bahnhöfen in Buenos Aires und der Provinz verkaufen die einen Sonnenbrillen oder Cola-Dosen, die anderen Sandwiches. Ein fast „klassischer" **Beruf** im informellen Sektor ist der **des Schuhputzers;** in den reichen Stadtteilen von Buenos Aires, so z.B. in Recoleta, sind die **Hundeausführer** gern und viel gesehen. Zwanzig Hunde gleichzeitig auszuführen und dafür zu sorgen, dass sie sich nicht ineinander verbeißen und keiner unter die Räder kommt, ist schon eine Kunst. Deshalb gehören die Hundeausführer auch zu den besonders gut bezahlten Fachkräften im informellen Sektor, anders als z.B. diejenigen, die für andere vor Behörden Schlange stehen.

In manchen Ländern trägt der informelle Sektor inzwischen mehr zum Bruttoinlandsprodukt bei als die konventionellen Wirtschaftsbereiche. Es gibt daher Wirtschaftswissenschaftler, wie den Peruaner *Hernando de Soto,* die der Meinung sind, dass diese

Schuhputzer in Salta

a-152 Foto: gw

„Schattenwirtschaft" in einzelnen Ländern der wichtigste Motor der Wirtschaftsentwicklung ist.

Armut

Die Wirtschaftskrise hat die ohnehin prekäre Lage der unteren Bevölkerungsschicht dramatisch verschlimmert und große Teile der Mittelschicht abrutschen lassen. Offiziellen Zahlen zufolge lebten 2007 noch immer 25 Prozent der Bevölkerung unterhalb der **Armutsgrenze,** die für eine vierköpfige Durchschnittsfamilie bei 950 Pesos monatlich angesetzt wird, also rund 310 Dollar. Drei Millionen Argentinier werden sogar als extrem arm *(indigente)* eingestuft. Diese Familien müssen mit rund 120 Dollar im Monat auskommen.

Die Armen sind in den **Elendsgebieten der Hauptstadt** oder in den **Provinzen des Nordens und Nordwestens** zu Hause. In Corrientes oder Jujuy stellen sie fast 70 Prozent der Bevölkerung. Sie leben vom Müll, betteln auf der Straße und stehen Schlange vor den Suppenküchen von Benefizorganisationen. Krankheiten grassieren, begünstigt von Unterernährung und Vitaminmangel. Im November 2002 geriet die nordwestliche Provinz Tucumán in die internationalen Schlagzeilen, als ein Dutzend Kleinkinder buchstäblich Hungers starb – eine bis dato für das wohlhabende Argentinien unvorstellbare Meldung.

Außenhandel

Argentiniens Handelsbilanz hat in den vergangenen Jahrzehnten ein Wechselbad erlebt. Lange Zeit war die Außenhandelspolitik von der Absicht gelenkt, möglichst hohe Exportüberschüsse zu erzielen, um die eingehenden Devisen zur Begleichung der Auslandsschuld zu verwenden. Mit der Öffnung des argentinischen Marktes Anfang der 1990er Jahre stiegen jedoch die Einfuhren und kurzzeitig sogar die Ausfuhren. Doch bald sanken die Exporte, da durch die künstliche Dollar-Peso-Kopplung argentinische Waren überteuert auf den Weltmarkt gelangten. Als im Zuge der Wirtschaftskrise die Importe noch stärker zurückgingen als die Exporte, änderte sich das Bild schlagartig: Wies die Handelsbilanz 1998 noch ein Defizit von 3,7 Mrd. Dollar aus, so verzeichnete man 2001 bereits einen Überschuss von 6,7 Mrd. Dollar. Die Abwertung des Peso Anfang 2002 hat diesen Effekt noch verstärkt, die argentinischen Exporteure können wieder billiger anbieten und die Importe haben sich erheblich verteuert.

Die wichtigsten **Einfuhrgüter** sind so genannte Investitionsgüter, denn diese sind seit 1991 von Importsteuern befreit und können zudem subventioniert eingeführt werden. Allerdings werden in den Statistiken auch langlebige Konsumgüter als Investitionsgüter geführt. Ansonsten sind Maschinenbau- und elektronische Erzeugnisse sowie Produkte der chemischen Industrie die Haupteinfuhrgüter. Die wichtigsten **Lieferländer** sind die USA vor dem Mercosur-Partner Brasilien und Deutschland.

Exportiert werden vor allem Landwirtschaftserzeugnisse in unverarbeiteter und verarbeiteter Form, darunter pflanzliche Produkte, Nahrungsmittel, Getränke und Tabak, Tiere und tierische Produkte. Dazu kommen Brennstoffe und mineralische Erzeugnisse. **Haupthandelspartner** ist Brasilien, mit weitem Abstand folgen die USA und die Niederlande, dann Deutschland.

Mercosur

Der **Mercado Común del Cono Sur** – übersetzt „Gemeinsamer Markt des Südens Lateinamerikas" – stellt ein Abkommen dar, das Anfang der 1990er Jahre zwischen **Argentinien, Brasilien, Paraguay und Uruguay** geschlossen wurde. 2006 trat Venezuela dem *Mercosur* bei. Ziel ist es, einen **gemeinsamen Markt** zu schaffen, der nach dem Vorbild der Europäischen Union nach außen durch eine einheitliche Zollgrenze geschützt ist. Anfang 1995 fielen die Handelsgrenzen zwischen den einzelnen Ländern weitgehend. Die rund 250 Millionen Einwohner des *Mercosur* erbringen drei Viertel der Wirtschaftsleistung des südamerikanischen Kontinents.

Ähnlich wie die EU will der *Mercosur* jetzt als Organisation mit anderen Ländern und Wirtschafträumen verhandeln. Sein oberstes Organ ist die Präsidentenkonferenz, die laufenden Angelegenheiten werden von einer Konferenz von Außen- und Wirtschaftsministern geregelt. Das Sekretariat des *Mercosur* hat seinen Sitz in der uruguayischen Hauptstadt Montevideo.

Hier trat 2007 das neu geschaffene Parlament mit 72 Abgeordneten zusammen. Dessen Entscheidungen müssen jedoch die nationalen Parlamente zustimmen. Ab 2010 sollen die Abgeordneten durch allgemeine Wahlen in den Mitgliedsstaaten bestimmt werden.

Verschuldung

Argentinien ist international **hoch verschuldet.** 2005 betrug die Auslandsschuld rund 126 Mrd. US-$. Damit ist das Land hinter Mexiko und Brasilien der drittgrößte Schuldner in Lateinamerika. Die argentinischen Schulden entsprechen etwa dem 5-fachen der gesamten Exportgewinne.

Argentiniens Verschuldungsindikatoren (wie z.B. die absolute Schuldenhöhe und der Schuldendienst) gehörten schon vor der „Tango-Krise" zu den schlechtesten in Lateinamerika. Seit die Regierung *Duhalde* Anfang 2002 den Schuldendienst einstellte und die Richtlinien von IWF und Weltbank ignoriert, ist der Ruf des Landes weiter in den Keller gerutscht. Die Umschuldungsverhandlungen mit beiden Kredit-Institutionen wurden zum eisigen Pokerspiel. Auch Präsident *Kirchner* ließ sich Zeit. Mitte 2004 präsentierte die Regierung schließlich ein Umschuldungsprogramm, das den privaten Gläubigern in aller Welt die Pistole auf die Brust setzte: Entweder ihr stimmt einem Umtausch der Schulden in Höhe von rund 82 Milliarden Dollar in neue Titel mit langen Laufzeiten zu und nehmt einen Kapitalschnitt von 60 bis 70 Prozent in Kauf, oder ihr lauft Gefahr, auf wertlosen Titeln sitzen zu bleiben. Entgegen allen Prognosen hatte die Strategie Erfolg: Im Februar 2005 konnte der damalige Wirtschaftsminister *Roberto Lavagna* vermelden, dass 76 Prozent der Gläubiger der Umschuldung zugestimmt hatten. Im Januar 2006 zahlte Argentinien seine Schulden beim Internationalen Währungsfonds vorzeitig zurück.

Bevölkerung

Argentinien hat etwa **38 Mio. Einwohner** und ist damit von der Einwohnerzahl her hinter Kolumbien das zweitgrößte Spanisch sprechende Land Südamerikas. Durchschnittlich leben etwa **14 Menschen auf jedem km²,** in Wirklichkeit ist die Bevölkerungsverteilung aber sehr unterschiedlich: Schließlich wohnen rund 86 Prozent aller Argentinier in Städten. Dichtester Ballungsraum ist dabei der Hauptstadtbezirk Buenos Aires, hier drängen sich 13.800 Menschen auf jedem km². In Stadt und Provinz Buenos Aires sind inzwischen fast die Hälfte der Argentinier zu Hause. Dünn sind dagegen die Provinzen Patagoniens besiedelt: In Santa Cruz hat jeder Bewohner mehr als 1 km² Platz, auf Feuerland und in den Provinzen Chubut, Río Negro, La Pampa, La Rioja, San Luis und Neuquén teilen sich ein bis fünf Argentinier 1 km². Insgesamt sind die nördlichen und zentralen Landesteile dichter besiedelt als der Süden.

Das **Bevölkerungswachstum** lag in den letzten Jahren bei etwa **1 Prozent,** es wird erwartet, dass es sich weiter verlangsamt. Argentinien zeigt im Altersaufbau der Bevölkerung eine klassische Pyramide mit recht schmaler Basis, es fehlen sowohl der „Bauch", den entwickelte Industriestaaten mit ihrem Überhang in der Altersgruppe von 20 bis 65 Jahren aufweisen, als auch das charakteristische, sehr breite Fundament, das Entwicklungsländer besitzen. Die **Lebenserwartung** ist im Vergleich zu vielen südamerikanischen Ländern hoch. Sie beträgt für Männer im Durchschnitt 71, für Frauen 78 Jahre (Deutschland 73/79 Jahre).

Volksgruppen/ Indigene Völker

Die Masseneinwanderung aus Europa und die Eroberung und Kolonisation des Landes waren entscheidend für die heutige Bevölkerungsstruktur Argentiniens. Über 90 Prozent der Bevölkerung sind nach den offiziellen Statistiken weiß und Nachfahren von Europäern. Die indianische Urbevölkerung wurde hingegen während der Eroberung des Landes weitgehend ausgerottet.

Heute leben noch etwa **450.000 Indígenas** im Land. Die größte Gruppe

Indigene Volksgruppen

Ethnie	Provinzen	Bevölkerung
Chane	Salta	1400
Chiriguano	Salta, Jujuy	21.000
Chorote	Salta	900
Chulupi	Salta	1200
Diaguita	Tucumán, La Rioja	5000
Guaraní	Misiones	2900
Kolla	Jujuy, Salta	170.000
Mapuche	Neuquén, Río Negro, La Pampa, Chubut, Buenos Aires	90.000
Mocovi	Santa Fe, Chaco	7300
Pilaga	Formosa	5000
Ranquelles	La Pampa	Zahlen unbekannt
Tapiete	Salta	600
Tehuelche	Chubut, Santa Cruz, Tierra del Fuego, Catamarca,	1000
Toba	Chaco, Formosa, Salta, Santa Fe, Buenos Aires	60.000
Wichi	Chaco, Salta, Formosa	80.000

a-158 Foto: kd

sind die 170.000 **Kolla** in den Provinzen Salta und Jujuy, gefolgt von den **Mapuche** (90.000) in den Provinzen Neuquén, Río Negro, La Pampa, Chubut und Buenos Aires.

Die indianische Bevölkerung lebt heute in Gemeinschaften auf dem Land oder isoliert in den armen Randgebieten der Städte. Sie genießt zwar offiziell die gleichen Bürgerrechte, wird aber **diskriminiert.** Die Indianer, die auf dem Land in Gemeinschaften leben, besitzen zum größten Teil kein eigenes Land. Sie arbeiten als billige Arbeitskräfte auf den Farmen oder den großen Zuckerplantagen.

Wer mehr über die indianische Urbevölkerung wissen will, sollte sich an das **„Centro Mundo Aborigen"** in Córdoba wenden. Die Organisation, die auch Kunstartikel und Literatur vertreibt, unterhält auf der Calle Rivadavia 155 eine kleine Bibliothek.

Religionen

Etwa **95 Prozent** der Bevölkerung bekennt sich zur **römisch-katholischen Kirche,** die Staatsreligion ist. Die gesetzliche Glaubensfreiheit wird vom Staat durch das Verbot bestimmter Glaubensrichtungen eingeschränkt. Eine Minderheit bilden Protestanten und Juden, in einigen Provinzen auch Gruppen von Muslimen.

Traditionell hat die **katholische geistliche Hierarchie** einen engen und guten Kontakt zur Regierung, sie ist konservativ und versteht sich auch als Hüterin der bestehenden Ord-

Kolonialer Städtebau

Die klassische spanische Kolonialstadt ist ein Kind der Renaissance. Sie wurde nach dem Schachbrettgrundriss erbaut, den bereits im 5. Jahrhundert v.Chr. *Hippodamus von Milet* entworfen hatte und der den Spaniern durch die Aufzeichnungen des römischen Baumeisters *Vitruvius* bekannt war. 1521 wurde die „General-Instruktion“ für den Städtebau entworfen, seitdem war der Schachbrettgrundriss für alle Städtegründungen verpflichtend.

Einzelne quadratische Häuserblöcke gliedern dabei die Stadt. Im Mittelpunkt steht ein unbebauter Block, die Plaza. Dieser zentrale Platz wird von den wichtigsten öffentlichen Bauten umgeben: Die Kathedrale steht hier, ebenso das Rathaus, der so genannte Cabildo, das Gericht, die Schule, Regierungsgebäude, eventuell auch die Häuser der einflussreichsten Familien.

Die Plaza ist das Zentrum der Stadt, große Städte haben inzwischen mehrere. So ist heute noch zu erkennen, aus wie vielen einzelnen Siedlungskernen eine Stadt zusammengewachsen ist. Die Plaza ist mehr als nur der zentrale Platz mit den Repräsentativbauten. Sie ist das absolute Stadtzentrum, sie ist Flanierort und Treffpunkt. Besonders gut ist das in den kleineren Städten zu beobachten.

Von der Plaza gehen die sich senkrecht kreuzenden Straßenzüge aus, die alle 100 bis 150 m (alle 100 Hausnummern) von Querstraßen unterbrochen werden. Ohne Rücksicht auf die Topographie wurden die Straßenzüge einfach geradeaus gebaut. In Buenos Aires sind diese Straßenzüge auch schon einmal 15 km lang. Mitunter wirken die kolonialen Städte wegen ihrer so gleichförmigen Grundrisse ein wenig langweilig.

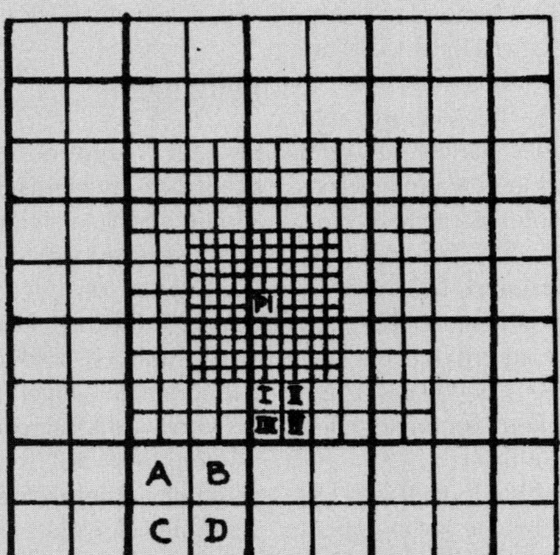

nung. So unterstützte sie zu Teilen sogar die Militärdiktatur. Wie im Frühjahr 1995 bekannt wurde, hatten katholische Priester die Verantwortlichen für die Todesflüge gesegnet, bei denen Militärs politische Gegner aus Flugzeugen ins Meer warfen. Auf der anderen Seite gibt es zahlreiche Priester, die eine „Theologie der Befreiung" praktizieren, auch ohne die Debatte um den theologischen Hintergrund mit der Staatskirche zu suchen.

Wie sich der Glaube im Alltag auswirkt, ist abhängig von der sozialen Schicht. Ober- und Mittelschicht haben viele Wurzeln in den katholischen Gemeinden, sei es auf konservativer Seite, wo auch katholische Geheimbünde wie Opus Dei aktiv sind, sei es auf der progressiven, wo karitatives Handeln oft der politischen Emanzipation vorangeht. Wieder andere Argentinier haben keine Verbindung zur Kirche, sie sind nur katholisch getauft.

Besonders Angehörige der Mittel- und Unterschicht sind empfänglich für **religiöse Mischformen.** So haben sich regionale Mythen und Figuren oder andere Religionen mit katholischen Glaubensvorstellungen gemischt, wie beispielsweise bei der „Difunta Correa" und dem „Fest der Pachamama".

Bildung und Soziales

Argentinien hat offiziell eines der besten Bildungssysteme Südamerikas, allerdings kommen nicht alle Argentinier in seinen Genuss. **Regionale Unterschiede** sind beträchtlich. Besonders in den ländlichen Gebieten – egal ob im Nordwesten oder in Patagonien auf dem Land – ist die Infrastruktur eher schlecht, es mangelt an Schulen, an Möglichkeiten, den Schulweg zu organisieren und nicht zuletzt, wegen der schlechten und unsicheren Bezahlung, an Lehrern. Die zehnjährige Schulpflicht wird besonders in den ländlichen Regionen nur von der Hälfte aller Kinder und Jugendlichen befolgt.

Das Schulsystem ist zweigeteilt: Es gibt **öffentliche und private Schulen,** der Ausbildungsinhalt ist aber jeweils der gleiche und stark an europäische Vorbilder angelehnt. Privatschulen haben das höhere Prestige, auch weil sie über die bessere Ausstattung verfügen und ihre Lehrer besser bezahlen können. Der Besuch der öffentlichen Schulen ist kostenfrei – die Schüler sind an ihren weißen Schulkitteln zu erkennen. Die **Analphabetenrate** beträgt ungefähr 5 Prozent, in der älteren Bevölkerung etwa 13 Prozent.

Hochschulen sind sowohl staatlich als auch privat organisiert. Die staatlichen klagen zu Recht über fehlende finanzielle Mittel, die privaten haben dagegen eine recht gute personelle und technische Ausstattung.

Dank der starken Gewerkschaften gibt es in Argentinien eine weitreichende **Sozialgesetzgebung,** die inzwischen aber zusehends nur auf dem Papier besteht bzw. auch staatlicherseits abgebaut wird. So wurde das Arbeitsrecht in den vergangenen Jahren immer mehr zu Ungunsten der Arbeiter geändert.

Das **Gesundheitssystem** ist gut ausgebaut, es bestehen allerdings große Unterschiede zwischen den urbanen Zentren und den ländlichen Gebieten.

Verstädterung

Der Verstädterungsprozess in Argentinien kann deutlich anhand von Zahlen belegt werden. Lebten 1970 erst 72 Prozent aller Argentinier in Städten, so sind es heute **über 86 Prozent.** Beispielsweise stieg die Einwohnerzahl im Großraum von Buenos Aires von sieben Millionen Menschen 1960 auf 11,5 Millionen Einwohner heute.

Durch das schnelle Wachstum haben sich die Städte natürlich stark verändert. Den klassischen **kolonialen Aufbau** (vgl. nächste Seite) findet man nur noch in den Nordwestprovinzen. Inzwischen wurden in vielen Städten Straßen verbreitert und auch diagonale Straßen angelegt, damit der Verkehr bewältigt werden kann. Im Stadtzentrum werden mehr und mehr Hochhäuser gebaut, die Außenbezirke bilden eine Mischung aus einerseits geplanten Großsiedlungen des sozialen Wohnungsbaus und abgeschlossenen reichen Wohnbezirken, andererseits wild wachsenden Elendsvierteln *(villas miserias)*, die spontan entstehen. Provisorische Unterkünfte werden gebaut, dann legalisiert und erweitert. Neu in die Stadt kommende Menschen errichten dann einen neuen Ring von Hütten.

Sozialstruktur und Lebensformen

Der spanische Philosoph **José Ortega y Gasset** lieferte in seinem Essay „Der Mensch in der Defensive" die beste **Charakteristik des Porteños,** des Bewohners von Buenos Aires: *„Der Argentinier lebt hingespannt – nicht auf das, was wirklich sein Leben ausmacht, oder auf das, was er als Person tatsächlich ist – sondern auf eine Vorstellung, die er von sich selber hat. Dieses Bild hat er sich nicht im Laufe seines Daseins in dem oder jenem Zeitpunkt zurechtgemacht, denn so gut er sich am Leben befindet, so findet er sich von allem Anfang an in Gesellschaft einer strahlenden Idee von sich selbst. Es ist keine scharf umrissene Idee, zusammengesetzt aus den oder jenen Attributen; er hält sich nicht für einen großen Gelehrten, einen Apollo, einen Politiker usw. Das wäre schlechthin Eitelkeit. Er weiß nicht recht, wofür er sich hält (...), aber er empfindet Hochachtung vor dieser unscharfen Persönlichkeit, zu der es sein Wesen gebracht hat. Man kommt um den einzigen wirklich streng gefaßten Ausdruck nicht herum: der Argentinier findet Geschmack an sich selbst (...) Es ist mithin natürlich, daß die Kommunikation mit dem Argentinier nicht leicht fällt. Wir suchen sein Inneres, er zeigt uns sein Idealbild, seine „Rolle" vor."*

Das gilt vorwiegend für Buenos Aires, auf dem Land ist es anders. Dort sind die Menschen in der Regel sehr unkompliziert und auch ausgeglichen, während sich Buenos Aires besonders

Gauchos

„Der Gaucho hat in seinem Charakter die wilde Entschlossenheit und den unabhängigen Sinn der Ureinwohner und zeigt dabei den Anstand, den Stolz, die edle Freimütigkeit und das vornehme, gewandte Betragen des spanischen Caballero. Seine Neigungen ziehen ihn zum Nomadenleben und zu abenteuerlichen Fahrten. Ein Feind jeden Zwanges, ein Verächter des Eigentumes, welches er als eine unnütze Last betrachtet, ist er ein Freund glänzender Kleinigkeiten, welche er sich mit großem Eifer verschafft, aber auch ohne Bedauern wieder verliert." So schreibt *Karl May* über die Gauchos in Uruguay, die er allerdings selbst nie zu Gesicht bekommen hatte. Aber er stellt geschickt alle romantischen Klischees zusammen.

Zeitgenossen und besonders die Estanzieros, die Eigentümer der großen Landgüter, urteilen da anders: „Er ist ein Faulenzer, verdreckt aus Lust am Dreck und grausam von Natur aus. Wir kannten ihn trübsinnig, um nicht zu sagen, er wäre mürrisch und schlecht gelaunt. Auch meinten wir, er wäre lakonisch und introvertiert, aber er war nur ein alberner Ignorant. Nie in seinem Leben hat er gearbeitet, nicht einmal, um sich zu ernähren. Denn reiten, Strauße jagen und Pferde zähmen war für ihn nur ein Vergnügen."

Wo liegt die Wahrheit zwischen den beiden Urteilen? Wahrscheinlich in der Mitte. Der Gaucho war unabhängig, er war Nachfahre von Weißen und den Ureinwohnern, er streifte umher, lebte auch mit den Indianern zusammen, kleidete sich mit Silbergürtel und Silbersporen, war schlecht ausgebildet und ignorierte – und das störte vor allem die Estanzieros – alle Eigentumsbegriffe. Für ihn galten die Zäune auf der Pampa nicht, er nahm sich die Rinder, um zu überleben. Für ihn war das kein Diebstahl: Schon immer hatte er, wenn er hungrig war, Vieh gejagt. Bloß behinderte er so Ende des 19. Jahrhunderts den Aufbau der geregelten Viehzucht auf den Estanzias.

Der argentinische Schriftsteller *José Hernández* (1834–86) setzte dem Gaucho in seinem zweibändigen Werk „El Gaucho Martín Fierro" (1872) und „La vuelta de Martín Fierro" (1879) das bekannteste Denkmal. Sein Held *Martín Fierro* lehnt sich gegen die bürgerliche Ordnung, die Reichen und die Stadtbewohner auf. Eine kurze Textstelle:

„Ich bin ein Gaucho,
und man verstehe doch meine Sprache!
Für mich ist die Welt ja so klein,
könnte sie denn größer sein?
Es beißt mich keine Viper,
und die Sonne verbrennt mir nicht die Stirn.
Ehre ist mir, in Freiheit zu leben,
so wie der Vogel am Himmel.
Ich bau' mir kein Nest auf diesem Boden,
wo es sich nicht lohnt zu leben.
Und so braucht's mir keiner nachzutun,
wenn ich mich wieder erhebe."

Gauchos heute? Eigentlich Fehlanzeige. Stattdessen arbeiten schlecht bezahlte *Peones* (Knechte) festangestellt auf den großen Estanzias. Sieht man die aber über das weite Land galoppieren, fest im Sattel, den Zigarettenstummel genauso fest im Mundwinkel, vor sich die Rinder und neben sich zwei Hunde, kommen einem doch wieder alle romantischen Gauchoträume in den Sinn.

in den Mittelstandsgebieten „rühmt", die weltweit höchste Rate an psychoanalysierten Personen zu haben ...

Die **Mittelschicht** in Buenos Aires entstand während der Industrialisierung Anfang des 20. Jahrhunderts. Sie besteht heute aus Beamten, Geschäftsleuten, kleineren Industriellen, dem so genannten Mittelstand, aus Akademikern, Verkäufern, Künstlern und Intellektuellen und großen Teilen des Militärs. Sie durchlebt – so Beobachter – eine permanente **Identitätskrise:** Sie träumt von Europa, weil sie sich als Einwanderer ohne eigene Geschichte auf dem falschen Kontinent wähnt, sie versucht, den Lebensstil der Oberschicht zu kopieren, ohne das finanziell zu können, sie kämpft andauernd gegen drohenden sozialen Abstieg, immer das Idealbild des Aufsteigers vor Augen, in einer Stadt, die hektisch und konkurrenzbeladen erlebt wird. Gleichzeitig versteht sie sich als Kulturträger und als Initiator neuer Ideen.

Das steht im Gegensatz zur **Oberschicht** – die ist verrufen als bloße Kopie des internationalen Jet-Sets, ohne eigene Klasse, **ohne Kultur nur auf schnelles Vergnügen fixiert.** Das Wichtigste sind hier wirtschaftlicher und gesellschaftlicher Erfolg. Die Oberschicht oder Oligarchie lebt in bestimmten Gebieten der Hauptstadt, vorwiegend im Barrio Norte. Sie verbringt ihre Ferien im Ausland, häufig im uruguayischen Seebad Punta del Este, sie versucht unter sich zu bleiben, selbst im Tod: Die meisten Oberschichtangehörigen werden auf dem Friedhof Recoleta beerdigt. Die Oberschicht – Industrielle, Großgrundbesitzer, Kapitalvertreter, aber auch Fernseh- und Sportstars, hohe Militärs, Politiker und sogar hohe kirchliche Würdenträger – hat einen ausufernden Lebensstil: Geld nutzt nichts, wenn man es einfach nur besitzt, es muss auch demonstrativ ausgegeben werden. Das ist einfach, denn Illustrierte wie „Gente" füllen einen Großteil ihrer Seiten mit Storys, die dieses Verhalten unters Volk streuen.

a-161 Foto: kd

Peones (Knechte) haben heute den Gaucho ersetzt

Da dürfen dann auch die Angehörigen der **Unterschicht** vom Schicksal der Reichen lesen. Zur Unterschicht gehören einfache Arbeiter und Handwerker, auch die Einwanderer aus den armen Nordprovinzen oder den Nachbarländern, die in den „villas miserias", den Elendsvierteln der Hauptstadt, leben. Sie suchen Gelegenheitsarbeiten, auch Kinderarbeit und Prostitution sind üblich. Eine Chance, aus der Marginalität zu entrinnen, gibt es kaum.

Familie, Mann und Frau

Die **Familie** ist auch heute noch für viele Argentinier der wichtigste Bezugspunkt. Selbst in einer Weltstadt wie Buenos Aires leben die meisten Argentinier – männlich wie weiblich – bei ihren Eltern, bis sie heiraten. Die Familie wird bei allen wichtigen Entscheidungen gefragt, sie dient als Rückzugspunkt. In ihr sind die **Rollen streng verteilt:** Hat der Mann außerhalb des Heimes zu bestimmen und besitzt er die Meinungsführerschaft bei allen „großen" Themen wie der internationalen Politik und Wirtschaft, so ist die Mutter – zwar nicht direkt, sondern eher versteckt – bei familiären Dingen die letzte Instanz.

Das **Frauenbild** ist festgelegt: Die Frauen sind zuständig für den Zusammenhalt der Familie, sie haben Mutter der Kinder und Geliebte des Mannes zu sein, schön, gepflegt, modisch und natürlich auch zurückhaltend, eine angenehme Dekoration für die „schwere" Männerwelt. Diese traditionelle Rollenverteilung bricht ganz allmählich auf. Der Widerstand gegen die Militärdiktatur wurde wesentlich von Frauengruppen getragen – die auch international bekannteste ist die Gruppe der „Madres de Plaza de Mayo". Dabei erkämpften sie sich auch einen Freiraum außerhalb ihrer traditionellen Rolle. Aber ebenso im Privaten wachsen inzwischen die Möglichkeiten, nicht zuletzt, weil immer mehr Frauen durch eigene Arbeit wirtschaftlich unabhängig geworden sind.

Das klassische Männerbild wird mit einem Wort charakterisiert: **Machismo.** Kraft, Gewalt, Mut, auch Hartherzigkeit und natürlich immer währender sexueller Appetit und sexuelle Potenz sind die klassischen Eigenschaften des Latino-Mannes. Erfolgreiche Argentinier verkörpern dieses Bild auch perfekt: Fußballstar *Diego Armando Maradona* wird nicht nur wegen seiner Tore geliebt, sondern auch wegen seiner machistischen Sprüche, auch Präsident *Carlos Menem* hat es wohlweislich stets unterlassen, Gerüchten über seine sexuellen Eskapaden entgegenzutreten. Einige Autoren vermuten, dass der Machismo auch hilft, die unvorstellbare politische Repression und Folter während der Militärdiktatur zu erklären (nicht zu entschuldigen): Schließlich seien Männer von klein auf erzogen worden Mitleidsgefühle zu unterdrücken.

Unter den festgefügten Rollen leiden beide Geschlechter. Ein normaler Umgang miteinander erscheint nur schwer möglich – vielleicht ist auch das ein Grund, warum es in Buenos Aires die meisten psychoanalytisierten Menschen geben soll.

Einwanderung

Als Spanier, die Italienisch sprechen, sich kleiden wie Franzosen und sich selbst für Engländer halten, hat man scherzhaft die Argentinier charakterisiert. Der Witz verweist auf das **Einwandererland** Argentinien, in dem sich verschiedene Kulturen bewahrt und vermischt haben. In der Kurzcharakteristik fehlen allerdings viele, die ebenfalls kamen: die Iren, Waliser und Deutschen, die osteuropäischen Juden, die Muslime aus dem Nahen Osten, die erst in neuerer Zeit gekommenen Koreaner, die Einwanderer aus den Nachbarländern Uruguay, Chile, Paraguay und Bolivien.

Ein Blick zurück: Der Schriftsteller und Politiker *Juan Bautista Alberdi* prägte Mitte des 19. Jahrhunderts die griffige Formel **„gobernar es poblar – poblar con Europeos“** („Regieren heißt bevölkern – und zwar mit Europäern“), die dann zum Leitspruch argentinischer Politik wurde. Nach 1850 setzte die Anwerbung von Auswanderungswilligen ein. Zunächst kamen diese nur zögernd, dann immer mehr; insgesamt belaufen sich die Schätzungen über die Gesamtzahl an Einwanderern zwischen 1850 und 1950 auf etwa **7 bis 9 Mio. Menschen.** Von 1,8 Mio. Menschen 1869 stieg die Einwohnerzahl des Landes auf 7,4 Mio. im Jahr 1914, dann weiter auf 11,2 Mio. 1930 und auf 15,9 Mio. Einwohner 1947. In den ersten Jahrzehnten des 20. Jahrhunderts besaß Argentinien das stärkste relative Bevölkerungswachstum weltweit.

Nicht alle Einwanderer blieben im Land. Viele kamen nur für wenige Jahre, wieder andere pendelten als Saisonarbeiter zwischen Europa und Südamerika. Besonders unter den **Italienern** – sie stellten lange die größte Gruppe an Einwanderern – waren viele so genannte *golondrinas* (Schwalben), die nur für eine Erntesaison kamen oder auch nur für wenige Jahre, um, wie es damals hieß, ihr „Amerika zu machen“. Golondrinas werden auch heute noch die Saisonarbeiter aus Bolivien oder Paraguay genannt. Golondrina bedeutet Schwalbe, das männliche Pendant Golondrino allerdings Landstreicher.

Die zweitgrößte Gruppe der Einwanderer stellten die **Spanier,** zahlenmäßig geringer waren hingegen die **Deutschsprachigen** und die **Engländer.** Letztere waren aber wirtschaftlich sehr bedeutsam: Mit britischem Kapital wurde die Grundlage zur Verkehrserschließung und Industralisierung des Landes gelegt. Briten begründeten auch die Trocken- und Gefrierfleischfabriken.

Die ersten Einwanderer kamen meist als Kolonialisten und bauten die Landwirtschaft in der Pampa auf. Sie begründeten Estanzias im Süden oder pflanzten Baumwolle im Chaco. Spätere Generationen gingen in die Städte und ließen sich als Arbeiter im Bau- und Transportgewerbe, den Fleischfabriken oder anderen Industriebetrieben oder als selbstständige Handwerker und Kaufleute nieder.

Gegen Ende des 20. Jahrhunderts kamen vor allem Einwanderer aus den ärmeren Nachbarländern. Viele gingen nach Buenos Aires und schlugen sich dort mehr schlecht als recht in den Elendsvierteln durch. Es waren **Chilenen,** von denen viele im Süden des Landes auf den großen Schafestanzias arbeiten (geschätzte Zahl 250.000), **Paraguayer,** die oft in den an Paraguay grenzenden Provinzen blieben (etwa 350.000), und **Bolivianer,** die sich u.a. als Saisonarbeiter in den Provinzen Salta und Jujuy durchschlagen. Nach neueren Schätzungen leben rund 2 Millionen Bolivianer in Argentinien.

Die Deutsch(sprachig)en in Argentinien

Die ersten Deutschsprachigen, die in das Gebiet des heutigen Argentinien kamen, waren Teilnehmer an spanischen und portugiesischen **Entdeckungfahrten,** wie *Hans Varge,* der an der ersten Weltumsegelung von *Magellan* teilnahm, oder *Ulrich Schmidl,* der die Gründung von Buenos Aires miterlebte und später mit den Spaniern nach Asunción ging. Danach kamen **Jesuitenmissionare,** darunter auch der Österreicher *Anton Klemens Sepp von Seppenburg,* der eine schöne Beschreibung seiner Überfahrt hinterließ. Geplagt von Wanzen, Flöhen und Läusen auf dem Schiff, schrieb er: *„Es nimmt einen nur Wunder, wie dergleichen kleine und schwache Tierlein eine so weite Reise unternehmen können."* Ein anderer bekannter österreichischer Jesuit war *Martin Dobritzhoffer,* besonders wegen seines Buches über die „Abiponer", einen Volksstamm in Nordargentinien. Im **Unabhängigkeitskrieg** kämpfte der österreichische Adlige *Eduard Kailitz Freiherr von Holmberg* auf der Seite der argentinischen Patrioten.

Kamen zunächst nur einzelne Abenteurer, so änderte sich das **1827:** Da wurde die **erste deutsche Siedlung,** die „Chacrita de los Colegiales", in der Provinz Buenos Aires gegründet. Die Siedlung hielt aber nur drei Jahre, die meisten Einwanderer zogen dann in die Stadt und ließen sich dort als Handwerker, als Schuster, Tischler, Klempner und Schneider nieder. 1843 wurden auch die erste deutsche Schule und die erste deutsche Kirchengemeinde gegründet, 1855 folgte der erste deutsche Turnverein, ebenfalls der Gesangsverein „Germania" und 1878 das deutsche Hospital. Früh schon entstanden die ersten **Zeitungen:** Die „La-Plata-Zeitung" 1863 und das „Argentinische Wochenblatt", später „Tageblatt", 1878.

Unter den Einwanderern, die ab Mitte des 19. Jahrhunderts das Land besiedelten, waren viele Deutsche. Sie gründeten ihre eigenen Siedlungen, arbeiteten in der Landwirtschaft, besonders im Ackerbau. Bei argentinischen Politikern waren diese **Kolonisten** hoch angesehen. Der spätere Präsident *Domingo Faustino Sarmiento* lobt 1845 ihre Ordnung, ihren Fleiß und ihre Sauberkeit: *„Bei den Deutschen sind die Häuschen immer angestrichen, der Platz davor wird stets peinlich sauber gehalten und mit Blumen und hübschen Sträuchern ge-*

a32-162 Foto: gw

schmückt. Die Einrichtung des Hauses ist einfach, aber sie umfasst alles Notwendige, das Kupfer- und Zinngeschirr blinkt, das Bett ist mit kleinen Vorhängen geschmückt, und die Bewohner befinden sich in dauernder Bewegung und Tätigkeit."

In Buenos Aires gründete sich 1882 der erste Arbeiterverein „Vorwärts", auf dessen Initiative 1890 erstmals der 1. Mai gefeiert wurde. In seinen Räumlichkeiten wurde auch die Sozialistische Partei Argentiniens 1896 gegründet.

Die deutsche Gemeinde spaltete sich mit dem **Machtantritt der Nazis** in Deutschland. Zahlreiche deutsche Juden emigrierten nach Buenos Aires, auch viele verfolgte Künstler, wie *Paul Zech*. Argentinien nahm nahezu die Hälfte aller Deutschen, die nach Lateinamerika emigrierten, auf. Gleichzeitig war das Land der größte Tummelplatz von Nazis in Südamerika. Bereits 1931 hatte sich in Buenos Aires die „Nationalsozialistische Vereinigung Argentinien – Ortsgruppe Buenos Aires" gebildet. Die Nazis hatten Einfluss, sie beherrschten bald die meisten deutschen Vereine und Schulen. Die offizielle Politik ließ sie bis 1938 gewähren – schließlich hatte Argentinien gute Wirtschaftsbeziehungen zu Hitler-Deutschland. Dennoch demonstrierten anlässlich der so genannten „Reichskristallnacht" im November 1938 20.000 Menschen in den Straßen von Buenos Aires gegen den Faschismus. Zentren der **Nazi-Gegnerschaft** waren der Arbeiterverein „Vorwärts" und das „Argentinische Tageblatt", das sich weder durch Klagen noch von Terrorakten oder Anzeigenboykotts von seiner konsequenten Anti-Nazi-Haltung abbringen ließ. Weniger kritisch stand die „La-Plata-Zeitung" Hitler-Deutschland gegenüber.

Argentinien brach am 26. Januar 1944 die diplomatischen Beziehungen zum Dritten Reich ab, erklärte aber erst am 27. März 1945 auf alliierten Druck hin Deutschland den Krieg.

Nach dem Zweiten Weltkrieg kam eine **neue Welle von Deutschen.** Es waren keine Immigranten, die Arbeit suchten, es kamen **hoch gestellte Nazis** auf der Flucht vor den Gerichten. Viele hatten einen Flüchtlingspass des Vatikan, und Argentinien war eines der wenigen Länder, die dieses Papier nach dem Krieg anerkannten. Zudem war Präsident *Perón* der Hitler-Sympathie nicht unverdächtig, und – so *Simon Wiesenthal* – er profitierte auch wirtschaftlich davon: 60 Mio. US-$ für seine Privatschatulle waren der Preis für 7500 neue Identitäten.

So kam **Adolf Eichmann,** einer der Hauptverantwortlichen für die Ermordung von Millionen Juden, nach Buenos Aires, wo er bis 1960 bei *Mercedes-Benz* arbeitete. Damals spürte ihn der israelische Geheimdienst auf und entführte ihn zur Gerichtsverhandlung nach Israel, wo er zum Tode verurteilt wurde. 2007 wurde per Zufall der gefälschte Reisepass gefunden, mit der er 1950 unter dem Namen *Ricardo Klement* nach Argentinien gelangte. Der Pass ist im Holocaust-Museum in Buenos Aires zu sehen. Der Kriegsheld des Dritten Reiches, der Fliegeroberst **Hans-Ulrich Rudel,** arbeitete für Siemens in Buenos Aires. Erfolgreich – schließlich durfte Siemens für Argentinien Atomkraftwerke bauen. *Goebbels'* Pressechef, **Wilfried von Oven,** wurde Chefredakteur der „Freien Presse", wie sich die „La-Plata-Zeitung" von 1944 an nannte. In Bariloche entdeckte ein US-amerikanischer Journalist 1994 noch zwei alte Nazis: Der ehemalige SS-Offizier **Erich Priebke,** mutmaßlicher Verantwortlicher für ein Massaker in der Nähe von Rom, bei dem 335 Italiener, darunter 70 Juden ermordet wurden, war lange hoch gelobter Präsident des Trägervereins der deutschen Schule in dem Andenort und in dieser Eigenschaft auch diverse Male vom deutschen Botschafter empfangen worden; er wurde im November 1995 an Italien ausgeliefert, dort verurteilt und sitzt in Haft. Der ehemalige Nazi-Agent *Reinhard Kops* lebte unter dem Namen *Juan Maler* in Bariloche und pflegt wohl noch heute Beziehungen zur internationalen Neonazi-Szene.

Den **Zusammenhalt der Deutschsprachigen** untereinander gewährleisten heute viele **Vereine,** wie Turn- und Gesangsvereine, Tanz- und andere Klubs. Wer die entsprechenden Seiten im lesenswerten, liberalen „Argentinischen Tageblatt" aufschlägt, ist erstaunt, wie viele dieser „heimatbewussten" Gesellschaften es gibt. In Argentinien sind die **Feste** der Deutschen beliebt: „Fiestas de cerveza" (Bierfeste) werden hier ebenso bestaunt und als Folklore betrachtet wie in Deutschland Auftritte argentinischer Tangopaare.

Deutsches Café in Villa General Belgrano

Kunst und Kultur

Bildende Kunst

Aus der Zeit **vor der spanischen Eroberung** sind nur wenige Kunstwerke erhalten: so einzelne Keramiken, Handabdrücke in Patagonien (Cueva de las Manos in Santa Cruz) sowie im Nordwesten des Landes Ruinen von Inka-Stützpunkten (Pucarás).

Die frühe Kolonialzeit hinterließ einige schöne Bauten, vor allem im Nordwesten Argentiniens. In den Provinzen Salta und Jujuy stehen die meisten kolonialen Kirchen, später entstand die schöne Kathedrale von Córdoba. Die Ruinen der Jesuiten-Missionen besonders in San Ignacio Mini geben ein eindrucksvolles Zeugnis von der Stilvielfalt und dem Können der Architekten und Bildhauer.

Mit der verstärkten europäischen Einwanderung **nach Ende der Bürgerkriege** wurde auch das künstlerische Leben vielfältiger. Die Architekten verarbeiteten Einflüsse aus Italien, Frankreich und - vorwiegend auf dem Land - auch England. Ab der Jahrhundertwende entwickelte sich das künstlerische Leben vorwiegend in Buenos Aires. Dort entstanden einige große Bauwerke in eklektizistischem Stil, häufig prunkvoll verziert. Das architektonisch wichtigste war das 1908 eröffnete „Teatro Colón".

Die wichtigsten **Maler** waren Mitte des 19. Jahrhunderts *Prilidiano Paz Pueyrredón* (1823–70), der vorwiegend Porträts malte, später dann *Eduardo Sívori* (1847–1918) und *Ernesto de la Cárcova* (1866–1927), *Cándido López* (1839–1902). Stark von europäischer Kunst beeinflusst waren der Maler *Martín Malharro* (1865–1911) und der Bildhauer *Rogelio Yrurtia* (1879–1950).

Zwischen den Weltkriegen entwickelte sich ein vielfältiger künstlerischer Austausch mit Europa. Im Jahr 1929 war *Le Corbusier* nach Buenos Aires gekommen. Er gab der funktionalen Architektur einen kräftigen Schub, konnte ihr jedoch nicht zum endgültigen Durchbruch verhelfen. Ebenfalls 1929 fand der „Erste Salon für Moderne Kunst" statt. Einer der führenden Vertreter der Moderne war *Emilio Pettoruti* (1892–1971), der Mitglied einer futuristischen Gruppe in Italien gewesen war. Weniger einzuordnen ist das Werk von *Lino Enea Spilimbergo* (1896–1964). Der bekannteste Maler Argentiniens, *Benito Quinquela Martín* (1890–1977), der immer wieder La Boca, das Hafenviertel von Buenos Aires, und das Leben der Seeleute malte, machte sich ebenfalls in den 1920er und -30er Jahren einen Namen.

Nach dem Zweiten Weltkrieg fand Argentinien schnell Anschluss an die moderne Kunst. Architektur, Malerei und Plastik lebten in den Boomjahren nach dem Krieg auf. Die Kunstszene wurde später aber immer wieder durch die schlechte wirtschaftlich Lage und die fehlenden politischen Freiheiten behindert. Wichtige Künstler waren beispielsweise *Julio Le Parc,* der 1966 auf der Biennale in Venedig den Preis für Malerei erhielt, *Xul Solar, Vin-*

cente Forté und *Roberto Aizenberg*. Einige von ihnen mussten während der Diktaturzeiten im Exil leben.

Namen von aktuellen Künstlern zu nennen, ist schwierig. In Buenos Aires eröffnen jeden Tag unzählige Ausstellungen, ein wichtiger Treffpunkt ist das „Centro Cultural San Martín".

Einer der bekanntesten Zeichner ist *Martín Lavado,* den aber unter diesem Namen kaum jemand kennt. Als **Quino** hingegen ist er nicht nur dank seiner Figur **Mafalda,** einem altklugen Mädchen, berühmt.

Medien

Die regionale **Medienkonzentration** in Argentinien ist fortgeschritten. Die wichtigsten Verlage, Zeitungen, Zeitschriften und Rundfunkstationen befinden sich in Buenos Aires. Der Medienmarkt ist weitgehend privatwirtschaftlich organisiert, eine Zensur existiert zurzeit nicht, allerdings klagen Journalisten immer mehr und immer wieder über die Behinderung der journalistischen Arbeit.

Staatlich organisiert sind der **Fernsehkanal „Canal 7"** und die **Nachrichtenagentur „Telam".**

Die wichtigsten **Tageszeitungen** erscheinen in der Hauptstadt. Es sind „Clarín" (gegr. 1945, Auflage Wochentags 350.000, sonntags 700.000) und „La Nación" (1870, 170.000). 1987 als linksliberale Alternative, wurde die Tageszeitung „Pagina/12" (30.000) von der Clarín-Gruppe übernommen. Die Zeitung „Perfil" ist als Sonntagsausgabe wieder am Kiosk erhältlich.

Die wichtigsten **Zeitschriften** sind die beliebteste Illustrierte „Gente", dann das Nachrichtenmagazin „Noticias", dazu kommen Hunderte bunter Blätter. Eine Besonderheit ist die sehr beliebte Kinderzeitschrift „Biliken".

Zurzeit existieren knapp **200 Fernseh- und Radiosender** im gesamten Land. Von den etwa 120 Radiosendern sind etwa die Hälfte privat, von den Fernsehstationen der weitaus größte Teil. Derzeit können zumindest in der Hauptstadt fünf Fernsehsender per Antenne empfangen werden, die beliebtesten sind die Kanäle 13 und 11 (Telefé).

Die meisten Medienunternehmen arbeiten multimedial, sie besitzen neben Zeitungen und Zeitschriften auch elektronische Medien. Insgesamt kontrollieren sechs Unternehmen einen Großteil der Medien. Der mit Abstand **größte Medienkonzern** des Landes ist die Clarín-Gruppe. Ihr gehören u.a. die Tagenszeitungen „Clarín" und „Pagina/12", die Fernsehkanäle „TN Noticias" und „Canal 13", sowie der Radiosender „Radio Mitre". Auch die katholische Kirche besitzt Tageszeitungen, Zeitschriften, sogar Radio- und Fernsehsender.

Theater

Das Theater war in den Anfangsjahren Argentiniens **europäisch geprägt** und fand – wie auch heute noch – **vorwiegend in Buenos Aires** statt. Bis zum „teatro gauchesco" standen fast nur europäische Stücke auf dem Spielplan. Ausnahmen wie die Werke von *Manu-*

el José de Lavardén (1754–1809), *Juan Cruz Varela* (1794–1839) und *Pedro Echargüe* (1875 oder 1877–1950) bestätigten da eher die Regel.

Einer der ersten Theaterautoren in Buenos Aires war der in Montevideo geborene *Florencio Sánchez* (1875–1910) mit seinen Stücken wie „Mi hijo el doctor" (Mein Sohn, der Herr Doktor) oder „Barranca abajo" (Den Hang hinab). Häufig gespielte Autoren sind heute *Roberto Arlt* (s.u.) und *Roberto Cossa* (*1934), der wie *Germán Rozenmacher* (1936–1971) und *Ricardo Talesnik* (1935) zur „Neuen Realistengeneration" gehört.

Der vielleicht bekannteste Theaterautor ist *Osvaldo Dragún;* er gewann zweimal den renommierten kubanischen Preis der „Casa de las Américas". Seine Werke sind bis heute nicht ins Deutsche übertragen worden.

Die **Theaterszene in Buenos Aires** wird dominiert von den großen kommerziellen Häusern an der Avenida Corrientes. Hier wird viel seichte Unterhaltung im Musical-Stil geboten. Kleine, sog. Off Corrientes-Produktionen leiden an chronischem Geldmangel. Subventioniert werden neben dem Teatro Colón die Theater Cervantes, San Martín und Presidente Alvear. Ein Stück an diesen drei Theatern, insbesondere am Teatro San Martín, ist fast immer ein guter Tipp. Unter den Off-Theatern ist die Gruppe *Catalinas Sur* in den letzten Jahren erfolgreich.

Buenos Aires: im Teatro Colón

Film

Mit „Nobleza Gaucha" (1915, dt. Der Edelmut des Gauchos) nimmt 1915 der kommerzielle Film in Argentinien seinen Anfang. Aber erst in der Nachkriegszeit kommt die argentinische Filmindustrie auf Touren. **Nach 1955** beginnt die Hochphase, eine Zeit, in der man sich wieder auf argentinische Stoffe besinnt und auf Imitate US-amerikanischer Erfolge verzichtet. Führende Vertreter des argentinischen Kinos waren *Pino Solanas,* der Mitte der 1960er Jahre mit *Octavio Getino* die Politfilmbewegung „Kino der Befreiung" gründete und 1976 ins Exil gehen musste. Seine bekanntesten Werke „Tangos: Exilio de Gardel", „Sur" und zuletzt „El Viaje" hatten auch international großen Erfolg. International bekannt wurde auch *Luis Puenzo* mit seinem Werk „La historia oficial" (Die offizielle Geschichte). Der Oscar-gekrönte Film erzählt von einer Lehrerin, die feststellen muss, dass ihr adoptiertes Kind das Kind von Verschwundenen ist, die wahrscheinlich von den Militärs während der Diktatur ermordet wurden. *María Luisa Bembergs* Stoffe hingegen sind vordergründig eher privat. 1981 drehte sie „Momentos": Protagonistin ist die starke Frau, die aus gesellschaftlichen Konventionen ausbricht. Für Aufsehen sorgte 1974 *Héctor Olivera* mit seinem Film „La Patagonia rebelde".

Hauptproblem des argentinischen Kinos ist das fehlende Geld. Die großen Kinos von Buenos Aires werden dominiert von internationalen

Produktionen, für die einheimischen Filme fehlen die Spielorte und somit die Verdienstmöglichkeiten. Dennoch schaffen es die argentinischen Filmemacher immer wieder, mit anspruchsvollen und unterhaltsamen Streifen das kinoversessene argentinische Publikum zu erobern, so *Fabián Bielinsky* mit der hintersinnigen Gaunerklamotte „Nueve Reinas", die 2000 sämtliche Kassenrekorde brach, oder *Juan José Campanella* mit der nachdenklich-sentimentalen Familienkomödie „El hijo de la novia" (2001), die auch für den Oscar nominiert war. Und „Un día de suerte", in dem *Sandra Gugliotta* 2002 die große Krise und den Auswanderungswunsch vieler junger Argentinier thematisierte.

Spricht man vom zeitgenössischen argentinischen Kino, dürfen drei gestandene Regisseure – die Großen Drei – nicht fehlen: *Eliseo Subiela,* der sich mit sentimental-verträumten Geschichten wie „Hombre mirando al sudeste" und vor allem „El lado oscuro del corazón" (1992) in die Herzen der Argentinier spielte; *Adolfo Aristaraín,* dessen intime Dramen die Lebenswege der Exilgeneration beleuchten („Un lugar en el mundo", „Martín H" oder „Lugares comunes"); und ganz vornean **Marcelo Piñeyro,** der wohl produktivste argentinische Filmemacher der letzten zehn Jahre: Er machte sich einen Namen mit „Tango feroz" (1992) und legte mit „Caballos salvajes" (1995), „Cenizas del Paraíso"

img520 Foto: ab

arg4-165 Foto: gw

(1997) und „Plata quemada" (2000) unter die Haut gehende Leinwand-Geschichten vor. Sein letzter Streifen, „Kamchatka" (2002), erzählt von einer Familie, die während der Diktatur verfolgt wurde, und auch hier ist – wie in allen anderen Filmen *Piñeyros* – einer der großen Darsteller des argentinischen Kinos präsent: *Héctor Alterio.*

Der Tango – lebendig wie eh und je

Seit etwa zehn Jahren wird über das **Nuevo Cine Argentino** gesprochen. Vielversprechende Talente sind *Pablo Trapero* und *Israel Adrián Caetano.* Mit ihren zeitkritischen Low-Budget-Produktionen „Mundo grúa" (Trapero, 2001) und „El oso rojo" (Caetano, 2002) sorgten sie für Aufsehen. Mit „Crónica de una fuga" war *Caetano* 2006 in Cannes vertreten. In dieser Reihe darf *Lucrecia Martel* nicht fehlen. 2001 schaffte sie mit „El Ciénaga" ihren Durchbruch, 2004 folgte „La Niña santa".

Trotz Finanzprobleme boomt die Branche und das Publikum zieht mit: Die Zahl der Kinosäle in Argentinien stieg von 589 im Jahr 1997 auf 100 im Jahr 2006. Kamen 1997 gerade mal 27 argentinische Filme in die Kinos, wa-

Tango

Der Taxifahrer hört ihn, in Kaufhäusern läuft er, sonntags wird auf der Plaza Dorrego getanzt: Der Tango ist heute in Buenos Aires noch so lebendig wie in den 1930er Jahren, als *Carlos Gardel* seine Triumphe feierte.

Der Tango war die Musik der Vorstädte, der armen Vorstädte. Die Texte waren rüde, geschrieben im Slang, dem Lunfardo. Sie passten in die Atmosphäre der Hafenkneipen oder der Bordelle in La Boca, Sittsamkeit war nicht angesagt. Oft handeln die Lieder von Armut und Verlust, von Streiks, von verlassenen Lieben, und so kann man dem Tangodichter *Enrique Santos Dicépolo* nur zustimmen, der den Tango einmal als „einen traurigen Gedanken, den man auch tanzen kann", bestimmte. Die Unterschichtmusik wurde geadelt, nachdem sie in den Salons von Europa große Triumphe gefeiert hatte. 1907 wurde das erste Tango-Tanzturnier in Paris gegeben. Die europäische Oberschicht war begeistert, in Folge auch die am Río de la Plata.

Gespielt wurde der Tango zunächst mit Flöte, Gitarre und Geige, später kam das Klavier hinzu. Schließlich das Bandoneon, eine Knopfharmonika, die der Krefelder *Hans Band* (1821–60) um 1845 erfunden hatte; es gab dem Tango seinen unverwechselbaren Klang.

Wo der Tango erfunden wurde, ist umstritten. Die Argentinier behaupten (wohl zu Recht) in Buenos Aires, die Uruguayer in Montevideo. Genauso wenig können sich Argentinien und Uruguay darüber einigen, welcher Staatsangehörigkeit der berühmteste Sänger des Tango, *Carlos Gardel,* war. Er wurde in Frankreich geboren, aber auf dem Friedhof von La Chacarita in Buenos Aires beerdigt.

Nachdem der Tango populär geworden war, änderte er sich: Die Tanzschritte wurden dem gehobenen Niveau angemessener, die sexuellen Anspielungen weniger. Musiker wie *Carlos Gardel, Ignacio Garsini, Enrique Santos Discépolo, Rosita Quiroga* und *Tita Merello* waren die Helden des traditionellen Tangos in den 1920er und -30er Jahren. Neuerungen im Tango brachten dann die 1950er Jahre. Zunächst *Astor Piazzolla,* dann auch andere, verknüpften den Tango mit moderner Klassik, mit Jazz- oder auch Rockklängen.

Von dieser Generation lebt heute noch der berühmte Komponist und Pianist *Horacio Salgán.* Fast 90 Jahre alt, kann man ihn hin und wieder noch bei Auftritten erleben.

Des Spanischen mächtige Tango-Fans können auf den folgenden **Websites** mehr über die aktuelle Szene erfahren:

- www.tangodata.com.ar – Veranstaltungskalender
- www.detangueros.com.ar – neue Platten, Tanzclubs, Künstler
- www.clubdetango.com.ar – Verkauf von Platten, Büchern, Partituren etc.
- www.cosmotango.com – Tango lernen von A bis Z (Englisch)

Buchtipp:

- Maike Christen

Tangotanzen in Buenos Aires
(Reise Know-How Praxis)

ren es 2006 bereits 64. Damit hat das Land nach den USA die meisten Spielfilmproduktionen auf dem amerikanischen Kontinent. Mit dem **Filmfestival in Mar del Plata** veranstaltet Argentinien das bislang einzige A-Festival in Südamerika.

2005 gewannen argentinische Filme weltweit 101 **Preise,** 2006 waren es 117, darunter große Namen wie Cannes oder Sundance. Dazu kommen Auszeichnungen wie die beiden Filmmusik-Oscars für den argentinischen Komponisten *Gustavo Santaolalla,* für die Vertonung von „Brokeback Mountain" und „Babel". Oder der Erfolg von Schauspielern wie *Julio Chávez,* der sich 2007 den Silbernen Bären in Berlin holte, und *Mia Maestro,* die noch vor kurzem in Argentinien drehte, und es nach Hollywood geschafft hat.

Musik

Argentinische Musik, das bringt man weltweit vor allem mit den schwermütigen Rhythmen von **Tango** und **Milonga** in Verbindung. An dieser kulturellen „Marke" kommt kaum ein argentinischer Musiker vorbei. Dennoch wäre es ungerecht, die Musik des Landes auf den Tango zu reduzieren. Für all jene, die auf ihrer Argentinien-Reise das eine oder andere Konzert erleben oder ein paar Platten populärer Musiker mit nach Hause nehmen wollen, nachfolgend ein paar Tipps.

In der reichhaltigen Folklore des Landes wurzelt die Musik einiger erstklassiger Sänger, allen voran **Mercedes Sosa,** die Grande Dame der argentinischen Ballade. Die 1935 in Tucumán geborene Sängerin mit der rauchigen Stimme und dem innigen Ausdruck hat viele Lieder lateinamerikanischer Komponisten berühmt gemacht und ist heute aktiv wie eh und je.

Der nächsten Generation gehören **León Gieco** und **Víctor Heredia** an, dem progressiven Rock näher verhaftet der erste, klassischer Liedermacher der zweite – populär ist die Konstellation Sänger mit Gitarre (und Band) allemal, wie auch der stärker am Rock und Jazz orientierte **Pedro Aznar** beweist, der sich in letzter Zeit auf seine lateinamerikanischen Wurzeln besonnen hat und einen kraftvollen Crossover präsentiert.

Die Übergänge zur Rockmusik sind fließend. Bestes Beispiel ist vielleicht **Charly García,** die schillerndste Figur des argentinischen Rock. Der 1951 geborene Musiker sorgte Anfang der 1970er Jahre mit seiner Band Sui Generis für Aufsehen, seither spielt er mit wechselnden Formationen. *García* verbindet Folk- und Rockmusik mit zeitkritischen, provokativen Texten. Vom Publikum wegen seiner Respektlosigkeit verehrt, gerät *García* immer wieder mit Skandalen in die Schlagzeilen: Er beschimpft Politiker und Journalisten, zertrümmert Gitarren und Hotelmobiliar, erscheint nicht zum Konzert oder singt ein Lied und geht.

Weniger provokant, aber kaum weniger populär ist **Fito Páez** (*1963). Seine Musik liegt ebenfalls im Grenzbereich zwischen Lied und Rock, seine Texte kreisen um die Liebe und triefen teilweise vor Schmalz, aber immer schafft er es, kurz vor dem Kitsch die Kurve zu kriegen. Mehr in Richtung Pop geht **Gustavo Cerati,** der nach der Auflösung seiner erfolgreichen Band Soda Stereo als Solist auftritt und sich neuerdings wieder mehr dem Rock zuwendet. So hat sich denn auch **Soda Stereo** 2007 neu formiert. Psychedelischen Rock machen seit 1992 die **Babasónicos.** Eine der ersten Bands in Lateinamerika, die mit einem DJ auf die Bühne gingen. Hardrock mit Folklore-Einflüssen kann man von der Band **Divididos** hören. Heute steht die Formation **Bersuit Vergarabat** mit ihren teilweise sozialkritischen Texten in der Gunst der argentinischen Rockanhänger ganz oben.

Zwei Künstler der E-Musik dürfen hier nicht fehlen. Da ist zum einen **Daniel Barenboim,** einer der großen zeitgenössischen Orchesterleiter. Der 1942 in Buenos Aires geborene Sohn russisch-jüdischer Einwanderer ist seit 1992 Chefdirigent der Deutschen Staatsoper Berlin. Zum anderen ist der 1963 geborene **Dario Volonte** zu nennen, ein Operntenor, der in jüngster Zeit von sich reden macht.

Literatur

Während der spanischen Kolonialzeit entwickelte sich in Argentinien kein eigener literarischer Stil, und auch nach der Unabhängigkeit blieb die argentinische Literatur lange **europäischen Vorbildern,** vor allem aus Frankreich, verpflichtet. Das beruhte vorwiegend auf den Literaturschaffenden – für die meisten argentinischen Schriftsteller ist, zugespitzt formuliert, auch heute noch Europa der Kontinent, auf dem sie sich eher heimisch fühlen und ihre Vorbilder finden.

Einer der ersten, der dagegen einheimische Themen aufnahm, war der Uruguayer *Bartolomé Hidalgo* (1788–1822), der ab 1818 in Argentinien lebte. Er war Initiator der **gauchesken Dichtung** in den La-Plata-Staaten, die dann mit dem **Versepos „Martín Fierro"** (1872) von **José Hernández** (1834–86) ihren Höhepunkt fand. Hier mischt sich Romantisches und Realistisch-Sozialkritisches: Einerseits wird das freie Gaucholeben verherrlicht, andererseits auf die Veränderung der Lebensumstände und die Belastungen der Landbevölkerung hingewiesen. Das Versepos ist eine Anklage gegen die Verachtung der Gauchos und die Überbetonung der städtischen Zivilisation, wie sie beispielsweise Domingo Faustino Sarmiento betrieb (s.u.), gleichzeitig ist es aber auch ein ästhetisches Modell: Es knüpft unmittelbar an die Volkspoesie und Volkssprache an und verneigt sich nicht vor europäischen Vorbildern. Der „Martín Fierro" hatte viele Nachfolger, das Nationalepos wurde in den 1920er Jahren vor allem für die sog. *Martínfierristas* – einen Schriftstellerkreis um *Borges* und die Zeitschrift „Martín Fierro" – zu einem Symbol gegen verstaubte Traditionen der Stadt.

Stärker europäischen Vorstellungen verpflichtet waren *José Mármol* (1817–71) und *Esteban Echeverría* (1805–51) und vor allem **Domingo Faustino Sarmiento** (1811–88), der in „Vida de

Juan Facundo Quiroga" (1845, dt. Barbarei und Zivilisation. Das Leben des Facundo Quiroga) die verfeinerte städtische Zivilisation gegen die Kulturfeindlichkeit und blutrünstige Wildheit der Pampa stellt. *Sarmiento* berichtet teilweise selbst Erlebtes: Er musste vor dem Provinz-Caudillo *Quiroga* ins Exil flüchten und konnte erst nach dem Sieg über den Diktator *Rosas* wieder nach Argentinien zurückkehren.

1893 begann mit der Ankunft des aus Nicaragua stammenden *Rubén Darío* (1867–1913) auch in Argentinien der **Modernismo.** *Darío* wandte sich gegen die prosaisch-nüchterne und realistische Literatur des 19. Jahrhunderts und arbeitete stattdessen sehr subjektivistisch. Für Argentinien ist besonders der Lyriker *Leopoldo Lugones* (1874–1928) als Anhänger dieser Richtung zu nennen.

In den 1920er Jahren wurde zunächst der **Ultraismo** bekannt. Er entstand um *Jorge Luis Borges* (1899–1986), der 1921 aus Europa zurückgekehrt war. Als Gegenrichtung etabliert sich der **„Grupo de Boedo"**, schon im Namen das Programm tragend. Denn die Ultraismo-Anhänger wurden auch „Grupo de Florida" genannt, nach der Einkaufsstraße im Zentrum von Buenos Aires, und in Opposition dazu nannten sich die sozialkritischeren Dichter der Boedo-Gruppe nach einer Straße in einem Arbeiterviertel. Ihr gehörten u.a. *Leónidas Barletta* (1902–75) und *Elías Castelnuovo* (1893–1982) an. Zu ihrem Umkreis zählte auch **Roberto Arlt** (1900–42), der den **Lunfardo-Slang** der Hauptstadt literaturfähig machte. Er glaubte – anders als die Mitglieder der Boedo-Gruppe – nicht an gesellschaftlichen Fortschritt: *„Die Menschen gleichen eher Monstren, die in der Finsternis herumwaten, als den leuchtenden Engeln der alten Geschichten."*

Arlt hat viele Autoren beeinflusst, besonders solche der späteren Generation, da seine eigentliche Rezeption erst in den 1950er Jahren einsetzte. Zu diesen Autoren gehören *Antonio Di Benedetto* (1922–86), *Héctor Alvarez Murena* (1923–75) und David Viñas (*1929). Die beiden letztgenannten zählten auch zum Umfeld der **Literaturzeitschrift „Sur"**, die von 1931–80 erschien. Sie wurde von *Victoria Ocampo* (1890–1974) herausgegeben. Ihre Schwester *Silvina Ocampo* (1903–94) ist als Lyrikerin hervorgetreten. Ihr Mann **Adolfo Bioy Casares** (1914–99) ist ebenfalls einer der Großen der argentinischen Literatur, blieb aber immer ein wenig im Schatten von Borges, mit dem er gemeinsam zahlreiche Erzählungen (v.a. Kriminalparodien) verfasste. **Osvaldo Soriano** (1943–97) ist einer der bekanntesten zeitgenössischen Autoren. Viele seiner Romane wurden auch verfilmt.

Eine ganze Generation von Autoren musste während der letzten **Militärdiktatur** das Land verlassen. Andere schafften es nicht mehr, sie wurden verschleppt und ermordet, darunter: *Miguel Angel Bustos* (*1933, am 30.05.1976 verschleppt), *Haroldo Conti* (*1925, am 05.05.1976 verschleppt,

1977 ermordet), *Francisco Urondo* (*1930, 1976 im Kampf gegen die Militärdiktatur gefallen), *Rodolfo Jorge Walsh* (*1927, am 25.03.1977 verschleppt und ermordet).

Einzelne Autoren lassen sich weniger in das ganze Beziehungsgeflecht der Literaten einsortieren. Es sind Schriftsteller wie das große „Dreigestirn" *Jorge Luis Borges, Julio Cortázar, Ernesto Sábato* oder auch ein Autor wie *Manuel Puig*.

Jorge Luis Borges (1899–1986) ist einer der bedeutendsten Lyriker, Erzähler und Essayisten des 20. Jahrhunderts. Verblüffend ist seine ungeheure Bildung: Er verarbeitet die Mythologie von Buenos Aires und der argentinischen Geschichte ebenso wie altgermanische Dichter und Helden, die antike Mythologie, die klassische idealistische Philosophie genauso wie die Weltliteratur oder die Muster der Kriminalerzählung. Schlüsselsymbole in *Borges* Texten sind Bibliothek, Spiegel, Labyrinth, Doppelgänger – alles ist mehrdeutig, das Imaginäre ist ein wesentlicher Teil der Realität. Auf Deutsch erschienen seine Werke im *Fischer Verlag*, hervorzuheben sind als Einführung die Erzählbände „Das Aleph" und „Fiktionen".

Julio Cortázar (1914–1984) begann erst spät zu schreiben. Bis 1946 arbeitete er als Lehrer, 1951 ging er nach Paris, und erst 1960 veröffentlichte er seinen ersten Roman: „Los Premios" (dt. Die Gewinner, 1966), eine vielschichtige Satire auf die argentinische Gesellschaft. Sein Hauptwerk ist „Rayuela" (1963, dt. 1981), ein schon formal einzigartiges Buch. Die 157 Kapitel bieten mehrere Lesarten. Einmal der normalen Reihenfolge entsprechend von Kapitel 1 bis 56, dann können – so der Autor im Vorwort – die anderen Kapitel weggelassen werden. Eine andere Kapitelfolge (am Ende jeden Kapitels ist die Nummer desjenigen angegeben, das man als nächstes lesen soll) verweist immer wieder auf die Entstehung des fiktiven Werkes und thematisiert somit die Romanentstehung selbst. Berühmt ist *Cortázar* auch für seine Erzählungen, über die der chilenische Dichter *Neruda* urteilte: *„Wer sie nicht liest, ist verloren. Sie nicht zu lesen ist ein schwere, schleichende Krankheit, die mit der Zeit schreckliche Folgen haben kann. Ähnlich wie jemand, der nie einen Pfirsich gekostet hat. Er würde langsam melancholisch werden und immer blasser, und vielleicht würden ihm nach und nach die Haare ausfallen." Cortázars* Werke sind auf deutsch im Suhrkamp Verlag erschienen, mit Ausnahme von „Nicaragua, so gewaltsam zärtlich" (Peter Hammer Verlag).

Ernesto Sábato (*1911) ist vor allem als Herausgeber des Abschlussberichtes „Nunca más" (1986, dt. Nie wieder, 1987) der staatlichen Kommission über die Dokumentation der Menschenrechtsverletzungen während der Militärdiktatur bekannt. So wird oft übersehen, dass er vorher mit „El túnel" (1948, dt. Maria oder die Geschichte eines Verbechens, 1976), mit „Sobre héroes y tumbas" (1961, dt. Über Helden und Gräber, 1967) und „Abaddón el exterminador" (1974, dt.

Abaddon, 1980) drei weithin beachtete Romane vorgelegt hat. *Sábato* ist auch als Essayist hervorgetreten, allerdings hierbei in Argentinien umstritten. Seine Werke sind auf Deutsch als Taschenbücher bei Ullstein erschienen.

Manuel Puig (1932–90) wurde besonders durch die Verfilmung eines seiner Romane bekannt: „El beso de la mujer araña" (1976, dt. Der Kuss der Spinnenfrau, 1979) war ein internationaler Erfolg. Zur Regierungszeit *Isabel Peróns* reden ein politischer Aktionist und ein Homosexueller über ihre Situation und ihr Leben, während sie im Gefängnis sitzen. Das stilistisch Besondere an diesem, wie an fast allen Werken *Puigs* ist, dass es vollständig ohne Erzähler auskommt. Die gesamte Handlung wird im Dia- oder Monolog entwickelt, in Gedankengängen der Helden und in ihrer jeweiligen Sprache oder in Ausschnitten aus Artikeln, Radiosendungen etc. Andere Werke von *Puig* sind (Auswahl): „La traición de Rita Hayworth" (1968, neu 1976, dt. Verraten von Rita Hayworth, 1976), „Boquitas pintadas" (1969, dt. Der schönste Tango der Welt), „Sangre de amor correspondido" (1982, dt. Herzblut erwiderter Liebe, 1986). Die deutschen Übersetzungen sind im Suhrkamp Verlag erschienen.

Romanautoren, die in jüngerer Zeit erfolgreich **ins Deutsche übersetzt** wurden, sind *Eduardo Belgrano Rawson* (C.H.Beck Verlag), *César Aira* (Nagel & Kimche), *Antonio Dal Masetto* (Rotpunktverlag), *Tomás Eloy Martínez* (Suhrkamp) oder *Ricardo Piglia* (Wagenbach). In der **Lyrik** haben neben vielen anderen *Alejandra Pizarnik* (1936–72) und *Juan Gelman* (*1930) Bedeutendes geleistet.

Ein **Taschenbuch,** welches das breite Spektrum argentinischer (und auch uruguayischer) Literatur zeigt, sind „Argentinien erzählt" (Fischer Taschenbuch, Frankfurt).

Möglicherweise werden in den kommenden Jahren verstärkt Werke argentinischer Autoren ins Deutsche übersetzt oder bereits Vergriffenes, wie die „21 Erzähler vom Río de la Plata" (Verlag Volk und Welt, Berlin) wieder aufgelegt: 2010 ist Argentinien **Schwerpunktland auf der Frankfurter Buchmesse.**

Sport

Ganz einfach: Die **beliebteste Sportart ist Fußball.** Zwar gibt es auch schichtenspezifische Unterschiede: Die Oberschicht kann sich auch durchaus für Polo oder Pato begeistern, zwei aufwendige Pferdesportarten. Beim **Polo** wird der Ball mit einem Schläger vom Pferd aus in Richtung eines Tores getrieben, beim **Pato** muss ein mit Griffen versehener Ball ebenfalls vom Pferd aus in einen Korb geworfen werden – eine Art Basketball zu Pferde. Dann ist dank *Guillermo Vilas* und *Gabriela Sabatini, Guillermo Coria* und *David Nalbandian* der **Tennissport** noch ziemlich populär, ebenso wie der **Autorennsport** wegen der historischen Erfolge von *Juan Manuel Fangio* und *Carlos Reutemann.*

1978 und **1986** wurde die argentinische Fußballnationalmannschaft **Welt-**

meister. Im eigenen Land gewannen sie 1978 das Endspiel gegen Holland mit 3:1, angetrieben von Spielmacher *Mario Kempes.* 1986 siegten sie in Mexiko im Endspiel gegen Deutschland mit 3:2. Damals war **Diego Armando Maradona** der Held des Turniers, auch wegen seiner beiden Tore gegen England. Das erste erzielte er regelwidrig mit der Hand – mit der „Hand Gottes", wie er anschließend formulierte. Das zweite regelgerecht, und zwar in einer Art und Weise, dass Fußballfans heute noch bei der bloßen Erinnerung ins Schwärmen kommen: Am eigenen Strafraum wird er angespielt und marschiert von dort los, lässt ein halbes Dutzend Engländer wie Slalomstangen stehen und schiebt den Ball an Torhüter *Peter Shilton* vorbei ins Netz. So schön, dass es gar nicht genug Wiederholungen geben kann. Wie sagte *César Luis Menotti,* der argentinische Trainer, der Maradona als 17-jährigen Nachwuchsspieler erstmals in die Nationalmannschaft holt, später über ihn: *„Auf dem Rasen ist Maradona die genetische Synthese des Fußballs in all seiner Brillanz."*

Noch immer schmerzt dagegen die Erinnerung an die **Niederlage** gegen Deutschland im Endspiel der 1990er-WM in Rom. Das Bild vom weinenden *Maradona* hat sich tief ins argentinische Gedächtnis eingebrannt. Argentinien hatte zuvor den Erzfeind Brasilien geschlagen und seine Viertel- und Halbfinalspiele jeweils im Elfmeterschießen gewonnnen. Als der deutsche Abwehrspieler *Andi Brehme* im Finale den entscheidenden Elfer verwandelte, titelten in Buenos Aires die Zeitungen: „Wer mit Elfmeter tötet, wird durch Elfmeter sterben." Aber der Buhmann ist bis heute der mexikanische Finalschiedsrichter *Edgardo Codesal:* „Codesal hat den Deutschen damals den Elfer geschenkt."

Anerkennung gab es nach dem Aus gegen die deutsche Mannschaft im **WM-Viertelfinale von Berlin 2006.** Torhüter *Lehmanns* „papelito", der kleine Zettel, auf dem stand, dass *Roberto Ayala* und *Esteban Cambiasso* im Elfmeterschießen ihre Bälle rechts unten platzieren, war in aller Munde.

Die beiden wichtigsten Klubs des Landes sind **Boca Juniors** und **River Plate,** beide aus Buenos Aires. Der Besuch eines Spieles der Rivalen gegeneinander kann gefährlich sein, denn die beiden Klubs verfügen über die größten „Barras bravas", den jeweils harten Kern von Fans. Zwischen den „Barras bravas" von Boca und River Plate werden Meinungsverschiedenheiten auch schon einmal mit Messern und Schusswaffen ausgetragen ...

031-a Foto: jv

Buenos Aires und Provinz

037-a Foto: jv

img290 Foto: ab

Der Kongresspalast

Che-Kalender in einem Kiosk

Mütter auf der Plaza de Mayo

Buenos Aires ↗XIII,C2

„Buenos Aires es horrible de fea" – „Buenos Aires ist atemberaubend hässlich", schrieb *Jorge Luis Borges,* und der Architekt *José María Peña* antwortete darauf: *„Lo que pasa es que Borges era ciego"* – „Fakt ist, dass Borges blind war".

Buenos Aires polarisiert auch die Besucher. Die einen leben auf in der **Großstadthektik,** genießen die langen Nächte auf der Avenida Corrientes, das **riesige kulturelle Angebot** mit Konzerten zu jeder Tages- und Nachtzeit. Die anderen stöhnen über den Lärm und Krach der 18.000 Autobusse, 40.000 Taxis und ungezählten Privatwagen. Und über den Taxifahrer, der stolz erzählt, dass in Buenos Aires der Verkehr am schlimmsten sei, weltweit natürlich. Sie sehen die Polarisierung zwischen Arm und Reich, auch die abbröckelnde Schönheit der Architektur, das oft sehr arme Leben auf den Straßen und Plätzen.

Neugierig auf Großstadt muss man schon sein, soll einem die argentinische Hauptstadt gefallen. Dann versteht man auch den Stolz, den die meisten **„Porteños"** (Hafenstadtbewohner, abgeleitet von Puerto = Hafen) haben – „Buenos Aires ist Argentinien", sagen sie nicht ganz zu Unrecht: Immerhin lebt jeder dritte Argentinier, insgesamt fast 12 Millionen, im Großraum der Hauptstadt, davon **2,8 Millionen** Menschen in der eigentlichen Capital Federal Buenos Aires.

Der erste Eindruck verblüfft die meisten Besucher: Wie eine lateinamerikanische Hauptstadt sieht Buenos Aires im Zentrum nicht aus. Man fühlt sich an **Südeuropa,** aber auch an Paris erinnert; es gibt Plätze mit Denkmälern, Straßencafés, platanengesäumte Straßen, hohe Häuser mit schmiedeeisernen Balkonen aus der Zeit der Jahrhundertwende. Wie kaum eine andere Stadt Lateinamerikas wurde Buenos Aires von den **europäischen Einwanderern** geprägt. Die Architektur mischt fröhlich Elemente aus allen europäischen Ländern, genauso wie die Speisekarten vieler Restaurants.

Aber die **lateinamerikanische Realität** lässt sich nicht verleugnen, auch wenn viele Porteños sie nicht wahrhaben wollen. Heute lebt im Großraum der Stadt fast jeder zweite unterhalb der Armutsgrenze. Im Stadtzentrum fallen sie nicht so stark auf, aber die Hauptstadt ist umgeben von einem ständig wachsenden Ring von Siedlungen, in die sich kein Tourist verirrt, besser auch nicht verirren sollte. Diese **villas miserias** bestehen vorwiegend aus Blech- und Bretterhütten, die Häuser besitzen weder Strom noch Wasseranschluss, die meisten Bewohner dort sind arbeitslos oder unterbeschäftigt.

Geschichte

Die **erste Gründung** von Buenos Aires erfolgte **1536,** als eine Expedition *Pedro de Mendozas* am Küstenstreifen des Río de la Plata an Land ging, angeblich dort, wo sich heute der Park Lezama befindet. Diese spanische Expedition war sehr groß, 1600 Menschen, und sie war zu spät gekommen:

Der Zeitpunkt für das Anpflanzen von Getreide war vorüber, und so zwangen die Spanier die dort lebenden Indianer, sie mit Nahrung zu versorgen. Die wehrten sich, Kriege und Hunger rafften bald zwei Drittel der Europäer dahin. Über das harte Leben der ersten Siedler berichtete ein Deutscher. Der Landsknecht *Ulrich Schmidl* ließ seine Erlebnisse nach seiner Rückkehr aufschreiben und drucken: *„Die Lage war fürchterlich ... nicht nur, daß wir Ratten, Mäuse, Schlangen oder Insekten essen mußten. Wir mußten unsere Schuhe und Leder und alles mögliche verzehren."* Die spanische Expedition rettete sich ins Landesinnere, fuhr den Paraná hinauf und ließ die Siedlung mit dem prunkvollen Namen **Puerto Nuestra Señora Santa María de Buen Aire** zurück, die im Jahr 1541 dann vollständig von Indianern zerstört wurde.

Die **zweite Gründung 1580** unter **Juan de Garay** war erfolgreicher. die Siedlung musste nicht wieder aufgegeben werden. Sie dümpelte aber die nächsten beiden Jahrhunderte nur so dahin, abgeschnitten von allen Handelswegen, lediglich mit den Portugiesen vom anderen Ufer des Río de la Plata wurde ein wenig **Schmuggel** getrieben. Der war auch für das weitere Wachstum der Stadt verantwortlich.

Nachdem Buenos Aires im Jahr 1776 **Hauptstadt des Vizekönigreiches Río de la Plata** geworden war, kam es zu einem Aufschwung. Um 1780 hatte die Stadt bereits 25.000 Einwoher, dicht besiedelt war das Gebiet im Umkreis von einem Kilometer um die Plaza de Mayo, im Süden davon lagen die reichen Viertel, im Westen die armen. Die Stadt wuchs und wuchs und hatte knapp hundert Jahre später mehr als 200.000 Bewohner (1870). Schließlich war ab 1857 die Eisenbahn gebaut worden, die Buenos Aires - seit 1861 auch offiziell Hauptstadt - mit dem Hinterland verband. Mit der Bedeutung des Hafens und der Fleischverarbeitung entstanden **neue Stadtviertel:** La Boca am Hafen, Barracas um die Fleischfabriken. 1871 veränderte die Gelbfieberepidemie das Stadtbild: Aus den am stärksten betroffenen Vierteln im Süden zogen die Reichen weg, sie gingen in den Norden, nach Belgrano und Flores. Zur Wende vom 19. zum 20. Jahrhundert war Buenos Aires die größte Stadt Lateinamerikas mit einer Bevölkerung von mehr als einer Million Menschen.

Rinderzucht und -export machten die Stadt reich. Prachtstraßen entstanden nach Plan, ungeplant hingegen wucherten die Industriebauten und die ärmeren Viertel. In den 30er und 40er Jahren des 20. Jahrhunderts wurde das Zentrum modernisiert, nach dem Zweiten Weltkrieg wurden im Stadtkern immer mehr Hochhäuser, in den letzten Jahren mehr und mehr schicke Einkaufspassagen gebaut.

Buenos Aires heute

Die größte Stadt Lateinamerikas ist Buenos Aires nicht mehr - Mexiko-Stadt und São Paulo haben ihr längst den Rang abgelaufen. Aber Buenos Aires ist das unbestrittene **Zentrum Argentiniens** und eine der wichtigs-

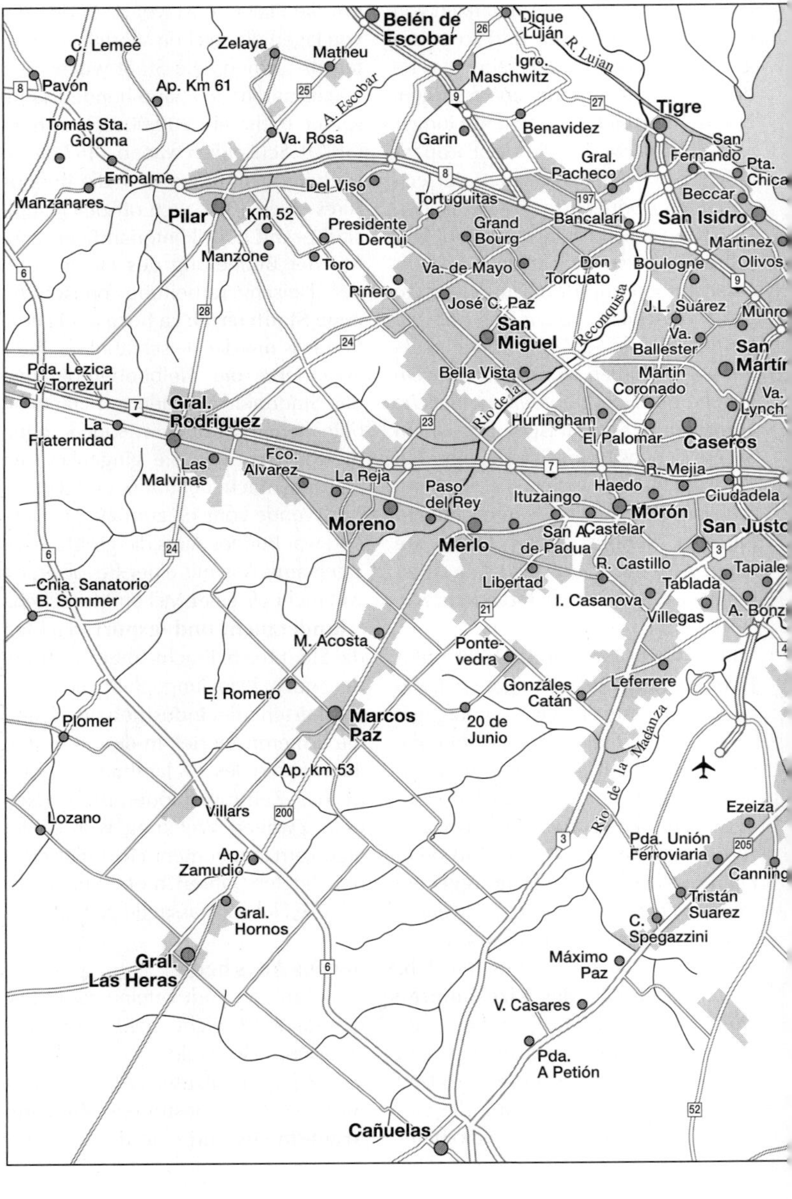

Belén de Escobar
Dique Luján
R. Lujan
C. Lemeé
Zelaya
Matheu
Igro. Maschwitz
Pavón
Ap. Km 61
A. Escobar
Tigre
Tomás Sta. Goloma
Va. Rosa
Garin
Benavidez
San Fernando
Pta. Chica
Gral. Pacheco
Empalme
Del Viso
Manzanares
Tortuguitas
Beccar
Pilar
Km 52
Bancalari
San Isidro
Presidente Derqui
Grand Bourg
Martinez
Manzone
Toro
Va. de Mayo
Don Torcuato
Boulogne
Olivos
Piñero
José C. Paz
Reconquista
J.L. Suárez
Munro
San Miguel
Va. Ballester
San Martín
Pda. Lezica y Torrezuri
Bella Vista
Martin Coronado
Va. Lynch
Gral. Rodriguez
Rio de la
Hurlingham
La Fraternidad
El Palomar
Caseros
Las Malvinas
Fco. Alvarez
La Reja
R. Mejia
Paso del Rey
Haedo
Ciudadela
Ituzaingo
Morón
Moreno
San Justo
Merlo
San A. de Padua
Castelar
R. Castillo
Tapiales
Cnia. Sanatorio B. Sommer
Libertad
Tablada
I. Casanova
Villegas
A. Bonzi
M. Acosta
Ponte-vedra
Gonzáles Catán
Leferrere
E. Romero
Marcos Paz
20 de Junio
Plomer
Rio de la Madanza
Ap. km 53
Ezeiza
Villars
Lozano
Pda. Unión Ferroviaria
Canning
Ap. Zamudio
Tristán Suarez
Gral. Hornos
C. Spegazzini
Gral. Las Heras
Máximo Paz
V. Casares
Pda. A Petión
Cañuelas

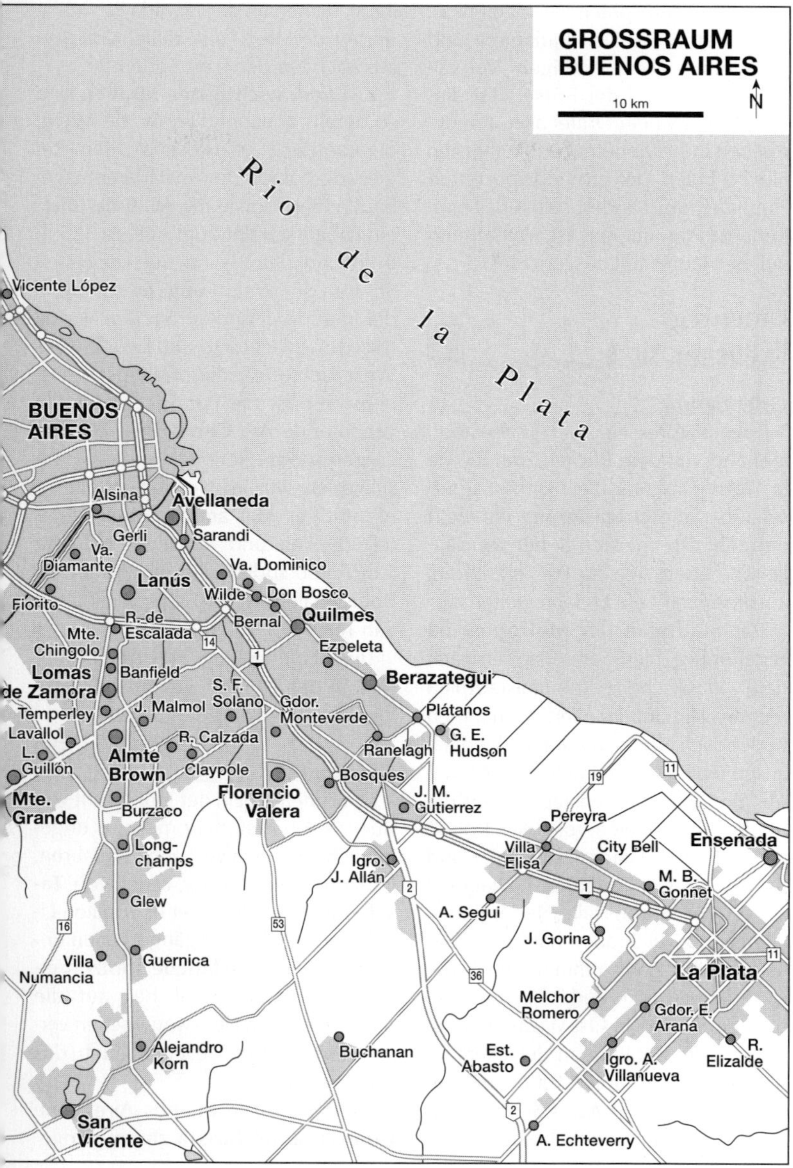

Buenos Aires und Provinz

ten **Kulturmetropolen** Lateinamerikas. Die Stadt ist Sitz von Parlament und Regierung, aller wichtigen Verwaltungsstellen und der Börse. Hier finden sich etwa ein Drittel aller argentinischen Industriebetriebe, die meisten Hochschulen, der größte Export- und Flughafen des Landes; selbst das Straßennetz Argentiniens ist weitgehend auf die Hauptstadt ausgerichtet.

Unterwegs in Buenos Aires

Orientierung

Buenos Aires ist zwar Hafenstadt, lebt aber mit dem Rücken zum Río de la Plata. Das Stadtzentrum ist überschaubar, die **Orientierung ist recht einfach.** Die meisten Sehenswürdigkeiten lassen sich zu Fuß erkunden, ansonsten hilft die U-Bahn weiter.

Der **Stadtplan der Metropole ist regelmäßig,** die Straßen stoßen nach dem klassischen Kolonialstadtplan rechtwinklig aufeinander; Ausnahmen finden sich dort, wo unterschiedlich ausgerichtete Viertel aufeinander treffen, und in der Innenstadt bilden die beiden Diagonalen, die Av. Roque Sáenz Peña („Diagonal Norte") und die Av. Pres. J. A. Roca („Diagonal Sur") zwei Sonderfälle. Jeder Block zwischen zwei Straßen hat immer genau hundert Hausnummern, egal wieviel Häuser dort in Wirklichkeit stehen. Bei den Straßen in Ost-West-Richtung beginnt die Zählung an der Uferstraße, die Hausnummer 1000 befindet sich auf Höhe der Av. 9 de Julio, die Straßen in Nord-Süd-Richtung ändern ihren Namen an der „Rivadavia" (nahe der Av. de Mayo) und zählen von dort aus nach Norden bzw. Süden.

Zwei der wichtigsten Straßen sind so bereits genannt: Die **Av. de Mayo,** die von der „Casa Rosada" (dem Regierungspalast) zum Parlamentsgebäude führt, sowie die **Av. 9 de Julio,** ein Fußgängeralptraum – sie ist 125 m breit und damit eine der breitesten Straßen der Welt. **Fußgängerzone** in der Innenstadt sind die Straßen Florida (Nord-Süd-Richtung) und Lavalle (Ost-West-Richtung), die wichtigste Ausgehstraße ist die parallel zur Lavalle verlaufende **Av. Corrientes.** Die reicheren Viertel Recoleta und Palermo schließen sich im Norden an die Innenstadt an, das ärmere, aber bei Intellektuellen und Künstlern beliebte San Telmo südlich der Innenstadt, La Boca, malerisch und arm, südlich an San Telmo.

Tipp: Einen guten **Stadtplan** kann man in den U-Bahn-Stationen kostenlos erhalten (inkl. U-Bahn-Netz).

Gefahren

Der Aufenthalt in der Innenstadt von Buenos Aires ist nicht mehr so ungefährlich wie noch vor wenigen Jahren. Gefahren drohen vor allem von **Taschendieben,** die in der überfüllten U-Bahn und in den Fußgängerzonen unterwegs sind. **Trickdiebe** spritzen einem Senf oder Ähnliches auf die Jacke, und beim Fleckwegwischen verschwindet dann vielleicht auch das Portemonnaie.

2002 wurde in Buenos Aires eine **Comisaría del Turista** zusammengestellt, eine spezielle Polizeitruppe für Touristen, deren Beamte Englisch sprechen und in den Fußgängerzonen des Microcentro patrouillieren. Dennoch sollte man besonders nachts im Zentrum nicht alleine unterwegs sein und besondere Vorsicht walten lassen. Die **Comisaría del Turista** ist rund um die Uhr unter Tel. 43465748 oder gratis 0800-9995000 erreichbar (zweisprachiger Dienst, Büro auf der Corrientes 436), ansonsten kann man auch den Polizeinotruf 101 wählen.

Gefährlicher hingegen kann der Besuch der **Vorstädte** sein. Schon im ärmeren Viertel La Boca sollte man besser zu mehreren unterwegs sein, denn dort kann es in abgelegenen Seitenstraßen hin und wieder zu Überfällen kommen. Die **villas miserias,** die Elendsviertel, sollte man nicht betreten. Armutstourismus ist gefährlich.

Stadtbesichtigung

Im Folgenden werden ein Rundgang durch die Innenstadt und drei Rundgänge durch die Viertel San Telmo, La Boca, Recoleta und Palermo (zusammengefasst) vorgeschlagen. Man sollte sich aber nicht sklavisch an die Rundgänge halten, vieles ist auch in der Nachbarschaft zu entdecken.

Die Porteños leben in ihren **Stadtvierteln.** Jedes Viertel hat seine eigene, mitunter unverwechselbare Identität. Diese **Barrios** waren ursprünglich eigene Gemeinden, die mit dem Größerwerden der Stadt zusammenwuchsen. Die bekanntesten und interessantesten für Touristen sind die innenstadtnahen Viertel San Telmo, La Boca, Recoleta, Palermo und Montserrat. Chacarita ist mit dem riesengroßen Friedhof, auf dem auch *Carlos Gardel* beerdigt ist, sind eine Erkundung wert.

Im Stadtzentrum

Historisches Zentrum von Buenos Aires ist die **Plaza de Mayo.** Hier befand sich das Zentrum der Siedlung, die *Juan Garay* 1580 gründete. Damals war das Zentrum nur funktional, erst nach der Unabhängigkeit Argentiniens bekam die Plaza de Mayo, benannt nach dem Mai 1810, als der erste „Ca-

034-a Foto: jv

Blick auf den Obelisk

bildo" (Rat) den spanischen Vizekönig absetzte, ihren Schmuck. So wurde 1811, zum Jahrestag der Mai-Revolution, die **Pirámide de Mayo** mitten auf dem Platz aufgestellt. Später, 1873, folgte das Denkmal für den Revolutionshelden *Manuel Belgrano*.

Jeden Donnerstag um 15.30 Uhr trifft sich auf der Plaza de Mayo auch heute noch die **bekannteste Menschenrechtsgruppe** Argentiniens: Die **Madres de Plaza de Mayo** hatten mit ihren Demonstrationen bereits in der Hochphase der Militärdiktatur begonnen. Sie prangerten das „Verschwinden" ihrer Kinder und Ehegatten an, ihr couragiertes öffentliches Auftreten schockierte die Militärs damals so sehr, dass sie zwei der Gründerinnen ebenfalls „verschwinden" ließen.

Der öffentliche Auftritt der Mütter auf dem Platz hatte Vorbilder: Die Plaza de Mayo war immer schon das Zentrum von Demonstrationen für oder gegen die Regierung. Hier wurde die Unabhängigkeit von Spanien verkündet, hier ließ *Evita Perón* die „Descamisados" (Hemdlosen) gegen die Verhaftung ihres Gatten demonstrieren, hier verkündete *Perón* seine Regierungsentscheidungen, hier bejubelten die Argentinier 1982 die Falkland-Invasion der Militärs und 1983 die Rückkehr zur Demokratie, die sie 1987 auch gegen neue Putschgerüchte verteidigten.

Kein Wunder, liegt doch am Platz das Gebäude, in dem die wichtigsten politischen Entscheidungen gefällt werden: Die **Casa Rosada,** der **Präsidentenpalast,** wurde auf den Resten der alten Stadtbefestigung erbaut, vielfach verändert und hat ihr heutiges Aussehen etwa seit Ende des 19. Jahrhunderts. Die rosa Farbe gab dem Haus den Namen; sie geht auf den Präsidenten *Sarmiento* zurück und soll die Einheit Argentiniens symbolisieren: Sarmiento mischte 1873 für den Anstrich angeblich rote und weiße Farbe, die Symbole der beiden verfeindeten Lager. Die Casa Rosada kann besichtigt werden. Gleichfalls besucht werden kann das **Museum der Casa Rosada,** dessen Eingang sich an der Seite, der Straße H. Irigoyen, befindet (Mitte Mai 2007 wurde der Präsidentenpalast renoviert, ob und wann er wieder geöffnet ist, steht im Internet unter www.museo.gov.ar).

Auch der **Cabildo,** das weiß getünchte Gebäude gegenüber, ist zu besichtigen. Der frühere Sitz des Rates von Buenos Aires – hier wurde die Loslösung von Spanien verkündet – beherbergt heute ein **historisches Museum,** in dem Möbel, Gemälde und Dokumente aus der Kolonialzeit Argentiniens und „Alto Perus" (Boliviens) gezeigt werden. In seinem Innenhof ist ein kleines Café, manchmal findet auch ein Kunsthandwerkermarkt dort statt. Geöffnet ist das Museum Di bis Fr von 10.30–17 Uhr und Sa, So von 11.30–18 Uhr, Führungen finden um 12.30 Uhr statt. Ursprünglich war der Cabildo größer, doch als die Av. de Mayo, die an der Plaza beginnt, gebaut wurde, mussten mehrere der Bögen abgebrochen werden, so dass das Gebäude heute nur noch insgesamt fünf Bögen aufweist.

Zwei weitere wichtige Gebäude stehen an der Plaza de Mayo: Der **Banco de la Nación,** unverkennbar ein Geldtempel, mit seiner Vorhalle, die von vier mächtigen Säulen gestützt wird, sowie die **Kathedrale** der Stadt. Sie ist nicht die erste Kathedrale an diesem Ort, die Vorgängerbauten brachen aber alle zusammen, und 1791 war die jetzige klassizistische Kathedrale nach Plänen von *Antonio Masella* und *Próspero Catelín* (für die Fassade) vollendet. Ihr Bauplatz am politischen Zentrum der Stadt dokumentiert den großen Einfluss, den die katholische Kirche in Argentinien hat; noch bis 1994 musste der Staatspräsident Katholik sein. Man betritt die Kathedrale durch einen säulengestützten Portikus an der Calle Rivadavia. Auffallend sind die vielen Seitenaltäre sowie der barocke Hauptaltar, am wichtigsten ist aber die Seitenkapelle im rechten Kirchenschiff. Hier befindet sich das **Grab des Generals José de San Martín.**

Hinter der Casa Rosada erstreckt sich der **Parque Colón,** eine kleine Grünanlage, die gerade neu angelegt wird; dahinter waren einst die schmutzigen Hafenanlagen. Buenos Aires war mit dem Rücken zum Wasser erbaut worden, mit Blick ins Land, nicht zum Río del la Plata. Das änderte sich in den letzten Jahren. Die Stadt wächst wieder zum Fluss – die Lagerhäuser wurden ordentlich herausgeputzt, und nun präsentiert sich hier das neue, schicke Viertel **Puerto Madero,** teure Büros und einige wenige Wohnungen und Lofts in alten Lagerhäusern, ein gutes Viertel nicht nur fürs abendliche Ausgehen. Entlang der alten Hafenbecken haben sich zahlreiche Restaurants installiert, und an den Kais liegen nicht nur die noblen Boote des Yachtclubs, sondern auch **zwei Museumsschiffe:** die Fregatte „Sarmiento", zu Beginn des 20. Jahrhunderts Flaggschiff der argentinischen Marine, und die gepanzerte Korvette „Uruguay", die 1903 die Mannschaft der gescheiterten Nordenskjöld-Expedition aus der Antarktis rettete. Stolz sind die Porteños auch auf den **Puente de la Mu-**

036-a Foto: jv

Auf der Plaza de Mayo

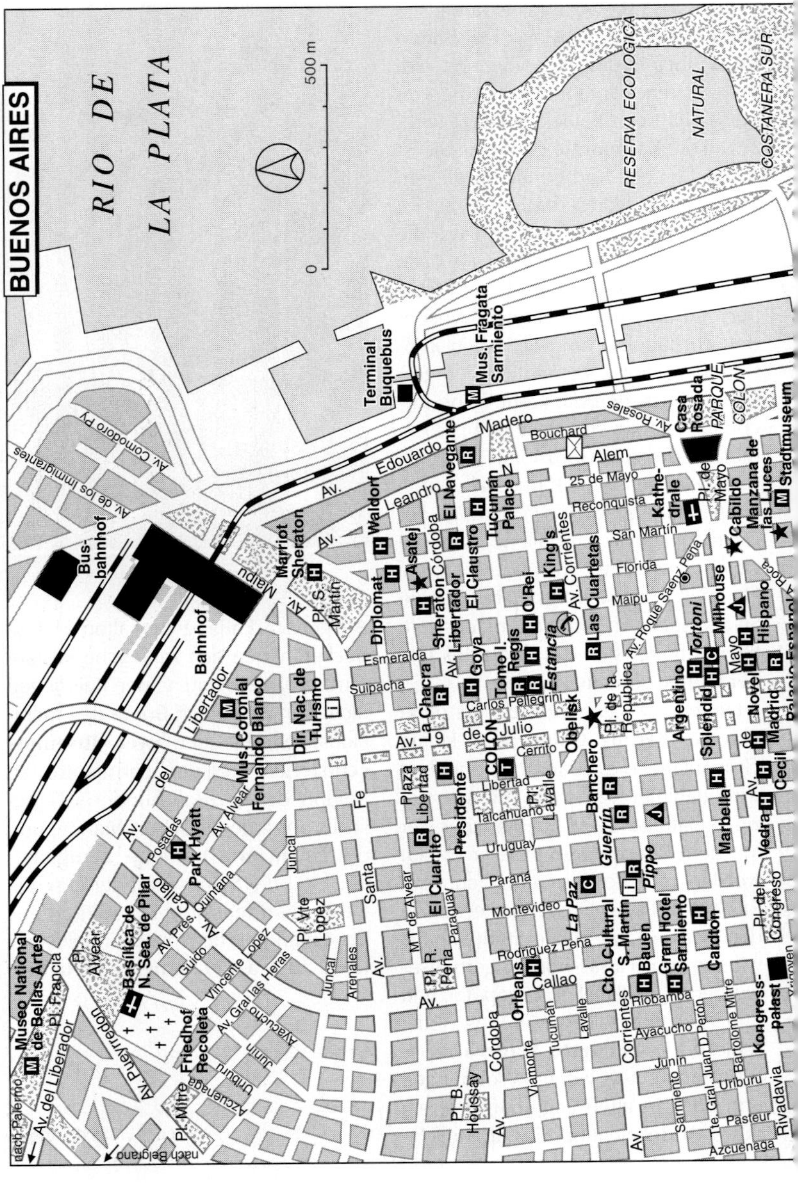
BUENOS AIRES
RIO DE LA PLATA
0
500 m
RESERVA ECOLOGICA
NATURAL
COSTANERA SUR
Terminal Buquebus
Mus. Fragata Sarmiento
Av. Comodoro Py
Av. de los Immigrantes
Bus-bahnhof
Bahnhof
Marriot Sheraton
Av. Maipu
Pl. S. Martín
Av. del Libertador
Mus. Colonial Fernando Blanco
Dir. Nac. de Turismo
Av. Leandro Edouardo Madero
Waldorf
Diplomat
Asatej
Sheraton Córdoba
El Navegante
Libertador
El Claustro
Tucumán Palace N
Goya
Tomo I.
Regis
O'Rei
King's
Av. Corrientes
Estancia
Las Cuartetas
Bouchard
Alem
25 de Mayo
Reconquista
San Martín
Florida
Maipu
Esmeralda
Suipacha
Carlos Pellegrini
Av. 9 de Julio
COLÓN
Cerrito
Obelisk
Pl. de la Republica
Av. Roque Saenz Peña
Kathe-drale
Pl. de Mayo
Casa Rosada
PARQUE COLON
Av. Rosales
Cabildo
Manzana de las Luces
Stadtmuseum
Av. Roca
Tortoni
Milhouse
Hispano
Av. de Mayo
Novel
Madrid
Palacio Español
Argentino
Splendid
La Chacra
Plaza Libertad
Presidente
Libertad
Talcahuano
Pl. Lavalle
Lavalle
Banchero
Guerrín
Uruguay
Paraná
Montevideo
La Paz
Pippo
Marbella
Av. de Mayo
Cecil
Vedra
Pl. del Congreso
Kongress-palast
Rodriguez Peña
Callao
Cto. Cultural S. Martín
Bauen
Gran Hotel Sarmiento
Cardton
Orleans
Av. Santa Fe
Av. Alvear
Park Hyatt
Posadas
Av. Pres. Quintana
Av. Callao
Basílica de N. Sea. de Pilar
Pl. Alvear
Pl. Francia
Museo National de Bellas Artes
Friedhof Recoleta
Av. Pueyrredon
Pl. Mitre
Av. del Liberador
nach Palermo
nach Belgrano
Guido
Vincente Lopez
Av. Gral las Heras
Ayacucho
Junin
Uriburu
Azcuenaga
Pl. Vte López
Juncal
Arenales
M T de Alvear
Paraguay
El Cuartito
Pl. R. Peña
Av. Córdoba
Pl. B. Houssay
Viamonte
Tucuman
Corrientes
Riobamba
Sarmiento
Tte. Gral. Juan D. Perón
Bartolome Mitre
Rivadavia
Pasteur

Buenos Aires und Provinz

jer (Brücke der Frau), eine originelle Fußgängerzugbrücke, die das Hafenbecken Nr. 3 (an der Verlängerung der Calle Perón) überspannt und von dem berühmten spanischen Architekten *Santiago Calatrava* entworfen wurde.

An der Plaza de Mayo beginnt die **Avenida de Mayo.** Sie führt von dort schnurgerade nach Westen bis zur Plaza del Congreso. 1880 wurde die Straße geplant, zwölf Jahre später war sie vollendet: Eine wirkliche Prachtstraße verband nun Regierungspalast und Kongressgebäude.

Von der einstigen Pracht ist der Goldlack ein wenig abgeblättert, aber immer noch lohnt – trotz Verkehr, Lärm und Smog – der Bummel über die Av. de Mayo. Links und rechts ist sie von Bauten gesäumt, die Anfang des 20. Jahrhunderts Buenos Aires' Ruf als das „Paris Südamerikas" begründeten. Einige besonders schöne Gebäude sind das der Tageszeitung „La Prensa" (Hausnummer 575), das Haus Nr. 1333 und der Palacio Barolo (1370). Bei Hausnummer 1000 überquert man die **Av. 9 de Julio,** angeblich die **breiteste Prachtstraße der Welt,** aber eher eine Stadtautobahn als eine wirkliche Prachtstraße. Rechter Hand ist der Obelisk zu sehen, dazu später mehr.

Schon von weitem erkennt man den **Kongresspalast,** ein Gebäude, das – beeinflusst von der Architektur des Ka-

038-a Foto: jv

pitols in Washington – 1906 vollendet wurde. Davor steht das Denkmal für die beiden Kongresse, die 1813 in Buenos Aires und 1816 in Tucumán stattfanden; ein Denkmal, das eher groß als ansehnlich ist. Am schönsten ist der Platz am frühen Abend: Kinder spielen Fußball, andere füttern die Tauben, auf den Bänken sitzen Zeitungsleser, und auf dem Sockel des Rodin-Nachgusses „Der Denker" küssen sich die Liebenden. Auf dem Platz steht auch ein Monolith, der **Kilometerstein 0:** Von hier ab werden alle Entfernungen in Argentinien gemessen.

Mit dem Kongressgebäude im Rücken geht es in die Avenida Callao. Rechts, in dem Gebäude mit der großen Uhr und den beiden Glockenschlägern im Dachgeschoss, befand sich früher die Confitería „El Molino", eines der schönsten Kaffeehäuser der Stadt, das leider 1996 geschlossen wurde. Bald ist die **Av. Corrientes** erreicht, und zwar auf dem Abschnitt, wo abends das Kultur- und Nachtleben tobt. Rechts geht es zum **Centro Cultural San Martín,** gegenüber liegen einige der besten Buchhandlungen von Buenos Aires, auch lag hier das bekannte „Café la Paz", früher eines der „Wohnzimmer" der argentinischen (Kaffeehaus-)Intellektuellen, wie das „Molino" Opfer der Krise. Auch einige Theater und Kinos finden sich auf dieser Straßenseite.

Vor der Casa Rosada (Präsidentenpalast)

Man erreicht erneut den **Obelisken:** Das 67,5 m hohe Ungetüm wurde am 25. Mai 1936 (25. Mai = Unabhängigkeitstag) zum 400. Jahrestag der Gründung von Buenos Aires dort aufgestellt, wo 1812 erstmalig die argentinische Flagge gehisst wurde. Alles sehr symbolisch, dachten die Stadtväter, doch drei Jahre später fanden sie ihre Idee nicht mehr so gut und beschlossen sogar mit satter Mehrheit den Abriss: Wahrscheinlich waren sie die Witze über das vorgebliche Denkmal für den argentinischen Machismo leid geworden. Aber nicht jeder Beschluss wird in Buenos Aires verwirklicht ...

Wendet man sich am Obelisken nach links und geht die Av. 9 de Julio lang, so gelangt man nach zwei Blocks zum wichtigsten Theater von Buenos Aires: dem **Teatro Colón.** Der Besuch mit Führung ist ein Muss, wer Glück und Geld und dann noch die passende Abendgarderobe hat, kann eine Karte für eine Vorstellung ergattern. Anders als der Name vermuten lässt, werden hier keine Theateraufführungen gezeigt: Vielmehr handelt es sich um eine Konzert-, Ballett- und Opernbühne, und mitunter mietet auch ein Rockstar das Haus für einen Auftritt. Das 1908 eröffnete Theater, ein Stilgemisch aus italienischer Renaissance und französischem Empire, zählt zu den bekanntesten Häusern der Welt. Es bietet in seinem großen Zuschauerraum 3542 sitzenden und 700 stehenden Menschen Platz. Hier sind alle Berühmtheiten des internationalen Operngeschäfts aufgetreten, kein Wunder bei der tollen Akustik. Bei

Führungen lernt man auch die Kellerräume des Theaters kennen, die Magazine, wo Tausende von Perücken und Kostümen gelagert werden, und die Werkstätten, wo gerade die Kulissen für eine neue Premiere entstehen. Das Theater ist wegen Renovierungsarbeiten geschlossen. Es soll 2008 wieder eröffnet werden. Infos im Internet unter www.teatrocolon.org.ar.

Überquert man die Av. 9 de Julio und hält sich rechts, gelangt man in die **Calle Lavalle,** eine der beiden **Fußgängerstraßen** der Stadt mit vielen Geschäften. Die Lavalle ist tagsüber meistens gedrängt voll. Wer konsumgefährdet ist, sollte die Lavalle ebenso wie die kreuzende Florida meiden. Geht man die **Florida** nach links, so liegt, nachdem man die Av. Córdoba überquert hat, rechts die **Galería Pacífico,** ein Konsumtempel allererster Güte. In ihr befindet sich auch das **„Centro Cultural Borges"** (Eingang Viamonte/Ecke San Martin). Etliche Galerien stellen in einigen großen Ausstellungsräumen unterschiedlichste zeitgenössische Künstler vor. Eintritt frei, abends Tango-Shows.

Am Ende der Florida liegt die **Plaza San Martín,** ein untypischer und deshalb vielleicht der schönste Platz der argentinischen Hauptstadt. Er wirkt parkähnlich, hier verbringen viele Büroangestellte und Verkäuferinnen ihre Mittagspause im Schatten der riesigen Ombú-Bäume.

Zurück geht es wieder durch die Florida. Man passiert dabei noch das eine oder andere sehenswerte Gebäude, wie die traditionsreiche Buchhandlung „El Ateneo" (Hausnummer 340) oder der „Standard Bank", ehemals „Banco de Boston" an der Ecke zur Calle Juan de Perón. Die Florida endet an der Rivadavia, die nach links wieder zur Kathedrale an der Plaza de Mayo führt.

Die Stadtviertel

Nach und durch San Telmo

Der Weg nach und durch San Telmo beginnt ebenfalls an der **Plaza de Mayo** und führt von dort in die südliche Diagonalstraße, die Av. Julio A. Roca. Roca sorgte – wie es offiziell heißt – für die „Grenzsicherung" im Süden des Landes, genauer gesagt war er für die Eroberung Patagoniens und die Ausrottung der im Süden lebenden Indianer in der zweiten Hälfte des 19. Jahrhunderts verantwortlich.

An der Ecke Bolívar y Alsina steht am Rande der Manzana de las Luces die 1722 eingeweihte **Jesuitenkirche San Ignacio de Loyola,** die nicht nur die älteste erhaltene Kirche von Buenos Aires, sondern eines der ältesten Gebäude der Stadt überhaupt ist. Die **Manzana de las Luces** trägt ihren Namen „Häuserblock der Lichter", weil hier seit Kolonialzeiten wichtige wissenschaftliche und schulische Einrichtungen untergebracht waren, heute das Elitegymnasium „Colegio Nacional de Buenos Aires".

Die Kirche San Ignacio de Loyola folgt wie die an der nächsten Straßenecke (Alsina/Ecke Defensa) gelegene **Iglesia de San Francisco** und die weiter südlich Defensa/Ecke Belgrano stehende **Iglesia de Santo Do-**

mingo dem gleichen architektonischen Entwurf: eine barock-klassizistische Fassade mit ein oder zwei Türmen, dazu ein kreuzförmiges Kirchschiff mit einer zentralen Kuppel über dem Treffpunkt von Lang- und Querhaus. Alle drei Kirchen haben auch ein gemeinsames Schicksal: Am 16. Juni 1955, während der letzten Monate der ersten Präsidentschaft *Peróns* und großer Spannungen zwischen Regierung und Kirche sowie dem Militär, bombardierten drei Flugzeuge der Luftwaffe Buenos Aires. Gleichzeitig griff Marineinfanterie das Regierungsgebäude an, ohne *Perón* dort zu finden. Am Nachmittag kam es zu weiteren Bombardierungen, insgesamt wurden 300 Menschen getötet. Am Abend zogen peronistische Gruppen durch die Straßen, sie zerstörten Teile der Kathedrale und viele Kirchen in der südlichen Innenstadt. Drei Monate später wurde *Perón* endgültig vom Militär gestürzt.

An der Ecke der Straßen Alsina und Defensa befindet sich auch das **Stadtmuseum** (Alsina 412). Seine Ausstellungen wechseln monatlich, sie sind häufig sehr kurios, denn ausgestellt wird alles, was irgendeine Verbindung zur Stadtgeschichte hat. Geöffnet ist das Museum täglich 11–19 Uhr. Das verfallene Gebäude gegenüber ist übrigens das älteste noch erhaltene Steinhaus von Buenos Aires. Es wurde 1812 erbaut. In die Apotheke neben dem Stadtmuseum sollte man auch einen Blick werfen.

Die **Iglesia de Santo Domingo** an der Ecke Defensa/Belgrano ist leicht zu erkennen: In ihrem Vorhof ist ein Mausoleum zu bewundern, in dem die Gebeine des Revolutionshelden *Manuel Joaquín del Corazón de Jesús Belgrano,* kurz *Manuel Belgrano,* ruhen. Im Kirchturm erinnern Holzzapfen an die Beschießung der Kirche durch die argentinischen Verteidiger von Buenos Aires. Hierhin hatten sich nämlich die britischen Stadtbesetzer 1806 zurückgezogen. Im Innern erinnern auch noch vier zerfetzte britische Flaggen an diese Epoche der argentinischen Geschichte.

Die Defensa geht es weiter geradeaus. Man überquert die Av. Belgrano und später die Av. Independencia und ist bald an der Plaza Dorrego, dem Zentrum von **San Telmo.** San Telmo war lange Hafenviertel und Wohnsitz sowohl für Fischer und Sklaven als auch von reichen Kaufleuten und Grundbesitzern. Als 1871 eine Gelbfieberepidemie ausbrach, änderte sich das Viertel. Die Reichen gingen nach Norden und gründeten dort neue Wohnviertel, die meisten anderen zogen in Richtung des heutigen Stadtzentrums. Nach San Telmo kamen und in San Telmo blieben die, die woanders keine Bleibe fanden: die ganz Armen und die neuen europäischen Einwanderer. Heute ist das Viertel wieder sehr beliebt, besonders bei Künstlern und jungen Intellektuellen. Hier ist es ruhiger als anderswo, es gibt kleine Gassen und enge Plätze, man lebt weniger berührt vom Alltagsstress als in anderen Vierteln der Stadt.

Die **Plaza Dorrego** sollte man sonntags aufsuchen. Dann ist dort **Flohmarkt,** es wird ge- und verkauft, was nicht niet- und nagelfest ist. Die Plaza und die umgebenden Gassen werden zu Bühnen: Zum Teil sehr gute Tangoshows finden statt, jeder, der etwas kann oder glaubt, zu können, zeigt sich. Die Woche über ist es sehr ruhig, der richtige Platz, um ausführlich Zeitung zu lesen. Auch in den Nebenstraßen finden sich schöne Läden und Galerien.

Weiter geht es bis zum **Parque Lezama,** einer etwas heruntergekommenen Grünanlage, in der jeden Sonntag Kunsthandwerker ihre Produkte verkaufen, ansonsten aber Väter und Söhne Fußball spielen. Hier vermuten einige Stadthistoriker das geschichtliche Zentrum der Stadtgründung, deshalb wurde dort wohl auch 1936 zum 400. Jahrestag der Stadtgründung das Denkmal für *Pedro de Mendoza* aufgestellt. Im Park steht auch das **Museo Histórico Nacional,** in dem eine nicht sehr kritische Aufarbeitung der Nationalgeschichte präsentiert wird. Geöffnet ist das Museum Di bis So von 11–18 Uhr.

Von dort ist es nicht mehr weit ins Stadtviertel La Boca.

La Boca

Das Viertel La Boca liegt an der Mündung des Flusses **Riachuelo,** der den zweifelhaften Ruhm genießt, einer der dreckigsten der Welt zu sein, in den Río de la Plata. Es ist das alte **Hafenviertel,** hier siedelten im 19. Jahrhundert vorwiegend ärmere italienische Einwanderer.

Berühmt ist der Stadtteil wegen seiner **originellen Häuser.** Sie wurden aus Blech erbaut, angeblich aus dem von abgewrackten Schiffen, und dann sehr bunt und dick mit Schiffslack bemalt. Deshalb kommen auch die meisten Touristen hierhin, sie schlendern über die Straße **El Caminito,** wo die bunten Fassaden mit den bunten Wäschestücken auf der Leine harmonieren und Kunsthandwerker ihre Werke ausstellen. Es wirkt inszeniert und ist es auch, zumindest was das Kunsthandwerk angeht, ansonsten aber sind die Häuser „normal" bewohnt und auf keinen Fall von reichen Leuten.

Aus La Boca stammt der **Tango,** er wurde angeblich in einer der Kneipen auf der **Calle Necochea** erfunden. Dorthin gelangt man, wenn man sich am Ende der Straße Caminito, also am Flussufer, wo alte Schiffswracks vor sich hindümpeln, nach links wendet, unter dem Zubringer der Brücke hergeht – die **alte Stahlbrücke** ist übrigens eines der Wahrzeichen der Stadt – und dann die zweite Straße links betritt. Dort liegt Kneipe an Kneipe, manchem Besucher ist das bereits zu viel.

Auf dem Weg zur Brücke hat man ein interessantes Museum passiert. Das **Museo de Bellas Artes de La Boca** zeigt die Hauptwerke von *Benito Quinquela Martín,* der in seinen Bildern immer wieder die Menschen und das Leben des Viertels darstellte. Das Museum ist auf der Av. Pedro de Mendoza 1835, es ist von Di bis So von 10–18 Uhr geöffnet.

Eine wichtige Sehenswürdigkeit, besonders für Fußballfreunde, ist die **Bombonera** (Pralinenschachtel), das **Stadion des Fußballklubs Boca Ju-**

a36-192 Foto: gw

niors, in der Calle Brandsen 805. Auch wenn nicht gespielt wird, kann es besichtigt werden. Zudem lohnt der Besuch des Vereinsmuseums **Museo de la Pasión boquense,** täglich geöffnet von 10–18 Uhr. Das Stadion trägt seinen Namen, weil es wie ein Betonschachtel den Stadtteil überragt. Es steht inmitten eines Wohngebietes, atemberaubend steil steigen seine Tribünen an. La Boca ist nicht der sicherste Stadtteil – auch nicht tagsüber. Bleiben Sie auf den Touristenwegen, auch die Calle Necochea sollten Sie besser nicht allein aufsuchen.

Recoleta und Palermo

Der Boom in Recoleta begann mit der Gelbfieberepidemie Ende des 19. Jahrhunderts in San Telmo. Die Reichen bauten sich hier ihre neuen Häuser, und zwar in den Boomjahren, als Argentinien zu den reichsten Ländern der Erde gehörte.

So sieht es in Recoleta auch heute noch aus. Von Krise war und ist hier nichts zu spüren, die Geschäfte sind vergleichsweise teuer und trotzdem

„La Bombonera"

voll mit Kunden, die Cafés ebenso. Wichtig aussehende Männer sitzen dort mit Handys am Ohr, man fährt erstklassige europäische Autos und trägt exquisite Mode. An der **Plaza Alvear** sieht man nicht selten junge Männer mit einem Dutzend Rassehunden an der Leine - Hundeausführer für die Reichen ist ein viel gesuchter und recht gut bezahlter Fulltime-Job in Buenos Aires.

An der Plaza Alvear ist man auch direkt an zwei der wichtigsten Sehenswürdigkeiten von Recoleta: dem **Friedhof** des Viertels und der daneben liegenden Kirche **Basílica de Nuestra Señora de Pilar.** Der Friedhof entspricht dem Viertel - auch im Tode wird der Reichtum mit monumentalen Mausoleen ungeniert ausgestellt. Eher schlicht ist das **Grab von Eva Perón.** Sie liegt in der Familiengruft der *Duartes* unter schwarzem, glänzendem Marmor begraben. Die Kirche neben dem Friedhof ist vielleicht die schönste der ganzen Stadt. Mit ihrer schlichten kolonialen Fassade, der das reich geschmückte Innere nicht entspricht, wurde sie 1732 vom Architekten *Giovanni Andrea Bianchi* geschaffen und ist weitgehend original erhalten.

Wendet man sich, die Kirche im Rücken, nach links, gelangt man zu dem rot angestrichenen **Centro Cultural Recoleta,** welches in einem ehemaligen Kloster untergebracht ist und wo Ausstellungen und Veranstaltungen stattfinden. Angeschlossen ist auch das **Buenos Aires Design,** eine Ladengalerie mit modischen Geschäften und Restaurants.

Auf der anderen Straßenseite der Av. Libertador (Hausnummer 1473) ist das **Museo Nacional de Bellas Artes** zu sehen (geöffnet Di bis Fr 12.30–19.30 Uhr, Sa/So 9.30–19.30 Uhr, Eintritt frei). Hier finden viele hochrangige internationale Kunstausstellungen statt. Wer argentinische Kunst betrachten will, sollte den ersten Stock besuchen, ansonsten zeigt das Museum Kunstwerke aus aller Welt vom Mittelalter bis in die Gegenwart.

Auf der Rückseite des Museums, auf der Plaza Naciones Unidas neben der Juristischen Fakultät, steht ein Kunstwerk ganz besonderer Art: **Floralis Genérica,** eine riesige Metall-„Blume", deren Blüten sich mit einem hydraulischen System je nach Tageszeit öffnen und schließen. Der Entwurf stammt von dem Architekten *Eduardo Catalano.*

Sechs Blocks Richtung Nordwesten, auf der Av. Figueroa Alcorta 3415 (Ecke San Martín de Tours) beherbergt ein originelles Gebäude die bedeutendste Sammlung lateinamerikanischer Kunst der Stadt. Das **Museo de Arte Latinoamericano de Buenos Aires** (Malba) ist Mi bis Mo 12–20 Uhr geöffnet, Mi bis 21 Uhr.

Nördlich angrenzend an Recoleta beginnt der **Stadtteil Palermo,** ebenfalls eines der bevorzugten Wohngebiete der Stadt: Es ist innenstadtnah und besitzt die meisten und größten Parks, hier liegen **Zoo** und **Botanischer Garten,** zwei beliebte Ausflugsziele. Aber nicht nur der Parks wegen sollte man die U-Bahn bis zur **Plaza Italia** nehmen, ein Bummel durch das alte Palermo lohnt sich. Man verlässt die Plaza Italia in Gegenrichtung von Zoo und Botanischem Garten, und streift durch die Calle Jorge Luis Borges bis zur Calle Honduras und durch die engen Parallelstraßen. Manch schönes altes Haus steht hier, Palermo ist schon lange ein Viertel der aufstrebenden Mittelklasse. In den letzten Jahren sind rund um die Plaza Serrano und in dem – wegen der Nähe zu mehreren Fernsehsendern – „Palermo Hollywood" getauften Viertel zwischen Av. Cabildo und Av. Córdoba sowie den Straßen Juan B. Justo und Dorrego neue Künstler-, Designer und Vergnügungsmeilen entstanden, in denen die Schickeria bummelt, orientalische Küche probiert und nette Nippes für ihre Lofts einkauft. Und noch eines ist Palermo: das Viertel der Psychoanalytiker. Hier findet man angeblich die höchste Dichte von Psychoanalytikern und psychoanalysierten Personen je km² weltweit, ein Umstand, der dem Stadtviertel den Beinamen **„Villa Freud"** eingebracht hat.

Museen

2004 übernahm Buenos Aires die Idee der **„Langen Nacht der Museen"** von seiner Partnerstadt Berlin. *La Noche de los Museos* findet seither im Oktober statt. Auf der Internetseite www.lanochedelosmuseos.com.ar findet man das Programm der nächsten langen Nacht. Sie bietet zugleich aktuelle Informationen über die Museen der Stadt. Hier findet man alles von Öffnungszeiten, Adressen bis zu den permanenten und jeweilig wechselnden Ausstellungen.

Praktische Tipps

Touristeninformation und nützliche Adressen

- **Dirección Nacional de Turismo,** Santa Fe 883, Tel. 0800-5550016 oder 43122232, www.turismo.gov.ar, Öffnungszeiten: Mo bis Fr 9–12.30, 13.30–17 Uhr. Hier gibt es Informationen über Gesamt-Argentinien und die Stadt Buenos Aires.
- **Subsecretaría de Turismo de la Ciudad de Buenos Aires,** www.bue.gov.ar. Es unterhält vier Info-Kioske, diese befinden sich im Zentrum in der Fußgängerzone der Florida 100/ Ecke Diagonal Norte, in Puerto Madero auf der Uferstraße Av. Alicia Moreau de Justo 200, Dique 4, in San Telmo in der Defensa 1250 und in Recoleta an der Ecke Ortiz/Quintana. Außerdem an den beiden Flughäfen und im Busbahnhof, Retiro, Lokal 83.
- **Studentenreisebüro Asatej,** Florida 835, 3° Piso, Oficina 320, Tel. 41147611, www.asatej.com. Das Reisebüro vermittelt preiswerte Reisen, kennt preiswerte Hotels auch in den Nachbarländern; an einem Schwarzen Brett kann man Nachrichten hinterlassen. Wer einen Jugendherbergsausweis braucht, kann diesen für 14 US-$ bei *Hostelling International,* Florida 835 PB, Tel. 45118723, www.hostels.org.ar, geöffnet Mo bis Fr 9–19 Uhr, bekommen.

Jugendherbergen/ Backpackers/Hostels

- **Garden House,** Av. San Juan 1271, Tel. 43041824, www.gardenhouseba.com.ar. Mitten in San Telmo, freundlich, DZ ohne Bad 27 US-$, im Mehrbettzimmer 11 US-$ p.P.
- **The Hostel Inn Buenos Aires,** Humberto Primo 820, Tel. 43007992, www.hibuenosaires.com. Ebenfalls in San Telmo, ebenfalls mit Küchenbenutzung. P.P. mit Gemeinschaftsbad 9 US-$, im DZ 25 US-$.
- **Tanguera Hostel,** Chile 657, Tel. 43619147, www.tanguerahostel.com.ar; schöner renovierter Altbau, 29 US-$.
- **Telmotango,** Chacabuco 679, Tel./Fax 436 15808, www.hostelmotango.com. Ebenfalls mitten im Tangoviertel, trotzdem ruhig. Sau-

ber, freundlich mit schönem Innenhof und Dachterrasse. Tangokurse. 30 US-$ ohne Bad, 35 US-$ mit Bad.

- **Milhouse Youth Hostel,** Hipólito Yrigoyen 959, Tel./Fax 43459604, mit Küchenbenutzung, Frühstück inbegriffen, Wäschewaschservice. Touren wie Besuch einer Tangobar, eines Fußballspiels im Boca-Junior-Stadion, mehrsprachiges Personal. Im Mehrbettzimmer 11 US-$ p.P., DZ 34 US-$.
- **Borges Design Hostel,** Paraguay 4539, Tel. 47746910, www.bdhostel.com; schickes Hostel in Palermo, ab 37 US-$.
- **SouthernhouseBa Hostel,** T.M. Anchorena 1117, Tel. 49616933, www.southernhouseba.com; in Recoleta, mit Bad 44 US-$, ohne Bad 37 US-$; Rabatt für Studenten mit ISIC-Ausweis.
- **Sandanzas Hostel,** Balcarce 1351, Tel. 430 07375, www.sandanzas.com.ar; beim Parque Lezama, mit Bad 43 US-$.

Hotels

Einfach und billig:

- **Hotel O'Rei,** Lavalle 733, Tel. 43937186, wwwhotelorei.com.ar. Mitten in der Fußgängerzone gelegen, trotzdem recht ruhig, mitunter etwas unfreundlich, aber okay. Ohne Bad 16 US-$, mit Bad 22 US-$.
- **Cecil Hotel,** Av. de Mayo 1239, Tel. 438 33511, cecilhotel@netizen.com.ar. Sehr zentral und preiswert, für 22 US-$.
- **Orleans Hotel,** Callao 680, Tel. 48129342, www.orleanshotel.com.ar; einfach aber angenehm, mit Frühstück ab 23 US-$.
- **King's Hotel,** Av. Corrientes 623, Tel. 432 28161, www.kingshotel.com.ar. 40 US-$. Einfaches, aber gepflegtes Hotel im altenglischen Stil, in der Nähe der Fußgängerzone Florida. EZ 15/DZ 19 US-$.
- **Madrid Hotel,** Av. de Mayo 1135, Tel. 438 19021, www.hotelmadrid.com.ar. Moderner Zweckbau, sehr zentral an der Ecke zur Av. 9 de Julio gelegen. Zimmer mit Kabel-TV und Klimaanlage, 39 US-$.
- **Gran Hotel Vedra,** Av. de Mayo 1350, Tel. 43830883, www.hotelvedra.com.ar; zentral gelegen, ab 40 US-$.
- **Goya Hotel,** Suipacha 748, Tel. 43229269, www.goyahotel.com.ar; 50 US-$.
- **Gran Hotel Sarmiento,** Sarmiento 1892, Tel. 43748069, www.hotelgransarmientocom. Freundlich, manche Zimmer sind sehr klein und eng. 36 US-$, ohne Frühstück.
- **Gran Hotel Hispano,** Av. de Mayo 861, Tel./Fax 43452020, www.hhispano.com.ar. Nettes Hotel in einem alten Kolonialhaus, im Zentrum und doch ruhig gelegen, 50 US-$.

Hotels der Mittelklasse:

- **Cardton Hotel,** Perón 1555, Tel. 4382 2463, hotelcardtonbaires@hotmail.com; ab 34 US-$, für den Preis sehr, sehr gut.
- **Hotel Marbella,** Av. de Mayo 1261, Tel. 43838566, www.hotelmarbella.com.ar. Sehr gutes Preis-Leistungs-Verhältnis, sehr sauber, deutsch- und englischsprachig, gutes Restaurant, Kabel-TV, 40 US-$.
- **Novel Hotel,** Av. de Mayo 915, Tel. 434 50176, www.novelhotel.com.ar. Ebenfalls sehr zentral, nichts Besonderes. 40 US-$.
- **Juncal Palace Hotel,** Juncal 2282, Tel. 482 12770, www.juncalpalacehotel.com.ar. Schlafen in Art decó, 52 US-$.
- **Splendid Hotel,** Rivadavia 950, Tel. 434 52800, www.hotel-splendid.com.ar; 47 US-$.
- **Tucumán Palace Hotel,** Tucumán 384, Tel. 43113555, www.tucumanpalace.com.ar. 54 US-$, zentrale Lage.
- **Gran Hotel Argentino,** Pellegrini 37, Tel. 43344001, www.hotel-argentino.com.ar. Groß und unpersönlich, aber komfortabel und mit Blick auf die Av. 9 de Julio. Ab 60 US-$.
- **Youkali Hotel,** Estados Unidos 1393, Tel./Fax 43816064, www.youkali.com.ar. Boutique-Hotel, benannt nach einem Tango des deutschen Komponisten *Kurt Weill*. Alles geplant und gestaltet von argentinischen Künstlern. Ab 62 US-$, mit Restaurant mit deutscher Küche und Bar.
- **Hotel Diplomat,** San Martín 918, Tel. 43119370, www.hoteldiplomat.com.ar. Nüchterner Altneubau im Zentrum, 64 US-$.
- **B.A.U.E.N. Hotel,** Callao 360, Tel. 437 39009, www.bauenhotel.com.ar; das Bauen ist ein Symbol aus der Zeit der Wirtschaftskrise, als es geschlossen wurde, protestierte die Belegschaft und eröffnete es als Kooperative neu, 68 US-$.
- **Hotel Regis,** Lavalle 813, Tel. 43272605, www.orho-hoteles.com.ar/regis/. Ab 80 US-$,

besser und ruhiger sind die Zimmer nach hinten heraus.

●**Hotel Waldorf,** Paraguay 450, Tel. 4312 2071, www.waldorf-hotel.com.ar; in der Nähe vom Bahnhof Retiro, 92 US-$.

Luxushotels:

Mindestens 150 US-$ muss man in den folgenden Häusern veranschlagen. Dafür wohnt man hier auch mit allem Komfort wie Marmorbädern, Whirlpool, Sauna und Fitnessräumen, und kann auf internationale Prominenz treffen. Die meisten dieser Hotels gehören internationalen Ketten an.

●**Sheraton Hotel Libertador,** Av. Córdoba 690, Tel. 43210000, www.sheraton.com/libertador; ab 190 US-$.

●**Hotel Emperador Buenos Aires,** Av. del Libertador 420 , Recoleta, Tel. 41314000, www.hotelemperador.com.ar. Modern, mit Blick über die Stadt, 200 US-$.

●**Hotel Presidente,** Cerrito 850, Tel. 481 62222, www.hotelpresidente.com.ar. Mitten in der Stadt gelegen, mit wunderbarer Aussicht auf den Obelisken. 200 US-$.

●**Sheraton Buenos Aires,** San Martín 1225, Tel. 43189000, www.starwoodhotels.com/sheraton. Ab 220 US-$.

●**Palacio Duhau – Park Hyatt Buenos Aires,** Av. Alvear 1661, Tel. 51711234, www.buenosaires.park.hyatt.com; 530 US-$.

Camping

Angesichts zahlreicher preiswerter Unterkünfte mitten in der Stadt wird kaum jemand auf den Gedanken verfallen, in Buenos Aires zelten zu wollen. Auch aus Sicherheitsgründen raten wir davon ab, da die wenigen Campingplätze in unsicheren Außenbezirken liegen. Wer es dennoch versuchen will, erhält Informationen über Camping-Möglichkeiten beim „Autómovil Club Argentino", ACA, Av. del Libertador 1850; www.aca.org.ar.

Längere Aufenthalte

Eine Unterkunft für länger ist in Buenos Aires **nicht leicht zu finden.** An den Schwarzen Brettern im Goethe-Institut (Corrientes 311) oder bei Asatej (Florida 833, Piso 3°) hängen manchmal Angebote aus, ansonsten hilft nur ein Blick in den Anzeigenteil der großen Zeitungen. Für ein möbliertes Zimmer werden 200 US-$ monatlich fällig, eine Zwei-Zimmer-Wohnung ist ab 600 US-$ zu haben, mit Telefonanschluss wird es teurer. Infos bieten Internetseiten wie z.B. www.deptostemporarios.com oder www.bytargentina.com.

Essen und Trinken

Essen gehen in Buenos Aires ist immer gut und nach der Peso-Abwertung auch enorm preiswert. Für umgerechnet 7 Dollar kann man in einfachen Restaurants schon richtig tafeln. Als Faustregel gilt: **Mittagsmenüs sind meistens billiger als Abendmenüs.** Noch preiswertere Möglichkeiten bieten kleinere **Imbisse** wie Pizzerien, wo man auch nur Portionen essen kann, und Restaurants, die „comida para llevar" (Mahlzeiten zum Mitnehmen) anbieten oder einen „tenedor libre", wörtlich „freie Gabel": In diesem Fall kann man zu einem Fixpreis so viel essen, wie man möchte. Das Fleisch ist in allen Restaurants gut, insofern kann man als Nicht-Vegetarier eigentlich nicht viel falsch machen. Eine Auswahl aus der Restaurant-Szene:

Grillrestaurants:

Die typischen Grillrestaurants mit großen Fleischportionen, wo das Steak mindestens 400 g wiegt, sind etwas teurer. Mit 10–15 US-$ je Person muss man schon bei einer Mahlzeit rechnen. Eine **klassische Auswahl** für Freunde großer Fleischeslust:

●**Desnivel,** Defensa 855, Tel. 43009081, bei Touristen und Einheimischen beliebt, preiswert und gut in San Telmo.

●**La Chacra,** Av. Córdoba 941, Tel. 43221 409; sehr empfehlenswert.

●**La Caballeriza,** Av. Alicia Moreau de Justo 580, www.lacaballerizapuertomadero.com.

●**La Estancia,** Lavalle 941, www.asadorlaestancia.com.ar.

●**La Brigada,** www.labrigada.com; gibt es dreimal: Estados Unidos 465, Peña 2475 und Bolívar 1008. Das Steak wird am Tisch mit dem Löffel zerteilt, sehr zu empfehlen.

Die **besten Grillrestaurants** liegen an der Costanera Norte, etwa einen Kilometer nördlich des *Aeroparque Jorge Newberry,* sowie nahe der Innenstadt im Puerto Madero, alle auf der Av. Alicia Moreau de Justo. Hier gibt es die authentischen Riesensteaks im Tellerformat - und zwar zu deutlich niedrigeren Preisen als in den oben genannten klassischen Restaurants der Innenstadt.

Pizza:

Viele behaupten, dass man in Buenos Aires die beste Pizza der Welt bekommen würde; der Streit geht dann nur noch darum, wo in Buenos Aires.

- **Las Cuartetas,** Av. Corrientes 838, Tel. 432 60171.
- **Banchero,** Av. Corrientes/Ecke Talcahuano, www.bancheropizzerias.com.ar.
- **Pizzería Güerrín,** Av. Corrientes 1368, Tel. 43718141.
- **El Cuartito,** Talcahuano 937, Tel. 48161758.
- **Los Inmortales,** Av. Corrientes 1369, auch Callao 1165 und Marcelo T. de Alvear 1254, www.losinmortales.net.
- **Angelin,** Av. Cordoba 5270, Tel. 47743836. Pizza vom Holzofen.

Im Zweifel aber schwört der Porteño doch auf seine Pizzeria an der Ecke. Die billigste Variante, die allerdings keinen Vergleich besteht, liefert die **Pizza-Kette Ugi's.**

Vegetarisch:

Wer im Fleischland Argentinien auch mal vegetarisch essen will, kann das gut in folgenden Restaurants:

- **Bío,** Humboldt 2199, Palermo, www.biorestaurant.com.ar. Organische Kost, mit angeschlossenem Bioladen.
- **La Esquina de las Flores,** Córdoba 1587, Tel. 48133630 und Gurruchaga 1630, Tel. 48328528. Sehr gut, Mo bis Fr 11–20 Uhr, Sa 11–15 Uhr.
- **Naturity Rico y Natural,** Lavalle 1901, Tel. 43730132. Mo bis Fr 8–20 Uhr, Sa 8–16 Uhr.
- **Flor de Lino,** Pasaje San Lorenzo 356, San Telmo, Tel. 43620128.
- **La Casa de Osawa,** Ciudad de la Paz 415, Tel. 45539330. Mo bis Sa 11–23 Uhr.

Luxusresaturants:

Neben den Restaurants in den Luxushotels (siehe dort) noch ein paar Empfehlungen:

- **Nectarine,** Vicente López 1661, Lokal 15, Tel. 48136993, französische Küche.
- **Lola,** Guido/Ecke Junin, Tel. 48045959, französisch-international.
- **Tomo I,** Carlos Pellegrini 521, Tel. 432 66698, www.tomo1.com.ar; serviert wird so genannte neue argentinische Küche.
- **Bistró,** Martha Salotti 445, Tel. 40109200, Puerto Madero.

Andere Resaturants:

- **El Navegante,** Viamonte 158, Tel. 4311 0641; gute argentinische Hausmannskost.
- **Ristorante Broccolino,** Esmeralda 776, Tel. 43227652, wunderbare Pizza- und Pastagerichte.
- **La Cantina de David,** Jorge Newbery/Ecke Av. Córdoba, Tel. 45535613; italienische Küche, aber weitab des Zentrums.
- **Nemo,** Cabello 3672, Tel. 48025308; beliebtes Fischrestaurant.
- **Pippos,** drei preiswerte Restaurants besitzt die Pippo-Kette inzwischen in der Stadt, alle mit guten Steaks und Nudelgerichten, Tel. 43746365. Die Adressen: Paraná 356, Tucumán 778, und Montevideo 341.
- **La Vieja Rotisseria,** Defensa 963, Tel. 436 25660. Gut, recht preiswert, vor allem Fleischgerichte, beliebt und oft voll, schöne Atmosphäre.
- **El Claustro,** San Martín 705, www.elclaustrosc.com.ar, eine überraschende Oase der Ruhe für ein gutes Mittagessen mitten im Zentrum, Mo bis Fr 12–16 Uhr.
- **Palacio Español,** Bernardo de Irigoyen 180, www.palacioespaniol.com.ar.
- Auf der Lavalle befinden sich weitere große, gute Restaurants mit zivilen Preisen, z.B. **Acapulco,** Lavalle 757, Tel. 43225885, Tenedor libre (sehr preiswert) oder **La Casona del Nonno,** Lavalle 827, Tel. 43229352, italienisch (preiswerte Mittagsmenüs).
- Die **Straßen Alte. Brown und Pedro de Mendoza** im Stadtteil La Boca sind ein sehr beliebtes Pflaster zum Speisen. Vorwiegend italienische Küche wird hier serviert, das Ambiente ist etwas abgewirtschaftet.
- Zahlreiche Restaurants liegen in **Recoleta,** gegenüber dem Friedhof und im Gebäude des Centro Cultural Recoleta. Bei vielen wird allerdings die Lage mitbezahlt.

- Viele neue, oft sehr schöne, aber auch teurere Restaurants finden sich **am Puerto Madero,** dem alten, neu herausgeputzten Hafen. Dort sind die Lagerhallen restauriert und umgebaut worden. Ein neues Zentrum der Stadt am Fluss – Konkurrenz zu den schicken Vierteln wie Recoleta.
- **Koscher** isst man im *Barrio Once*. Das Viertel heißt offiziell Balvanera. In der Straße Boulogne-Sur-Mer finden sich Bäckereien, kleine Supermärkte, Fleischereien, die Weinhandlung, das Eis zum Nachtisch, Pizza und Pasta – alles koscher. Der koschere *McDonald's* ist im *Shopping Abasto*. Es ist der einzige *McDonald's* in Buenos Aires, der von Freitag auf Samstag geschlossen ist.
- Das **Chinesenviertel** ist eigentlich nur der Straßenzug Arribeños zwischen Juramento und Mendoza. Dennoch sprechen die Porteños liebevoll vom Barrio Chino. Tatsache ist, dass hier ein chinesischen Restaurant neben dem anderen liegt. Mit dem Zug vom Bahnhof Retiro bis zur Station Belgrano C ist es am einfachsten zu erreichen.

Cafés und Bars:

Unter den Tausenden von Bars und Cafés wird jeder schnell seinen Lieblingsplatz finden. Der Porteño lebt im Café, stundenlang vor ein oder zwei Tässchen mit heißem und süßem Gebräu sitzend.

- Das bekannteste und berühmteste Café ist das **Tortoni,** Av. de Mayo 825, www.cafetortoni.com.ar, das bereits 1858 eingeweiht wurde und sich seit 1893 hier befindet. An Wochenenden spielt hier eine Jazz-Band, dann flaniert man durchs Café und hofft zu sehen und gesehen zu werden.

Andere klassische Cafés sind:

- **Confitería La Biela,** Av. Quintana 596, Recoleta.
- **36 Billares,** Av. de Mayo 1265.
- **El Gato Negro,** Av. Corrientes 1669.
- **Confitería Ideal,** Suipacha 384, www.confiteriaideal.com.
- An und in der Nähe der Avenida Corrientes liegen die „Wohnzimmer" der argentinischen (Kaffeehaus-)Intellektuellen. Das berühmte *La Paz* (Corrientes 1599) hat inzwischen wieder geöffnet – es war 1997 unter großer Anteilnahme der argentinischen Intellektuellen geschlossen worden.
- Sonntags ist ein Besuch der **Bar Plaza Dorrego** sehr zu empfehlen. Sie liegt an der 1°/ Ecke Defensa, am Flohmarkt in San Telmo.
- **El Hipopótamo,** Brasil 401, gegenüber vom Parque Lezama La Academia, Callao 368.
- **Bar Sur,** Estados Unidos 299, San Telmo.
- **Confitería Las Violetas,** Rivadavia Ecke Medrano (U-Bhf.: Castro Barros); im alten Wiener Stil restauriert.
- **Café Martinez,** Av. Corrientes 450, mitten im Zentrum.

Schick und trendy:

Das Ausgehviertel für die jungen Porteños ist seit einigen Jahren Palermo, das nochmals unterschieden wird durch Beinamen wie Viejo, Hollywood oder Sohó. In den Vierecken der Straßen Dorrego–Costa Rica–Fitz Roy–Cabrera und Godoy Cruz–Costa Rica–Malabia–Gorriti reihen sich Restaurants, Kneipen, Bars, Cafés und auch Boutiquen junger Modedesigner aneinander. Tipps zu Veranstaltungen gibt es im Internet unter www.adondevamos.com.

Pubs:

Kneipen in allen Stilen der Welt finden sich in Buenos Aires. Zentren der Pub-Kultur sind vor allem die Viertel Retiro (nahe der Plaza San Martín), Recoleta, Plaza Serrano (Palermo):

- **Acabar,** Honduras 773, Palermo.
- **Youkali Restaurant & Bar,** Estados Unidos 1393, Montserrat.
- **Celta Bar,** Sarmiento 1702, San Nicolás.
- **La Cigale,** 25 de Mayo 722, Retiro.
- **Malasartes,** Honduras 4999, Palermo Viejo.
- **Mundo Bizarro,** Jorge Luis Borges 1222, Palermo.
- **878,** Thames 878. Villa Crespo.
- **Soul Café,** Baéz 246, Belgrano. Gourmetküche und Drinks.
- **Milion,** Paraná 1048, Retiro.

Eis:

Porteños sind davon überzeugt, dass es in Buenos Aires das weltbeste Eis gibt. Machen

Sie die Probe aufs Exempel – die Porteños könnten Recht haben.

●Den besten Ruf hat die Eisfabrik **Freddo** (www.freddo.com.ar), die vorübergehend an eine ausländische Kette verkauft war und fast bankrott ging, nun aber wieder unter den ursprünglichen Besitzern die Hauptstädter beglückt. Freddo-Filialen gibt es in der ganzen Stadt. Andere Genießer schwören auf das Eis von **Persicco,** www.persicco.com.

Kinos

Einige Kinos liegen an der Av. Corrientes und an der Lavalle. Zahlreiche moderne Säle sind in den Einkaufszentren Abasto und Patio Bullrich untergebracht. Multiplex-Kinos sind u.a. in Village Recoleta (Vicente López, Ecke Junín), Cinemark Puerto Madero (A. Moreau de Justo 1920) und Cinemark Caballito (Av. La Plata 96). Sie spielen das international übliche Programm, in Originalsprache mit Untertiteln. Der Eintritt kostet normal 6 US-$, Mi nur 4 US-$, in den Einkaufszentren und Multiplexen gibt es auch Mo und Di Ermäßigung.

Wer etwas Außergewöhnliches sucht, sollte in die Tageszeitungen (am besten die Freitagsausgabe des „Clarín") schauen; in vielen Kulturinstituten gibt es Filmreihen, so im *Sala Leopoldo Lugones* des **Centro Cultural San Martín,** (Corrientes 1530), s.u.

Gute Off-Kinos mit alternativem bzw. einheimischem Angebot sind außerdem:

●**Cosmos,** Av. Corrientes 2046.
●**Gaumont Km 0,** Rivadavia 1635.
●**Complejo Tita Merello,** Suipacha 442.
●**Museo Malba,** Av. Figueroa Alcorta 3415.

Theater und Konzerte

Auch hier lohnt ein Blick in die Zeitung. Die Corrientes ist der „Broadway von Buenos Aires", hier gibt es die meisten Theater. Die Karten für Konzerte und Theater kauft man direkt am Spielort oder bei einer der Vorverkaufsstellen *(carteleras).* Einen hervorragenden Überblick über das aktuelle Theater-Angebot bieten die Websites www.teatrosanmartin. com.ar, www.alternativateatral.com und www. cartelerateatroff.com.ar. Konzertkarten gibt es im Vorverkauf bei *ticketek,* Esmeralda 33, www.ticketek.com.ar.

Die wichtigsten Spielstätten:

●**Teatro Colón,** Libertad 621, Tel. 43820554. Wer die Chance hat, dort eine Aufführung zu erleben, sollte sie auf keinen Fall versäumen. Wegen Renovierung ist es geschlossen.
●**Teatro Municipal Presidente Alvear,** Av. Corrientes 1659, Tel. 43741425.
●**Teatro Municipal General San Martín,** Av. Corrientes 1530, Tel. 0800-3335254.
●**Teatro Nacional Cervantes,** Córdoba/ Ecke Libertad, Tel. 48158883.
●**Luna Park,** Bouchard 465, Tel. 52795279 nahe der Hauptpost: Veranstaltungsort für große Rock- und Popkonzerte.
●**Centro Cultural Recoleta,** Junín 1930, www.centroculturalrecoleta.org.

Off-Theater:

●**Teatro El Galpón de Catalinas,** Av. Benito Pérez Galdos 93, La Boca, Tel. 43005707, www.catalinasur.com.ar.
●**Espacio Callejón,** Humahuaca 3759, Tel. 48621165, Almagro, www.callejonteatro.com.ar.
●**Camarín de las Musas,** Mario Bravo 960, Almagro, Tel. 48620655, www.elcamarindelasmusas.com.ar.

Discos

Die meisten Diskotheken der Stadt kosten um die 8–14 US-$ Eintritt. Das **Tanzvergnügen beginnt sehr spät,** nach Uhr nachts. Die angesagten Lokalitäten wechseln ziemlich schnell, daher empfiehlt sich ein Blick in die Zeitungsanzeigen. Einige Adressen:

●**Azúcar,** Av. Corrientes 3330, Balvanera, hier gibt es unter der Woche auch Salsakurse, www.azucarsalsa.com.
●**Big One,** Alsina 940, Montserrat, www.bigoneclub.com.ar, nur Samstags, elektronische Musik.
●**Niceto Club,** Niceto Vega 5510, Palermo, www.nicetoclub.com; Reggae, HipHop, Electrodance und Live-Konzerte.
●**Mint,** Costanera/Ecke Sarmiento, im Complejo Punta Carrasco, Electrodance and Beat.
●**Pacha,** Av. Costanera/Ecke La Pampa, www.pachabuenosaires.com, Techno.
●**Crobar,** Av. Libertador 3886, Paseo de la Infanta Arco 17, www.crobar.com.ar.

Restaurant-Discos:

Die neueste Mode in Buenos Aires: Zunächst gut essen gehen, dann gleich dableiben zum Tanzen. Die Restaurants öffnen normalerweise gegen 21 Uhr, meist nur Mi/Do bis So, und ab 1 Uhr verwandeln sie sich in Diskotheken. Abendessen ab 15 US-$, Disco-Eintritt inklusive:

- **Asia de Cuba,** Olga Pierina Dealessi 750, www.asiadecuba.com.ar, Puerto Madero.
- **La Diosa,** Rafael Obligado 3731, Complejo Costa Salguero, Tel. 48069443, Palermo.
- **El Living,** Marcelo T. de Alvear 1540, www.living.com.ar, Pop der 1980er, Recoleta.
- **Rey Castro,** Peru 342, www.reycastro.com, Latino, Dance, Pop, San Telmo.
- **Museum,** Peru 535, Tel. 49629321, Shows beim Essen, Latino, Dance, Pop, San Telmo.
- **Opera Bay,** Cecilia Grierson 225, Tel. 431 58666, diverse Tanzflächen, Puerto Madero.

Tango

Die preiswertesten Möglichkeiten, **Tango live** zu erleben, bieten sich Sonntagvormittag auf und in der Nähe der Plaza Dorrego. In vielen **Bars** finden auch Tango-Shows statt, deren Besuch zwischen 45 und 100 US-$ kostet (siehe „Stadtrundfahrten"). Die kostenlose Zeitschrift „El Tangauta" (www.eltangauta.com) bringt monatlich Tangotipps. Einige der bekannteren Adressen, auch mit Tango-Shows (viele mit Abendessen/*Cena Show*):

- **Bar Sur,** Estados Unidos 299, www.barsur.com.ar, San Telmo. Cena Show (60 US-$).
- **Taconeando,** Balcarce 725, www.taconeando.com, San Telmo. Cena Show (45 US-$).
- **Sabora Tango,** J. D. Perón 2535, www.saboratango.com.ar, Balvanera. Cena Show (70 US-$, ohne Abendessen 47 US-$.) Großer Saal aus dem 19 Jahrhundert.
- **El Querandí,** Perú 302, www.querandi.com.ar, San Telmo. Cena Show. (77 US-$, ohne Abendessen 57 US-$).
- **El Viejo Almacén,** Av. Independencia/Ecke Balcarce, www.viejoalmacen.com, San Telmo. Echtes Porteño-Ambiente. Cena Show (80 US-$).
- **Piazzolla Tango,** Florida 165, Galeria Güemes, www.piazzollatango.com. Schönes Flair, Cena Show (80 US-$).
- **Señor Tango,** Av. Vieytes 1655, www.sentango.com.ar, Barracas. Cena Show (80 US-$, ohne Abendessen 50 US-$).
- **Michelangelo,** Balcarce 433, www.michelangelotango.com, San Telmo. Exklusives Ambiente in historischem Gebäude. Cena Show (100 US-$, ohne Abendessen 70 US-$).

Tangokonzerte finden regelmäßig an folgenden Orten statt (empfehlenswert ist ein Blick auf die Veranstaltungstipps in den Tageszeitungen):

- **Café de los Angelitos,** Rivadavia/Ecke Rincón, Balvanera. Das 1890 unter dem Namen „Bar Rivadavia" eröffnete Café gilt als zweites Zuhause von *Carlos Gardel.* 1992 wurde es geschlossen und 2000 abgerissen. Liebevoll erneuert hat es seit Juni 2007 wieder geöffnet.
- **Esquina Homero Manzi,** Av. San Juan 3601, www.esquinahomeromanzi.com.ar, Boedo.
- **La Scala de San Telmo,** Pasaje Giuffra 371 (alt. Defensa al 800), www.lascala.org.ar, San Telmo.
- **Centro Cultural Torquato Tasso,** Defensa 1575, San Telmo.
- **Teatro Municipal Pte. Alvear,** Av. Corrientes 1659, Centro.
- **Café Tortoni,** Av. de Mayo 829, Montserrat.
- **CAFF,** Sanchez de Bustamante 764, www.fernandezfierro.com/caff, Balvanera.
- **Café Homero,** José A. Cabrera 4946, www.cafehomero.cancionero.net, Palermo.

Tanzlehrer in Buenos Aires:

- **Trinidad** und **Facundo,** www.trinidadyfacundo.com.
- **Nora Schvartz,** Av. Córdoba 3515, www.noraschvartz.com.ar.
- **Fernando Galera** und **Vilma Vega,** Sarmiento 722, 4° piso, www.fernandoyvilma.com.
- **Gustavo Naveira** und **Giselle Anne,** www.gustavoygiselle.com.

Aktuelle **Tango-Informationen** im Internet unter:

- www.tangodata.com.ar
- www.detangueros.com.ar
- www.eltangauta.com

Der Tango – allgegenwärtig

Milongas (Tango-Tanzclubs):

Hier kann man nicht nur den Tänzern zusehen, sondern sich selber an den Tangoschritten versuchen und manchmal spielt ein Orchester:

- **El Abrazo Tango Club/Confitería Ideal,** Suipacha 384, Piso 1°, Tel. 43065800, Di, Fr 12–15 Uhr.
- **Centro Cultural Torquato Tasso,** Defensa 1575, Tel. 4307-6506, Fr bis So 23 Uhr.
- **A Puro Tango/Salón Canning,** Scalabrini Ortiz 1331, Tel. 48326753, Mi 16–23 Uhr, Sa 23–4 Uhr, So 18–2 Uhr.
- **La Viruta,** Armenia 1366, Tel. 47746357, unterschiedliche Zeiten.
- **Club Gricel,** La Rioja 1180, Tel. 49577157, Mo, So 21 Uhr und Fr, Sa 23 Uhr.
- **El Beso,** Riobamba 416, Tel. 49532794, unterschiedliche Zeiten.

Peñas

Folklore im weitesten Sinne, dazu ein informelles, ungezwungeneres Ambiente als in den traditionellen Tangoclubs kennzeichnen die Peñas. In diesen, viel von Porteños zwischen 20 und 40 frequentierten, Nachtlokalen singen, spielen und tanzen Amateurgruppen, vielfach kann man auch heimische Tänze erlernen. Die Veranstaltungen beginnen meist gegen 22 Uhr und dauern nicht selten bis zum frühen Morgen, mit spontanen Auftritten und Jam-Sessions mit dem Publikum. Eintritt zwischen 4 und 6 US-$. Im Internet stehen Veranstaltungen unter www.folkloreclub.com.ar. Einige Empfehlungen:

- **Peña del Colorado,** Güemes 3657. Täglich geöffnet, www.delcolorado.com.ar.
- **Peña La Resentida,** Bacacay 1600, www.laresentida.com.ar (Jeden letzten Sa im Monat).
- **Peña Punta Tacuara,** J.D. Perón 2543, Tel. 49520300, Fr, Sa 21 Uhr.
- **La Paila Restaurant,** Costa Rica 4848, Tel. 48333599 Do bis So Folklore live.

Jazz

Jazzfreunde müssen in der argentinischen Hauptstadt nicht darben, im Gegenteil. In zahlreichen Jazzkneipen präsentieren sich Vertreter aller Genres, wobei es zu interessanten Fusionen mit traditionellen Musikrichtungen wie Tango und Milonga kommt. Ein paar Adressen:

- **El Gorriti,** Gorriti 3780, Palermo.
- **Notorius,** Av. Callao 966, Tel. 48136888, täglich 21.30 Uhr, Zentrum.
- **Gran Bar Danzón,** Libertad 1161, Piso 1°, Tel. 48111108, Mi u. Fr ab 19 Uhr, Retiro.
- **Perro Andaluz,** Bolívar 852, Tel. 43613501, San Telmo.
- **La Vaca Profana,** Lavalle 3683, www.vacaprofana.com.ar, Almagro.
- **Bar Uanchu,** Guatemala 4778, Tel. 48312435, Palermo.

Kulturzentren

- Das größte und bekannteste Kulturinstitut ist das **Centro Cultural San Martín** (Kunstgalerien sowie Theater- und Kinosäle, www.ccgsm.gov.ar). Hier ist jeden Tag etwas los, gut besucht sind die Filmreihen, die sich dem Filmschaffen anderer Länder widmen. Die offizielle Adresse des Zentrums ist Sarmiento 1551, aber die meisten Besucher benutzen den Eingang von der Av. Corrientes.
- Für deutschsprachige Besucher interessant ist das **Goethe-Institut** auf der Av. Corrientes 319. Es verfügt über eine Bibliothek (geöffnet Mo, Di, Do, 12.30–19.30 Uhr und Fr 12.30–16 Uhr), veranstaltet werden auch Konzerte und Filmprogramme.

Notfall

Polizeizentrale:

- Moreno 1550, Tel. 43816424 oder 43816487.

Notruf:

- **Polizei:** Tel. 101
- **Feuerwehr:** Tel. 100
- **Notarzt:** Tel. 107

Deutsches Krankenhaus:

- **Hospital Alemán,** Av. Pueyrredón 1640, Tel. 48277000, www.hospitalaleman.com.ar, Notdienst: Tel. 57775568.

Flugverbindungen

Buenos Aires besitzt zwei Flughäfen: einmal weit östlich der Stadt den **internationalen Flughafen Ezeiza,** zum anderen den westlich des Zentrums liegenden **nationalen Flughafen Aeroparque Jorge Newberry,** meist kurz Aeroparque genannt. Hier starten und landen auch Flüge nach und von der uruguayischen Hauptstadt Montevideo aus.

Zum Aeroparque kann man mit dem Taxi oder „Colectivo" (Stadtbus) gelangen. Eine Taxifahrt vom Zentrum aus kostet ca. 7 US-$. Eine weitere Transportmöglichkeit bieten die Kleinbusse von Manuel Tienda León, die einen für 6 US-$ zu fast jedem Hotel in der Innenstadt bringen. Am billigsten sind die Stadtbusse. Vom Bahnhof Retiro fahren Busse der Linie 33 für ca. 0,25 US-$. Sie halten direkt vor dem Flughafengebäude. Evtl. kann es Schwierigkeiten mit dem Gepäck geben: Manche Colectivo-Fahrer weigern sich, Reisende mit zu großen Koffern oder Rucksäcken mitzunehmen.

Um **nach Ezeiza** zu gelangen, gibt es drei Möglichkeiten. Die billigste ist mit dem Bus der Linie 86; allerdings fahren nicht alle Busse dieser Linie zum Flughafen, man muss auf die Beschilderung *(aeropuerto)* achten. Zusteigen kann man am besten an der Avenida del Mayo oder der Avenida Rivadavia. Der Bus braucht etwa 2½ Stunden für die Strecke und kostet 0,50 US-$. Allerdings sollte man bedenken, dass diese Möglichkeit auch am wenigsten Sicherheit bietet.

Die vielleicht einfachste Möglichkeit bieten die **Busse der Manuel Tienda León S.A.**

(Tel. 0810-8885366). Für 10 US-$ fährt man in etwa 40 Minuten vom Flughafen in die Stadt. Endstation im Zentrum ist Puerto Madero. Für einen Aufpreis von 2 US-$ fahren sie zu jedem beliebigen Hotel im Zentrum. Das Stadtbüro von *Manuel León* ist in der Av. Eduardo Madero 1299, gegenüber dem Bahnhof Retiro, von wo in umgekehrter Richtung die Busse halbstündlich von 5–20.30 Uhr abfahren, Fahrzeit ca. 40 Min., 15 Min. vorher dasein. Man kann sich innerhalb des Zentrums auch zu Hause abholen lassen (Aufpreis). Taxis kosten vom Flughafen in die Stadt rund 22 US-$ (vom/zum Aeroparque: 7 US-$), man kann meist auch mit Kreditkarte bezahlen.

Wichtig: Bei internationalen Abflügen wird in Ezeiza eine **Flughafensteuer** von derzeit 18 US-$ verlangt. Diese Steuer muss in bar bezahlt werden.

Am Flughafen gibt es eine Filiale des *Banco Nación* mit **Geldautomaten,** ebenso einen Schalter der **Wechselstube** *Casa Piano.*

Die wichtigsten **Fluggesellschaften** mit ihren Büros in Buenos Aires:

- **Aerolíneas Argentinas/Austral,** Perú 2, Tel. 43407777, gratis 0810-22286527, www.aerolineas.com.ar.
- **Lade,** Perú 710, Tel. 0810-8105233, www.lade.com.ar.
- **British Airways,** Libertador 498, Piso 13° Sur, Tel. 0800-6661459, www.britishairways.com.
- **Iberia,** C. Pellegrini 1163, Tel. 41311000, www.iberia.com.
- **Air France/KLM,** San Martín 344, Piso 23°, Tel. 43174700, www.airfrance.com/ar.
- **Lan,** Cerrito 866, Tel. 0810-9999526, www.lan.com.
- **Lufthansa,** M. T. Alvear 590, Piso 6°, Tel. 43190600, www.lufthansa.com.
- **Varig,** Córdoba 972, Piso 3°, Tel. 4329 9211, www.varig.com.br.
- **TAM,** Cerrito 1030, Tel. 0810-3333333, www.tam.com.br.
- **Swiss,** Av. Santa Fe 846, PB, Tel. 43190000, www.swiss.com.

Zu **Flugzielen** im Inland siehe „Reisen in Argentinien".

Überlandbusse

Alle Überlandbusse fahren vom **zentralen Busbahnhof Retiro** ab, einige wenige auch am **Bahnhof Constitución.** Beide Bahnhöfe sind durch die U-Bahn-Linie C miteinander verbunden.

Von Retiro aus ist **jede Provinzhauptstadt zu erreichen.** Viele Busgesellschaften haben dieselben Ziele im Angebot, deshalb sollte man herumschauen und Preise vergleichen. Der Busbahnhof ist meistens überfüllt, oft bilden sich vor den Ticketschaltern lange Warteschlangen. Deshalb ist man gut beraten, sich frühzeitig um seine Karte zu bemühen.

Im Busbahnhof gibt es zwei Möglichkeiten, sein Gepäck aufbewahren zu lassen, und mehrere Cafés, Kioske und eine Bank. Vor dem Bahnhof finden sich zahlreiche Marktstände und Freiluft-Restaurants. Vorsicht: Achten Sie hier gut auf Ihr Gepäck!

Eisenbahn

Die beiden wichtigsten **Bahnhöfe** sind **Retiro** (Richtung Norden) **und Constitución** (Richtung Süden). Sie sind durch die U-Bahn-Linie C verbunden. Der Zugverkehr wurde aber weitgehend eingestellt.

- **Córdoba,** von Retiro fährt Mo und Fr ein Zug über Rosario.
- **Tucumán,** nur Mo über Santa Fe und Santigo del Estero nach Tucumán (von Retiro)
- **Mar del Plata,** von Constitución verkehrt mehrmals täglich ein Zug nach Mar del Plata (www.ferrobaires.gba.gov.ar).
- Nach **Bariloche** gibt es keine direkte Verbindung mehr. Wer dennoch mit dem Zug fahren will, muss mehrfach umsteigen. Mit *Ferrobaires* kommt man vom Bahnhof Constitución bis Carmen de Patagones. Von dort nach Viedma. Und weiter mit *Servicio Ferroviario Patagónico,* Tel. (02920) 422130, www.trenpatagonico.com.ar, nach Bariloche.
- Nach **Posadas** in Misiones, Di und Fr vom Bahnhof Federico Lacroze, U-Bhf. Lacroze (www.trenesdellitoral.com.ar).

Da weitere Stilllegungen und Änderungen zu erwarten sind, fragt man besser im **Informationsbüro der nationalen Transportbehörde** nach, Maipú 88, Tel. 43313280.

Retiro ist auch einer der wichtigsten Bahnhöfe für die Vorortzüge, z.B. um ins Paraná-Delta nach Tigre zu gelangen.

Schiff

Die meisten Bootslinien verbinden Buenos Aires mit uruguayischen Häfen, entweder mit Colonia oder direkt mit Montevideo.

- **Buquebus,** Antártida Argentina 821, Tel. 43166500, Puerto Dársena Norte am Puerto Madero, allgemein als Terminal Buquebus bekannt; telef. Reservierung mit Kreditkarte möglich; www.buquebus.com.

Mehrmals täglich Service nach Colonia, mit Schnellbooten und Autofähren, Fahrtdauer 50 Min. bzw. 3 Stunden, Preis 27 bzw. 20 US-$, auch ein teurer First-Class-Service.

Nach Montevideo fährt Buquebus mit Schnellbooten in 3 Stunden (viermal täglich, einfache Fahrt 63 US-$, auch ein teurerer First-Class-Service). Preiswerter ist die Kombination Boot nach Colonia und Bus nach Montevideo; der Bus braucht 1½ Stunden und die Fahrt kostet zusammen 40 US-$. Mit der Autofähre kostet die Kombination 30 US-$ und dauert rund 5 Stunden.

- **Ferrylíneas,** Tel. 43144580, *Cecilia Grierson* und *Costanera Sur,* www.ferryturismo.com.uy; einmal täglich nach Colonia mit Kombination nach Montevideo, dieselben Preise wie Buquebus.
- **Cacciola,** Florida 520, Piso 1°, Oficina 113, Tel. 43936100, www.cacciolaviajes.com. Einmal täglich Bus-Boot-Kombinationen von Buenos Aires über Tigre und Carmelo (Uruguay) nach Montevideo und zu anderen Zielen in Uruguay. Die Fahrt nach Montevideo dauert etwa 6 Stunden, sie kostet 24 US-$.

Stadtbusse

Stinkend, laut, meistens überfüllt, dafür billig, das sind die Stadtbusse von Buenos Aires, die **Colectivos.** 18.000 dieser dieselqualmenden Ungetüme verkehren auf mehr als hundert Linien. Der Busplan der Stadt sieht aus wie ein Schnittmusterbogen und ist für Fremde kaum zu durchschauen. Hier muss man sich durchfragen, beim Fahrer oder bei Mitfahrenden. Die Busse haben keinen festen Fahrplan, in den Hauptverkehrszeiten wartet man aber selten länger als drei Minuten. Die wenigsten Haltestellen sind ausgeschildert, der Kiosk-Besitzer an der Ecke weiß aber meistens weiter. Sieht man den gewünschten Bus kommen, winkt man mit dem Arm, sonst hält er nicht an. Der Einzelfahrschein kostet 0,80 Pesos (ca. 0,25 US-$), beim Umsteigen muss ein neues Ticket gelöst werden. In den Bussen zahlt man am Automat, Münzen bereithalten, der Fahrer wechselt kein Geld! Einen guten Überblick zu allen Linien gibt der **Guia T,** ein Stadtplan im Pocketformat, den es für etwa 2 US-$ an Kiosken gibt.

Taxis

Taxis sind leicht an ihrem schwarz-gelben Anstrich zu erkennen. In Buenos Aires gibt es zurzeit mehr als 60.000, es werden aber nahezu täglich mehr, da viele Arbeitslose hoffen, sich so eine neue Existenz aufbauen zu können.

Taxistände gibt es kaum, die meisten Wagen schleichen leer im Schritttempo an den Straßenrändern entlang, um ja keinen Fahrgast zu verpassen, und tragen so nicht unwesentlich zum allgemeinen Verkehrschaos bei. Das rot leuchtende „libre"-Schild hinter der Windschutzscheibe verrät, dass sie frei sind. Taxifahren ist recht billig, alle Wagen haben ein Taxameter, das in der Regel auch eingeschaltet wird. Bei Fahrten, die aus dem Stadtgebiet herausführen, muss immer noch zusätzlich der Preis für die Strecke zurück ins Stadtgebiet bezahlt werden, da Fahrer aus dem Stadtgebiet von Buenos Aires außerhalb ihres Reviers keine Fahrgäste aufnehmen dürfen.

Ein **Sicherheits-Hinweis:** Grundsätzlich sollte man vermeiden, irgendein Taxi auf der Straße zu nehmen. In der letzten Zeit häufen sich Fälle von sog. *taxis truchos,* das sind Autos, die sich als Taxi ausgeben, deren Fahrer aber mit einem Kumpanen unter einer Decke steckt: Dieser steigt an der nächsten Ecke zu und erleichtert den Passagier um seine Wertsachen und/oder zwingt ihn, Geld aus einem Bankautomaten zu ziehen. Beliebt ist auch, erkennbare Touristen über einen Umweg zu befördern, um so den Fahrpreis zu erhöhen. Man sollte sich daher schon im Hotel die

Nummern von vertrauenswürdigen Taxiunternehmen geben lassen und diese im Bedarfsfall anrufen. Achten Sie im Zweifelsfall auf eine eindeutige Kennzeichnung des Wagens (Nummernschild, Name des Unternehmens außen, Ausweis mit Foto und Namen des Fahrers sichtbar innen), bevor Sie einsteigen.

U-Bahn

Fünf U-Bahn-Linien durchkreuzen das Zentrum von Buenos Aires. Die U-Bahn, von den Hauptstädtern liebevoll *subte* genannt (von *subterráneo,* unterirdisch), ist uralt, die Züge teilweise recht ungemütlich und laut, aber sie ist schnell und billig: 0,70 Pesos (0,23 US-$) kostet ein Ticket, mit dem man unbegrenzt umsteigen und hin- und herfahren kann. Man kauft entweder einen *subtepass* für eine Einzelfahrt oder Mehrfachfahrten (zwei, fünf oder 10) oder eine *subtecard,* die wie eine Kreditkarte aussieht und wieder aufladbar ist. Zum Kauf der subtecard muss man aber seinen Reisepass bereithalten. Die U-Bahn fährt Mo bis Sa von 5–22.30 Uhr und So von 8–22 Uhr. In den letzten Jahren wurde in die Modernisierung der Wagen und den Ausbau des Streckennetzes investiert. Künftig soll die Linie H als zweite Transversallinie neben der Linie C die Stadt von Ost nach West durchqueren, und zwar von Retiro über Once nach Pompeya.

Straßenbahn

Seit 2007 verkehrt zwischen der Av. Córdoba und Independencia die **Tranvía del Este** entlang der Av. Alicia Moreau de Justo in Puerto Madero. Sie soll einmal die Bahnhöfe Retiro und Constitución verbinden. Die Fahrt kostet ein Peso.

Dass in Buenos Aires schon einmal Straßenbahnen fuhren, beweisen nicht nur die überteerten Schienen in San Telmo. Die Freunde der *Tranvía* lassen am Wochenende die alten Straßenbahnen durch Caballito fahren. Die Strecke geht von Emilio Mitre/Ecke José Bonifacio über Rivadavia, Hortiguera und Directorio, Tel. 44311073, www.tranvia.org.ar; die Mitfahrt ist kostenlos.

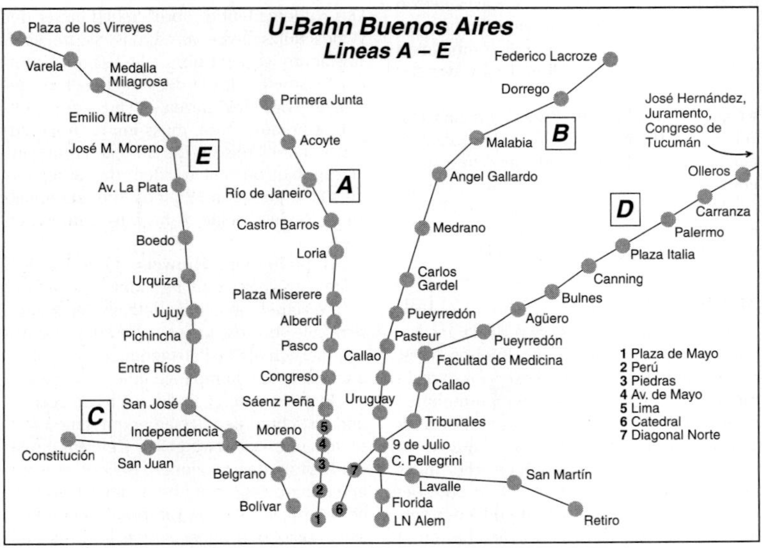

Autovermietung

Wer Stress nicht scheut, wer gute Nerven hat und möglichst noch Augen am Hinterkopf, der kann auch in Buenos Aires Auto fahren. Und wer es liebt, im Stau zu stehen und zusätzlich noch ein gewisses Aggressionspotenzial sein Eigen nennt, dem wird es sogar Spaß machen.

Allgemeine Infos zum Autoleihen siehe im Kapitel „Reisen in Argentinien"; hier die Adressen einiger **Autovermieter:**

- **Dollar Rent a Car,** M. T. de Alvear 449, Tel. 0800-5553655.
- **Localiza,** Cerrito 1080, Tel. 48133184, www.localiza.com.
- **Avis,** Cerrito 1527, Tel. 43789640, www.avisargentina.com.ar.
- **Hertz,** Paraguay 1138, Tel. 0810-22243789, www.hertzargentina.com.ar.
- **New Way,** M. T. de Alvear 773, Tel. 45150 331, www.new-wayrentacar.com.
- **Thrifty,** C. Pellegrini 1576, Tel. 43261747.
- Auch **am Flughafen in Ezeiza** haben die internationalen Gesellschaften ihre Büros.

Botschaften

- **Deutschland,** Villanueva 1055, Tel. 4778 2500, www.embajada-alemana.org.ar.
- **Holland,** Olga Cossenttini 831, Piso 3°, Tel. 43380050, www.embajadaholanda.int.ar.
- **Österreich,** French 3671, Tel. 48079185, www.austria.org.ar.
- **Schweiz,** Av. Santa Fe 846, Piso 10°, Tel. 43116491, www.eda.admin.ch/buenosaires.

Wer von Argentinien nach Bolivien, Brasilien, Chile, Paraguay oder Uruguay einreisen möchte, sollte bei Fragen deren Botschaften in Buenos Aires aufsuchen. Zur Zeit ist die Einreise in alle fünf Länder für Deutsche, Niederländer, Schweizer und Österreicher mit Reisepass problemlos möglich. Hier die **Konsulatsadressen:**

- **Bolivien,** Bartolomé Mitre 2815, Piso 1°, Tel. 48610041, www.consuladoboliviano.com.ar.
- **Brasilien,** C. Pellegrini 1363, Piso 5°, Tel. 45156500, www.conbrasil.org.ar.
- **Chile,** San Martín 439, Piso 9°, Tel. 432 72435, www.consuladodechile.org.ar.
- **Paraguay,** Viamonte 851, Tel. 48144803.
- **Uruguay,** Av. Las Heras 1907, Piso 4°, Tel. 48073040, www.embajadadeluruguay.com.ar.

Geldwechsel und Kreditkarten

Nahezu jede Bank wechselt Dollar- oder auch Euro-Scheine, allerdings mit hoher Kommission. Noch schwieriger ist es, kommissionsfrei Geld auf Traveller-Schecks zu bekommen. Dazu wendet man sich am besten an die jeweilige Ausgabestelle. **American Express** hat sein Büro auf Arenales 707, nahe Plaza San Martín, Tel. 43103535.

Mehrere **Wechselstuben (cambios)** finden sich im Viertel San Martín/M. T. Alvear, z.B. *Forex Cambio,* M.T. Alvear 540 oder im Zentrum bei Metropolis, Florida 506.

Hier die Adressen der wichtigsten **Kreditkartenbüros:**

- **American Express,** Arenales 707, Tel. 431 03000, 0800-4440991.
- **Visa Argentina,** Av. Corrientes 1437, Tel. 43793400, 0800-8888006.
- **Eurocard/MasterCard,** Perú 151, Tel. 434 87000, 43405656.
- **Diners Club/Citibank,** P. Pueyrredón 2989, Tel. 0810-4442484.

Stadtpläne

An fast allen Kiosken gibt es Stadtpläne von Buenos Aires mit Straßenverzeichnis zu kaufen. Praktisch und ausreichend für den kürzeren Aufenthalt ist der kleine Plan des Stadtzentrums (mit U-Bahn-Linien), der von der U-Bahn-Gesellschaft herausgegeben wird und kostenlos an den Schaltern zu haben ist. Wer länger bleibt, für den lohnt sich der Kauf des **Guia T,** ein Stadtplan im Pocketformat mit allen Bus- und Bahnlinien, den es für 2 US-$ am Kiosk gibt.

Post

Die Hauptpost befindet sich auf der Ecke von Sarmiento mit L. N. Alem. Geöffnet ist sie Mo bis Fr von 10–18 Uhr. „Poste Restante" kann man im 1. Stock abholen; man braucht Geduld und je Brief wird 1,50 US-$ verlangt. Wer sich etwas hierher schicken lassen möchte, tut es an folgende Anschrift: Name, Vorname; Poste Restante Casa Central; Sarmiento 151; C1000ZAA Buenos Aires. Auch wer nichts in der Post zu erledigen hat, sollte das Gebäude aufsuchen - die wunderschöne Schalterhalle sucht ihresgleichen.

Telefon

So genannte **Locutorios** oder **Centros de Llamadas** (Telefonzentralen) finden sich inzwischen nahezu in jeder Straße. Sie werden privat betrieben und bieten meistens auch einen Faxservice. Die meisten Telefonzentralen haben auch einen Internet- und E-Mail-Service, billiger sind aber Internet-Cafés (nicht immer mit Kaffee).

Internet-Cafés

Internet-Zugang kann man mittlerweile an fast jeder Ecke haben - die Internet-Cafés sprießen so schnell aus dem Boden, wie sie wieder schließen. Rund um die Kreuzung der Fußgängerzonen Florida und Lavalle gibt es mindestens zwei pro Block, die Preise oszillieren zwischen 1 und 3 Pesos pro Stunde, also 0,30 bis 0,90 US-$.

Sprachschulen

Die Argentinien-Reise wird mit Sprachkenntnissen schöner. Buenos Aires bietet gut Möglichkeiten, argentinisches Spanisch zu lernen. Für eine Einzelstunde muss man 10–20 US-$ kalkulieren. In Kleingruppen (bis 5 Personen) zahlt man rund 6–10 US-$ je Stunde. Die Schulen organisieren auch Übernachtungsmöglichkeiten in Familien oder Wohngemeinschaften. Drei Sprachschulen sind:

- **Coined,** Suipacha 90, Piso 2°, Tel. 433 12418, Gruppenkurse ab 170 US-$ pro Woche, www.coined.com.ar.
- **Laboratorio de Idiomas der Universidad Buenos Aires,** 25 de Mayo 221, Tel. 434 35981, www.idiomas.filo.uba.ar.
- **Centro Universitario de Idiomas (CUI),** Junín 222, Piso 3, Tel. 52383000, www.cui.edu.ar.

Auch am schwarzen Brett des Goethe-Institutes wird immer wieder Spanisch-Unterricht angeboten oder ein deutsch-spanischer Sprachaustausch gesucht.

Reiseveranstalter / Stadtrundfahrten

- **Buenos Aires Vision** (Esmeralda 356, Piso 8°, Oficina 28, Tel. 43942986, www.buenosaires-vision.com.ar) und **Buenos Aires Tur** (Lavalle 1444, PB, Oficina 8, Tel. 43712304, www.buenosairestur.com) bieten Stadtrundfahrten für 12 US-$ an. Die Rundfahrten starten täglich um 9.30 und um 14.30 (Mo bis Sa), Do um 14.30 Uhr. Weiter im Angebot sind Gaucho-Feste (50 US-$), Ausflüge ins Tigre-Delta (22–50 US-$) sowie abendliche Rundfahrten mit Tango-Show (57 US-$ bzw. 80 US-$ mit Abendessen).
- Das **Tourismusamt** der Stadt organisiert gratis attraktive Rundgänge und -fahrten zu bestimmten Themen, in der Regel mit englischsprachigen Führern. Dabei kann man wählen zwischen biografischen Themen (Auf den Spuren von *Gardel, Borges* oder *Eva Perón*), Besichtigungen bestimmter Viertel (Microcentro, San Telmo, Palermo, La Boca) und kulturellen Schwerpunkten (Architektur, Tango, Bars, Cafés). Informationen zu Zeiten und Treffpunkten unter www.bue.gov.ar und www.buenosaires.gov.ar sowie Tel. 41145791 zwischen 9–14 Uhr.
- Die **schönste Stadtrundfahrt** ist für gerade mal 0,45 US-$ zu bekommen: Es ist die zweistündige, 40 km lange Tour mit der **Buslinie 29** quer durch die argentinische Hauptstadt. Der Bus startet in La Boca, direkt am Ufer des Río Riachuelo, verlässt La Boca über die Av. Almirante Brown, vorbei am Parque Lezama. San Telmo durchquert er auf der Calle Defensa und erreicht, vorbei an den Kirchen San Francisco und Santo Domingo, die Plaza del Mayo. Über die Diagonal Norte geht es zum Obelisken, von dort an der Plaza Lavalle und dem Teatro Colón vorbei in die Av. Santa Fe bis zur Plaza Italia. Die Stadtteile Recoleta

Buenos Aires: architektonischer Kontrast an der Plaza Lavalle

arg3-198 Foto: gw

und Palermo bleiben abseits liegen. Zuletzt geht es durch das Botschafterviertel Belgrano, bis der Bahnhof Olivos, die Endstation der Buslinie, erreicht ist. Der Vorteil bei dieser Stadtrundfahrt: Man kann unterwegs überall aussteigen; der nächste Bus nimmt einen wieder mit.

Zu Reiseveranstaltern, die Ziele außerhalb von Buenos Aires anfahren, zum Beispiel Estanzias, siehe auch im Abschnitt „Organisierte Touren".

Buchhandlungen und Zeitungen

- Die größte Buchhandlung ist **El Ateneo** auf der Santa Fe 1860, die auch viele englische und französische Bücher führt. Viel schöner sind aber die Buchhandlungen auf der Corrientes, wie das **Foro Gandhi,** Corrientes 1743, die teilweise Literatur, Café und Veranstaltungsraum verbinden und bis spät in die Nacht geöffnet haben.
- Hervorragend sortiert ist **Platero,** auf der Talcahuano 485, mit einem riesigen Vorrat an antiquarischen Büchern im Kellergeschoss. Wer etwas Bestimmtes zur argentinischen Geschichte oder Kultur sucht, wird hier garantiert fündig.
- Second-Hand-Bücher findet man auf der nahegelegenen Plaza Lavalle. Deutschsprachige Bücher in großer Auswahl und zu hohen Preisen führt die Buchhandlungen **ABC,** Maipú 866.
- **Antiquariat Henschel,** Reconquista 533, 1. Stock. Kein Schild am Hauseingang verrät, was es hier für Schätze gibt. Wundervolles, freundliches Antiquariat mit vorwiegend deutschen Büchern.
- Die **Kioske** auf der Florida bieten dem deutschsprachigen Leser eine reiche Presseauswahl: Vom „Spiegel" über die „Zeit" bis zur einen Tag alten „Süddeutschen" oder „FAZ" ist dort in der Regel alles zu finden (zu happigen Preisen), natürlich auch das „Argentinische Tageblatt".
- Wer sich über das **Kulturleben der Stadt** informieren möchte, sollte sich die Tageszeitung „Clarín" kaufen, in der täglich ein Veranstaltungskalender zu finden ist (am Freitag für die gesamte Woche).

Sport

Am stimmungsvollsten ist natürlich **Fußball,** und zwar der Besuch des Klassikers **Boca Juniors gegen River Plate** im Stadion von River Plate oder Boca Juniors. Ein Sitzplatz ist schon aus Sicherheitsgründen zu empfehlen. Karten für diesen *Superclásico* sind allerdings schwer zu bekommen. Die anderen Spiele der argentinischen Liga sind ebenso stimmungsvoll und preiswerter.

Wer sich nach dem Spiel wie ein richtiger Fan fühlen und fachsimpeln möchte, sollte unbedingt einen Abstecher in die dem Stadion gegenüberliegende Freiluft-Kneipe machen – immer dem Duft der gegrillten Chorizos und Steaks folgen. Bei den Bocas gibt es auch ein kleines Museum.

Für Touristen gibt es mittlerweile ein **Begleitservice zum Stadion.** Man wird vom Hotel abgeholt, ins Stadion gebracht und nach dem Schlusspfiff wieder zurück gebracht. Einschließlich Eintrittskarte liegen die Preise dafür je nach Spiel zwischen 50 und 80 US-$. Ein Anbieter ist *Tangol,* Florida 971, PB, Local 31, Tel. 43127276, www.tangol.com.

- **Estadio El Monumental,** Club Atlético River Plate, Av. Figuerose Alcorta/Ecke Udaondo, Tel. 47881200, www.cariverplate.com.ar.
- **La Bombonera** (Pralinenschachtel), Club Atlético Boca Juniors, Brandsen 805, Tel. 436 22266, 43094700, www.bocajuniors. com.ar.

Ausflüge

Feria de Mataderos

Sonntags ab 11 Uhr findet auf der Av. de los Corrales 6500 (zahlreiche Buslinien) ein lebhafter, bunter **Markt** statt, auf dem Kunsthandwerk aller Art, typische Gerichte und Folklore-Vorführungen geboten werden. Vorsicht vor Taschendieben! Auch sollte man sich nicht allein in der Umgebung des Marktes bewegen (www.feriade mataderos.com.ar).

Tigre

Die Kleinstadt Tigre, etwa **30 km** vom Zentrum von Buenos Aires entfernt, ist wegen ihre Lage am Delta des Paraná eines der schönsten Ausflugsziele. Man nimmt den Zug vom Bahnhof Retiro (F.C. Mitre); er benötigt etwa 50 Minuten und kostet ca. 0,50 US-$. Auch der Bus Nr. 60 fährt dahin.

Reizvoll ist die Fahrt mit dem **Tren de la Costa** am Ufer des Río de la Plata entlang. Von Retiro fährt man zunächst für 0,30 US-$ bis zur Endstation Bartolomé Mitre, Dauer 30 min. Dort wechselt man zum Bahnhof Maipu auf der anderen Brückenseite. Von hier fährt der Küstenzug knapp 30 min bis Tigre (www.trendelacosta.com.ar). Hin und Rückfahrt 6 US-$.

Gegenüber dem Bahnhof, an der Estación Fluvial am Río Tigre, legen die Boote ab, die ins **Delta des Paraná** fahren. Das Delta ist ein 10.000 Quadratkilometer großes, grünes Inselgewirr, durchzogen von unzähligen kleinen und großen Flüssen und Kanälen, an deren Ufern sich die Begüterten ihre Sommerresidenzen errichtet haben. Hier wachsen subtropische Bäume und Pflanzen, es ist ein kleines Naturparadies nahe der Hauptstadt. Im gesamten Delta gibt es zahlreiche **recreos,** rustikale bis gediegene Picknickplätze, teilweise verbunden mit kleinen Hotels, Campingplätzen und Ausflugsrestaurants. Informationen erhält man am Flusshafen in Tigre, ebenso über die zahlreichen Bootstouren, die das Delta erkunden. Hier reicht die Palette vom einfachen Linienkahn bis zum Panorama-Schnellboot und von der einstündigen Schnuppertour bis zum Tagesausflug. Einen Besuch lohnt auch der **Puerto de Frutos,** ein bunter Obst- und Kunsthandwerksmarkt am Hafen (täglich 10–19 Uhr, www.puertodefrutos-arg.com.ar).

Für ein ganzes Wochenende im Delta kann man preiswert in der **Jugendherberge Hostel Delta,** www.hosteldelta.com.ar, übernachten. Sie liegt auf einer kleinen Insel, man kann dort auch Kanus mieten und Paddeltouren im Delta unternehmen. Die Herberge ist mit dem Bus Nr. 710 vom Bahnhof San Fernando (eine Station vor Tigre) zu erreichen, an seiner Endstation ist gleich die Haltestelle für die Fähre zur Insel. Man benötigt einen Internationalen oder argentinischen Jugendherbergsausweis.

Wer es nobler mag, kann in der **Bungalowanlage Alpenhaus** absteigen (Tel. 47280422, www.alpenhaus.com.ar, Cabaña 120 US-$/2 Personen unter der Woche). Alternativ gibt es in Tigre selbst das **Bed & Breakfast Casona La Ruchi,** Lavalle 557, direkt am Río Luján, Tel. 47492499, www.casonalaruchi.com.ar, 50 US-$. Weitere Tipps zu Tigre im Internet unter www.tigre.gov.ar.

Isla Martín García

Nur 3,5 km vom uruguayischen, aber 37,5 km vom argentinischen Festland entfernt, liegt die 168 ha große Insel Martín García, die lange von den Argentiniern als Marinestützpunkt genutzt wurde und jetzt ein **ökologisches und historisches Reservat** ist.

Die Insel war vermutlich der erste Punkt, auf dem Europäer 1516 landeten. Lange wurden hierhin auch Indianer aus dem Chaco und Patagonien verbannt.

Die Tour lohnt sich höchstens, wenn man sonst keine Gelegenheit hat, **subtropische Vegetation** zu bewundern: Die Insel ist komplett von einem Urwald-Gürtel umgeben, in dem 200 Vogelarten und der vom Aussterben bedrohte **Sumpfhirsch** *(ciervo de los pantanos)* leben.

Organisierte Ausflüge zur Insel sind mit Cacciola möglich. Die Adresse: Florida 520, Piso 1°, Buenos Aires, Tel. 43936100. Die Ausflüge starten um 9 Uhr (Treffpunkt 8.30 Uhr) an der internationalen Mole, Lavalle 520, in Tigre, Rückkehr ist gegen 17.30 Uhr. Die Schiffsfahrt dauert jeweils drei Stunden. Der Preis des Ausfluges beträgt 13 US-$, eingeschlossen sind Mittagessen und Getränke im einzigen Restaurant der Insel.

Die einzige Herberge der Insel, die **Hostería Martín García,** kann nur über Cacciola gebucht werden und kostet 64 US-$ pro Nacht inkl. Überfahrt (www.cacciolaviajes.com).

Provinz Buenos Aires

Im Landesinnern

Die Provinz Buenos Aires ist die **größte und dichtestbesiedelte Provinz Argentiniens.** Auf ihren 307.000 km^2 leben etwa 14 Mio. Menschen. Die Bevölkerungsverteilung ist allerdings sehr unterschiedlich, da die meisten Einwohner im Großraum von Buenos Aires (allein über 11 Mio.) und der Provinzhauptstadt La Plata leben. Die Provinz ist das **wirtschaftliche Kernland** Argentiniens. Hier, im Hinterland von Buenos Aires, war schon vor einhundert Jahren die Viehzucht am intensivsten, und hier wurde der meiste Weizen angebaut. Die Provinz grenzt im Osten an den Atlantik: Hier liegen, sieht man von der patagonischen Península Valdés ab, die einzigen Badestrände Argentiniens.

Wer möchte, kann die Provinz mit dem **Zug** erkunden. Von den Hauptstadtbahnhöfen Retiro, Constitución und Once fahren Züge u.a. nach Tandil, Pinamar, Mar del Plata und Bahia Blanca. *Ferrobaires,* Tel. (011) 4304 0028, www.ferrobaires.gba.gov.ar.

Die Provinz Buenos Aires gehört zur **Pampa,** und zwar zur *Pampa húmeda,* der feuchten Pampa. Die **grenzenlos scheinende Grasebene** ist die klassische Landschaft Argentiniens. Rinderherden wirken hier wie kleine braune oder schwarze Punkte auf einer unendlichen, in verschiedenen Grüntönen schimmernden Ebene. Kleine

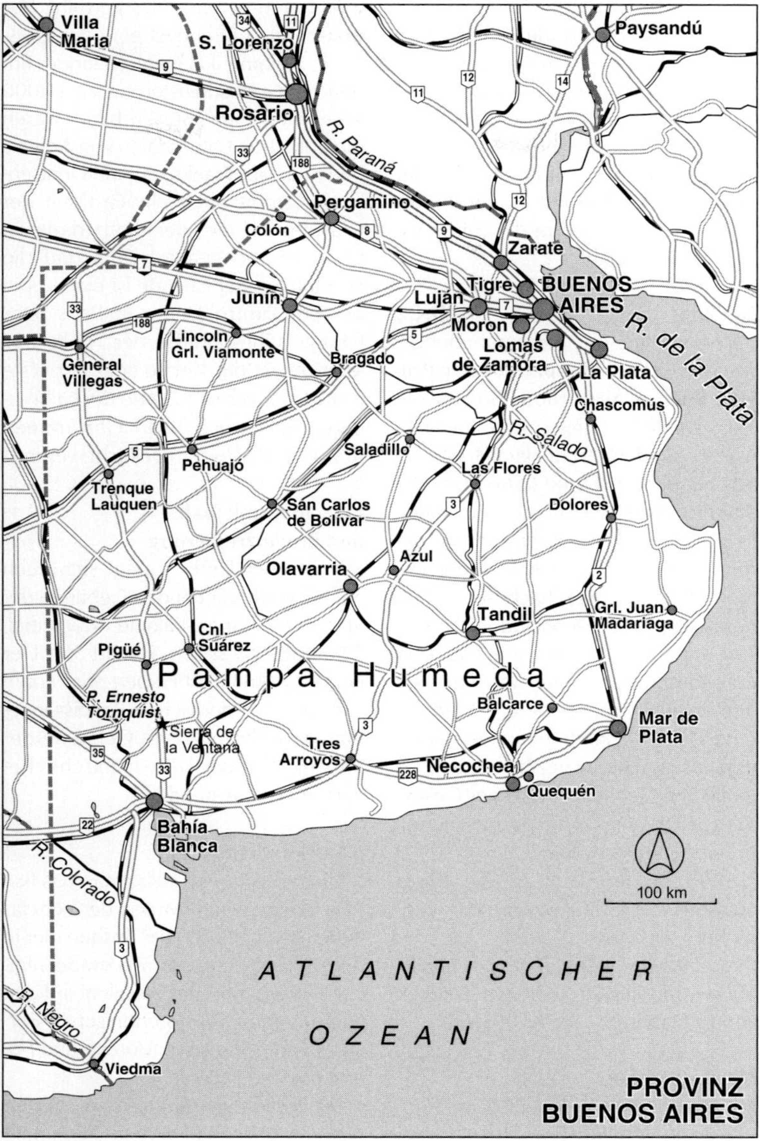
Villa Maria
S. Lorenzo
Rosario
Paysandú
R. Paraná
Pergamino
Colón
Zarate
Tigre
BUENOS AIRES
Junín
Luján
Moron
Lomas de Zamora
La Plata
R. de la Plata
Lincoln
Grl. Viamonte
General Villegas
Bragado
Chascomús
R. Salado
Saladillo
Pehuajó
Trenque Lauquen
Las Flores
San Carlos de Bolívar
Dolores
Olavarría
Azul
Tandil
Grl. Juan Madariaga
Cnl. Suárez
Pigüé
Pampa Humeda
P. Ernesto Tornquist
Sierra de la Ventana
Balcarce
Mar de Plata
Tres Arroyos
Necochea
Quequén
Bahía Blanca
R. Colorado
100 km
ATLANTISCHER OZEAN
R. Negro
Viedma
PROVINZ BUENOS AIRES

Wälder verraten die Existenz von Estanzias, das Holz für den Asado wird direkt neben dem Hof angepflanzt. Die Pampa ist hier wasserreich, deshalb finden sich zahlreiche kleine Seen oder Lagunen. Unterbrochen wird die Pampa von zwei Höhenzügen: der Sierra de Ventana mit Höhen bis zu 1243 m und der Sierra de Tandil, die nur 506 m erreicht.

La Plata ⇗XIII,C2

Fast mit Buenos Aires zusammengewachsen ist die **Hauptstadt der Provinz Buenos Aires** (600.000 Einwohner). Das 1882 gegründete La Plata wurde von dem Architekten *Pedro Benoit* auf dem Reißbrett entworfen: Die Stadt ist streng symmetrisch angelegt. Es gibt ein System von Plätzen, von deren Ecken aus Diagonalen das ansonsten obligatorische Schachbrettmuster der Straßen durchschneiden. Die Straßen tragen keine Namen, sie sind durchnummeriert und werden von den ebenfalls nummerierten Avenidas umgeben und den nummerierten Diagonalen durchkreuzt. Auch in den öffentlichen Gebäuden wird der Gestaltungswille beim Aufbau der neuen Provinzhauptstadt deutlich.

Zentrum der Stadt ist die **Plaza Moreno** – die Plätze sind nicht nummeriert, sie tragen Namen –, wo der Gründungsstein der Stadt zu sehen ist und wo die größte Sehenswürdigkeit von La Plata steht: die **Kathedrale.**

Die Kathedrale

Die neogotische Catedral de la Inmaculada Concepción wurde ab 1885 erbaut und bereits 1903 geweiht. Die fünfschiffige Kirche ist eine der größten in Südamerika, in ihrem Innern finden bei Gottesdiensten bis zu 14.000 Menschen Platz. Ihre Vorbilder waren die gotischen Kathedralen von Amiens und Köln, aus Frankreich und Deutschland stammt auch ein Großteil der Glasfenster, die der Kathedrale in Chartres nachgeahmt sind, und die Fensterrose der Fassade ist eine Kopie der von Nôtre Dame in Paris. Das Chorgestühl schnitzte der Tiroler *Leo Moroder.* In der Kirche liegt der erste Provinzgouverneur *Dardo Rocha* beerdigt. Täglich von 9–19 Uhr können Krypta und Museum besucht werden.

Palacio Municipal und Provinzregierung

Deutscher Einfluss zeigt sich auch am gegenüberliegenden Gebäude der Stadtverwaltung (Palacio Municipal, 12. Straße zwischen 51 und 53). Der deutsche Architekt *Hubert Stier* nahm Anleihen bei deutschen Renaissancebauten, während beim Gebäude der Provinzregierung die flämische Renaissance Pate stand.

Naturkundemuseum

Nicht versäumen sollte man das Naturkundemuseum (Museo de Ciencias Naturales) im Paseo del Bosque, der in der Verlängerung der 58. Straße liegt. Das Museum beruht vor allem auf den Sammlungen der argentinischen Forscher *Perito Francisco Moreno* und *Florentino Ameghino.*

Ausgestellt werden in dem „besten Naturhistorischen Museum Südamerikas", wie es *Bruce Chatwin* nannte, Fossilien, ausgestopfte Tiere und andere Exponate zur Landeskunde, zur Zoologie, Botanik und Geologie.

Geöffnet ist das Museum Di–So von 10–18 Uhr.

República de los niños

Von der Plaza San Martín fährt ein Kleinbus zur „República de los niños", Stadtrepublik in Miniaturform und ein Paradies für Kinder, das auf Initiative *Evita Peróns* eingerichtet wurde und in dem ein Puppenmuseum sowie Märchenfiguren locken (www.republica.la plata.gov.ar).

Touristeninformation

- Die Touristeninformation hat zwei Büros, eines im Palacio Campodónico, Diagonal 79 zwischen den Straßen 5 und 56, das andere in der Nähe der Plaza San Martín, auf der Ecke der Straßen 6 und 50, www.laplata.gov.ar. Infos auch im Studentenreisebüro Asatej, Av. 5, Nr. 990/Ecke 53, Tel. (0221) 4838673, laplata@asatej.com.ar.

Hotels

- **San Marco,** 54. Straße Nr. 523, Tel. 20422 9322; gut, www.sanmarcohotel.com.ar, 50 US-$.
- **Saint James,** Av. 60, Nr. 377, Tel. 4218089, www.hotelsj.com.ar, Familienbetrieb, 25 US-$.
- **Roga,** Straße 54, Nr. 334, Tel. 4219553, www.hotelroga.com.ar, 35 US-$.

Essen und Trinken

- An der Plaza Paso befinden sich einige gute Restaurants, wie das **„Don Quijote";** preiswerter lässt sich in der Umgebung des Busbahnhofes essen.

Verkehrsverbindungen

- An der Ecke der Straßen 4 und 42 ist der **Busbahnhof.** Von dort fahren ungefähr jede halbe Stunde Busse bis zum Bahnhof Retiro in Buenos Aires. Vom Bahnhof an der Avenida 1/Ecke Straße 44 verkehren **Züge** zum Bahnhof Constitución in Buenos Aires.

Luján

↗XII,B2

Dreimal im Jahr platzt die 94.000-Einwohner-Stadt aus allen Nähten: Am **8. Mai, dem ersten Oktoberwochenende und am 8. Dezember** pilgern Hunderttausende von Argentiniern nach Luján und huldigen hier der Schutzheiligen der Reisenden, die seit dem Erlass von Papst *Pius X.* aus dem Jahre 1935 auch die offizielle Schutzheilige von Argentinien, Paraguay und Uruguay ist. Luján ist der **wichtigste Wallfahrtsort in Argentinien.**

Die kleine, gerade mal 38 Zentimeter hohe **Statue der Jungfrau** ist so auch die wichtigste Attraktion des Ortes. Im Jahr 1630 – so ist überliefert – soll diese Statue von einem Gutsbesitzer bestellt worden sein. Sie wurde per Schiff von Brasilien nach Buenos Aires gebracht und sollte dann mit dem Ochsenkarren landeinwärts nach Santiago del Estero gebracht werden. Aber in Luján war plötzlich Ende. So sehr sich die Ochsen mühten, sie bekamen den Karren nicht mehr vorwärts. Erst nachdem die Statue abgeladen war, ging es weiter. So ließ man die Statue dort und baute eine Wallfahrtskapelle. Es entwickelte sich eine kleine Ortschaft, und 1887 legte man den Grundstein für die heutige neogotische **Kathedrale,** die 1935 vollendet wurde. Sie besitzt zwei 107 Meter hohe Fassadentürme; in ihr steht hinter dem Altar die kostbar geschmückte Statue der Jungfrau Maria.

Neben der Kirche ist das **Devotionalienmuseum.** Hier werden die wichtigsten Geschenke ausgestellt, die Gläubige der Jungfrau gemacht haben. Selbst gemalte Bilder z.B. wurden ihr en masse vermacht, aber auch Hochzeitskleider. *Diego Maradona* stiftete sogar eines seiner Nationaltrikots.

Zwei andere Museen der Stadt sind ebenfalls interessant: das **Verkehrsmuseum** (Museo del Transporte, Lavalle, Ecke Av. Nuestra Señora de Luján) mit der ersten Postkutsche Argentiniens und das **Kolonialhistorische Museum** (Museo Colonial e Histórico), das im ehemaligen Cabildo untergebracht ist. Möbel, Waffen und Bilder erzählen die Kolonialgeschichte der Region. Beide Museen sind Mi bis So von 12–18 Uhr geöffnet.

Im **Busbahnhof** in der Av. Nuestra Señora de Luján und in San Martín, Nr. 1 (Edificio La Cúpula), befindet sich auch die **Touristeninformation** (www.lujan.gov.ar). Stündlich fahren Busse nach Buenos Aires. Die Haltestelle dort ist an der Plaza Italia.

Tandil ↗ XVII,C2

Die Kleinstadt (110.000 Einwohner) ist das Zentrum eines Agrar- und Viehzuchtgebietes im Süden der Provinz Buenos Aires. Sie ist gleichzeitig der beste Ausgangspunkt für Besuche der **Sierra de Tandil,** des niedrigeren der beiden Höhenzüge, die durch die Provinz Buenos Aires laufen. In Tandil wird die Karwoche *(semana santa)* besonders aufwendig gefeiert. Zwar ist die Sierra de Tandil nicht hoch (nur bis zu 524 m), sie besitzt aber interessante Naturschönheiten wie kleinere Wasserfälle und seltsame Felsformationen. Hier kann man auch Felsklettern, Mountainbike und Kanu fahren.

Ein Muss ist das **älteste Eckhaus** in Tandil, San Martín/Ecke 14. de Julio. Es beherbergt das *Época de Quesos* (www.epocadequesos.com) und bietet eine köstliche *Picada* mit allerlei Käse- und Salamisorten.

Touristeninformation

- Die beiden Touristeninformationen befinden sich im Busbahnhof, Av. Buzón 650, Tel. (02293) 432092 und Plaza Independencia, Rodriguez/Ecke Pinto; www.tandil.gov.ar.
- **Agentur Kumbre,** organisiert Outdoor-Aktivitäten, www.kumbre.com

Hotels

- **Hospedaje Kaikú,** Mitre 902, Tel. 423114; freundlich, schlicht, für 8 US-$ mit Frühstück.
- **Lo de Olga Gandolfi,** Chacabuco 977, Tel. 440258. www.lodeolgagandolfi.com.ar. Familiäres Kolonialhotel, 17 US-$.
- **Posada Plaza de las Carretas,** Av. Santamarina 728, Tel. 447850, www.plazadelascarretas.com.ar. Stilvoll und gepflegt.
- **Torino,** Sarmiento 502, Tel. 423454, www.hotel-torino.com.ar. 45 US-$.

Busverbindungen

- Der **Busbahnhof** befindet sich an der Ecke der Av. Buzón mit der Calle Portugal. Von hier fahren mehrmals täglich **Busse nach** Buenos Aires, Necochea, Mar del Plata, Neuquén, Mendoza, San Juan und Córdoba.

Sierra de la Ventana ↗ XVI,B2

Der **höchste Gebirgszug in der Provinz Buenos Aires** erreicht immerhin eine Höhe von 1239 m, was in der ansonsten flachen Pampalandschaft schon beträchtlich ist. Die Sierra ist ein

Naturpark, sie ist von Wanderwegen durchzogen. Seinen Namen hat das Gebirge von einem **Felsendurchbruch** von über 8 x 4 m, der sich wie ein Fenster (= ventana) öffnet.

Der Gebirgszug kann über zwei Orte erreicht werden: Von **Tornquist,** einem netten kleinen Ort etwa 80 km nördlich von Bahía Blanca, oder vom Örtchen **Sierra de la Ventana** selbst. Dieses Dorf ist ein populäres Ziel bei argentinischen Besuchern und verfügt über jede Menge touristischer Einrichtungen, darunter Golfplatz, Schwimmbad und Casino.

Die **Reserva Provincial Ernesto Tornquist** (Ruta 76, km 225, Tel. 491 0039) ist ein 6700 ha großer Naturpark. Das gesamte Gelände war früher Privatbesitz der Familie *Tornquist.* Drei Stunden dauert die Wanderung vom Parkeingang bis zum Gipfel der Sierra de la Ventana, von wo sich der fantastische Blick durch das „Fenster" bietet. Doch obwohl der Weg nicht lang ist, sollte man ihn nicht unterschätzen. Er führt oftmals über unbefestigte Wege, und an einigen Stellen muss man über hohe Felsbrocken kraxeln. Gutes Schuhwerk ist Pflicht!

Andere Wege führen zu Indianerhöhlen und -grabstätten und zu einer Forststation, wo man zusätzliche Informationen bekommen kann und von der aus Exkursionen zur Tierbeobachtung starten.

Touristeninformation

- Roca 15 im Ort Sierra de la Ventana, Tel. (0291) 4915303, www.comarcaturistica.com.ar. Die Touristeninformation ist wichtig wegen des Kartenmaterials für den Park.

Unterkunft

Im Ort Sierra de la Ventana gibt es Hotels nahezu aller Kategorien, nur die Luxusklasse fehlt. Hinzu kommen mehrere Zeltplätze. Auch im Park selbst gibt es **Campingmöglichkeiten.**

- **Residencial La Cumbre,** Av. San Martín, Tel. 4915315, residencialacumbre@yahoo.com.ar.
- **La Posada del Duende,** Colibri, zwischen Belisario und Pillahuinco, Tel. 4910185, www.comarcaturistica.com.ar, 30 US-$.

Busverbindungen

Täglich fahren mehrere Busse **nach Buenos Aires** und nach **Bahía Blanca.** Von dort bestehen Verbindungen in alle Landesteile.

An der Atlantikküste

Was viele Mitteleuropäer mit Grauen erfüllt – überfüllte Strände, volle Restaurants, hektischer Verkehrslärm –, das scheinen Argentinier zu suchen: **pulsierendes Leben statt einsamer Buchten.** Stolz verweisen sie bei der Beschreibung eines Urlaubsortes auf die vielen großen Hotels – je höher, desto besser, – stolz auf die große Menge von Diskotheken, Shopping-Centers und auch Spielhallen für die lieben Kleinen.

In den Sommermonaten von Januar bis März zieht es die Porteños nahezu zwanghaft an den Strand. Die meisten an die eigene Atlantikküste zwischen San Clemente und Monte Hermoso, die ganz Reichen fahren ins uruguayische Punta del Este. **Ferienwohnungen** sind beliebt, wer keine hat, hat Freunde, die eine haben. Man verbringt die Tage am Strand, mit Essen, Matetrinken, Faulenzen, Reden. Hier niemanden kennen zu lernen, ist fast unmöglich. Lange Gespräche mit dem Nachbarn, bis Essenszeit ist. Dann geht man ins Restaurant, danach ein kurzer Spaziergang über die Rambla, ein bisschen Einkaufen, eine Tasse Kaffee und anschließend wieder an den Strand. Und abends lockt das Vergnügen: ausgehen, die Restaurants sind voll, die Discos spät in der Nacht ebenfalls.

San Clemente del Tuyú ⇗XVII,D1

San Clemente liegt etwa 330 km von Buenos Aires entfernt und ist damit das nächstgelegene Strandziel. Das ehemalige Fischerdorf am südlichen Abschluss der Atlantikbucht **Bahía Samborobón** ist nicht der schickste Badeort und besitzt auch nicht die feinsten Strände, dafür ist er eine der billigeren und ruhigeren Erholungsstätten. Wer das argentinische Strandleben in etwas gemäßigter Form genießen will, ist hier zwischen Anglern, deren beliebtester Treff in den frühen Abendstunden die weit ins Meer vorragende Mole ist, gut aufgehoben.

a37-209 Foto: ab

Faulenzen am Strand

Freizeitpark Mundo Marino

Die meisten Besucher kommen inzwischen nach San Clemente wegen des Freizeitparks Mundo Marino, der neben diversen Freizeiteinrichtungen wie Sommertheater und Spielplätzen mit Vorführungen von **Meerestieren** wirbt. Seelöwen, Otter und Delphine werden in Shows gezeigt, die größte Attraktion ist aber die Vorführung der schwarz-weißen Orcas, die oft auch als Killerwale bezeichnet werden. Mundo Marino ist der größte derartige Freizeitpark in Südamerika und gehört zu den meistbesuchten Zielen des argentinischen Tourismus.

Zu erreichen ist der Park mit öffentlichen Bussen (Nr. 500). Er ist geöffnet Januar und Februar täglich 10–20 Uhr, in den restlichen Monaten Do bis So von 10–18 Uhr, Eintritt: 10 US-$, Tel. (02252) 430300, www.mundomarino.com.ar.

Touristeninformation

- Die Touristeninformation ist an der Straße 2, Nr. 2090, Ecke Straße 63, Tel. (02252) 430718. Die meisten Straßen in San Clemente sind nummeriert.

Hotels

- Die meisten Hotels finden sich an der Strandpromenade, es dürfte nicht schwer sein, selbst in der Saison dort eine Unterkunft zu finden. Sämtliche Preisklassen sind vertreten, unter den günstigen ist das **Residencial Bahía,** Calle 4, Nr. 2341, Tel. 422247, zu empfehlen, Übernachtung ab 10 US-$.
- **Altair,** Av. Costanera Ecke Calle 3 Nr. 2283, Tel. 421429; hübscher Rundbau, Zimmer mit Kabel-TV, Privatbad und Meerblick für 30 US-$.
- **Savoia,** Av. San Martín, Nr. 267, Tel. 421107, www.savoiahotel.com.ar; 35 US-$.

Camping

- ACA hat einen sehr guten Campingplatz auf der Avenida 2, Nr. 96, Tel. 421124, www.acasanclemente.com.ar. Er ist allerdings vorrangig für Mitglieder bestimmt. Auch im Garten des Residencial Bahía auf der Calle 4, zwischen den Straßen 1 und 15, kann man sein Zelt aufschlagen.

Busverbindungen

- **Zentraler Abfahrtsort** der Busse ist die Calle 10 Ecke Av. San Martín.
- Nach und von **Buenos Aires** bestehen direkte Busverbindungen für 5–6 US-$.
- Andere Buslinien als nach Buenos Aires fahren die Küste hinab Richtung **Mar del Plata,** das kostet um die 4 US-$.

9 km entfernt, an der **Punta Rasa,** liegt ein **kleines Naturschutzgebiet.** Es wird von der *Fundación Vida Silvestre* geleitet und ist im Sommer Heimat tausender Zugvögel der nördlichen Erdhalbkugel.

Pinamar

↗XVII,D2

Dieser Urlaubsort, 90 km von San Clemente entfernt, hat sich nicht aus einer älteren Ansiedlung heraus entwickelt, sondern entstand als Produkt kühler Planung. Der Architekt *Jorge Bunge,* Sohn einer reichen Oberschichtfamilie, legte vor etwa fünfzig Jahren das Konzept für ein **Seebad** für Angehörige seiner Schicht vor, das sich besonders gut in die **Dünenlandschaft** einfügen sollte. Das ist weitgehend gelungen. Von großen Grünflächen und Eukalyptus- und Nadelwäldern durchzogen, besitzt Pinamar heute vor allem in den Außengebieten immer noch eine sehr ruhige Atmosphäre. Es ist somit einer der **beliebtesten Urlaubsorte für die Reichen,** denen die anderen teuren Urlaubsorte an der Küste zu hektisch sind. Die übliche Hektik ist allerdings im Zentrum von Pinamar inzwischen auch eingezogen. Dort stehen die großen Häuser mit Ferienwohnungen, die Hotels und unzählige Restaurants.

Bunge hat den Platz für sein Seebad gut gewählt, denn vor der Küste von Pinamar zieht eine warme Meeresströmung, aus Brasilien kommend, vorbei. Deshalb lockt das Wasser hier besonders zum Baden.

Touristeninformation

- Die Touristeninformation ist in der Av. Bunge 654, Tel. (02254) 491680, www.pinamar.gov.ar.

Hotels

Pinamar hat über 120 Hotels, die meisten der gehobenen Preisklasse. Eine gute Übersicht bietet www.pinamarturismo.com.ar.

- Hotels kosten mindestens 20 US-$ im DZ. In dieser Preislage bewegen sich die **Hospedaje Las Acacias,** Del Cangrejo 1358, Tel. 485175, und **Hospedaje Valle Fértil,** Del Cangrejo 1110, Tel. 484799.
- **Saint James,** Constitución, Nr. 349, Tel. 482234, www.hotelstjames.com.ar. 30 US-$.
- **Hostería Isla Tortuga,** Av. del Mar 187, Tel. 497680, consultas@hostalislatortuga.com.ar. Zimmer mit Meerblick ab 85 US-$.

Camping

- In der Umgebung gibt es zahlreiche Campingplätze, so zum Beispiel im Ortsteil Ostende den **Campingplatz Moby Dick,** Victor Hugo 916, Tel. 405846, www.haciafuera.com.ar/mobydick.htm, und den **Camping Ostende,** Cairo, Nr. 565, Tel. 486277.

Jugendherberge

- Die Jugendherberge **Bruno Valente** liegt B. Mitre 149, Tel. 402783. Eine Voranmeldung ist empfehlenswert. Freundlich, Bett im Schlafsaal für 15 US-$.

Busverbindungen

- Der neue **Busbahnhof** liegt an der Ecke Av. Budge/Intermedanos.
- Es gibt gute Verbindungen **nach Buenos Aires.**

Villa Gesell ⇗ XVII,C/D2

Nur 20 km von Pinamar entfernt liegt Villa Gesell, ein Badeort, der besonders bei **jüngeren Leuten** beliebt ist. Im Unterschied zu anderen Orten ist Villa Gesell auch außerhalb der Saison belebt: Immerhin leben hier 25.000 Menschen das ganze Jahr über.

Wie Pinamar geht auch Villa Gesell auf die Initiative eines Einzelnen zurück. Der Schweizer Einwanderer **Karl Gesell** bewaldete eine Sanddünenlandschaft von etwa 1800 ha. Dem „Verrückten der Dünen", wie man ihn zunächst nannte, sind die heutigen Einwohner von Villa Gesell dankbar. Mit dem Wald begann der Aufstieg zum beliebten Ferienort.

Karl Gesell hatte einen genauen Plan davon, wie sein Urlauberparadies auszusehen hatte. In einer Broschüre von 1948 verrät er es: *„Die Straßen, die sich in Serpentinen zwischen den Hügeln winden, sind eben und gut passierbar. Die Häuser erheben sich auf den Dünen, hoch über den Straßen; ideal zum Bauen. Große Grundstücke und breite Alleen geben allem einen Hauch von Würde."* Nicht alles ist nach Plan gelungen – auch große Hotels säumen heute den Strand. In der Hochsaison, wenn Hunderttausende hier Erholung suchen, unterscheidet sich Villa Gesell nur unwesentlich von den größeren Geschwistern unter den Badeorten wie Mar del Plata.

Ungewöhnlich ist allerdings der **Stadtplan** des kleinen Ortes. Er sieht aus, als habe man sich verzweifelt bemüht, die Regelmäßigkeit normaler argentinischer Städte aufzubrechen. Zwar gibt es Blocks, viele Wege aber wurden im Zickzack gebaut. Die Orientierung fällt daher zumindest am Anfang etwas schwer.

Sehenswürdigkeiten

Villa Gesell besitzt einen **10 km langen Sandstrand,** er ist die wichtigste Attraktion des Ortes. Dazu kommt ein 54 m hoher **Leuchtturm,** der Faro Querandí, errichtet 1922. Die drittwichtigste ist die **Schokoladenfabrik.** Eine **Freilichtbühne** („Anfíteatro") sowie ein **Autokino** an der Av. Buenos Aires, Ecke Circunvalación.

Touristeninformation

- Die Touristeninformation hat einen Schalter am Busbahnhof, sowie ein Büro auf Los Pioneros 1921, Tel. (02255) 458596, Informationen auch unter www.gesell.gov.ar.

Hotels

- **Hostería Gran Chalet,** Paseo 105 zwischen Av. 4 und 5, Tel. 462913, www.gesell.com.ar/granchalet; große Zimmer, freundliche Leute, gutes Frühstück, geöffnet im Sommer.
- **Hostería Astrid,** Paseo 141 BIS zwischen Av. 3 und 4, Tel. 476147.
- **Aloha,** Paseo 104, Nr. 185, Tel. 454542, www.hotelaloha.com.ar; 30 US-$.

Camping

- Zahlreiche Campingplätze befinden sich nördlich des Stadtzentrums, z.B. Camping Europa, Straße 304 Nr. 1370, Tel. 458292.

Jugendherberge

- Die Jugendherberge (vorbestellen!) mit Campingplatz heißt **El Coyote.** Sie liegt Alameda 213/Ecke Calle 305 im Barrio Norte, Tel. 458448, www.campingcoyote.com.ar.

Busverbindungen

- Der **Busbahnhof** liegt an der Ecke Avenida 3. und Paseo 140.
- Von hier fahren mehrmals täglich Busse **nach Buenos Aires** (am besten im Voraus buchen).

Reiten

- Wer reiten möchte, sollte zu **Tante Puppi** (Reitschule) gehen. Dort werden **Reitkurse,** aber auch Ausritte veranstaltet (Adresse: Boulevard/Ecke Paseo 102, Tel. 45-5533).

Mar del Plata ↗ XVII,C2

Der **größte Badeort Argentiniens** liegt etwa 410 km von der Hauptstadt entfernt, hat außerhalb der Saison etwa 600.000 Einwohner und während der Hochsaison und an langen Wochenenden oft eine bis drei Millionen mehr. Dementsprechend hoch sind die Übernachtungspreise im Sommer und fallen zum Teil drastisch in der Nebensaison. Es gibt zwar kilometerlange und sehr breite Sandstrände, aber dort noch einen Platz für sein Badetuch zu finden, ist schwierig.

Dabei fing alles so idyllisch an: 1746 hatten Jesuiten hier eine Mission gegründet, die allerdings bereits fünf Jahre später aufgegeben wurde. Dann geschah bis 1856 nichts. Damals fand der Portugiese *Coehlo do Meyrelles* den Platz, wo sich die Seehunde tummelten, attraktiv für eine Salzfleischfabrik. Die Stadt erlebte einen recht schnellen Boom, 1886 wurde die Eisenbahn nach Buenos Aires eröffnet und vier Jahre später die erste, noch sehr kleine Badeanstalt. Mar del Plata, wie die Stadt seit 1907 offiziell hieß, entwickelte sich rasch zum vornehmen Badeort, das französische Biarritz war das Vorbild. Denn Mar del Plata ist der einzige Ort an der argentinischen Atlantikküste, an dem das Meer an Felsen brandet. Die Ausläufer der Sierra im Hinterland machen es möglich. Zunächst kamen nur die ganz Reichen. Ab Mitte der 1930er Jahre auch die reicher gewordene Mittelschicht und schließlich nach dem Zweiten Weltkrieg auch die Arbeiter, die sich einen Urlaub leisten konnten. Dafür blieben die Reichen allmählich aus.

Alle Strände sind öffentlich und kostenlos zugänglich. Doch Teile der Strände sind an Strandhäuschenvermieter verpachtet. So haben sich unsichtbare Schranken gebildet. Die Oberklasse zieht es in die neu entstan-

img300 Foto: ab

denen Badeorte südlich der Stadt, hinter dem Leuchtturm. Die Unterschicht badet in der Strandzone von Bristol, die Mittelklasse geht nach La Perla.

„Mardel" und „Ciudad feliz" nennen viele Argentinier liebevoll ihr schönstes Urlaubsziel. Denn hier ist für alles gesorgt: Es gibt Restaurants in Hülle und Fülle, auch wenn in den beliebtesten die Gäste mitunter schon schichtweise abgefüttert werden müssen, es gibt eine Überfülle von Diskotheken, von Veranstaltungen, mehr als ein Dutzend Kinos, jede Menge Spielhallen für die Kleinen und Shopping-Centers für die Großen, Wassersportmöglichkeiten aller Art, kurz: alles, was das Herz begehrt. Nur Ruhe sucht man vergeblich.

Mar del Plata ist zudem die offizielle **Hauptstadt des Pullovers.** Auf den Einkaufsmeilen findet sich eine Boutique neben der anderen. Die Textilbranche hat eine über 50-jährige Tradition und ist der viertwichtigste Arbeitgeber der Stadt. Einige Betriebe bieten Besichtigungen an. Nachfragen bei der *Cámara Textil,* Castelli 3752, Tel. 4745381.

Ein später Höhepunkt der Saison findet alljährlich Anfang März statt: das **Internationale Filmfestival von Mar del Plata.** Es ist das einzige A-Festival in Südamerika und wurde 1959 ins Leben gerufen worden. Vom 1971 bis

Mar del Plata

1995 war es aus politischen und wirtschaftlichen Gründen ausgesetzt worden. Seit 1996 findet es wieder jährlich statt. Seit 2007 wird der **Ernesto Che Guevara Filmpreis** für den besten lateinamerikanischen Film vergeben; www.mardelplatafilmfest.com.

Den besten Überblick über die Stadt erhält man von der 88 m hohen **Aussichtsplattform der Torre Tanque** (Wasserturm) an der Ecke Mendoza/ Falucho. Ein Fahrstuhl fährt nach oben. Was ist sehenswert in der Stadt?

Strand, Fußgängerstraßen

Sehenswert ist das Strandleben, auch wenn man kein begeisterter Fan von Massentourismus ist. Das Gewimmel an den Stränden muss man einfach erlebt haben. Ebenso den abendlichen Trubel in den Fußgängerstraßen San Martín und Rivadavia. An der Calle San Martín steht auch die neogotische **Kathedrale San Pedro,** auf deren Vorplatz bis tief in die Nacht Künstler auftreten.

Villa Victoria und Los Troncos

Etwas außerhalb des direkten Zentrums liegen die beiden wichtigsten Sehenswürdigkeiten der Stadt: Die **Villa Victoria** an der Straße Matheu 1851, etwa auf der Höhe Tucumán, sowie das **Stadtviertel** Los Troncos. Beim Bummel durch **Los Troncos** (die Baumstämme) sieht man einige schöne Villen, die von der schickeren Vergangenheit von Mar del Plata berichten, ebenso wie einzelne Gebäude an der Avenida Peralta, wie der Bv. Marítimo offiziell heißt.

Die Villa Victoria wurde nach ihrer ehemaligen Besitzerin *Victoria Ocampo* benannt. Das Haus wurde vom Vater der Schriftstellerin 1912 errichtet, es ist ein Holzgebäude, dessen Baumaterial vollständig aus Norwegen und Schweden herbeigeschafft wurde. *Victoria Ocampo* (siehe „Land und Leute/Literatur") traf sich hier mit führenden Schriftstellern und Intellektuellen, heute ist das Gebäude ein Museum. Es ist täglich 11–19 Uhr geöffnet, Tel. 4920569.

Naturkundemuseum

Lohnend ist auch ein Besuch des Naturkundemuseums (Museo Municipal de Ciencias Naturales) an der Plaza España. Es ist in der Saison Mo bis Fr von 9–17 und Sa/So von 15.30–19.30 Uhr geöffnet. Wer Muscheln liebt, findet zwar keine mehr am Strand, kann aber die Muschelsammlung mit 30.000 Exemplaren im **Museo del Mar** aufsuchen (Av. Colón 1114, www.museodelmar.org). Es ist geöffnet Mo bis Do von 10–18 Uhr und Fr bis So von 10–20 Uhr, Eintritt 3 US-$.

Fischereihafen

Unbedingt einen Besuch lohnt der Fischereihafen der Stadt. Mar del Plata ist das Fischfangzentrum Argentiniens. Die Fischer fahren frühmorgens aus und kehren gegen 17 Uhr zurück, laden ihren Fang ab, umgeben von schnorrenden Seelöwen. Da die Küstengewässer flach sind und große Seeschiffe nicht anlegen können, hat sich das idyllische Fischerhafenbild etwas gehalten. Eine gute Gelegenheit für

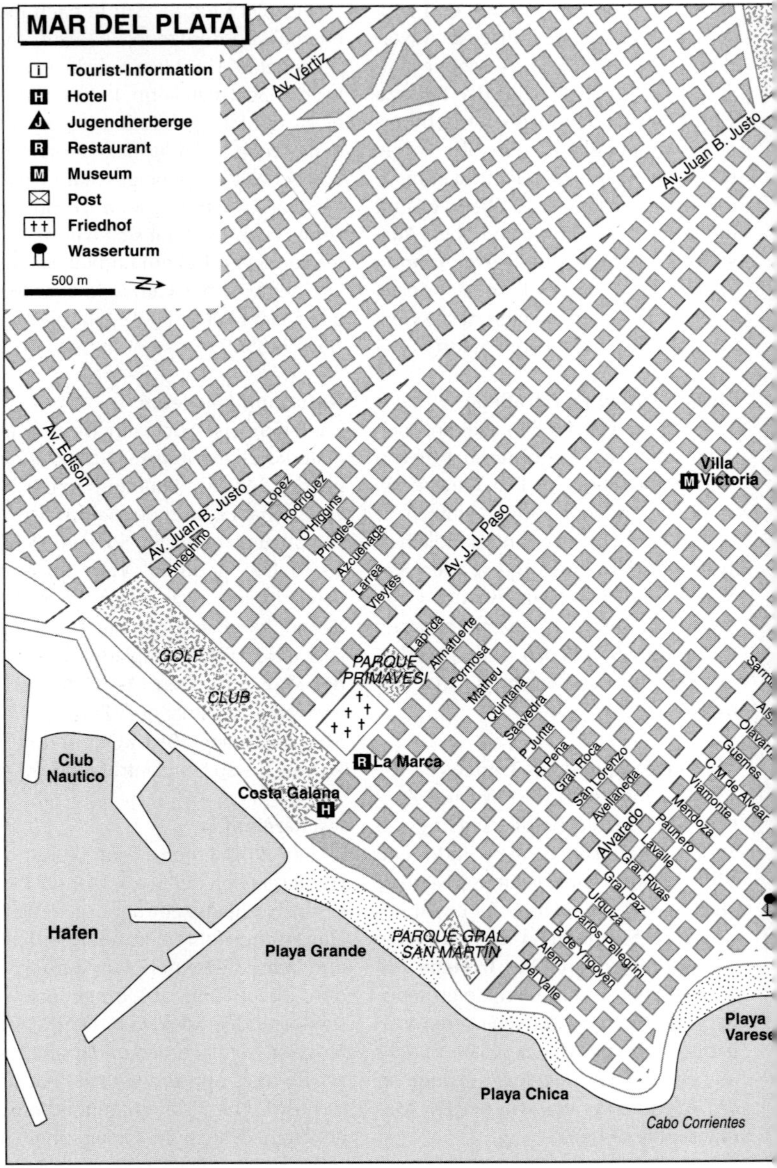
MAR DEL PLATA
Tourist-Information
Hotel
Jugendherberge
Restaurant
Museum
Post
Friedhof
Wasserturm
500 m
Av. Vértiz
Av. Juan B. Justo
Av. Edison
Av. Juan B. Justo
Ameghino
Lopez
Rodriguez
O'Higgins
Pringles
Azcuenaga
Larrea
Vieytes
Av. J. J. Paso
Villa Victoria
Laprida
Almafuerte
Formosa
Matheu
Quintana
Saavedra
P. Junta
R. Peña
Gral. Roca
San Lorenzo
Avellaneda
Alvarado
Gral. Paz
Urquiza
Carlos Pellegrini
B. de Yrigoyen
Alem
Del Valle
Gral. Rivas
Lavalle
Paunero
Mendoza
Viamonte
C. M. de Alvear
Guemes
GOLF CLUB
PARQUE PRIMAVESI
La Marca
Costa Galana
Club Nautico
Hafen
Playa Grande
PARQUE GRAL. SAN MARTIN
Playa Chica
Cabo Corrientes

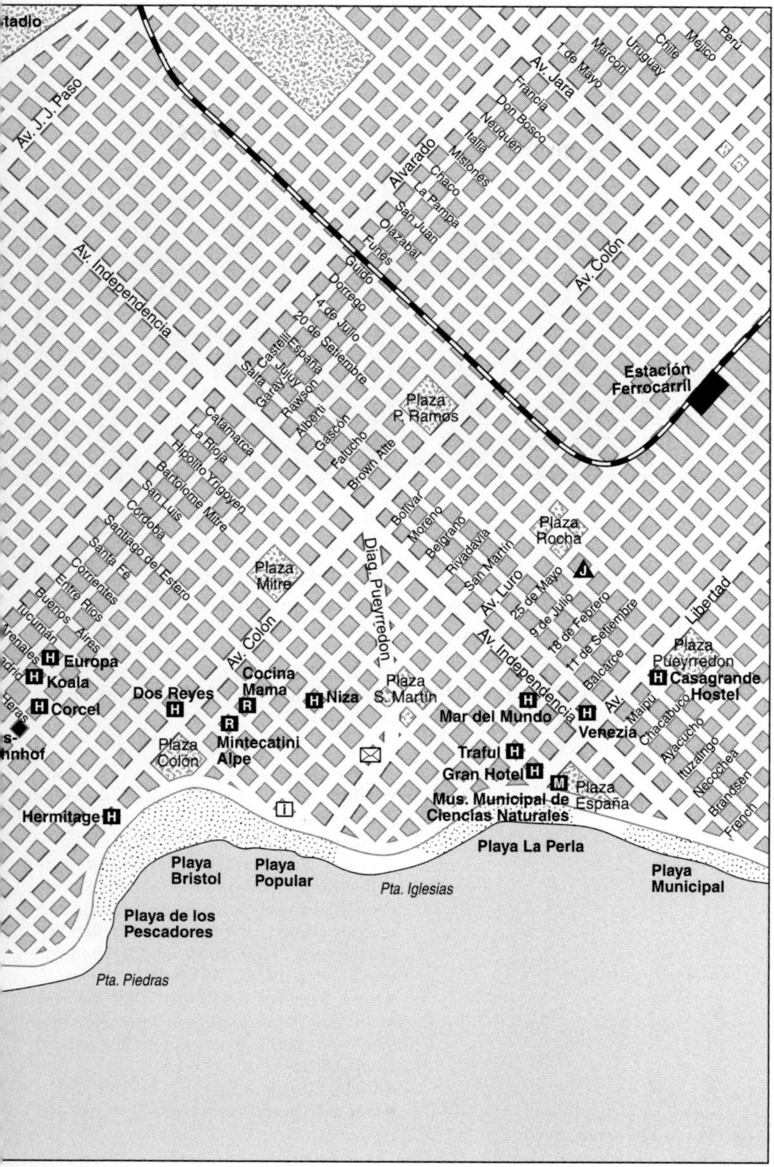
Av. J. J. Paso
Av. Independencia
Alvarado
Av. Jara
Av. Colón
Estación Ferrocarril
Plaza P. Ramos
Plaza Rocha
Plaza Mitre
Diag. Pueyrredon
Av. Luro
Libertad
Plaza Pueyrredon
Casagrande Hostel
Europa
Koala
Corcel
Dos Reyes
Cocina Mama
Niza
Plaza S. Martín
Mar del Mundo
Venezia
Plaza Colón
Mintecatini Alpe
Traful
Gran Hotel
Mus. Municipal de Ciencias Naturales
Plaza España
Hermitage
Playa La Perla
Playa Bristol
Playa Popular
Pta. Iglesias
Playa Municipal
Playa de los Pescadores
Pta. Piedras

028-a Foto: jv

das eine oder andere schöne Foto. Bedeutend in Mar del Plata sind natürlich auch die **Alfajores.** In der Stadt werden die meisten Alfajores hergestellt; ob die wohl **typischste argentinische Süßigkeit,** eine von Schokolade umhüllte, mit „dulce de leche" (Karamell) gefüllte Lebkuchenart, auch hier erfunden wurde, ist allerdings nicht bekannt.

Mar del Plata – Fischereihafen

Touristeninformation

- Die Touristeninformation befindet sich am Av. Peralta bzw. dem Bd. Marítimo P. Peralta Ramos 2270, im Casino. Geöffnet täglich von 8–20 Uhr, Tel. 4951777.
- Eine **nützliche Website** ist www.mardelplata.gov.ar.

Hotels

Einfach und billig:

- **Casagrande Hostel,** Jujuy 947, La Perla, 4760805, www.mardelplatahostel.com; sympathische Herberge in Strandnähe mit Küchen- und Waschmaschinenbenutzung, Aufenthaltsräumen, Internet und kulturellen Veranstaltungen, Unterkunft im Mehrbettzimmer 11 US-$ p.P., DZ 18 US-$.
- **Niza,** Santiago del Estero 1843, Tel. 495 1695; das Personal ist sehr freundlich, das Hotel sehr gepflegt, mit gutem Service, ein Doppelzimmer kostet 7 US-$.
- **Koala,** Lamadrid 2763, Tel. 495264.
- **Mar del Mundo,** Catamarca 1239, Tel. 493 0245.

Hotels der Mittelklasse:

- **Europa,** Arenales 2735, Tel. 4940436; ruhige Lage, in der Nähe des Busbahnhofs. Ab 20 US-$.
- **Gran Hotel Mar del Plata,** Av Libertad 3046, Tel. 4931839, www.granhotelmardelplata.com; gegenüber dem Strand Perla, die Zimmer sind mit Meerblick, ab 20 US-$.
- **Venezia,** Av. Independencia 1026, Tel. 493 7978, www.veneziahotel.com.ar. ab 25 US-$.
- **Corcel,** Las Heras 2920, Tel. 4513033, www.hotelcorcel.com.ar; 40 US-$ mit gutem Frühstück.
- **Traful,** Hipólito Yrigoyen 1190, Tel. 493 6650, www.hoteltraful.com.ar; ab 50 US-$.

Luxushotels:

- **Dos Reyes,** Av. Colón 2129, Tel. 4910383, www.dosreyes.com.ar; ab 75 US-$.
- **Costa Galana,** Bv, Marítimo P.P. Ramos 5725, Tel. 486000, www.hotelcostagalana.com; ab 150 US-$.
- **Hermitage Hotel,** Av. Colón 1643, Tel. 451 9081, www.hermitagehotel.com.ar.

Camping

- Campingplätze gibt es reichlich. Viele liegen an der Ruta 11, zum Beispiel **Autocamping del Faro,** Ruta 11, km 12, 800 m vom Leuchtturm entfernt, Tel. 4671168, www.autocampingdelfaro.com.ar.

Jugendherberge

- Die Jugendherberge **Yanquetruz Hostel** ist in der Straße 9 de Julio Nr. 3634, Tel. 473 8098 www.yanquetruz.com.ar; Übernachtung ab 10 US-$.

Essen und Trinken

Mar del Plata besitzt eine **riesige Auswahl** an verschiedenen Restaurants unterschiedlichster Qualität und unterschiedlichster Preisgestaltung. Dennoch ist es mitunter schwierig, einen freien Platz zu ergattern.

Die **billigeren Restaurants** finden sich in der Regel nahe des Busbahnhofs, viele mit tenedor libre in der San Martín. Den besten, aber nicht immer billigsten, **Fisch** bekommt man in der Umgebung des Fischereihafens *(Centro Comercial del Puerto).*

- **Cocina Mamá,** Belgrano 2239, und Montecatini Alpe, Belgrano 2250, sind guter Standard im Zentrum.
- **La Marca,** Almafuerte 253; sehr gutes Grillrestaurant für den, der auf Fleisch nicht verzichten will.
- **Don Chichilo,** Centro Comercial del Puerto loc. 4, und El Centollón, Centro Comercial del Puerto loc. 3, sind gute Fischrestaurants am Hafen.

Nachtleben

Die meisten **Discos** befinden sich in der Av. Constitución nördlich des Stadtzentrums. Vor 3 Uhr morgens ist vom Besuch abzuraten, weil bis dahin einfach noch nichts los ist. Junge Leute zieht es abends auch in die Calle Güemes.

- Mit dem entsprechenden Kleingeld und der entsprechenden Garderobe kann man sein Glück im **Casino** probieren. Das liegt gegenüber der Plaza Colón, es soll – so die Argentinier – das größte der Welt sein. Schließlich gehen jeden Tag mehr als 20.000 Besucher hinein.

Flugverbindungen

- 10 km nördlich der Innenstadt befindet sich der Flughafen **Aeropuerto Camet,** Tel. 479 2787, Kleinbusse für 3,50 US-$. Ein Flug von Buenos Aires nach Mar del Plata kostet 46 US-$ inkl. Steuern, hin und zurück sind es 90 US-$.
- **Argentinas/Austral** fliegt täglich Buenos Aires an. Die Fluggesellschaft hat ihr Büro Moreno 2442, Tel. 4961077. **LADE** (Rambla, Casino Local 5, Tel. 4938211) fliegt ebenfalls zum Aeroparque in Buenos Aires sowie nach Córdoba, Bahía Blanca, Viedma, Puerto Madryn, Trelew, Neuquen und Bariloche. LAN hat ein Büro in Córdoba 1882, Tel. 493 9648.

Überlandbusse

- Der **Busbahnhof** liegt sehr zentral auf der Calle Alberti 1602, Tel. 4515406.
- **Buenos Aires,** von Mar del Plata bestehen täglich mehrere Busverbindungen nach Buenos Aires, zum Busbahnhof in Retiro, aber

auch zu anderen argentinischen Großstädten. Die Fahrt nach Buenos Aires dauert etwa 7 Stunden und kostet 17 US-$.

- Nach **Bahía Blanca** fahren mehrmals täglich Busse (ca. 14 US-$, 6 Stunden); von dort bestehen Anschlüsse bis nach Bariloche.
- Es fahren außerdem mehrmals täglich Busse entlang der Küste zu anderen Badeorten.

Eisenbahn

Der Bahnhof liegt an der Av. Luro 4500, Tel. 4753311. Zweimal täglich fahren Züge in Richtung **Buenos Aires** zum Bahnhof Plaza Constitución. Die Preise für die einfache Fahrt mit dem *Tren Expreso del Atlántico* oder dem *Marplatense* liegen zwischen 10 und 18 US-Dollar; (www.ferrobaires.gba.gov.ar).

Autoverleih

- **ACE Rent a Car,** España 1751, Tel. 4726 000.
- **Avis Rent a Car,** Autovía 2, Nr. 396, Tel. 4702100.
- **Hertz,** Córdoba 2149, Tel. 4962772 und am Flughafen, Tel. 4787324.
- **Localiza,** Córdoba 2270, Tel. 4933461.
- **Europcar,** Av. Colón 2450, Tel. 4910091.

Sonstiges

- Die **Hauptpost** ist an der Av. Luro 2460; dort befindet sich auch an der Ecke zur Santiago del Estero ein **Telefonbüro.**
- **Travellerschecks** einzulösen fällt auch in Mar del Plata schwer. Man versuche die **Wechselbüros** auf der San Martín, darunter das Büro Jonestur, San Martín Tel. 4910575.

Feste/Veranstaltungen

In den drei Sommermonaten Januar bis März gibt es eine Fülle von Veranstaltungen, darunter einige prominent besetzte Sporttreffs. Eine **Auswahl:**

- **Januar:** *Fiesta Nacional del Mar, Torneo de Tenis de Sur de la República Argentina, Seven de Rugby de verano, Torneo de fútbol de verano.*
- **Februar:** *Torneo de fútbol de verano, Torneo de Golf Internacional.*
- **März:** *Festival Internacional de Cine,* www.mardelplatafilmfest.com.

Balcarce

In dem 70 km westlich gelegenen Geburtsort des legendären mehrfachen Formel-1-Weltmeisters **Juan Manuel Fangio** (1911–1995) wurde ihm zu Ehren ein **Motor-Museum** eingerichtet, in dem alle seine Rennwagen und Trophäen ausgestellt sind. Es liegt an der Kreuzung der Straßen 17 und 18. Balcarce ist leicht mit Bussen von Mar del Plata aus zu erreichen und hat täglich geöffnet von 10–17 Uhr, www.museofangio.com.

Jesuiten-Reduktion und José-Hernández-Museum

Noch vor Balcarce, etwa 26 km hinter Mar del Plata, liegt **Sierra y Laguna de los Padres,** ein kleiner Ort mit einer 475 ha großen **Lagune.** Er ist ein beliebtes Ausflugsziel, weil sich in den Wäldern und Grünflächen schöne Picknickplätze finden. Dort stand auch das Jesuitenkloster Reducción de Nuestra Señora de Pilar, eine Ansiedlung mit Kapelle und Glockenturm, Wohnhäusern und Brunnen.

Bereits auf Klostergebiet liegt auch das **Museo Tradicionalista Argentino José Hernández** (bei Km 14 auf der Nationalstraße 226). Das Wohnhaus des berühmten Dichters, der mit seinem „Martín Fierro" die Gauchos unsterblich machte (vgl. „Land und Leute/Literatur"), ist heute ein Museum, in dem sein Leben, aber auch die Gaucho-Kultur dokumentiert wird.

a38-218 Foto: gw

Miramar ⇗XVII,C2

Zwar wie alle Badeorte an der Küste gut besucht, aber ohne die Hektik und das Leben von Mar del Plata, so präsentiert sich Miramar, ein Badeort, der als *Ciudad de los Niños* (Stadt der Kinder) in Argentinien bekannt ist.

Die **Dünen** in der Umgebung laden zu Wanderungen ein, interessant ist auch der 500 ha große **Park** der Baumschule Vivero Dunícola Florentino Ameghino. Für Unterhaltung sorgen die Bars und Cafés an der Küstenstraße sowie das Casino.

Touristeninformation

- Die Touristeninformation befindet sich an der Kreuzung der 28. mit der 21. Straße, Tel. (02291) 420190; auch in Miramar sind die Straßen praktischerweise nur nummeriert.
- Gute Informationen auch im Internet unter www.ciudad-de-miramar.com.ar.

Hotels

Miramar besitzt ein gutes Angebot vorwiegend von Mittelklassehotels.

- **Hospedaje El Farol,** Calle 23 Nr. 1728, Tel. 420937; ab 20 US-$.
- **Grand Hotel,** Calle 29 Nr. 586/Ecke Calle 12, Tel. 420358, www.grandhotel.8m.com.

Camping

- **El Rancho,** Ruta 11 km 5, Tel. 493039 oder auch **Camping El Durazno,** Ruta 11, km 2, Tel. 431984, in Richtung Mar del Plata.

Busverbindungen

- Es gibt keinen zentralen Busbahnhof, allerdings fahren mehrmals täglich Busse nach Buenos Aires, und es gibt auch häufige Verbindungen nach Mar del Plata, Bahía Blanca und Necochea.

Necochea ⇗XVII,C2

Die 1881 gegründete Stadt ist mit ihren etwas über 89.000 Einwohnern nach Mar del Plata der **zweitgrößte Badeort Argentiniens.** Etwa 530 km von Buenos Aires entfernt, liegt die Stadt an beiden Ufern des Río Quequén an dessen Mündung in den Atlantik. Am **24 km** langen **Strand** tummeln sich zu Spitzenzeiten bis zu 100.000 Touristen. Dennoch: Im Vergleich zu Mar del Plata ist Necochea ein ruhiges, familiäres Ferienzentrum.

An **Freizeitmöglichkeiten** ist alles geboten: Casino, Sportanlagen und ein schöner, direkt am Strand gelegener Freizeitpark mit Botanischem Garten (Parque Lillo).

Touristeninformation

- Die Touristeninformation hat zwei Büros, eines Avenida 2/Ecke Av. 79, Tel. (02262) 438 333, das zweite im Busbahnhof.

Hotels

Die meisten Hotels liegen in Strandnähe. Eine **Auswahl:**

- **Hospedaje Torremolinos,** Calle 81, Nr. 336, Tel. 4212463.
- **Hotel Residencial Suizo,** Calle 22, Nr. 4235, Tel. 4240088, www.hotelsuizo.com.ar, ab 25 US-$.
- **Sari Mar,** Calle 8, Nr. 4351, Tel. 424381, www.hotelsarimar.com.ar.
- **Windsor,** Calle 4, Nr. 3957, Tel. 523177, www.windsor-hotel.com.ar, ab 50 US-$.

Camping

- Im **Parque Lillo** gibt es Campingmöglichkeiten, andere Zeltplätze liegen **am Strand.**

Busverbindungen

- Der **Busbahnhof** liegt an der Ecke Av. 58/Calle Jesuita Cardiel, Tel. 422470.
- Von hier fahren **Busse** mehrmals täglich nach Buenos Aires (ca. 20 US-$). Gute Verbindungen bestehen auch nach Mar del Plata (ca. 5 US-$), Bahía Blanca (25 US-$) sowie dem Ausflugsziel Claromeco.

Ausflüge

Wasserfälle des Río Quequén

Etwa 5 km von der Stadt, im kleinen Ort Los Manantiales, befinden sich die kleinen Wasserfälle des Río Quequén.

Claromeco

Der kleine Ort ist ein beliebtes Ziel für Badeurlauber, aber vor allem Angelfreunde kommen hier auf ihre Kosten. Obwohl es eine direkte Busverbindung von hier nach Buenos Aires gibt (ungefähr 20 US-$), ist Claromeco bislang ziemlich vom Tourismus verschont geblieben. Es ist ruhig und recht preiswert, ein gutes Ziel, um sich einige Tage am Strand zu entspannen. Hier steht auch das höchste Windkraftrad Südamerikas: 70 m.

Vom 54 m hohen **Leuchtturm** hat man einen sehr guten Blick über den Ort und die Dünenlandschaft der Umgebung.

Von Necochea ist Claromeco ebenfalls mit Bussen leicht zu erreichen.

Bahía Blanca ⇗XVI,B2

Obwohl an der Küste gelegen, ist Bahía Blanca nicht als Urlaubsort bekannt. Die Stadt (285.000 Einwohner) ist vielmehr die wichtigste **Industrie- und Hafenstadt** im Süden der Provinz Buenos Aires, ja sogar im gesamten Süden Argentiniens. Hier ist petrochemische Industrie angesiedelt, und die meisten Waren aus dem Süden werden hier verschifft. Trotzdem gibt es einige passable Strände; wer baden will, sollte die Stadt dennoch lieber in Richtung Osten verlassen.

Touristeninformation

- Die Touristeninformation befindet sich im Gebäude der Stadtverwaltung, Alsina 65, gegenüber der zentralen Plaza Rivadavia, Tel. (0291) 4594007, www.bahiablanca.gov.ar.

Hotels

- **ACA Motel Villa Bordeu,** Av. Sesquincentenario, zwischen den Rutas 3 und 35, Tel. 4884600, www.acavillabordeu.com.ar; liegt außerhalb der Stadt, gut für Zwischenübernachtung auf dem Weg nach Süden, ohne Ermäßigung für ACA-Mitglieder kostet das DZ 50 US-$.
- **Muñiz,** O'Higgins 23, Tel. 4560060, www.hotelmuniz.com.ar; 40 US-$.
- **Victoria,** Gral. Paz 84, Tel. 4520522, www.hotelvictoriabb.com.ar; etwas verwohnt aber nett, 28 US-$.

Essen und Trinken

- **El Mundo de la Parrilla,** Av. Colón 379, gut für Fleischgerichte.
- **Candela Restaurant,** Dorrego 113.

Flugverbindungen

- 15 km außerhalb der Stadt liegt der **Flughafen.** Der Stadtbus Nr. 10 hat dort seine Endhaltestelle.
- **Verbindungen:** *Aerolíneas Argentinas/Austral* fliegt täglich nach Buenos Aires und mehrmals wöchentlich nach Comodoro Rivadavia, Río Gallegos und Río Grande.
- **Aerolíneas Argentinas/Austral,** Castelli 247, Tel. 4547131.
- **LADE,** Darragueira 21, Tel. 4521063.

Überlandbusse

- Der **Busbahnhof** ist Brown, Nr. 1700/Ecke Estados Unidos, etwa 2½ Kilometer außerhalb des Zentrums. Von dort fahren mehrmals täglich Busse nach:
- **Buenos Aires,** Preise je nach Service/Dauer (8–11 Stunden; ca. 28 US-$).
- **Mar del Plata,** die Busfahrt kostet 14 US-$ und dauert 6 Stunden.
- **Neuquén,** 16 US-$, 10 Stunden.
- **Viedma,** 11 US-$, 4 Stunden.
- **Trelew** 28 US-$, 13 Stunden.

Geldwechsel

- **Casa de Cambio Pullman,** Av. San Martín 171, Tausch von Reiseschecks und Bargeld.

Monte Hermoso

Zwei Stunden Busfahrt braucht man schon, um ins 122 km östlich liegende **Küstenstädtchen** Monte Hermoso zu gelangen. Der Ort ist eine echte Sommerfrische, und die meisten Hotels haben nur von Januar bis März geöffnet. Die wichtigste Sehenswürdigkeit des Ortes ist neben den Stränden der 70 m hohe Leuchtturm (www.montehermoso.porinternet.com.ar).

Carmen de Patagones

Die **Grenzstadt** der Provinz Buenos Aires, die gegenüber von Viedma, der Hauptstadt der patagonischen Provinz Río Negro, am anderen Ufer des Río Negro liegt, wird gemeinsam mit dieser im Abschnitt zur Provinz Río Negro (Patagonien) vorgestellt.

006-a Foto: jv

Der Nordwesten

a45-242 Foto: kd

023-a Foto: jv

Auf der Ruta 40

In Humahuaca

Pukará: altes indianisches Wehrdorf bei Tilcara in der Provinz Jujuy

Der Nordwesten

Der großartige Nordwesten Argentiniens, dort wo – so die Fremdenverkehrswerbung – „Argentinien mit dem Himmel spricht", umfasst die **fünf Provinzen Jujuy, Salta, Tucumán, Catamarca** und **La Rioja.**

Nicht nur landschaftlich, auch historisch und kulturell ist dieser Raum besonders interessant: Die Kulturlandschaft wurde stark von **indianischen Kulturen** geprägt. Zunächst von verschiedenen kleinen Völkern, unter denen die **Diaguita** die größte Gruppe waren, später von den Inkas, deren Einfluss- und Herrschaftsgebiet zeitweise bis nach Córdoba und Mendoza reichte. Nach der Ankunft der Spanier entstanden hier auch die ersten Siedlungen. Die Spanier kamen aus dem Norden, dem heutigen Bolivien. Die erste Stadt war 1553 Santiago del Estero, von dort aus vergrößerten die Spanier allmählich ihr Einflussgebiet in alle Richtungen und gründeten San Miguel de Tucumán (1565), Córdoba (1573), Salta (1582), La Rioja (1591) und San Salvador de Jujuy (1593). Parallel dazu eroberten Spanier, die aus Chile kamen, weiter südlich das Cuyo-Gebiet (siehe dort).

In der frühen Kolonialzeit war das Gebiet reich, denn die Spanier konzentrierten sich aufgrund ihrer Handelsbeschränkungen, die vorsahen, dass der gesamte Handel über die peruanischen Häfen laufen musste, stark auf den Nordwesten des heutigen Argentinien. Nachdem aber 1776 das Vizekönigreich Río de la Plata mit Buenos Aires als Hauptstadt gegründet worden war, wurden die Nordwest-Provinzen wegen ihre Randlage recht unattraktiv. Heute gehören sie zu den ärmsten des Landes, die Arbeitslosigkeit ist hoch, Saisonarbeit ist häufig.

Tucumán, Catamarca und La Rioja

Die drei südlichen Provinzen des argentinischen Nordwestens haben eines gemeinsam: **Sie gehören zu den ärmsten des Landes.** Catamarca und La Rioja leiden unter ihrer Abgeschiedenheit, dem Klima und der fehlenden Infrastruktur, Tucumán hingegen unter der Monokultur des Zuckerrohrs, die einst den Reichtum der Provinz begründete.

Tucumán ist, abgesehen von Feuerland, mit 22.524 km² die kleinste argentinische Provinz, mit einer Einwohnerzahl von über 1,3 Mio. Menschen aber gleichzeitig die dichtestbesiedelte (abgesehen vom Hauptstadtbezirk Buenos Aires). Die meisten Menschen versuchen heute noch, vom Zuckerrohr zu leben, ein mühseliges und oft erfolgloses Unterfangen, da sich die Zuckerindustrie international in einer schweren Krise befindet. Erschwerend kommen die Besitzverhältnisse hinzu: Nicht einmal hundert Familien besitzen etwa die Hälfte aller Zuckerrohrplantagen.

Tucumán ist eine der geschichtlich interessantesten Provinzen des Landes. Hier finden sich die alten Indianerfestungen von Quilmes, in der Hauptstadt steht das Haus, in dem die argentinischen Provinzen sich von Spanien lossagten, hier gab es vor und während der letzten Militärdiktatur die Guerillagruppe der ERP (Revolutionäre Volksarmee). Bis Ende der 1990er Jahre wurde die Provinz vom gewählten General *Antonio Bussi* regiert, der auch schon zurzeit der Militärdiktatur, während der mehr als 600 Menschen in Tucumán „verschwanden", das Sagen hatte.

Catamarca ist mit einer Fläche von 102.600 km² die größte der drei Provinzen. Auf dem Gebiet leben allerdings nur etwa 330.000 Menschen. „Felsenfestung" lautet der Name der Provinz übersetzt aus der Sprache der Ureinwohner. Catamarca wurde lange von Provinzcaudillos regiert – auch Ende des 20. Jahrhunderts noch. Seit 1949 herrschte dort die Sippe der Saa-

di; *Vicente Leonidas de Saadi* war der erste Nachfahre arabischer Einwanderer, der Gouverneur einer argentinischen Provinz wurde. Die *Saadis* betrachteten die Provinz als ihren Erbhof, sie betrieben eine hemmungslose Vetternwirtschaft, blähten den Beamtenapparat auf, um sich Günstlinge zu schaffen. 1991 waren 60.000 Menschen in Catamarca Staatsangestellte. Als *Vicente de Saadi* 1988 starb, wurde, für die wenigsten überraschend, sein Sohn *Ramón* neuer Gouverneur. Ein Mord erschütterte die Macht des Familienclans. 1990 war eine Schülerin ermordet worden, der Verdacht fiel auf den Sohn eines peronistischen Bundesabgeordneten (später mangels Beweisen freigesprochen), der sich guter Kontakte zum Saadi-Clan erfreute. Beim Prozess wurde die herrschende Korruption sichtbar, doch statt das wie gewohnt hinzunehmen, protestierten die Bürger von Catamarca: Demonstrationen und Schweigemärsche fanden statt, die Presse berichtete, und nach und nach kam zutage, wie der Saadi-Clan geherrscht hatte. Im Jahr 1991 wurde *Ramón de Saadi* als Gouverneur abgesetzt, ein Staatsbeamter übernahm die Regierungsgewalt.

La Rioja umfasst 89.680 km² und wird von ungefähr 290.000 Menschen bewohnt. Die Provinz lebt vorwiegend von der Agrarwirtschaft, Wein, Oliven und Nüsse werden angebaut. Die Viehzucht ist wegen der trockenen Böden vergleichsweise unwichtig. Seit Anfang der 1980er Jahre wird die Industrialisierung gefördert. Aus La Rioja stammt der ehemalige argentinische Präsident *Carlos Menem,* die Familie ist in der Provinz sehr einflussreich.

San Miguel de Tucumán

⇗ VII,C2

Die **Hauptstadt der Provinz Tucumán** ist mit knapp 530.000 Einwohnern die größte Stadt im Nordwesten Argentiniens, sie ist das wirtschaftliche und kulturelle Zentrum der Provinz. Die Universität ist die älteste im Nordwesten Argentiniens. In den sommerlichen Mittagsstunden fällt die Stadt in einen tiefen Schlaf: Die Siesta wird strikt eingehalten, erst nach 17 Uhr beleben sich die Straßen wieder, dann allerdings bis tief in die Nacht.

San Miguel de Tucumán y Nueva Tierra de Promisión, wie der Ort, dessen Name sich umgangssprachlich auf Tucumán verkürzt hat, ursprünglich hieß, ist eine frühe Stadtgründung. 1565 ließen sich die ersten Spanier hier nieder. Woher die Bezeichnung „Tucumán" stammt, ist nicht eindeutig belegt, denn es ist kein Quetschua-Wort und auch kein spanisches. Die Bezeichnung taucht erstmalig in spanischen Dokumenten des 16. Jahrhunderts auf, als „Land oder Königreich von Tucma". Man vermutet, dass Tucma der Name eines indianischen Dorfes oder Führers war.

Sehenswürdigkeiten

Plaza Independencia, Kathedrale

Als alte Stadt besitzt Tucumán den regelmäßigen Schachbrettaufbau. Absolutes Zentrum ist die **Plaza Independencia,** eine Plaza wie aus dem

Bilderbuch. Es fehlen weder das „vorgeschriebene" Denkmal noch die Kathedrale oder das prächtige, mit einer Freitreppe versehene Regierungsgebäude der Provinz. Die dreischiffige **Kathedrale** wurde 1845 bis 1852 nach Plänen des französischen Architekten *Pedro Delgare Etcheverry* im neoklassizistischen Stil fertig gestellt. In der Nordwestecke der Plaza erblickt man eine weitere Kirche, die Iglesia San Francisco, die zwischen 1879 und 1885 erbaut wurde.

Historisches Museum

Östlich der Plaza verläuft die Calle Congreso. Dort liegt, einen halben Block südlich bei Congreso 56, das Historische Museum der Provinz, das ehemalige Wohnhaus des Präsidenten *Nicolás Avellaneda,* ebenfalls ein Entwurf des französischen Architekten *Pedro Delgare Etcheverry.* Die Sammlung ist eher bescheiden. Das Museum ist Mo bis Fr 9–12.30 und 15–19 Uhr sowie Sa, So 9–21 Uhr geöffnet.

Einen Block weiter trifft man auf die wichtigste Sehenswürdigkeit der Stadt:

Casa de la Independencia

Hier (Congreso 151) erklärten am 9. Juli 1816 die Vertreter der Provinzen die Unabhängigkeit von Spanien. Der Originalsaal ist weitgehend erhalten, zu sehen sind Dokumente, Gemälde, Möbelstücke und in der Saison jeden Abend um 20.30 Uhr eine Ton-Bild-Show, in der das ganze Ereignis vorgestellt wird. Das Museum ist täglich von 10–18 Uhr geöffnet. Die Eintrittskarte kostet 1 US-$. Die Infomaterialien zur Ton-Bild-Show gibt es von 9–19 Uhr bei der Tourismusbehörde der Provinz, 24 de Septiembre 484, und kostet 1,50 US-$, (www.casaindependencia.com.ar).

Zurück zum Hauptplatz geht es über die Alvarez und 9 de Julio; an deren Ecke trifft man auf das

Museo Provincial de Bellas Artes

Das Museum ist in der 9 de Julio 46 in einem neoklassizistischen Bau untergebracht. Geöffnet: Mo bis Fr 8–13 und 17–21, Sa 10–13 und 18–21 Uhr sowie So 18–21 Uhr.

Eine Parallelstraße weiter, in der 24 de Septiembre 565, ist ein weiteres Museum, das **Folkloremuseum,** in dem Lebensformen der Ureinwohner dokumentiert sind. Es ist Mo bis Fr 9–13 und 17.30–20.30 sowie Sa, So 9–12 Uhr geöffnet.

Park Centenario 9 de Julio

Nordwestlich der Plaza kreuzen sich die Straßen Muñescas und Mendoza, sie bilden dort für einige Blocks eine kleine Fußgängerzone.

Östlich des Zentrums liegt der große Park Centenario 9 de Julio, der richtige Platz für eine ruhige Siesta. In ihm liegt das Haus des Erzbischofs *Colombres,* der im frühen 19. Jahrhundert das Zuckerrohr in Tucumán einführte.

Touristeninformation

- Das Informationsbüro ist direkt an der Plaza, in der 24 de Septiembre 484, geöffnet Mo bis Fr 8–22 und Sa, So 9–21 Uhr, Tel. (0381) 4303644, www.tucumanturismo.gov.ar, www.sanmigueldetucuman.gov.ar.

Hotels

Einfach und billig:

- **Royal,** San Martín 1186, Tel. 4218697; 10 US-$.
- **Plaza Alberdi,** Santiago del Estero 1054, Tel. 4303463, www.hotelplazaalberdi.com.ar; 34 US-$.
- **Garden,** Alvarez 627, Tel. 4311246, hotelgarden@arnet.com.ar; 28 US-$.
- **Astoria,** Congreso 88, Tel. 4217876; zentral, modern, 30 US-$.

Hotels der Mittelklasse:

- **Francia,** C. Alvarez 467, Tel. 4310781,www.franciahotel.com; modernes Hotel, alle Zimmer mit Klimaanlage und Kabel-TV, 60 US-$.
- **Mediterraneo,** 24 de Septiembre 364, Tel./Fax 4310025, www.hotelmediterraneo.com.ar; sehr zentral gelegen, im historischen Zentrum, sehr freundlich, Pool, sehr große, komfortable und saubere Zimmer, 50 US-$.
- **Miami,** Junín 580, Tel. 4310265, hotelmiamituc@hotmail.com; 30 US-$.
- **Premier,** C. Alvarez 510, Tel. 4310381; ruhig, freundlich, ab 40 US-$.

Luxushotels:

- **Swiss Hotel Metropol,** 24 de Septiembre 524, Tel. 4311180, www.swisshotelmetropol.com.ar; 95 US-$.
- **Suites Garden Park,** Av. Soldati 330, Tel. 4310700, www.gardenparkhotel.com.ar; auch Suites mit kleiner Kochnische, sehr gut, mit Pool und Sauna, direkt am Park und nahe der Innenstadt, mit Frühstück ab 85 US-$.
- **Catalinas Park,** Av. Soldati 380, Tel. 450 2250, www.catalinaspark.com; 5-Sterne-Hotel, ab 98 US-$.

Jugendherberge

- **Tucumán Hostel,** Buenos Aires 669, Tel. 4201584, www.tucumanhostel.com; Herberge des Hostelling-Verbandes, beliebter Treffpunkt, gutes Tourangebot, Unterkunft im Mehrbettzimmer 8 US-$, DZ ab 17 US-$.

Essen und Trinken

- Einige gute und beliebte Restaurants finden sich an der Plaza, preiswert kann man um den inzwischen abgerissenen **Mercado de Abasto** (San Lorenzo/Ecke Miguel Lillo) herum essen.
- **Los Negros,** Laprida 623. Tenedor libre bei guten Fleisch- und regionalen Gerichten.

Flugverbindungen

- Der **Flughafen Benjamín Matienzo** liegt etwa 15 km außerhalb der Stadt. Er ist mit Bus (2 US-$) vom Hotel Mediterraneo, 24 de Septiembre 364, zu erreichen.
- **Verbindungen:** täglich mehrere Maschinen nach Buenos Aires (205 US-$) und Córdoba, mehrmals wöchentlich eine nach Santiago del Estero.
- **Aerolíneas Argentinas,** 9 de Julio 112, Tel. 4311030.

Überlandbusse

- Vom **Busbahnhof** auf der Av. Benjamín Aráoz südlich des Parque Centenario 9 de Julio fahren täglich **Busse nach:**
- **Buenos Aires,** 42–52 US-$ je nach Service, 16 Stunden.
- **Santiago del Estero,** 5 US-$, 2 Stunden.
- **La Rioja,** 12 US-$, 7 Stunden.
- **Mendoza,** 34 US-$, 13 Stunden.
- **Córdoba,** 19 US-$, 8 Stunden.
- **Catamarca,** 8 US-$, 4–5 Stunden.
- **Salta,** 12 US-$, 4 Stunden.
- **Jujuy,** 12 US-$, 5 Stunden.
- **Tafi de Valle,** 6 US-$, 2 Stunden.
- **Cafayate,** 13 US-$, 7 Stunden.

Eisenbahn

Von Tucumán fährt Mi und Sa ein Zug zum Bahnhof Retiro in Buenos Aires. Die Fahrt dauert gut 25 Stunden, dafür kostet sie in der preiswerten Klasse nur 12 US-$. Ein **frühzeitiger Fahrkartenkauf** ist deshalb auch unbedingt erforderlich. Ferrocentral, Bahnhof Tucumán Mitre, Tel. (gratis) 0800-7778736 oder (0381) 4309220.

Autoverleih

- **Móvil Renta,** San Lorenzo 370, Tel. 431 0550.
- **AF Rent a Car,** 9 de Julio 72, Tel. 4301849.
- **Localiza,** San Juan 1010, Tel. 4215334.

Reiseveranstalter

- Einige **Reisebüros** organisieren von Tucumán aus Touren in die Umgebung. Beliebte Ziele sind Tafí del Valle (für 30 US-$ pro Person) und Quilmes (für 50 US-$ pro Person; s.u.), manche Touren gehen auch weiter bis nach Cafayate in der Provinz Salta. Allerdings kann es außerhalb der Saison schon einmal passieren, dass die Touren mangels Teilnehmern nicht zustande kommen. Drei Veranstalter:
- **Duport Turismo,** Congreso 160, Tel. 422 0000, duporttur@tucbbs.com.ar.
- **Turismo Eventos,** 9 de Julio 79, Tel. 4224 844, www.turismoeventos.com.ar.
- **Patsa Turismo,** Chacabuco 38, Tel. 4310490.

Sonstiges

- Die **Post** ist Córdoba/Ecke 25 de Mayo, bei *Noroeste Cambios* können auch **Reiseschecks** getauscht werden (24 de Septiembre 549).
- Das **Deutsche Konsulat** ist San Martin 631, 6a, Tel. (0381) 4215811.

Ausflug

Über Tafí del Valle nach Quilmes

Diese Tour ist auch mit öffentlichen Verkehrsmitteln zu machen, denn die Strecke von Tucumán bis nach Quilmes wird durchgehend von Bussen befahren. Man kann über diese Route auch weiter über Cafayate nach Salta reisen. Eine Tour von Salta nach Cafayate wird im Kapitel über Salta (siehe dort) beschrieben. Allerdings muss man bei den Verbindungen auch Glück haben, umsteigen und manche Strecken zu Fuß gehen. So hält der **Bus** beispielsweise nicht direkt bei den sehenswerten **Ruinen von Quilmes,** sondern etwa 5 km entfernt. Wer keine organisierte Tour machen will, für den ist ein Leihwagen vielleicht eine Alternative.

Obwohl Tafí del Valle und Quilmes nordwestlich von Tucumán liegen, verlässt man die Stadt in südlicher Richtung auf der Ruta 38 Richtung Lules, da die einzige Straße nach Tafí del Valle dem Talverlauf folgen muss. In Lules gibt es die Ruinen einer alten Jesuitensiedlung zu besichtigen.

Bei Acheral biegt man Richtung Tafí del Valle nordwestwärts ab. Die Fahrt führt bergan durch die enge **Schlucht des Río de los Sosas** mit subtropischer Vegetation. Nach knapp 100 km Fahrt öffnet sich die Schlucht auf etwa 2000 m Höhe in ein weites Bergtal, umringt von Fünftausendern. Das Tal der Tafí ist benannt nach einer Volksgruppe, die hier im 4. bis 9. Jahrhundert siedelte und bereits auf Terrassen Getreide anbaute. Heute gibt es hier einen 10 km langen Stausee und das Dorf **Tafí del Valle,** ein beliebtes Ausflugsziel der Provinzhauptstadtbewohner. Ein Campingplatz ist vorhanden. Preiswert ist das simple, aber sympathische *La Cumbre Hostal,* Perón 120, Tel. (03867) 421768, www.lacumbretafidelvalle.com, p.P. 9 US-$, DZ 20 US-$. Es bietet auch Exkursionen an. Oder die *Hostería Huayra Puca,* Tel. 421190, www.huayrapuca.com.ar; ab 65 US-$; die *Hostería Los Cuartos,* ab 70 US-$; sowie das neue Mirador del Tafí, etwas außerhalb an der Zufahrtsstraße Ruta Provincial 307 km 61, Tel. 421243, www.miradordeltafi.com.ar, 75 US-$.

Eine Attraktion neben der Natur ist der **Parque de los Menhires** bei der Ortschaft Mollar, 13 km vor Tafí del Valle. Hier gibt es 129 aufrecht stehende Menhire, die von verschiedenen

Fundstellen zusammengetragen wurden. Diese Steine sind bis zu 3 m hoch, zylindrisch geformt, teilweise nur poliert, teils mit eingemeißelten Zeichen und Gesichtern verziert. Ihre Bedeutung konnte noch nicht geklärt werden, ebensowenig die Frage, zu welcher Kultur sie eigentlich gehören.

Die Fahrt geht hinter Tafí weiter bergauf bis zur Passhöhe **Abra del Infiernillo** („kleine Hölle", 3040 m bei Km 85), die im Winter hin und wieder wegen Schneefall gesperrt ist.

Bergab geht es nach **Amaichá del Valle,** einem kleinen Ort mit 5000 Einwohnern, der auf 1997 m Höhe liegt und 56 km von Tafí del Valle entfernt ist. Amaichá del Valle ist ein Ort, wo jedes Jahr im Februar (in der Karnevalswoche) das **Fest der Pachamama,** der Mutter Erde, drei Tage lang besonders intensiv gefeiert wird. Aus den umliegenden Orten kommt man zusammen, um der *Pachamama,* der Göttin der Furchtbarkeit, für die Ernte zu danken und um eine neue gute Ernte zu bitten. „Pachamama, Pachamama, cusiya, cusiya" – „Mutter Erde, Mutter Erde, hilf uns, hilf uns", lautet eines der Gebete. **Joy-Joy** heißen diese simplen Gesänge, die nur von

Ruinen von Quilmes

rhythmischen Schlägen auf eine Kiste begleitet werden. Auch folkloristische Tanzgruppen treten auf, und am letzten Tag der Festwoche findet ein Umzug statt, bei dem eine der Alten als Pachamama herausgeputzt durchs Dorf zieht und jungen Wein ausschenkt, begleitet von einer jungen Schönen namens *Ñusta* (Fruchtbarkeitssymbol), dem *Yastay* (Gott der Tiere und der Jagd) und dem Faun *Pujllay,* dem fröhlichen Karnevalsgeist.

Der Glaube an Pachamama ist häufig synkretistisch. Man wird im Norden gute Katholiken treffen, die selbstverständlich den ersten Schluck Wein zu Boden gießen, um ihn Pachamama zu opfern, man sieht auch in christlichen Kapellen am Wegesrand kleine Opfergaben wie Zigaretten oder einige Coca-Blätter für die Mutter Erde.

Am Ortseingang von Amaichá ist das **Museo de la Pachamama.** Der Besuch des Anfang 2000 eröffneten Museums ist empfehlenswert. In mehreren Räumen werden der Pachamamakult, das Alltagsleben der indianischen Urbevölkerung und die Bodenschätze der Region erläutert. Es gibt ein nachgebautes Bergwerk und Häuser, die in der typischen indianischen Steinarchitektur gehalten sind.

Amaichá del Valle hat eine direkte Busverbindung mit Tucumán sowie einen kostenlosen Campingplatz.

Von hier kann man nun nach Santa María an der Grenze zur Provinz Catamarca fahren oder weiter bis nach **Quilmes** (22 km).

Zu Beginn des 11. Jahrhunderts bauten die **Quilmes-Indianer,** die wahrscheinlich von der westlichen Andenseite stammten, hier eine neue Stadt, in der vor der Eroberung etwa 5000 Menschen wohnten. Um sich gegen andere Indianer-Völker wie die Inka und die Calchaquíes zu schützen, errichteten sie eine Festung, deren Ruine heute zu bewundern ist und deren dicke Mauern ein gutes Zeugnis von der indianischen Baukultur geben. Der Blick vom höchsten Punkt der Ruine (Eintritt 1 US-$) über die Mauerreste und die zahllosen großen Kandelaber-Kakteen, die heute dort wachsen, ist wunderbar.

Doch gegen die Spanier halfen auch die dicksten Mauern nichts. 1665 wurden die Quilmes nach 35-jähriger Gegenwehr besiegt. Dem Umsiedlungskonzept der Inkas folgend, zwangen die Spanier die letzten Überlebenden der Quilmes, 270 Familien, zu einem über 1000 km langen Fußmarsch bis nach Buenos Aires. Wer den Marsch überlebte, starb dort an Krankheiten. Eine Vorstadt südöstlich von Buenos Aires trägt heute noch den Namen des Indianerstammes. Ebenso das Bier, das dort gebraut wird, das populärste in Argentinien.

Bei den Ruinen stehen ein kleines **Museum** und das **Hotel Parador Ruinas de Quilmes,** Tel. (03892) 421 075, 80 US-$, dazu gibt es **Campingmöglichkeiten** und ein **Restaurant.** Die **Busse** von Santa María nach Cafayate (und zurück) und von Tafí del Valle nach Cafayate (und zurück) halten an der Stichstraße, die zu den Ruinen führt. Von dort sind es ca. 5 km bis zum Ruinenfeld.

Catamarca (Stadt) ⇗VII,C3

San Fernando del Valle de Catamarca, wie die Hauptstadt der Provinz Catamarca offiziell heißt, hat heute etwa 110.000 Einwohner. Die Stadt ist ruhig bis verschlafen. Catamarca wurde zuerst 1559 gegründet, konnte aber nicht gehalten werden. Eine spätere Stadtgründung im Jahre 1683 war dann erfolgreicher.

Sehenswürdigkeiten

Plaza 25 de Mayo

Das Zentrum bildet die Plaza 25 de Mayo, ein sehr schöner, schattiger Platz, der Ende des 19. Jahrhunderts von *Carlos Thays* gestaltet wurde. Das Stadtzentrum wird begrenzt von vier großen Straßen, die jeweils in einer Entfernung von sechs Blocks von der Plaza liegen.

Kathedrale

Die Stadtbesichtigung beginnt an der Plaza, wo das Regierungsgebäude und die Kathedrale stehen. Diese **Basílica de Nuestra Señora del Valle** wurde 1852 durch den italienischen Architekten *Luis Caravatti* erbaut. In ihrem Inneren befindet sich das Heiligenbildnis der Jungfrau Maria, der Schutzpatronin von Catamarca, eines der meistverehrten Heiligenbilder des Landes. Zweimal jährlich wird das Fest der Jungfrau Maria gefeiert, einmal am 8. Dezember und das zweite Mal 13 Tage nach Ostern.

Eine weitere interessante Kirche, die **Iglesia de San Francisco,** liegt einen Block nördlich der Plaza.

Museen

Catamarca kann mit einigen Museen aufwarten. Das außergewöhnliche **Museo Arqueológico Adán Quiroga** im *Centro Cultural Esquiú,* Sarmiento 446, zwei Blocks nördlich der Plaza, zeigt Funde von etwa 3000 v.Chr. bis zum 18. Jahrhundert. Es ist Mo bis Fr 7–13 und 14.30–20.30 Uhr sowie Sa/So 8.30–12.30 und 15.30–18.30 Uhr geöffnet. Provinzgeschichte vermittelt das **Museo Histórico de Catamarca** auf der Chacabuco 425, das Mo bis Fr von 8–12 und 15–19 Uhr sowie Sa von 9–12 Uhr geöffnet ist.

Touristeninformation

- Die Touristeninformation ist República 446, Tel. 0810-7774321 oder (03833) 437791. Sie ist Mo bis Fr 7–21 und Sa, So 8–21 Uhr geöffnet, www.turismocatamarca.gov.ar.

Hotels

Einfach und billig:

- **Colonial,** República 802, Tel. 423502; gut, 28 US-$.
- **Suma Huasi,** Sarmiento 541, Tel. 435801; 34 US-$.
- **Residencial Yunka Suma,** Vicario Segura 1255, Tel. 423034; okay, 8 US-$ pro Person.

Hotels der Mittelklasse:

- **Casino,** Pasaje César Carman s/n, Tel. 432 928; schöne, ruhige Zimmer, Swimmingpool, gutes Restaurant, www.hotelguia.com/hotelcasinocatamarca, ab 35 US-$.
- **Inti Huasi,** República 299, Tel. 435705; 35 US-$.

Essen und Trinken

- **Preiswerte Restaurants** finden sich entlang der Av. Güemes, auch auf der Fußgängerzone Rivadavia sind viele Cafés. Gutes Mittagessen bietet *Richmond Resto Bar,* Sarmiento 534. Italienische Küche gibt es bei der *Sociedad Italiana,* Moreno 152.

Flugverbindungen

- Der **Flughafen Felipe Varela** ist 22 km außerhalb der Stadt.
- **Aerolíneas Argentinas,** Sarmiento 589, Tel. 424460, fliegt täglich außer So nach Buenos Aires (173 US-$).

Überlandbusse

- Vom **Busbahnhof** Güemes 852, Tel. 437578, zwischen Tucumán und V. Segura, fahren mehrfach täglich **Busse nach:**
- **Buenos Aires,** ab 45 US-$, etwa 16 Std.
- **Tucumán,** 8 US-$, 4 Stunden.
- **La Rioja,** 5 US-$, 2 Stunden.
- **Jujuy,** 19 US-$, 8 Stunden.
- **Salta,** 18 US-$, etwa 7 Stunden.
- **Santiago del Estero,** 13 US-$, etwa 6 Std.

Sonstiges

- Die **Post** ist San Martín 753.
- **Geldwechsel** ist in der *Banco de Catamarca* an der Plaza möglich. Schecks werden nicht überall genommen, und wenn, nur gegen hohe Kommission.

Über den Paso de San Francisco nach Chile

- **819 km,** davon 286 km in Chile

Wer das Abenteuer liebt und nach Chile möchte, kann von Catamarca aus einen der höchsten Andenpässe überhaupt überqueren. Der **Paso de San Francisco** liegt auf **4748 m** Höhe, also knapp 60 m niedriger als der Montblanc, der höchste Berg Europas, hoch ist. Die Fahrt gehört zweifellos zu den **spektakulärsten Andenüberquerungen.** Sie führt durch tief eingeschnittene Hochtäler auf den **Altiplano,** jene farbenprächtige Hochebene auf über 4000 m, die sich von Bolivien und Peru bis hierher zieht. Dabei berührt die Strecke einige der höchsten Andengipfel und ausgedehnte Salzseen.

Von Catamarca geht es über die gut ausgebaute Straße Nr. 38 südwärts, dann nach Nordwesten auf der Straße Nr. 60 über Aimogasta und Tinogasta (letzte Tankmöglichkeit!) zur Flussoase **Fiambalá** (323 km, kommunale Hostería, Tel. (03837) 496291, 15 US-$). 2 km vorher steht die historische Kirche San Pedro (1770 erbaut); im Ort selbst kann man kunstfertigen Wollweberinnen bei der Arbeit zusehen. Einen Abstecher lohnen die 15 km südöstlich gelegenen **Termas de Fiambalá** (Asphaltpiste), rustikale Naturthermen in einem Hochtal auf 2300 m, die sich aus einer 80 Grad heißen Quelle speisen (Cabañas und Zeltplatz, Tel. (03837) 496250).

Die Strecke ist bis zur Grenze komplett asphaltiert. Der Weg steigt steil bergan, immer entlang der Flüsse Abaucán und Chaschuil. Gut 3 Stunden hinter Fiambalá ist **La Gruta** erreicht, die argentinische Grenzstation (Papiere vorab klären!) mit Blick auf die Andenriesen Incahuasi (6638 m) und San Francisco (6016 m). Nach 210 km überquert man die Grenze, die Straße wird zur (gut ausgebauten) Schotterpiste und passiert die in weiße Salzkrusten eingebettete **Laguna Verde** auf 4325 m Höhe. Zwei Grenzpolizisten trotzen hier dem eisigen Wind und der Einsamkeit.

Rund 25 km hinter der Lagune sieht man auf der linken Seite das Massiv des **Nevado Ojos del Salado,** des höchsten Vulkans der Erde (6893 m).

Durch ein Spalier von Fünf- und Sechstausendern geht es weiter, quer durch den Nationalpark Nevado Tres Cruces und vorbei am Salar de Maricunga (offizielle Grenzkontrolle). Zwei Routen führen über eine Bergkette hinunter nach Copiapó, beide mit tollen Ausblicken, die nördlichere über den Paso de Codocedo ist einfacher zu fahren. **Copiapó,** die Hauptstadt der III. Region Chiles, ist 286 km von der Grenze entfernt.

Insgesamt muss man von Tinogasta bis Copiapó rund 550 km ohne Tankstelle auskommen, und das bei hohem Benzinverbrauch in der großen Höhe. **Autofahrer** sollten unbedingt einen vollen Kanister (20–30 Liter) mitführen, ebenso zwei Ersatzreifen sowie warme Sachen, genügend Verpflegung und Wasser. Vorher die Zündung auf die Höhe einstellen lassen! Die Route ist mit einem normalen PKW zu bewältigen, auf den chilenischen Schotterpisten ist freilich ein Pick-up oder Jeep angenehmer. Fragen Sie unbedingt vorher bei einem Polizeiposten nach dem Straßenzustand! Der Pass ist nicht immer geöffnet, meist nur von Oktober bis März und abhängig von den Klimaverhältnissen. Von Fiambalá bis zur Grenze sind es 3–4 Stunden, von dort bis nach Copiapó müssen etwa 6 Stunden eingeplant werden. Der Paso de San Francisco wird nicht von öffentlichen Verkehrsmitteln befahren.

Die Puna Catamarqueña

Wer es ganz wild und einsam mag, kann von Catamarca aus die Puna oder Altiplano genannte andine Hochebene noch intensiver erkunden als oben beschrieben. Eine abenteuerliche Schotterpiste, die **Ruta 43,** erklimmt von dem Städtchen **Belén** aus (294 km von Catamarca) die Anden und führt vorbei an Salzseen, Flamingolagunen und Sechstausendern zu der Minensiedlung **Antofagasta de la Sierra** auf 3400 m Höhe (260 km, einfache Unterkünfte). Weitere einsame 253 km weiter nördlich trifft die nur im Frühsommer und nur mit Geländefahrzeugen bezwingbare Piste auf die von Chile über den Sico-Pass kommende Ruta 51. Auf dieser sind es 258 km hinunter nach Salta.

La Rioja (Stadt) ⇗ VI,B3

Die **Hauptstadt der Provinz La Rioja** (ca. 150.000 Einwohner) wurde 1591 unter dem prächtigen Namen *Todos los Santos de la Nueva Rioja* gegründet. Da aber **1894** ein **Erdbeben** fast die gesamte Stadt zerstörte, ist wenig von der kolonialen Atmosphäre geblieben.

La Rioja ist eine der ruhigsten Städte in Argentinien, die ausgedehnte Siesta wird intensiv gepflegt. La Rioja ist aber auch das Zentrum der Provinz und ein guter Ausgangspunkt für den Besuch des **Nationalparks Talampaya** (s.u.) und des **Provinzparks Ischigualasto** (siehe entsprechenden Abschnitt nach San Juan), und wer einen oder zwei Tage Aufenthalt in der Stadt einlegt, muss das keineswegs bereuen.

Sehenswürdigkeiten

Plaza 25 de Mayo

Im kleinen Zentrum der Stadt gibt es zwei Plätze; zentraler Treff ist die Plaza 25 de Mayo, an der auch die Kathedrale steht. Die dort anschließenden Straßen Pelagio Luna und 25 de Mayo sind die Hauptgeschäftsstraßen.

Kathedrale

Die Kathedrale an der Plaza wurde nach dem Erdbeben 1894 gebaut, fertiggestellt wurde sie 1912. Architekt war *Juan B. Arnaldi,* die Innenausstattung schuf der Maler *Juan Demiszenko.* In ihr steht die Kopie des Holzkreuzes, das *Columbus* bei seiner Entdeckung Amerikas mit sich führte: „Cruz de Evangelización" heißt es, ob passend, das mag jeder selbst beurteilen.

Konvent-Kirchen

Zwei andere sehenswerte Kirchen sind die Kirchen des Konvents Santo

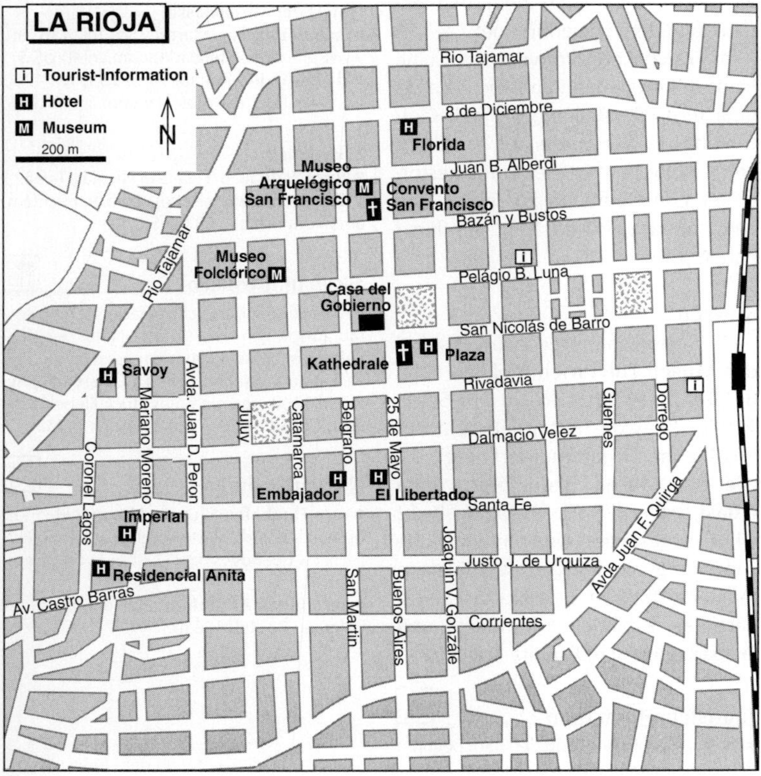

Domingo (Luna/Ecke Lamadrid) und die des Franziskanerkonvents (25 de Mayo/Ecke Bazán y Bustos).

Santo Domingo wurde 1623 von Diaguita-Indios gebaut und ist die älteste erhaltene Kirche des Landes. Die Kirche besteht aus Bruchstein mit freistehendem Glockenturm, sie verblüfft durch ihren lang gezogenen Innenraum bei vergleichsweise geringer Breite. Interessant ist die freiliegende Decken-Stützkonstruktion. Einen genaueren Blick verdienen das Portal sowie der Innenhof mit seinem Arkadengang und dem Löwenbrunnen.

Im **Franziskanerkonvent** steht eine Figur des so genannten *Niño Alcalde,* eine Jesus-Darstellung, die den Gottessohn als Bürgermeister der Stadt zeigt. Außerdem ist hier ein abgestorbener Orangenbaum zu sehen, den *San Francisco Solano* 1592 gepflanzt haben soll.

Museen

Die interessantesten Museen sind das **Museo Folclórico** (Pelagio Luna 811, Do bis Sa 9–13, 16–20 Uhr, So 9–12 Uhr), das das Alltagsleben in der Provinz im 19. Jahrhundert zeigt, sowie das **Museo Arquelógico Inca Huasi** (Alberdi 650, Di bis Sa 9–12 Uhr): Es präsentiert eine umfangreiche Sammlung von Funden aus diversen Indianer-Kulturen des Nordwestens, darunter zahlreiche Keramik- und Webarbeiten der Diaguita-Kultur.

Touristeninformation

- Die Touristeninformation der Stadt befindet sich Fdo. Quiroga und Rivadavia.
- Ergiebiger ist das Informationsbüro der Provinz in Pelagio B. Luna 345, Tel. (03822) 426 384, www.larioja.gov.ar/turismo, geöffnet täglich von 8–21 Uhr.

Hotels

Einfach und billig:

- **Florida,** 8 de Diciembre 524, Tel. 426563; einfaches Residencial, 15 US-$.
- **Residencial Anita,** Coronel Lagos 476, Tel. 424836, familiär und nett, 17 US-$.
- **Savoy,** Av. Roque A. Luna 14, Tel. 426894; hoch gelobt, ab 27 US-$.
- **Imperial,** Mariano Moreno 345, Tel. 429 980, freundlich; 30 US-$.

Hotels der Mittelklasse:

- **Embajador,** San Martín 250, Tel. 438580, www.granhotelembajador.com.ar; 40 US-$.
- **El Libertador,** Buenos Aires 253, Tel. 4260 52, www.libertadorhotel-lar.com.ar; 50 US-$.

Luxushotel:

- **Plaza,** 9 de Julio/Ecke San Nicolás, Tel. 425 215, www.plazahotel-larioja.com.ar; nüchtern, aber komfortabel, 58 US-$.

Essen und Trinken

- Preiswerte, aber nicht gerade schöne Restaurants liegen direkt in der Nähe des Busbahnhofs, bessere Cafés dagegen an der Plaza. Landestypisches bietet **La Querencia,** Av. Perón 1200, und ein gutes Stück Fleisch vom **Grill Cavadindi,** Av. Fdo. Quiroga 1145.

Flugverbindungen

- Vom **Flughafen Vicente Almonacíd,** 7 km östlich der Stadt, starten täglich außer So Flüge nach Buenos Aires (172 US-$) und Catamarca.
- **Aerolíneas Argentinas** hat das Büro auf Belgrano 93, Tel. 426307.

Chilecito – Station der Drahtseilbahn

a41-233 Foto: kd

Überlandbusse

- Der neue **Busbahnhof** liegt gut zehn Blocks südlich des Zentrums an der Ecke Av. Felix de la Colina/Av. Ortiz Campo.

Verbindungen: Mehrfach täglich fahren Busse nach:

- **Buenos Aires,** 40–50 US-$, 16 Stunden.
- **Córdoba,** 18 US-$, 7 Stunden.
- **Mendoza,** 20 US-$, 8 Stunden.
- **Catamarca,** 5 US-$, 2 Stunden.
- **Tucumán,** 13 US-$, 6 Stunden.
- **Santiago del Estero,** 18 US-$, etwa 8 Std.
- **Salta,** 21 US-$, 10 Stunden.
- **Jujuy,** 22 US-$, 12 Stunden.

Sonstiges

- Die **Post** ist in der Av. Perón 258, **Geldwechsel** ist im *Banco de Galicia* an der Plaza 25 de Mayo möglich. Reiseschecks sind schwierig zu tauschen, mitunter im *Banco de la Provincia* auf der Bazán y Bustos.
- **Reiseveranstalter:** Die attraktivste Reise ist eine **Tour in den Parque Nacional Talampaya,** der per öffentlicher Verkehrsmittel schwierig zu erreichen ist (Beschreibung siehe weiter unten). Die gebuchten Touren dauern etwa 12 Stunden und kosten je nach Anzahl der Personen ab 50 US-$. Sie besuchen ebenfalls den **Parque Provincial Ischigualasto,** das **Valle de la Luna,** das sich südlich an den Talampaya-Park anschließt (siehe bei San Juan).

Außerhalb der Saison (Januar/Februar) ist es evtl. schwierig, vier Personen zusammenzubekommen. Zu buchen bei **Terra Riojana,** La Madrid 93, Tel. 420423, www.terrariojana.com.ar.

Chilecito ⇗VI,B3

Die zweitgrößte Stadt der Provinz (etwa 31.000 Einwohner) ist heute wichtig wegen des **Wein-, Oliven- und Nussanbaus** in der Umgebung, im 19. Jahrhundert war sie die Goldstadt Argentiniens. Sie liegt auf 1074 m Höhe, umgeben von bis zu 6300 m hohen Gipfeln der **Sierra de Famatina.** Der Ort hat seinen Namen („kleines Chile") von den vielen chilenischen Minenarbeitern, die hier tätig waren. Ursprünglich hieß er Santa Rita.

Sehenswürdigkeiten

Aus der großen Zeit im 19. Jahrhundert stammen auch die wichtigsten Sehenswürdigkeiten des Ortes: Die Filiale des **Banco de la Nación,** die 1892 – als zweite Nationalbank im gesamten Land – dank der reichen Goldfunde hier eröffnet wurde, und die

Drahtseilbahn

Sie ist eine der wichtigsten technischen Sehenswürdigkeiten Argentiniens, auch wenn sie heute **nicht mehr in Betrieb** ist. Die Bahn wurde am 24. Juli 1903 eröffnet, sie verband den Ort Chilecito mit den Minen von La Mejicana auf 4400 m. Ein internationales Konsortium baute die Bahn, beteiligt waren Gesellschaften aus den USA, Großbritannien, Italien und Deutschland. Der Grund für den Bau: Auf den Höhen des Famatina gibt es weder Wasser noch Holz, also gab es auch keine Möglichkeiten, das Mineral auszuwaschen oder zu schmelzen. Deshalb musste bis zum Bau der Bahn das ganze mineralische Gestein per Maulesel ins Tal transportiert werden.

Einige **Daten** zu dem beeindruckenden Bauwerk: Die Bahnstrecke ist 34 km lang und überwindet einen Höhenunterschied von über 3300 m. 450 kleine Waggons fuhren auf ihr, je-

a42-235 Foto: ab

der konnte eine Nutzlast von 250 kg tragen, bei einer Geschwindigkeit von 8 km pro Stunde war die gesamte Strecke in etwa 4 Stunden zurückgelegt. Die Bahn war nur bis 1926 in Betrieb, heute fährt sie manchmal an Wochenenden, aber auch nur zwischen der ersten und zweiten Station.

Touristeninformation

- Chilecito ist ein ausgezeichneter Ausgangspunkt, um den **Parque Nacional Talampaya** sowie den Parque Provincial Ischigualasto zu besuchen. Material über den Park und die Besteigung der **Sierra de Famatina** und weitere Informationen gibt es beim **Tourismusbüro** auf der Ecke Castro und Bazan 52, Tel. (03825) 422688. Das Büro hilft auch bei der Vermittlung von Unterkünften.

Unterkunft

- **Hotel A.C.A Chilecito,** Leovino Martínez/ Ecke A. Ocampo, Tel. (03825) 422201, incananturismo@arnet.com.ar; das *Chilecito* ist das beste Hotel, für 25 US-$ (für Mitglieder 20 US-$) bekommt man ein Doppelzimmer.
- **Museo Samay Huasi,** in San Miguel, 2 km südlich, Tel. (03825) 422629; Mischung aus Privathaus und Uni-Gebäude mit Pinakothek, Mineralienausstellung etc. Übernachtung 9 US-$ p.P., mit Vollpension 15 US-$.
- **Hosteria La Antigua,** 24 de Septiembre s/n, La Puntilla, Tel. 422352, www.chilecitotour.com, ab 35 US-$.
- **Residential Wamatinag,** Galeria Victoria an der Plaza Sarmiento, 25 de Mayo 37; 20 US-$, empfehlenswert.

Busverbindungen

- Mehrere Busse fahren täglich nach La Rioja und Villa Unión. Mehrmals wöchentlich gibt es einen Bus nach San Juan.

Felsen im Parque Nacional Talampaya

Parque Nac. Talampaya VI,B3

Der Parque Nacional Talampaya (215.000 ha groß) ist der Höhepunkt eines Besuches der Provinz La Rioja. Er bietet faszinierende Sandsteinformationen, tief eingeschnittene Canyons, dazu interessante Überreste präkolumbischer Kulturen. Diese einzigartige Kombination natürlicher und kulturhistorischer Attraktionen brachte dem Gebiet das Prädikat „Welterbe der Menschheit" ein.

Talampaya ist ein Quetschua-Wort und bedeutet soviel wie „trockenes Tal des Tala". Die Region ist eine Wüste mit heißen Tagen und kalten Nächten, starken Winden im Frühjahr und mitunter sintflutartigen Niederschlägen in den Sommermonaten.

Wind und Wetter haben ihre Spuren im weichen Sandstein hinterlassen: Sie haben Canyons eingeschliffen, die bis zu 170 m tief sind, und einzelne **Felsen bizarr geformt;** kein Wunder, dass manche, mehr oder weniger treffend, als „Mönch", „Kathedrale", „Kamel" oder „Schloss" bezeichnet werden. Mitten im Park liegt die „Ciudad Perdida", die „verlorene Stadt", ein Tal mit einem Irrgarten unterschiedlichster Sandsteinfiguren. Das „trockene Tal des Tala" war schon in vorspanischer Zeit bewohnt. Generationen von Eingeborenen haben hier ihre Spuren hinterlassen. Man fand und findet unzählige Felszeichnungen, deren Bedeutung teilweise noch nicht entschlüsselt ist, Darstellungen von Menschen und Tieren ebenso wie nicht-gegenständliche Formen. Als Naturreservat hat das Tal große Bedeutung, denn hier sollen u.a. die größten **Kondorgruppen** Amerikas nisten.

Talampaya ist von La Rioja oder Chilecito im Rahmen einer geführten Tour oder individuell zu besuchen. Auch in Córdoba (mit Asatej, 2½ Tage zusammen mit Parque Ischigualasto für 100 US-$) und Mendoza (40 US-$, die meisten Reiseveranstalter) werden Ausflüge dorthin angeboten. Die **Anfahrt** ist allerdings nicht einfach. Der Eingang zum Park liegt 42 km vom Dorf Pagancillo entfernt, etwa 14 km östlich der Ruta 26. Busse von La Rioja nach San Juan fahren über Patquía, dann über die Ruta 150, um an der Kreuzung mit der Ruta 26 (Polizeistützpunkt, nahe Los Baldecitos) nach Süden abzubiegen. An dieser Kreuzung muss man aussteigen und versuchen, per Bus oder mit dem Taxi die 58 km nach Norden plus die 14 km Stichstraße zurückzulegen.

Von Chilecito ist die Anreise einfacher, denn die Busse von Chilecito nach San Juan fahren durch das Dorf Pagancillo und direkt weiter über die Ruta 26. Man steigt entweder in Pagancillo aus und versucht dort, einen Führer für die Fahrt durch den Park zu engagieren, oder fährt direkt zur Kreuzung (bei Km 147,5), wo der Weg zum Park abzweigt (etwa 28 km südlich von Pagancillo). Von dort sind es jedoch noch 14 km bis zum Parkeingang.

In Pagancillo gibt es einfache Unterkünfte, gut ist die Posada Olmo, Tel. (03822) 15507562, talamapaya_olmo@hotmail.com, 30 US-$ mit Frühstück. Der Vermieter bietet auch Trekkingtouren an. Essen kann man im Ort im Restaurant gegenüber der Tankstelle. Billige und sehr gute Steaks.

Wenn man einen Pkw hat, kann man von Pagancillo eine sehr schöne **Fahrt durch die Questa de Miranda** über die Straße Nr. 40 nach Villa Union machen. Die Strecke ist auch mit einem normalen Pkw befahrbar.

Die **Nationalparkverwaltung** hat ihren Sitz in Villa Unión, 27 km nördlich von Pagancillo, Tel. 470356 und 470397, www.talampaya.gov.ar. Der **Eintritt** zum Park kostet 4 US-$. Der Campingplatz kostet 1 US-$ und in der Cafeteria kann man sich verpflegen. Im Park selbst werden mehrere **Rundtouren** angeboten. Sie dauern 2–5 Stunden und werden in Pick-up-Trucks durchgeführt. Die 2½-stündigen Rundfahrten kosten 12 US-$ (p.P., bis zu 8 Personen), die fünfstündige 18 US-$ (ebenfalls in Gruppen bis zu acht Personen). Wer sich länger im Park aufhalten will, sollte sich bei der **Touristeninformation** in La Rioja oder besser in Chilecito informieren. Am Parkeingang kann man auch zelten. Mitunter werden mehrtägige Wanderungen durch den Park angeboten.

Die offizielle Tourismus-Agentur für den Park heißt **Rolling Travel,** Tel. (0351) 5709909, www.talampaya.com. Sie organisiert Halbtages-Exkursionen für 12 US-$. Ein geführtes Trekking bietet **Eco Trekking** an, 3 Stunden für 10 US-$, sergiolei_guiatur@hotmail.com.

Zum benachbarten Naturpark Ischigualasto siehe bei San Juan.

Jujuy

Die Provinz Jujuy ist **eine der abgeschiedensten Provinzen des Landes.** Sie liegt im äußersten Nordwesten, grenzt im Norden an Bolivien, im Westen an Chile, im Osten und Süden an Salta. Für Besucher ist Jujuy eine der attraktivsten Gegenden in ganz Argentinien. Die **Anden-Kette und ihre Vorgebirge, die Hochebene, die alten Kolonialstädte** und die stark spürbaren **Indio-Traditionen** machen den Reiz der mit 53.219 km² und etwa 611.000 Einwohnern flächenmäßig und hinsichtlich der Bevölkerungszahl sehr kleinen Provinz aus. In Jujuy leben sehr **viele Indios,** etwa 40.000, die Anzahl der Mischlinge beträgt ungefähr 300.000.

Die Provinz ist **arm,** sie lebt vorwiegend vom nicht sehr ertragreichen Bergbau in **Zink-, Blei-, Eisen- und Silberbergwerken,** dazu kommt der Anbau von Tabak und Zuckerrohr sowie Zitrusfrüchten. Da die wirtschaftliche Perspektive schlecht ist, verlassen viele die Provinz in Richtung Buenos Aires und versuchen, dort ein besseres Leben führen zu können. Dennoch bleibt die Einwohnerzahl stabil: Aus dem Norden kommen Bolivianer, denen Argentinien immer noch als das gelobte Land erscheint.

San Salvador de Jujuy ↗VII,C1

Die mehrfach gegründete und von Indianern zerstörte Stadt – die letzte Gründung 1593 war schließlich erfolgreich – hat heute ca. 180.000 Einwohner. Sie liegt am Südende der Quebrada de Humahuaca, an der Mündung des Río Xibi Xibi in den Río Grande.

Das Wort „Jujuy", der Name von Provinz und Stadt, stammt aus der Indianersprache. Es ist wahrscheinlich die spanische Übernahme des Quetschua-Wortes „xuxuyoc", mit dem der stellvertretende Herrscher der Inkas, der hier lebte, bezeichnet wurde.

Jujuys Zentrum ist die **Altstadt,** die sich zwischen den beiden Flüssen, Río Xibi Xibi und Río Grande, erstreckt. Die wichtigsten Gebäude liegen nahe der Plaza Belgrano, dort verläuft auch die Calle Belgrano, die zwischen der Lavalle und Necochea ein Stück Fußgängerzone ist. Folgt man der Lavalle nach Südwesten, überquert man den Río Xibi Xibi und gelangt zum Busbahnhof, wo um den Mercado Sur ein weiteres lebhaftes Zentrum ist.

Sehenswürdigkeiten

Kathedrale

Jujuy ist arm an Sehenswürdigkeiten. An der Plaza steht die Kathedrale mit ihrem mehrfach gestuften, schönen Turm, 1763 erbaut, barocke und klassizistische Formen miteinander vereinend. Ein Blick ins Innere lohnt sich, schon wegen der wunderbaren, von Indios geschnitzten Kanzel. Vor der Kathedrale findet ab und an ein kleiner **Kunsthandwerkmarkt** statt.

Provinzverwaltung und Iglesia San Francisco

Ebenfalls an der Plaza steht das leicht überdimensioniert wirkende, sehr repräsentative Gebäude der Pro-

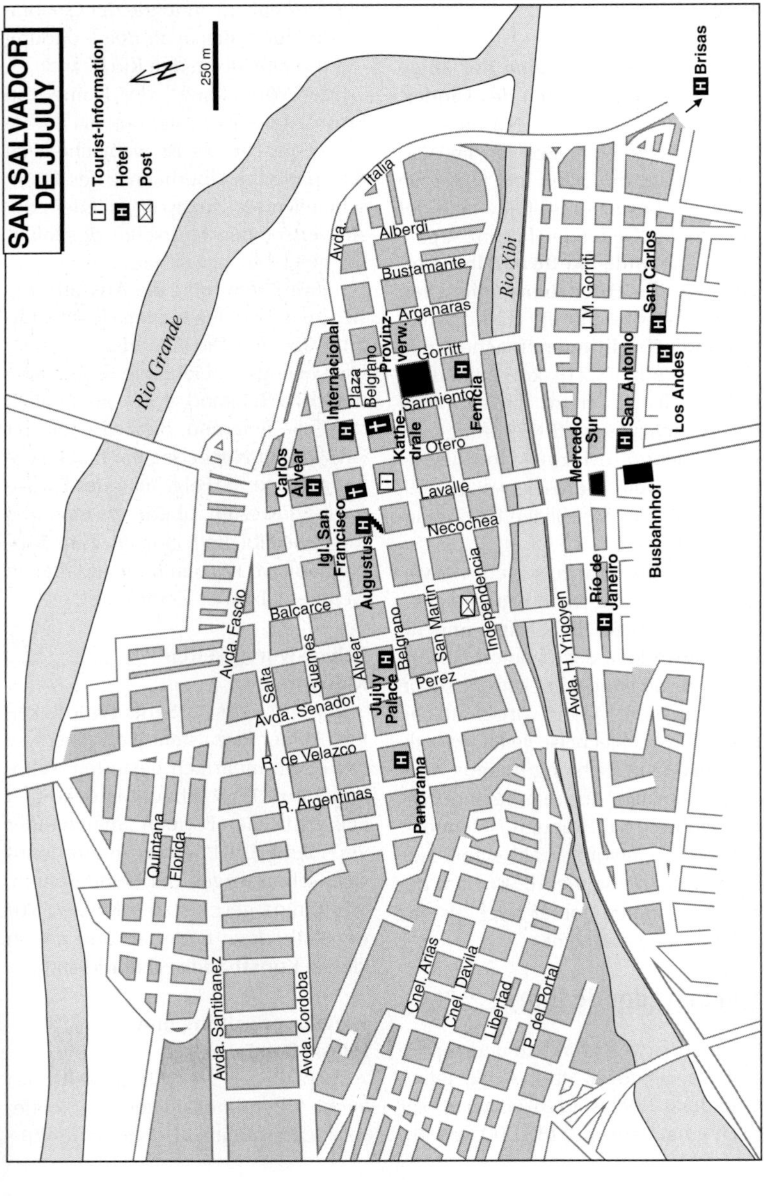
SAN SALVADOR DE JUJUY
Tourist-Information
Hotel
Post
N
250 m
Rio Grande
Rio Xibi
Avda. Italia
Alberdi
Bustamante
Arganaras
Gorriti
Sarmiento
Otero
Lavalle
Necochea
Independencia
San Martin
Belgrano
Alvear
Guemes
Salta
Avda. Fascio
Balcarce
Avda. Senador
Perez
R. de Velazco
R. Argentinas
Quintana
Florida
Avda. Santibanez
Avda. Cordoba
Cnel. Arias
Cnel. Davila
Libertad
P. del Portal
Avda. H. Yrigoyen
J. M. Gorriti
Plaza Belgrano
Provinz-verw.
Internacional
Kathe-drale
Carlos Alvear
Igl. San Francisco
Augustus
Fenicia
Jujuy Palace
Panorama
Mercado Sur
Río de Janeiro
San Antonio
San Carlos
Los Andes
Busbahnhof
Brisas

vinzverwaltung. Eine weitere schöne Kirche ist die Iglesia San Francisco an der Ecke Belgrano und Lavalle.

Mercado del Sur

Nicht versäumen sollte man einen Besuch des Mercado del Sur, auf dem viele Indios aus der Umgebung der Stadt ihre Waren verkaufen. Der Markt ist nicht unbedingt schön, aber durchaus interessant.

Wer will (und wem es schmeckt), kann hier auch problemlos, so wie es fast alle Einheimische tun, kleine Tüten mit Coca-Blättern kaufen. Bloß – eine berauschende Wirkung sollte er vom Kauen der Blätter nicht erwarten.

Touristeninformation

- Die sehr hilfsbereite Touristeninformation, die auch über recht gute Karten verfügt, befindet sich in der Gorriti 295, an der Plaza Belgrano, kostenloses Info-Tel. 0800-555 9955 oder (0388) 4221326, www.turismo.jujuy.gov.ar.

Hotels

Einfach und billig:

- **San Antonio,** Lisandro de la Torre 993, Tel. 4225998; modern und sehr gut, 15 US-$.
- **Brisas,** Alte. Brown 1157, Tel. 4251912; 28 US-$.
- **San Carlos,** Rep. Siria 459, Tel. 4222286; 17 US-$.
- **Carlos Alvear,** Alvear 627, Tel. 4228142; 4222982; mit Restaurant, 820 US-$.
- **Río de Janeiro,** J. Iglesia 1356, Tel. 4223 700; 12 US-$.

Hotels der Mittelklasse:

- **Augustus,** Belgrano 715, Tel. 4230203, www.hotelaugustus.com.ar; 50 US-$.
- **Fenicia,** 19 de April 427, Tel. 4231800, info@quintar.com.ar; modern, geräumige Zimmer, einige mit Blick über die Stadt, 60 US-$, info@quintar.com.ar

a43-239 Foto: gw

Kathedrale in San Salvador de Jujuy

- **Internacional,** Belgrano 501, Tel. 4231599, www.hinternacionaljujuy.com.ar; direkt an der Plaza, aber ruhig, gemütliche Räume mit Stadtblick, 55US-$

Luxushotels:

- **Jujuy Palace,** Belgrano 1060, Tel. 4230433, www.imagine.com.ar/jujuy.palace; Jujuys großes Top-Hotel, 62 US-$.
- **Panorama,** Belgrano 1295, Tel. 4240049, www.hotelpanorama-jujuy.com.ar; 60 US-$.

Camping

- Der nächstgelegene Campingplatz befindet sich außerhalb der Stadt: Einmal 14 km nördlich auf der Straße nach Humahuaca. Bietet auch Übernachtung im Mehrbettzimmer, 9 US-$ pro Person. El Refugio, Tel. (0388) 4909344, elrefugio@arnet.com.ar.

Essen und Trinken

- Billige Restaurants findet man in der Gegend des Busbahnhofs und beim Mercado del Sur. Einige Cafés gibt es in der Fußgängerzone, z.B. die **Bar la Royal** (Nähe Lavalle, etwas teurer) und die schöne, leicht altmodische **Confitería Carena,** Belgrano 899. Im **Ruta Nueve,** Belgrano 751, ist das Essen nicht ganz preiswert, dafür aber gut.

Flugverbindungen

- Der **Flughafen El Cadilla** liegt 32 km südöstlich der Stadt. Den Busservice sollte man bei **Aerolíneas Argentinas** erfragen, die ihr Büro auf der Senador Pérez 355, Tel. 422 7198, hat.
- Täglich gibt es mehrere **Flüge** nach Buenos Aires (225 US-$), einen bis zwei nach Córdoba und Tucumán sowie einen nach Santiago del Estero. Es herrscht kein Flugbetrieb am Samstag, eingeschränkter am Sonntag.

Überlandbusse

- Vom **Busbahnhof** auf der Ecke Dorrego und Iguazú fahren mehrfach täglich **Busse nach:**
- **Buenos Aires,** ca. 45–55 US-$, 18 Stunden.
- **Córdoba,** 31 US-$, 14 Stunden.
- **Tucumán,** 12 US-$, 5 Stunden.
- **Salta,** 4 US-$, 2–3 Stunden.
- **La Quiaca,** 10 US-$, 7 Stunden.
- **Humahuaca,** 6 US-$, 3 Stunden.
- **Tilcara,** 4 US-$, 1½ Stunden.
- **Termas de Reyes,** 1,50 US-$, 1 Stunde.
- **Busse nach Chile:** *Buses Géminis,* Tel. 15 52013, Di und Fr sowie Sa über Susques und den Paso de Jama nach San Pedro de Atacama (s.u.), Sa weiter bis Calama. Die Fahrt dauert bis San Pedro 11 Stunden und kostet ca. 35 US-$. Rechtzeitiger Ticketkauf wird empfohlen, die Busse sind oft voll.
- Busfanatiker können in Jujuy mit *Andesmar-Tramat* die **Tour de Argentina** starten, eine durchgehende Fahrt von Jujuy nach Río Gallegos. Das Ticket kostet etwa 120 US-$, die Fahrtdauer wird mit 2½ Tagen angegeben.

Rund ums Auto

- **Localiza,** am Flughafen, Tel. 4912734.
- **Noroeste,** Belgrano 715, Tel. 4226678.

Sonstiges

- Die **Post** ist Belgrano 900.
- **Wechselstuben** auf der Belgrano tauschen Bargeld und auch Reiseschecks.
- **Reiseveranstalter:** Die meisten haben dasselbe Angebot, nämlich **Touren durch die Quebrada de Humahuaca.** Auch die Preise sind dieselben, etwa 15–20 US-$ für einen 12-Stunden-Ausflug mit dem Kleinbus.

Einige **Reiseveranstalter:**

- **Ortiz,** Belgrano 730 Loc.13, Tel.4240728, ortizviajes@hotmail.com.
- **Ser Andino,** Jujuy 393, Tel. 421659, www.serandino.com.ar.
- **Jujuy,** Gral. Lamadrid 136, Tel. 4233088.

Ausflug

Termas de Reyes

Etwa 20 km westlich von Jujuy liegen auf einer Höhe von 1700 Metern in einer recht engen Schlucht des Río Reyes die Termas de Reyes, überragt vom 6200 m hohen Gipfel des Cerro Chañi. Die **heißen Quellen** (28° bis 56°C) laden zum Bad ein.

Wer dort bleiben will, kann sich im **Hotel Termas de Reyes** einquartieren (Tel. (0388) 4922522, DZ ab 85 US-$, www.termasdereyes.com). Der **Campingplatz** ist umsonst, Eintritt für den Pool 5 US-$.

Zu erreichen ist Termas de Reyes problemlos mit dem Bus vom Busbahnhof in Jujuy (die Fahrt dauert ca. eine Stunde und kostet 1,50 US-$).

Durch die Quebrada de Humahuaca bis nach La Quiaca

Größte Attraktion der Provinz Jujuy ist die Quebrada de Humahuaca. Diese **Schlucht** ist einer der wenigen Einschnitte in die Hochebene des Nordwestens, die Puna. Andere sind das Valle de Calchaquíes und die Quebrada del Toro. Das Humahuaca-Tal diente über Jahrtausende den Urvölkern dieser Region als eine Art Korridor zwischen dem Altiplano und den tiefer gelegenen Gebieten. Zugleich zog das vergleichsweise fruchtbare, von vielfarbigen Hügeln gesäumte Flusstal zahlreiche Siedler an, wie in der Neuzeit freigelegte Niederlassungen und Festungen aus verschiedenen Epochen bezeugen (z.B. in Tilcara). So entwickelte sich hier schon lange vor den Inka eine lebhafte, vom stetigen Austausch der andinen Völker geprägte Kultur. Wegen der einzigartigen Kombination aus landschaftlichen Attraktionen und uralten Kulturzeugnissen wurde die Quebrada de Humahuaca 2003 von der UNESCO zum **Welterbe der Menschheit** erklärt.

Die Quebrada de Humahuaca beginnt nördlich von Jujuy und zieht sich über ca. 130 km nordwärts. Sie steigt dabei langsam an: Jujuy liegt 1552 m hoch, der Ort Humahuaca, 128 km von Jujuy entfernt und Endpunkt der Quebrada, auf 2939 m. Dort beginnt dann die eigentliche Puna, die Hochebene, die weiter ansteigt und am Endpunkt der Fahrt, in La Quiaca, eine Höhe von fast 3500 m erreicht hat.

Die Fahrt durch die Quebrada de Humahuaca kann bis nach La Quiaca leicht mit **öffentlichen Verkehrsmitteln** unternommen werden: Busse fahren durchgehend von Jujuy bis zur bolivianischen Grenze. **Gebuchte Touren** dagegen gehen meist nur bis Humahuaca. Als Reisender sollte man, besonders ab Humahuaca, ein wenig **vorsichtig wegen der Höhe** sein. Laufen und schnelle Bewegungen werden sofort mit Kurzatmigkeit und eventuell Kopfschmerzen „belohnt", also Anstrengungen vermeiden.

Direkt hinter Jujuy beginnt das **Farbenspiel,** für das die Quebrada de Humahuaca berühmt ist. Die Felsen leuchten rot und schwarz, grün und violett, je nach Sonnenstand und der mineralischen Zusammensetzung des Gesteins. Verlassene Siedlungen stehen im Tal, selten sieht man einen Menschen entlang der Straße.

Nach 61 km zweigt links die Straße nach Purmamarca und weiter Richtung Susques und Paso de Jama ab.

Purmamarca ⇗ III,C3

Der Ort auf 2190 m Höhe ist eine **alte Inkasiedlung;** „purma" bedeutet Wüste und „marca" Gegend. Überragt wird der Ort vom **Cerro del los Siete Colores,** dem „Berg der sieben Farben". Kommt man am Vormittag, wenn die Sonne den Berg bestrahlt, ist das Farbenspiel wirklich beeindruckend. Der Camino de los Siete Colores führt einmal um den Cerro herum (1–2 Stunden). Die Quebrada de Humahuaca war aber nicht nur Siedlungsweg der Inkas, auch die europäischen Eroberer zogen hier durch, gefolgt von Missionaren. Deshalb besitzen zahlreiche Orte sehenswerte alte **Dorfkirchen.** Die Kirche in Purmamarca wurde ab 1648 erbaut und im Jahr 1779 vollendet. In dem Gotteshaus sind einige Werke der Malerschule von Cuzco (Peru) zu sehen. Ebenso bemerkenswert ist das vielfarbige Angebot der **Kunsthandwerkshändler** auf der Plaza und in den Läden ringsum, das in kräftigem Kontrast zu dem staubigen Ort steht. Wer ein gutes, authentisches Mitbringsel sucht, sollte nicht zögern: Purmamarca und Tilcara haben das beste Angebot weit und breit.

Unterkunft:

- Einige simple **Residenciales** im Ortskern, am besten in der Touristeninformation (mit Internet) an der Plaza fragen.
- **El viejo Algarrobo** Tel. (0388) 4908286, www.jujuy.com/elviejoalgarrobo. Ein nettes kleines Hotel unmittelbar hinter der Kirche, 32 US-$ mit Frühstück und Bad.
- **La Posta de Purmamarca,** Tel. 4908029, www.postadepurmamarca.com.ar, großzügige Anlage mit Ziegel-Bungalows, zum gleichnamigen (und sehr empfehlenswerten) Restaurant an der Plaza gehörig, aber etwas außerhalb, mit Bad 50 US-$.
- **La Comarca,** Ruta Nac. 52 km 4, Tel. 490 8001, www.lacomarcahotel.com.ar; neue, stilvoll im Adobe-Stil des Nordens erbaute Anlage mit geschmackvollen, geräumigen Bungalow-Zimmern, jedes mit separater, schattiger Terrasse und Talblick, Swimmingpool. Mit Bad ab 90 US-$.

Bilder aus der **Malerschule** von Cuzco findet man auch in der alten Kirche in Tilcara, einer Kleinstadt mit hübscher Plaza, die 86 km von Jujuy entfernt bereits auf knapp 2500 m Höhe liegt.

Tilcara

⇗ III,C3

Der Name der Siedlung ist ein Quetschua-Wort, das „Sternschnuppe" bedeutet. Im Südosten wird der Ort vom 4851 m hohen Cerro Negro de Zucho überragt. Die größte Sehenswürdigkeit ist das **Pukará,** das alte indianische Wehrdorf, das etwa 1 km vom Ort entfernt ist. Es lässt, seit den 1960er Jahren gut restauriert, die Struktur eines solchen Ortes erkennen. Näheres über die Festung, die zu präkolumbischer Zeit entstand, erfährt man im ausgezeichneten **Archäologischen Museum** des Ortes (geöffnet täglich 9–19 Uhr). Der Eintritt beträgt 2 US-$ und gilt zugleich für das Pukará und den dazugehörigen **botanischen Garten,** in dem viele Pflanzen der Hochebene wachsen.

Auf und um die Plaza findet häufig ein guter **Kunsthandwerkermarkt** mit indianischen Waren statt.

Unterkunft/Restaurant:

- Die beiden besten Hotels der Stadt sind das **Hotel de Turismo,** Belgrano 590, Tel. (0388) 4955720, www.hoteldeturismo.8k.com, 42 US-$, und das nicht nur wegen seines Restaurants empfehlenswerte **El Antigal,** Rivadavia s/n, Tel. 4955089, das ca. 26 US-$ kostet.
- **Posada con los Angeles,** Gorriti 156, Tel. 4355153, www.posadaconlosangeles.com.ar, gemütliche Unterkunft, schöne Zimmer und

Straßenszene in Humahuaca

a45-242 Foto: kd

Aufenthaltsräume mit Kamin, Garten, Wäscheservice, Trekking und Exkursionen. Mit gutem Frühstück 65 US-$.

- Gut ist auch die **Jugendherberge Malka,** San Martín s/n, ca. 400 m von der Plaza entfernt, Tel. 4955197, www.malkahostel.com.ar, mit Küche, Fahrradverleih, Touren, auch Mahlzeiten (11 US-$ p.P. mit Frühstück).
- Ansonsten gibt es auch in Tilcara zahlreiche **preiswerte Absteigen,** die man bei einem Bummel durch die wenigen Straßen schnell in Augenschein nehmen kann.
- Die **Touristeninfo** neben dem Hotel Turismo ist nur unregelmäßig geöffnet.
- **Neugierige Esser** sollten auf den Speisekarten nach „Lama in Rotweinsauce" Ausschau halten.

Kurz vor dem nächsten Ort, **Huacalera,** überschreitet man den **Wendekreis des Steinbocks,** wo die Sonne am 21. Dezember senkrecht am Himmel steht.

Humahuaca ⇗III,C3

Humahuaca ist Haupt- und gleichzeitig Endort der Quebrada. Er liegt 128 km von Jujuy entfernt, auf einer Meereshöhe von 2939 m und hat etwa 6000 Einwohner. Der Ort ist verschlafen und erwacht nur ein- bis zweimal am Tag zu etwas mehr Leben, nämlich dann, wenn die Touristenbusse hier ihren Stopp einlegen.

Warum sie halten, ist klar: Humahuaca hat einen sehenswerten Ortskern mit Kopfsteinpflaster in den engen Gassen sowie einen hübschen Dorfplatz mit einer schönen **alten Dorfkirche,** in der einige gute Bilder der Cuzco-Schule hängen. Die Kirche ist im Innern rundherum mit Kaktusholz verkleidet. Am gleichen Dorfplatz steht auch der Cabildo aus den 1930er Jah-

Über den Paso de Jama nach Chile

Wer Abenteuer und Einsamkeit liebt, kann von Purmamarca über Susques und den Paso de Jama nach San Pedro de Atacama in Chile weiterreisen. Der Bus macht diese Tour viermal wöchentlich und erreicht etwa elf Stunden später San Pedro de Atacama (siehe bei Jujuy, „Überlandbusse").

Der Paso de Jama kann **mit normalem PKW** überquert werden. Genug zu essen und zu trinken sollte man einpacken, auch mindestens zwei Ersatzreifen, denn eine Reifenpanne kann man sich auf den Schotterpisten schnell holen. Dazu einen Ersatzkanister, denn Tankstellen sucht man unterwegs vergebens. Von Jujuy sind es bis nach San Pedro de Atacama 514 km, bis nach Purmamarca 65 km, nach Susques 194 und zur Grenze 349 km.

Von Purmamarca schraubt sich die Straße, teilweise tief in den Stein gesprengt, in unendlich erscheinenden Serpentinen steil bergauf, schließlich liegt Purmamarca auf 2192 m und Susques auf 3675 m. Wo die Ruta 52 auf die kreuzende Ruta 40 trifft, beginnt eines der schönsten (und mittlerweile asphaltierten) Stücke der gesamten Strecke, die Überquerung der Salinas Grandes auf einem Damm. Hier kann man die primitive Technik des Salzabbaus besichtigen und das eine oder andere salzige Andenken mitnehmen. Nach 137 km Fahrt durch die Wüste (mindestens zwei Stunden) ist Susques erreicht. Der Ort hat nicht viel Sehenswertes außer einer Kirche aus dem 16. Jahrhundert. Susques ist ein typisches, sehr armes Dorf auf dem Altiplano.

Von Susques geht es etwa 50 km weiter auf der Ruta 16 – nun wieder auf Schotter. Bautrupps arbeiten an der Verbreiterung und Asphaltierung der Strecke. Am Nordende der Salinas de Olaroz trifft man auf die Ruta 70, der man nach Süden (nach links), immer am Rande der Salinas de Olaroz entlang, für etwa 40 km, folgt. Dann zweigt rechts Richtung Westen eine Straße zum Paso de Jama ab, der nach ungefähr 60 km erreicht ist. Wenige Kilometer vorher liegt die Grenzabfertigung der argentinischen Behörden: Wenn ein Reisebus dasteht oder die Grenzer Mittagspause machen, dauert es seine Zeit. Auf dem Weg zum Paso de Jama, der **mit etwa 4200 m einer der höchsten Andenpässe** ist, überschreitet man mehrfach den Wendekreis des Steinbocks. Hier steht am 21. Dezember die Sonne absolut senkrecht am Himmel.

Ab dem Pass ist die Straße wieder asphaltiert und führt auf einer faszinierenden Strecke über den chilenischen Teil des Altiplano: zunächst vorbei am vielfarbig schimmernden Salar de Aguas Calientes, dann an den Moais de Tara – bis zu 30 Meter hohe, völlig freistehende, vom Wind verwitterte Felsfinger – und den zerklüfteten Felswänden der Farellones de Tara. Gelegentlich kreuzen Vicuñas den Weg. Schier endlos erstreckt sich die Hochebene, der Horizont wird nur von gelegentlichen Vulkankegeln unterbrochen. Immer wieder fesseln grün schimmernde Lagunen und von weißen Salzufern gesäumte, überfrorene Feuchtgebiete den Blick. Erst 117 km hinter der Grenze erreicht man den höchsten Punkt der Strecke (4825 m), gleich darauf führt die Straße an einem der imposantesten Vulkane, dem fast 6000 m hohen Licancabur, vorbei und schließlich hinunter in die Flussoase San Pedro de Atacama.

ren, der im neokolonialen Stil erbaut wurde. Mittags um 12 Uhr öffnet sich im Glockenturm eine Tür, und eine lebensgroße Figur des heiligen Francisco Solano segnet die Anwesenden – kommen Sie ruhig etwas früher, nicht immer geht die Uhr richtig.

Die auffälligste Sehenswürdigkeit in Humahuaca ist das riesige **Monumento a la Independencia,** das Denkmal für die Unabhängigkeit, das von der kleinen Plaza aus über eine monumentale Steintreppe zu erreichen ist. Oben angekommen, ist man kurzatmig: Man weiß nicht so recht, ob das an der Höhe liegt oder weil einem der Anblick den Atem verschlägt. Das Denkmal wurde 1924 über dem Tal errichtet, weil hier während des Unabhängigkeitskrieges große Schlachten zwischen den Spaniern und den Freiheitskämpfern stattfanden. Es verherrlicht den indianischen Teil an der Erringung der Unabhängigkeit, und zwar so stark, dass es schon in sehr scharfem Kontrast zur heutigen Realität steht: Wie kommt es, dass diese heldenhaften, starken Kämpfer für die Unabhängigkeit heute zu den absolut Ärmsten des Landes gehören?

Mehr über das Leben der Indios erfährt man im **Museo Folclórico,** Buenos Aires 435, direkt neben der Jugendherberge, die vom gleichen Besitzer gemanagt wird. Hier werden Alltagsgegenstände ausgestellt, man erfährt auch viel über die Sitten und Gebräuche der Indios, speziell über den Karneval. Denn der wird hier ausgiebig gefeiert. Dann sind die Gassen von Humahuaca voll mit Besuchern, es wird getanzt und gefeiert, acht Tage und neun Nächte lang.

An der Plaza gibt es eine Bank mit Geldautomat, Internet gibt es hingegen nur sehr langsam und teuer in der Jugendherberge oder (nur 21–23 Uhr) in Corrientes 473.

Unterkunft:

- **Hostal Azul,** Medalla Milagrosa, Tel. (03887) 421596, www.hostalazulhumahuaca.com.ar; die gemütlichste Bleibe des Ortes, neue, schön eingerichtete Zimmer mit Heizung und Bad, ca. 10 Minuten Fußweg vom Busbahnhof, 38 US-$.
- **Residencial Humahuaca,** Córdoba 401, Tel. 421141; ruhig und gut.
- **Albergue Juvenil Hostal Humahuaca,** Buenos Aires 447, Tel. 421064; abgewohnte Gemeinschaftszimmer mit Küchenbenutzung, p. P. 15 US-$.
- **Posada El Sol,** Medalla Milagrosa, Tel. 421 466; etwas außerhalb gelegene (Abholung nach Anruf), freundliche Herberge des Hostelling-Verbandes mit Gemeinschafts-Unterkünften und Küchenbenutzung, 49 US-$ p.P., DZ 25 US-$.

Ein Ausflugstipp:

Von Humahuaca fährt täglich ein Bus um 8.30 und 10.30 Uhr nach **Iruya,** das 72 km nordöstlich von Humahuaca auf 2780 m wunderschön in den Bergen liegt. Die Busfahrt dauert 3 Std., ist aber nichts für schwache Nerven. In Iruya kann man gut 2–3 Tage verbringen, wandern oder reiten und die Ruhe genießen, da es hier kaum Autos gibt. Busse zurück fahren täglich um 15.15 Uhr vor der Kirche ab, der Preis für Hin- und Rückfahrt beträgt 8 US-$.

Unterkunft in Iruya bieten die **Hostería Federico III,** Tel. (03887) 15629152, ab 25 US-$ p.P., sowie die **Hostería de Iruya** (Tel. 482002, www.hosteriadeiruya.com.ar; DZ ab 75 US-$ mit Frühstück), sehr schön mit herrlichem Bergblick und gutem Restaurant.

Hinter Humahuaca ändert sich das Landschaftsbild. Die Straße steigt schnell an, teilweise in Serpentinen führt sie jetzt bergan. Noch wachsen Kakteen am Straßenrand, später nichts mehr, dafür sieht man neben der Straße die ersten als Haustiere gehaltenen Lamas.

Der kleine Ort **Tres Cruces,** wo ein Aufenthalt nicht lohnt, liegt auf 3700 m Höhe. Hier hat man die **Puna,** die Hochebene, den argentinischen Ausläufer des bolivianischen Altiplano, erreicht. **Abra Pampa,** das nächste Dorf (3484 m), ist ein typischer Altiplano-Ort mit Lehmziegelhäusern, im Nordosten ist der Cerro Totay (4366 m) zu sehen. Etwa 15 km westlich von Abra Pampa liegt eine Zuchtstation für Vicuñas, die wilden Verwandten der Lamas. Hier lassen sich die sehr scheuen Tiere gut beobachten. Die Zuchtstation ist in der Woche mit lokalen Bussen von Abra Pampa aus zu erreichen.

La Quiaca ⇗ III,C3

Von Abra Pampa sind es noch 75 km nach La Quiaca, der **Grenzstadt zu Bolivien.** Das trostlose, recht arme Städtchen hat ungefähr 11.500 Einwohner und liegt auf 3442 m Höhe, 293 km von Jujuy entfernt. Zwischen dem zweiten und dritten Sonntag im Oktober findet die **Fiesta de las Ollas** mit großem Töpfermarkt statt. In La Quiaca ist vorwiegend am Busbahnhof etwas los, das geschäftliche Leben spielt sich auf der anderen Seite des Grenzflusses Río Villazón ab, im **bolivianischen Villazón.** Der Grund ist einfach: In Bolivien ist fast alles billiger. Dort wird auf Märkten ge- und verkauft, Coya-Indianer stehen beisammen, die Frauen mit mehreren Röcken unterschiedlicher Farbe übereinander gekleidet, auf dem Kopf verschieden geformte Hüte, eine dicke Wange vom hineingestopften Coca-Pfriem. Sie verkaufen freilich statt Kunsthandwerk nicht selten chinesischen Plastikschund, raubkopierte DVDs (die neuesten Hollywoodfilme für 1 US-$) oder imitierte Markenuhren.

Die **Grenze nach Bolivien** für einen Abstecher zu überqueren, ist einfach. Man zeigt seinen Pass vor, lässt ihn aber besser nicht stempeln, denn es gibt eine Bestimmung, nach der man ansonsten so schnell nicht wieder nach Argentinien einreisen darf (48 Stunden). Ob die Grenzer allerdings auf dieser Bestimmung beharren – wer weiß ... Bei der Rückkehr braucht man dann auch keinen Einreisestempel. Die Grenzbrücke ist ein Spektakel der besonderen Art: Während jedes Fahrzeug akribisch inspiziert wird, buckeln Heerscharen von Indios vor den Augen der untätigen Grenzer im Ameisenverfahren ganze LKW-Ladungen an Zement, Mehl oder Bier (um nur die harmlosen Waren zu nennen) von Argentinien nach Bolivien. Für „Handgepäck" fallen keine Zollgebühren an. Aber lassen Sie sich bloß nicht beim Fotografieren erwischen, da werden die Grenzer plötzlich böse!

La Quiaca/Villazón ist der beste Weg für Reisende, die nach Bolivien weiterreisen wollen. Von Villazón fahren beispielsweise mehrfach täglich Busse nach Potosí.

Vom **Busbahnhof** in La Quiaca (España/Ecke Belgrano) fahren mehrfach täglich Busse nach Jujuy zurück. Sie kosten etwa 10 US-$, brauchen theoretisch 7 Stunden, sind oft sehr unbequem und haben am Ende mitunter riesige Verspätungen.

Unterkunft/Restaurants:

- Einige gute Restaurants gibt es auf der España in der Nähe des Busbahnhofs. Wer irgend kann, sollte schnell weiterreisen. Wenn Sie dennoch übernachten müssen:
- **Hostería Munay,** Belgrano 51, Tel. (03887) 423924, www.munayhotel.jujuy.com; freundlich, sauber mit Bad und Frühstück für 28 US-$.
- **Hostal del Turismo,** Siria Ecke San Martín, Tel. (03885) 422243, hotelmun@laquiaca.com.ar; Hotel mit DDR-Charme, aber erträglichem Essen, DZ 32 US-$.

16 km östlich von La Quiaca liegt das Dorf **Yavi,** das nur mit einem Taxi zu erreichen ist (Hin- und Rückfahrt etwa 10 US-$). Hier steht eine der schönsten Kirchen der Region, 1690 erbaut und berühmt für ihren Altar, die Malereien sowie die Holzskulpturen. Sie zeigen den heiligen Franziskus, den Namenspatron der Kirche, Johannes den Täufer, den heiligen Josef und die Gottesmutter; ist die Kirche geschlossen, bittet man den Küster um Einlass.

Monumento Natural Laguna de Los Pozuelos ⇗II,B3

Die etwa 15.000 ha große Laguna de los Pozuelos liegt ca. 100 km südwestlich von La Quiaca auf ungefähr 3700 m Höhe. Sie ist ein Muss für **Flamingo-Liebhaber,** denn unterschiedliche Arten der rosafarbenen Vögel leben hier. Daneben gibt es andere Wasservögel, mit Glück sind auch wild lebende **Vicuñas** zu sehen. In „Spitzenzeiten" wurden hier bis zu 25.000 Flamingos gezählt. Allerdings sind sie sehr scheu und auf der flachen Ebene nur aus der Ferne zu beobachten; zudem reduziert sich ihr Bestand in Trockenzeiten (Winter/Frühjahr) dramatisch. Dann lohnt sich der langwierige Abstecher nur bedingt, zumal man Flamingos anderswo auf dem Altiplano einfacher sehen kann.

Die **Anfahrt** ist einigermaßen kompliziert, verfügt man nicht über ein **Auto.** Damit ist die Laguna leicht von Abra Pampa oder von La Quiaca aus zu erreichen. Ersatzkanister müssen mitgenommen werden, denn nur in La Quiaca und Abra Pampa gibt es Tankstellen. Weitere Informationen im Büro der Parkverwaltung in Abra Pampa, Rivadavia Ecke Alberdi, Tel. (03887) 491048.

Parque Nacional Calilegua ⇗III,C3

106 km nordöstlich von Jujuy liegt der Ort Ciudad de Libertador General San Martín, kurz meistens **Libertador** genannt. Der Ort ist leicht mit dem **Bus** von Jujuy aus zu erreichen, von dort fahren mehrmals wöchentlich allradgetriebene Wagen zum Park.

Der Nationalpark Calilegua ist ein 76.000 ha großes Gebiet, das von dichtem **subtropischem Regenwald** bewachsen ist. Man kann im Park campen, allerdings muss man sich vorher in Libertador mit Essen versorgen.

Der Nationalpark ist **berühmt für seine Tier- und Pflanzenwelt**. Hier leben ca. 300 Vogelarten, darunter Tukane und unterschiedliche Arten von Adlern. Mit sehr viel Glück sieht man auch mehr als bloß die Spuren von Tapiren, Jaguaren und Pumas. Die Parkaufseher zeigen gern die besten Pfade zur Tierbeobachtung, ebenso wie den Weg hinauf zum zweitgrößten Berg des Parkes, dem Cerro Hermoso (3600 m); Tourpreis vorher vereinbaren. Informationen in der Parkverwaltung in Libertador, San Lorenzo s/n, Tel. (03886) 422046, pncalilegua@cooperlib.com.ar, www.parquesnacionales.gov.ar.

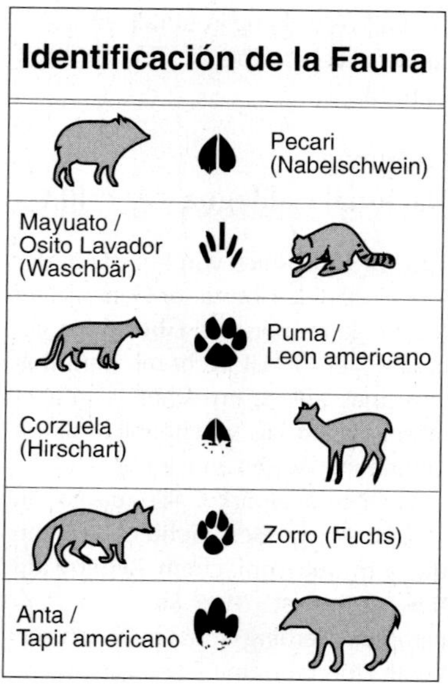

Salta

Die Provinz Salta, mit einer Fläche von 155.488 km² und etwa 1,1 Mio. Einwohnern **eine der größten Provinzen Argentiniens,** ist mit Recht auch eine der beliebtesten bei in- und ausländischen Besuchern. Sowohl landschaftlich als auch kulturell hat die Provinz einiges zu bieten, seien es die Hauptstadt selbst oder die kleinen Kolonialorte der Umgebung, sei es die Natur, die mal lieblich, mal rau, aber immer anziehend ist.

Salta grenzt im Westen an Chile, im Norden an die Nachbarprovinz Jujuy, Bolivien und Paraguay sowie im Osten und Süden an insgesamt fünf weitere argentinische Provinzen. Die Region war immer recht reich als eines der Zentren, die von den Spaniern aus Peru besiedelt wurden. Heute lebt sie von der Ausbeutung ihrer Bodenschätze wie Erdöl und Erdgas, von der Landwirtschaft (Tabak, Wein und Zitrusfrüchte), von der Waldwirtschaft und in geringem Maße von der Industrie. Der Tourismus wird immer mehr zu einer bedeutenden Erwerbsquelle.

In der Provinz Salta leben noch einige zehntausend Nachfahren der indianischen Ureinwohner, allerdings am unteren Ende der sozialen Stufenleiter. Viele bleiben in der Umgebung von Salta, andere verlassen die Provinz in Richtung des gelobten Buenos Aires.

Salta (Stadt) ↗VII,C1

Die Provinzhauptstadt trägt stolz ihren **Beinamen La Linda.** Freilich hat „die

Der Nordwesten

Schöne" ein Lifting dringend nötig. Zwar bringt es Salta auf eine stattliche Zahl historischer Bauten, und auch die ausgedehnten Parks und Plätze suchen ihresgleichen in anderen argentinischen Großstädten. Doch die Kolonialarchitektur wird oft zwischen nüchternen Zweckbauten eingezwängt, in den Parks vertrocknen die Grünflächen, und auf den Straßen gammelt der Müll.

Salta wurde 1582 durch den Gouverneur von Tucumán, *Hernando de Lerma,* gegründet. Das Tal, in dem die Stadt liegt, trägt heute seinen Namen. Überragt wird der Ort auf 1200 m Höhe von den Gipfeln des San Bernardo (1464 m) und des 20 de Febrero (1400 m).

Trotz ihrer Größe mit immerhin etwa 460.000 Einwohnern im Großraum ist das **Zentrum von Salta gut überschaubar.** Der wichtigste Platz ist die Plaza 9 de Julio mit Kathedrale und Cabildo, dort beginnt auch, nach Süden führend, die eine der beiden Fußgängerstraßen, die Calle Alberdi. Zweite Fußgängerzone ist die parallel laufende Florida. Die wichtigsten Sehenswürdigkeiten sind von der Plaza alle zu Fuß innerhalb von etwa sechs Blocks zu erreichen.

Eine sehr gute **Stadtrundfahrt** von ca. 1 Stunde Dauer mit Abstechern in die Außen- und Armenbezirke der Stadt bekommt man im Linienbus Nr. 5A, der an der Av. San Martín abfährt (0,30 US-$).

a46-247 Foto: gw

Sehenswürdigkeiten

Der Stadtrundgang beginnt an der Plaza 9 de Julio, dem zentralen Punkt der Stadt.

Plaza 9 de Julio

Die Plaza ist ein guter Ort für eine kleine Pause unter schattigen Bäumen neben den Denkmälern oder im Schatten der Arkaden der sie umgebenden Gebäude. Salta ist die einzige Stadt in Argentinien, in der der Arkadenumgang um die zentrale Plaza zwar nicht mehr original, aber vollständig erhalten ist.

Kathedrale

Unübersehbar an der Nordseite die rosa-beige getünchte, mächtige Kathedrale. Sie wurde 1882 auf den Ruinen des Vorgängerbaus errichtet und ist seit 1934 die Kirche des Erzbischofs von Salta. Die dreischiffige Kirche mit der großen Kuppel besitzt im Innern kaum einen Fleck, der nicht verziert ist. Herausragend sind das Bildnis der wundertätigen Madonna (Virgen del Milagro) und der Panteón de las Glorias, in dem die Überreste des größten Helden der Stadt, General *Martín Miguel de Güemes,* bewahrt werden. Dieser 1785 geborene Revolutionsgeneral kämpfte 1806 gegen die Invasion der Briten in Buenos Aires und wurde 1814 während des Unabhängigkeitskrieges von *San Martín* nach Salta geschickt. Dort hielt er *San Martín,* der sich bei Mendoza auf die Überquerung der Anden vorbereitete, den Rücken frei, indem er mit seinen Gaucho-Truppen – die Güemes-Gauchos waren an ihren schwarz-rot gestreiften Ponchos zu erkennen – die Spanier mit einer Art Guerillataktik immer wieder in verlustreiche Kämpfe verwickelte. Die Kathedrale ist täglich von 6.30–12.15 Uhr und 16.30–20.15 Uhr geöffnet.

a47-249 Foto: gw

Iglesia San Francisco

Stadtleben in Salta

Cabildo

Gegenüber der Kathedrale steht der Cabildo, in dem heute das **Museo Histórico Provincial** untergebracht ist. Der weiß getünchte Bau stammt von 1780 und wurde 1807 umgebaut. Allein schon das Gebäude mit seinen Innenhöfen und dem Blick vom Balkon auf die Plaza ist einen Besuch wert, aber auch die Sammlung mit Schwerpunkten zu Güemes und zur Stadt- und Provinzgeschichte. Man erfährt interessante Details: Beispielsweise besaß Salta Ende des 18. Jahrhunderts bereits 50 Häuser mit zwei Geschossen, während es in Buenos Aires damals nur 12 gab. Das Museum ist Di bis Sa 9.30–13.30 Uhr sowie Di bis Fr 15.30–20.30 Uhr und Sa 17–19.30 Uhr geöffnet; die Adresse ist Caseros 549.

Casa Uriburu

Folgt man der Caseros Richtung Osten (die Fußgängerzone liegt im Westen), so gelangt man an der Ecke Córdoba zur Casa Uriburu, einem der schönsten Kolonialgebäude der Stadt, entstanden 1773. Es ist das Geburtshaus des Präsidenten, der Argentinien von 1895–1898 regierte und der nicht aus einer armen Familie stammte, wie man dem Gebäude und seiner Einrichtung entnehmen kann. Heute ist es ein Museum; Öffnungszeiten Di bis Sa 9.30–13.30 Uhr sowie Di bis Fr 15.30–20.30 Uhr und Sa 17–19.30 Uhr.

Iglesia San Francisco

Dem Museum gegenüber steht die Iglesia San Francisco, wegen ihrer auffälligen rot-goldenen Bemalung und der überreich verzierten Architektur eine der meistfotografierten Kirchen Saltas. Sie wurde 1796 erbaut, der freistehende, mehrfach gestufte 57 m hohe Glockenturm entstand 1870. Geöffnet täglich von 10.15–12 Uhr und 17.15–19.30 Uhr.

Convento de San Bernardo

Weiter der Caseros folgend, gelangt man zum Convento de San Bernardo (geöffnet zur Messe Mo bis Sa 7.45–8.45 Uhr), einem Bau in wohltuend schlichtem Kolonialstil; dann hält man sich nach links und biegt in die Av. Las Heras ein. Der folgt man vier Blocks, geht dann rechts in den Paseo Güemes und steht nach etwa 100 m vor dem etwas zu großen **Denkmal des Stadt- und Provinzhelden.** Hinter ihm liegt das **Museo Antropológico Juan M. Leguizamón,** das vorwiegend Keramikarbeiten der Indios aus der Provinz zeigt. Es ist Mo bis Fr 8–18.30 Uhr und Sa 9–13 und 15–19 Uhr geöffnet.

Cerro Bernardo

Beim Museum beginnt auch der Aufstieg über 1026 Stufen hinauf zum Gipfel des Cerro Bernardo; zur Beruhigung: Die Stufen sind nicht allzu steil, sondern recht bequem zu gehen. Von oben hat man einen wunderbaren Blick über die Stadt und sieht erst, wie groß Salta in Wirklichkeit ist. Wer nicht zu Fuß hinaufgehen will, kann auch per Drahtseilbahn vom **Parque San Martín** hinauffahren (10–19 Uhr). Der vorgeschlagene Rundweg nimmt die Bahn hinab bis in den Parque San Martín und verlässt den Park nach Westen auf der Avenida San Martín. Wo diese auf die Fußgängerzone Florida trifft, steht die **Markthalle** von Salta, ein Gebäude voll fremder Farben und Gerüche, auch wenn diese nicht immer die besten sind ...

Durch die Fußgängerstraße Alberdi erreicht man die Plaza 9 de Julio.

Kunsthandwerkermarkt

Außerhalb des Stadtrundgangs auf der Av. San Martín 2555, etwa 20 Blocks vom Stadtzentrum entfernt, liegt der Kunsthandwerkermarkt. Hier kann man sehr gutes Kunsthandwerk aus der Provinz erwerben.

Touristeninformation

- Die sehr hilfsbereite Touristeninformation ist in der Buenos Aires 93, geöffnet Mo bis Fr 8–21 Uhr, Sa, So 9–20 Uhr, Tel. (0387) 4310950. Ein kleineres Büro befindet sich auch im Busbahnhof. Gegenüber dem Stadtbüro auf Buenos Aires liegt das ebenfalls sehr hilfsbereite Infobüro der Provinz. Gute Infos auch unter: www.turismosalta. gov.ar.

Hotels

Einfach und billig:

- **La Casa de la Abuela,** Mendoza 1569, Tel. 4221705, www.granny.com.ar; Internet, Fahrradverleih, Wäscheservice, etwas abseits, pro Person 12 US-$.
- **Hostal El Alcázar,** Balcarce 81, Tel. 422 3800, www.hostalelalcazar.com; sehr zentral, freundlich und hilfsbereit, Internet, Küchenbenutzung, Parkplatz, Gemeinschaftszimmer, p.P. ab 11 US-$ mit Frühstück.
- **Hostal El Aljibe,** Alvarado 322, Tel. 421 3089, www.hostalelaljibe.netfirms.com; neues, helles, angenehmes Hostal mit Küchenbenutzung, mit Bad 28 US-$.
- **Casa de Familia María del Toffoli,** Mendoza 915 (auch 917 und 919); schön, sauber, gemütlich, sehr empfehlenswert, 9 US-$ pro Person.
- **Casa de Fomia Camble,** 25 de Mayo 850, Tel. 4215721, fomiaamado@hotmail.com; freundliche Unterkunft mit Garten, Aufenthaltsraum, 9 US-$ p.P mit Frühstück.
- **Hostal El Hogar,** Urquiza 867, Tel. 431 0421, www.hostalelhogar.com.ar; einfach, sauber, mit Bad 24 US-$.
- **Hotel Italia,** Alberdi 231, Tel. 4214050; 25 US-$.

Hotels der Mittelklasse:

- **Hostal Marilian,** Buenos Aires 160, Tel. 4370531, www.hotelmarilian.com.ar; neue, schöne, ruhige Anlage mit Patio und Parkplatz, Zimmer-TV, nicht verwechseln mit dem nüchternen Hotel gleichen Namens nebenan! Ab 32 US-$.
- **Petit Hotel,** Irigoyen 225, Tel. 4213012, www.petithotelsalta.com.ar; am Fuß des Cerro San Bernardo, um einen Pool gruppierte Zimmer mit Bad und TV, aufmerksames Personal, 48 US-$.
- **Portal de Salta,** Alvarado 341, Tel. 4313674, www.portaldesaltahotel.com.ar; holzgetäfeltes Hotel mit kleinem Schwimmbad und Frühstücksbuffet, etwas düster und unpersönlich, 75 US-$.
- **Regidor,** Buenos Aires 8, Tel. 4311305, www.hotelregidor.com.ar; 52 US-$.
- **Selva Montana,** in San Lorenzo, 8 km außerhalb von Salta, Calle Alfonsina Storni 2315, Tel. 4921184, www.hostal-selvamontana.com.ar; stilvolles, komfortables Landhotel in der Quebrada de San Lorenzo, Besitzer ist Förster für Tropen, kennt die Gegend und spricht deutsch, Privatbad, Swimmingpool, 55–85 US-$.
- **Victoria Plaza,** Zuviría 16, Tel. 4318500, www.hotelvictoriaplaza.com.ar; mit gutem Restaurant, ab 55 US-$.
- **Virrey,** 20 de Febrero 420, Tel. 4228000, www.hoteldelvirrey.com.ar; kleines Hotel mit 8 Zimmern im kolonialen Stil, große Zimmer, neue Bäder, alle Zimmer sehr ruhig. Kleiner Garten mit Pool, sehr freundlich, 75 US-$.

Luxushotels:

- **Provincial Plaza,** Caseros 786, Tel. 432 2000, www.provincialplaza.com.ar; 80 US-$.
- **Alejandro I,** Balcarce 252, Tel. 4000000, www.alejandro1hotel.com.ar; ab 110 US-$.

Jugendherbergen

- **Backpacker's Hostels** gibt es drei: Buenos Aires 930, Tel. 4235910; mehr für Einzelreisende mit Grillabenden einmal pro Woche, Internetzugang, Küche, etwa 10 US-$ p.P., *Backpacker's Soul,* San Juan 413, Tel. 43189 44, eher für Doppelzimmersuchende, 25 US-$ und das *Backpacker's City,* Alvarado 751, 4316476, wer direkt im Zentrum sein möchte, etwa 9 US-$ p.P; www.backpackerssalta.com.
- **Los Cardones,** Entre Ríos 454, 4314026, www.loscardones.todowebsalta.com.ar; ab 7 US-$.
- **Terra Oculta,** Córdoba 361, Tel. 4218769, www.terraoculta.com; Küchenbenutzung, Büchertausch, Infos, Wäscheservice, freier Internetzugang, Gepäckaufbewahrung, Bar, Tourangebote (Trekking-, Reit-, Fahrrad- und andere Touren), ab 9 US-$ pro Person.

Essen und Trinken

- Viele **preiswerte Restaurants** findet man in der Umgebung vom Bus- und vom Eisenbahn-Bahnhof, auch in der Markthalle gibt es einige **preiswerte Ess-Stände,** wo man die, in ganz Argentinien berühmten „Salteñas" (kleine, kräftige Empanadas) probieren kann.
- Ein schöner Platz für den Kaffee ist das **Café Time** an der Plaza 9 de Julio.

Unter den vielen guten **Restaurants** sind zu empfehlen:

- **Andrés,** Juan Carlos Davalos/Ecke Gorriti, Tel. 492-1600; sehr gute Küche.
- **La Colonial Centro,** Balcarce 32 (zwischen Caseros und España); sehr gute Pizza.
- **Mama Mia,** Las Heras/Ecke Av. Virrey Toledo; vor allem gute Nudelgerichte.
- **El Viejo Jack I und II,** Av. Virrey Toledo 145 und Av. Reyes Católicos 1465; zwei Restaurants, die sich durch riesige, gute und sehr preiswerte Fleischportionen auszeichnen
- **El Rey del Bife,** Av. Virrey Toledo/Ecke Alvarado; preiswertes und gutes Grillrestaurant.

Nachtleben

- Das **Bahnhofsviertel** hat sich in den letzten Jahren zum Vergnügungsviertel Saltas gemausert. Auf wenigen Blocks der Straße Balcarce reiht sich eine Kneipe an die andere, überall locken Livemusik und preiswerte Drinks, und meist isst man auch sehr gut. Für Volksmusik-Veranstaltungen, also eine Peña, zu empfehlen ist die *La Vieja Estación* oder *Boliche Balderrama,* San Martín 1126, in der Casona del Molino, Caseros 2600, oder bei *Gauchos de Güemes,* Uruguay 750 oder *Boliche Balderrama,* San Martín 1126, in der *Casona del Molino,* Caseros 2600, oder bei *Gauchos de Güemes,* Uruguay 750.
- Im Tourismusbüro hängen aktuelle Veranstaltungen aus.

Flugverbindungen

- Der **Flughafen** liegt 6 km südöstlich der Stadt und kann problemlos mit Bussen vom Büro der *Aerolíneas Argentinas* erreicht werden. **Verbindungen** bestehen nach:
- **Buenos Aires,** täglich mehrere Flüge ab 150 US-$, Córdoba, Jujuy, Tucumán.
- **Jujuy, Tucumán**
- **Chile, LAN** fliegt Ziele in Chile an und Andes auch Buenos Aires und Puerto Madryn.
- **Aerolíneas Argentinas/Austral,** Caseros 475, Tel. 44311331.
- **Andes,** España 478, Tel. 4162600.
- **LAN,** Alberdi 53, Galeria Bacaro, Tel. 431 8982 oder 0810-9999526.

Überlandbusse

- Vom hektischen **Busbahnhof** östlich des Parque San Martín fahren mehrfach täglich **Busse nach:**
- **Buenos Aires,** 58 US-$, 20 Stunden.
- **Córdoba,** 30 US-$, 12 Stunden.
- **Mendoza,** 42 US-$, 20 Stunden.
- **Santiago del Estero,** 16 US-$, 6 Stunden.
- **Jujuy,** 4 US-$, 1 Stunden.
- **Cafayate,** 8 US-$, 4 Stunden.
- **Cachi,** 6 US-$, 5 Stunden.
- **San Antonio de los Cobres,** 8 US-$, 6 Stunden, einmal täglich.
- **La Quiaca,** 16 US-$, 8 Stunden.
- **Nach Chile:** Es gibt Verbindungen über Jujuy, Susques und den Paso de Jama nach San Pedro de Atacama (10 Std., 46 US-$) sowie weiter bis Calama (13 Std., 50 US-$). Zuletzt fuhr Buses Géminis (Tel. 4317773/8) Di, Do und So um 7 Uhr. Di und Fr um 7 Uhr sowie

Sa um 6 Uhr, Sa weiter bis Calama. Neuerdings verkehrt auch *Tur-Bus* (Tel. 4319719) Fr um 6.30 Uhr nach Calama, hält aber nicht in Jujuy. Die Fahrpläne ändern sich öfter; rechtzeitiger Ticketkauf wird empfohlen, die Busse sind oft voll.

Autoverleih

Preise vergleichen! Die meisten Vermieter liegen nah beieinander.

- **Budget,** Belgrano 406, Tel. 4211953.
- **Localiza,** Buenos Aires 189, Tel. 4227855.
- **Europcar,** Códoba 20, Tel. 4218848.
- **Hertz,** Caseros 374, Tel. 4216785.

Reiseveranstalter

Von Salta aus werden zahlreiche **Rundtouren durch die Provinz** angeboten. Bei den meisten handelt es sich um ein- bis zweitägige Exkursionen, die zwar bei fast allen Veranstaltern dasselbe kosten, aber eine Umfrage kann sich dennoch lohnen. Beliebte Ziele eintägiger Touren sind Cachi oder die Valles Calchaquíes. Der eintägige Ausflug kostete ab etwa 50 US-$ pro Person, eine kombinierte Tour von Salta über die Cuesta del Obispo, Cachi, dann nach Cafayate und durch die Valles Calchaquíes zurück nach Salta etwa 50 US-$. Sie dauert zwei Tage. Die Übernachtung ist im Preis nicht inbegriffen.

Wer keine Gelegenheit hat, die Rundfahrt selbst mit einem eigenen oder geliehenen PKW zu organisieren, sollte eine solche Tour mitmachen. Die zweitägige Rundfahrt ist unbedingt zu empfehlen (s.u.), allerdings nur wenn sie per PKW oder im Kleinbus durchgeführt wird. Je kleiner die Gruppe ist, desto mehr bekommt man zu sehen. Ansonsten bestehen zu wenig Haltemöglichkeiten, an bestimmten Punkten der Strecke fährt man nur vorüber.

Nicht zu empfehlen sind die Touren von Salta in die Quebrada de Humahuaca, das kann man von Jujuy preiswerter haben.

Zum „Tren a las Nubes" siehe Exkurs.

Einige gute **Veranstalter:**

- **Clark Expediciones,** Caseros 121, Tel. 421 5390, www.clarkexpediciones.com.
- **Residencial San Jorge,** Esteco 244 und Ruiz de Llanos 1164. Der Besitzer und sein Sohn organisieren sehr gute Rundfahrten, auch spezielle Angebote, sehr empfehlenswert.
- **Movitrack,** Buenos Aires 28, oficina 1 B, Tel./Fax 431-6749, www.movitrack.com.ar. Hoch gelobtes Reisebüro, tolle Touren, sehr freundlich.
- **Alternativa Salta,** Balcarce 1901, Tel. 439 8415, www.alternativasalta.com. Mountainbike-, Trekking-, Reit- und Raftingtouren.
- **4x4 Salta,** *Luis Schuller,* Tel. 4252287, www.4x4salta.com. Rundtouren mit archäologisch-kulturellem Schwerpunkt, englischsprachig.
- **San Lorenzo,** Dávalos 960, Tel. 4921757, www.turismosanlorenzo.com.
- **Pferdefreunde** sollten sich an *Hernan Rafael Uriburu* wenden. Er bietet auf persönliche Wünsche zugeschnittene fantastische Pferdetouren ab etwa 100 US-$ pro Tag (alle Mahlzeiten etc. inklusive). Tel. (0387) 4310 605 oder hru@arnet.com.ar.

Sonstiges

- Das deutsche **Honorarkonsulat** ist auf der Gral. Justo José de Urquiza 409, Tel. (0387) 4216525.
- Die **Post** ist in der Deán Funes zwischen España und Belgrano.
- Zahlreiche **Cambios** finden sich auf der España und Mitre. Direkt an der Plaza liegt **Dinar** (Mitre Ecke España) und für Reiseschecks gleich nebenan Mas Ventas.

Feste/Veranstaltungen

- In Salta wird **Karneval** gefeiert, und zwar mit Umzügen an den letzten vier Wochenenden vor Aschermittwoch.
- Am 16. und 17. Juni ist die große **Gaucho-Parade** der Güemes-Gauchos, ein Volksfest mit viel Musik.
- Der 15. September ist der **Festtag der Virgen del Milagro,** der Stadtheiligen.

Um die Festtage herum kann es Schwierigkeiten bereiten, in Salta noch ein Zimmer zu bekommen.

a48-253 Foto: gw

Auf dem Weg nach Chicoana

Ausflug
In die Quebrada San Lorenzo

Kombinierte Bustour und Wanderung von etwa 4 Stunden Länge.

Vom Busbahnhof in Salta geht es mit dem Busunternehmen Corredor 7E zur Quebrada San Lorenzo. Das Tal verblüfft den Besucher mit üppiger Vegetation, sehr im Unterschied zu der kargen Umgebung der Stadt Salta. In der Quebrada selbst kann eine dreistündige Wanderung unternommen werden: Von der Bushaltestelle losgehen, vorbei an einer Brücke, dann den ersten Weg rechts, ca. 5 Meter bergan laufen. Danach führt der Pfad parallel zu dem kleinen Flüßchen hinunter ins Tal. Man passiert einen Wasserspeicher und überquert danach auf einer Furt den Bach. Später steigt der Weg steil in Serpentinen an. Der mühsame Aufstieg wird mit einem wunderbaren Blick über Salta belohnt.

Wer länger in der Quebrada bleiben will, kann im **„El Castillo"** unterkommen. Das kleine Schloss wurde in den 1980er Jahren von Amerikanern zu einer stilvollen Heberge mit sehr gutem Restaurant umgestaltet (Camino a la Quebrada, Juan Carlos Dávalos 1985, Villa San Lorenzo, Tel. 0387/4921052, www.hotelelcastillo.com.ar; 70 US-$).

Rundfahrt: Salta – Cuesta del Obispo – Cachi – Cafayate

Die Rundfahrt von Salta nach Cachi und Cafayate (und wieder zurück nach Salta) bietet unvergessliche Eindrücke – **bunte, fruchtbare Täler, bizarre Felsformationen,** die in allen Regenbogenfarben leuchten, **alte Kolonialstädtchen,** über 10 Meter hohe **Kandelaber-Kakteen.** Sie wird am besten mit dem eigenen oder geliehenen PKW in mehr als zwei Tagen gemacht oder per organisierter Tour in zwei Tagen von Salta aus (siehe „Reiseveranstalter"). Sie ist auch mit öffentlichen Bussen möglich; alle Orte sind mit Salta mehrfach am Tag verbunden, untereinander aber nicht: So fährt der Bus von Cachi nach Cafayate nur einmal die Woche. Die Fahrt mit dem Bus hat noch einen anderen Nachteil: Der Busfahrer fährt acht- und haltlos an den sehenswerten Punkten der Landschaft vorüber; wenn man dort aussteigt, wartet man eventuell Stunden auf die nächste Verbindung.

Die **genaue Route:** Salta – Chicoana – Quebrada de Escoipe – Cuesta del Obispo – Valle Encantado – Piedra del Molino – Parque Nacional Los Cardónes – Cachi – Seclantás – Molinos – Angostaco – Quebrada de las Fechas – San Carlos – Cafayate – Quebrada de las Conchas – Stausee Cabra Corral – Salta.

Das erste Stück von Salta nach Chicoana führt durch die Ebene langsam bergauf. Man passiert die Vorstädte Saltas, die Landschaft ist fruchtbar, die niedrigen Berge sind bewaldet, die Täler grün. Häuser aus roten Lehmziegeln säumen den Weg, auch die nicht befestigten Seitenstraßen leuchten rot. Viele Menschen leben hier vom Tabakanbau, in hochgeschossenen Häusern wird der Tabak getrocknet und weiterverarbeitet.

In **Chicoana** (47 km von Salta) endet die Asphaltierung der Straße. Die Schotterpiste dringt zunächst in ein enges Tal ein, die **Quebrada de Escoipe,** später geht es steil durch die **Cuesta del Obispo** bergan, die Landschaft ändert sich mit der Höhe: Das subtropische, dichte Grün wird lichter, statt der Pflanzen werden die Felsformationen bunter. Am Straßenrand stehen die ersten großen Kandelaberkakteen, die „Cardones".

Einige Kurven vor der Passhöhe zweigt nach links der Weg ins **Valle Encantado** ab, auch er ist mit einem normalen Pkw zu fahren, wenn es vorher nicht stark geregnet hat. Große Tourbusse benutzen ihn nicht, da begnügt man sich mit einem Blick von oben. Bis ins Tal sind es etwa 2 km. Das Valle Encantado ist ein fruchtbares Hochtal zwischen roten Felsen, auf denen Vizcachas, Falken und Kondore leben. Ein Platz für ein romantisches Picknick und gute Ausblicke in die tiefer gelegene Ebene.

a49-254 Foto: gw

Kandelaber-Kakteen in Los Cardones

Piedra de Molino heißt die wenig später folgende Passhöhe. Sie hat ihren Namen von dem Mühlstein, den dort, 3348 m über dem Meeresspiegel, irgendjemand liegen gelassen hat, aus welchen Gründen auch immer. Auf der Höhe, die eine wunderbare Aussicht ins Tal und auf die umgebenden Gipfel eröffnet, steht auch eine kleine Kapelle, meistens liegen auf dem Altar neben den Kerzen auch ein paar Zigaretten oder Coca-Blätter, Opfer der Indios an Pachamama.

An der nächsten Kreuzung biegt man rechts (Richtung Norden) ab, nicht dem direkten Weg nach Cachi folgend. Der Abstecher führt quer durch den **Nationalpark Los Cardones,** einem knapp 65.000 ha großen Park mit schier unübersehbaren Mengen hoch aufragender Kandelaber-Kakteen. Zu Abertausenden wachsen sie auf der Hochebene, teilweise sind sie bis zu 10 m hoch, und wie Arme strecken sie ihre Äste in die Lüfte. Sehr selten blühen diese Kakteen (botanisch: *Trichocereus pasacana),* deren Früchte essbar sind. Abgesehen von einem Hinweisschild existiert der Park realiter nicht. Es gibt keine Parkaufseher und keinerlei touristische Infrastruktur.

Über Payogasta erreicht man schnell Cachi.

Cachi

⇗ VII,C1

Der kleine Ort hat viel koloniale Atmosphäre bewahrt. Das liegt wahrscheinlich an der großen, leeren, zentralen Plaza, wo Kirche und Archäologisches Museum stehen, beides Bau-

Tren a las Nubes – mit dem Zug in die Wolken

Die schlechte Nachricht zuerst: Der Betrieb des Tren a las Nubes ist vorerst **eingestellt.** Zwar verlautet immer wieder, er werde seine Fahrt in die Wolken wieder aufnehmen, um sicher zu gehen, sollte man in der Tourismusinformation von Salta nachfragen, Tel. (0387) 4310 950.

Der Tren a las Nubes, der „Zug in die Wolken", ist eine **Erfindung argentinischer Tourismusmanager** und mittlerweile eine Touristenattraktion der Provinz Salta. Deshalb besteht auch die Hoffnung, dass er wieder in Betrieb genommen wird. Er fuhr das ganze Jahr über, meistens einmal am Wochenende, im Winter (Juli) mitunter auch zweimal die Woche. Die Fahrt begann um 7 Uhr morgens, ging bis San Antonio de los Cobres, weiter bis zum Viadukt Polvorilla, hatte dort einen kurzen Aufenthalt und erreichte gegen 22 Uhr wieder Salta. Mit allem Komfort ausgestattet, gab es sogar Ärzte mit Sauerstoffflaschen an Bord, die notfalls höhenkranke Personen, die unter Sauerstoffmangel leiden, versorgen können. Die Kapazität liegt bei 640 Personen, denen über Kopfhörer in verschiedenen Sprachen die einzelnen Streckenabschnitte vorgestellt wurden. Die Durchschnittsgeschwindigkeit liegt bei rund 35 km/h.

Um Salta mit den Minen im argentinischen und chilenischen Hochland sowie dem chilenischen Pazifikhafen Antofagasta zu verbinden, scheute man ab 1921 weder Kosten noch Mühen: Der Bau einer Eisenbahn über die Anden wurde unter den größten technischen Schwierigkeiten angegangen. Mit Schleifen und Zick-Zack-Strecken, Viadukten und Tunneln überwand man

nubes Foto: ab

schließlich die Höhe, 1929 war San Antonio de los Cobres, ein trauriger kleiner Ort auf 3775 Höhe, erreicht. Der spätere Ausbau ging noch langsamer vonstatten, so dass erst 1948 die argentinische Strecke bis zur Grenze am 3852 m hohen Socompa-Pass vollendet war. Zwischen San Antonio de los Cobres und der Grenze liegt mit 4200 m auch der höchste Punkt der gesamten Strecke und auch der technisch spektakulärste: der **Viadukt la Polvorilla,** eine Spannbrücke aus Stahl, die 224 m lang ist und in 63 m Höhe ein Tal 20 km westlich von San Antonio de los Cobres überspannt – ein Gebilde wie der Eiffelturm, nur als Brücke über dem Tal in einer vollständig kahlen Gebirgswüste liegend. Die Eisenbahnlinie von Salta bis Antofagasta ist 901 km lang, der argentinische Streckenabschnitt 529 km.

Die gute Nachricht: Als **Alternative** zum Tren a las Nubes bieten sich zwei Möglichkeiten: Auto mieten und bis San Antonio (oder weiter) parallel der Bahnstrecke fahren (Ruta 51) oder den hoch gelobten MoviTrack nutzen. Das ist ein umgebauter Truck, der ebenfalls parallel der Bahnstreck bis hinauf nach San Antonio fährt, für den Rückweg aber einen anderen Weg durch die Puna nimmt. Die Tour kostet ca. 80 US-$ und wird in verschiedenen Reisebüros in Salta angeboten oder kann direkt beim Veranstalter gebucht werden: Movitrack **Safaris & Turismo**, Buenos Aires 28, Oficina 1 B, Tel. und Fax 4316749, www.movitrack.com.ar.

ten, die in eine Musterkollektion für Gebäude der Kolonialzeit passen würden. Cachi – der Name der Ortschaft bedeutet auf Quetschua „Salz" – liegt auf 2280 m Höhe und wird vom schneebedeckten Nevado de Cachi (6720 m, bei anderen Messungen nur 6380 m) überragt.

In der Kirche von Cachi kann man sehen, was aus dem Holz der Cardones alles gemacht werden kann. Das Kirchdach wurde mit Kakteenholz gedeckt, der Boden, der Beichtstuhl und weitere Gegenstände wurden ebenfalls aus diesem Material gefertigt.

Um die Kirche herum gibt es einige gute und preiswerte **Restaurants.** Wer in Cachi übernachten möchte, kann entweder im **ACA-Hotel Sol del Valle** (www.soldelvalle.com.ar; 75 US-$, Mitglieder erhalten Rabatt), im **Hotel Nevado de Cachi** (Tel. 491912, 25 US-$) oder im **Hostal Llaqta Mawk'a** (Ruiz de los Llanos s/n, Tel. 491 016, www.puebloantigua.com.ar; 42 US-$) einchecken. Preisgünstig ist **Albergue Municipal** (Tel. 491053, 4 US-$ p.P.), wo man auch campen kann. Außerhalb liegt das **Hostal Samay Huasi** (849 1194, 55 US-$).

Beim nächsten Ort **Seclantás,** 28 km von Cachi entfernt und 2 km östlich der Hauptstraße, sollte man kurz den Friedhof besuchen. Von der massiven Friedhofskirche führt ein Kreuzweg auf den Hügel oberhalb des Ortes.

Auch **Molinos** (19 km südlich) besitzt eine schöne alte Kolonialkirche. Sie wurde ab 1659 erbaut und später mehrfach verändert. Im Innern wird der mumifizierte Körper des letzten spanischen Gouverneurs von Salta, *Don Nicolás Isasmendi Echalar,* aufbewahrt. Früher war die Mumie sichtbar, aber seit einigen Jahren liegt sie hinter einer Platte – Besucher hatten Haare und Kleidung abgetrennt. Gute Übernachtungsmöglichkeit und gutes Essen bietet **Hostal Provincial de Molinos** gegenüber der Kirche, Tel. (03868) 494002 (mit Frühstück 48 US-$). Preiswerter ist es im **Complejo Municipal** auf der Calle Alberdi. Die Cabañas kosten pro Person 5 US-$, man kann auch campen. Außerhalb des Ortes gibt es eine Kunstgewerbe-Kooperative, wo preiswert hochklassige Webarbeiten verkauft werden.

Der nächste Ort ist **Angastaco** (Albergue Municipal, Tel. (03868) 491123, 5 US-$ p.P., oder Camping). Südlich von ihm gelangt man in die **Quebrada de la Flecha,** eine farbenprächtige Felslandschaft mit faszinierenden Felsformationen. In allen Farben der Palette, von violett über rot, ocker und orange bis hin zu grün und weiß schimmern die Felswände, die durch Wind und Wetter zu bizarren Formen geschliffen wurden.

Landschaft bei Cafayate

arg3-257 Foto: gw

Kurz darauf ist **San Carlos** erreicht. Der kleine Ort auf etwa 1700 m Höhe besitzt, wie fast alle Orte der Region, ebenfalls eine sehenswerte Kirche, die aber als einzige hier mit einer Kuppel gekrönt ist. San Carlos wurde unter anderem Namen bereits 1551 gegründet, aber in der Folgezeit mehrfach zerstört. Heute präsentiert sich der Ort weitgehend im Zustand des 19. Jh. – ein Beispiel für Denkmalpflege.

Cafayate ⇗ VII,C2

Cafayate ist mit gut 10.000 Einwohnern der **Hauptort der Valles Calchaquíes.** Der Begriff umfasst die Täler der Flüsse Calchaquí und Santa María, die bei Cafayate zusammenfließen. Der Ort ist gleichzeitig das touristische Zentrum der Region mit Unterkünften aller Preisklassen. Cafayate liegt umgeben von den ersten Andengipfeln und Weingärten, hier wächst der bekannte und oftmals hochklassige **Torrontés-Wein,** ein starker, trockener und dennoch fruchtiger Rebensaft, der auch nach Europa exportiert wird. In der Region gibt es allein acht große Bodegas, die zusammen 60 Mio. Liter produzieren. Obwohl Cafayate eines der wichtigsten Touristenzentren der Region ist, wirkt der Ort nicht überlaufen. Besonders abends versinkt die Kleinstadt in ländliche Ruhe; sie ist somit ein idealer Platz, um einige Tage auszuspannen.

Die Ruta Nacional 40 (Teil 1)

Eine Strecke von Portugal bis zum Ural. Immer auf der selben Straße. Keine Grenzkontrollen, kein Sprachengewirr, keine Ampel weit und breit. Für den Europäer kaum vorstellbar. Für die Argentinier magisch. Die „Cuarenta" ist das westliche Rückgrat Argentiniens. Knapp 5000 Kilometer weit von der Atlantikküste im Südosten entlang den Andenkordilleren im Westen ins Hochland im Norden. **Die längste Straße der Welt,** 1000 Kilometer länger als die legendäre Route 66 in den USA. 2700 Kilometer Asphalt, 2300 Kilometer Schotter, Sand und Geröll, wenn der Regen nicht wieder ein Stück weggespült hat.

1935 wurde die Ruta abgesteckt und als **Nationalstraße 40** benannt. Die Stadt Mendoza war Ausgangspunkt mit Kilometer Null. Von hier ging es 1551 km nach Norden bis Abra Pampa und 3115 km nach Süden bis Río Gallegos. Vor einigen Jahren hat die staatliche Tourismusbehörde die RN 40 als Marketingprodukt entdeckt. Seither wird ihr Image aufpoliert und die Asphaltierung mancherorts kräftig vorangetrieben. Anfang 2005 wurde der Kilometer Null in den Süden nach Cabo Vírgenes verlegt. Im Norden geht die RN 40 jetzt weiter bis La Quiaca. Auch die Streckenführung hat Änderungen erfahren. Puristen sprechen schon von der neuen und der „wahren" Ruta 40.

Die RN 40 in Zahlen: Länge 4885 km. Von Meereshöhe Null steigt sie auf 3442 Meter Höhe an. Sie führt über 236 Brücken, kreuzt 18 der wichtigsten Flüsse, streift 13 große Süßwasser- und Salzseen, kommt an 20 Naturreservaten vorbei, lässt 27 Pässe über die Anden links liegen. Sie kommt durch 60 Orte und Städte und geizt mit zwei Tunnels.

Reisezeit und Tipps: Schon die Fahrt auf der Ruta allein ist ein Abenteuer. Mindestens 40 Tage für die 40, lautet eine Faustregel. Zumal viele Attraktionen abseits der Strecke liegen, manchmal bis zu hundert Kilometer entfernt. Empfehlenswert sind deshalb drei Monate für drei Abschnitte. Die besten Reisemonate für den südlichen und mittleren Teil sind Oktober bis März. Für den Norden empfehlen sich April bis September. Viele Streckenabschnitte der RN 40 sind als

Zentrum des Ortes ist natürlich die Plaza, und auch in Cafayate steht dort eine schöne alte **Kolonialkirche.** Sie besitzt eine Besonderheit: Es ist die einzige fünfschiffige Kirche der Region und eine der wenigen dieser Art in ganz Argentinien. Im dunklen Innenraum stehen mehrere Altäre, die meisten in der für die Region typischen Ausprägung des Kolonialstils. Charakteristisch dafür ist, dass die Figuren oft echtes Haar (meist als Opfer einer Frau) und echte Kleidung tragen. Häufig stimmen die Proportionen nicht, und der Gesichtsausdruck ist eher typisierend als individuell gestaltet: Die Figuren sind rührend fromm und gleichzeitig Ehrfurcht erheischend.

Um die Plaza herum gibt es viele Kunsthandwerkerläden. Besuchen soll-

Transport- und Fahrweg von geringer Bedeutung. Entsprechend dünn ist nicht nur der Individualverkehr, sondern auch der öffentliche Nahverkehr. Reisende mit Rucksack und Daumen brauchen viel Geduld. Wer selbst fährt, sollte bei jeder Möglichkeit tanken! Die nächste Tankstelle ist vielleicht ausverkauft oder geschlossen. Ein Mobiltelefon dabei haben. Falls das eigene Handy nicht umzurüsten geht, kann problemlos eines mit Prepaidcard gekauft werden. Das Funknetz ist gut ausgebaut und mit der Telefonnummer der letzten Tankstelle fährt sich bedeutend ruhiger. Immer darauf gefasst sein, dass Tiere die Fahrbahn kreuzen oder benutzen. Nicht nur Kühe und Schafe, auch wildlebende Tiere.

Der Norden: (Catamarca, Salta, Tucumán, Jujuy) Länge 1057 km. Der nördliche Teil beginnt mit der Provinz Catamarca. Gut 50 km nach dem Ort Belén gilt es eine Entscheidung zu treffen. Folgt man weiter der RN 40 oder nimmt man die RP 43? Beide haben ihre Reize. Die RN40 führt auf 500 km zu den Ruinen der Quilmes-Indianer in der Provinz Tucumán. Weiter nach Cafayate über Cachi und La Poma durch die Calchaquíes-Täler zum 4895 m hohen Abra del Acay und nach San Antonio de los Cobres in der Provinz Salta. Die Alternative: Die RP 43 geht auf 4000 m Höhe durch wunderschöne, einsame Landschaften. Man fährt die 540 km Schotterpiste (mit ausreichend Vorrat an Treibstoff!) über Antofagasta de la Sierra und wechselt nach dem Salzsee „Toter Mann" auf die RP 17. Vorbei an weiteren Salzseen, gelangt man bei Salar de Pocitos auf die RN 51, die den Schienen des Tren a las Nubes nach San Antonio de los Cobres folgt. Hier stößt sie auf die RN 40. Nach knapp 100 km auf der RN 40 nimmt man den Abzweig auf die RN 52 nach Purmamerca zu dem „Berg der sieben Farben" und weiter zur Quebrada de Humahuaca. Die gut 150 km lange Schlucht fährt man ab Purmamerca auf der RN 9 bis Humahuaca. Von hier kommt man nach 95 km bei Abra Pampa zurück zu RN 40. Bis La Quiaca fehlen noch 73 km. (Fortsetzung s. Kapitel „Mendoza und San Juan")

te man das **Museo de Arqueología Calchaquí,** ein privates Museum, Colón 191, das zu normalen Zeiten an Werktagen auf Klingeln öffnet, und das **Weinmuseum** auf der Av. Güemes (keine Hausnummer, Mo bis So 8–20 Uhr). Mehr Spaß bringt aber der Besuch einer Bodega, so z.B. der Bodega La Rosa (Michel Torino) oder der Bodega Etchart an der Straße nach Tucumán oder der Bodega La Banda, der ältesten der Stadt.

Wer **in Cafayate übernachten** will, hat viel Auswahl. Der Kiosk der Touristeninformation auf der Plaza hilft weiter. Günstig ist das **Residencial Briones,** V. Toscano 80, 421270. Sehr freundlich ist das **Hostal Killa,** Colón 45, Tel. 421549, mit Frühstück 60 US-$, sauber, super Zimmer und kleiner

Garten, sowie das **Hotel Los Sauces,** Calchaqui 70, Tel. 421158, Zimmer mit TV, Garten, 50 US-$ mit Frühstück. Gut ist auch die **Jugendherberge El Balcon** in der Pasaje 20 de Febrero, Tel. 421739, www.elbalconhostel.com.ar, Übernachtung 7 US-$ p.P., DZ ab 19 US-$. Auf der Av. Güemes gibt es eine Reihe weiterer Zwei-Sterne-Hotels, und fünf Blocks südlich der Plaza liegt am Río Loro Huasi der kommunale Campingplatz. Von Cafayate bestehen gute **Busverbindungen** nach Tucumán und Salta, weniger gute in Richtung Norden nach Cachi.

Richtung Norden und Salta geht es durch die **Quebrada de las Conchas,** eine etwa 80 km lange Schlucht, die mit unterschiedlichsten Farben und Formen der Felswände beim Reisenden immer wieder Erstaunen hervorruft. Die Höhepunkte sind zwei große, spektakuläre Einzelschluchten: El Anfiteatro, ein Felsenkessel von etwa 50 m Durchmesser und über hundert Metern Höhe, sowie La Garganta del Diablo, der „Teufelsschlund" bei Km 146.

Nach einem Abstecher zum **Stausee Cabra Corral** bei Cnl. Moldes erreicht man wieder Salta, den Ausgangspunkt der Route.

Quebrada del Toro und San Antonio

↗ VII,C1

Einen hervorragenden Eindruck vom **zerklüfteten Ostabhang** der Anden gewinnt man, wie auf der Calchaquíes-Rundtour, auch in der – leichter zu bereisenden – Quebrada del Toro. Durch diese sehr abwechslungsreiche Schlucht führt die weitgehend asphaltierte Ruta 51 von Salta nach San Antonio de los Cobres, von dort gibt es Verbindungen zum Paso de Jama und nach Purmamarca.

Im Grün des unteren Tals fallen immer wieder die karminroten Blüten des knorrigen **Ceibo-Baums** auf *(Erytrina crista galli),* der argentinischen Nationalblume. Ab 2000 m Höhe dominieren karge, vielfarbige Wände das Panorama, die dicht an dicht mit verschiedensten Kakteenarten bewachsen sind – ein Fest für Botanikfreunde! In **Santa Rosa de Tastil** (105 km, 3100 m) führt links ein kurzer Abstecher hinauf zu einer teilweise freigelegten Prä-Inka-Siedlung, die strategisch das ganze Tal beherrschte. Unterwegs kreuzt die Straße mehrfach die Schmalspurschienen des **„Tren a las Nubes".**

Nach 168 km ist **San Antonio de los Cobres** erreicht, ein staubiges Bergarbeiterstädtchen, gut genug, um sich auf 3775 m Höhe zu akklimatisieren. Essen und übernachten kann man gut in der freundlichen **Hostería de las Nubes,** Tel. (0387) 4909059, DZ mit Bad und Heizung 30 US-$.

Von San Antonio sind es weitere 20 Kilometer hinauf zum **Viaducto La Polvorilla** (siehe Exkurs zum „Tren a las Nubes"), welches auch ohne Zug sehenswert ist. Die Ruta 51 führt weiter zum Paso Sico, vorbei an atemberaubenden Hochlandszenarien auf beiden Seiten der Grenze, allerdings ist die Schotterpiste streckenweise sehr schlecht. Wer nach Chile weiterreisen möchte, sollte die besser ausgebaute und kaum weniger spektakuläre Verbindung von San Antonio über **Salinas Grandes** und **Susques** nehmen (siehe „Über den Paso de Jama nach Chile"). Von Salinas Grandes gelangt man auch hinunter nach Purmamarca und in die Quebrada de Humahuaca.

Parque Nacional El Rey ⇗VII,C1

Der 44.000 Hektar große Nationalpark östlich von Salta ist ein Schutzgebiet für die Tiere und Pflanzen des **subtropischen Regenwaldes.** Vor allem Vogelarten, darunter **Tukane,** lassen sich beobachten, an größeren Säugetieren sollen **Tapire** und **Pumas** vorkommen. Die Flüsse eignen sich außerdem gut zum Fischfang.

El Rey – der Name stammt von einer Estanzia, zu der das Gelände früher gehörte – ist das südlichste subtropische Gebiet in Argentinien, weiter nördlich liegen die **Naturparks Calilegua** (s. vor Salta) **und Baritú,** der nur von Bolivien aus besucht werden kann.

Auch zum Parque Nacional El Rey ist der **Zugang** schwierig. Am leichtesten geht es per organisierter Tour von Salta aus (siehe dort unter „Reiseveranstalter"); wer hingegen individuell den Park besuchen will, sollte das **Büro des Nationalparks** in Salta, España 366, 3° Piso, Tel. (0387) 4312683, aufsuchen. Hier bekommt man auch Auskunft über die möglichen Wanderungen (www.parquesnacionales.gov.ar).

- **Unterkunft:** Es gibt im Park nur einen Campingplatz mit sanitären Anlagen.

Termas Rosario de la Frontera ⇗VII,C1

Wem nach den staubigen Touren rund um Salta der Sinn nach gründlicher Reinigung und Entspannung steht, kann das Thermalbad in Rosario de la Frontera aufsuchen. Die Kleinstadt 180 km südöstlich von Salta ist auch gut von Tucumán aus zu erreichen (140 km). Hier steht das 1880 errichtete und damit **älteste Thermalhotel Argentiniens,** dessen mittlerweile etwas verstaubten Charme etliche Präsidenten zu schätzen wussten. Hier wird auch das Mineralwasser „Palau" abgefüllt, benannt nach dem Gründer der Anlage, *Antonio Palau.* Die bis zu 99 Grad heißen Quellen helfen gegen zahlreiche Gebrechen (Tel. 03876) 481004, www.hoteltermasalta.com.ar, ab 38 US-$).

020-a Foto: jv

Der Nordosten

019-a Foto: jv

023-a Foto: jv

Rosario: Blick auf den Río Paraná

Im Nationalpark Iguazú

Wichtigste Getreidebörse Argentiniens

Der Nordosten

Der Nordosten Argentiniens umfasst **sechs Provinzen: Entre Ríos, Santa Fe, Corrientes, Misiones, Chaco** und **Formosa.** Er vereint zwei unterschiedliche Gebiete, nämlich die Provinzen des argentinischen **Mesopotamien** (Zweistromland), Entre Ríos, Corrientes und Misiones, mit den weiten Ebenen der Provinzen Santa Fe, des Chaco und Formosas.

Diese weiten Ebenen schließen sich westlich an den Río Paraná an. Die südlichste der drei Provinzen, Santa Fe, gehört noch zur Pampa húmeda, zur feuchten Pampa, und ist dank der vielen regelmäßigen Niederschläge noch eines der reichsten Landwirtschaftsgebiete Argentiniens. Vor allem Soja steht bis zum Horizont auf den Feldern. Die Produktion von Sojabohnen hat sich in den letzten zehn Jahren verdoppelt. Die nördlich anschließenden Provinzen Chaco und Formosa sind ärmer: Hier ist Landwirtschaft nur noch bedingt möglich. Die Provinzen westlich des Río Paraná werden nur von wenigen Touristen besucht, interessant sind hier auch nur einige Orte am Río Paraná.

Die meisten touristischen Höhepunkte hat eindeutig Misiones zu bieten. Hier finden sich die alten **Jesuitenmissionen,** dazu kommt eines der größten Naturwunder Argentiniens, die **Wasserfälle von Iguazú.** Corrientes und Entre Riós locken mit einzelnen schönen Städten sowie interessanten Nationalparks.

Chaco und Formosa

Die beiden Provinzen haben den größten argentinischen Anteil an der Großlandschaft, die sich als **Gran Chaco** weit bis nach Paraguay erstreckt. Es ist eine Region, die nur **dünn besiedelt** ist: Auf der Gesamtfläche der beiden Provinzen, die zusammen etwa halb so groß wie Deutschland sind, leben gerade mal 1,4 Millionen Menschen.

Lange war der Chaco ungestörtes Rückzugsgebiet der dort lebenden Indianer. Erst im Zuge der europäischen Einwanderung wurde er dichter besiedelt. Das lag auch am Klima: Die Sommer in den beiden Provinzen sind sehr heiß, im Winter kann es hingegen sogar zu Frösten kommen. Dann fällt auch der meiste Niederschlag.

Der Name „Chaco" kommt aus der Indianersprache Quetschua. Das Wort „cha" bezeichnet eine ruhende Sache, und mit dem Suffix „cu" wird der Plural ausgedrückt. „Chacu" war auch eine bestimmte Jagdmethode: Ein Ring von Jägern kreist ein bestimmtes Waldstück ein und verengt den Kreis dann immer mehr.

Die Wirtschaft dieser Region ist von der Land- und Forstwirtschaft geprägt, besonders vom **Abholzen des Quebracho-Baumes.** Dieser Baum wird bis zu 25 m hoch und 1½ m dick, sein Holz ist sehr schwer, aber auch sehr hart und widerstandsfähig, es wurde deshalb z.B. lange für den Bau von Eisenbahnschwellen genutzt. Auch lässt sich aus seinem Holz gut der Wirkstoff Tannin gewinnen, zu deutsch Gallusgerbsäure, der sehr wichtig für das Gerben von Leder ist. Mittlerweile ist auch der Anbau von Soja, Sonnenblumen und Baumwolle wichtiger geworden. Der Ausbau der Industrie geht sehr zögerlich voran.

Resistencia

↗VIII,A/B2

Resistencia (280.000 Einwohner) war eine der ersten Siedlungen im Chaco-Gebiet, 1750 gründeten Jesuiten hier die Reduktion San Fernando del Río Negro. Nach der Ausweisung der Jesuiten - zur Geschichte der Jesuiten in Argentinien und Paraguay siehe den Exkurs „Der Jesuitenstaat" - wurde diese Ansiedlung 1773 aufgegeben, aber 1878 gründeten Immigranten die Provinzhauptstadt Resistencia neu. Die Stadt besitzt den üblichen Schachbrettgrundriss mit der zentralen Plaza 25 de Mayo. Die Bauten sind selbst in der Innenstadt bis auf einige Hochhäuser niedrig.

Die **Belgrano-Brücke** über den Río Paraná verbindet Resistencia mit Corrientes, der Hauptstadt der gleichnamigen Provinz.

Sehenswürdigkeiten

Skulpturen

Resistencia nennt sich selbst **„Stadt der Skulpturen".** Insgesamt besitzt die Stadt mehr als zweihundert Denkmäler, auf nahezu jedem Platz und jeder Straße steht eine der 437 Skulpturen. Bei der Touristeninformation (Santa Fe 178) erhält man auf Nachfrage eine Liste mit den Standorten und Erklärungen zu mehr als fünfzig dieser Skulpturen.

Museen

Das interessanteste Museum der Stadt ist das **Museo Histórico Regional Ichoalay** an der Straße Necochea 456, direkt an der Plaza 9 de Julio. Es zeigt die Provinzgeschichte, berichtet von der Gründung der Stadt und vom Leben der Ureinwohner der Provinz. Es ist Mo bis Fr 8–12 Uhr und Mo und Mi 14.30–18.30 Uhr geöffnet.

Lohnend ist auch ein Besuch des **Museo Regional de Antropología** in der Universität auf der Avenida las Heras 727. Es ist geöffnet Mo bis Fr von 9–12 und 16–20 Uhr.

Club Fogón de los Arrieros

Der Club Fogón de los Arrieros („Lagerfeuer der Viehtreiber") ist ein Begegnungszentrum und Treffpunkt für Künstler und Durchreisende, gleichzeitig ist er ein privates Museum. Der Club liegt auf der Calle Brown 350, er ist Mo bis Sa von 8–12 Uhr geöffnet, dazu Di und Mi von 21–23 Uhr.

Touristeninformation

- Das Büro der Tourismusinformation der Provinz ist auf der Straße Santa Fe 178, Tel. (03722) 423547. Ein häufig geschlossener Infokiosk der Stadt befindet sich auch auf der zentralen Plaza 25 de Mayo.
- www.chaco.gov.ar/turismo

Hotels

- **Bariloche,** Obligado 239, Tel. 421412, gutes Preis-Leistungs-Verhältnis, Zimmer mit Bad und Klimaanlage, aber kein Frühstück, 18 US-$.

p113-526 Foto: gw

Der Jesuitenstaat

Waren es perfide Machtpolitiker oder gute Missionare? Hatten sie lediglich ein besseres System der Ausbeutung gefunden, oder ging es ihnen wirklich um die **Missionierung von Ungläubigen** und deren Schutz vor Sklavenjägern? Verhinderte *Karl III.* mit seinem Ausweisungsdekret 1767 die Gründung eines neuen Staates von der brasilianischen Küste bis hin zu den Kordilleren, oder bediente er nur die Interessen rücksichtsloser Großgrundbesitzer? Die nicht einmal 200 Jahre lange Geschichte der *Sociedad Jesú,* des Jesuitenordens in Paraguay und der heutigen argentinischen Provinz Misiones, ist immer noch umstritten.

1588 kamen die ersten Jesuiten nach Paraguay. Sie waren zunächst als **Wandermissionare** tätig, gründeten dann aber bald – da die Wandermission nicht zu Ergebnissen führte – die ersten Siedlungen, **Reduktionen** genannt. In diesen Reduktionen lebten einige hundert bis mehrere tausend Indianer gemeinsam mit einigen Padres, und man betrieb Landwirtschaft zur Selbstversorgung.

Die ersten Reduktionen gründeten die Jesuiten in **Guaiará,** im heutigen brasilianischen Bundesstaat Paraná, weitab der spanischen Siedlungen. Schließlich wollten die Jesuiten die Indianer dem spanischen Encomienda-System entziehen und sie vor Kontakten mit den spanischen Kolonialisten, die eher als Eroberer daherkamen, schützen.

Aber auch für diese war die Missionstätigkeit der Jesuiten nützlich, denn so wurden die kriegerischeren Indianervölker befriedet. Der deutsche Jesuitenpater **Florian Paucke,** dem es 1748 gelang, die kriegerischen Mocobí in Santa Fe in Reduktionen einzubinden, drückte das so aus: „Der Nuze, welche allen diesen Städten von der Mission entspriessete, war eine gewünschte Rueh und Sicherheit, ihr Vieh zu erhalten, und wieder andere wilde Indianer geschützet zu seyn ... Die Spanier begehren nichts anderes, als daß die Indianer sich ruhig verhalten, damit sie in Fried ihrer Handlung nachgehen können."

Dennoch waren Konflikte der Jesuiten mit den spanischen Siedlern unumgänglich. Die Jesuiten distanzierten sich von diesen und setzten mehr auf ihr gutes Verhältnis zur spanischen Krone im Heimatland, auf ihren Rückhalt im fernen Madrid, als einen Interessensausgleich mit den Behörden vor Ort zu suchen. So fürchteten diese in Paraguay schon sehr früh, dass die Jesuiten **einen eigenen Staat gründen** wollten. Außerdem waren die Reduktionen wirtschaftlich zu erfolgreich: Sie erzielten bedeutende Überschüsse, denn anders als die Siedler genossen sie Steuerfreiheit. Zudem wurde immer wieder das Gerücht verbreitet, die Jesuiten wären in ihren Gebieten auf Gold gestoßen und wollten es der Krone vorenthalten.

Die ersten Reduktionen waren nicht sicher. Immer wieder überfielen die Paulistas oder Mamelukas, Sklavenhändler aus São Paulo, die Ansiedlungen, verschleppten und versklavten massenweise die Guaraní-Indianer. So zogen die Jesuiten um: Man verlagerte die Missionstätigkeit weiter nach Süden in die Gegend um das paraguayische **Encarnación** und in die heute argentinische Provinz Misiones.

In den Reduktionen wurde in einer Art **Kollektivwirtschaft** produziert: Die meiste Zeit arbeitete man für das Gemeineigentum auf Feldern, die der Gemeinschaft gehörten, außerdem besaß aber jeder einzelne auch noch zusätzliches Land. Alle Mitglieder der Reduktionen wurden gleich behandelt, sie hatten einen Wohnraum und nur wenige private Güter, darüber hinaus gab es Gemeinschaftsräume und Versorgungsstätten wie Krankenhäuser und Altersheime.

All dem standen aber die Jesuitenpadres vor, was der Hauptmangel der Reduktionen war: Die Padres hatten die Indianer immer nur als Schutzbefohlene, als unmündige Kinder angesehen. Zwar hatten sie Sprache und Kultur der Guaraní ernstgenommen, deren Sprache verschriftet und diese auch lesen und schreiben sowie andere Handwerkskünste gelehrt. Aber sie mit dem Ziel zu erziehen, auch ohne ihre Anleitung die Reduktionen weiterführen zu können, auf diese Idee waren die Jesuiten nie gekommen. Die Ansiedlungen waren letztlich auf Gehorsam statt auf **Selbstverwaltung** gegründet.

Nachdem *Karl III.* 1767 die Ausweisung der Jesuiten verkündet hatte und die 500 Mitglieder der *Sociedad Jesú,* die den Reduktionen vorstanden, verhaftet und in Ketten gelegt nach Europa gebracht worden waren, ging alles sehr schnell: Die meisten Dörfer verfielen innerhalb einer Generation. Lebten zur Zeit der Ausweisung noch 100.000 Guaraní in dreißig Niederlassungen, so waren es 1802 nur wenig mehr als 30.000. 1840 wurden die Reduktionen auf Befehl *Carlos Antonio López'* endgültig **aufgelöst.**

- **Casa del Docente,** French 555, Tel. 424 657, okay für 11 US-$ pro Person.
- **Residencial Hernandarias,** Perón 799, Tel. 427088, 25 US-$.
- **Colón,** Santa María de Oro 143, Tel. 422 862, 25 US-$.
- **Covadonga,** Güemes 200, Tel. 444444, www.hotelcovadonga.com.ar; guter Komfort im besten Hotel am Platz, mit Swimmingpool, 50 US-$.
- **Amerian Hotel,** Perón 330, Tel. 452400, www.hotelcasinogala.com.ar; Fünf-Sterne-Hotel, ab 120 US-$.

Camping

- Der schönste Platz zum Campen ist im **Parque 2 de Febrero,** Av. Lavalle/Ecke Ávalos 1100, Tel. 45836615, einige Blocks vom Zentrum entfernt.

Essen und Trinken

Resistencia bietet das übliche Spektrum an **Parrilladas** und **Pizzerien.** Viele Restaurants befinden sich auf der Straße Güemes, das bekannteste Café ist das **Colón** auf der S. María de Oro 145. Abends geht's dann zum **Barrilito Chopp,** Lavalle 289.

Flugverbindungen

- 8 km außerhalb der Stadt ist der **Flughafen. Aerolíneas Argentinas** hat ihr Büro auf Juan B. Justo 184, Tel. 445550. Es gibt täglich einen Flug nach Buenos Aires (140 US-$).

Überlandbusse

- Der **Busbahnhof** ist in der Malvinas/Ecke Mac Lean, Tel. 461098. Von dort fährt alle 15 Minuten ein Bus nach Corrientes und mehrmals täglich nach:
- **Buenos Aires,** ca. 35 US-$, 12–13 Stunden.
- **Formosa,** 5 US-$, 2½ Stunden.
- **Posadas,** 11 US-$, 7 Stunden.
- **Clorinda,** 8 US-$, 5 Stunden.
- **Tucumán,** 26 US-$, 12 Stunden.

Einmal am Tag bestehen Verbindungen nach:

- **Iguazú,** 22 US-$, 11 Stunden.
- **Salta,** 30 US-$, 13 Stunden.

Autoverleih

- **AVIS,** am Flughafen, Tel. 450066, avisresistencia@ciudad.com.ar.

Sonstiges

- Direkt an der Plaza 25 de Mayo liegt die **Hauptpost.**
- **Reiseschecks** sind schwierig zu tauschen. Die Wechselbüros wie Banco del Chaco (Güemes/Ecke Plaza 25 de Mayo) tauschen nur Bargeld oder geben Geld auf Kreditkarte.
- Wer **Kunsthandwerk** aus der Region sehen oder kaufen möchte, sollte zur **Fundación Chaco Artesanal,** Pellegrini 272 gehen.

Isla del Cerrito

↗ VIII,B2

An der Mündung des Río Paraguay in den Río Paraná, 50 km nordöstlich von Resistencia, liegt das **Naturschutzgebiet** Isla del Cerrito, wo man in ländlich-geruhsamer Umgebung einen guten Eindruck von der subtropischen Flora und Fauna bekommen kann. Die Busgesellschaft Viajes y Turismo, Tel. 420838, fährt täglich ein- bis zweimal vom Busbahnhof in Resistencia zur Insel, dort gibt es einfache Herbergen und Campingplätze.

Campo del Cielo

↗ VIII,A2

Wer sich für **Meteoriten** interessiert, sollte in den Campo del Cielo (Himmelsfeld) fahren, eine Tour, die allerdings nicht mit öffentlichen Verkehrsmitteln möglich ist.

Der Campo liegt etwa 300 km von Resistencia entfernt. Über die Ruta 16 geht es nach Nordwesten, bei Avia Teray biegt man Richtung Quimili nach links auf die Ruta 94, später 89 ab. Dort fährt man bis Gancedo. Von dort sind es nur noch wenige Kilometer bis zum Campo del Cielo, einem etwa 15 x 4 km großen Gebiet, wo vor mehr als 6000 Jahren ein Meteoritenregen niederging. Große Meteoritenstücke sind in Buenos Aires (Museo Rivadavia) ausgestellt, die größten aber liegen noch auf dem Campo.

Parque Nac. Chaco ⇗VIII,A1

Am besten gelangt man von Resistencia in den etwa 100 km nordwestlich der Hauptstadt liegenden **Nationalpark** Chaco. Die Anfahrt ist allerdings kompliziert: Der öffentliche Bus fährt nach **Capitán Solari.** Für die letzten 5 km bis zum Park chartert man am besten ein Taxi. Man kann im Park frei campen, die letzten Einkaufsmöglichkeiten sind in Capitán Solari.

Der Nationalpark Chaco wurde 1954 auf einer Fläche von etwa 15.000 ha eingerichtet. Ziel war es, die ursprüngliche Flora des Chaco zu schützen. Im Park stehen die inzwischen seltenen **Quebracho-Wälder,** es gedeihen Pflanzen des Sumpflandes, trockene Grassavanne sowie große Palmenhaine. Große Säugetiere sind selten, dafür viele unterschiedliche Vogelarten. Parkverwaltung Tel. (03725) 499161, www.parquesnacionales.gov.ar.

Roque Sáenz Peña ⇗VIII,A1

Die Stadt etwa 170 km westlich von Resistencia (75.000 Einwohner) ist bekannt wegen ihrer Thermen und des Zoos. Man erreicht sie problemlos mit dem Bus von Resistencia.

Die **Thermalquellen** haben eine Temperatur von 42°C, es gibt einfache Thermalbäder, aber auch Saunen und türkische Bäder; Adresse: Brown 541, Tel. (03732) 421365.

Der **Zoo** liegt wenige Kilometer östlich der Stadt an der Kreuzung der Ruta 16 mit der Ruta 95. Er ist einer der besten Argentiniens, es werden vorwiegend einheimische Tiere gezeigt, darunter auch Tapire und Jaguare; Tel. 424284.

Formosa ⇗VIII,B1

Die Hauptstadt der gleichnamigen Provinz hat knapp 100.000 Einwohner und ist wenig lohnend. Der Ort ist nur als **Zwischenstation auf dem Weg nach Paraguay** interessant. Von hier gibt es durchgehende Busse nach Asunción, in die Grenzstadt Clorinda und natürlich nach Buenos Aires.

Clorinda ⇗IV,B3

Im **Grenzort zwischen Argentinien und Paraguay** bleibt niemand länger als unbedingt notwendig. Man verpasst in der Kleinstadt (40.000 Einwohner) auch absolut nichts. Das Wichtigste an Clorinda ist die Brücke Ignacio de Loyola, die über den Río Paraguay führt, den Grenzfluss zwischen Argentinien und Paraguay. Direkt hinter der Grenze warten die Geldwechsler, die einem paraguayische Guaraní anbieten, und auch Taxifahrer, die einen nach Asunción bringen wollen. Diese Taxifahrt dauert etwa 20 Minuten.

Von Clorinda fahren Busse in zahlreiche argentinische Städte.

Parque Nacional Río Pilcomayo ⇗IV,B3

Clorinda ist auch der Ausgangspunkt für eine Fahrt in den Parque Nacional Río Pilcomayo. Der 48.000 ha große Park liegt etwa 50 km westlich der Stadt bei Laguna Blanca, ein öffentlicher Bus fährt bis dorthin, allerdings nicht bis zum Parkeingang (ca. 7 km, Taxi möglich).

Im Park gibt es freie Campingmöglichkeiten und markierte Wege. Hier leben angeblich Wildkatzen und sogar Pumas, in der Regel bekommt man aber nur die reichhaltige Vogelwelt, mit viel Glück ein Riesengürteltier und natürlich die Flora mit den unterschiedlichen Arten des Quebracho-Baumes zu sehen. Nähere Informationen bei der Parkverwaltung in Laguna Blanca, Tel. (03718) 470045, www.parquesnacionales.gov.ar.

Santa Fe

Die Provinz Santa Fe, mit 133.007 km² und einer Einwohnerzahl von knapp 3 Mio. Menschen eine der dichter besiedelten Provinzen Argentiniens, umfasst zwei landschaftliche Großräume:

img620 Foto: ab

die **Ebenen der Pampa im Süden** und **die des Chaco im Norden.** Im Osten trennt der Río Paraná die Provinz von den beiden Nachbarn Corrientes und Entre Ríos.

Zumindest der Süden Santa Fes gehört zu den reicheren Gegenden Argentiniens. Hier war schon früh die Infrastruktur geschaffen worden, um die landwirtschaftlichen Güter mit der Eisenbahn oder dem Schiff schnell nach Buenos Aires zu bringen. Kommt man allerdings in den Norden der Provinz, so sinkt der Lebensstandard in gleichem Maße, wie die Entfernung von den beiden wichtigsten Städten der Provinz, Rosario und Santa Fe, steigt.

In der Provinz wurde argentinische Geschichte geschrieben. *Manuel Belgrano* hisste 1812 erstmalig im späteren Rosario die argentinische Flagge, 1813 wurden hier erstmalig von *San Martín* die Spanier geschlagen, und am 1. Mai 1853 wurde in der Provinzhauptstadt Santa Fe die Verfassung des Landes verabschiedet. Das kam nicht von ungefähr, denn genau wie die Nachbarprovinz Entre Ríos war Santa Fe lange ein Zentrum des Widerstandes der Föderalisten.

Im Zentrum von Santa Fe

Santa Fe (Stadt) ⇗XII,B1

Die **Provinzhauptstadt** ist eine der ältesten Städte Argentiniens. Sie wurde bereits 1573 von *Juan Garay* während einer Expedition von Asunción aus gegründet. Allerdings mussten die Spanier 1653 ihre Stadt verlegen: Indianerüberfälle und die regelmäßigen Überflutungen des Río Paraná machten einen Umzug der Siedlung nötig, so dass das Leben in Santa Fe heute zwar immer noch vom Paraná bestimmt wird, die Stadt selbst aber nicht direkt am Fluss liegt, sondern über einen Stichkanal mit ihm verbunden ist.

In Santa Fe de la Vera Cruz, wie der Ort vollständig und richtig heißt, wohnen etwa 370.000 Menschen. Im Großraum sind es eine halbe Million, und damit ist Santa Fe nach Rosario die zweitgrößte Stadt der Provinz. Sie ist ein modernes **Geschäftszentrum,** in dem aber viele koloniale Bauten erhalten blieben.

Sehenswürdigkeiten

Plaza 25 de Mayo

Das Zentrum ist die Plaza 25 de Mayo, um sie herum liegen die wichtigsten Sehenswürdigkeiten, und auch das Geschäftszentrum befindet sich dort. Hier verläuft die Calle San Martín, die weiter westlich Fußgängerzone ist. Am Platz liegen die Kathedrale sowie die Iglesia de la Compañía de Jesús an der Av. San Martín.

Kirchen

Die **Iglesia de la Compañía de Jesús** ist eine der besterhaltenen Kolonialkirchen der Provinz, sie wurde bereits 1669 erbaut. Nur wenige Blocks entfernt steht die Kirche **Templo de Santo Domingo** (3 de Febrero/Ecke 9 de Julio), die ebenfalls aus der Mitte des 17. Jahrhunderts stammt, später aber oftmals verändert wurde.

Convento de San Francisco

Ein Stadtrundgang lässt sich auf den Spuren des großen Helden der Stadt und der Provinz machen: *Estanislao López* war einer der Caudillos von Santa Fe, die im 19. Jahrhundert gegen die Vorherrschaft von Buenos Aires kämpften. Sein **Wohnhaus** auf der Av. López 2792 ist einer der schönsten Kolonialbauten der Stadt und heute Sitz des Historischen Archivs der Provinz; er selbst und seine Frau sind im **Convento de San Francisco** begraben (Amenábar 2257 nahe der Av. San Martín). Zum Konvent gehört auch ein **Museum,** in dem wichtige Stücke aus der Geschichte der Kirche und der Provinz ausgestellt sind. In einem Saal wird mit Wachsfiguren die Verfassunggebende Versammlung von 1853 nachgestellt.

Geöffnet ist das Museum Mo bis Sa 8–12 und 16–19 Uhr, im Sommer auch So 10–12 Uhr und 15.30–18.30 Uhr.

Touristeninformation

- Das Informationsbüro hat seinen Sitz im Busbahnhof, Belgrano 2910, Tel. (0342) 4574123. Weitere Informationsstellen an den Ecken Gálvez/Rivadavia und Dr. Zavallo/Paso. Das Tourismusbüro der Provinz ist in der Pellegrini 3100, Mo bis Fr 7–13 Uhr, Tel. 4505398.

Hotels

- **Apolo,** Belgrano 2825, Tel. 4527984; sehr schlicht, ab 18 US-$.
- **Brigadier,** San Luis 3148, Tel. 4537387; nahe der Busstation, 30 US-$.
- **Carlitos,** Irigoyen Freyre 2336, Tel. 4531541 hotelcarlitos@argentina.com; sauber und freundlich, 24 US-$.
- **Castelar,** 25 Mayo 2949, Tel. 4560999, www.castelarsantafe.com.ar; schön eingerichtetes Hotel aus den 1930ern, 40 US-$.
- **Hostal Santa Fe de la Vera Cruz,** San Martín 2954, Tel. 451740, www.hostalsf.com; sehr gut, 48 US-$.

Camping

- Außerhalb der Stadt befinden sich einige Campingplätze. Im städtischen Parque del Sur ist auch kostenloses Camping erlaubt.

Essen und Trinken

- Die meisten Restaurants und Cafés liegen in der Umgebung der Calle San Martín und der Parallelstraße 25 de Mayo. Hier ist nichts hervorzuheben.
- Um den Busbahnhof herum finden sich zahlreiche preiswerte Restaurants.
- Außerhalb des Zentrums liegt das, auch für Fisch, empfehlenswerte, allerdings sehr große Restaurant **El Quincho de Chiquito,** an der Ecke Obispo Príncipe und Almte Brown.

Flugverbindungen

- Der **Flughafen** befindet sich 7 km außerhalb der Stadt.
- **Buenos Aires** (75 US-$), Mo bis Fr gehen je zwei Flüge nach Buenos Aires, Sa keiner, So einer.
- **Aerolíneas Argentinas,** 25 de Mayo 2287, Tel. 4525959.

Monumento de la Bandera – wichtigste Sehenswürdigkeit in Rosario

021-a Foto: jv

Überlandbusse

- Mehrmals täglich fahren vom modernen **Busbahnhof** in der Belgrano 2910 Busse nach:
- **Buenos Aires,** 19 US-$, 6 Stunden.
- **Paraná,** 3 US-$, 1 Stunde.
- **Rosario,** 7 US-$, 2 Stunden.
- **Andere Orte** Argentiniens wie Córdoba, Mendoza, Salta und Tucumán werden zumindest mehrmals die Woche angefahren.

Autoverleih

- **Hertz,** Corrientes 2524, Tel. 4582306.
- **Localiza,** Av. Alem 1998, Tel. 4534300.

Sonstiges

- Das **Deutsche Konsulat** ist Juan de Garay 2957, Tel. (0342) 4597544.

Ausflug nach Cayastá

Etwa 80 km nordöstlich der Stadt an der Ruta 1 liegt Cayastá, das ursprüngliche Santa Fe. Obwohl einige Teile des alten Ortes weggeschwemmt wurden, vermitteln die restaurierten Ruinen noch ein gutes Bild der ehemaligen **Kolonialstadt.** Ein Haus wurde mit originalen Einrichtungsgegenständen als **Museum** eingerichtet. Cayastá ist leicht mit Bussen von Santa Fe zu erreichen.

Rosario

XII,B1

Rosario streitet sich mit Córdoba um den Titel der zweitgrößten Stadt Argentiniens. Gern kokettiert die Stadt am Río Paraná mit dem Beinamen „Barcelona Südamerikas"; an entsprechendem Selbstbewusstsein mangelt es den Rosarinos nicht. Unbestritten ist die Stadt mit ihren etwa 1,1 Mio. Einwohnern die größte der Provinz Santa Fe und eines der wichtigsten Wirtschaftszentren des Landes. Hier ist das **Handelszentrum der Provinz,** gleichzeitig ist Rosario ein bedeutender Sitz der argentinischen Automobilindustrie.

Wichtig für den Aufstieg der Stadt, die 1730 von einigen Siedlern aus Santa Fe gegründet wurde, ist der **Hafen.** Bis nach Rosario ist der Río Paraná für Ozeanriesen schiffbar, so dass der Warenverkehr mit den nördlichen Provinzen direkt von hier und nicht erst ab Buenos Aires erfolgen kann. Am Ufer reiht sich eine Soja- und Getreideverladestation an die andere.

Rosarios Innenstadt hat den üblichen Schachbrettgrundriss, im Zentrum liegt die Plaza 25 de Mayo, dort führt auch die Calle Córdoba vorbei, die wie die San Martín Fußgängerzone und Einkaufszentrum der Stadt ist.

Sehenswürdigkeiten

Monumento de la Bandera

Zwar nicht unmittelbar in der Nähe, aber nur wenige Blocks entfernt am Ende der Córdoba steht die wichtigste Sehenswürdigkeit von Rosario: das Monumento de la Bandera, das „Denkmal für die argentinische Flagge". 1957 wurde das 78 m hohe Monument von *Angel Guido* geschaffen. Es steckt voller Symbolik: Das gesamte Monument soll das Vaterland darstellen, die vier Statuen, die um es herum gruppiert sind, bedeuten zum einen die vier Himmelsrichtungen, zum andern den Atlantik, den Paraná, die Anden und die Pampa. Dann finden sich noch Reliefs, die über die Schaffung der Fahne berichten, und ein **Museum,** in dem die Originalfahne *Belgranos* aufbewahrt wird. Manch einer steht ergriffen, andere schaudernd vor diesem Denkmal, einig sind sich aber fast alle über die schöne Aussicht auf die Ufer des Paraná, die man von oben hat. Das Museum ist täglich von 7–19 Uhr (außer montags vormittag) geöffnet.

Ab Mitte Juni wird jedes Jahr die Woche der Fahne gefeiert, Höhepunkt des Festes ist der 20. Juni, der Todestag von Manuel Belgrano, der als **Día de la Bandera** in ganz Argentinien ein Feiertag ist.

Kathedrale

Neben dem Denkmal steht auch die Kathedrale, die Ende des 19. Jahrhunderts erbaut wurde, und zwar dort, wo ehemals das Zentrum der ersten Ansiedlung war. Interessant in der Kirche sind die Marienbilder, die im 18. Jahrhundert von indianischen Künstlern gemalt wurden.

Haus Entre Ríos 480

Das Haus Entre Ríos 480 wurde von *Alejandro Bustillo,* der auch am Monumento de la Bandera beteiligt war, gebaut. Hier wurde der wohl bekannteste Sohn Rosarios geboren: *Dr. Ernesto Guevara Lynch,* besser bekannt als **Ché Guevara.** Allerdings hat hier heute eine Versicherung ihren Sitz, und es weist nicht einmal ein kleines Täfelchen auf *Ché* hin. An ihn erinnert drei Straßen weiter an der Plaza de la Cooperación ein riesiges, aber etwas verblasstes Wandbild.

Estación Fluvial

An der Wasserfront, nahe dem Monumento de la Bandera, befindet sich die Estación Fluvial, die Bootsanlegestelle. Hier sind Wandmalereien zu bewundern, die das Leben am und mit dem Fluss darstellen. Von hier starten täglich um 11.30 und 17 Uhr Ausflugsschiffe auf dem Río Paraná.

Museo de la Bolsa de Comercio

Die Börse in Rosario ist der wichtigste Handelsplatz für Soja- und Getreide in Argentinien. Das Museum in der Börse gibt darüber anschaulich Auskunft. Es ist Córdoba 1402 und hat bei freiem Eintritt täglich von 10–16.30 Uhr geöffnet, um 11.30 Uhr und 15.30 Uhr gibt es eine Ton-Bild-Schau (www. bcr.com. ar).

Paseo del Siglo

Um Rosario genau kennenzulernen, empfiehlt sich der Rundgang entlang des Paseo del Siglo, der die wichtigsten Punkte im Stadtzentrum berührt.

Viele Gebäude werden mit Hinweisschildern erklärt; weitere Information dazu sind im Tourismusbüro (s.u.) erhältlich.

Strände

Im Zentrum merkt man es kaum, doch Rosario liegt am Wasser. Zwar sucht man karibisches Flair an den Flussstränden vergebens, doch im Sommer pulsiert das Leben an der Uferpromenade und an Stränden wie **Rambla Catalunya** oder **La Florida** (nördlich des Zentrums) wie in den Seebädern der Atlantikküste. Boote bringen die Badelustigen auch zu ruhigeren Strandbädern auf Inseln im Fluss.

Kultur

- Rosario steht Buenos Aires in Sachen Kultur kaum nach. Es gibt zwei Dutzend Theater, jede Menge Museen und Konzertveranstaltungen. **Das Teatro El Círculo** (Laprida 1235, Tel. 4245349, www.teatro-elcirculo.com.ar) gilt als bedeutendster Spielort nach dem **Teatro Colón** in der Hauptstadt.
- Wer Tipps und Hinweise zu kulturellen Veranstaltungen sucht, sollte ins **Centro Cultural Rivadavia** gehen. Hier finden z.B. auch Filmvorführungen statt. Das Centro Cultural ist auf der San Martín 1080, Tel. 4802401.
- Wem der Sinn nach Tango steht, sollte das Kulturzentrum **La Casa del Tango** aufsuchen, das in einem alten Bahnhof untergebracht ist (España Ecke Wheelwright), oder die **Tangobar El Levante** im B. Pichincha (Richieri 122).

Touristeninformation

- Das Büro der Touristeninformation ist am Ufer (Belgrano/Ecke Buenos Aires), nördlich des Monumento Nacional de la Bandera, zu finden, Tel. (0341) 4802230.
- Gute Informationen zum touristischen und kulturellen Angebot der Stadt unter: www.rosarioturismo.com.

Hotels

- **Monumento,** Buenos Aires 1020, Tel. 440 6446, 28 US-$.
- **La Paz,** Báron de Mauá 36, Tel. 4210905; sehr zu empfehlen, 32 US-$.
- **Plaza del Sol,** San Juan 1055, Tel. 4219899, www.hotelesplaza.com, geräumige Zimmer, Pool im 11. Stock mit Aussicht, 75 US-$.
- **Savoy,** San Lorenzo 1022, Tel. 4480071, savoy_hotel@arnet.com.ar; wunderschöne Villa aus den 1920er Jahren, 40 US-$.
- **Majestic,** San Lorenzo 980, Tel. 4405872, www.hotelmajestic.com.ar; beeindruckendes Eckgebäude, 55 US-$.

Jugendherberge

- **La Casona de Don Jaime** gibt es zweimal in Rosario: La Casona 1, Pte. Roca 1051, Tel. 5279964 und La Casona 2, San Lorenzo 1530, Tel. 5302020. Unterkunft ab 8 US-$ p.P. mit Frühstück und Internet (www.youthhostelrosario.com.ar).

Camping

- In der Stadt gibt es keinen Campingplatz, nur außerhalb in **La Florida** (8 km nördlich) befindet sich ein Campingplatz am Río Paraná. Dort ist auch der Badestrand der Stadt.

Essen und Trinken

- Viele gute Grillrestaurants, die auch Fischgerichte bieten, finden sich am Ufer des Río Paraná, bei den meisten kann man auch draußen sitzen.
- Die Café-Kultur ist in Rosario so lebhaft wie in Buenos Aires. Vor kurzem wurde ein Klassiker wieder eröffnet: **El Cairo,** Sarmiento/ Ecke Santa Fe. Dessen Bohéme-Ambiente sollte man sich nicht entgehen lassen. Typisch sind auch die Buchladen-Cafés, z.B. das **Café Nuria** in der Librería Homosapiens (Sarmiento 829).

Flugverbindungen

- Der **Flughafen Aeropuerto Fisherton** liegt 8 km außerhalb der Stadt.
- Täglich starten **Flüge nach:** Buenos Aires, Córdoba, Tucumán, Salta, Mar del Plata und Mendoza.

Die **Fluggesellschaften** und ihre Büros:

- **Aerolíneas Argentinas,** Santa Fe 1412, Tel. 4249332.

Überlandbusse

- Der **Busbahnhof** ist in der Cafferata 702. Es fährt täglich mindestens ein Bus nach:
- **Buenos Aires,** 12 US-$, 4–5 Stunden.
- **Santa Fe,** 8 US-$, 3 Stunden.
- **Córdoba,** 17 US-$, 6 Stunden.
- **Mendoza,** 30 US-$, 13 Stunden.
- **Iguazú,** 42 US-$, 24 Stunden.

Autoverleih

- **Avis,** San Nicolás 620, Tel. 4352299.
- **Olé,** Gorriti 751, Tel. 4386593.

Post

- Das Hauptpostamt ist auf der Ecke Córdoba und Buenos Aires.

Banken/Geldwechsel

- Wie überall ist es schwierig, Reiseschecks zu tauschen. Man probiere die **Citibank** auf Santa Fe 1101, die **Standard Bank,** Córdoba/ Ecke Mitre, oder die **Casas de Cambio Transatlántica,** Córdoba 900, und **Carey,** auf der Corrientes 802.

Feste/Veranstaltungen

- Wichtigste Festivität ist das alljährliche **Encuentro y Fiesta Nacional de Colectividades,** bei dem die verschiedenen Einwanderer-Nationen ihre kulturellen und gastronomischen Traditionen vorführen. Das zehn Tage dauernde Fest findet Anfang Dezember statt.
- Am 20. Juni wird der **Dia de la Bandera,** der Tag der Fahne begangen, natürlich am gleichnamigen Monument.

Entre Ríos

Schon der Provinzname ist eine recht eindeutige geografische Verortung: Entre Ríos – „zwischen den Flüssen", und zwar **zwischen dem Río Uruguay im Osten,** der die Provinz vom Nachbarstaat Uruguay trennt, **und dem Río Paraná im Süden und Westen,** der die Grenze zwischen Entre Ríos und den Nachbarprovinzen Santa Fe und Buenos Aires bildet.

Entre Ríos ist mit einer Fläche von 78.781 km² eine der kleineren und mit einer Einwohnerzahl von etwa 1,15 Mio. Menschen eine der dichter besiedelten Provinzen Argentiniens. Zugleich ist sie auch eine der reicheren: Land- und Forstwirtschaft produzieren Überschüsse, und die Infrastruktur ist mittlerweile auch gut – 1978 wurde die Brücke bei Zárate über den nördlichen Arm des Paraná geschlagen und damit die Verkehrsverbindung nach Buenos Aires verbessert. Drei Brücken verbinden Entre Ríos mit dem Nachbarland Uruguay.

Im 19. Jahrhundert war Entre Ríos eine der Regionen, in denen der Widerstand gegen den Zentralismus von Buenos Aires am ausgeprägtesten war. 1820 wurde die Provinz kurzzeitig zur autonomen Republik erklärt, und als die Konföderation und Buenos Aires ab 1853 getrennte Wege gingen, wurde die heutige Provinzhauptstadt Paraná für acht Jahre, bis zum Anschluss von Buenos Aires, Regierungssitz der Konföderation. Präsident war damals General *Justo José de Urquiza,* ein Caudillo aus Entre Ríos, der sich bei der Vertreibung des Diktators *Rosas* hervorgetan hatte.

Zwischen Argentinien und Uruguay gibt es Streit um den Bau zweier Zellstofffabriken auf der uruguayischen Uferseite. In der Provinz Entre Ríos hat sich eine starke **Umweltbewegung** gegen den Bau organisiert. Überall begegnen einem die Hinweise auf den Protest. Gerade in den Sommermonaten kommt es immer wieder zu oft Tage anhaltenden Blockaden der drei Brücken über den Río Uruguay. Wer über Entre Ríos nach Uruguay weiterreisen möchte, sollte sich über die Protestaktionen informieren.

Touristisch interessant sind in Entre Ríos einige Städte, besonders aber der **Nationalpark El Palmar.**

img190 Foto: ab

Badespaß am Río Uruguay

Paraná ⇗XII,B1

Die moderne und geschäftige **Provinzhauptstadt** (230.000 Einwohner) hat kein offizielles Gründungsdatum. Sie entstand um eine 1730 gebaute Kirche, und ihre größte Bedeutung hatte sie Mitte des 19. Jahrhunderts: Von 1853 bis 1861 war sie Hauptstadt Argentiniens. Aus dem 19. Jahrhundert sind auch einige sehenswerte Gebäude erhalten.

Paraná liegt am östlichen Ufer des gleichnamigen Flusses, der hier eine kleine Schleife macht, so dass sich das Stadtzentrum südlich des Flusslaufs erstreckt. Besonders entlang des Flusslaufes ist der Straßenverlauf recht unregelmäßig, auch wegen des dort liegenden 26 ha großen Parks Urquiza, im Zentrum um die Plaza 1 de Mayo kehrt aber weitgehend argentinische Stadtplanregelmäßigkeit mit Blocks und geraden Straßen ein.

Sehenswürdigkeiten

Kathedrale

Am Platz steht die kuppelgekrönte Kathedrale mit ihren beiden Fassadentürmen, die auf den Mauern der Kirche von 1730 gebaut wurde. Sie wurde 1882 fertig gestellt, hinter ihr, an der Ecke 9 de Julio und 25 de Mayo, liegt das Gebäude, in dem der Senat zu Paranás Hauptstadtzeiten residierte. Ebenfalls am Platz findet sich der ehemalige Stadtpalast von Urquiza, heute ist hier die Hauptpost untergebracht.

Museo del Mate

Das Nationalgetränk Mate hat selbstverständlich sein Museum. In sieben Ausstellungsräumen drängeln sich Bombillas und Kalebassen in allen Varianten und Größen, dazu eine der ersten Thermosflaschen der Welt schottischen Ursprungs, Yerba Mate und eine Menge Literatur und Information über die Kultur des Matetrinkens. Das Museum ist in der 25 de Junio 72, gleich neben dem Teatro 3 de Febrero. Geöffnet ist Mo bis Fr 8–12 und 16–20 Uhr, sowie Sa 8–12 Uhr, Tel. 4201814.

Parks

Innerhalb der Stadt erholt man sich am besten im **Parque Urquiza** am Flussufer, zum Baden fährt man besser in die Außenbezirke, z.B. in den städtischen Park **„Recreación y Turismo"**.

Túnel Uranga-Sylvestre

Paraná ist durch einen 2937 m langen Tunnel unter dem Río Paraná hindurch mit Santa Fe, der Provinzhauptstadt am westlichen Ufer des Flusses, verbunden. Dieser Túnel Uranga-Sylvestre ist ein Musterbeispiel für Zentralismus in Argentinien: Bis 1969 waren die beiden Provinzhauptstädte lediglich durch Fährbootverkehr miteinander verbunden, denn die Nationalregierung in Buenos Aires untersagte den beiden Provinzen den Bau einer Brücke. Sie wollte, dass die Überquerung des Paraná weiter südlich zwischen den Provinzen Entre Ríos und Buenos Aires stattfinde, was den beiden Städten aber nichts genutzt hätte. Also baute man einen Tunnel, eine technisch wesentlich aufwändigere und auch teurere Lösung. 1969 wurde eingeweiht, ein kleines **Museum** am Tunneleingang informiert über die Baugeschichte. Will man durchfahren, muss man eine Maut entrichten.

Touristeninformation

- Die Touristeninformation ist Buenos Aires 132, Tel. (0343) 230183 oder gratis 0800-5559575. Es gibt zusätzliche Infokioske im Busbahnhof sowie am Ufer des Río Paraná, wo Bajada San Martín und die Av. Laurencena aufeinandertreffen, einen San Martín 700, sowie einen an der Tunnelausfahrt, wenn man von Santa Fe kommt.
- Aktuelle Infos auch im Internet unter www.turismoenparana.com.

Hotels

Einfach und billig:

- **Parana Hostel,** Perú 342, Tel. 4221904, www.paranahostel.com.ar; ab 9 US-$ p.P.
- **City Hotel,** Bvd. Racedo 231, Tel. 4310086. Direkt gegenüber dem Bahnhof, mit schönem Innenhof, mit Bad 18 US-$.
- **San Jorge,** Belgrano 368, Tel. 4221685, www.sanjorgehotel.com.ar; renovierter Altbau mit neueren (und teureren) Räumen mit Bad und TV im hinteren Teil, freundlich, ab 28 US-$.

Hotels der Mittelklasse:

- **Hotel Provincial,** Villaguay 162, Tel. 423 5610, www.hotel-provincial.com; 30 US-$.
- **Hotel Circulo Sub Oficiales Fuerza Aerea Argentina,** Belgrano 157, Tel. 4310411, www.hotelcirculo.com.ar; 45 US-$.
- **Paraná Hotel Plaza Jardin,** 9 de Julio 60, Tel. 4231700, www.hotelesparana.com.ar;

gepflegtes Hotel mit überdachtem grünen Innenhof, Zimmer mit Klimaanlage und TV, ab 52 US-$.

Luxushotels:
- **Gran Hotel Paraná,** Urquiza 976, Tel. 422 3900, www.hotelesparana.com.ar; Viersterne-Komfort im Zentrum, 80 US-$.
- **Maran Suites Tower,** Rivadavia/Mitre, Tel. 4235444, www.maran.com.ar; am Parque Urquiza, mit Flussblick, ab 80 US-$.

Camping

- Außerhalb der Stadt, hinter Blas Parera, liegt der Campingplatz **Toma Vieja.**

Flugverbindungen

- Alle Flüge gehen **über Santa Fe.**

Überlandbusse

- Vom **Busbahnhof** (Tel. 4221282) an der Ecke Ruíz Moreno und Ramírez fahren mehrmals täglich Busse zu folgenden Zielorten:
- **Santa Fe,** jede halbe Stunde, 1 US-$.
- **Buenos Aires,** 23 US-$, 8 Stunden.
- **Rosario,** 8 US-$, 3 Stunden.
- Weiterhin gibt es tägliche Verbindungen in die **anderen Provinzstädte** wie Concordia, Colón, Concepción del Uruguay und über Colón auch nach Montevideo.

Post

- Die **Hauptpost** ist an der Plaza 1 de Mayo.

Feste/Veranstaltungen

- Im **Januar** findet die **Fiesta Provincial Música y Artesanía Entrerriana** statt, ein Fest mit Volksmusik und Kunsthandwerksausstellungen.
- Im Februar wird ausgiebig **Karneval** gefeiert.

Ausflug

Nationalpark Pre-Delta

Der 1992 geschaffene Parque Nacional Pre-Delta bei Paraná gehört mit seinen 2458 Hektar zu den am wenigsten besuchten. Die ursprüngliche Schönheit der von tausenden Armen des Río Paraná geformten Flusslandschaft hat sich noch nicht herumgesprochen – gut für jene, die Touristenmengen meiden. Im Park kann man von kleinen Booten oder Katamaranen aus die üppige Vegetation bewundern. Auf den Inseln Del Barro, Ceibo und Las Mangas finden sich seltene Ombú-Wälder, hier leben Wildkatzen, Carpinchos (Flussschweine) und mehrere Otterarten. Der Parkeingang liegt nur knapp 50 km südlich von Paraná im Ort Diamante. Hierher verkehren regelmäßig Busse. Beim Ort La Jaula kann man campen. Wer will, kann bereits in Paraná eine organisierte Tour buchen. Parkverwaltung in Diamante, Tel. (0343) 4983535, www.parquesnacionales.gov.ar.

Gualeguaychú ⇗XIII,C1

Die Stadt an der Mündung des gleichnamigen Flusses in den Río Uruguay ist hauptsächlich aus infrastrukturellen Gründen wichtig. Hier befindet sich nämlich die **südlichste Brücke über den Río Uruguay:** Die Straßenverbindung Buenos Aires – Montevideo führt an der 1783 gegründeten Kleinstadt (65.000 Einwohner) vorbei.

Sehenswürdigkeiten

Kolonialbauten und Museen

Fast alle sehenswerten Kolonialbauten im Stadtzentrum beherbergen heute Museen. Das älteste Gebäude der Stadt ist das **Museo Haedo** an der San José 105, direkt an der Ecke zum Hauptplatz, der Plaza San Martín heißt. Im Museo Haedo finden Ausstellungen zur Stadtgeschichte statt.

Interessanter für viele wird das **Eisenbahnmuseum** sein. Das Museo Ferroviario zeigt alte Dampfloks und die dazugehörigen Wagen, es liegt am

Bahnhof, etwa 15 Block südwestlich der Plaza (ständig zugänglich).

Kirche

Die **Iglesia San Antonio** an der Plaza wurde 1807–36 erbaut, ihr gestufter Turm ist 53 m hoch.

Strände

Gualeguaychú ist ein sehr beliebtes Ziel für Kurzurlauber, wegen seiner schönen Strände am Río Uruguay und auch wegen des Karnevals, der hier für argentinische Verhältnisse sehr ausgelassen gefeiert wird.

Touristeninformation

- Die Information befindet sich am Paseo del Puerto (Tiscornia/Ecke Goldaracena), Tel. (03446) 423668, www.gualeguaychuturismo.com.

Hotels

Einfach und billig:

- **Alemán,** Bolívar 535, Tel. 426153; freundlich, 34 US-$.
- **París,** Bolívar Ecke Pellegrini, Tel. 434371, 35 US-$.
- **Brutti,** Bolívar 591, Tel. 426048; nicht gerade schön, aber sauber, 40 US-$.

Hotels der Mittelkasse:

- **Berlin,** Bolívar 733, Tel. 425111, www.hotelberlin.com.ar; 38 US-$.
- **Embajador,** 3 de Febrero 115, Tel. 424414, www.hotel-embajador.com; 42 US-$.
- **Los Angeles,** 3 de Febrero 73, Tel. 426383; 30 US-$.
- **París,** Bolivar Ecke Pellegrini, Tel. 423850, 15 US-$.
- **Puerto Sol,** San Lorenzo 477, Tel. 434017, www.puertosol.com.ar; schönes Hotel am Hafen, Zimmer mit Klimaanlage für 80 US-$.
- **Hotel Aguaý,** Av. Costanera 130, Tel. 422 099, www.hotelaguay.com.ar; mit Pool auf dem Dach und Blick auf den Río Uruguay gibt es das DZ ab 64 US-$.

Camping

- Es gibt zahlreiche Campingplätze in Stadt und Umgebung, die meisten liegen an den Flüssen Río Uruguay und Río Gualeguaychú.

Essen und Trinken

- Die meisten **Restaurants** befinden sich an der 25 de Mayo.

Überlandbusse

- Vom **Busbahnhof** an der Ecke Bolívar/Mons. Chalup fahren mehrfach täglich Busse nach:
- **Buenos Aires,** 12 US-$, 3 Stunden.
- **Fray Bentos,** Uruguay, 4 US-$, 1 Stunde.
- **Mercedes (Uruguay),** 6 US-$, 1½ Std.

Geldwechsel

- Geld wechselt die **Casa de Cambio Daniel,** 3 de Febrero 128.

Feste/Veranstaltungen

- Gualeguaychú rühmt sich des größten Freiluft-Karnevals Argentiniens, des **Carnaval del País.** Der längste ist es ohne Zweifel: Jeden Samstag im Januar und Februar sowie am ersten Samstag im März führen die Karnevalsclubs der Gegend ihre Kreationen in der eigens erbauten Arena „Corsodromo" vor. Dann liegt ein Hauch von Rio de Janeiro in der feuchtwarmen Luft. Näheres unter www.grancarnaval.com.ar.

Colón

⇗XIII,C1

Das 1863 gegründete Städtchen (heute 20.000 Einwohner) am Río Uruguay ist eher als **Verkehrsknotenpunkt** bekannt. Hier führt die Brücke General Artigas über den Fluss ins uruguayische Paysandú. Touristisch bietet Colón nicht viel, sieht man von den schönen Stränden in der Umgebung der Stadt ab.

Etwa 5 km vom Stadtzentrum entfernt liegt **San José,** eine der ältesten Kolonialsiedlungen europäischer Einwanderer, 1857 von schweizerischen Emigranten gegründet. Hier steht u.a. ein Museum, das die Geschichte der frühen Kolonialzeit erzählt.

Touristeninformation

- Die Information ist am Ende der Emilio Gouchón an der Costanera, Tel. (03447) 421233, www.colonentrerios.com.ar.

Hotels

- **Holimasu,** Belgrano 28, Tel. 421305, www.hotelholimasu.com.ar; kleines Hotel mit nettem Patio, Klimaanlage im Zimmer extra, ab 30 US-$.
- **Hostería del Puerto,** Calle Alejo Peyret 158, Tel. 422698, www.hosteriadecolon.com.ar; kolonialer Innenhof und Schwimmbecken, ab 38 US-$.
- **Hotel Palmar,** Bd Ferrari 295, Tel. 421948, www.hotelpalmar.com.ar; ab 44 US-$.
- **Hotel Quirinale,** Av. Quirós, Ecke Noalles, Tel. 421133, www.hquirinale.com.ar; großes 5-Sterne-Hotel mit Spa und Casino direkt am Fluss, ab 120 US-$.

Essen und Trinken

- Viele Restaurants befinden sich auf der Urquiza, empfehlenswert ist das **Marito** auf der Ecke zur Andrade.
- **La Cosquilla del Angel,** Peyret 180. Szenelokal in alter Villa, Gourmetküche bei Kerzenschein.

Überlandbusse

- **Paysandú (Uruguay),** 3 US-$, 45 Minuten, mehrmals täglich, So nicht.
- **Buenos Aires,** 11 US-$, 5 Stunden, mehrmals täglich.

Reiseveranstalter

- **Ita I Cora,** San Martín 97, Tel. 423360, www.itaicora.com. Flusstouren und Ausflüge zum Nationalpark El Palmar, zweisprachige Guides.

img170 Foto: ab

Parque Nacional El Palmar

XIII,C1

Etwa 50 km nördlich von Colón liegt der Nationalpark El Palmar am Westufer des Río Uruguay, zwischen dem Fluss und der Ruta 14 von Colón nach Concordia. Der 8500 Hektar große Park, 1966 auf dem Gelände einer Estanzia eingerichtet, dient dem Schutz der **Yatay-Palmen,** die ursprünglich in allen Provinzen des Zweistromlamdes sehr verbreitet werden. Viehzucht und Ackerbau drängten sie zurück. Die Yatay-Palme kann mehrere hundert Jahre alt werden. Dabei wird sie bis zu 20 m hoch, und ihr Stamm erreicht einen max. Durchmesser von 40 cm.

Die auffälligsten **Tiere** im Park sind die Ñandus und die Carpinchos, bis zu 1 m große Nagetiere, einem vergrößerten Meerschweinchen ähnlich.

Der Park ist an den Wochenenden recht gut besucht, auch weil er nahe an Buenos Aires liegt. Es gibt dort einen **Campingplatz,** und am Centro de Interpretación einen Laden. Man erreicht den Park mit allen **Bussen,** die von Süden nach Concordia fahren, steigt dann am Parkeingang aus und muss allerdings von dort die etwa 12 km bis zum Park-Hauptquartier laufen, eventuell geht es auch per Autostopp. Der Eintritt für den Parque Nacional El Palmar beträgt 4 US-$, aktuelle Informationen bei der Parkverwaltung unter Tel. (03447) 493053, www.parquesnacionales.gov.ar.

Wem die Anreise zu umständlich ist, der kann gegenüber vom Parkeingang **La Aurora de Palmar** besuchen, ein von der Fundación Vida Silvestre Argentina eingerichtetes, 1500 Hektar großes Schutzgebiet mit ebenfalls vielen Yatay-Palmen und Wildtieren. Hier werden Ausritte, Kanu- und Trekkingtouren sowie Vogelbeobachtungen organisiert, ein Refugio bietet Unterkunft. Informationen in Colón unter Tel. 421549, www.auroradelpalmar.com.ar.

Concordia

XIII,C1

Die dritte Brückenstadt am Río Uruguay ist Concordia, das gegenüber dem uruguayischen Salto liegt. Concordia wurde 1832 gegründet und hat heute ca. 130.000 Einwohner. Bis nach Concordia ist der Río Uruguay für größere Boote schiffbar, nördlich der Stadt versperren die Wasserfälle Salto chico und Salto grande der Schifffahrt den Weg. Concordia ist das Zentrum einer Region, die vorwiegend von der Viehzucht und dem Ackerbau, darunter Reis und Zitrusfrüchte, lebt.

Sehenswürdigkeiten

Plaza de Mayo

Das Stadtzentrum bildet die Plaza de Mayo, an der auch die wichtigsten Gebäude liegen: die Stadtverwaltung, das Museo de Artes visuales, die Kathedrale aus dem 19. Jahrhundert und die Tourismusinformation.

Yatay-Palmen im Parque Nacional El Palmar

Parque Rivadavia

Hauptsehenswürdigkeit der Stadt ist dieser 70 ha große Park, in dem die Ruinen des Castillo San Carlos liegen. Das Schlösschen ließ der französische Graf *Eduardo de Machy* erbauen. Er war 1880 in dem Ort aufgetaucht, hatte eine Salzfleischfabrik und eine Seifensiederei eröffnet, viel Geld gemacht und ebensoviel bei Festen wieder ausgegeben. 1889 verschwand er so geheimnisvoll, wie er gekommen war. Später wohnte kurzfristig *Antoine de Saint-Exupéry* (Autor von „Der kleine Prinz") in dem Schlösschen: Er war dort Gast, weil er Probleme mit seinem Flugzeug hatte und notlanden musste.

Staudamm und See

Nördlich der Stadt liegen Staudamm und See des uruguayisch-argentinischen Gemeinschaftsprojektes Salto Grande.

Touristeninformation

- Die städtische Touristenauskunft ist auf der Urquiza Nr. 638, Tel. (0345) 4212137.

Hotels

- **Federico I,** 1 de Mayo 248, Tel. 4230847; ab 34 US-$.
- **La Casona,** Pellegrini 443, Tel. 4001020; sauber und freundlich, 22 US-$.
- **Hotel Florida,** 1 de Mayo 248, Tel. 4230847; ab 34 US-$.
- **Palmar,** Urquiza 517, Tel. 4216050, www.palmarhotel.com.ar; ab 38 US-$.
- **Salto Grande,** Urquiza 581, Tel. 4210034, www.hotelsaltogrande.net; großes 4-Sterne-Hotel, ab 75 US-$.

Camping

- An der Costanera liegen mehrere Campingplätze.

Essen und Trinken

- Gute **Restaurants** finden sich an der Plaza und an der Costanera.

Überlandbusse

- Der 2 km außerhalb liegende **Busbahnhof** (Tel. 4217235) ist mit dem Stadtbus Nr. 2 von der Plaza aus zu erreichen. Von dort fahren mehrfach täglich Busse nach:
- **Buenos Aires,** 13 US-$, 6½ Stunden.
- **Córdoba,** 19 US-$, 9 Stunden.
- **Iguazú,** 45 US-$, 14 Stunden.
- **Paraná,** 9 US-$, 5 Stunden.
- **Salto (Uruguay),** 3 US-$, 45 Minuten.

Nicht alle Überlandbusse fahren nach Concordia hinein. Manche passieren die Stadt auf der Ruta 14 und halten nur an deren Kreuzung mit den Zubringerstraßen ins Zentrum (5 km außerhalb). Erkundigen Sie sich vorher bei der Busgesellschaft, ob der Bus bis zum Terminal fährt.

Sonstiges

- Das **Postamt** ist auf der Ecke 1 de Mayo/ Buenos Aires.
- **Geldtausch** ist im Casa Julio, 1 de Mayo/ Ecke Entre Ríos möglich.

Corrientes

Ebenfalls im argentinischen Zweistromland liegt die Provinz Corrientes. Sie wird von Río Uruguay und Río Paraná begrenzt, ersterer bildet auch die Grenze zu den Nachbarstaaten Uruguay und Brasilien. Corrientes umfasst 88.199 km² und hat etwa 930.000 Einwohner, von denen die meisten in den Städten an den beiden Flüssen leben. Man lebt vorwiegend von der Landwirtschaft – angebaut werden Reis, Baumwolle, Zitrusfrüchte, Süßkartof-

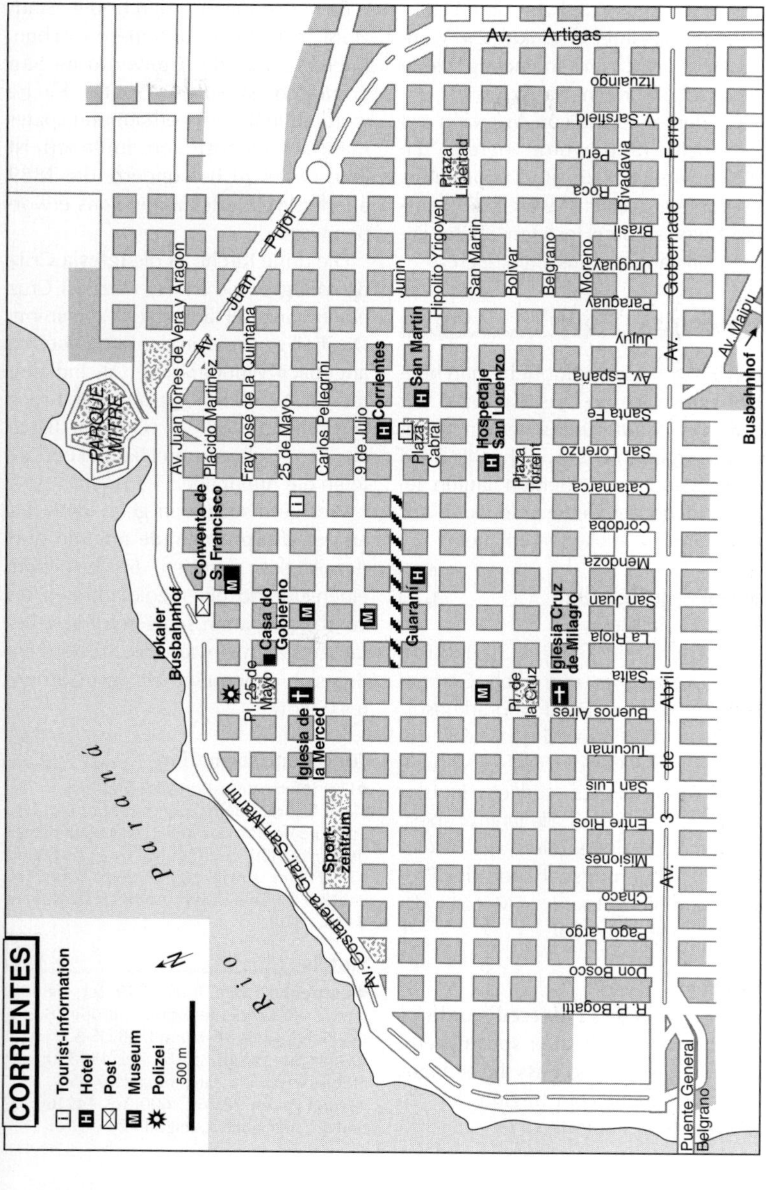
CORRIENTES
Tourist-Information
Hotel
Post
Museum
Polizei
500 m
N
Rio Paraná
PARQUE MITRE
Av. Juan Torres de Vera y Aragon
Placido Martinez
Fray José de la Quintana
25 de Mayo
Carlos Pellegrini
9 de Julio
Junin
Hipolito Yrigoyen
San Martín
Bolívar
Belgrano
Moreno
Av. Juan Pujol
Av. Artigas
Av. Gobernado Ferre
Av. 3 de Abril
Av. Maipu
Busbahnhof
Av. Costanera Gral. San Martín
Puente General Belgrano
Ituzaingo
V. Sarsfield
Peru
Roca
Rivadavia
Brasil
Uruguay
Paraguay
Jujuy
Av. España
Santa Fe
San Lorenzo
Catamarca
Cordoba
Mendoza
San Juan
La Rioja
Salta
Buenos Aires
Tucumán
San Luis
Entre Rios
Misiones
Chaco
Pago Largo
Don Bosco
R. P. Bogatti
Plaza Libertad
Plaza Cabral
Plaza Torrent
Pl. de la Cruz
Pl. 25 de Mayo
Corrientes
San Martín
Hospedaje San Lorenzo
Guaraní
Convento de S. Francisco
Casa do Gobierno
Iglesia de la Merced
Iglesia Cruz de Milagro
lokaler Busbahnhof
Sport-zentrum

feln und Mate – und von der Weiterverarbeitung ihrer Produkte. Die Viehzucht ist nicht ganz so wichtig wie in der Nachbarprovinz Santa Fe.

Corrientes wurde von Asunción aus besiedelt. 1588 wurde bereits die gleichnamige Hauptstadt Corrientes gegründet. Zunächst waren die meisten Kolonisatoren Jesuiten, später kamen Einwanderer aus Frankreich.

Corrientes (Stadt) ⇗VIII,B2

Der Provinzhauptstadt sieht man heute kaum noch an, dass sie eine der frühesten Stadtgründungen im Nordosten Argentiniens war. Ihr Bild wird vorwiegend von modernen Bauten geprägt, denn nur wenige Gebäude aus der Kolonialzeit blieben erhalten.

Sehenswürdigkeiten

Plaza 25 de Mayo

Zentrum der knapp 330.000-Einwohner-Stadt, in der auch *Graham Greenes* Roman „Der Honorarkonsul" spielt, ist die Plaza 25 de Mayo, obwohl sich das Geschäftsleben vorwiegend drei Blocks südlich in der Fußgängerzone der Calle Junín abspielt. An der Plaza liegen die Casa de Gobierno (Regierungsgebäude der Provinz) und die Iglesia de la Merced, die Hauptkirche der Stadt.

Kirchen

Die **Iglesia de la Merced** wurde im Jahre 1628 erbaut, aber später mehrfach umgestaltet, so dass ihr heutiges Aussehen mehr vom Beginn des 20. Jahrhunderts stammt.

Beim Rundgang durch die Stadt stößt man noch auf andere Kirchen. Interessant ist der **Convento de San Francisco,** Mendoza 450. Die Kirche wurde bereits 1607 erbaut und später mehrfach rekonstruiert. Im Innern ist eine Orgel zu bewundern, die 1889 auf der Weltaustellung in Paris erworben wurde.

Die dritte Kirche ist die **Iglesia Cruz de Milagro,** die an der Plaza La Cruz einen ganzen Häuserblock einnimmt. Das heilige Kreuz in der Kirche besitzt angeblich Wunderkräfte: Als Indianer die Kirche überfielen und das Kreuz verbrennen wollten, schlugen Blitze aus dem wolkenlosen Himmel und töteten die Attentäter.

Wer gern spazieren geht, kann das an der **Uferpromenade** tun und dort den Anglern zusehen, die versuchen, einen Dorado, einen goldfarbenen, bis zu 20 Kilogramm schweren Fisch, herauszuziehen. Bessere Fischreviere finden sich aber außerhalb von Corrientes (Stadt).

Touristeninformation

- Das Informationsbüro der Stadt ist an der Plaza Cabral, Junín/Ecke San Lorenzo. Das Infobüro der Provinz befindet sich auf der 25 de Mayo 1330, geöffnet Mo bis Fr 7–13 und 15–21 Uhr sowie Sa/So 9–12 Uhr, Tel. (03783) 423054, , www.corrientes.gov.ar/turismo/

Hotels

- **Corrientes Plaza,** Junín 1549, Tel. 466500, www.hotel-corrientes.com.ar; großes Business-Hotel, gutes Restaurant, 58 US-$.
- **Guaraní,** Mendoza 970, Tel. 433800; vier Sterne, www.hguarani.com.ar; 50 US-$.
- **Hotel Pavón,** Maipú 2600, Tel. 442166; direkt am Busbahnhof, mit Bad 28 US-$.

Das Yacyretá-Kraftwerk

Westlich von Posadas liegt die Isla Yacyretá. Hier steht das nach Itaipú (Paraguay) zweitgrößte Wasserkraftwerk Südamerikas, ein Gemeinschaftsunternehmen von Argentinien und Paraguay. Das Projekt ist genauso gigantisch wie die Skandale, die es umranken. Selbst der argentinische Ex-Präsident *Carlos Menem*, selbst nicht gerade als Saubermann berühmt, bezeichnete es als „Monument der Korruption".

Begonnen wurde mit dem Bau bereits 1983, geplant von den Militärregierungen der beiden Länder, die auch sich selbst ein Denkmal setzen wollten. Die Weltbank streckte eine Milliarde US-Dollar vor, zwei Drittel der Baukosten, die ursprünglich veranschlagt wurden. Inzwischen ist die 10-Milliarden-Grenze überschritten, viel Geld versickerte in den Taschen korrupter Beamter, ja, es geht sogar das Gerücht, die argentinischen Militärs hätten davon Waffen für den Falkland/Malwinen-Krieg gekauft.

1992 wurde das Projekt praktisch vollendet und 1998 eingeweiht. Westlich von Posadas und Encarnación breitet sich nun ein gigantischer Stausee von 1600 km^2 Fläche aus, insgesamt mehr als dreimal so groß wie der Bodensee. Darin versanken Teile der Altstadt von Encarnación, insgesamt mussten 60.000 Menschen umziehen, die bei Baubeginn nicht gefragt wurden. Und Wälder gingen unter, der Lebensraum für einige Tierarten, die jetzt schon vom Aussterben bedroht sind. Zwar gibt es Umweltauflagen, diese sind aber bis heute nicht einmal zur Hälfte erfüllt, während alles andere fertig ist.

Einziges Zugeständnis an die Protestbewegung aus Umweltschützern und Anwohnern ist, dass die Talsperre bislang 7 m unter dem vorgesehenen Wasserstand von 83 m operiert. Damit können die zwanzig Turbinen die installierte Kapazität von 3200 Megawatt nicht voll ausschöpfen. Ohnehin kann diese enorme Strommenge nicht in Misiones verbraucht werden und muss unter hohen Verlusten über hunderte von Kilometern zu anderen urbanen Zentren geleitet werden. Eine grundlegende Untersuchung des realen Umweltimpakts der Talsperre steht ebenso aus wie die konkrete Planung von Schutzmaßnahmen – ein Thema, das mit der Wirtschaftskrise in den Hintergrund getreten ist.

Wer sich selbst ein Bild machen will, kann das tun. Der Staudamm, zu dem auch eine 270 m lange Schiffsschleuse mit Zugbrücke gehört, kann besichtigt werden. Die Besichtigungstouren des Wasserkraftwerkes in Ituzaingo beginnen beim Empfangszentrum des Kraftwerkes von 9.00–11.00 Uhr und von 15.15–16.30 Uhr. Die Führung ist umsonst, Pass nicht vergessen! Ituzaingó liegt 90 km westlich von Posadas und ist bequem per Bus von dort oder von Corrientes zu erreichen.

● **San Martín,** Santa Fe 955, Tel. 421061, www.sanmartin-hotel.com.ar; bequeme Zimmer ab 40 US-$, sauber, mit Restaurant.
● **Hospadaje San Lorenzo,** San Lorenzo 1136, Tel. 421740; 19 US-$.

Camping

● Mehrere Campingplätze liegen an der Zufahrtsstraße RN 12 Richtung Santa Ana.

Essen und Trinken

● **Billige Restaurants** für den Mittag liegen um den Plaza Juan de Vera y Aragón. In der Fußgängerzone Calle Junín zwischen den Straßen La Rioja und San Juan ist abends am meisten los, es gibt einige gute Cafés.

Flugverbindungen

● Vom **Flughafen Camba Punta,** der 10 km außerhalb der Stadt liegt und gut mit dem Bus Nr. 11 (Empresa Santa Ana) vom Zentrum aus zu erreichen ist, fliegen Maschinen nach:
● **Buenos Aires,** täglich, 148 US-$.
● **Posadas,** Mo, Do, Sa und So.
● **Aerolíneas Argentinas** hat sein Büro auf der Calle Junín 1301, Tel. 427442.

Überlandbusse

● Der lokale **Busbahnhof** liegt an der Uferstraße (Costanera) zwischen Salta und Rioja.
● Die überregionalen **Verbindungen** sind u.U. besser von Resistencia als von Corrientes. Vom überregionalen Busbahnhof auf der Av. Maipú gibt es mehrfach täglich Verbindungen nach:
● **Corrientes,** 1,50 US-$, 30 Min.
● **Posadas,** 12 US-$, 5 Stunden.
● **Buenos Aires,** 35 US-$, 14–17 Stunden.

Reiseveranstalter

Touren in die Sümpfe von Iberá (s.u.) bieten an:

In Buenos Aires:
● **Simplemente Viajemos,** San Martín 793, Piso 16 D, Tel. 43138456, www.simplementeviajemos.com.ar; Touren im Vierrad-Pickup für 250 US-$.

In Posadas:
● **Guayrá Turismo,** San Lorenzo 2208, Tel. 433415, www.guayra.com.ar. Umfangreiches 5-Tage-Paket mit Trekking, Reiten, Bootstouren, Übernachtung und Vollverpflegung ab 520 US-$.

In Corrientes:
● **Bruno Travel,** Plácido Martinez 946, Tel. 464718, brunotravel@arnet.com.ar.
● **Hope Tour,** Córdoba 1165, Tel. 428364, hopetr@arnet.com.ar.
● **Van-Tur,** Hipólito Irigoyen 1127, Tel. 431582.

Sonstiges

● Die **Post** ist Ecke San Martín und San Juan.
● **Geld** kann man u.a. bei Cambio Mazza, San Lorenzo 1600, wechseln.

Ausflug

Paso de la Patria

30 km nördlich von Corrientes liegt am Zusammenfluss von Río Paraguay und Río Paraná die Kleinstadt Paso de la Patria, berühmt wegen ihrer guten Möglichkeiten zur **Fischerei.** Vor allem große Dorados beißen hier an.

Sümpfe von Iberá ↗ VIII,B2

Corrientes ist die wasserreichste Provinz Argentiniens, nicht nur wegen der beiden großen Flüsse, die die Provinz förmlich einrahmen, sondern auch wegen großer, ausgedehnter **Sumpfgebiete.** Das größte sind die **Esteros del Iberá,** eine nahezu 5000 km² große Region im Nordteil von Corrientes. Iberá ist ein Guaraní-Wort und bedeutet „glitzerndes Wasser".

Dieses Sumpfgebiet ist eine stellenweise unberührte Wildnis ohne Wege, ohne Pfade, sie kann zum Teil mit Booten erkundet werden. Die Sümpfe werden von einem Hauptfluss durchzogen: Der Miriñay fließt nach Osten und mündet dann schließlich in den Río Uruguay.

In den Sümpfen leben zahlreiche seltene Pflanzen- und Tierarten. Man sagt, die Gegend sei sogar noch artenreicher als der Pantanal in Brasilien. Viele **Tiere** sind aber vom Menschen bedroht: So gibt es das Yacaré, ein kleines Krokodil, nur noch vereinzelt, auch das Carpincho macht sich rar. Selten ist auch die bis zu 8 m lange Anakonda-Schlange geworden. Eine Besonderheit der Iberá-Sümpfe sind die **schwimmenden Inseln,** die sich auf nur lose mit dem Boden verankerten Vegetationsmatten bilden. Ein Besuch wird immer wieder empfohlen.

Für den Besuch des Naturschutzgebietes sollte man genug Zeit einplanen, denn schon die Anfahrt ist langwierig. Von Corrientes sind es 250 km (3 Busstunden) bis zur Kleinstadt **Mercedes** an der Ruta 123 nach Paso de los Libres; dort gibt es mehrere einfache Übernachtungsmöglichkeiten und Busse, die einmal täglich (Mo bis Sa 11.30 Uhr) nach Carlos Pellegrini verkehren (Rayo Bus, Pujol 1160, Tel. (03773) 420184, 4 Std., 5 US-$). Am Busbahnhof von Mercedes kann man für die Strecke einen Pickup (4 Personen, ab 70 US-$) chartern.

Die Siedlung **Carlos Pellegrini,** 120 km nördlich von Mercedes am Ufer der Laguna Iberá gelegen, ist der beste Ausgangspunkt für Touren in die Sümpfe. Mehrere Hotels bieten nicht nur sehr gute Unterkunft mit Vollpension, sondern auch (teilweise im Preis inklusive) Boots- und Reittouren sowie Wanderungen im Naturschutzgebiet.

Unterkunft

- **Posada Ypa Sapukai,** Tel. (03773) 420155, www.ypasapukai.com.ar; kleine, gemütlich-rustikale Herberge, DZ mit Bad und Frühstück ab 40 US-$, mit Vollpension und 1 Exkursion pro Tag 70 US-$ pro Person.
- **Posada de la Laguna,** Tel. (03773) 499413, www.posadadelalaguna.com; schöne Anlage mit Seeblick, DZ mit Bad, Vollpension und Exkursion rund 200 US-$.

Wer es leichter haben will, kann in Corrientes, Posadas oder schon in Buenos Aires eine **organisierte Tour** in die Sümpfe buchen; Anbieter s.o., Kosten 30–60 US-$ pro Person und Tag, Vorbuchung sinnvoll.

Paso de los Libres ⇗VIII,B3

Die Kleinstadt mit ihren 5000 Einwohner ist eigentlich nur wegen ihrer Lage interessant: Hier führt eine **Brücke über den Río Uruguay** in das ungleich größere Uruguaiana auf der brasilianischen Seite des Flusses. Von dort kann man gut nach Westen bis nach Porto Alegre weiterreisen. Naturwissenschaftler besuchen in Paso de los Libres das Grab des *Amado Bonpland,* eines Naturforschers und Reisebegleiters *Alexander von Humboldts.*

Hotels

- In Paso de los Libres kann man im **Hotel Alejandro,** Coronel López 502, Tel. (03772) 424100, www.alejandroprimero.com.ar; ab 50 US-$, oder im preiswerteren **Hotel Uruguay,** Uruguay 1252, Tel. 427831, ab 18 US-$, übernachten.

Verkehrsverbindungen

- Paso de los Libres ist Station für den **Bus** von Posadas nach Buenos Aires, außerdem gibt es Verbindungen nach Paraná, Rosario, Córdoba, Iguazú und Santa Fe.

Alle Busse nach Norden passieren auch das 60 km entfernte Yapeyú.

Yapeyú ↗VIII,B3

Der kleine Ort mit seinen 2000 Einwohnern ist aus zwei Gründen bekannt: Zum einen befand sich hier die südlichste Jesuitenmission, die 1767 wie alle anderen aufgelöst wurde, zum anderen wurde hier am 25. Februar 1778 der argentinische Nationalheld *José de San Martín* geboren.

Nicht im Geburtshaus, sondern direkt daneben ist heute ein Museum eingerichtet (Museo Histórico San Martiniano, Mo bis So 8–20 Uhr). Damals war der Ort größer als heute, denn zu Zeiten der Jesuiten lebten hier etwa 8000 Guaranís. Das Museo Jesuítico Guillermo Furlong beherbergt die Überreste dieser Epoche.

In Yapeyú gibt es nur wenige, dafür aber recht preiswerte **Hotels,** dazu einen städtischen **Campingplatz.**

Vom Reisestress kann man sich in den **Thermalquellen** des Complejo „El Paraíso de Yapeyú“ erholen, Tel. 493 056, www.termasdeyapeyu.com.ar.

Misiones

Die kleine Provinz – sie umfasst nur 29.801 km², und es leben nur etwa 960.000 Einwohner hier – ragt wie eine Halbinsel weit nach Brasilien und Paraguay hinein. Die Grenzen zu diesen Nachbarländern sind wesentlich länger als zur südlich anschließenden argentinischen Provinz Corrientes.

Die ersten Europäer, die in Misiones siedelten, waren Jesuitenmissionare. Sie kamen Anfang des 17. Jahrhunderts und gründeten Ansiedlungen, **„Reduktionen“** genannt. Nach ihrer Vertreibung verfielen die Missionssiedlungen und wurden wieder vom Urwald überwuchert.

Das leicht hügelige Misiones war lange ein unberührter **Urwald,** und mit diesen Bildern wirbt die Tourismusbehörde auch heute noch. Undurchdringlich ist der Urwald aber nur noch in wenigen Gebieten: Mit dem Abholzen lassen sich seit langem gute Geschäfte machen, und so ist der Wald heute nur noch knapp ein Drittel so groß, wie er noch vor einhundert Jahren war. Fliegt man an klaren Tagen von Puerto Iguazú nach Buenos Aires, kann man das ganze Ausmaß der Kahlschläge sehen. Gerodet wurde auch, um Anbaufläche für Tee oder Yerba Mate oder für die Rinderzucht zu gewinnen.

Trotz aller Umweltprobleme übt Misiones immer noch eine starke **Faszination** aus: tiefgrüner Urwald, rote Erde, tosende Wasserfälle in Iguazú, dazwischen geheimnisvoll wirkende alte Kirchen – Misiones ist **eine der ab-**

wechslungsreichsten Provinzen Argentiniens.

Posadas

↗ IX,C2

Wann die **Hauptstadt der Provinz** gegründet wurde, ist unklar: Es wird behauptet, dass hier bereits in der zweiten Hälfte des 16. Jahrhunderts eine Siedlung gewesen sei, dann Anfang des 17. Jahrhunderts eine Jesuiten-Reduktion; offizielle Angaben über die Gründung der Stadt sprechen aber von 1870 und 1884. Sicher ist hingegen, wer der Namenspatron war: *Gervasio Antonio de Posadas,* vom 31. Januar 1814 bis zum 15. Januar 1815 Director Supremo der Vereinigten Provinzen Argentiniens.

Dass die Stadt am Ufer des Río Paraná etwa 250.000 Bewohner hat, merkt man in dem kleinen und ruhigen Stadtzentrum nicht. Vielleicht liegt das auch an der Hitze, die im Sommer

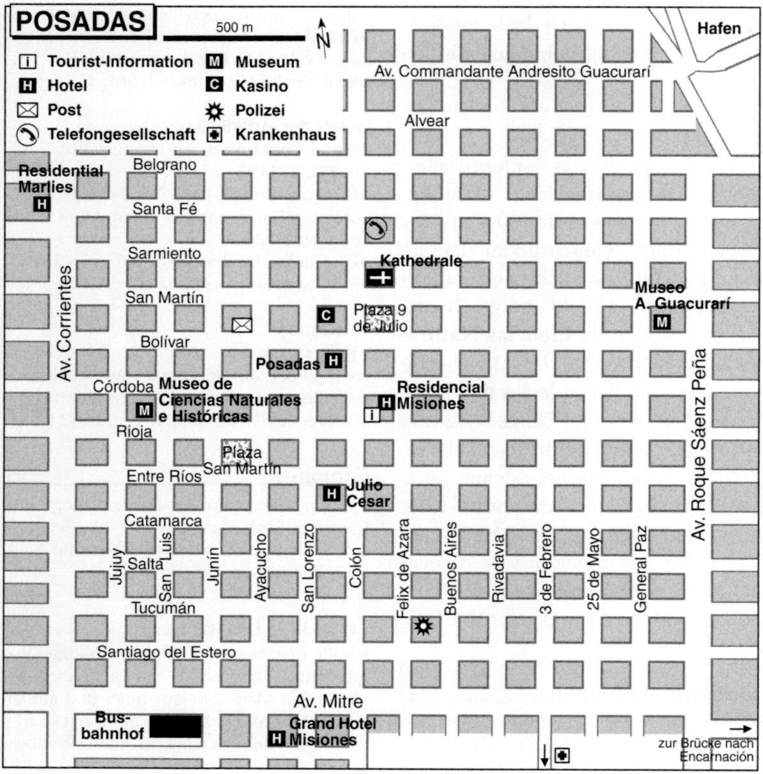

in der Mittagszeit fast nicht auszuhalten ist. Wer kein klimatisiertes Hotel hat, sollte sich dann zur Plaza oder ans Flussufer begeben.

Sehenswürdigkeiten

Plaza 9 de Julio

Der Platz ist der Mittelpunkt der sehr regelmäßig gebauten Stadt. Vier Avenidas begrenzen das Zentrum: im Norden die Guacurarí, im Osten die Roque Sáenz Peña, im Süden die Mitre und im Westen die Corrientes. Die zentrale Plaza ist ein schöner, schattiger Ort mit Cafés; auch die Kathedrale und das Regierungsgebäude befinden sich hier.

Museen

Nur wenige Blocks entfernt, allerdings in unterschiedlicher Richtung, sind zwei lohnenswerte Museen: Das **Museo Andrés Guacurarí** auf der General Paz 1865 (täglich geöffnet von 8–12 und 16–20 Uhr) zeigt ebenso wie das **Museo de Ciencias Naturales e Históricas,** San Luis 384 (selbe Öffnungszeiten), Funde aus den Jesuiten-Reduktionen der Umgebung und informiert über deren Geschichte. Zum letzteren gehört ein kleiner Zoo.

Vom **Hafen** der Stadt fahren kleine Boote über den Río Paraná ins paraguayische Encarnación; wer es eilig hat, sollte aber besser die Brücke benutzen. Zu ihr gelangt man über die Av. Mitre.

Touristeninformation

- Die Touristeninformation befindet sich an der Plaza, Colón 1985, Tel. (03752) 447540, www.misiones.gov.ar/turismo oder www.posadas.gov.ar. Sie vermittelt auch fachkundige Führer zu den Jesuiten-Reduktionen. Wichtig: Eine Besonderheit in Posadas sind die **Hausnummern.** Fast alle Straßen wurden irgendwann umnummeriert, allerdings konnte sich bislang das neue System nicht so recht durchsetzen. D.h. viele Häuser haben heute zwei Hausnummern, die alte und die neue. Verwechslungen sind dennoch ausgeschlossen, denn die Nummern wurden nicht doppelt vergeben.

Hotels

Einfach und billig:

- **Residencial Marlis,** Corrientes 1670, Tel. 425764; 18 US-$, gut, der Name deutet darauf hin: Hier wird auch Deutsch gesprochen.
- **Grand Hotel Misiones,** Líbano/Ecke Barrufaldi, Tel. 422777; etwas abgewohnt, 17 US-$.
- **Residencial Misiones,** 422561; 15 US-$.

Hotels der Mittelklasse:

- **Hotel Costa Azul,** Av. Uruguay 6057, Tel. 453974; 35 US-$.
- **Posadas,** Bolívar 1949, Tel. 440888, www.hotelposadas.com.ar, mit gutem Dreisterne-Komfort, 46 US-$.
- **Libertador,** San Lorenzo 2208, Tel. 436901, www.libertadorposadas.com.ar; 48 US-$.

Luxushotel:

- **Julio César,** Entre Ríos 1951, Tel. 427930, www.juliocesarhotel.com.ar; großes 4-Sterne-Hotel mit geräumigen Zimmern und Schwimmbad, etwas abgewohnt, ab 53 US-$.

Camping

- In der Nähe vom Busbahnhof liegt der **Camping Club,** Calle 95/Ecke 122, Tel. 457 412. Er hat ein Schwimmbecken und leiht auch Zelte aus.

Essen und Trinken

- Nahe dem Busbahnhof gibt es **billige Restaurants,** eine größere Auswahl bietet die Straße San Martín. Relativ teuer und gut ist das **La Querencia Bolívar,** an der Ecke mit der Plaza 9 de Julio. Hier befinden sich auch viele Cafés und Bars.

Flugverbindungen

- Der **Flughafen General San Martín** liegt etwa 12 km außerhalb der Stadt, er ist mit den Bussen 8 und 28 zu erreichen.
- **Aerolíneas Argentinas/Austral** fliegt täglich nach Buenos Aires, das Büro ist auf der Ayacucho 1728, Tel. 422036.

Überlandbusse

- Der **Busbahnhof** befindet sich 6 km südwestlich der Innenstadt an der Av. Sta. Catalina/Nationalstraße 12, Tel. 454887. Er ist mit den Stadtbussen der Linien 8, 15, 21, 24 in etwa 15 Min. vom Zentrum aus zu erreichen. Von dort fahren Busse mehrfach täglich u.a. nach:
- **Buenos Aires,** 37 US-$, etwa 14 Stunden.
- **Puerto Iguazú,** 10 US-$, 5–6 Stunden.
- **Córdoba,** 39 US-$, 20 Stunden.
- **Corrientes,** 12 US-$, 4–5 Stunden.
- **Resistencia,** 14 US-$, 7 Stunden.
- **Rosario,** 36 US-$, ca. 16 Stunden.
- **Paraná,** 30 US-$, ca 14 Stunden.
- **San Ignacio Miní,** 1–2 US-$, jede Stunde.
- **Encarnación:** Die Busse nach Encarnación (Paraguay) fahren alle 15 Minuten. Sie sind als „Servicio Internacional" gekennzeichnet, halten auch an anderen Punkten der Stadt. Die Fahrt nach Encarnación dauert mit Zoll- und Einreiseformalitäten etwa eine Stunde und kostet 1,50 US-$. An der Grenze muss man aussteigen und sich den Aus- bzw. Einreisestempel holen; der nächste Bus nimmt einen dann weiter nach Encarnación mit (Ticket weiterhin gültig).

Autoverleih

Alle Verleiher haben ein Büro am Flughafen. Die Büros in der Stadt:

- **Localiza,** Colón 1933, Tel. 430901.
- **Express Car,** Colón 1909, Tel. 435484.
- **Europcar,** Junín 1696, Tel. 432245.

Reiseveranstalter

- Reisebüros in Posadas bieten Trips zu verschiedenen Zielen in der Provinz an. Der beliebteste **Eintagesausflug** führt zu den Ruinen von San Ignacio Miní (s.u.), **Zweitagestouren** gehen weiter bis zu den Wasserfällen von Iguazú und besuchen noch das Wasserkraftwerk von Itaipú in Paraguay.

Die Eintagestouren kosten ohne Eintritt 25 US-$ pro Person. Die Touren werden mit mindestens vier und höchstens zwölf Personen durchgeführt. Hier zwei Adressen:

- **Abra Tours,** Colón 1975, Tel. 422221, www.abratours.com.ar.
- **Turismo Panambí,** Av. Rademacher 5663, Tel. 452414, turismopanambi@arnet.com.ar.

Sonstiges

- Die **Post** ist an der Ecke Bolívar/Ayacucho.
- Reiseschecks zu tauschen ist wie überall schwierig. **Cambio Mazza,** Bolívar 1480, verlangt hohe Kommission.
- Das **Deutsche Konsulat** ist Junin 1811, Piso 1°, Tel. (03752) 435508.
- Das **Österreichische Konsulat** befindet sich San Luis 2492, Tel. 427588.

Ausflüge

Jesuiten-Reduktionen

Für den Besuch der Reduktionen gibt es ein gemeinsames Eintrittsticket. Es ist 15 Tage gültig und kostet 4 US-$. Alle haben täglich von 7 bis 19 Uhr geöffnet.

Santa Ana und Loreto

Nahe der Stadt liegen die Ruinenfelder der Jesuiten-Reduktionen Santa Ana (gegründet 1637) und Loreto (1632). Diese beiden Reduktionen sind, anders als San Ignacio Miní, nicht restauriert, sondern vom Urwald überwuchert. Die Bäume lehnen sich an die zerbröckelnden Mauern der Gebäude, Wurzeln sprengen die Mauersteine. Man erreicht Santa Ana mit Bussen, die auch nach San Ignacio Miní fahren. Man steigt an der Hauptstraße, 16 km vor San Ignacio, aus, von dort ist es etwa 1 km bis zu den

Ruinen. Loreto liegt ebenfalls an der Strecke, etwa 6 km vor San Ignacio Miní. Allerdings ist der Fußweg etwa 3–4 km weit.

In Loreto gibt es ein kleines **Informationszentrum,** in dem man auch in schlichten Räumen günstig übernachten kann.

San Ignacio Miní

Die **besterhaltene und bestrestaurierte Jesuiten-Reduktion in Argentinien** ist San Ignacio Miní, 56 km östlich von Posadas an der Straße nach Iguazú gelegen.

Man kann die Ruinen gut in einem Tagesausflug besuchen, sollte aber früh morgens in Posadas aufbrechen, um genügend Zeit zu haben. In der Mittagszeit empfiehlt sich eine lange Siesta im Schatten der Ruinen oder in einem der zahlreichen Cafés vor dem Eingang zu den Ruinen.

Der **Ort San Ignacio,** den man auf dem Weg zu den Jesuiten-Ruinen passiert, bietet wenig Aufregendes. **Übernachten** kann man dort im Mittelklassehotel **San Ignacio** (Tel. (03752) 470 422; 20 US-$ im DZ). Die **Hospedaje El Descanso** (Pellegrini 270, Tel. 470 207; sauber, deutschsprechend, 9 US-$ p. P., DZ 13 US-$.) liegt in der Ortsmitte (Wegweiser beachten). Zur **Besichtigung** lädt das ehemalige Wohnhaus des uruguayischen Dichters *Horacio Quiroga* (1878–1937) ein, der in San Ignacio von 1910 bis1917 und nach 1927 für einige Jahre lebte. Man hat

img370 Foto: ab

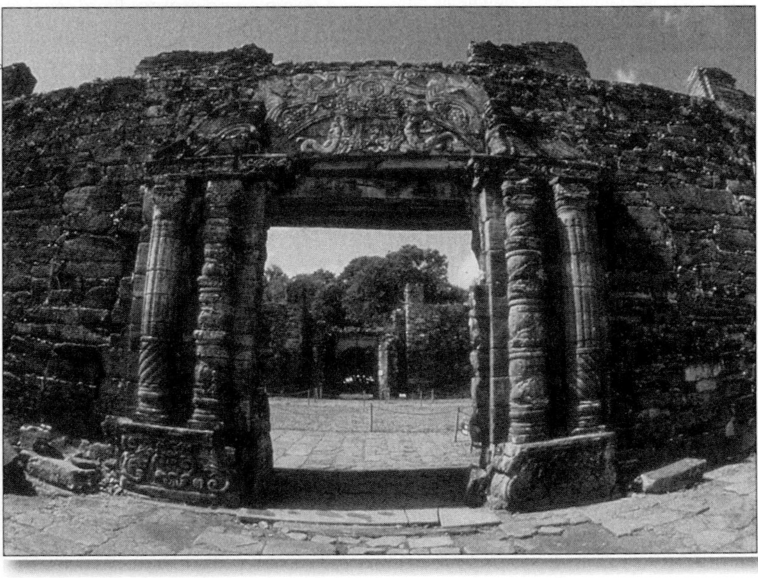

von hier aus einen schönen Blick auf den Río Paraná. Das Museum ist Mo bis Sa 7–19 Uhr geöffnet.

San Ignacio Miní ist eine der bedeutendsten historischen Sehenswürdigkeiten Argentiniens und von der UNESCO als **Weltkulturerbe** anerkannt worden. Anders als in Santa Ana und Loreto kann man hier gut die Struktur der Jesuitensiedlung erkennen; das sehr gute **Museum** vermittelt mit einer interessanten Ausstellungsanordnung viel Wissenswertes über die Geschichte der Jesuiten-Reduktionen in Misiones und auch in Paraguay.

Diese begann im heute brasilianischen Guaiará, wo ab 1609 in einer Jesuiten-Reduktion etwa 2000 Tape, Angehörige eines Guaraní-Volkes, lebten. Ab 1627 kam es dort immer wieder zu Überfällen von Sklavenhändlern, und so wurde 1632 beschlossen, die dortigen Reduktionen aufzugeben. Etwa 12.000 Indios suchten ihren Weg durch den Urwald: Sie flößten den Río Paranapanema hinab bis zu dessen Mündung in den Paraná, dann weiter, alles durch den unberührten dichten Urwald, bis sie eine Stelle fanden, wo sie ihre neue Reduktion, San Ignacio Miní, gründeten. Bereits 1715 stand sie in hoher Blüte, 4000 Menschen lebten hier auf einer Fläche von 10 Hektar.

Wie sie lebten, kann man den Ruinen heute noch ansehen. Die Siedlung war gut organisiert: Sie gruppierte sich, regelmäßig angeordnet, um die zentrale, sehr große Plaza de Armas, wo auch die Kirche stand. Hinter der Kirche gab es die Sozialräume, wie Unterrichtsräume, Speisesaal, Küche und Werkstätten, auch das Gefängnis sowie den Friedhof.

Nachdem 1767 die Jesuiten aus den spanischen Hoheitsgebieten ausgewiesen worden waren, verfiel die Siedlung schnell. 1784 lebten hier nur noch 176 Indios, 1810 keiner mehr. 1817 wurde auf Befehl des paraguayischen Diktators *Francia* – die Region gehörte damals noch zu Paraguay – die Siedlung zerstört, danach dem Urwald überlassen. Der überwucherte alles, erst ab 1941 begann man mit der Freilegung und Restaurierung.

Das schönste Einzelgebäude war die Kirche. Selbst die **Ruine** lässt noch ihre Größe und Schönheit erahnen. Sie war ursprünglich 74 Meter lang und 24 Meter breit, ihre Mauern besaßen eine Dicke von 2 Metern. Am mächtigen Portal, das im Abendlicht rotgolden schimmert, lässt sich gut erkennen, warum man den Baustil der Kirche auch als **„Guaraní-Barock"** bezeichnet: Die von europäischen Baumeistern vorgegebenen barocken Formen wurden von den indianischen Steinmetz-Künstlern aufgenommen und mit eigenen Themen verknüpft, man beachte besonders die Menschendarstellungen sowie Blumen- und Tiermotive.

Wer die Ruinen mit einem fachkundigen Führer besuchen möchte, kann sich in San Ignacio an die Asociación de Guías de Turismo wenden, die ihr

San Ignacio Miní

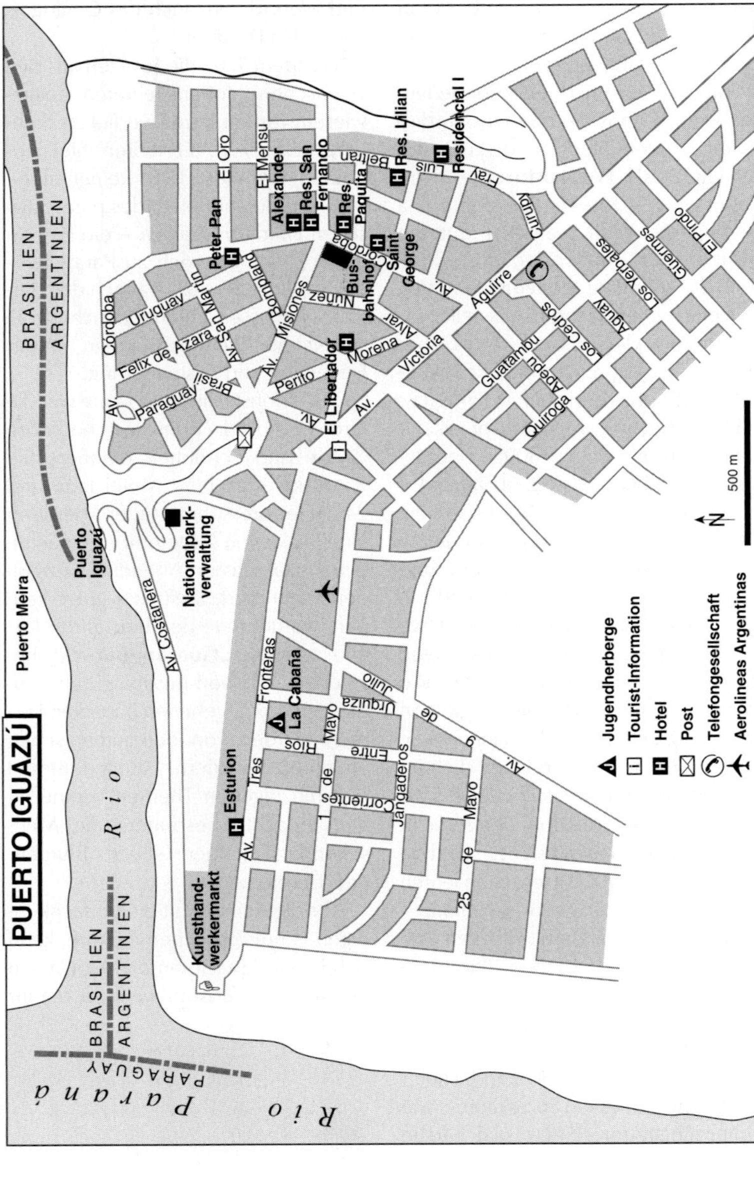
PUERTO IGUAZÚ
BRASILIEN
ARGENTINIEN
PARAGUAY
Rio Paraná
Rio
Puerto Meira
Puerto Iguazú
Nationalpark-verwaltung
Kunsthandwerkermarkt
Av. Costanera
Av. Tres Fronteras
Esturion
La Cabaña
Rios
Mayo
Entre
Urquiza
1 de
Corrientes
Jangaderos
25 de Mayo
Av. 9 de Julio
Av. El Libertador
Perito Moreno
Av. Victoria Aguirre
Av. Misiones
Bus-bahnhof
Nuñez
Alvar
Córdoba
Saint George
Res. Paquita
Res. San Fernando
Alexander
Peter Pan
El Mensu
El Oro
Bompland
Av. San Martín
Uruguay
Córdoba
Felix de Azara
Brasil
Av. Paraguay
Res. Lilian
Residencial I
Luis Beltran
Fray
Curupy
Guatambu
Apepu
Quiroga
Los Cedros
Aguay
Los Yerbales
Guermes
El Pindo
500 m
N
Jugendherberge
Tourist-Information
Hotel
Post
Telefongesellschaft
Aerolineas Argentinas

Büro an der Ecke Alberdi/Bolívar hat oder bereits in Posadas bei der Touristeninformation nachfragen.

Puerto Iguazú ↗IX,C1

Die Kleinstadt mit 22.000 Einwohnern an der Mündung des Flusses Iguazú in den Paraná bietet außer ihrer Nähe zu den **Wasserfällen** (ca. 15 km) wenig Interessantes, und vermutlich würde es sie ohne die Wasserfälle gar nicht geben. Ein Spaziergang führt zur Flussmündung des Iguazú, dort gibt es einen kleinen **Kunsthandwerkermarkt.** Hier treffen drei Länder aufeinander: Am anderen Ufer des schmaleren Flusses, des Iguazú, liegt Brasilien, gegenüber der Mündung Paraguay.

Iguazú hat einen sehr verwinkelten, unregelmäßigen Stadtplan, eine zentrale Plaza fehlt; verlaufen kann man sich allerdings kaum.

Touristeninformation

- Die Touristeninformation ist auf der Av. Aguirre 311, Tel. (03757) 420800. Sie ist Mo bis Fr von 7–21 und Sa, So 8–12 und 16–20 Uhr geöffnet.
- Der **Nationalpark Iguazú** hat sein Infobüro auf der Aguirre 66, geöffnet 8–12 und 16–20 Uhr, Tel. 420382, www.iguazuargentina.com.

Hotels

Iguazú ist eines der beliebtesten Touristenziele in Südamerika. Deshalb kann es dort in der Saison, besonders in den Monaten Januar, Februar und Juli oder auch zu Ostern, sehr voll werden. Die Preise können sich in dieser Zeit auch schon mal verdoppeln. Eine **Vorbuchung** ist ratsam. Die Touristeninformation ist hilfsbereit und hat Listen mit allen Hotels der Stadt.

Einfach und billig:

In der Preislage zwischen 20 und 40 US-$ für das Doppelzimmer mit Bad findet man in Puerto Iguazú leicht ein Zimmer:

- **Hostel Peter Pan,** Av. Córdoba 267, Tel. 423616, www.peterpanhostel.com; Küchenbenutzung, Garten, Air Condition (auf Anfrage), ab 8 US-$ p. P., DZ 22 US-$.
- **Hosteria San Fernando,** Córdoba/Ecke Guarani, Tel. 421429, www.hosteriasanfernando.com.ar; beliebter, da preiswerter Treffpunkt ganz in der Nähe des Busbahnhofs, 18 US-$.
- **Residencial Uno,** Fray Luis Beltrán 116, Tel. 420529, residencialuno@gmail.com; 8–10 US-$ pro Person.
- **Residencial Paquita,** Av. Córdoba 158, Tel. 420434, www.residencialpaquita.com.ar; gegenüber dem Busbahnhof, trotzdem ruhig, große Zimmer mit Klimaanlage und Terrasse, 28 US-$.
- **La Cabaña,** Av. Tres Fronteras 434, Tel. 420 564, lacabanahotel@hotmail.com; begrenzte Küchenbenutzung, Cabañas mit Bad, deutschsprachig, freundlich, 30 US-$.
- **Hotel Lilian,** Fray Luis Beltrán 183, Tel. 420 968, hotellilian@yahoo.com.ar; freundlich, sauber, hell, ruhig, ab 35 US-$.
- **Alexander Hotel,** Córdoba 222, Tel. 420 249, www.alexanderhotel.com.ar; etwas abgewohnt, Pool, 42 US-$.

Hotels der Mittelklasse:

- **El Libertador,** Bompland 110, Tel. 420570, www.ellibertador-hotel.com.ar; ca. 55 US-$, etwas abgewohnt.
- **Saint George,** Av. Córdoba 148, Tel. 420 633, www.hotelsaintgeorge.com; gemütlich-familiäres Hotel mit schönen Zimmern rund um einen Pool, ab 85 US-$.

Luxushotels:

- **Esturion,** Av. Tres Fronteras 650, Tel. 421468, www.hotelesturion.com; renovierte Oberklasse mit Swimmingpool, Garten, Tennisplätzen und Restaurants, ab 140 US-$.
- **Cataratas,** Ruta 12, km 4, Tel. 421100, www.hotelcataratas.com.ar; klassisches Agenturpaket-Hotel außerhalb des Ortes an der Straße zum Park, ab 140 US-$.

•Sheraton Internacional Iguazú Resort, Parque Nacional Iguazú, Tel. 491800, www.sheraton.com/iguazu; einziges Hotel im Nationalpark und in Laufnähe der Fälle, stilvoll renoviert und geschickt in die Natur eingebunden; man hört das Rauschen der Fälle und sieht sie vom Balkon, ab 360 US-$.

•Iguazú Grand Hotel, Ruta 12, km 1640, Tel. 498050, www.iguazugrandhotel.com; eleganter Luxus mit Casino, Spa und allem Drum und Dran, ab 430 US-$.

Jugendherberge

•Nur eine Jugendherberge vom Verband *Hostelling International* ist das **Hostel Inn,** Ruta 12 km 5, Tel. 421823, www.hostel-inn.com; mit Pool unter Palmen, Übernachtung ab 8 US-$ pro Person.

Camping

•Complejo Viejo Turístico Americano, bester Campingplatz 5 km außerhalb der Stadt an der Ruta 12, Tel. 420190, www.viejoamericano.com.ar. Alle 30 min fährt ein Bus (Transporte El Práctico) ins Zentrum. Dort werden auch **Cabañas** (kleine Häuschen) für vier Personen zwischen 50–100 US-$ pro Tag und nach Saison vermietet.

Essen und Trinken

•Nichts Außergewöhnliches, die meisten Restaurants liegen an der Av. V. Aguirre und an der Córdoba, nahe dem Busbahnhof.

•Herausheben kann man das **La Rueda** mit guten Fisch- und Fleischgerichten sowie **El Quincho del Tio Querido** (Bompland/Ecke Perito Moreno, gute Fleischgerichte).

Flugverbindungen

•Der **Flughafen** liegt etwa 25 km außerhalb der Stadt und ist per Bus zu erreichen. Verbindungen nach:

•Buenos Aires, *Aerolíneas Argentinas/Austral* fliegt täglich mehrmals (135 US-$).

•Río de Janeiro und **São Paulo,** Di, Mi, Sa.

Es gibt **günstige Wochenendtarife,** allerdings sind diese Flüge in der Saison schnell ausgebucht.

•Aerolíneas Argentinas/Austral ist auf der Av. V. Aguirre 295, Tel. 420168. Beim Flug von Iguazú nach Buenos Aires sollte man auf der linken Seite des Flugzeugs sitzen, um die bessere Aussicht genießen zu können.

Überlandbusse

Vom Busbahnhof an der Ecke Córdoba/Misiones (Tel. 421916) gibt es mehrfach täglich Verbindungen nach:

•Buenos Aires, 20 US-$, 46 Stunden.

•Córdoba, 51 US-$, 21–24 Stunden.

•Posadas, 10 US-$, 5–6 Stunden.

•Resistencia, 22 US-$, 11 Stunden.

•Foz do Iguaçu (Brasilien), alle 15 Minuten, 2 US-$.

•Ciudad del Este (Paraguay), über Foz do Iguaçu.

•Seltener fahren Busse nach Salta, Santiago del Estero und in andere Städte. Spätestens in Posadas kann man Verbindungen in alle Landesteile Argentiniens bekommen.

•Nationalpark Iguazú

Busse in den Nationalpark (argentinische Seite, 1,50 US-$ pro Person) fahren ab 6.40 Uhr mindestens stündlich bis 19.40 Uhr, Fahrzeit 30 Min. Zurück geht es ab 8 Uhr, ebenfalls stündlich bis 20 Uhr.

Auf die **brasilianische Seite des Nationalparks** gelangt man ebenfalls billig mit den lokalen Bussen. Man steigt in den Bus nach Foz do Iguaçu, überquert die Grenze und steigt an der nächsten Ecke, wo der Bus links Richtung Foz do Iguaçu abbiegt, aus. Etwa 100 m nach rechts ist die Bushaltestelle, wo etwa jede halbe Stunde ein Bus vorbeikommt, der einen in den Nationalpark Foz do Iguaçu bringt. Stündlich fährt ein Bus von Puerto Iguazú ins brasilianische Foz do Iguaçu, ein anderer Bus fährt weiter bis in das paraguayische Ciudad del Este.

Wichtig: Im Dreiländereck Argentinien, Brasilien und Paraguay kann man leicht mit öffentlichen Verkehrsmitteln von einem Land ins nächste reisen, ohne einen **Einreisestempel** zu bekommen. Er ist für Tagesausflüge nicht nötig. Man braucht auch keinen Transitstempel, kommt man von Paraguay durch Brasilien nach Argentinien.

Reisende, die jedoch von Paraguay oder Brasilien nach Puerto Iguazú kommen und dann in Argentinien weiterreisen wollen, sollten sich **unbedingt einen paraguayischen Ausreisestempel** und (noch wichtiger) **einen argentinischen Einreisestempel an der Grenze** holen. Wer mit dem Bus kommt, sollte aussteigen, der nächste Bus nimmt einen wieder mit (Ticket aufbewahren). Ohne den argentinischen Einreisestempel wird die nächste Ausreise aus Argentinien schwierig oder zumindest teuer.

Mitunter werden auch die Busse von Puerto Iguazú nach anderen argentinischen Zielen unterwegs kontrolliert. Wer als Ausländer dann keinen Einreisestempel nach Argentinien vorweisen kann, darf dort seine Reise unterbrechen.

Wer von Argentinien nach Paraguay geht, sollte ebenfalls auf den Einreisestempel achten, desgleichen Reisende nach Brasilien.

Autoverleih

Die meisten Autovermieter haben ihre Büros am Flughafen, im Ort selbst sind:

- **Localiza,** Av. V. Aguirre 279, Tel. 420975.
- **Ai Rent a Car,** Hotel Esturión, Av. 3, Fronteras 650, Tel. 420020.

Sonstiges

- Die **Post** ist auf der San Martín 780.
- In Puerto Iguazú wird **Bargeld** benötigt, da nur Cambio Dick Reiseschecks tauscht. Wechselstuben befinden sich gegenüber der Touristeninformation auf der Av. V. Aguirre. Im **Banco de Misiones,** Aguirre 330, steht ein Geldautomat.
- In Puerto Iguazú bietet eine Fülle von **Reisebüros** Ausflüge in den Nationalpark an. Es sind meist Foto-Safaris mit oder ohne Jeep, teilweise auch zu Pferd. Die meisten Büros liegen an der Av. V. Aguirre.

Wasserfälle von Iguazú ⇗ IX,C1

Wer in Puerto Iguazú gesehen hat, wie der Río Iguazú träge in den Río Paraná mündet, kann sich nicht vorstellen, welche Urgewalten knapp 20 km flussaufwärts toben. Denn wenn das Wort vom Naturwunder wirklich irgendwo gilt, dann dort, wo der bis dahin 1300 km lange Fluss, gespeist von unzähligen Nebenflüssen, plötzlich in

a55-291 Foto: gw

mehreren hundert einzelnen Fällen bis zu 70 m tief hinabstürzt. Es tobt, gischtet und brodelt, sprudelnd, brausend und rauschend stürzt der Fluss hinab, feine Nebel liegen über allem und verwandeln sich im Sonnenlicht in Regenbogen. Iguazú – „großes Wasser" in der Guaraní-Sprache: Wie sonst könnte der Fluss heißen!

Im Wald sieht man gelegentlich Affen, ein Tukan sitzt in einem Baumgipfel und Hunderte von farbenprächtigen Schmetterlingen flattern umher.

Ein Naturwunder, und wunderbar ist auch die **Erklärung,** die sich die Guaraní **für das Entstehen der Fälle** ausdachten und die in verschiedenen Varianten kursiert: Der Guaraní-Krieger *Caroba* floh mit seiner Geliebten *Naipur* vor dem Schlangengott M'Boi, der ebenfalls Naipur liebte, in einem Kanu auf dem Iguazú. Aufgebracht schlug der Schlangengott mit seinem starken Schwanz in das Flussbett, die Erde tat sich auf, eine Schlucht entstand, das Wasser stürzte hinab und riss das Kanu mit den beiden Liebenden hinab. Naipur wurde in einen Stein am Fuße der Fälle verwandelt, Caroba in einen Baum.

Aussichtsplattform bei den Wasserfällen

a54-280 Foto: gw

Der **erste Europäer,** nämlich *Don Alvear Núñez Cabeza de Vaca,* der im Jahr 1541 erstmalig die Fälle sah, war hingegen wenig beeindruckt. Für ihn, der sie gut christlich „Saltos de Santa María" nannte, waren sie lediglich ein Verkehrshindernis: Bedauerlicherweise, so berichtet er, konnte man hier mit den Kanus nicht weiterfahren.

Einige Fakten: In einer **Gesamtbreite** von etwa **2700 m** stürzen die Wassermassen des Iguazú-Flusses – durchschnittlich **1700 m³ Wasser in der Minute,** in Spitzenzeiten aber bis zu 7000 m³ – in etwa 275 Einzelfällen hinab. Dabei fallen sie zwischen **57 und 72 m,** allerdings in zwei Stufen. Der Grund liegt darin, dass der Iguazú in Südbrasilien über ein hoch gelegenes Basaltplateau fließt, das dort plötzlich abbricht.

Der Río Iguazú bildet die Grenze zwischen **Argentinien und Brasilien.** Die Fälle liegen somit in beiden Ländern, die Argentinier weisen aber gerne darauf hin, dass sie den Löwenanteil der Fälle besitzen. Empfehlenswert ist es, beide Seiten zu sehen. Am besten besucht man zuerst die brasilianische: Dort bietet sich das große Post-

Ansicht der Wasserfälle von Iguazú

kartenpanorama. Danach geht es in den argentinischen Nationalpark. Hier kann man näher an einzelne Fälle herangehen – „Wasserfall zum Anfassen". Organisierte Touren zeigen beide Seiten der Fälle an einem Tag, reist man mit lokalen Bussen, sollte man sich zwei Tage Zeit nehmen – das ist es wert (wobei für die argentinische Seite ein ganzer Tag zu veranschlagen ist– frühmorgens gleich zur Öffnung reingehen! –, für die brasilianische Seite hingegen reichen 2–3 Stunden).

Wichtig: Bei der **Isla San Martín** (argentinische Seite der Fälle) kann man beaufsichtigt im Río Iguazú baden. Also: **Badezeug einpacken!**

Die brasilianische Seite

Um den brasilianischen Park von Argentinien aus zu besuchen, benötigt man keinen brasilianischen **Ein-/Ausreisestempel,** umgekehrt schon.

Die **Anfahrt** ist unter Puerto Iguazú beschrieben. Der Park kostet für Ausländer **19 Reales (7 US-$) Eintritt** (in brasilianischer Währung zu zahlen; Mo geschlossen!). Ein Büro wechselt direkt neben dem Eingang. Der Bus hält am Eingang und wartet auf die Passagiere. An seiner Endstation, nahe dem **Hotel dos Cataratas,** beginnt ein schmaler Pfad, der etwa 1½ km lang ist. Von hier erlebt man das überwältigende Panorama, sieht die großen Fälle auf der argentinischen Seite. Am Ende des Weges, am Floriano-Fall, führt ein Steg zu einer **Aussichtsplattform:** Hier steht man mitten in der Gischt. Am Floriano-Fall kann man mit einem Aufzug hochfahren, oder man gelangt über eine Treppe wieder zur Straße, von der der Bus nach Foz do Iguaçu zurückfährt. Vor dem Eingang zum Nationalpark starten auch **Hubschrauberflüge** über die Fälle, sie kosten 70 US-$ für sieben Minuten. Auf das Vergnügen sollte man aber verzichten, denn die lärmenden Maschinen stören die Tierwelt im Park empfindlich.

Am besten besucht man die brasilianische Seite am frühen Morgen, dann ist es leerer, und auch das Licht zum Fotografieren ist besser.

Die argentinische Seite

Zur **Anfahrt** siehe ebenfalls Puerto Iguazú. Der **Eintritt** in den Park kostet für Ausländer **30 Pesos (10 US-$);** am besten fährt man mit dem Bus zum Parkplatz, wo das Besucherzentrum mit kleinem Museum sowie mehrere Andenkenläden sind. Dort liegt auch das **Sheraton-Hotel.**

Hier beginnen die **Rundwege,** sie sind gut ausgeschildert und deshalb nicht zu verfehlen. Es geht nah an den Fällen vorbei, ein Weg führt entlang der Fälle unterhalb des Besucherzentrums. Hierbei passiert man auch die Anlegestelle für die Boote, die einen auf die Isla San Martín bringen. Der andere Weg leitet die Besucher auf Stegen oberhalb von einigen der spektakulärsten Fälle entlang.

Im Jahr 2001 wurde eine Reihe neuer Stege eingeweiht. Sie führen unter anderem auch zur **Garganta del Diablo** („Teufelsschlund"), dem größten der einzelnen Fälle. Dieser Steg ist nur mit dem Zug erreichbar (s.u.). Von ei-

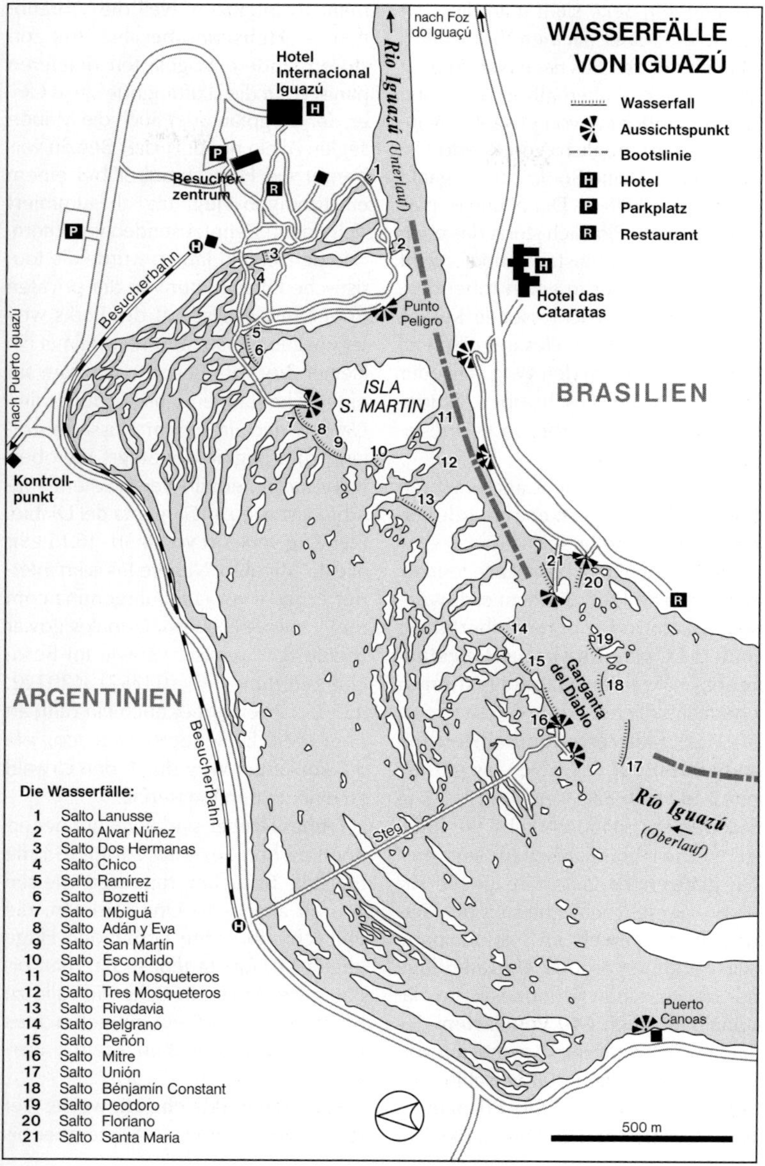
WASSERFÄLLE VON IGUAZÚ
Wasserfall
Aussichtspunkt
Bootslinie
H Hotel
P Parkplatz
R Restaurant
nach Foz do Iguaçú
Río Iguazú (Unterlauf)
Hotel Internacional Iguazú
Besucherzentrum
Besucherbahn
nach Puerto Iguazú
Kontrollpunkt
Punto Peligro
Hotel das Cataratas
ISLA S. MARTIN
BRASILIEN
ARGENTINIEN
Garganta del Diablo
Río Iguazú (Oberlauf)
Steg
Puerto Canoas
500 m
Die Wasserfälle:
1 Salto Lanusse
2 Salto Alvar Núñez
3 Salto Dos Hermanas
4 Salto Chico
5 Salto Ramírez
6 Salto Bozetti
7 Salto Mbiguá
8 Salto Adán y Eva
9 Salto San Martín
10 Salto Escondido
11 Salto Dos Mosqueteros
12 Salto Tres Mosqueteros
13 Salto Rivadavia
14 Salto Belgrano
15 Salto Peñón
16 Salto Mitre
17 Salto Unión
18 Salto Bénjamín Constant
19 Salto Deodoro
20 Salto Floriano
21 Salto Santa María

ner anderen Seite sieht man die Garganta auf einer kleinen Bootsfahrt: Man nimmt den Bus nach Ñandu oder Puerto Canoas, alternativ ist auch eine kleine Wanderung von etwa 45 Minuten (3,5 km) möglich. Von Puerto Canoas fahren kleine Boote zur Garganta del Diablo (5 US-$). Der Name ist passend gewählt: Plötzlich stürzt das eben noch ruhig dahinströmende, nicht sehr tiefe Wasser in einen tobenden, an drei Seiten geschlossenen Kessel. Das Wasser scheint alles mitreißen zu wollen, was sich in den Weg stellt, der Wind treibt die Gischt hoch, Sturmschwalben jagen vorbei, in Windeseile ist man durchnässt.

Von Ñandu/Puerto Canoas fahren Busse zum Besucherzentrum oder direkt nach Puerto Iguazú zurück.

Der Nationalpark besitzt alle touristische Infrastruktur, die man sich wünschen kann oder bereits überflüssig findet: Es gibt **Kioske und Restaurants,** es werden **Ganztagestouren** unterschiedlicher Art angeboten (ca. 50 US-$), **kürzere Rundfahrten** mit Auto und Boot (25 US-$), es gibt einen Mountain-Bike-Verleih (2 US-$ je Stunde), auch Hubschrauber-Rundflüge von der brasilianischen Seite aus. Ein glänzendes Geschäft für die Firmen – ein sehr schlechtes für die **Tier- und Pflanzenwelt** im Nationalpark. Alle Parkhüter lehnen die Rundflüge aus ökologischen Gründen ab: Im Nationalpark leben **440 Vogelarten,** das sind etwa 45% aller in Argentinien vorkommenden, dazu 200 verschiedene Schmetterlinge und 200 Pflanzenarten. Manche Arten können sich nicht mehr fortpflanzen, weil die Vibrationen der **Hubschrauber** ihre Brut zerstören, andere Vogelarten reagieren panisch auf die „Luftangriffe", wie Geier, der Bergpfau oder auch die Mauersegler. Allein hundert Liter Benzin verbrennt ein Hubschrauber bei einem einstündigen Flug, täglich summiert sich das zu Zehntausenden von Litern.

In den letzten Jahren wurde die touristische Infrastruktur von der privaten Betreiber-Gesellschaft des Parks weiter ausgebaut. So fährt neuerdings ein kleiner **Zug** vom Besucherzentrum auf einer 7 km langen Strecke durch den Urwald und an einem Flussarm entlang zum Beginn der Stege, die oberhalb und unterhalb der Fälle entlangführen, sowie zur Garganta del Diablo. Der Zug verkehrt von 8.30–16.15 Uhr alle 45 Minuten. Nähere Infos im Internet unter www.iguazuargentina.com und www.parquesnacionales.gov.ar (beide auf Spanisch) sowie im Besucherzentrum, Tel. (03757) 420722, 423252. Hier gibt es auch ein Faltblatt über den El Sendero Macuco, ein 3,6 km langer Weg durch den Urwald zu einem 20 m Wasserfall.

Frühaufsteher sind auch auf der argentinischen Seite im Vorteil: Da die meisten Besucher mit organisierten Touren ab ca. 10 Uhr kommen, die Hubschrauber ihre lärmenden Flüge gegen 11 Uhr starten, so hat man bis dahin viel Muße, in Ruhe die Fälle zu betrachten. Dort ein mitgebrachtes Frühstück zu genießen – ein unvergessliches Erlebnis.

Sonstige praktische Hinweise: Der Park ist im Sommer (1. September bis

31. März) täglich von 8–19 Uhr geöffnet, den Rest des Jahres von 8–18 Uhr. Bei Vollmond gibt es Exkursionen mit Abendessen für 28 US-$, ohne 17 US-$ pro Person, Reservierungen unter Tel. 491469.

Alle Wegbenutzungen, der Museumseintritt sowie die kleine Bahn, die drei Stationen im Park anfährt, und das Boot zur Isla San Martín sind im Eintrittspreis zum Park inbegriffen. Weitere Bootstouren direkt an die Wasserfälle kosten extra. Wer an zwei aufeinander folgenden Tagen den Park besucht, zahlt am zweiten Tag nur die Hälfte des Eintrittspreises. Man muss sich am ersten Tag das Ticket abstempeln lassen.

Foz do Iguaçu (Bras.) ⇗ IX,C1

Die **Grenzstadt auf der brasilianischen Seite** ist wesentlich größer und hektischer als das argentinische Puerto Iguazú (knapp 300.000 Einwohner). Im Zuge der Abwertung des argentinischen Peso ist Foz do Iguaçu mittlerweile erheblich teurer. Zudem hat die Stadt den Ruf, dass dort die Kriminalität in den letzten Jahren erheblich gestiegen sei.

Touristeninformation

- Es gibt **mehrere Büros:** eines am Anfang der Brücke über den Paraná zwischen Foz und Ciudad del Este (Paraguay); eines im Busbahnhof und einen Kiosk auf der Ecke Rua Rio Branco und Juscelino Kubitschek.

Hotels

Einfach und billig:

- **Hostel Paudimar Falls,** Antonio Raposo 840, Tel. 30285503, www.paudimarfalls.com.br; die Jugendherberge im Zentrum, Übernachtung ab 10 US-$ pro Person.
- **Pousada da Laura,** R. Naipi 671; Tel. 357 23374; Koch- und Waschgelegenheit, das Personal ist freundlich und spricht auch Englisch, 18 US-$.

Hotels der Mittelklasse:

- **Tarobá Express Hotel,** Rua Tarobá, 1048, Tel. 21027770; ab 46 US-$.
- **Hotel Baviera Iguassu,** Av. Jorge Schimmelpfeng, 697, Tel. 35235995, www.hotelbavieraiguassu.com.br; der Name verrät es, man spricht auch Deutsch, ab 56 US-$.
- **Foz do Iguaçu,** Brasil 97, Tel. 35214455, www.hotelfozdoiguacu.com.br; zentral.

Luxushotel:

- **Hotel Tropical das Cataratas,** Tel. 2102 7000, www.tropicalhotel.com.br; direkt an den Wasserfällen im Nationalpark gelegen, Kolonialarchitektur, mit Garten und Swimmingpool, das schönste und teuerste Hotel, über 280 US-$ muss man berappen.

Jugendherberge

- **Paudimar,** Rodovia das Cataratas, km 12,5 (Straße zum Nationalpark), Tel. 35296061, www.paudimar.com.br; schöne Herberge mit Unterkunft in separaten Gemeinschaftszimmern, großer Pool, Internet, Restaurant und Küchenbenutzung, auch Camping und Cabañas, ab 12 US-$ p.P.

Essen und Trinken

- Ein guter Platz ist das **Rafain Center** auf der Straße Rebouças: viele verschiedene kleine Restaurants in allen Preisklassen.

Busverbindungen

- Vom **Busbahnhof** der Stadt (Terminal Urbana) fährt etwa jede Stunde ein Bus mit Aufschrift „Cataratas" zu den Wasserfällen. Von dort geht es auch nach Puerto Iguazú.
- Gegenüber dem Busbahnhof starten die Busse („Conjunto C", 10 Min.) zum Wasserkraftwerk Itaipú.

008-a Foto: jv

Cuyo

a58-302 Foto: gw

img290 Foto: ab

Cuyo – Unendliche Weiten

Im Valle de Uco gedeihen die Trauben für den Wein Cordòn del Plata

Termas Cacheuta

Cuyo

Cuyo – **„sandige Erde"** in der Sprache der Ureinwohner – heißt die Region, die heute die **Provinzen Mendoza und San Juan** umfasst. Kaum zu glauben, wenn man sich der Hauptstadt Mendoza nähert. Überall wächst und grünt es, die Region ist berühmt für ihren **Wein.** „Land der Sonne und des guten Weines" – so rühmt sich die Provinz Mendoza denn auch in ihrer Werbung. Dennoch stimmt die Bezeichnung „Cuyo". Denn in Mendoza und San Juan wächst zwar fast alles, aber alles auch nur mit **künstlicher Bewässerung.** Weit mehr als dreihundert Sonnentage lassen die Reben und Obstbäume sprießen.

Mendoza und San Juan

Die Cuyo-Provinzen grenzen im Westen an die Anden, und zwar im Bereich der **Hochkordillere.** So liegt etwa 100 km Luftlinie westlich von Mendoza der **Aconcagua, mit 6962 m der höchste Berg Amerikas.**

Beide Provinzen standen ursprünglich, bis weit ins 19. Jahrhundert, mehr unter chilenischem Einfluss und wurden auch von dort besiedelt.

Die Unterschiede zwischen Mendoza und San Juan sind offensichtlich: Während Mendoza auch dank einer guten Infrastruktur zu den reicheren Provinzen des Landes gehört, ist San Juan besonders im unfruchtbaren Norden unterentwickelt. **Mendoza** hat eine Fläche von 148.827 km² und wird von ungefähr 1,6 Mio. Menschen bewohnt, in **San Juan** (89.651 km²) leben etwa 620.000 Menschen.

Zum **Großraum** der Stadt Mendoza zählt Godoy Cruz, Guaymallen, Las Heras sowie die Städte Luján de Cuyo und Maipú. Hier leben mit 880.000 Menschen gut 55 Prozent der Provinzbevölkerung.

Mendoza (Stadt) ↗X,B2

Die Hauptstadt der gleichnamigen Provinz wirkt auf den Besucher, der andere argentinische Großstädte erlebt hat, sehr **überraschend.** Mendoza ist eine große Oase in der Steppenwüste. Die Straßen sind von Bäumen gesäumt und es heißt, auf jeden Einwohner soll ein Baum kommen. Tatsächlich sind es ohne den Parque San Martín 50.000. Der Verkehr wirkt für argentinische Verhältnisse moderat, sogar Fahrradfahrer trauen sich in die Innenstadt. Es gibt ein gutes Bussystem mit Oberleitungs(Trolley)-Bussen, überall stehen oder hängen Papierkörbe, und im offiziellen Stadtmagazin, in dem Mendoza als „la ciudad más linda del pais" („die schönste Stadt des Landes") bezeichnet wird, werden – sehr unargentinisch – Tipps zur Verkehrssicherheit gegeben: Zebrastreifen beachten, vor roten Ampeln und Stoppschildern halten, nicht unnötig den Motor laufen lassen und nicht unnötig hupen. Für eine Stadt von 120.000 Einwohnern wirkt Mendoza daher auch recht ruhig. Dabei brauchen sich **Kultur und Nachtleben** nicht hinter anderen argentinischen Großstädten zu verstecken. Nur zu gern verkehren die Mendocinos in den zahlreichen Straßencafés, flanieren in den Alleen oder besuchen die exzellenten Restaurants und Bars. Für Südamerika-Reisende gibt es schließlich einen ganz praktischen Grund, Mendoza einen Besuch abzustatten: Auf dem Weg von oder nach Chile kommt man fast zwangsläufig hier vorbei, führt doch von Mendoza nach Santiago die wichtigste und daher gut ausgebaute Passstraße zwischen beiden Ländern.

Mendoza ist **eine der ältesten Städte des Landes.** Sie wurde 1561 erstmalig durch *Pedro de Castillo,* ein Jahr später erneut durch *Juan Jufré* gegründet und nach dem Gouverneur von Chile, *Pedro de Mendoza,* benannt. Allerdings ist von der langen Stadtgeschichte heute im Bild der Stadt nicht mehr viel sichtbar. **1861** erschütterte ein **schweres Erdbeben** die Stadt und legte sie in Schutt und Asche. Beim Beben 1965 passierte glücklicherweise nicht viel, auch weil in Mendoza die Hochhäuser weitgehend fehlen.

Mendoza ist heute das absolute **Zentrum der Provinz.** Hier gibt es die meisten Industriebetriebe, die meisten Weinkellereien und eine wichtige staatliche Hochschule.

Wer einen Überblick über die gesamte Stadt haben will, sollte eine **Rundfahrt** mit dem öffentlichen Bus Nr. 110 machen. Es gibt auch einen speziellen Touristenbus, der die gesamte Innenstadt abfährt, und die für Besucher interessanten Außenbezirke, und dabei 13 Haltestellen anfährt. Das Tagesticket kostet 3 US-$, man kann beliebig oft ein- und aussteigen (Informationen und Ticket in der Touristeninformation).

Sehenswürdigkeiten

Plaza Independencia

Zentrum der Stadt ist die Plaza Independencia. Zwei Blocks von ihren Eckpunkten entfernt finden sich vier weitere Plätze. Am Platz beginnt auch der Paseo Sarmiento (eine kurze Fußgängerzone), der in östlicher Richtung zur Av. San Martín führt. Diese ist die wichtigste Einkaufs- und Flanierstraße der Stadt. Nach links zweigt die Av. Las Heras ab, ebenfalls eine wichtige Einkaufsstraße – kaum ein Geschäft hat im Spätsommer sein Schaufenster nicht mit Weinflaschen dekoriert.

Palacio Municipal

Um einen Überblick über die Stadt zu bekommen, empfiehlt sich der Besuch des Palacio Municipal auf der 9 de Julio 500, etwa sechs Blocks abseits des Zentrums. Er besitzt eine **Dachterrasse,** die für jedermann geöffnet ist.

Nahebei ist die **Casa de Gobierno** (Regierungsgebäude) mit der **Sala de la Bandera** (Flaggensaal) im Erdgeschoss. Hier wird die Flagge ausgestellt, die *San Martín* 1817 bei seiner Andenüberquerung nach Chile, die er in Mendoza startete, mit sich führte.

Museen

San Martín ist auch ein Museum gewidmet. Das **Museo Histórico San**

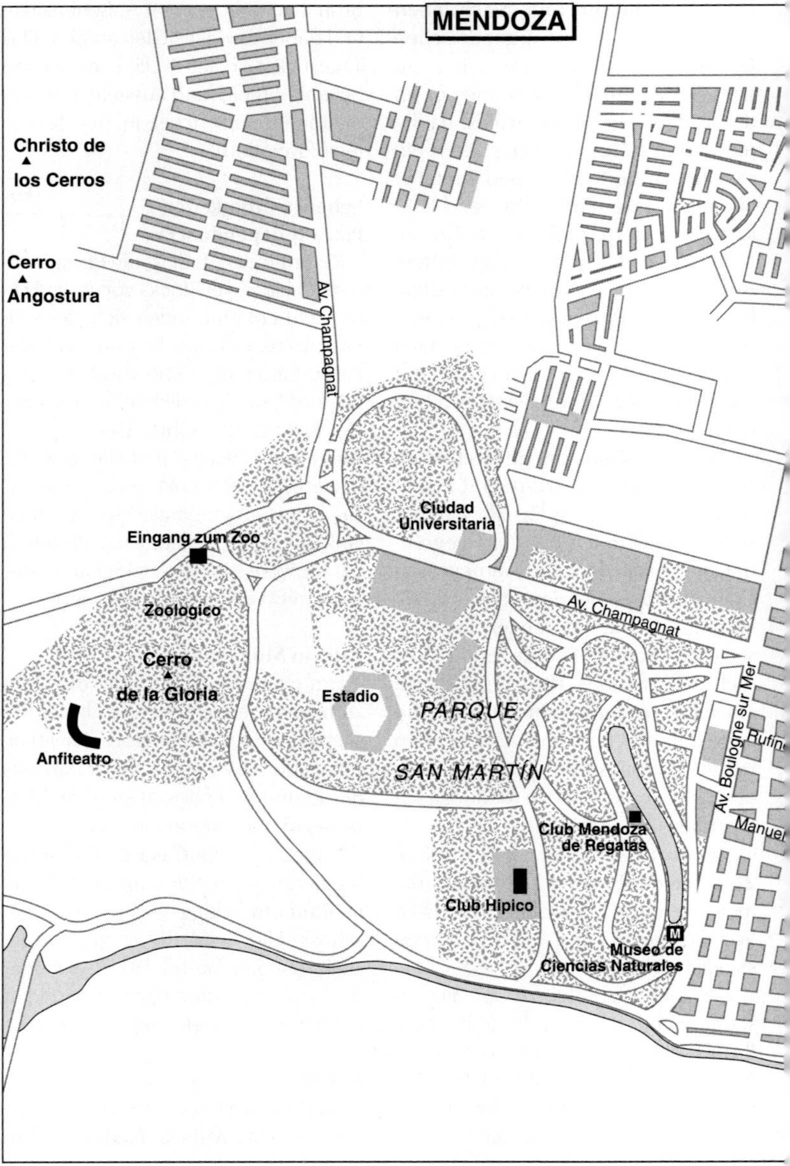
MENDOZA
Christo de los Cerros
Cerro Angostura
Av. Champagnat
Ciudad Universitaria
Eingang zum Zoo
Zoologico
Cerro de la Gloria
Anfiteatro
Estadio
PARQUE SAN MARTÍN
Av. Champagnat
Av. Boulogne sur Mer
Rufino
Manuel
Club Mendoza de Regatas
Club Hipico
M
Museo de Ciencias Naturales

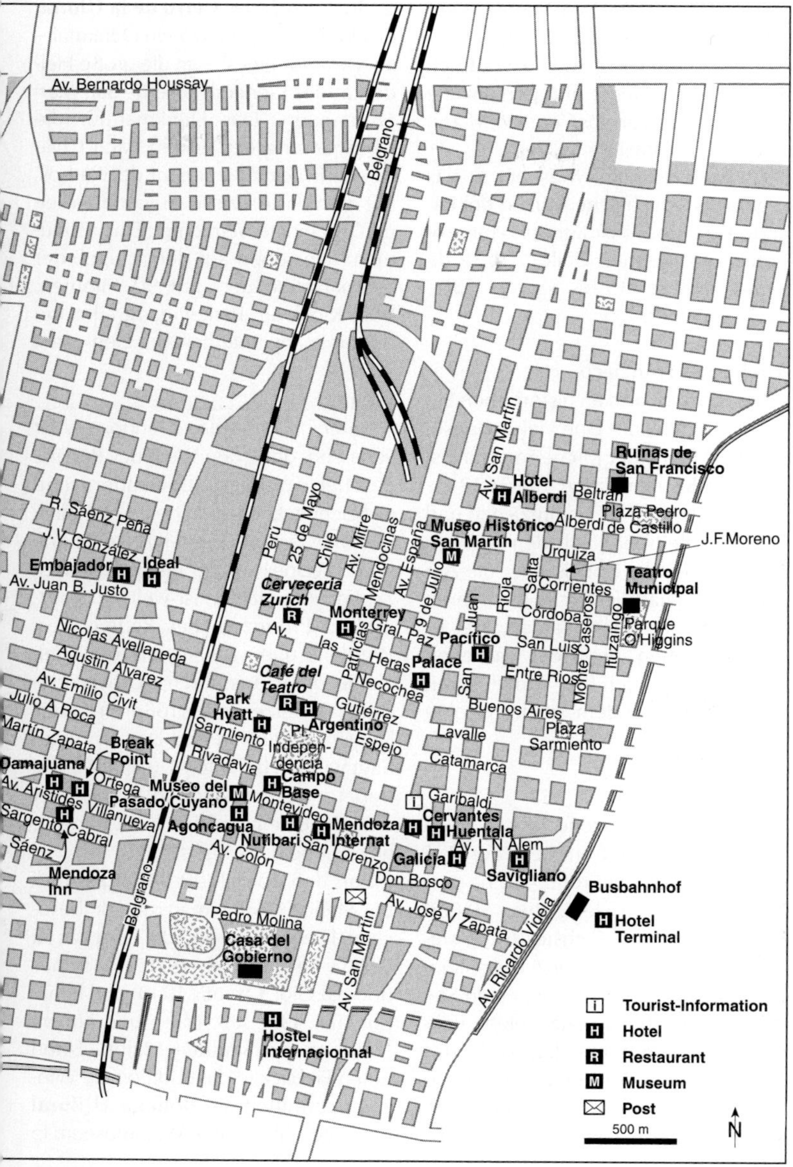
Av. Bernardo Houssay
Belgrano
Av. San Martín
Hotel Alberdi
Ruinas de San Francisco
Beltran
Plaza Pedro de Castillo
Alberdi
J.F.Moreno
Museo Histórico San Martín
Urquiza
Teatro Municipal
Corrientes
Córdoba
Parque O'Higgins
R. Sáenz Peña
J.V. González
Embajador
Ideal
Av. Juan B. Justo
Peru
25 de Mayo
Chile
Av. Mitre
Mendocinas
Av. España
9 de Julio
San Juan
Rioja
Salta
Monte Caseros
Ituzaingo
Cervecería Zurich
Monterrey
Gral. Paz
Pacífico
San Luis
Nicolas Avellaneda
Agustin Alvarez
Av. Emilio Civit
Julio A Roca
Martín Zapata
Av. las Heras
Patricias
Palace
Entre Rios
Café del Teatro
Necochea
Park Hyatt
Gutiérrez
Argentino
Buenos Aires
Plaza Sarmiento
Sarmiento
Pl. Indepen-dencia
Espejo
Lavalle
Break Point
Damajuana
Rivadavia
Ortega
Catamarca
Campo Base
Museo del Pasado Cuyano
Garibaldi
Av. Aristides Villanueva
Montevideo
Cervantes
Huentala
Sargento Cabral
Agoncagua
Mendoza Internat
Nutibari
San Lorenzo
Av. L N Alem
Galicia
Sáenz
Av. Colón
Savigliano
Mendoza Inn
Don Bosco
Busbahnhof
Av. José V Zapata
Hotel Terminal
Pedro Molina
Av. Ricardo Videla
Casa del Gobierno
Hostel Internacionnal
Tourist-Information
Hotel
Restaurant
Museum
Post
500 m
N

Martín auf der Av. San Martín 1846, zwischen Corrientes und Urquiza, ist Mo bis Fr von 9–12.30 Uhr geöffnet. Es zeigt Dokumente und persönliche Gegenstände von *José de San Martín* und dessen Familie.

Ein weiteres gutes Museum ist das regionalgeschichtliche **Museo del Pasado Cuyano.** Es ist auf der Montevideo 544, zwischen Chile und 25 de Mayo, und ist Mo bis Sa von 9.30–12.30 geöffnet.

Kirche San Francisco

Mendoza ist arm an historischen Sehenswürdigkeiten. Eine viel gepriesene ist die Ruine der Kirche San Francisco, eine Jesuitenkirche, die 1638 erbaut wurde, an der Ecke Ituzaingó und Fray Luis Beltrán. Nach den Jesuiten übernahmen die Franziskaner die Anlage, daher hat die Kirche auch ihren etwas irreführenden Namen. Viel ist nicht zu sehen, denn das Erdbeben von 1861 hat auch hier ganze Arbeit geleistet, und zudem ist der direkte Zutritt verboten.

Parque San Martín

Ein knappes Dutzend Blocks westlich vom Stadtzentrum liegt der Parque San Martín, ein rund 420 ha großes Gelände, in dem etwa 50.000 Bäume unterschiedlichster Arten stehen. Es gibt im Park diverse Freizeiteinrichtungen, wie einen Zoo, einen See zum Rudern, Tennisplätze, einen Reitverein, ein Amphitheater sowie das Fußballstadion der Stadt, das 45.000 Zuschauer fasst und zur Weltmeisterschaft 1978 erbaut wurde. Höhepunkt ist der Besuch des **Cerro de la Gloria,** des Ruhmeshügels, wo ein Denkmal – aber was für eines! – an die große Heldentat des Generals *José de San Martín* erinnert. Das Denkmal für die Überquerung der Anden nach Chile ist ebenso ein Monument des Pathos, mit dem das offizielle Argentinien seine Geschichte betrachtet. Das Monument liegt oben auf dem Hügel, der Fußmarsch dauert gut 90 Minuten. Vom Kiosk am Parkeingang fährt ein Bus bis knapp unterhalb des Denkmals.

Weine

Natürlich kann man Mendoza nicht verlassen, ohne den Wein der Provinz gesehen, probiert, bewundert und vielleicht gekauft zu haben. Schließlich kommen fast drei Viertel des argentinischen Weines aus der Provinz Mendoza, und Argentinien ist weltweit fünftgrößter Produzent des Rebensaftes. Wurden früher vorwiegend rote Tafelweine ohne Ausfuhrchancen produziert, so setzen die größeren Güter längst auf Qualität und Export. Angebaut werden bei roten Qualitätssorten Cabernet, Pinot Noir und Malbec, bei den Weißweinen führt die Chardonnay-Traube die Rangliste an.

Von den über 1200 **Bodegas** rund um Mendoza kann man rund 80 besuchen. Die größten sind die Bodegas La Colina de Oro, Tel. 4976777 (früher Bodega Giol, Ozamis 1040) und Peñaflor, Tel. 4972388, Mitre und Nueva Mayorga, im Stadtteil Maipú. Einen guten Einblick in die traditionelle Winzerei vermittelt die **Bodega El Rural** mit angeschlossenem Weinmuseum in

Maipú, Tel. Montecaseros 2625, Tel. 4972013, Mo bis Sa 9–17, So 10–13 Uhr. Etliche Bodegas haben in den letzten Jahren viel Geld investiert, um Touristen anzulocken. So kann man bereits auf zwanzig Weingütern der Umgebung in mehr oder minder luxuriösen Unterkünften übernachten.

Einen guten Überblick mit Adressen und Besuchsangeboten bietet die spanisch/englische **Winemap Turístico** (www.winemapargentina.com). In der ersten Märzwoche feiert die Stadt das **nationale Weinfest** (www.vendimia.mendoza.gov.ar). Höhepunkt ist das riesige Theaterspektakel im großen Amphitheater der Stadt. Wer für Samstag keine Karte bekommt: Sonntags wird es wiederholt!

Das Valle de Uco gilt als aufstrebendes **Weinanbaugebiet.** Am schönsten ist die Fahrt von Mendoza über die Provinzstraße RP 86. Sie verläuft nahe am Cordón del Plata, den schneebedeckten Kordilleren. Nirgends ist das Panorama so herrlich wie hier. Die modernste Kellerei zur Besichtigung bietet die *Bodega Salentein.* Ein wahrer Weintempel (Täglich 10–16 Uhr, Tel. (02622) 429 000, Ruta 89 s/n Los Árboles, Tunuyán, Übernachtung DZ 250 US-$ mit Halbpension, www.bodegasalentein.com). Der nette Kontrast: Die *Bodega Hinojoso.* Der Familienbetrieb im Ort Tunuyán liegt direkt an der Nationalstraße RN40 (www.bodegahinojosa.com).

Lohnend ist auch ein Ausflug in die Gegend um den Tupungato, den 6550 Meter hohen **Vulkan** rund 100 km südwestlich von Mendoza.

Weingüter – einige Tipps:

- **Finca Adalgisa,** in Chacras de Coria, 18 km von Mendoza, Tel. 4960713, www.fincaadalgisa.com.ar; kleines Gästehaus, ab 100 US-$.
- **Los Alamos,** in Cuadro Bombal, ca. 25 km von San Rafael, Tel. (02627) 442350, www.fincalosalamos.com; gepflegte, 1830 erbaute Hazienda, mit erlesenem Restaurant, Reit- und Raftingtouren, ab 200 US-$ p.P. mit Vollpension.
- **Casona Baquero 1886,** Perito Moreno s/n in Maipú, Tel. 4813985, www.baquerowines.com; eine der ältesten Bodegas, mit noblem Gästehaus, 100 US-$.
- **Bodega Vistalba,** Roque Saenz Peña 3535, Luján de Cuyo, Tel. (0261) 4989400, www.carlospulentawines.com, ab 360 US-$ mit Halbpension.

Das **Museo Nacional del Vino** ist in Maipú, Ozamis 914, geöffnet Mo bis Sa 9–19, So 10–14 Uhr.

In Weinbaugebieten werden auch Weinfeste gefeiert. Das größte ist die **Fiesta Nacional de la Vendimia** (Nationales Fest der Weinlese), das Anfang März stattfindet.

Touristeninformation

- Es gibt **mehrere Büros** in Mendoza: Eines am Busbahnhof, dann an der Av. San Martín/Ecke Garibaldi, Tel. (0261) 4201333. Die Provinz Mendoza unterhält ein weiteres Büro in Las Heras 341, Tel. 4296298.
- Infos auch unter www.turismo.mendoza.gov.ar sowie www.mendoza.com.ar.
- Das **Studentenreisebüro Asatej** ist in der Peatonal Sarmiento 223, Tel. 4290029, Fax 4290030, mendoza@asatej.com.ar.

Hotels

Einfach und billig:

Viele billige Hotels (meist 8–15 US-$ p.P.) liegen zwischen Busbahnhof und Zentrum und in der Nähe des Zugbahnhofs auf der Calle Juan B. Justo. Eine Auswahl:

●**Hotel Terminal,** Alberdi 261, Tel. 4313893, gegenüber vom Busbahnhof.
●**Hotel Alberdi,** Alberdi 51, Tel. 4257022; sehr freundlich.
●**Galicia,** Av. San Juan 881, Tel. 4202619; empfehlenswert.
●**Embajador,** Juan B. Justo 365, Tel. 4259129.
●**Ideal,** Juan B. Justo 270, Tel. 4256842; mit Transportmöglichkeit zum Busbahnhof.

Hotels der Mittelklasse:

In folgenden Hotels ist mit 25–70 US-$ p.P für die Übernachtung zu rechnen:
●**Monterrey,** Patricias Mendocinas 1532, Tel. 4380901; schöne, geräumige, moderne Zimmer, 32 US-$.
●**Pacífico,** San Juan 1407, Tel. 4235444, www.hotelpacifico-mza.com.ar; etwas altmodisch, aber okay, ab 40 US-$.
●**Palace,** Las Heras 70, Tel. 4234200; sauber, modern und preiswert, DZ ab 52 US-$.
●**Argentino,** Espejo 455, 4056300, www.argentino-hotel.com; guter Service mitten im Zentrum, 70 US-$.
●**Cervantes,** Amigorena 65, Tel. 5200400, www.hotelcervantesmza.com.ar; großes Business-Hotel mit stilvollem Empfang und kleinen Zimmern, 70 US-$.
●**Nutibara,** Av. Mitre 867, Tel. 4295428 www.nutibara.com.ar; zentrale Lage, mit Swimmingpool und Parkplatz, empfohlen, ab 80 US-$.
●**Nuevo Hotel San Francisco,** Pueyrredón 2665, Chacras de Coria, Tel. 4960110, www.nuevohotelsanfrancisco.com; der Geheimtipp für Motorisierte: idyllisches Landhotel im Weinvorort Chacras de Coria, 15 km vom Zentrum, ab 90 US-$.
●**Aconcagua,** San Lorenzo 545, Tel. 5200500, www.hotelaconcagua.com; großes 4-Sterne-Hotel mit Schwimmbad und viel Komfort, ab 95 US-$.

Luxushotels:

●**Gran Hotel Mendoza,** España 1210, Tel. 4051405 www.hotelmendoza.com; zentral, komfortabel, guter Service, 80 US-$.
●**Huentala,** Primitivo de la Reta 1007, Tel. 4200766, www.huentala.com; zentrales, sehr stilvolles „Boutique-Hotel“, 160 US-$.
●**Park Hyatt,** Chile 1124, Fünf-Sterne-Hotel, Tel. 4411234, www.mendoza.park.hyatt.com, ab 250 US-$.

Jugendherbergen/Hostels

●Dem Verband **Hostelling International** gehören in Mendoza drei Herbergen an: *Campo Base,* Av. Mitre 946 (zwischen Rivadavia und Montevideo), Tel. 4290707, www.hostelcampobase.com.ar; acht Blocks vom Busbahnhof, mit dem Taxi 2 US-$, Küche, Wäscheservice, Fax, Internet, Infos, Tourangebote, Übernachtung 8 US-$ p.P. Dazu kommen das *Mendoza Inn,* Arístides Villanueva 470, Tel. 4202486, und das *Hostel Internacional Mendoza,* Av. España 343, Tel. 424 0018, www.hostelmendoza.net; beide mit ähnlichem Angebot wie Campo Base.
●**Breakpoint,** Aristides de Villanueva 241, Tel. 4239514; direkt neben dem Danajuana, eigene Bar mit kleinem Restaurant, Tourangebote, Pool, Küchenbenutzung, Garten, freier Internetzugang, ab 10 US-$ pro Person.
●**Damajuana,** Aristides de Villanueva 282, Tel. 4255858, www.damajuanahostel.com.ar; neue Herberge mitten im Vergnügungsviertel, beliebter Treffpunkt, schöner Garten mit Schwimmbad, Unterkunft in Gemeinschaftsräumen ab 12 US-$, DZ 33 US-$.
●**Savigliano Hostel,** Pedro B. Palacios 944, Tel. 4237746, www.savigliano.com.ar; gut, sehr sauber, freundlich, Internet-Nutzung, Dachterrasse, mit Frühstück 10 US-$ p.P., DZ ab 24 US-$.

Camping

●Im Parque San Martín ist die Übernachtung im Wohnmobil erlaubt, allerdings darf kein Zelt aufgestellt werden.
●Campingplätze gibt es in **El Challao,** 6 km außerhalb der Stadt (Richtung Westen).

Essen und Trinken

●**In der Fußgängerzone** Paseo Sarmiento liegt ein Restaurant neben dem anderen, alle recht gut. Beliebt sind auch die **Av. San Martín** und die **Av. Las Heras.**

Wer ganz billig essen will, sollte sich zum Busbahnhof orientieren. Einige Adressen:

●**Café del Teatro,** Chile/Ecke Espejo; schönes, gemütliches Café.
●**Cerveceria Zürich,** Las Heras 530; preiswert und gut.
●**Down Town,** Sarmiento 755; gutes Preis-Leistungs-Verhältnis für Pizza und Fleisch, gute Weinkarte.
●**Línea Verde,** San Lorenzo 550; überwiegend vegetarisch.
●**Naturata,** Don Bosco 73; nicht billig aber gute vegetarische Küche.

Nachtleben

●Auf der **Aristides Villanueva** zwischen Belgrano und dem Parque San Martín spielt sich das Nachtleben ab: eine Bar an der anderen, viele Tische auf der Straße, junge Leute und ein paar erlesene Restaurants.
●Im **Salón Cultural Rivadavia,** José V. Zapata 349, finden häufiger Filmprogramme statt.
●Das **Kasino** auf der 25 de Mayo 123 hat täglich von 23–3 Uhr geöffnet.
●Es lohnt immer zu gucken, was im **Teatro Independiente** (Chile/Ecke Espejo) gespielt wird.
●**Kinos** befinden sich im Einkaufszentrum Mendoza-Shopping, zu erreichen per Trolleybus (Villa Nueva) von der Ecke Av. España und Peatonal Sarmiento; und im Shopping Palmares mit dem Bus Nr. 4.

Flugverbindungen

●Zum **Flugplatz Plumerillo,** der 8 km außerhalb der Stadt liegt, fahren Remise-Taxis für 5 US-$ oder der Bus Nr. 6 (1 Stunde Fahrt).
●Es bestehen täglich **Flugverbindungen nach:** Buenos Aires (125 US-$), San Juan, Tucumán, Rosario, Salta und Santiago de Chile.

Die **Fluggesellschaften:**
●**Aerolíneas Argentinas/Austral,** Paseo Sarmiento 82, Tel. 420-4100.
●**Lan,** España 1012, Tel. 4257900.

Überlandbusse

●Vom **Busbahnhof Terminal del Sol** auf der Av. Videla/Av. de Acceso Este und Costanera (15 Fußminuten zum Zentrum, Info-Tel. 431 5000) fahren täglich Busse u.a. nach:
●**Buenos Aires,** 40 US-$, 14 Stunden.
●**Córdoba,** 23 US-$, 9 Stunden.
●**Salta,** 43 US-$, 19 Stunden.
●**Tucumán,** 34US-$, 14 Stunden.
●**San Juan,** 6 US-$, 2 Stunden.
●**Bariloche,** 45–55 US-$, 20 Stunden.
●**Jujuy,** 44 US-$, 20 Stunden.
●Nach **Santiago de Chile** über Puente del Inca fahren PKWs, Minibusse und Busse. Die Busse brauchen 8 Stunden, die Minibusse und PKWs etwa 6 Stunden, beide kosten ca. 20 US-$. Wer es nicht besonders eilig hat, sollte den Bus nehmen. Erstens sitzt es sich bequemer und zweitens ist die Aussicht besser – und die lohnt sich.

Besonders die langen Strecken sollte man besser einige Tage im Voraus buchen.

Autoverleih

●**Avis,** Primitivo de la Reta 914, Tel. 4203178.
●**Localiza,** San Juan 931, Tel. 4294929.
●**Hertz,** Espejo 415, Tel. 4230225.
●**Thrifty,** Av Colón 241, Tel. 4235640.

Reiseveranstalter

Die meisten Reiseveranstalter bieten dasselbe Programm zu gleichen Preisen an. Beispielsweise **Stadtrundfahrten** für 10 US-$, die sich recht wenig lohnen, aber auch Ausflüge in die Berge, die für den Besucher ohne eigenes Fahrzeug und mit nur wenig Zeit eine gute Alternative sind. Der **Ausflug „Alta Montaña“,** den fast alle Büros anbieten, umfasst eine Tour über **Puente del Inca,** vorbei am Aconcagua, dann die alte Passstraße nach Chile hinauf bis zur Statue des Cristo Redentor auf 3854 m. Ein solcher Ausflug dauert etwa sieben bis acht Stunden – eigentlich zu kurz, aber dennoch lohnenswert – und kostet zwischen 25 und 30 US-$.

Nicht immer fahren die Reiseveranstalter bei der Tour Alta Montaña hinauf bis zum Cristo Redentor – es hängt zu bestimmten Jahreszeiten von der Witterung ab.

Andere Angebote sind Rafting-Touren (ab 20 US-$) auf den Flüssen, Ausflüge zu den Weingütern, mehrtägige Bergtouren oder Reitausflüge.

Einige **Reiseveranstalter:**

- **Turismo Sepeán,** Primitivo De La Reta 1086, Tel. 4204162, www.sepean.com.
- **Huentata,** 699, Tel. 4257444, www.huentata.com.ar. Großes Angebot.
- **Betancourt Rafting,** Lavalle 35, Tel. 429 9665, www.betancourt.com.ar. Auf Kajak und Rafting spezialisiert.
- **Ríos Andino Rafting,** Sarmiento 721, Tel. 4295030, oder bei Potrerillos (Ruta 7 km 56 westlich von Mendoza), www.riosandinos.com.
- **Argentina Mountain,** Flores 611, Godoy Cruz, Tel. Lavalle 606 San Jose, Guaymallen, Tel. 4318356, www.lagunadeldiamante.com. Empfehlenswerte Reittouren zur Laguna del Diamante am Vulkan Maipo, auch Trekking und Bergsteigen.

Wer **Hochgebirgstouren** machen will (Trekking am Aconcagua, Besteigungen), sollte sich vorher beim **Club Andinista Mendoza,** Fray Luis Beltrán 357, Tel. 4319870, www.clubandinista.com.ar, erkundigen. Der Parque Provincial Aconcagua ist zeitweise nur für professionelle Bergsteiger geöffnet. Auskunft gibt die Parkverwaltung, Tel. (0261) 4257065.

Einige gute **Agenturen** (s.a. im Abschnitt zum Aconcagua):

- **Aymara Turismo,** 9 de Julio 1023, Tel. 420 2064, www.aymara.com.ar. Auch Englisch sprechende Führer, spezialisiert auf Trekking am Aconcagua und Aconcagua-Besteigungen. Buchungen des Refugios an der Plaza de Mulas möglich.
- Einer der bestangesehenen Führer war **Fernando Grajales.** Sein Sohn führt nun die Agentur weiter. Er ist zu erreichen Tel./Fax (0261) 4283157 oder (15) 6588855, www.grajales.net, expediciones@grajales.net.
- Gute Tourangebote haben auch die Herberge **Campo Base** (siehe Jugendherbergen) und das hilfreiche Büro von **Asatej** (siehe Touristeninformation).

- Empfehlenswert ist ein Besuch beim **Tourismusbüro** der Provinz, Av. San Martín 1143, Tel. (0261)420280. Dort erhält man auch Infos über die Möglichkeiten, den Aconcagua zu besteigen.

Sonstiges

- Das **Deutsche Konsulat** ist Montevideo 127, Piso 2°, Tel. (0261) 4296539.
- Die **Hauptpost** ist auf der Av. San Martín/Ecke Colón.
- Auf der San Martín finden sich auch zahlreiche **Wechselstuben.**
- Sonntags findet auf dem Hauptplatz des Winzer-Vororts Chacras de Coria ein bunter **Floh-, Kunsthandwerks-** und **Antiquitätenmarkt** statt.
- **Fahrräder verleiht** Piré – Ski & Montaña, Las Heras 615, Tel. 4257699. Hier kann man auch Mulis für den Transport mieten sowie auch Equipment leihen und kaufen.

Ausflug zum Aconcagua und zur Statue des Cristo Redentor (3854 m)

Zwei Möglichkeiten bieten sich von Mendoza an, den Aconcagua und die Figur des Erlösers auf dem Bermejo-Pass zu erreichen. Sie führen beide über Uspallata, den einzigen größeren Ort auf der Strecke von Mendoza zur argentinisch-chilenischen Grenze.

Die **Nordstrecke** ist kürzer, aber zeitaufwendiger. Sie führt über den Mineralwasserort **Villavicencio,** der auf 1700 m mitten in den Bergketten liegt, dann geht es weiter auf einer Schotterpiste steil bergauf. Schließlich muss, um nach Uspallata zu gelangen, der 3000 m hohe **Pass Cruz de Paramillo** überwunden werden. Von dort ist der Blick auf die höchsten Andengipfel möglich: der Aconcagua liegt im Westen, der Mercedario (6770 m) im Nordwesten, im Südwesten der Tupungato (6550 m).

Die **südliche Route** führt vorbei an einigen Raftingzentren entlang des Río Mendoza und über den Wintersportort Potrerillos nach **Uspallata,** das auf 1700 m inmitten eines wunderbaren Tals liegt. Dort treffen beide Routen zusammen. In Uspallata gibt es das **Hotel Viena** (Av. Las Heras 240, Tel. (02624) 420046, für 20 US-$ p.P. sehr gut), die **Hostería Los Cóndores** (Tel. 420002) kostet 35 US-$ (DZ mit Bad) und hat ein Restaurant. Zu empfehlen sind auch die **Cabañas** auf dem Campingplatz, wo man eine (skandinavische) Holzhütte (2 Zimmer, Bad, Aufenthaltsraum mit Kochecke, Carport und Grillecke) für 40 US-$ (4 Personen) mieten kann. Uspallata ist problemlos per Bus von Mendoza aus zu erreichen.

Richtung Chile passiert man zunächst ein weites Tal, dann geht es hinauf, und bald ist das moderne Skigebiet **Los Penitentes** auf 2580 m Höhe erreicht. Im Ort Penitentes gibt es eine **Jugendherberge** (*Hostel Campo Base Penitentes,* www.penitentes.com.ar, Übernachtung ab 8 US-$ pro Person).

Puente del Inca liegt auf 2700 m. Die Brücke ist kein Bauwerk der Inkas, sie hat ihren Namen nur von der Vermutung, dass man glaubt, die Inkas seien bis hierhin vorgedrungen. In Wirklichkeit ist sie ein natürlicher Bogen, durch Erosion gebildet. Dieser Bogen spannt sich 47 m hoch und 28 m breit über den Río Mendoza. Dort entspringt auch eine stark schwefelhaltige, **heiße Quelle;** das Wasser hat den Stein rötlich-gelb gefärbt. Früher war hier ein Thermalbad, aber ein Erdrutsch hat das Badehaus einstürzen lassen. Beim Rundgang an der Quelle sollte man vorsichtig sein, es besteht Rutschgefahr.

Puente del Inca kann mit Bussen von Mendoza aus erreicht werden. Der Ort besitzt ein **Hotel** mit verschieden teuren Zimmern (*Hostería Puente del Inca,* Tel. (02624) 420266, ab 37 US-$, hpdelinca@yahoo.com.ar) und ist Ausgangspunkt für eine Besteigung des Aconcagua. Den Blick auf den höchsten Berg Amerikas kann man schon von Puente del Inca genießen: Nur wenige Kilometer außerhalb des Ortes bietet sich von der Ruta 7 ein beeindruckender Blick auf den südlichen Gipfel.

Von Puente del Inca führt die Straße weiter Richtung Grenze. Man passiert die argentinische Zollstation, hat dann nach rechts den Blick auf den Aconcagua und erreicht **Las Cuevas** (13 km von Puente del Inca), ein winziges Nest, direkt vor der Einfahrt in den Tunnel, der durch das Gebirgsmassiv hindurch nach Chile führt. Das Busunternehmen Expresso Uspallata fährt von Mendoza hinauf nach Las Cuevas (zweimal am Tag, 5 US-$), aber auch alle anderen Gesellschaften, die hinüber nach Chile fahren, passieren den Ort. In Las Cuevas gibt es das **Arco de Las Cuevas,** ein freundliches Hostal, direkt am Aufgang zum Christo Redentor, mit Restaurant, für 10 US-$ die Nacht, Küche kann benutzt werden, Tel. (0261) 4290185, www.arcodelas cuevas.com.ar.

In Las Cuevas zweigt nach links die alte Straße zum **Cristo Redentor** auf der Höhe des Bermejo-Passes ab. Der Bermejo-Pass war früher der Übergang nach Chile. In unendlichen Serpentinen kriecht die Erdpiste hinauf

(8 km, 600 Höhenmeter, nur möglich von Ende Nov. bis März, da der Bermejo-Pass in der anderen Zeit aufgrund des schlechten Wetters gesperrt ist). Oben angekommen, merkt man direkt, wer hier der Feind allen Lebens ist: der ewige, eiskalte Sturmwind. Der Blick auf die eisigen Andengipfel und die Statue des triumphierenden Christus vor dem tiefblauen Himmel entschädigt allemal. 1904 erbauten Chile und Argentinien gemeinsam diese Statue zur Feier der Beilegung von Grenzstreitigkeiten nach einer Vermittlung des englischen Königs *Edward VII.*

Eine solche Tour muss entweder mit einem geliehenen Wagen oder als organisierter Ausflug gemacht werden. **Mit öffentlichen Verkehrsmitteln** ist sie so nicht möglich, man kann **problemlos nur bis nach Las Cuevas** und allen Stationen zuvor mit Bussen gelangen (allerdings sehr zeitaufwendig).

Termas Cacheuta ⇗ X,B2

Seit dem Bau des Stausees Potrerillos und der weitläufigen Umgehungsstraße liegt der traditionsreiche Thermalbadeort Cacheuta nicht mehr an der Route nach Chile, sondern am Ende der, vom Staudamm abgeschnittenen, Straße Nr. 82, rund 40 Kilometer südwestlich von Mendoza, mitten in einem engen Vorkordillerental. Einen Tagesausflug oder eine mehrtägige Thermalkur lohnt das gepflegte Bad allemal, zumal es mit 5–6 Bussen täglich (1 Std.) gut zu erreichen ist. Das gutklassige **Hotel & Spa Termas Cacheuta** wartet mit einer schönen Anlage und gutem Essen auf, lässt aber beim Service zu wünschen übrig; Tel. (02624) 490152, www.termascacheuta.com, ab 90 US-$ p.P. mit Vollpension, Thermalkur und Massage. Wenig oberhalb kann man sich auch im öffentlichen **Parque de Agua Termal** vergnügen. Hier gibt es acht verschiedene Becken, Thermalhöhlen, eine Wasserrutsche und ein originelles, 300 m langes Ringschwimmbecken (Eintritt: 4 US- $; mit Hin- und Rückfahrt ab Mendoza 12 US-$, Tel. 490 139). Man kann auch zelten, daneben gibt es einige Kilometer vor Cacheuta mehrere Cabaña-Anlagen.

Aconcagua ⇗ X,B2

Als was wird er nicht alles gerühmt: der **höchste Gipfel Argentiniens,** der höchste der Anden, der höchste Amerikas, der höchste der südlichen Hemisphäre, der höchste außerhalb von Asien.

Der **6962 m** hohe Aconcagua ist Jahr für Jahr Ziel von etwa 4000 Bergsteigern aus aller Welt. Sie versuchen sich an dem technisch nicht so schwierigen Berg, der am 18. Januar 1897 erstmals von dem Schweizer **Matthias Zurbriggen** bestiegen wurde. Aber nicht alle dieser 4000 Gipfelstürmer gelangen wirklich auf 6962 m.

Der Aconcagua liegt inmitten des **Parque Provincial Aconcagua,** der ei-

Puente del Inca

ne Fläche von 71.000 ha einnimmt. Woher sein Name kommt, ist umstritten, es existieren zwei Theorien: Die eine besagt, Aconcagua stamme vom Quetschua-Wort „Ackon-Cauak", was soviel wie „steinerner Wächter" bedeutet, die andere leitet den Namen vom Mapuche-Wort „Acon-Hue" ab, was soviel wie „der von der anderen Seite kommt" heißt. Der Parque Provincial Aconcagua ist zeitweise nur für professionelle Bergsteiger geöffnet. Auskunft gibt die Parkverwaltung, Tel. (0261) 4257065.

Besteigung

Drei unterschiedliche **Wege** führen **zum Gipfel:** Der einfachste führt über die Nordwest-Seite, er ist auch mit geringer Bergsteiger-Erfahrung zu machen. Eine sehr gute körperliche Verfassung wird aber vorausgesetzt. Wesentlicher schwieriger sind die Aufstiege über den Gletscher Los Polacos oder über die Südwand. Wer nicht über ausgeprägtes Bergsteigerkönnen und -erfahrung verfügt, sollte sich auf keinen Fall an diesen Routen versuchen.

Der Aufstieg erfolgt normalerweise über **Puente del Inca.** Hier, auf etwa 3000 m Höhe, sollte man einige Tage verweilen, um eine erste **Akklimatisation** zu erreichen. Von dort geht es weiter zum **Basislager Plaza de Mulas** auf **4200 m.** Hier steht auch das **höchstgelegene Hotel der Welt,** das

arg3-302 Foto: gw

Refugio Plaza de de Mulas, Tel. (0261) 4214330, ab 19 US-$ p.P., www.refugioplazademulas.com.ar. Nach weiterer Akklimatisierung geht es von dort zum Gipfel. Unterwegs gibt es nur noch das Refugio Berlin, eine Biwakhütte für 8 bis 10 Personen auf 5850 m Höhe.

Die **Saison für die Besteigung** des Aconcagua beträgt vier Monate, sie dauert vom 15. November bis zum 15. März. Man muss angemeldet sein bei der Dirección de Recursos Naturales Renovables (Adresse s.u.). Dort erhält man ein dreitägiges **Trekking-Permit** für Trekking in der Umgebung des Basis-Lagers (35–50 US-$), ein 7-tägiges für längeres Trekking (50–70 US-$) oder ein 20-tägiges für die Besteigung des Gipfels (120–350 US-$, je nach Saison). Wer **unter 21 Jahren** ist, benötigt noch die notariell oder polizeilich beglaubigten Unterschriften beider Elternteile unter folgendes **Schreiben:** *„Por la presente autorizamos a nuestro hijo/a ... a realizar actividades de andinismo dentro del Parque Provinzial Aconcagua y desligamos al Parque y al Gobierno de la Provincia de Mendoza de toda responsibilidad por lo que pudiera occurirle durante su estadia en el Parque." („Wir versichern, dass unser Sohn/unsere Tochter ... die Erlaubnis hat, andine Aktivitäten im Parque Provincial Aconcagua auszuüben und entbinden die Parkverwaltung und die Regierung der Provinz Mendoza von aller Verantwortung für das, was ihm/ihr während seines/ihres Aufenthaltes im Park passieren könnte.")*

Die **Ausrüstung** für den Aufstieg muss perfekt sein: Ein Zelt, das Windgeschwindigkeiten von über 170 km pro Stunde aushalten kann, Kleidung und Schlafsack, die auch bei Temperaturen von −20°C noch gut wärmen, Bergstiefel (Kunststoff- oder Schalenschuhe) mit Steigeisen, perfekte Oberbekleidung, die Wasser abweisend, wind- und reißfest ist. Touren- oder Skistöcke helfen beim Laufen, ein bis zwei Eispickel werden auch benötigt. In Deutschland, Österreich und der Schweiz bekommt man wertvolle Informationen über die richtige Kleidung auch beim Alpenverein oder bei Fachgeschäften. Einige weitere **Ratschläge:**

- Nur akklimatisiert und mit hervorragender Ausrüstung den Aufstieg beginnen.
- Flüssigkeitszufuhr nicht vernachlässigen: Mindestens drei bis fünf Liter jeden Tag.
- Über 6000 m Höhe sollte man sich so kurz wie möglich aufhalten.
- Sofortige Rückkehr beim geringsten Unwohlsein.
- So viele Pausen wie möglich unterhalb von 5500 m.
- Auf keinen Fall bei schlechtem Wetter oder negativem Wetterbericht aufsteigen.
- Nur das Nötigste mitnehmen.
- Nach der Höhenakklimatisierung bedeutet ein schnelles Gehtempo erhöhte Sicherheit.

Den Aufstieg auf den Aconcagua sollte man langfristig planen und auf keinen Fall allein unternehmen. Ein erfahrener Führer, ausreichende Vorbereitung und die logistische Unterstützung

Blick auf den Aconcagua

durch eine verlässliche Agentur sind unter den extremen Bedingungen der Hochanden unerlässlich.

Einen **Muli-Service** bietet z.B. Los Puquios an. Los Puquios liegt kurz vor Puente del Inca an der Ruta 7. Sie organisieren den Transport des Gepäcks von dort mit Mauleseln zur Plaza de Mulas (4200 m, ab 120 US-$, www.lospuquios.com.ar) und stellen für diejenigen, die den Gepäck-Service buchen, kostenlose Campingmöglichkeiten zur Verfügung.

All diese hier gegebenen Hinweise reichen nicht aus, um den Aconcagua zu besteigen. Informieren Sie sich unbedingt in Mendoza über die Gefahren, die notwendige Ausrüstung, das Wetter usw. Hier die wichtigsten **Adressen:**

- **Dirección de Recursos Naturales Renovables,** Parque San Martín (neben dem Parkeingang), Tel. 4252090, Fax 4257208, aconcagua@mendoza.gov.ar, geöffnet Mo bis Fr 8–18 Uhr, Sa/So 9–13 Uhr.
- **Tourismusbehörde der Provinz Mendoza,** Av. San Martín 1143, Tel. 4202800.

Noch ein paar **Tipps:**

- Infos finden sich unter **www.aconcagua.mendoza.gov.ar** (auch auf Deutsch).
- Um sich länger – auch zum bloßen Trekking – im Nationalpark Aconcagua aufhalten zu können, brauchen Sie eine Erlaubnis **(permiso),** die Sie nur persönlich im Büro der **Dirección de Recursos Naturales Renovables** in Mendoza erhalten (s.o.).
- Die **besten Zugänge zum Park** sind bei Los Horcones (2 km westlich von Puente del Inca) oder bei Punta de Vacas (10 km östlich). Verpflegung sollte in Mendoza oder Uspallata gekauft werden. Tourveranstalter im Kapitel zu Mendoza.
- Wer auf Nummer Sicher gehen will, kann die Expedition zum Aconcagua auch von zu

a59-305 Foto: gw

Hause aus buchen. Mehrere Agenturen bieten die Besteigung an, z.B. *BergSpechte* in Linz im Doppelpack mit dem Cerro Marmolejo (6109 m): **BergSpechte,** Volksfeststrasse 18, A-4020 Linz, Tel. (0732) 779311-0, www.bergspechte.at.

San Rafael

↗X,B3

Die mit gut 80.000 Einwohnern **zweitgrößte Stadt der Provinz Mendoza** liegt in einem fruchtbaren Obst- und Weinbaugebiet. In der Stadt mit den weitläufigen Alleen und den fahrradfreudigen Bewohnern geht es gelassener zu als in Mendoza, dabei hat die Umgebung mit zahlreichen Weingütern und wilden Andentälern kaum weniger zu bieten.

Museen

In der Stadt selbst gibt es außer zwei Museen wenig Sehenswertes. Das Kunsthistorische Museum liegt in der Stadt (Irigoyen 148), das interessantere Naturhistorische Museum ca. 7 km südöstlich der Stadt auf der Isla Río Diamante. Beide sind Di bis So von 8–13 und 15–20 Uhr geöffnet.

Wein

Einer der wichtigsten Weinproduzenten des Landes, **Valentín Bianchi,** hat seinen Sitz in San Rafael. Die zentrale Bodega mit Abfüllanlage, Verkostung und preiswertem Verkauf kann besichtigt werden (Comandante Torres 500, Tel. 422046, www.vbianchi.com), ebenso die große Produktionsstätte für Weine und Champagner 5 km außerhalb der Stadt an der Ruta 143 (Tel. 435353).

Etwas intimer geht es in der **Bodega Jean Rivier** zu, die ebenfalls exzellente Tropfen keltert: Irigoyen 2385, Tel. 43 2675, Mo bis Fr 8–11 und 15–18 Uhr, Sa 8–11 Uhr, www.jeanrivier.com.

Touristeninformation

- Die sehr hilfsbereite Touristeninformation ist an der Ecke Av. H. Irigoyen und Balloffet, Tel. (02627) 424217, www.sanrafael.com.ar und www.sanrafael.gov.ar.
- Gute Informationen auch unter www.sanrafael-tour.com.

Hotels

- **Hospedaje España,** San Martín 292, Tel. 421192; DZ mit Bad ca. 22 US-$.
- **Hospedaje La Esperanza,** Avellaneda 263, Tel. 427978, laesperanza@infovia.com.ar; mit Frühstück, Küche, mit Bad 22 US-$, ohne 17 US-$.
- **Puesta del Sol,** Deán Funes 998 (3 km vom Zentrum entfernt), Tel. 434881, puestadelsol@infovia.com.ar; ab 25 US-$.
- **Kalton,** H. Irigoyen 120, Tel. 430047, www.kaltonhotel.com.ar; sauber, sicher, freundlich, ab 50 US-$.

Camping

- Es gibt zwei Campingplätze **auf der Isla Río Diamante,** 6 km außerhalb der Stadt.

Busverbindungen

- San Rafael ist gut mit dem Bus zu erreichen. Der **Busbahnhof** liegt auf der Coronel Suarez zwischen Almafuerte und Avellaneda. Mehrmals täglich gibt es Busse **nach Mendoza** (5 US-$), von dort bestehen dann Verbindungen zu Zielen im ganzen Land.

Reiseveranstalter

- Gute Reiseveranstalter für Touren in die Umgebung (Rafting auf dem Río Atuel, Trekking, Mountain-Bike-Touren) sind **Antú Turismo Aventura,** Av. Cabildo 1296, Tel. 439069, www.antuaventuras.com.ar und **Sport Star Aventura,** R. Prov.173, km 35, Tel. 15581068, www.sportstaraventuras.com.ar.

Ausflüge

Rund um San Rafael

In der abwechslungsreichen Andenlandschaft bei San Rafael lassen sich eindrucksvolle Touren unternehmen. Auch für Freunde von Rafting, Reiten, Trekking und Klettern hat die Gegend einiges zu bieten. Eine der großen Attraktionen ist der **Cañón de Atuel,** der ca. 35 km südwestlich der Stadt beginnt. Durch die 20 Kilometer lange Schlucht führt eine Straße entlang bizarrer, vielfarbiger Felsen, die an den Colorado-Canyon erinnern. Hier verkehren keine öffentlichen Verkehrsmittel, preiswerte Touren ab San Rafael.

Überaus lohnenswert ist auch die Tour zur **Laguna Diamante,** einem stahlblauen, windgepeitschten Bergsee vor der Kulisse des Vulkankegels Maipo (5323 m), ungefähr 160 km nordwestlich von San Rafael. Nur Fahrzeuge mit Vierradantrieb schaffen es hierher.

Schließlich führt von dem Örtchen Sosneado (138 km von San Rafael, einfache Herberge) eine Stichstraße zur **Laguna Sosneado** (42 km) und den gleichnamigen heißen Quellen (weitere 13 km) neben den Ruinen eines ehemaligen Thermalhotels. Oberhalb dieses einsamen Andentals wartet eine makabre Attraktion auf Besucher: die Flanke des Vulkans Tinguiririca, an der 1972 ein uruguayisches Flugzeug mit einer kompletten Rugby-Mannschaft abstürzte. Das Schicksal der Überlebenden, die ihre toten Kameraden aßen und erst nach 70 Tagen gerettet wurden, inspirierte den Hollywood-Film „Alive!". Auf einer dreitägigen Reittour zur Unglücksstelle bekommt man einen Eindruck von den widrigen Bedingungen in den rauen Hochanden (Anbieter in San Rafael und Malargüe).

Malargüe

⇗X,B3

Der Name kommt aus der Sprache der Mapuche: *Malal* steht für einen Pferch und *Hue* meint den Platz. Die Kleinstadt mit rund 22.000 Einwohnern ist aus drei Gründen interessant: Zum einen wegen der Nähe zum Skigebiet Las Leñas (s.u.), zum zweiten wird hier **Uran** gewonnen und zum dritten wegen des **Pierre-Auger-Observatoriums.** Die meisten nutzen den Ort jedoch nur als Durchgangsstation für die Ziele in der Umgebung. Malargüe ist per Bus mit San Rafael und dem 422 km weit entfernten Mendoza verbunden, im Winter auch direkt mit Buenos Aires (www.malargue.gov.ar).

Lohnend ist ein Besuch im **Pierre-Auger-Observatoriums,** benannt nach dem französischen Physiker *Pierre Auger,* der 1935 den „kosmischen Regen" entdeckt hatte. Man darf kein Fernrohr zum Sterneschauen erwarten. Hier wird Astrophysik betrieben und das Eindringen hochenergetischer kosmischer Strahlung in die Erdatmosphäre erforscht. In der weiten Ebene um Malargüe stehen 1600 tankähnliche Detektoren auf einer Fläche von 3000 km² verteilt. Das Hauptgebäude liegt an der Av. San Martín 304, Tel. (02627) 471562, www.auger.org.ar. Mo bis Fr nur um 17 Uhr gibt es kostenlose Führungen.

Zum Übernachten bieten sich an:

- **Hostería La Posta,** Av. San Martín 646, Tel. (02627) 472079, mit verschieden teuren Zimmern, ab 22 US-$.
- **Rio Grande Hotel,** Ruta 40Norte, Colonia Colorada, Tel. 471589, hotelriogrande@infovia.com.ar; ab 55 US-$.
- Etwas außerhalb liegt die **Jugendherberge** *Eco Hostel International,* Prolongación Constiution Nacional s/n, Finca 65, Colonia Pehuenche, 470391, www.hostelmalargue.net, Übernachtung ab 9 US-$ pro Person.

Paso Pehuenche ⇗X,B3

Von Malargüe aus kann man über eine landschaftlich reizvolle Route über den Paso Pehuenche (2553 m) **nach Talca in Mittelchile** reisen. An der durchgehenden Asphaltierung der Strecke wird gearbeitet; erkundigen Sie sich bei der Polizei in Malargüe oder San Rafael nach dem Stand der Dinge. Höhepunkte auf der 317 km langen Tour sind die tiefblaue **Laguna del Maule** direkt hinter dem Pass und der 80-Meter-Wasserfall des **Río Maule,** ca. 20 km hinter der Grenze (von der Straße aus nicht einsehbar, kurzer Fußweg). Grenzkontrolle auf der argentinischen Seite in Las Loicas (119 km von Malargüe), in Chile in La Mina (50 km hinter der Grenze).

Las Leñas ⇗X,B3

Der **Wintersportort** ist inzwischen der vielleicht wichtigste in ganz Argentinien, da er durch die jährlich dort stattfindenden Weltcup-Rennen international bekannt geworden ist. Las Leñas besitzt 33 Abfahrtspisten zwischen 2200 und 3400 m Höhe. Alle Hotels am Ort sind **stark überteuert,** unter 100 US-$ pro Nacht lässt sich dort kein Zimmer finden.

Wer sich bereits vor seinem Besuch genauer informieren will, kann das im Büro des Ortes in Buenos Aires (Cerrito 1186, Piso 8, Tel. (011) 48196000), in Mendoza (Av. San Martín 1233) oder im Internet tun (www. laslenas. com).

San Juan (Stadt) ⇗X,B1

Die **Provinzhauptstadt,** deren richtiger Name eigentlich San Juan de la Frontera ist, wurde bereits am 13. Juni 1562 durch *Juan Jufré* auf Anordnung des spanischen Gouverneurs von Chile, *Pedro de Mendoza,* gegründet. Von der langen Geschichte der Stadt ist in ihrem Erscheinungsbild seit dem 15. Januar 1944 nicht mehr viel zu spüren: Damals erschütterte das **schwerste Erdbeben,** das jemals in Argentinien gemessen wurde, die Stadt. 80 Prozent aller Häuser wurden zerstört, über 10.000 Menschen verloren ihr Leben. Danach wurde die Stadt neu aufgebaut: breite, von Bäumen gesäumte Straßen, moderne Bauten, die aber maximal sieben Etagen hoch sind. So überstand San Juan ein weiteres Erdbeben am 23. November 1977, das sogar noch im über 1100 Kilometer entfernten Buenos Aires spürbar war, unbeschadet. Die Hilfsaktionen nach dem Beben von 1944 wurden von einem Mann geleitet, der damit einen wichtigen Schritt in seiner politischen Karriere machte: *Juan Domingo Perón.*

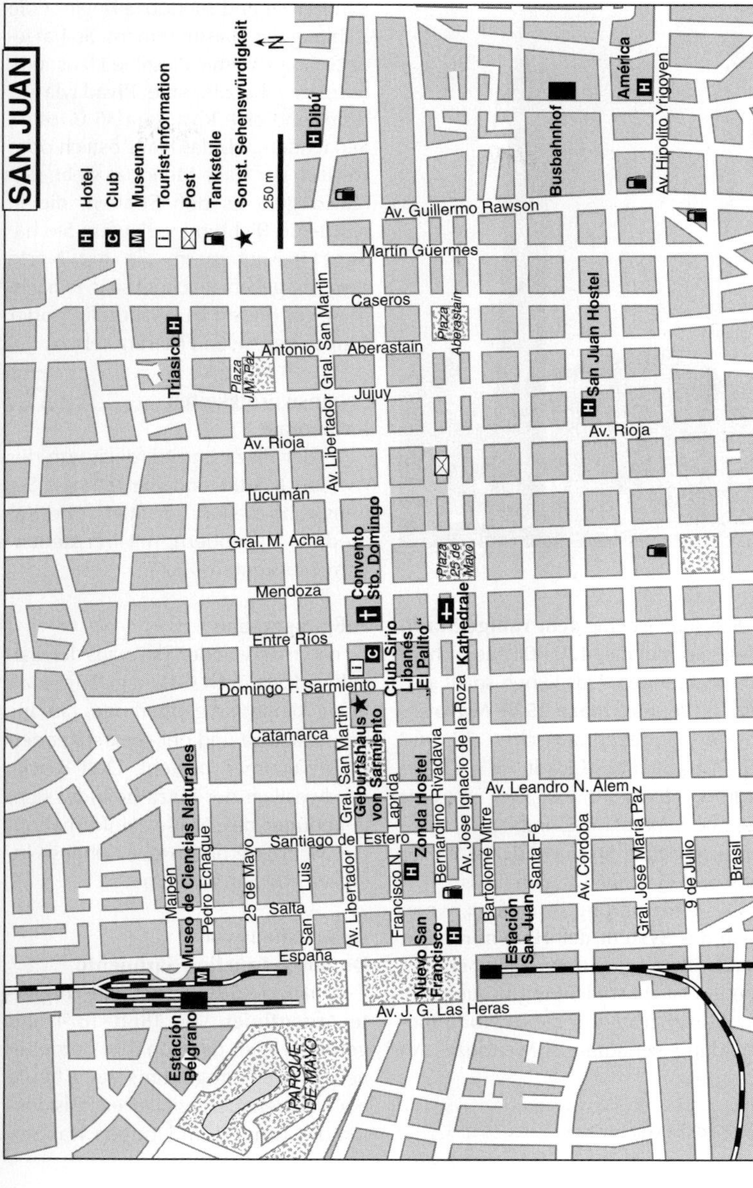
SAN JUAN
Hotel
Club
Museum
Tourist-Information
Post
Tankstelle
Sonst. Sehenswürdigkeit
250 m
N
Dibú
Busbahnhof
América
Av. Hipolito Yrigoyen
Av. Guillermo Rawson
Martín Güermes
Caseros
Triasico
Antonio
Plaza J.M. Paz
Aberastain
Plaza Aberastain
Jujuy
Av. Libertador Gral. San Martín
San Juan Hostel
Av. Rioja
Av. Rioja
Tucumán
Gral. M. Acha
Convento Sto. Domingo
Mendoza
Plaza 25 de Mayo
Entre Ríos
Kathedrale
Club Sirio Libanés „El Palito“
Domingo F. Sarmiento
Catamarca
Geburtshaus von Sarmiento
Gral. San Martín
Av. Leandro N. Alem
Museo de Ciencias Naturales
Maipén
Pedro Echagüe
25 de Mayo
Santiago del Estero
Luis
San
Salta
España
Av. Libertador
Francisco N. Laprida
Zonda Hostel
Bernardino Rivadavia
Av. Jose Ignacio de la Roza
Bartolomé Mitre
Santa Fe
Av. Córdoba
Gral. José María Paz
9 de Julio
Brasil
Nuevo San Francisco
Estación San Juan
Av. J. G. Las Heras
Estación Belgrano
PARQUE DE MAYO

Cuyo

a60-309 Foto: gw

Kathedrale von San Juan

San Juan ist eine **sehr ruhige Stadt,** trotz der mehr als 120.000 Menschen, die in ihr leben. Das Leben spielt sich um die zentrale **Plaza 25 de Mayo** ab, in der Siestazeit zwischen 12 und 17 Uhr scheint die Stadt völlig ausgestorben zu sein. In San Juan ist es oft sehr heiß. Weht der Zonda, ein trockener und heißer Sturmwind, bleibt man besser den ganzen Tag im Haus.

Die Orientierung ist einfach, wenn man das **System der Hausnummern** verstanden hat. Die Hauptstraßen sind die in Ost-West-Richtung verlaufende Av. San Martín und die in Nord-Süd-Richtung verlaufende Mendoza. An San Martín und Mendoza beginnt die Zählung der Hausnummern. So hat jede Straße zweimal dieselbe Hausnummer, es gibt z.B. eine Rivadavia 35 (Este) und eine Rivadavia 35 (Oeste), je nachdem, ob das Haus östlich oder westlich der Calle Mendoza steht. Genauso geht es den Straßen, die in Nord-Süd-Richtung verlaufen: Sie haben Hausnummern, die mit Norte oder Sur gekennzeichnet sind, je nachdem, ob diese Häuser nördlich oder südlich der Av. San Martín stehen.

Sehenswürdigkeiten

Kathedrale

An der Plaza und nördlich von der Av. San Martín sind die meisten Sehenswürdigkeiten der Stadt. Die Kathedrale ist modern, mit frei stehendem Glockenturm.

Fußgängerzone

Folgt man von der Plaza aus der Calle Rivadavia nach Osten, gelangt man in die kleine Fußgängerzone, die aus der Rivadavia und der sie kreuzenden Calle Tucúman besteht. Drei Blocks nordwestlich der Plaza befindet sich, gegenüber der Touristeninformation, die wichtigste historische Sehenswürdigkeit von San Juan, das

Geburtshaus von Domingo Faustino Sarmiento

Domingo Faustino Sarmiento **regierte Argentinien** von 1868–1874 und gehört wegen des von ihm betriebenen Bildungsprogramms auch heute noch zu den meisterinnerten Präsidenten des Landes. Im Übrigen war *Sar-*

miento der erste Präsident, der nicht aus Buenos Aires stammte.

„Zivilisation oder Barbarei", so der Untertitel seines Werkes „Vida de Juan Facundo Quiroga" (1845, dt. „Facundo Quiroga oder Zivilisation oder Barbarei"), war der Slogan, unter dem er sein Amt antrat. Schon als Journalist hatte er gegen die Caudillos der Provinzen gekämpft: Ihnen warf er Kulturfeindlichkeit, Wildheit und Barbarei vor. Dagegen stellte er das Bild der verfeinerten Zivilisation der Städte. So wundert es nicht, dass er schließlich zum Begründer des modernen argentinischen Schulwesens wurde.

In seinem Haus wird seine produktive Persönlichkeit gut spürbar. Es ist eingerichtet mit Originalmobiliar; beeindruckend ist die Bibliothek, und noch beeindruckender ist die große Sammlung seiner eigenen Werke.

Die Wände des kleinen Hofes sind über und über mit Ehrentafeln, so genannten *Homenajes,* bedeckt. Es findet sich eine sehr große vom damaligen Präsidenten *Raúl Alfonsín* zum 100. Todestag *Sarmientos* 1988. Eine ebenso große zum 101. Todestag vom Nachfolgepräsident *Carlos Menem* darf natürlich nicht fehlen. Nur aus der Zeit der Militärdiktatur sind keine zu sehen. Das Museum (Sarmiento 21 Sur, www.casanatalsarmiento.gov.ar) ist Di bis Fr 8.30–13 und 15–20 Uhr sowie Mo und Sa von 8.30–12.30 Uhr geöffnet; Eintritt: 0,50 US-$.

Museo de Ciencias Naturales

Die zweite wichtige Sehenswürdigkeit ist ebenfalls ein Museum, und zwar das Museo de Ciencias Naturales auf der Av. España/Ecke Maipú. Das sehr wissenschaftliche Museum besitzt eine nicht sehr attraktiv aufgearbeitete Sammlung von Fossilien aus dem Parque Provincial Ischigualasto (Valle de la Luna, siehe weiter unten), darunter Teile eines Rincosaurus-Skeletts (230 Millionen Jahre alt) und eines Stegomastodon (6–7 Millionen Jahre alt) aus der Provinz Santiago del Estero. Das Museum ist Mo bis Fr 8–12.30 und 16–20 Uhr sowie Sa von 9–12.30 Uhr geöffnet.

Im **Convento Santo Domingo** (Laprida 57 Oeste) ist eine Zelle, in der General *José de San Martín* 1815 übernachtet hat.

Museo (bodega) Santiago Graffigna

In San Juan sollte man ebenfalls eine Bodega besichtigen. Beginnen kann man in der Museumskellerei *Santiago Graffigna,* ca. 3 km vom Zentrum nach Desamparados, Colón 1342 Norte, Tel. 4214227. Sie ist die **älteste Weinkellerei** der Gegend. Gezeigt wird ihre Geschichte von den Anfängen im Jahr 1869 bis zur heutigen modernen Kellereianlage. Geöffnet ist Mo bis Sa 9–17 und So 10–16 Uhr.

Parque de Mayo

Westlich der Innenstadt liegt der attraktive Parque de Mayo mit künstlichem See und Wassersportanlagen.

Lohnend ist auch eine Besichtigung des Konzertsaales **Auditorio Juan Victoria,** in dem man für 0,30 US-$ den **Orchesterproben der Universität**

Die Ruta Nacional 40 (Teil 2)

Der Süden: Patagonien, Länge 2277 km, (RN 40 km 0) Vom Atlantik geht es nach Westen durch die Steppe und Hügelketten der Provinz Santa Cruz bis zu den südlichen Ausläufern der Kordilleren. Bei Río Turbio biegt die RN 40 nach Norden ab. Die Kordilleren werden sie ab jetzt immer begleiten. An El Calafate will sie vorbei, und kreuzt die RP 11. Sie führt von Tres Lagos nach Norden. Es ist der einsamste Teil, nichts außer Wind, Weite, Schotter und Staub bis Bajo Caracoles. Die RN 40 führt weiter vorbei am Lago Buenos Aires und durchquert die **Provinzen Chubut, Río Negro** und **Neuquén.** Es geht entlang der **Naturreservate Los Alerces, Lago Puelo** und **Nahuel Huapi.** Hier beginnen die Wälder, es lohnt ein Abstecher in die „kalten" Regenwälder dicht an der chilenischen Grenze. Wieder zurück auf der RN 40 geht die Fahrt an den Seen vorbei durch die „argentinische Schweiz" (RN 40 km 2277).

Die Mitte: Cuyo (Mendoza, San Juan, La Rioja), Länge 1551 km. Wer von Süden nach Zapala kommt muss hier eine Entscheidung treffen. Zwar sind es noch 340 km bis Barrancas, doch wer den schlimmsten Abschnitt der RN 40 umgehen möchte, muss von hier auf den asphaltieren Straßen über die Städte Neuquén und San Rafael ausweichen. Wer unsicher ist, findet am Eingang von Zapala gute Beratung in der **Touristeninformation,** kann sich über den Zustand der RN 40 informieren und bekommt gutes Kartenmaterial angeboten.

Auf der RN 40 geht es durch die trockene Landschaft mit den kleinen **Oasen** von Zapala über Las Lajas nach Chos Malal. Anfangs ziehen sich leichte Hügelketten hin, aber die Gegend wird zunehmend enger. Gürteltiere kreuzen die Fahrbahn, eine tote Kuh verwest am Straßenrand. Chos Malal – in der Sprache der Tehuelche gelbes Gehege – nennt sich gerne das Tor nach Norden. Von Chos Malal geht es weiter auf der RN 40 bis La Salada. Hier empfiehlt sich die Provinzstraße 2, die später auf die RP 37 trifft. Nandus laufen aufgeschreckt davon. Auf der Piste, auf der sich Schotter- und Erdbelag abwechseln, geht es am Vulkan Tromen (4114 m) vorbei, den **Seen Los Barros** und **Tromen** mit Flamingos und Enten. Braunschwarze Lavafelder ziehen sich durch die Landschaft. Noch einen Bach durchquert, und dann auf der RP 53 zurück zur RN 40 bis Barrancas.

Barrancas ist der letzte Ort in der Provinz Neuquén, der Übergang von Patagonien nach Cuyo. Von hier arbeitet sich der Straßenbau in Richtung Provinz Mendoza vor. Es kommen 30 km feinster Asphalt. Dann ist Schluss: 120 km geht es rauf und runter auf einer abgeschredderten, unterhöhlten oder weggespülten Asphaltdecke von Schlagloch zu Schlagloch mit Schotter-, Geröll- und Sandpisteneinlagen. Wer glaubt das Gröbste liege hinter ihm, sollte mit Vorsicht um die nächste Kurve fahren. Die noch verbleibenden 70 km Asphalt bis Malargüe sind zur Erholung. Wer über San Rafael ausgewichen ist stößt von dort nach 74 km auf der RN 144 wieder zur RN 40. Von Malargüe aus sind es 120 km. Die RN 40 biegt von der Asphaltstraße ab. Als Schotterpiste mit sandigen Abschnitten führt sie durch die Ebene zum **Stausee Dique Agua del Toro.** Kurz davor blinzelt man sich durch einen der zwei einzigen Tunnels, die die RN 40 zu bieten hat. Weiter geht es bis Tunuyán.

Von Tunuyán bis Mendoza ist die RN 40 eine gute aber langweilige Asphaltstraße. Interessanter ist die R 86 über Tupungato. Sie verläuft näher am Cordón del Plata, den schneebedeckten Kordilleren, und führt entlang der Rebstockreihen über die **Weindörfer** nach Mendoza. Die RN 40 führt weiter nach San Juan, ist aber langweilig zu fahren. Interessanter ist, die R 7 nach Uspallata. Von Uspallata geht es auf der RP 39 durch das Uspallata-Tal und auf der RP 412 zum **Nationalpark El Leoncito** in der Provinz San Juan. Über Calingasta nach Las Flores (hier den kurzen Abstecher in das Örtchen Tudcum machen!) auf der RP 425 und 436. Noch die RP 150 nach San José de Jachal, wo man auf richtiger Höhe auf die RN 40 stößt, um die beiden Nationalparks Ischigualasto und Talampaya zu besuchen. Danach geht es bis auf eine kleine Ausnahme von 40 km durch die Provinz La Rioja über das schöne Städtchen Chilecito auf Asphalt weiter nach Norden (RN 40 km 3828).

Kartenmaterial: *OInfobox Ruta Nacional 40.* Herausgegeben vom argentinischen Tourismussekretariat (www.turismo.gov.ar). Enthält die komplette Homepage auf CD. Dazu eine informative und bebilderte touristische Landkarte zur RN 40, Faltblätter zu Nationalparks und Weintourismus.

Neu auf dem Markt ist der dreiteilige *Guía YPF Ruta 40.* Ein Reiseführer auf Spanisch mit Tipps für Übernachtungen, Essen und Sehenswürdigkeiten (siehe auch den Abschnitt „Landkarten" im Anhang des Buches).

Infos im Intenet: *owww.turismo.gov.ar/esp/atra/ruta/mruta.htm,* die Homepage der RN 40! Zum Herunterladen. Auf Englisch und Spanisch alles über den Verlauf und Zustand der Straße, Landkarten, Adressen zum Übernachten vom Fünf-Sterne-Hotel bis zum Campingplatz, Restaurantadressen, Tipps für Kultur und Einkauf. *www.ruta0.com/issues/2004-01/r40norte.htm,* Recorriendo la Ruta 40 Norte, in Spanisch, gibt einen schnellen Überblick von Mendoza bis La Quiaca. *www.ruta0.com/issues/2003-11/body.htm,* Recorriendo la Ruta 40 Sur, in Spanisch, gibt einen schnellen Überblick von Cabo Vírgenes bis Mendoza. *www.ruta0.com,* auf Spanisch, gibt Auskunft über das argentinische Straßennetz.

011-a Foto: jv

von San Juan zuhören kann. Die Proben beginnen morgens um 10 Uhr, der Saal liegt an der Ecke 25 de Mayo und Félix Aguilar.

Touristeninformation

- Das Infobüro ist in Sarmiento 24 Sur, Mo bis Fr 7–20 Uhr, Sa/So 9–19 Uhr, Tel. (0264) 4210004, www.ischigualasto.com.

Hotels

- **San Juan Hostel,** Córdoba 317 Este, Tel. 4201835, www.sanjuanhostel.com; ab 7 US-$ pro Person.
- **Zonda Hostel,** Laprida 572 Oeste, Tel. 420 1009, www.zondahostel.com.ar; 8 US-$ p.P.
- **Triásico Hostel,** Pedro Echagüe 520 Este, Tel. 4219528, www.triasicohostel.com.ar; Bar, Wäscherservice, Tanzkurse, Küchenbenutzung, ab 7 US-$ p.P., DZ ab 20 US-$.
- **Petit Hotel Dibú,** Patricia Sanjuaninas 41 Norte, Tel. 4201034, hoteldibu@yahoo.com.ar; gut und freundlich, mit Bad 28 US-$.
- **Nuevo San Francisco,** Av. España 284 Sur, Tel. 4223760, www.nuevo-sanfrancisco.com.ar; sehr freundlich, englischsprachig, 30 US-$.
- **Brescia,** Av. España 330 Sur, Tel. 4225708, nuevohotelbrescia@yahoo.com.ar; 32 US-$.
- **Hotel América,** 9 de Julio 1052 Este, Tel. 4272701, www.hotel-america.com.ar; modern, stilvoll, guter Service, ab 36 US-$.

Essen und Trinken

- Innerhalb des Zentrums finden sich viele preiswerte Restaurants, darunter das **Tequila Lomos** auf der Ecke Salta/Ecke Av. José Ignacio de la Roza.
- **Club Sirio Libanés „El Palito",** Entre Ríos 33 Sur. In sehr schönem Ambiente wird sehr gute mittelasiatische Küche serviert, eine vielleicht willkommene Abwechslung.

In San Juan leben viele Einwanderer aus arabischen Ländern.

Flugverbindungen

- Vom **Flughafen Las Chacritas** gibt es tägliche Flüge nach Buenos Aires (185 US-$), Córdoba und Mendoza.
- **Aerolíneas Argentinas/Austral** hat auf der Av. San Martín 215 Oeste, Tel. 4274444.

Überlandbusse

- Der **Busbahnhof** ist Estados Unidos/Ecke Santa Fe. Er ist mit den Bussen 6, 10, 33 und 42 vom Stadtzentrum aus zu erreichen. Vom Bahnhof starten mehrfach täglich Busse nach:
- **Buenos Aires,** 45 US-$, 14 Stunden.
- **Córdoba,** 22 US-$, 8 Stunden.
- **La Rioja,** 15 US-$, 5½ Stunden.
- **Salta,** 38 US-$, 17 Stunden.
- **Jujuy,** 39 US-$, 16 Stunden.
- **Tucumán,** 28 US-$, 12 Stunden.
- **Mendoza,** 6 US-$, 2 Stunden.

Autoverleih

- **Parque Automotor,** España/Ecke San Martín, Tel. 4226018.
- **Localiza,** Av. Rioja 1187 Sur, Tel. 4219494.

Post

- Die Post ist in der Av. Ignacio de la Roza 259 Este.

Geldwechsel

- Auf der Av. San Martín finden sich zahlreiche **Geldautomaten,** ansonsten:
- **Cambio Cash,** Av. J De Roza Este 161.
- **Cambio Santiago,** Gral. Acha 52 Sur.

Reiseveranstalter

Viele Veranstalter in San Juan bieten **Ausflüge in den Parque Provincial Ischigualasto** (Valle de la Luna, siehe weiter unten) an. Diese Touren beginnen um 4.30 Uhr, erreichen um 10 Uhr das Valle de la Luna, haben dort einen dreistündigen Aufenthalt bzw. eine Rundfahrt. Die Rückfahrt erfolgt über San Agustín de Valle Fértil und Vallecito (Difunta Correa), gegen 20 Uhr erreicht man wieder San Juan. Die Fahrt kostet ab 25 US-$ pro Person plus 12 US-$ Eintritt in den Parque Provincial. Sie wird meist erst ab neun Personen durchgeführt. Einige **Reiseveranstalter:**

- **Cóndor Expeditions,** San Martín/Ecke Calingasta, Tel. 441144; Besitzer *Pablo Schlögl* ist ein erfahrener Bergsteiger und guter Guide für Hochgebirgstouren.
- **Fascinatur,** Av. Libertador 9810 Oeste, Tel. 155043933, raphael.joliat@gmail.com; Reit-, Hochgebirgs- und Trekkingtouren oder auch Vögelbeobachtung, deutschsprachig.
- **Terra Riojana,** Córdoba 347, Tel. 4274160, www.terrariojana.com.ar.
- **Ocio y Cultura Turismo,** Laprida 70 Oeste, www.oycturismo.com.

Ausflüge

Difunta Correa

Problemlos mit dem Bus ist der Schrein der Difunta Correa in Vallecito zu erreichen. Er ist **eines der populärsten Wallfahrtsziele in Argentinien.**

Ausgangspunkt ist die **Legende,** die sich – in leicht unterschiedlichen Versionen – um *María Antonia Deolinda Correa* und ihren Sohn rankt. María machte sich im Bürgerkrieg 1841 mit ihrem Säugling auf dem Rücken auf, um ihrem Mann zu folgen, der von den Truppen des Caudillos *Facundo Quiroga* gefangen gehalten wurde. Sie verlief sich in der Wüste und starb schließlich an Hunger und Durst. Aber als eine Gruppe von Maultiertreibern zufällig einige Tage später ihren Leichnam fand, lebte das Kind immer noch. Es lag säugend an der Brust seiner toten Mutter. Wo die Leiche gefunden wurde, liegt heute der Wallfahrtsort der Difunta Correa, der „Entschlafenen Correa".

Cuyo

a61-313 Foto: gw

Von der Katholischen Kirche ist die Difunta Correa **nicht offiziell heilig gesprochen,** das hält die Argentinier aber nicht davon ab, zu Tausenden, an bestimmten Tagen (z.B. Ostern) sogar zu Hunderttausenden nach Vallecitos zu pilgern. Schließlich verbindet der Legendenstoff in idealer Weise zwei Stereotypen im Frauenbild: das Bild der treuen Frau, die ihrem geliebten Manne folgt, und das der sich aufopfernden Mutter.

Die Gläubigen bringen **Opfergaben** mit, und im Laufe der Jahre hat sich mehr als ein Dutzend kleiner Kapellen bis obenhin angefüllt mit Familienfotos, Diplomen, Sporttrophäen, Zeugnissen, Automodellen, Sportlertrikots und, und, und. Eine Kapelle ist voll mit Hochzeitskleidern, draußen hängen unter einem Unterstand Abertausende von Autokennzeichen, auch kleine, selbst gezimmerte Schreine für Difunta Correa finden sich hier zu Hunderten.

Diese **selbst gezimmerten Schreine** (meist rot beflaggt) stehen auch häufig entlang der großen Überlandstraßen im gesamten Argentinien, aber auch in Nordchile. **LKW-Fahrer** verehren die Difunta Correa besonders, sie gilt als Beschützerin aller, die allein durch die großen Weiten reisen. In den Schreinen liegen häufig ein wenig Geld, einige Kerzen, auch ab und an ein Reifen oder ein Lenkrad als Opfer, viel häufiger aber **gefüllte Wasserflaschen.** Denn Wasser ist in vielen Regionen selten, und so ist es nicht nur ein besonderes Opfer, sondern eventuell auch wichtig für andere.

Parque Ischigualasto – Valle de la Luna

⇗ X,B1

Eine der größten **Natursehenswürdigkeiten** der Provinz San Juan ist das so genannte „Tal des Mondes". Die Bezeichnung ist durchaus treffend für die **bizarre Erosionslandschaft,** die im Norden der Provinz, etwa 320 km von der Hauptstadt San Juan entfernt, direkt an der Grenze zur Provinz La Rioja liegt. Diese Naturlandschaft ist grenzüberschreitend, der, in der Provinz La Rioja liegende, Nationalpark Talampaya (siehe dort) schließt direkt an das Valle de la Luna an. Offiziell heißt der Park heute Ischigualasto, nach einer alten Indianerkultur. Seit 2000 steht er auf der UNESCO-World Heritage-Liste.

Ein Besuch des Parks führt zurück in die absolute **Urgeschichte.** Forscher haben nachgewiesen, dass hier einst ein bis zu 800 km langer und 15 km breiter See war, in dem schon vor etwa 190 bis 230 Millionen Jahren, im Trias, tierisches und pflanzliches Leben existierte. Unter anderem wurden im Ischigualasto-Park die **ältesten Saurierskelette der Welt** gefunden. Ein **Museum** an Parkeingang informiert über die Naturgeschichte der Region.

Der Park selbst verblüfft durch ganz **ungewöhnliche, wunderbare Sandsteinformationen.** In Jahrmillionen hat die Erosion absonderliche und phantastische Steinskulpturen geschaffen. Es gibt das Valle Pintado, das seinen Namen („bemaltes Tal") vollständig zu recht trägt und in den unterschiedlichsten Farben leuchtet, es gibt

Sandsteinfelsen wie „Aladins Wunderlampe" oder den „Papagei".

Im Valle de la Luna kann man nicht auf eigene Faust loswandern; es sind hier nur geführte Touren z.B. in Camionetas des Nationalparks möglich.

Der **Eintritt** zum Park kostet 12 US-$. Darin ist eine Rundtour mit einem Führer und der Besuch im Parkmuseum enthalten. Zur Tour kommt noch ein Zuschlag von knapp zwei US-$ für die Fahrt in den Camionetas. Es gibt eine kleine Confitería. Denken Sie daran: Der Park ist eine Wüste, bringen Sie ausreichend Trinkwasser mit!

Anfahrt

Die Anfahrt zum Park ist ein wenig aufwendig. Wer keine organisierte Tour in San Juan bucht oder dort kein Auto leiht, hat **zwei Möglichkeiten.** Er kann zunächst mit dem Busunternehmen Vallecito von San Juan bis San Agustín de Valle Fértil (täglich zwei- bis dreimal, ca. 7 US-$) fahren und dort eine Übernachtung einplanen (Campingplatz, die *Hostería Valle Fértil,* Rivadavia s/n, Tel. (02646) 420015, www.alkazarhotel.com.ar, das DZ für etwa 58 US-$ und einige billigere Pensionen). Seit 2007 hat die Jugendherberge *Hostel Valle de la Luna* (www.hostelvalledelaluna.com.ar) geöffnet, Übernachtung p.P. 8 US-$. Hier werden auch Fahrradtouren ins Valle de la Luna angeboten.

Die hilfsbereite **Touristeninformation** ist direkt im Zentrum an der Plaza. Sie gibt auch Informationen über Tour- und Transportmöglichkeiten. Eine organisierte Tour von San Agustin aus kostet pro Person ab 12 US-$ ohne Eintrittspreis in den Park.

Die zweite Möglichkeit ist, direkt den Bus von San Juan nach La Rioja zu nehmen. Er passiert ebenfalls San Agustín de Valle Fértil. Etwa 60 km weiter nördlich bei der Polizeistation in Los Baldecitos muss man den Bus verlassen (denn der biegt dort nach Osten Richtung Patquía und La Rioja ab); von dort sind es noch 17 km bis zum Parkeingang. Mit Glück findet man hier eine Möglichkeit, weiterzutrampen, oder ein Taxi.

Wer auch den **Nationalpark Talampaya** besuchen will, kann sich strategisch günstig auch in Villa Unión in der Provinz la Rioja einquartieren. Von dort sind es 120 km bis Ischigualasto und 66 km bis zum Talampaya.

Ausführliche **Informationen** über den Park, Transport- und Unterkunftsmöglichkeiten im Internet unter www.ischigualasto.org.

03-a Foto: jv

Córdoba und Mittel-argentinien

017-a Foto: jv

016-a Foto: jv

Traslasierra in Mittelargentinien

Kirche in Villa Cura Brochero

Asado mit Chivito-Zicklein

Córdoba und Mittelargentinien

Wie ein breiter Gürtel **zwischen den Höhen der Anden und den wasserreichen Provinzen am Paraná** ziehen sich von Norden nach Süden vier Provinzen hin: **Santiago del Estero, Córdoba, San Luis** und **La Pampa.** Dieser Großraum ist flach. Er grenzt im Norden an den Chaco, im Süden umfasst er die weiten Ebenen der Pampa.

Santiago del Estero und Córdoba

Santiago del Estero ist eine Flachlandprovinz mit subtropisch-heißem Klima. Auf 150.536 km² Fläche verteilen sich 800.000 Einwohner. Die Provinz lebt von der Landwirtschaft, hauptsächlich wird Baumwolle angebaut. Bereits im Norden der Provinz Córdoba beginnen die ersten Ausläufer der **Sierra von Córdoba,** einem 500 km langen, in Nord-Süd-Richtung verlaufenden Gebirge, das in seinem höchsten Gipfel, dem **Cerro Champaqui,** sogar 2884 m erreicht.

Östlich der Sierra de Córdoba erstrecken sich die weiten Ebenen der Pampa. Dort liegt auch die **Laguna Mar Chiquita,** einer der größeren Seen Argentiniens, der von drei Flüssen, dem Río Primero, dem Río Segundo und dem Río Dulce gespeist wird. Vier **Flüsse** durchfließen die Provinz in Ost-West-Richtung: Die beiden Erstgenannten, dazu noch der Río Tercero und der Río Quarto. So nannten die Spanier die Flüsse, als sie von Norden das Gebiet eroberten. Heute gelten wieder die alten Namen, die von den Indios benutzt wurden: Río Suquía, Río Xanaes, Río Ctalamochita und Río Chocanchavara.

Córdoba ist recht dicht besiedelt. Die Provinz hat fast 3 Mio. Einwohner, sie umfasst 168.864 km² und wird gern wegen ihrer Lage als das **Zentrum des Landes** bezeichnet. Die Provinz lebt nicht allein von Viehwirtschaft und Ackerbau, die in der Pampa betrieben werden. Besonders um die Hauptstadt herum hat sich eines der größten argentinischen **Industriezentren** entwickelt.

Die Provinz ist beliebt bei argentinischen Besuchern. Neben der Hauptstadt ist die Sierra de Córdoba das attraktivste Reiseziel.

Santiago del Estero (Stadt) ⇗VII,C2

Die Hauptstadt der gleichnamigen Provinz hat etwa 250.000 Einwohner und ist die **älteste, heute noch erhaltene Stadt Argentiniens.** Sie wurde im Jahr 1553 von spanischen Eroberern unter *Francisco de Aguirre* am Ufer des Río Dulce gegründet. Bereits zehn Jahre vorher war *Don Diego Rojas* dem Río Tercero bis zu dessen Mündung in den Paraná gefolgt und dort auf die Spuren anderer Spanier – die vom Rió de la Plata nach Asunción gezogen waren – getroffen. Später wurde die Stadt, wie viele Orte im Nordwesten Argentiniens, zu einem wichtigen Haltepunkt auf der Straße von den bolivianischen Silberminen zum Río de la Plata.

Sehenswürdigkeiten

Plaza Libertad

Obwohl die Stadt einen etwas unregelmäßigen Grundriss hat, ist die Orientierung dennoch einfach: Hauptplatz ist die Plaza Libertad, die an der Av. Libertad liegt. Tucumán und Independencia, die an der Plaza vorbeiführen, sind Fußgängerzonen. Einige der Regierungsgebäude in Santiago del Estero wurden 1993 durch Brände zerstört - aufgebrachte Provinzbewohner hatten bei Aufständen gegen die Wirtschaftspolitik Feuer gelegt.

Kirchen

Die beiden wichtigsten Sehenswürdigkeiten von Santiago del Estero sind Kirchen: die **Iglesia de Santo Domingo** und der **Convento de San Francisco** (s.u.). Santo Domingo (Urquiza/ Ecke 25 de Mayo) beherbergt eine Kopie des berühmten Turiner Schweißtuchs, das angeblich Jesu Christi Gesichtsabdruck zeigt. Die Kopie war ein Geschenk *Philipps II.* (1527–1598) „an seine geliebten Kolonien in Amerika".

Der Konvent des Heiligen Franziskus liegt auf der Calle Avellaneda zwischen Av. General Roca und Calle Olaecha. Er wurde Mitte des 16. Jahrhunderts durch Franziskaner erbaut.

Eine Besonderheit ist die Kapelle des heiligen Francisco Solano, die 1590 hier von Indios errichtet wurde und in der der Provinzheilige von Tucumán damals lebte.

Museum

Nahebei liegt das **Museo Wagner de Ciencias Antropológicas y Naturales** (Avellaneda 355, Tel. 4211380, Mo bis Fr 7–13, 16–20 Uhr, Sa, So 10–12 Uhr), das gut sortiert die Natur- und Kulturgeschichte der Region präsentiert.

Parque Aguirre

Hinter dem Konvent beginnt der Parque Aguirre, wo man sich Erholung von der meist großen Hitze verschaffen kann.

Touristeninformation

- Die Information ist auf der Plaza Libertad, Tel. (0385) 4213253, Mo bis Fr 7–13, 15–21 Uhr, in der Saison (Dez., Jan.) auch Sa, So 15–18 Uhr geöffnet.

Hotels

Einfach und billig:

- **Residencial Emaus,** Moreno Sur 673, Tel. 4215893; sauber, freundlich, mit Bad 22 US-$.
- **Hotel Savoy,** Tucumán 39, Tel. 4211234, www.savoysantiago.com.ar; altes Haus, aber recht gut in Schuss, mit Bad um 30 US-$.

Hotels der Mittelklasse:

- **Libertador,** Catamarca 47, Tel. 4219252, www.hotellibertadorsrl.com.ar; mit Parkplatz, okay, große Zimmer, Pool, mit Bad 50 US-$.
- **Hotel Carlos V.,** Independencia 110, Tel. 4240303, hotelcarlosv@arnet.com.ar; das beste Hotel im Ort, mit Frühstücksbuffet, Pool, Sauna, direkt im Zentrum, 70 US-$.

Camping

- Im Parque Aguirre befindet sich ein städtischer Campingplatz.

Essen und Trinken

Billige **Restaurants** finden sich nahe des Busbahnhofs. Etwas teurer und besser sind die Restaurants an der Plaza Libertad.

Flugverbindungen

- **Aerolíneas Argentinas** hat das Büro 24 de Septiembre 547, Tel. 4224335, und fliegt täglich außer Fr und So über Tucumán nach Buenos Aires.
- Der **Flughafen Mal Paso** (Av. Madre de Ciudades, Tel. 4222386) liegt 6 km nordwestlich der Innenstadt und wird vom Bus Nr. 19 angefahren.

Überlandbusse

- Vom **Busbahnhof** Pedro Gallo/Ecke Saavedra fahren mehrfach täglich Busse nach:
- **Buenos Aires,** 37 US-$, 12 Stunden.
- **Córdoba,** 16 US-$, 6 Stunden.
- **Resistencia,** 21 US-$, 9 Stunden.
- **Tucumán,** 5 US-$, 2 Stunden.
- **Salta,** 16 US-$, 6 Stunden.
- **Jujuy,** 17 US-$, 7 Stunden.

Termas de Río Hondo ⇗VII,C2

71 km nördlich der Hauptstadt, auf halber Strecke nach Tucumán, liegt Río Hondo, die **bekannteste Touristenattraktion der Provinz.** Río Hondo ist bekannt wegen seiner **Thermalbäder,** sie sind gut für Rheumakranke und bei Blutdruckproblemen. Bereits in präkolumbischer Zeit wurden die heißen Quellen von den Inkas genutzt. Die Stadt lebt vom Kurtourismus, besonders im August kann es sein, dass die mehr als 150 Hotels ausgebucht sind (www.lastermasderiohondo.com).

Hotels/Touristenbüro

- Im Sommer (Januar bis März) sind viele Hotels geschlossen. Das Touristenbüro auf der Caseros 132 zwischen Rivadavia und Sarmiento kann bei der Unterkunftssuche behilflich sein (Tel. 03858/421721), geöffnet täglich 7–13 und 15–21 Uhr. Zwei Hoteltipps:
- **Hotel Termal Casino Center,** Caseros 126, Tel. 421346. Gute, im Verhältnis preiswerte Unterkunft, mit Casino. Ab 25 US-$ pro Person mit Frühstück.
- **Hotel Siglo Sexto,** Francisco Solana 256, Tel. 422405, www.hotelsiglosexto.com. ab 50 US-$.
- **Hotel Malibu,** Tacuari 148, Tel. 421481, einfach, preiswert und im Zentrum, 20 US-$.

Córdoba (Stadt) ⇗XI, D1

Kommt man mit dem Bus in Córdoba an, merkt man schnell, dass die Provinzhauptstadt eine der größten Städte Argentiniens ist. Kilometerlang werden die Straßen von **Hochhäusern** gesäumt, der Verkehr ist dicht, hektisch und lärmend. Ist man dann aber im Zentrum der 1,3-Millionen-Einwohner-Stadt, verliert sich das Gefühl von Unübersichtlichkeit schnell: Das Stadtzentrum ist sehr kompakt, es gruppiert sich um die Plaza San Martín und reicht von dort eigentlich nicht viel weiter als fünf Blocks in jede Richtung.

Córdoba ist **eine der ältesten Städte Argentiniens.** Auch sie wurde von Spaniern, die aus Peru/Bolivien kamen, gegründet, 1573 von *Luis de Cabrera* und zwar unter dem Namen Córdoba de la Nueva Andalucía.

In der neuen, schnell wachsenden Stadt war der Einfluss der Kirche groß: Dominikaner, Franziskaner und Jesuiten lebten hier, von ihnen ging auch die Initiative zur Gründung einer Universität (1614 durch die Jesuiten), der **ersten Universiät Argentiniens,** aus. Heute sorgen etwa 80.000 Studenten dafür, dass man Córdoba immer noch „La Docta", „die Gebildete", nennt.

Genauso wichtig für die Stadt war lange die Industrie, besonders die

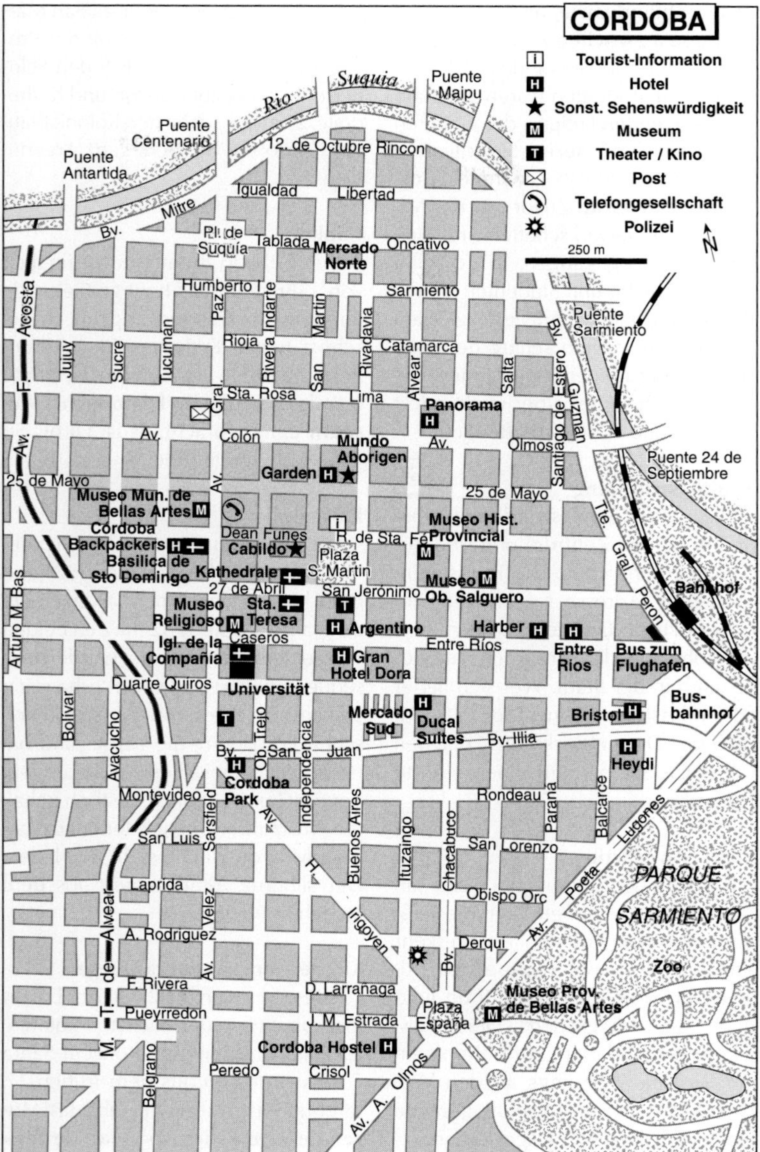

Córdoba und Mittelargentinien

Automobilindustrie, auch wenn sich Córdoba inzwischen zu einer Dienstleistungsmetropole wandelt. Auto-Arbeiter und Studenten waren auch am herausragenden Ereignis der jüngeren Sadtgeschichte beteiligt. Sie initiierten im Mai 1969 den so genannten **Cordobázo-Aufstand.** Zuvor war das Militär gegen Gewerkschaften und Universitäten vorgegangen, in Córdoba gingen Arbeiter und Studenten auf die Barrikaden, ganze Stadtviertel wurden besetzt. Die Armee schlug den Aufstand blutig nieder, es gab mehr als dreißig Todesopfer, über vierhundert Verletzte und 2000 Verhaftungen.

Stadtbesichtigung

Die meisten Sehenswürdigkeiten befinden sich im Zentrum und sind gut zu Fuß zu erreichen. Die Touristeninformation (Adresse s.u.) bietet Führungen zu bestimmten Themen an – empfohlen ist die zur Geschichte der Jesuiten in der Stadt. Wer sich lieber fahren lässt, kann eine Tour mit dem offenen Doppeldeckerbus machen (ab Plaza San Martín) eine geführte Fahrradtour.

Plaza San Martín

Zentrum der Stadt ist die Plaza San Martín, dort beginnen auch die **Fußgängerzonen.** Für den Autoverkehr sind u.a. die Straßen Obispo Trejo, Rivera Indarte, 25 de Mayo, 9 de Julio und Ayacucho gesperrt. Diese Fußgängerzonen laden zum Bummeln ein, sie sind allerdings an den Wochenenden, genauso wie die gesamte Innenstadt, ziemlich ausgestorben.

Das Denkmal auf der Plaza San Martín, dessen Sockel aus Granit der Provinz besteht, zeigt natürlich den Feldherrn. Er blickt auf Cabildo und Kathedrale, zwei der schönsten Kolonialbauten Córdobas, vielleicht ganz Argentiniens:

Cabildo

Der Cabildo stammt ursprünglich von 1588, aber das heutige Gebäude mit seinem Arkadengang im Erdgeschoss wurde Ende des 18. Jahrhunderts errichtet. Im Cabildo ist heute u.a. das **Städtische Historische Museum** untergebracht, es ist Di bis So von 9–21 Uhr geöffnet.

Kathedrale

Mit dem Bau der daneben liegenden Kathedrale begann man 1574 und brauchte von da an mehr als zweihundert Jahre, bis sie 1782 mit den beiden Türmen endlich vollendet wurde. Konsequenterweise ist das Gotteshaus ein Stilgemisch: Die Kuppel folgt romanischen Vorbildern, die Türme sind barock mit indianischen Verzierungen, der Portikus ist neoklassizistisch gehalten. Trotz ihrer reichen Innenausstattung wirkt die Kirche nicht überladen. Der silberne Altar stammt aus dem 19. Jahrhundert.

Kirche/Konvent Santa Teresa

Überquert man die 27 de Abril, steht man direkt vor der nächsten kolonialen Kirche: Kirche und Konvent Santa Teresa stammen aus dem frühen 17. Jahrhundert. Daneben steht das **Museo de Arte Religioso „Juan de Teje-**

a62-318 Foto: gw

da". Es zeigt religiöse Kunst, zum größten Teil kommen die Kostbarkeiten aus der Schatzkammer der Kathedrale. Es ist allerdings nur Mi bis Sa von 9.30– 12.30 Uhr geöffnet.

Durch die 27 de Abril gelangt man zur Fußgängerzone Obispo Trejo, die nach links – gesäumt von Cafés – zur Jesuitenkirche, dann zur Universidad Nacional de Córdoba und zum Colegio Nacional de Montserrat führt.

Iglesia de la Compañía

Die Jesuitenkirche Iglesia de la Compañía wurde 1640 begonnen und 1671 beendet. Sie bietet einen eigenartigen Kontrast mit ihrer schlichten, strengen Fassade und dem stark geschmückten, aber nicht überladenen Innenraum. Das Dach hat die Form eines umgekehrten Schiffsbauches, es wurde aus Holz, das eigens aus Misiones herbeigeholt werden musste, gebaut. Im Vorübergehen sollte man einen Blick in den Patio des Colegio de Montserrat werfen.

Córdoba – die Kathedrale an der Plaza San Martín

Basílica de Santo Domingo, Iglesia Santa Catalina de Sena

Bis zum Bv. San Juan folgt man der Obispo Trejo, wendet sich dort nach rechts und gelangt zur Plaza Vélez Sarsfield, wo das Teatro del Libertador San Martín steht. Nach rechts folgend erreicht man nach vier Blocks die Basílica de Santo Domingo. Die Kirche stammt weitgehend aus dem 19. Jahrhundert, sie besitzt schöne blaue Kacheln *(azulejos)* an ihren Türmen.

Durch die Deán Funes, der man nach rechts folgt, nähert man sich wieder der Plaza; rechts in der Obispo Trejo steht - sozusagen direkt hinter der Kathedrale - die Iglesia Santa Catalina de Sena.

Museo Histórico Provincial

Nicht nur an Schlechtwettertagen empfiehlt sich das Museo Histórico Provincial Marqués de Sobremonte, Calle Rosario de Santa Fe 218. Es besitzt eine interessante und riesige Sammlung von religiösen Bildern, Gaucho- und indianische Waffen, Möbeln u.a. aus der Kolonialzeit. Das Museum ist Di bis Fr 10–15 und Sa 9–14 Uhr geöffnet.

Touristeninformation

- Eine erste Informationsstelle ist im Busbahnhof, Tel. (0351) 4331982, zwei weitere finden sich an der Plaza San Martín, einmal auf der Straße Rosario de Santa Fe 39, Tel. 4341549 das andere Mal im Cabildo, Eingang von der Deán Funes, geöffnet Mo bis Fr 8–20, Sa/So 9–20 Uhr, Tel. 4341227.
- Wer mehr über **Wanderrouten** in den Sierras de Córdoba erfahren will, wende sich an den **Club Andino,** 27 de Abril 2050, Tel. 480 5126, info@clubandinocordoba.com.ar.
- Mehr über die **indianische Urbevölkerung** erfährt man beim **Centro Mundo Aborigen.** Die Organisation, die Kunstgewerbe und Literatur vertreibt, hat auch eine Bibliothek in Rivadavia 155, Tel. 4243278, mundoaborigen_cba@hotmail.com.
- **Asatej** hat sein Büro im Shopping Patio Olmos, Av. Vélez Sarsfield 361, local 319, Mo bis Sa 10–22, So 16–22 Uhr, cordoba@asatej.com.ar.

Jugendherberge

- **Córdoba Backpackers,** Deán Funes 285, Tel. 4220593, cbhostel@arnet.com.ar; familiäres Hostel, freundlich, Übernachtung ab 7 US-$.
- **Córdoba Hostel,** Ituzaingó 1070, Tel. 468 7359, www.cordobahostel.com.ar; die vielleicht beste Wahl, mit Garten, Wäscheservice und Kochgelegenheit, Internetzugang; ab 8 US-$ p.P., DZ 22 US-$.

Hotels

Einfach und billig:

Die meisten billigen Hotels liegen zwischen Busbahnhof und Stadtzentrum. Eine Auswahl:

- **Bristol,** Pje. Tomás Oliver 64, Tel. 4239950; gutes Preis-Leistungs-Verhältnis, 20 US-$.
- **Entre Rios,** Entre Rios 567, Tel. 4230311; schlicht, aber freundlich und sauber.
- **Harbor,** Paraná 126, Tel. 4217300; freundlich und sauber, 25 US-$.

Hotels der Mittelklasse:

- **Argentino,** Entre Ríos 58, Tel. 4245000; 35 US-$.
- **Garden,** 25 de Mayo 35, Tel. 4214729; sehr zentral, aber nicht nur deswegen sehr empfehlenswert, 35 US-$.
- **Heydi,** Bv. Illia 615, Tel. 4233544, www.hotelheydi.com.ar; mit Frühstück, Kochmöglichkeit und TV, 35 US-$.

Luxushotels:

- **Gran Hotel Dorá,** Entre Ríos 70, Tel. 4212031, 60 US-$.
- **Ducal Suites Hotel,** Corrientes 207, Tel. 5708888, www.hotelducal.com.ar; 65 US-$.

• **American Córdoba Park,** Bv. San Juan 165, Tel. 4207000; 100 US-$.
• **Panorama,** Marcel T. de Alvear 251, Tel. 420400; 110 US-$.

Camping

• Hinter dem Messegelände befindet sich der städtische Campingplatz. Er ist mit Bus Nr. 31 zu erreichen.

Essen und Trinken

Preiswerte und gute **Cafés** finden sich in der Nähe der Universität auf der Obispo Trejo. An der Plaza liegen einige Confiterías, preiswertere **Restaurants** finden sich in der Nähe des Busbahnhofs. Preiswert und gut kann man auch im **Mercado Norte** Rivadavia/Ecke Oncativo essen. In vielen Restaurants wird eine Art kalten und warmen Büffets serviert. Man nimmt sich sein Essen und bezahlt an der Kasse nach Gewicht.

Nachtleben

• Einige teure **Diskotheken** finden sich auf der Av. H. Irigoyen.
• Vor dem Cabildo, an der Plaza San Martín, finden in den Sommermonaten abends kostenlose **Kulturveranstaltungen,** Filmvorführungen etc. statt.
• Kinofreunde sollten – auch tagsüber – den **Cineclub Municipal Hugo del Carril** besuchen. Er bietet zahlreiche lateinamerikanische Filme. Zudem führt er eine Bibliothek mit Videos und DVDs. Bv. San Juan 49, Tel. 4332463, www.ccec.org.ar.

Flugverbindungen

• Der **Flughafen Pajas Blancas** liegt 11 km außerhalb der Stadt. Vom Busbahnhof ist er per Linienbus zu erreichen, allerdings bietet Ecuador (Minibuses/Remises) einen Shuttle-Service, Tel. 4759111.

Vom Flughafen gibt es **mehrfach täglich** Flüge nach **Buenos Aires,** zweimal täglich nach Mendoza, täglich nach Bariloche und Neuquén, Santiago de Chile sowie mehrfach wöchentlich nach Tucumán, Salta, Jujuy und Puerto Iguazú.

• **Aerolíneas Argentinas/Austral,** Av. Colón 520, Tel. 4267600.
• **Lan,** Deán Funes 154,Tel. 4244431.

Überlandbusse

• Der moderne **Busbahnhof,** der mit allem Erdenklichen wie Restaurants, Geschäften, einer Bank, Postamt, Telefonservice, öffentliche Duschen, Touristeninformation und sogar einer Wäscherei ausgestattet ist, liegt Bv. Perón 380, Tel. 4331982.

Vom Busbahnhof fahren Busse zu fast allen Orten Argentiniens; einmal oder mehrfach täglich angefahren werden u.a.:

• **Buenos Aires,** 27 US-$, 10 Stunden.
• **Bariloche,** 42 US-$, 22 Stunden.
• **Mendoza,** 25 US-$, 10 Stunden.
• **Salta,** 30 US-$, 12 Stunden.
• **Jujuy,** 31 US-$, 13 Stunden.
• **La Rioja,** 17 US-$, 7 Stunden.
• **Tucumán,** 19 US-$, 8 Stunden.
• **Posadas,** 41 US-$, 20 Stunden.
• **Santiago del Estero,** 14 US-$, 5 Stunden.
• **Neuquén,** 40 US-$, mind. 20 Stunden.
• **Villa Gral. Belgrano,** 5 US-$, 2 Stunden.

Autoverleih

Viele Autoverleiher haben ein Büro **am Flughafen.** In der Stadt befinden sich folgende Büros:

• **Al Rent a Car,** Entre Ríos 70, Tel. 4224867.
• **Avis,** Corrientes 452, Tel. 4750815.
• **Budget,** Av. Figueroa Alcorta 50, Tel. 424 5083.
• **Dollar,** Av. Chacabuco 185, Tel. 4210426.
• **Hertz,** Marcel T. de Alvear 251, Hotel Panorama, Tel. 4251313.
• **Localiza,** Humberto Primo 531, Tel. 432 6505.

Post

• Die Hauptpost ist an der Ecke Colón/Paz, Poste Restante bei Colón 260.

Geldwechsel

• Viele **Casas de Cambio** sind auf der Rivadavia in der Nähe der Plaza San Martín.
• **Geldautomaten** finden sich im Busbahnhof und in den Fußgängerzonen der Innenstadt.

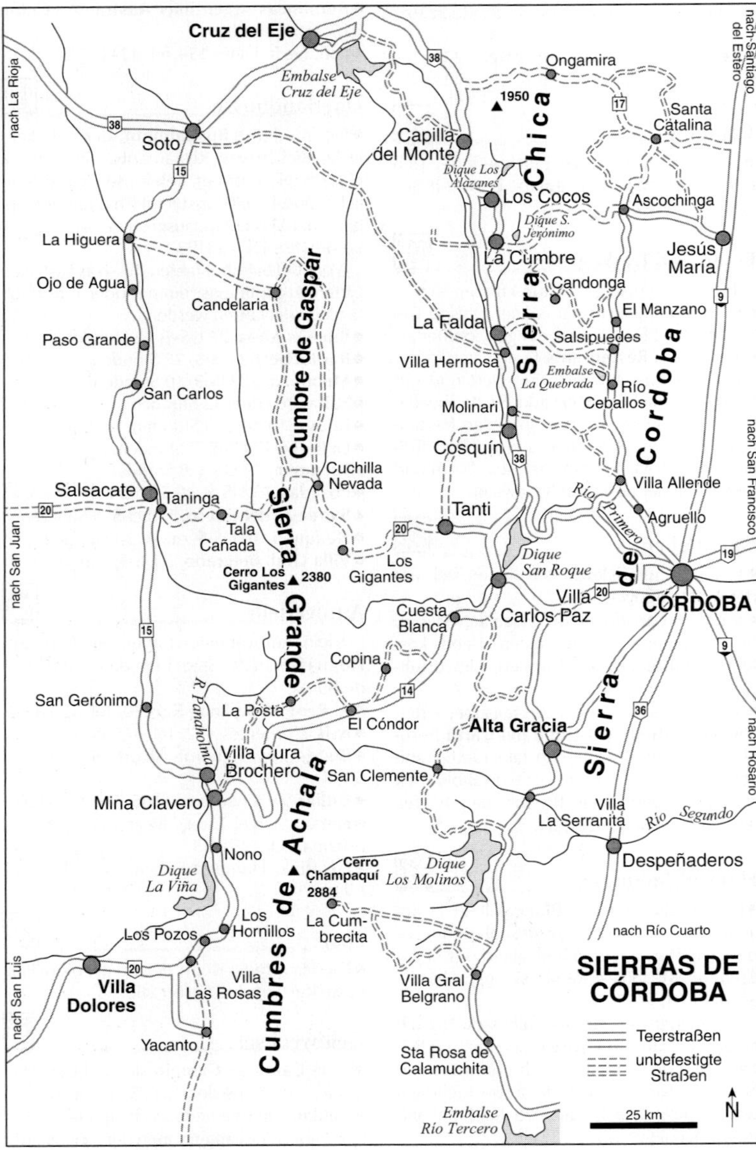

SIERRAS DE CÓRDOBA
Cruz del Eje
Embalse Cruz del Eje
nach La Rioja
Soto
Capilla del Monte
Dique Los Alazanes
Los Cocos
Dique S. Jerónimo
La Cumbre
Ongamira
1950
Sierra Chica
Santa Catalina
Ascochinga
Jesús María
nach Santiago del Estero
La Higuera
Ojo de Agua
Candelaria
Cumbre de Gaspar
Paso Grande
San Carlos
Candonga
El Manzano
La Falda
Salsipuedes
Villa Hermosa
Embalse La Quebrada
Río Ceballos
Molinari
Cosquín
Sierra de Córdoba
Cuchilla Nevada
Salsacate
Taninga
Tala Cañada
Tanti
Villa Allende
Agruello
Río Primero
nach San Juan
Cerro Los Gigantes 2380
Los Gigantes
Dique San Roque
Villa Carlos Paz
CÓRDOBA
nach San Francisco
Sierra Grande
Cuesta Blanca
Copina
San Gerónimo
R. Panaholma
La Posta
El Cóndor
Alta Gracia
Sierra
nach Rosario
Villa Cura Brochero
San Clemente
Cumbres de Achala
Mina Clavero
Villa La Serranita
Río Segundo
Despeñaderos
Nono
Cerro Champaquí 2884
Dique Los Molinos
Dique La Viña
Los Hornillos
La Cumbrecita
Los Pozos
nach Río Cuarto
nach San Luis
Villa Dolores
Villa Las Rosas
Villa Gral Belgrano
Yacanto
Sta Rosa de Calamuchita
Embalse Río Tercero
Teerstraßen
unbefestigte Straßen
25 km
N

Konsulate

- **Deutschland,** Eliseo Canton 1870, Tel. 489 0900.
- **Österreich,** J. Cortés 636, Tel. 4720450.
- **Schweiz,** Av. Colón 184, Tel. 4232176.

Sonstiges

- Ein **Goethe-Institut** ist in der Av. Ambrosio Olmos 501, Tel. 4600606, www.goethe.de/cordoba. Das Infozentrum ist Di bis Fr 17–20.45 Uhr sowie Fr/Sa 9.30–13 Uhr geöffnet.

Mar Chiquita

↗XI,D1

„Kleines Meer" heißt der **Binnensee** etwa 200 km nordöstlich von Córdoba zu Recht: Das Wasser des etwa 1900 km² großen Sees ist stark salzhaltig, die Konzentration schwankt je nach Zuflussmenge zwischen etwa 15 und 35 Prozent. Das Mar Chiquita liegt in einer abflusslosen Senke, es war wohl ehemals – im Spätquartär, also vor ca. 1 Mio. Jahren – ein viel größerer Süßwassersee, der auch einen Abfluss zum Paraná hatte. Durch tektonische Veränderungen ging dieser Abfluss verloren, die gleichzeitige Verminderung der Niederschläge verursachte den Schrumpfungs- und Versalzungsprozess. Im Jahr 1822 veränderte dann noch der Río Dulce, der wichtigste, von Norden kommende Zufluss des Sees, sein Flussbett. Ein Arm fließt seitdem durch die großen **Salinas de Ambargasta** und schwemmt von dort große Salzmengen mit ins Mar Chiquita. Da gleichzeitig der Río Suquía (Río Primero) und der Río Xanaes (Río Segundo) nur in Flutzeiten das Mar Chiquita erreichen – ansonsten wird ihr Wasser durch künstliche Bewässerung der Felder aufgebraucht – wird der Versalzungsprozess immer stärker.

Mar Chiquita ist ein **beliebtes Urlaubsziel im Sommer.** Das Wasser ist warm, und es hilft dank des hohen Salzgehaltes gegen rheumatische und Hautkrankheiten. Der wichtigste Ort am See ist **Miramar,** er besitzt Hotels und Campingplatz und ist mit dem Bus von Córdoba aus zu erreichen.

Sierras de Córdoba

↗XI,C1/2

Westlich von Córdoba erstrecken sich über eine Länge von etwa 500 km die Sierras de Córdoba. Sie sind Teil der so genannten **Pampinen Sierren,** die sich wie lang gestreckte Inseln aus dem Flachland erheben. Die Sierra de Córdoba ist das am weitesten nach Südosten vorgeschobene dieser Gebirge. Typisch für sie ist auch der recht sanfte Anstieg von der Ostseite (von Córdoba aus) und der jähe Abfall nach Westen.

Die Sierras de Córdoba, die in ihrem höchsten Punkt, dem Cerro Champaquí, 2884 m erreichen, sind ein **beliebtes Urlaubsziel für Naturliebhaber,** allerdings gibt es nur wenig markierte Wanderwege. Wer dort wandern will, sollte sich genaue Informationen beim Club Andino in Córdoba besorgen.

Von Córdoba fährt man etwa 40 km nach Westen, vorbei an La Calera, dann teilt sich bei Villa Carlos Paz die Straße. Eine führt nach Norden ins Punilla-Tal, eine andere nach Südwesten Richtung Mina Clavero und weiter hinauf ins Tal Traslasierra. Kurz vorher war bereits nach Süden eine weitere Richtung Alta Gracia und Villa General Belgrano (s.u.) abgebogen. So werden hier auch zunächst die Orte La Calera und Carlos Paz beschrieben, danach eine Route nach Norden und eine nach Süden und Südwesten.

Alle Orte an diesen Routen haben mehrmals täglich eine **Busverbindung nach Córdoba,** teilweise sogar direkt nach Buenos Aires. So fahren beispielsweise täglich 15 Busse nach Villa General Belgrano, der erste schon um 5.40 Uhr, der letzte um 21 Uhr.

La Calera

Nur knapp 20 km westlich von Córdoba liegt dieses typisch argentinische Ausflugsziel. Es besteht im Wesentlichen aus einigen Restaurants und Parrilladas sowie Kunsthandwerk- und Lebensmittelgeschäften, die um eine Jesuiten-Kapelle aus dem 17. Jahrhundert gebaut sind.

Villa Carlos Paz ⇗ XI,C1

36 km westlich von Córdoba liegt Villa Carlos Paz, ein Ort, der von dem Großgrundbesitzer *Carlos Nicandro Paz* 1914 gegründet wurde. Die Lage an dem **Stausee,** dessen Damm damals der größte der Welt war, erschien *Paz* attraktiv genug für einen Urlaubsort, und die weitere Entwicklung gab ihm recht. Heute ist Carlos Paz mitunter, besonders im Januar, arg überlaufen, die guten Wassersportmöglichkeiten wollen halt viele nutzen.

- Die **Touristeninformation** ist im Busbahnhof, Zimmervermittlung (Tel. 421624).
- Für etwa 50 US-$ das DZ kann man im **Hotel Florida,** Belgrano 45, Tel. 421905, www.floridahotelsrl.com.ar, gegenüber dem Busbahnhof übernachten, Frühstück und Poolbenutzung inbegriffen.
- Die **Jugendherberge Carlos Paz Hostel** liegt in der Nähe vom Busbahnhof in Lugones 74, Tel. 436550, www.carlospazhostel.com.ar. Übernachtung ab 8 US-$.
- Das schönste Restaurant ist das **Villapaz** (General Paz 152, Tel. 433230), wo fast ausschließlich gegrilltes Fleisch serviert wird.

Von Carlos Paz nach Norden

Cosquín ⇗ XI,C/D1

Die Kleinstadt im Punilla-Tal, 63 km von Córdoba entfernt, platzt jedes Jahr in den letzten beiden Januarwochen aus allen Nähten. Dann findet hier das **Internationale Folklore-Festival** statt, das größte seiner Art in Argentinien, begleitet von Kunsthandwerkverkauf, aber auch von Ausstellungen und Diskussionsforen. Hier treten Künstler aus dem gesamten Land, aber auch aus andern Ländern Lateinamerikas auf.

Die **Tickets** sind für das Gebotene recht preisgünstig; sie kosten zwischen 5 und 25 US-$. So wundert es auch nicht, dass der Ort ein gutes Folklore-Museum besitzt (www.cosquinturismo.com.ar).

Vom **Stadtberg**, dem 1200 Meter hohen **Pan de Azúcar,** hat man eine guten Überblick über die Stadt, bei klarer Sicht sogar bis nach Córdoba. Man gelangt mit einer etwa 5 km langen Wanderung oder aber mit dem Sessellift *(aerosilla)* hinauf. Oben befindet sich eine Bar, die einem Bewunderer von *Carlos Gardel* gehört. Der macht keinen Hehl aus seiner Verehrung, sogar eine riesenhafte Statue des Tango-Königs besitzt er.

● Die **Touristeninformation** in Cosquín ist in der San Martín 560, Tel. (03541) 452928; preiswerte **Hotels** finden sich nahe der Busstation, darunter auch die **Hostería Siempreverde,** Santa Fe 525, Tel. 450093, ab 30 US-$ mit Frühstück, Herzlichkeit und einem großen Garten.

La Falda ↗XI,C/D1

Auf knapp 1000 m Höhe liegt der kleine Urlaubsort La Falda, 78 km von Córdoba entfernt. Der Ort wurde erst 1943 gegründet, er ist heute als Luftkurort anerkannt, da er ein ausgezeichnetes **Mikroklima** besitzt. Neben zwei Museen, dem Museum für Miniatureisenbahnen und dem Archäologischen Museum, lockt vor allem die Umgebung des Ortes zu ausgedehnten Spaziergängen. Beliebtestes Ausflugsziel ist der **Wasserfall von Olaén,** zu erreichen, indem man der Ruta 38 von La Falda nach Süden folgt, dann einem Nebenweg (ausgeschildert) 15 km lang bis zu den Cascadas de Olaén. Die letzten 5 km müssen gewandert werden, da der Weg hier nicht befahrbar ist.

● Im Busbahnhof ist das **Tourismusbüro,** der Ort besitzt etwa **30 Hotels** aller Preiskategorien. 2 km außerhalb der Stadt, in Vaquerías, liegt das Ferienzentrum der Universität von Córdoba, in dem jeder Student unterkommen kann. La Falda besitzt auch einige **Campingplätze.**

Von Carlos Paz nach Südwesten und Süden

Mina Clavero ↗XI,C1

Schon die Fahrt zum auf 915 m Höhe gelegenen, 170 km von Córdoba entfernten Urlaubsort Mina Clavero ist ein Erlebnis. Der Bus quält sich die Straßen hinauf, vorbei an **Stauseen und Wäldern,** vereinzelt stehen auch Palmen.

Mina Clavero ist heute der beste Urlaubsort, um den **höheren Teil der Sierra** zu erkunden. Er ist sehr beliebt, auch dank der beiden Flüsse, die mit ihren Stränden schon in der Stadt zum Baden einladen.

Obwohl die Stadt infolge der beiden Flussläufe kaum dem argentinischen Idealbild einer Stadt mit Schachbrettgrundriss entspricht, ist sie dank ihrer Größe doch sehr übersichtlich.

Der **Busbahnhof** liegt zentral, das **Tourismusbüro** auf der Av. San Martín 1464, Tel. (03544) 470171, nur vier Blocks südöstlich.

● Es gibt mehrere **Campingplätze** und **Hotels** aller Preiskategorien, allerdings haben viele billigere Unterkunftsmöglichkeiten außerhalb der Saison geschlossen. Das Tourismusbüro verfügt über aktuelle Listen. Eines der besten am Ort ist die Hotel- und Bungalow-Anlage **Colina del Valle,** Olmos Sud s/n, Tel. 471177, www.colinadelvalle.com, mit Schwimmbad, 50 bis 85 US-$ je nach Saison. Empfehlenswert im Ort ist das **Hotel Ferrari,** Int. Oviedo 1334, Tel. 470172, www.hotelferrari.com.ar, ab 28 US-$.

Ins Traslasierra-Tal

In unmittelbarer Nachbarschaft zu Mina Clavero liegt der Ort **Villa Cura Brochero,** benannt nach dem Pfarrer *José Gabriel Brochero* (1840–1914). Ursprünglich hieß der Ort Villa del Tránsito und war nicht mehr als eine Raststation. Auf seinem Muli ritt der Pfarrer von hier über die steinigen Pfade zu seinen Gemeindemitgliedern. Als Mann des Wortes und der Tat, setzte er sich für den Ausbau des Wege- und

Straßennetzes der Region ein. Im Museo Brocheriano ist seine Geschichte und die seiner Zeit dokumentiert. Sehenswert ist das antike Zeughaus der Pfarrei, in dem das Museum untergebracht ist (25 de Mayo 36, Tel. 472 330). Wer auf den Spuren von Pfarrer *Brochero* wandern möchte, wendet sich an den Tourismusführer *Fernando Gómez,* Tel. 470713.

Wem der Sinn ohnehin nach **Trekking** steht, der kann von hier aus auf den Cerro Champaquí steigen, mit 2884 m der höchste der Sierra Grande. Nähere Informationen im Touristenbüro von *Mina Clavero* oder Villa Cura Brochero, Av. Belgrano/Ecke 26 de Enero, Tel. (03544) 470022. Zahlreiche Touren in die Gegend bietet Sendas Serranas, Tel. 15468793, www.sendasserranas.com.ar, z.B. zu den Hügeln von Nono oder auch zum Museo Rocsen.

Fünf Kilometer von Nono entfernt befindet sich das **Museo Rocsen.** Wer in der Gegend ist, sollte auf den Besuch nicht verzichten. Auf gut 1600 m² ist eine Sammlung von über 25.000 Objekten untergebracht. 1969 hatte *Juan Santiago Bouchon* mit seinem Museum begonnen und es scheint nichts zu geben, was der 1928 in Frankreich geborene Museumsbesitzer in seinem Leben nicht gesammelt hat. Täglich geöffnet von 9 Uhr bis Sonnenuntergang, Tel. 498218, www.museorocsen.org.

Südlich von Mina Clavero geht es hinauf ins Valle Traslasierra („hinter den Bergen"), ein ruhiges Tal, das die ländliche Idylle pflegt – und praktiziert: Hier haben sich zahlreiche Freunde der **Esoterik** und der **Naturheilkunde** niedergelassen und bieten Kurse, Workshops und Relax-Wochenenden in allen denkbaren Disziplinen an: Massagen, Reiki, Yoga, Shiatsu, Akupunktur usw. Selbst eine schamanische Sekte mit Aussteigern aus Buenos Aires fehlt nicht (Inti Waka, intiwaka@hotmail.com). Ein breites Spektrum bietet beispielsweise das Zentrum **Atalaya de los Arcángeles** in La Población, Tel. (03544) 482111, www.atalaya-spa.com.ar, ab 60 US-$ mit Frühstück.

Alta Gracia ⇗XI,C/D1

Der kleine Ort, 29 km südwestlich von Córdoba, entstand um eine Estanzia, die bereits 1588 gegründet wurde. 1643 übernahmen die Jesuiten diese Estanzia und nutzten sie bis zu ihrer Vertreibung 1767. Sie errichteten einige zusätzliche Gebäude, darunter die Kirche Nuestra Señora de la Merced. Der vorletzte Besitzer dieser Estanzia war **Santiago de Liniers,** der als Vizekönig 1806 die englische Invasion in Buenos Aires zurückschlagen half. Später wurde er, da er sich gegen die argentinischen Unabhängigkeitsbestrebungen stellte, exekutiert. Sein Wohnhaus, in dem er aber nur fünf Monate lebte, beherbergt heute das **Museo Histórico Museum Nacional**

Das „Oktoberfest-Gebäude" in Villa General Belgrano

de la Casa del Virrey Liniers, www.museoliniers.org.ar. Es ist Di bis Fr von 9–13 und 16–19.45 Uhr, Sa und So von 9.30–12.30 sowie 17–20 Uhr geöffnet.

Ein weiteres Museum ist dem Andenken an *Ché Guevara* gewidmet, der hier seine Kindheit verbrachte; **Museo Ernesto Ché Guevara,** Avellaneda 501, Tel. 428579, täglich 9–19 Uhr. Es zeigt frühe Fotos und Erinnerungen an seine Schulzeit, wie unter anderem auch seine Zeugnisse.

- Alta Gracia bietet eine Fülle von **Unterkunftsmöglichkeiten,** das **Tourismusbüro** befindet sich auf der Av. Delotajama/Ecke Calle de Molino, Tel. (03547) 428123.

Villa General Belgrano ⇗XI,C/D1

Vollständig auf Tourismus ausgerichtet ist auch Villa General Belgrano, 90 km südwestlich von Córdoba. Die Kleinstadt ist berühmt in Argentinien: Hier findet jedes Jahr im Oktober das **größte Bierfest des Landes** statt. Kein Wunder, denn Villa General Belgrano ist fest in der Hand deutscher Einwanderern oder deren Nachfahren. Und so kommen viele Argentinier hierher, um einmal genau zu sehen, wie sich **„deutsche Gemütlichkeit"** mit Wiener Schnitzel, Würstchen mit Kraut, Kirschkuchen und viel, viel Bier darstellt. Allerlei Kitsch wird verkauft, Bierseidel mit den Wappen von Köln,

a63-327 Foto: kd

München, Berlin oder Städtchen wie Bad Nauheim oder gar „Maintz" (so die Originalschreibweise).

Andere sehr typische **Feste** sind das „Fest der Wiener Torten" (das ausgerechnet in der Karwoche stattfindet) und das „Fest der Alpenmilchschokolade" (im Juli).

Villa General Belgrano wurde auch **von Deutschen begründet.** *Georg Kaphuhn* und *Paul Heintze* kauften 1932 ein ausgedehntes Gebiet, parzellierten es und boten es in den deutschsprachigen Ländern an. Später kamen auch italienische und spanische Familien, die Mehrheit blieben jedoch Deutschsprachige, so beispielsweise auch zahlreiche Überlebende des deutschen Kriegsschiffes Graf Spee, das sich 1940 im Río de la Plata vor Montevideo selbst versenkt hatte.

Villa General Belgrano ist gut als Ausgangspunkt für **Wanderungen in die Umgebung,** zum Beispiel auf den Pico Alemán.

- Das **Tourismusbüro** ist Julio A. Roca, es hilft bei der Wahl eines Hotels. Teurer sind die **Hotels Bavieria, Berna, Bremen, Edelweiss** und **Prater,** billiger die Pensione und Residenciales wie **Alpino** und **Düsseldorf.** Es gibt auch zwei **Campingplätze** und **Jugendherberge El Rincón Hostel,** Fleming 347 (800 m vom Busbahnhof), Tel. (03546) 461 323, www.calamuchitanet.com.ar/elrincon. Übernachtung ab 8 US-$, unbedingt vorher reservieren!

San Luis und La Pampa

Die im Südwesten an die Provinz Córdoba angrenzende Provinz **San Luis** ist mit einer Fläche von 76.748 km² und einer Einwohnerzahl von ungefähr 370.000 Menschen eine der kleineren Provinzen in Argentinien. Sie ist flach und wird im Westen von salzigen und sandigen Weiden geprägt, im Süden von ausgedehnten grünen Ebenen, die schon langsam die Vegetation der südlich sich anschließenden Pampa-Provinz aufweist. Die Provinz ist im Norden stärker besiedelt, durch den Süden führen nur wenige Straßen, an denen sehr kleine Ortschaften liegen.

Die Provinz **La Pampa** ist mit 143.440 km² fast doppelt so groß wie San Luis, hat allerdings nur knapp 300.000 Einwohner. Hier gibt es die weiten **Weideflächen,** auf denen ab und an eine Rinderherde zu sehen ist, fast nie jedoch ein Mensch. Lediglich am Ostrand, nördlich der Hauptstadt Santa Rosa, ist ein dichter bewohntes Gebiet, große Flächen im Westen sind dagegen fast menschenleer.

San Luis (Stadt) ⇗XI,C2

Die **beschauliche Provinzhauptstadt** hat knapp 170.000. Das Leben ist ruhig, besonders während der Siestazeit. Abends flaniert man über die Plaza Pringles im Stadtzentrum, dann über die San Martín zur Plaza Independencia und über die Rivadavia wieder zur Plaza Pringles zurück. An den beiden

Plätzen liegen auch die wichtigsten Sehenswürdigkeiten der 1594 von General *Luis Jofre* unter dem ellenlangen Namen San Luis de Loyola de Nueva Medina de Río Seco de la Punta de los Venados gegründeten Stadt.

Sehenswürdigkeiten

Es gibt **zwei Kirchen:** an der Plaza Pringles die neoklassizistische, dreischiffige Kathedrale, erbaut im 19. Jh., an der Plaza Independencia die Iglesia de Santo Domingo. Sie wurde 1930 errichtet und ersetzte damals eine Kirche aus dem 17. Jh. Ihr Portal ist mit maurischen Arabesken verziert. Nebenan befindet sich ein lohnenswerter Kunsthandwerkermarkt.

Touristeninformation

- Die Touristeninformation liegt auf der Junín, nahe der Plaza, gegenüber dem Postamt.
- Rund um die Plaza Indepencia gibt es etliche **Internet-Cafés** mit günstigen Tarifen.

Hotels

Einfach und billig:

- **Residencial San Antonio,** Av. Lafinur/Ecke España, Tel. 422717; 15 US-$ mit Frühstück.
- **Residencial María Eugenia,** 25 de Mayo 741, Tel. 430361; große, saubere Zimmer, mit Bad 17 US-$.
- **Rivadavia,** Estado de Israel 1470, Tel. 422 437; 15 US-$, sehr empfehlenswert.

Hotels der Mittelklasse:

- **Hotel 2 Venados,** Pte. Perón/Ecke República de Líbano, Tel. 422312; 35 US-$ US-$.
- **Inca Hotel,** Bolívar 943, Tel. 424923, www.inca-hotel.com.ar; 30 US-$.

Camping

- Etwa 4 km außerhalb der Stadt liegt **am Río Volcán** ein Campingplatz.

Flugverbindungen

- Täglich außer Do und So geht ein Flug nach Buenos Aires. **Aerolíneas Argentinas/ Austral** hat sein Büro in der Av. Illia 468, Tel. 425671.

Überlandbusse

- Vom **Busbahnhof** auf der España zwischen Francia und Estado de Israel, Tel. 424021, fahren täglich Busse nach:
- **Buenos Aires,** 30 US-$, 12 Stunden.
- **Córdoba,** 15 US-$.
- **Mendoza,** 9 US-$, 3 Stunden.

El Trapiche XI,C2

Nördlich von San Luis liegt das **kleine Feriendorf** El Trapiche direkt am Rio Grande in herrlicher Umgebung am Stausee La Florida. Dort gibt es zahlreiche Unterkünfte aller Preisklassen, zu empfehlen sind die Cabañas **„Las Margaritas"** (Ruta 9, Km 41,5, El Trapiche, San Luis, Tel. 02652/493042), wo man ab 30 US-$ für 4 Personen eine Unterkunft mit 2 Zimmern, Bad, Wohnraum mit Kochnische und Fernseher erhält. Die Umgebung lädt zu Wanderungen und Sonnenbädern am See und in der Sierra ein.

Parque Nacional Sierra de las Quijadas XI, C2

Wie Talampaya und Valle de la Luna bietet auch dieser, 120 km nordöstlich von San Luis bei Hualtarán gelegene Nationalpark **bedeutende geologische und paläontologische Kostbarkeiten.** In dem semiariden Gebiet, geprägt durch rötliche Sandsteinfelsen, die von Wind und Wetter zu bizarren Formationen ausgewaschen wurden, in steilen Canyons, fanden Wissenschaftler Fossilien aus der Jura- und Creta-Zeit, darunter ein einzigartiges fliegendes Reptil.

Der 150.000 ha große Park ist **leicht zu erreichen:** An der Ruta 147 von San Luis nach San Juan liegt das Dörfchen Hualtarán (Busfahrer lassen einen dort raus), von dort führt eine 6 km lange Schotterpiste nach Westen mitten in den Park hinein zu einem Aussichtspunkt. Mitunter kann man von der Kreuzung in Hualtarán bis dorthin per Autostopp gelangen. Der Park kostet keinen Eintritt, man kann an dem Aussichtspunkt auch campen (kleiner Laden vorhanden).

Trekking im Park ist ohne Führer schwierig, da die Wege sehr schlecht markiert sind. Organisierte Touren sind von San Luis aus möglich, am Wochenende beispielsweise mit dem Grupo de Investigaciones Geológicas Aplicadas, *David Rivarola,* Universidad San Luis, Tel. 02652 15543629, www.lasquijadas.com, rivarola@unsl.edu.ar, 100 US-$ oder im Park mit einem Parkranger.

Merlo

⇗XI,C2

Etwa 180 km nordöstlich von San Luis, direkt an der Provinzgrenze zu Córdoba, liegt in der Sierra de Comechigones die Kleinstadt Merlo. Sie ist berühmt für ihr spezielles **Mikroklima,** eines, wie es ansonsten nur noch in der Gemeinde Lenk in der Schweiz und in Kalifornien auftritt.

So ist der Ort bestens als **Kurort** geeignet, besonders bei Atemwegserkrankungen, bei Rheumatismus und auch bei allgemeinen, durch Stress bedingten Erschöpfungserscheinungen.

Praktische Informationen

- Man erreicht Merlo per **Bus** von San Luis oder Córdoba, es gibt **Unterkünfte** aller Klassen und Preislagen. Das **Touristenbüro** liegt an der Plaza.

Santa Rosa

⇗XVI,A1/2

Die **Provinzhauptstadt der Pampa** hat etwa 90.000 Einwohner, und damit ist auch schon fast alles über sie gesagt. 1892 wurde Santa Rosa durch *Tomás Masón* offiziell gegründet, und nachdem La Pampa 1951 eigenständige Provinz wurde, erhielt Santa Rosa die Hauptstadtwürde. Verlaufen kann man sich in der Kleinstadt nicht, direkt gegenüber dem Busbahnhof liegt die **Touristeninformation,** und dort beginnt auch die Av. San Martín, die wichtigste Straße der Stadt. Wer in Santa Rosa bleibt, sollte das **Museo Provincial,** Pellegrini 190/Ecke Quintana, aufsuchen, es zeigt Natur- und Kulturgeschichte der Pampa-Provinz.

Praktische Informationen

- Gute, recht preiswerte Hotels sind die **Hostería Río Atuel,** Luro 356, Tel. (02954) 422597, vis-à-vis vom Busbahnhof (etwa 15 US-$), und das **San Martín,** Alsina 101, Tel. 422549, hotelsanmartin@cpenet.com.ar, ca. 20 US-$.
- Etwas teurer: **Residencial Calden,** Av. Spinetto 820, Tel. 425995, residencial@hotelescalden.com.ar.
- Vom **Busbahnhof** fahren täglich mehrere Busse nach Buenos Aires (20 US-$, 6 Std.) und Mendoza (30 US-$, 12 Std.) und zu Punkten auf den jeweiligen Routen.

Parque Luro ⇗XVI,A2

Nur 35 km südlich der Stadt erstreckt sich der Parque Luro, ehemals ein privates Jagdgelände, das dann zu einer Art **Tierpark** umgestaltet wurde. Der 7600 ha große Park gehörte damals *Dr. Pedro Luro,* der schon vor dem Ersten Weltkrieg dort einen Wildpark, auch mit hier fremden, z.B. europäischen, Wildtieren einrichtete. Heute ist der Park eine Art Tiergarten, wo einheimische Wildtiere in relativer Ruhe und Freiheit leben, es gibt auch einen kleinen Zoo, dazu Picknick- und Campingmöglichkeiten. Geöffnet ist Di bis So von 8–20 Uhr, Tel. (02954) 424404.

Ab dem Busbahnhof ist der Park mit Minibussen zu erreichen – allerdings nur an Wochenenden morgens um 8 und 9 Uhr. Der Park kostet 0,50 US-$ Eintritt, eine Führung durch das Castillo Luro einen weiteren Dollar.

Parque Nacional Lihué Calel ⇗XVI,A2

Der Nationalpark, 226 km südwestlich von Santa Rosa gelegen, umfasst eine Fläche von etwa 10.000 ha in einer Region, die sehr flach ist und nur von wenigen, kleinen, isolierten, aus Granit bestehenden Hügeln (bis zu 600 m) unterbrochen wird. Das Gebiet gehörte ehemals zu einer Estanzia, bevor es zum Nationalpark erklärt wurde.

Die Region ist eine **Wüstengegend,** in der es im Jahr durchschnittlich nur 400 mm regnet. Dennoch reicht das Wasser, um eine erstaunlich **artenreiche Vegetation** wachsen zu lassen. Auch die **Tierwelt** ist groß. Meistens sieht man Ñandus, mit mehr Glück patagonische Hasen *(mara)* oder ein kleineres Guanaco. Es soll aber auch Wildtiere wie Pumas im Park geben.

Die Infrastruktur im Park ist schlecht: Man kann campen, aber nichts einkaufen. Der nächste Laden ist in Puelches, 35 km südlich auf der Ruta 152.

Praktische Informationen

- Man erreicht den Park über die Ruta 152, bei Km 226, von Santa Rosa kommend mit dem **Bus** der Firma Edu nach Puelches.
- Zwei Kilometer westlich des Parkeingangs findet sich das **Besucherzentrum** des Parks (Centro de Informes), das offiziell von 9–12 und 15–18 Uhr geöffnet ist, Tel. (02952) 436595.
- Nahe dem Parkeingang findet sich ein schlichter, aber schöner **Campingplatz,** drei Kilometer entfernt ein nicht sehr gutes **Motel,** Tel. (02952) 436101, nach Víctor Zapata fragen. Hier kann man auch essen und etwas einkaufen.

025-a Foto: jv

Patagonien

026-a Foto: jv

027-a Foto: jv

Das Fitzroy Massiv

Nationalpark Torres del Paine

Gletscher Perito Moreno

Patagonien

Patagonien – ein düsteres und wildes Land. Der **ewige eiskalte Wind** wütet durch die Ebene, die Magellanstraße war jahrhundertelang der Alptraum aller Seefahrer. Die Ebenen von Patagonien *„können nur negativ beschrieben werden“*, notierte **Charles Darwin** im Bericht über seine Weltreise, *„ohne Wohnstätten, ohne Wasser, ohne Bäume, ohne Berge tragen sie nur einige wenige zwerghafte Pflanzen.“* Aber *Darwin* weiter: *„Warum haben denn nun, und das ist nicht bei mir allein der Fall, diese dürren Wüsten sich so einen festen Platz in meinem Gedächtnis errungen?“*

Wie Darwin waren auch andere von der Landschaft beeindruckt, Forscher und Schriftsteller, auch viele, die Patagonien gar nicht aus eigener Anschauung kannten. *Edgar Allen Poe, Jules Verne, Herman Melville* und *Stefan Zweig* nutzen den Landstrich als Kulisse für ihre Romane und Abenteuergeschichten, sehr empfehlenswert ist auch *Bruce Chatwins* Reportageband „In Patagonien“.

„Nirgendwo ist auch ein Ort“ – treffend charakterisiert der Satz von *Paul Theroux* die unendlich weiten Ebenen, die den zentralen Teil Patagoniens ausmachen. Diese **weiten Ebenen** sind aber nur ein Teil Patagoniens. Zur Region gehören auch die **Andenkette** sowie die **Atlantikküste.** Denn geographisch gesehen umschließt die Region das gesamte Gebiet vom Río Colorado im Norden bis zur Magellan-Straße im Süden, und auch die Chilenen zählen die Landschaften südlich von Puerto Montt zu Patagonien. Die **vier argentinischen Provinzen, Neuquén, Río Negro, Chubut und Santa Cruz** umfassen mit 765.720 km² ein Gebiet, das mehr als doppelt so groß wie Deutschland ist, in dem aber mit etwa 1,6 Mio. Einwohnern weniger Menschen als in Hamburg leben. So wundert nicht, dass die **Bevölkerungsdichte** selbst in der dichtestbesiedelten Provinz, nämlich in Río Negro, noch unter drei Menschen je km² liegt; in Santa Cruz hat jeder Einwohner sogar – statistisch gesehen – mehr als einen km² Platz.

Patagonien – diesen Namen trägt das Land seit der **Magellan-Expedition,** die **1520** hier vorbeisegelte. Warum man es so nannte, ist umstritten; die meisten Historiker vermuten, dass man die Einwohner **Patagones = Großfüße** nannte. Der ersten Überlieferung nach sollen es Riesen gewesen sein, als spätere Forscher dann aber genau Maß nahmen, stellte sich heraus, dass sie nicht größer als die forschenden Europäer waren. So schrieb Darwin: *„Ihre Größe erscheint uns wegen ihrer großen Guanako-Mäntel, ihres langen wallenden Haars und ihrer ganzen Erscheinung bedeutender, als sie wirklich ist: Im Mittel beträgt ihre Größe ungefähr sechs Fuß (1,80 m), einige Männer sind kleiner und nur wenige größer.“* Andere Möglichkeiten, warum Patagonien so heißt, referiert

Bruce Chatwin in seiner Reisebeschreibung.

Nach der Umsegelung durch *Magellan* passierte erst einmal jahrhundertelang wenig. Andere folgten ihm, sie durchquerten die Magellan-Straße oder scheiterten in den zahllosen Kanälen. *Sir Francis Drake* und *Thomas Cavendish* hießen die heldenhaften Seefahrer, deren Abenteuer man in unzähligen Filmen verfolgen konnte.

Interessant war für alle nur die Wasserstraße, nicht das Binnenland, es blieb bis Mitte des 19. Jahrhunderts ein weißer Fleck auf der Landkarte. *Charles Darwin* versuchte 1834 auf seiner Forschungsreise gemeinsam mit einer kleinen Gruppe unter der Leitung des Kapitäns *Robert Fitzroy*, die Quelle des Río Santa Cruz zu finden. Zwei Wochen kämpfte man sich stromaufwärts und musste dann, nach 260 km, aufgeben, 20 km vor dessen Ursprung im Lago Argentino.

Ab 1865 kamen dann die **ersten Siedler.** Es waren **Waliser,** die meisten ließen sich am Unterlauf des Río Chubut nieder. Lebten die ersten Waliser noch in relativer Eintracht mit den Ureinwohnern – zahlreiche alte Fotos zeigen sie und Indios miteinander lebend und arbeitend –, so besiegelte die weitere Besiedelung Patagoniens das Schicksal der **Ureinwohner.** Die Haush, die Ona, die Alacaluf, die Tehuelche und die Yahgan starben an eingeschleppten Krankheiten oder wurden von den Viehzüchtern des Südens schlicht als Viehdiebe umgebracht.

a65-333 Foto: gw

Am längsten wehrten sich die **Mapuche** gegen die fremden Siedler, denen plötzlich das Land und die Tiere, die dort weideten, gehören sollten. 1879 schickte schließlich die argentinische Regierung die Armee los. Unter General *Julio Roca* wurde der **Wüstenfeldzug (Campaña del Desierto)** gestartet, der **1883** mit der fast vollständigen **Ausrottung der Indianer** endete.

Patagonien lebt heute immer noch zum größten Teil von der **Schafzucht.** Allerdings ist sie wegen der verfallenden Weltmarktpreise und der Bodenerosion rückläufig. Im Norden der Region wird Obstanbau betrieben, an der Atlantikküste ist die Fischerei nicht unwichtig. Um Comodoro Rivadavia befinden sich große Ölfelder.

Die beliebtesten **Touristenziele** liegen entlang der Andenkette in den Provinzen Neuquén und Río Negro, dazu kommen die Península Valdés in der Provinz Chubut sowie der Nationalpark Los Glaciares mit dem Fitzroy-Massiv und dem Perito-Moreno-Gletscher in der Provinz in Santa Cruz, in der auch die Nationalstraße 40, die Ruta 40 beginnt.

Neuquén

Neuquén ist mit 94.078 km² Fläche die **kleinste Provinz Patagoniens** und die einzige, die keinen Anteil an der Atlantikküste hat. Sie erstreckt sich am Andenrand, grenzt im Norden an Mendoza, im Osten und Süden an Río Negro. Hier leben knapp 480.000 Menschen. Neuquén ist eine verhältnismäßig florierende Provinz, hier gibt es Bodenschätze wie Erdöl und Erdgas, Kupfer, Blei, Zink, Gold und Silber. Der Tourismus wird immer wichtiger – kein Wunder, besitzt Neuquén doch einige der **schönsten Nationalparks in Argentinien.**

Neuquén (Stadt) ⇗XV,C2

Die Hauptstadt im östlichen Zipfel der Provinz liegt am Zusammenfluss von Río Limay und Río Neuquén, die ab hier den Río Negro bilden. Neuquén hat etwa 200.000 Einwohner und ist wegen der Industriebetriebe eine rasch wachsende Stadt. Gleichzeitig fungiert sie als **Handels- und Versorgungszentrum** für die zahlreichen Städte, die östlich im Tal des Río Negro liegen und von der Landwirtschaft leben, sowie für die Ölfelder im Westen. Schließlich ist die Stadt ein recht wichtiger Verkehrsknotenpunkt auf den langen Strecken zwischen Küste und Anden. Dem verdankt Neuquén auch die Existenz, es wurde nämlich als Bahnstation der Eisenbahn 1904 gegründet.

Neuquén hat einen für argentinische Städte ungewöhnlichen Stadtgrundriss: Es fehlt die zentrale Plaza. Zentrum der Stadt ist die Avenida Argentina nördlich des Bahnhofs.

Einen guten Überblick über die Stadt und die Flussmündung bekommt man vom Parque Centenario.

Touristeninformation

- Die Touristeninformation ist Félix San Martín/Ecke Río Negro, Tel. (0299) 4424089, www.neuquentur.gov.ar.

Hotels

Einfach und billig:

- **Ingles,** Félix San Martín 534, Tel. 4422252, 22 US-$.
- **Hotel Alcorta,** Alcorta 84, Tel. 4422652; sauber, okay, 28 US-$.
- **Hotel Alvear,** Tierra del Fuego 255, Tel. 4430237; DZ für 10 US-$.

Hotels der Mittelklasse:

Die meisten Mittelklassehotels liegen auf der Av. Olascoaga.

- **Parque,** 271, Tel. 4425086; 34 US-$.
- **Crystal,** 268, Tel. 4422414, www.hotelcrystalneuquen.com.ar; 38 US-$.
- **Hotel Ideal,** 4422431, www.interpatagonia.com/hotelideal; 38 US-$.
- **Hotel Apolo,** Nr. 361, Tel. 4422334; gut, 40 US-$.
- **Iberia,** 294, Tel. 4422372; 55 US-$.

Luxushotel:

- **Del Comahue,** Av. Argentina 377, Tel. 443 2040, www.hoteldelcomahue.com; 150 US-$.

Camping

- Ein städtischer Campingplatz befindet sich am Flussufer am Ende der Calle Bahía Blanca. Ganzjährig geöffnet, auch für Wohnmobile.

Essen und Trinken

- Viele **Cafés und Restaurants** sind auf der Av. Argentina und ihren Nebenstraßen wie der Calle Alberdi.

Flugverbindungen

- Der **Flughafen** (Tel. 4460736) liegt 7 km außerhalb der Stadt.
- Von dort werden jeden Tag **angeflogen:** Bariloche, Buenos Aires (185 US-$), Comodoro Rivadavia, Esquel, Mendoza, Trelew, Córdoba und Salta. Mehrmals wöchentlich geht es nach Bahía Blanca, Zapala, San Martín de los Andes, Calafate, Rio Grande, Ushuaia und Temuco (Chile).

Fluggesellschaften:

- **Aerolíneas Argentinas/Austral,** Fe 52, Tel. 4422409.
- **LADE,** Brown 163, Tel. 4431153.

Überlandbusse

Der **neue Busbahnhof** ist rund 3 km vom Zentrum entfernt an der Ecke Planas und Solalique, Tel. 4452300. Von hier fahren mehrfach täglich Busse nach:

- **Buenos Aires,** 34 US-$, etwa 16 Stunden.
- **San Martín de los Andes,** 19 US-$, 5½ Std.
- **Mar del Plata,** 27 US-$, 12 Stunden.
- **Bariloche,** 15 US-$, 5 Stunden.
- **Zapala,** 9 US-$, 3 Stunden.
- **Mendoza,** 30 US-$, 12 Stunden.
- **Temuco (Chile),** mehrmals wöchentlich, 33 US-$, 14 Stunden.

Sonstiges

- Das **Postamt** liegt an der Straßenecke Rivadavia/Santa Fe.
- Cambio Pullman, Alcorta 144, wechselt **Bargeld und Schecks.** Die Banken auf der Av. Argentina haben **Geldautomaten.**

Villa El Chocón ↗XV,C2

Für Freunde der **paläontologischen Forschung** gehört dieser kleine Ort 136 km südwestlich von Neuquén (über die Ruta 237 zu erreichen) zum Pflichtprogramm. Hier wurden riesige fleischfressende Dinosaurier ausgegraben, darunter ein 14 m langes Exemplar des so genannten *Gigantosaurus*

Carolinii, der etwa 10 Tonnen gewogen haben muss. Im **Museo Paleontológico Ernesto Bachmann** ist dieses Exemplar neben anderen ausgestellt. Informationen gibt es beim **Centro de Información Turística,** Galería Comercial Local Nr. 1, Tel. 4901230, Unterkunft bieten mehrere Campingplätze sowie das schöne **La Posada del Dinosaurio,** Costa del Lago Barrio I, Tel. 4901200, www.posadadinosaurio.com.ar.

Zapala

↗ XIV,B2

Die etwa 35.000 Einwohner zählende Kleinstadt war der Endpunkt der Eisenbahnlinie, die von Bahía Blanca über Neuquén hierher führte. So existiert die Stadt auch erst seit 1913, dem Jahr, als die Eisenbahnlinie vollendet wurde, obwohl hier vorher bereits einige Siedler lebten.

Zapala ist eine typische patagonische **Wüstenstadt,** in der es außer dem **Museo Profesor Olsacher** wenig zu sehen gibt. Im Museum ist eine Fülle von Mineralien und Fossilien, nicht nur aus Patagonien, sondern, da reger internationaler Austausch besteht, aus achtzig Ländern der Erde ausgestellt. Die ältesten Funde sind 150 Millionen Jahre alt, darunter ein komplettes Krokodil, das auf etwa 80 Millionen Jahre geschätzt wird. Das Museum ist im gleichen Gebäude wie der Busbahnhof, man muss den Ausgang links nehmen.

Touristeninformation

- Kommt man von Neuquén nach Zapala, befindet sich die sehr hilfreiche Touristeninformation gleich am Ortseingang, Tel. (02942) 424296. Kartenmaterial und gute Informationen über den Straßenzustand.

Camping

- Ein Campingplatz befindet sich auf der Ruta Provincial Nr. 3. Er ist ganzjährig geöffnet, auch für Wohnmobile.

Hotels

- **Residencial Odetto,** Ejército Argentino 45; nahe dem Busbahnhof.
- **Hotel Coliqueo,** Etcheluz 159, Tel. 442 1308 (gegenüber dem Hotel Nuevo Pehuen); sehr sauber, mit Bad/TV für 30 US-$.
- **Hue Melén,** Almte. Brown 927, Tel. 422 407; das erste Haus am Platz, etwa 38 US-$.
- **Nuevo Pehuén,** de la Vega/Ecke Etcheluz, Tel. 423135; direkt am Busbahnhof, 13 US-$.

Überlandbusse

Vom **Busbahnhof** (Etcheluz/Ecke Uriburu, Tel. 423191) bestehen mehrmals täglich Verbindungen nach:

- **Neuquén,** 7 US-$, 3 Stunden.
- **Buenos Aires,** 49 US-$, 20 Stunden, evtl. umsteigen in Neuquén.
- **Bahía Blanca,** 31 US-$, 15 Stunden.
- **Bariloche,** 20 US-$, 5 Stunden.
- **San Martín de los Andes,** 11 US-$, 3½ Std.

Sonstiges

- Die **Post** ist Avenida San Martín/Ecke Cháneton.
- Auf Cháneton 410 ist auch der Banco de la Provincia de Neuquén (mit **Geldautomat**).

Ausflug

Parque Nacional Laguna Blanca

Der Nationalpark liegt etwa 35 km westlich von Zapala und nimmt eine Fläche von ungefähr 11.000 ha ein. Er ist ziemlich unbekannt und wird wenig besucht, auch weil der Zugang nicht einfach ist. **Busse,** die von Zapala nach Aluminé (s.u.) fahren, können

Besucher am Eingang herauslassen, ansonsten besteht nur die Möglichkeit, mit einem geliehenen Auto oder per Autostopp zum Park zu gelangen. Es gibt im Park **keine touristische Infrastruktur,** Zelten ist erlaubt, aber es gibt keinen Schatten und es weht ein kräftiger Wind. Das kleine Besucherzentrum hat feiertags und am Wochenende von 9–18 Uhr geöffnet. Die Parkverwaltung ist unter Tel. (02942) 431982 zu erreichen (www.parquesnacionales.gov.ar).

Das saure und kalziumkarbonathaltige Wasser der Lagune ist schlecht für Fische, allerdings bietet der Park einer **Fülle von Wasservögeln** Lebensraum. Eine Besonderheit ist der Schwarzhalsschwan, der hier brütet.

Copahue

↗ XIV,B1

Etwa 120 km nordwestlich von Zapala liegt das **Thermalbad** Copahue auf etwa 2000 m Höhe, am Fuße des gleichnamigen Vulkans (2980 m), wie ein **natürliches Amphitheater** von steilen Bergwänden umgeben. Copahue ist leicht per Bus von Zapala zu erreichen, allerdings lohnt der **Besuch nur im Sommer,** im Winter haben fast alle Hotels und Restaurants geschlossen. Nähere Auskünfte, auch über Unterkünfte vor Ort, erteilt die lokale Information unter Tel. (02948) 495036 oder www.termasdecopahue.com.

Aluminé

↗ XIV,B2

Die Kleinstadt mit ihren gut 5000 Einwohnern ist nach dem Mapuche-Wort für „glänzend" benannt. Sie ist der **nördliche Zugang zum Nationalpark Lanín,** Informationen dazu sollte man im Touristenbüro erfragen (C. Joubert 321, Tel. (02942) 496001).

Aber auch die Umgebung um den gleichnamigen **See** lohnt einen Ausflug. Besonders **Angler** kommen auf ihre Kosten, die Seen sind wie der Río Aluminé fischreich, besonders Forellen werden hier gefangen.

Mehrere schöne **Campingplätze,** die verteilt am Seeufer liegen, laden zum Verweilen ein.

Hotels

- **Hostería Aluminé,** C. Joubert 336, Tel. 496 174; große Zimmer, ab 30 US-$.
- **Hostería Nid-Car,** C. Joubert 559, Tel. 496 131, nidcaralumine@yahoo.com.ar; preiswert, okay, 15 US-$.
- **Pehuenia Hotel,** Cap. Crouzelles/Ecke Ruta Nacional 23, Tel. 496340; großes Hotel, Zimmer mit Blick zum Fluss, inkl. Frühstück 55 US-$.

Paso Icalma

↗ XIV,B2

Von Aluminé führt eine gute Schotterpiste über den Icalma-Pass **nach Chile** und ins Quellgebiet des **Río Bío Bío,** allerdings verkehren hier keine öffentlichen Busse. Bereits der Lago Aluminé ist von Araukarien umstanden, auf der chilenischen Seite rings um den **Lago Icalma** bestimmen die stattlichen Bäume dann endgültig das Bild. Von dort gelangt man entweder über Melipeuco oder auf der landschaftlich weitaus reizvolleren Strecke über Lonquimay und Curacautín zum Nationalpark Conguillío oder weiter nach Temuco.

Junín de los Andes ⇗XIV,B2

Das lebendige Städtchen mit heute etwa 10.000 Einwohnern wurde 1882 als militärischer Vorposten im Krieg gegen die Indianer gegründet. Aber erst nach Vertreibung und Vernichtung der Mapuche kamen um 1887 die ersten Siedler. Sie reizte wahrscheinlich genau wie die Besucher heute die **Lage inmitten der bewaldeten Berge,** umgeben von fischreichen Flüssen. Das staubige Junín selbst ist dabei weniger die Attraktion für die Touristen. Sie benutzen die Stadt stattdessen als Ausgangspunkt für Besuche des Nationalparks Lanín (s.u.).

Touristeninformation

- Die Touristeninformation ist an der Plaza, an der Ecke Milanesio und Suárez, Tel. (029 72) 491160.
- Das Büro des **Nationalparks Lanín** ist auf dem Paseo Artesanal, nördlich des Touristenbüros (Tel. 491160).
- Wer in der Umgebung fischen will, bekommt Informationen beim **Club de Caza y Pesca Chimehuín,** Av. San Martín 555.

Camping

- Der städtische Campingplatz **La Isla,** Gines Ponte y Río Chimehuín, Tel. 492029, bietet Platz für 300 Zelte, es gibt Elektrizität und warmes Wasser sowie einen Badestrand.

Hotels

- **Posada Pehuén,** Cne. Suárez 560, Tel. 491 569; das beste unter den preiswerten, mit Bad 28 US-$.
- **Residencial Marisa,** J. M. de Rosas 360, Tel. 491175; mit Bad 28 US-$.
- **San Jorge,** Antartida Argentina s/n, Tel. 491147; das beste Hotel im Ort, ab 40 US-$.
- **Hotel Chimehuín,** Cnl. de Suárez/Ecke 25 de Mayo, Tel. 491132; 40 US-$ pro Person mit Frühstück.
- **Estancia Huechahue,** 30 km östlich der Stadt an der Straße nach Bariloche, Tel. 428 276, www.huechahue.com; Estanzia-Aufenthalt mit Vollpension, Fischen und Reitausflügen, allerdings liegt der Preis um die 300 US-$ pro Person.

Busverbindungen

- Junín hat dieselben Busverbindungen wie San Martín de los Andes (s.u.), da die Hauptstraße von dort über Junín führt. Der **Busbahnhof** ist Olavaria/Ecke Felix San Martín, Tel. 492038.

San Martín de los Andes ⇗XIV,B2

Das Gebirgsstädtchen in den Anden lebt vom Tourismus, mit allen Vor- und Nachteilen, die das mit sich bringt: Die Vorteile sind das recht gepflegte Stadtbild, die herausragend schöne Umgebung, der gute Service; von Nachteil sind vor allem die Besuchermengen.

Der Ort am Ostufer des **Lago Lacar** auf 642 m Höhe, 1898 als Stützpunkt nach der Eroberung Patagoniens angelegt, hat 30.000 Einwohner. Das Zentrum der Stadt, die auch ein wichtiger Ort für den argentinischen **Wintersport** ist, erstreckt sich zwischen Plaza Sarmiento und Seeufer. Ein Spaziergang durch das Zentrum, das mit seiner schmucken Architektur an Alpendörfer erinnert, lohnt sich, auch wenn es kaum eigentliche Sehenswürdigkeiten gibt. Wer sich für Indianerkulturen interessiert, kann das **Museo Regional Municipal** aufsuchen, es liegt gleich neben dem Tourismusbüro. Es zeigt außerdem allerand mineralische und fossile Funde aus der Region.

Touristeninformation

●Die Touristeninformation ist in der Rosas 790, direkt am Hauptplatz/Ecke Av. San Martín, geöffnet Mo bis So 8–21 Uhr, Tel. (029 72) 427347. Gegenüber, auf der Calle Emilio Frey 790, befindet sich die **Verwaltung des Nationalparks Lanín,** geöffnet Mo bis Fr 7–13 Uhr, Tel. 427233.
●Der **Club Andino** hat sein Büro in Coronel Díaz 600, Tel. 427694.

Hotels

Einfach und billig:
●**Posta del Caminante,** Caballería 1164, Tel. 428672; gemütlicher Treffpunkt, manchmal zu voll, pro Person 11 US-$.
●**Puma Youth Hostel,** Fosbery 535, Tel. 422 443, www.pumahostel.com.ar; 9 US-$ p.P., DZ ab 24 US-$.
●**Albergue Rukalhue,** Juez del Valle 682, Tel. 427431, www.rukalhue.com.ar; ab 10 US-$ p.P., DZ ab 28 US-$.
●**Albergue Universitario Técnico Forestal,** Pasaje de la Paz (keine Hausnummer); wie eine Jugendherberge eingerichtet, ca. 10 US-$; Rabatt für Besitzer von Internationalem Jugendherbergs- oder Studentenausweis.
●**Hospedaje Turístico Cáritas,** Capitán Drury 774; Mehrbettzimmer, freundlich, sauber, unter kirchlicher Leitung, etwa 10 US-$, Rabatt für Besitzer von Internationalem Jugendherbergs- oder Studentenausweis.

Die beiden letztgenannten Herbergen sind nur während der Semesterferien bzw. in der Zeit der Sommerferien im Januar und Februar für jedermann geöffnet.

Hotels der Mittelklasse:
●**Hostería Bärenhaus,** Los Alamos 156, Barrio Chapelco, Tel./Fax 422775, baerenhaus1 @gmx.net, www.baerenhaus.com. Neues Gästehaus außerhalb des Zentrums mit Panoramablick, von dem freundlichen und hilfsbereiten deutsch-argentinischen Ehepaar *Martin* und *Verónica* geleitet, schöne Zimmer ab 15 US-$ pro Person.
●**Anay,** Cap. Drury 841, Tel. 427514; zentrale Lage, ca. 58 US-$.
●**La Masia,** Obeid/ Ecke Drury, Tel. 427688, www.hosterialamasia.com.ar; heimeliges Fachwerkhaus mit schönen Zimmern und Garten, ab 65 US-$.

Luxushotels:
●**Apart Rincón de los Andes,** Juez del Valle 611, Tel. 428583; Cabaña für zwei Personen ab 80 US-$.
●**Le Chatelet,** Villegas 650, Tel. 428294, info@hotellechatelet.com.ar; ab 85 US-$, ab 160 US-$ in der Hochsaison.
●**Del Viejo Esquiador,** San Martín 1242, Tel. 427690, www.delviejoesquiador.com; in der Nebensaison 75 US-$, 110 US-$ in der Hochsaison.

Camping

●**Camping Los Andes,** Campingplätze liegen an der RN 234 zwischen km 4 und 5.

Essen und Trinken

●Viele Restaurants bieten **sehr gute Fisch-, speziell Forellengerichte** an. Spezialitäten sind ferner Wildschwein- und Hirschgerichte.
●Die meisten Restaurants befinden sich auf der Avenida San Martín und auf der zu ihr parallel verlaufenden Villegas.
●**La Tasca,** Moreno 86; sehr gute Fischspezialitäten.
●**Mendieta,** San Martín; sehr beliebte, häufig volle Parrillada.

Flugverbindungen

●Der **Chapelco-Flughafen** liegt 20 km außerhalb der Stadt. Von dort fliegen täglich Maschinen nach Buenos Aires (245 US-$), Bariloche, Esquel und Neuquén.
●**Aerolíneas/Austral,** Capitán Drury 876, Tel. 427003.
●**LADE,** Villegas 231, Tel. 427672.

Überlandbusse

●Vom **Busbahnhof** Gral. Villegas 231, Tel. 427044, fahren täglich mehrere Busse nach:
●**Zapala,** 11 US-$, 2½ Stunden.
●**Neuquén,** 17 US-$, 6 Stunden.
●**San Carlos de Bariloche,** 8 US-$, 5 Stunden, nach der Fahrstrecke fragen, denn die „Ruta de los Siete Lagos" ist die wesentlich schönere Strecke.

- **Buenos Aires,** 55 US-$, 22 Stunden.
- **Aluminé,** 15 US-$, 4 Stunden.
- **Córdoba,** 49 US-$, 21 Stunden.
- **Temuco (Chile),** mehrmals die Woche über Pucón und Villarrica, 30 US-$, 8 Std.

Autoverleih

- **Avis,** San Martín 998, Tel. 427704.
- **Ai-Ansa,** San Martín 532, Tel. 427997.
- **Localiza,** Villegas 977, Tel. 428876.
- **Patagonia,** Villegas 305, Tel. 421807, (Miete auch über *Hostería Bärenhaus*).

Post

- Roca/Ecke Pérez.

Geldwechsel

- **Banco de la Nación,** San Martín 687, auch Geldautomat.
- **Cambio Andino Internacional,** auch Wechsel von Schecks, Cap. Drury 876.

Reiseveranstalter

Die meisten bieten zu denselben Preisen dieselben Rundtouren an, so z.B. die Ruta de los Siete Lagos. Zwei Adressen:

- **El Claro Turismo,** Coronel Díaz 751, Tel. 429363.
- **Pucará Viajes,** Av. San Martín 941, Tel. 427 218.

Ausflüge

Rund um San Martín

Die gesamte Andenlandschaft westlich von San Martín gehört zu dem ausgedehnten Nationalpark Lanín, mit zahlreichen Seen und Flüssen, eingebettet in bewaldete Täler zwischen mehreren 2000er Gipfeln und dem 3776 m hohen Vulkan Lanín (s.u.). Hier gibt es unzählige Möglichkeiten, die Anden per pedes, per Mountain-Bike oder Pferd, per Boot oder Auto zu erkunden. Eine kleine Auswahl:

Zwei leichte **Wanderungen** führen direkt vom Zentrum des Städtchens auf die Aussichtspunkte Bandurrias und Arrayán/Centenario. **Kurzausflüge** bieten sich an zur Halbinsel Quila Quina (mit herrlichem Strand am Lago Lacar), zum Hausberg Chapelco – im Winter ein beliebtes Skizentrum – und zu den idyllisch gelegenen Seen Lolog, Curruhue, Meliquina und Queni. Schließlich kann man über den Lago Lacar Bootstouren bis zur chilenischen Grenze bei Puerto Hua Hum unternehmen und von dort in den Nationalpark Lanín hineinwandern (s.u.). Und wer das Ganze von oben betrachten möchte, kann einen Rundflug bis zum Vulkan Lanín buchen. Nähere Auskünfte zu diesen und weiteren Touren erteilen die Touristeninformation in San Martín und die Betreiber der *Hostería Bärenhaus.*

Parque Nacional Lanín ⇗ XIV,B2

Als **schönster Berg der Welt** wird der 3776 m hohe **Vulkan Lanín** gern bezeichnet. Wenn man sieht, wie sich die schneebeckte Pyramide im glitzernden Wasser des Lago Huechulafquén spiegelt, kann man dem nur zustimmen.

Der Vulkan Lanín ist der zentrale Punkt des 412.000 ha großen Nationalparks. Er wurde 1937 zum Schutz des patagonischen Waldes eingerichtet, besonders um die Baumarten **Raulí** (für Botaniker: *Nothofagus nervosa)* und **Pehuén** *(Araucaria araucana)* zu schützen. Im Park liegen **24** kleine und größere gletschergespeiste **Seen,** in denen zwar nur sehr Abgehärtete ba-

img930 Foto: ab

den können, an denen sich aber meistens wunderbar zelten lässt.

Die besten **Zugänge zum Park** sind von Aluminé, Junín de los Andes und San Martín de los Andes. Von den beiden letztgenannten Orten lässt sich mit den Bussen, die über den Hua-Hum- und den Tromén-Pass nach Chile fahren, in den Park gelangen. Eine gute Möglichkeit ist auch, von San Martín de los Andes mit dem Boot über den Lago Lacar bis nach Puerto Hua Hum zu schippern: Von dort aus nehmen ausgedehnte Wanderwege ihren Anfang.

Der **größte See** im Park ist der **Lago Huechulafquén.** Er ist per Autostopp von Junín aus zu erreichen. Dort liegt auch **Puerto Canoas,** der Stützpunkt der Parkaufseher. Hier gibt es inzwischen zwei kleinere preiswerte Hotels sowie eine Campingplatz. Von hier aus startet ein Katamaran zu Rundfahr-

Volcán Lanín

ten mit herrlichen Aussichten auf See und Vulkan. In Puerto Canoas beginnt auch ein etwa vier bis fünf Stunden langer Weg hinauf auf den Sattel des Vulkan Lanín zu einem Refugio auf 2400 m Höhe. Der Weg ist allerdings nur sehr schlecht markiert und ohne Führer stellenweise nur schwer zu finden, zumal das Nationalparkbüro in San Martín keine brauchbaren Karten bereithält. Stellenweise führt er auch über Geröll und Felsen. Vom Refugio können geübte Bergsteiger auch den **Gipfel des Lanín** besteigen, man braucht aber wegen der dicken ganzjährigen Schneekappe Steigeisen und Eispickel.

Leichter ist der Aufstieg über die Nordroute vom Tromén-Pass aus, dort kann man sich einfach von einem der Busse nach Chile absetzen lassen.

Wer den **Vulkan Lanín** besteigen will, sollte sich mit dem Club Andino in Junín in Verbindung setzen; den Kontakt kann die Tourismusinformation in Junín herstellen.

Der **Eintritt** in den Park kostet 4 US-$. Informationen erhält man im Nationalparkbüro in San Martín de los Andes (s.o.). Tel. (02972) 427233, www.parquesnacionales.gov.ar. Für die vier Nationalparks Lanín, Nahuel Huapi, Lago Puelo und Los Alerces gibt es ein gemeinsames Eintrittsticket. Es ist 21 Tage gültig und kostet 8 US-$.

Über den Hua-Hum-Pass nach Chile

Eine überaus reizvolle Alternative zur klassischen Grenzüberquerung über den Tromén-Pass nach Pucón (den die Linienbusse benutzen) ist die kombinierte **Bus-Schiff-Fahrt** von San Martín nach Panguipulli/Chile. Eine Schotterstraße passiert die Grenzstation Hua Hum am westlichen Ende des Lago Lacar und überquert den niedrigen Grenzpass Hua Hum (659 m) nach Puerto Pirihueico am gleichnamigen See (50 km von San Martín). Über den langen, schmalen, von dichtem Urwald umstandenen Lago Pirihueico verkehrt eine Autofähre nach Puerto Fuy auf der anderen Seite. Dort gibt es einen einfachen Zeltplatz direkt am See, simple Unterkünfte und Wanderwege durch den Naturwald.

Diese Tour ist weitaus preiswerter als etwa die Andenquerung auf den Seen Lago Nahuelhuapi/Frías/Todos Los Santos (siehe Bariloche) und kaum weniger attraktiv. Wer nicht mit eigenem Fahrzeug unterwegs ist, kann versuchen, bis zur Fähre zu trampen. Buses El Petrolero fährt Mo bis Sa um 12.30 Uhr von San Martín nach Pirihueico (dann ist die Mittagsfähre schon weg) und um 18.30 Uhr zurück. Von Puerto Fuy nach Panguipulli (63 km) verkehren mehrmals täglich Busse (2 Stunden, 7 US-$).

Die **Fähre „Hua Hum"** hat Platz für 22 Autos und braucht 1½ Stunden über den See. In der Hauptsaison (15.12.–14.03.) verkehrt sie täglich um 12 und 20 Uhr ab Pirihueico sowie um 8 und 15 Uhr ab Puerto Fuy. In der Nebensaison (15.03.–14.12.) fährt sie von Mo bis Sa um 16 Uhr ab Pirihueico und 12.30 Uhr ab Puerto Fuy, So um 17 Uhr ab Pirihueico und 14 Uhr von Puerto Fuy. Preis: Pick-ups 25 US-$, Autos 20 US-$, Motorräder 5 US-$,

Fahrräder 3,50 US-$, Personen ohne Fahrzeug 1,50 US-$. Autofahrer sollten sich im Hochsommer mehrere Stunden vor Abfahrt einfinden, da die Fähre oft voll ist; Reservierungen sind nicht möglich.

Über die Straße der Sieben Seen

Diese Tour wird von verschiedenen Fremdenverkehrsbüros (mit Rückfahrt nach San Martín de los Andes) angeboten. Auch Büros in San Carlos de Bariloche haben sie in umgekehrter Reihenfolge im Angebot. Die größtenteils asphaltierte Route führt durch zwei Nationalparks, Lanín und Nahuel Huapi, sie lässt sich für Reisende mit Leihwagen oder eigenem Auto auch gut als Verbindungstrecke zwischen San Martín de los Andes und Bariloche benutzen. Die meisten Busse fahren leider eine andere Strecke nach San Carlos de Bariloche. Man sollte sich vor dem Ticketkauf über die Busfahrstrecke erkundigen. Als Rundfahrt ist die Strecke etwa 400 km lang, als Tour von San Martín de los Andes bis zum Nationalpark Los Arrayanes etwa 220 km. In Wirklichkeit berührt man auf der Route **mehr als Sieben Seen,** viele von ihnen sind durch Flüsse miteinander verbunden. An den Ufern finden sich immer wieder Zeltplätze verschiedener Komfortklassen, was die Strecke insbesondere für Fahrradfahrer attraktiv macht.

Die **Straße der Sieben Seen** („Ruta de los Siete Lagos") ist weitgehend identisch mit der Ruta Nacional 234, die südlich beim **Lago Lacar** San Martín de los Andes verlässt. Rechter Hand folgt bald der **Lago Machónico.** Nur wenig weiter zweigt ebenfalls rechts eine Straße ab, sie führt zur **Laguna Pudú Pudú** und zum **Lago Hermoso,** romantisch im Wald gelegen. Hier gehen die Nationalparks Lanín und Nahuel Huapi unmerklich ineinander über.

Wieder zurück auf der Ruta 234 trifft man 43 km hinter San Martín de los Andes auf die **Wasserfälle von Vullignano,** die etwa 20 m tief hinabstürzen. Nach weiteren 3 km folgt links der **Lago Falkner,** rechts der **Lago Villarino** – die Straße führt zwischen ihnen hindurch über den Río Falkner. Nur wenige Kilometer weiter sieht man durch den dichten Wald den **Lago Escondido** blitzen. Die Ruta 65 kreuzt den Weg; folgt man ihr nach links (ostwärts), trifft man bald auf die Ufer des **Lago Traful** (s.u.).

Auf der Ruta 234 folgen schnell hintereinander mehrere Seen: der **Espejo Chico,** der **Lago Espejo** und der **Lago Correntoso.** Nach Osten zweigt die Ruta 231 ab, sie führt über den Paso Puyehue durch den gleichnamigen Nationalpark in Chile (öffentliche Busse) und endet dort in Osorno. Man folgt ihr nach Süden, am Ufer des **Lago Nahuel Huapi** entlang.

Paso del Córdoba und Valle del Traful

Eine ebenso schöne Alternativstrecke führt von San Martín über den Paso del Córdoba ins Traful-Tal. Sie wird teilweise von einigen Bussen nach Bariloche befahren. 18 km südlich von San Martín zweigt von der Ruta 234

nach Südosten die Schotterstraße Nr. 63 ab und führt vorbei am **Lago Meliquina** ins Tal des **Río Caleufú,** wo der Naturwald leider größtenteils Kiefernplantagen weichen musste. Vom Paso del Córdoba (km 72) auf 1300 m Höhe hat man einen schönen Blick über die Anden. Bei Confluencia (km 96) biegt Richtung Westen die Ruta 64 ab und folgt dem **Río Traful,** einem wildromantischen Tal mit bizarren Felsformationen. Bei km 125 führt ein Holzsteg zum **Mirador de Traful,** einem Aussichtsfelsen, der steil zum dunkelblauen Lago Traful abbricht. An dessen Südufer liegt das kleine Bergdorf **Villa Traful** (km 133) mit Zeltplätzen, einfachen Unterkünften und Bootstouren zu versunkenen Wäldern und einer Salzhöhle. Bei km 157 stößt die Straße wieder auf die Ruta 234 (s.o.), was eine Rundtour von San Martín aus ermöglicht.

Im Parque Nacional Los Arrayanes

Nationalpark Los Arrayanes

Über beide oben beschriebenen Strecken erreicht man schließlich den gepflegten Ferienort **Villa Angostura** am Nordufer des Lago Nahuel Huapi. „Die Enge", so der Ortsname in der Übersetzung, heißt der Ort wegen der Península Quetrihue, die als schmale, lang gezogene Landzunge in den **Lago Nahuel Huapi** hineinreicht. Auf ihr liegt der Nationalpark Los Arrayanes, ein Extra-Schutzgebiet innerhalb des Nationalparks Nahuel Huapi. Der Park ist eine Besonderheit, wächst hier doch ein dichter **Wald aus Myrtenbäumen.** Er wurde 1971 eingerichtet und umfasst mit seinen 1753 ha die ganze Halbinsel.

Vom Busbahnhof in Villa Angostura bis zum Puerto sind es 3 km; von dort gibt es drei Möglichkeiten, zum Nationalpark Los Arrayanes zu gelangen: zu Fuß (einfache Strecke 12 km, ca. 3 Std.), mit dem Fahrrad (10 US-$ für einen halben Tag, etwa 1½ Stunden Fahrtzeit) oder per Boot (22 US-$). Wer Zeit hat, sollte wandern oder Fahrrad fahren. Man kann auch nur eine Strecke wandern, die andere mit dem Boot fahren. Wer Fahrrad fahren will, sollte sich das Rad schon im Ort in der Nähe des Busbahnhofs leihen. Campen ist nicht erlaubt, die Parkverwaltung in Bariloche ist unter Tel. (02944) 423121 zu erreichen (www. parques nacionales.gov.ar).

- Die **Touristeninformation** in Villa Angostura befindet sich Av. 7 Lagos 93, Tel. (02944) 494124, der **Busbahnhof** nahebei, Av. 7 Lagos 68, Tel. 494961.
- Übernachten kann man preiswert in der Jugendherberge **Hostel La Angostura,** Barbagelata 157, Tel. 494834, www.hostellaango stura.com.ar, 10 US-$ p. P., DZ 35 US-$. Teurer, aber sehr schön im **Hotel Angostura,** Nahuel Huapi 1911, Tel. 494224, www.hote langostura.com, DZ mit Seeblick 68 US-$, oder im **Residencial Rio Bonito,** Topa Topa 260, Tel. 494110 (einfache Zimmer, nur 5 Min. vom Busterminal in einer ruhigen Seitenstraße, ab 25 US-$ mit Frühstück).
- Ein empfehlenswertes Restaurant ist **Los Troncos,** Av. Arrayanes 67. Gut für Forellen und Steaks.

Weiter der Ruta 231 und dann rechts (nach Süden) der Ruta 237 folgend, erreicht man bald Bariloche. Wer zurück nach San Martín de los Andes will, kann die jeweils andere der oben beschriebenen Alternativen benutzen oder über die RN 237 Richtung Norden und die RP 63 Richtung Nordwesten (siehe Paso del Córdoba) fahren.

Río Negro

Schaut man auf die Landkarte, ist Río Negro die **Provinz der unendlichen Einöde.** Zwischen der Hauptstadt Viedma an der Küste und dem wichtigsten Touristenziel, San Carlos de Bariloche, liegen etwa 750 Straßenkilometer, die vorwiegend auf nicht-asphaltierter Straße durch die patagonische Halbwüstenlandschaft führen. Ein endloses Land. Río Negro war ab 1884, wie Neuquén, Chubut, Santa Cruz und Tierra del Fuego, ein so genanntes patagonisches Territorium. Die Provinz Río Negro ist jung und existiert als solche erst seit 1955.

Heute verteilen sich in Río Negro etwa 550.000 Einwohner auf eine Fläche von 203.013 km². Die Provinz ist aber sehr **ungleich besiedelt:** am dichtesten um Viedma und San Carlos de Bariloche, dann entlang der beiden Flussläufe, des Río Colorado und besonders des Río Negro. An seinem Oberlauf werden Obst und Gemüse angebaut, um General Roca ist ein kleines Industriegebiet entstanden. Ansonsten aber ist das Land weitgehend menschenleer, hier lebt nicht einmal mehr ein Mensch auf jedem Quadratkilometer.

Nach Norden und Nordwesten folgen die Grenzen zu den Nachbarprovinzen natürlichen **Barrieren:** dem Río Colorado, Nordgrenze Patagoniens überhaupt, und dem Río Limay zur patagonischen Nachbarprovinz Neuquén. Die südliche Grenze wurde einfach auf der Landkarte gezogen, sie richtet sich nicht nach natürlichen Gegebenheiten. Nachdem man die Wüste im Indianerkrieg erobert hatte, konnte man das Land nach Belieben per Federstrich aufteilen.

Erschlossen wurde der südliche Teil des Landes um die Jahrhundertwende mit dem Bau der Eisenbahn. Zwar wurde diese nicht wie ursprünglich geplant vom Atlantik bis zur Pazifikküste durchgezogen, aber immerhin von Viedma bis San Carlos de Bariloche.

Viedma/Carmen de Patagones ⇗XVI,A/B3

Etwa 30 km vor der Mündung des **Río Negro** in den Atlantik liegen zwei Städte: Carmen de Patagones auf dem Nordufer und Viedma auf dem Südufer. Es trennt sie nicht nur der Fluss, sondern auch die Politik bzw. Verwaltung: Während Viedma die Hauptstadt der Provinz Río Negro ist, müssen die Bürger von Carmen de Patagones, wollen sie bei den Behörden in ihrer Hauptstadt etwas erreichen, bis ins fast 900 km entfernte La Plata reisen. Denn der Fluss ist Provinzgrenze zwischen Río Negro und der Provinz Buenos Aires. Verbunden sind die beiden Kleinstädte – Carmen de Patagones hat 18.000, Viedma etwa 50.000 Einwohner – durch **zwei Brücken,** in den Innenstädten zusätzlich durch eine **Fähre** für Fußgänger.

In Carmen de Patagones ließen sich 1779 die ersten Siedler nieder. Sie stammten vorwiegend aus Nordspanien und zwar aus den Provinzen Galizien, Asturien und León. Im gleichen Jahr begründete dann von Carmen de Patagones aus *Francisco de Viedma y Narváez* die Siedlung auf dem Südufer des Flusses, die später seinen Namen bekam.

Beide Städte entwickelten sich parallel weiter. 1827 mussten sie die Invasion einer brasilianischen Flotte zurückschlagen. 1878 wurde Viedma von der Zentralregierung in Buenos Aires zum Sitz der neu geschaffenen Gobernación de la Patagonia ernannt. Als der riesige Regierungsbezirk Patagonien 1884 in einzelne Territorien aufgeteilt wurde, blieb Viedma das Regierungs- und Verwaltungszentrum von Río Negro. Eine Flut richtete 1899 große Schäden in der Stadt an. Seit 1955 ist sie Provinzhauptstadt. Im Jahr 1986 beschloss die Alfonsín-Regierung, Viedma zur neuen Hauptstadt Argentiniens zu machen. Doch außer grauer Theorie entwickelte sich nichts, und so ist das Städtchen heute wieder in seinen Provinzschlaf gefallen.

Carmen de Patagones besitzt mehr sehenswerte Bauten als Viedma. An der Plaza 7 de Marzo stehen fast alle wichtigen Gebäude: die Tourismusinformation, die Hauptkirche der Stadt, und, einen Block entfernt, der letzte **Rest eines Forts von 1780.** Dort vorbei gelangt man zum Ufer, von wo eine Fähre nach Viedma übersetzt.

In Viedma gibt es wenig Sehenswertes, nur einige Strände am Ufer des Río Negro. 30 km südlich, am Meer, zwischen La Lobería und dem Balneario El Cóndor, sind sehr **schöne Badestrände** zu finden, die einfach mit Bussen zu erreichen sind. La Lobería trägt seinen Namen übrigens zu Recht: Hier leben in einer großen Kolonie etwa 2000 Seelöwen.

Touristeninformation

- Die Touristeninformation ist in Viedma auf der Villarino s/n zwischen Colón und Alvaro Barros, Tel. (02920) 430996, in Carmen de Patagones auf der Bynon 186.

Hotels

- **Peumayen,** Buenos Aires 334, Viedma, Tel. 425222; 38 US-$.
- **Austral,** Costanera Avenida Villarino 292, Viedma, 422615, www.hoteles-austral.com.ar; 54 US-$.

Camping

- Viedma besitzt einen städtischen Campingplatz (Vorsicht: Moskitos!); Campingmöglichkeiten gibt es auch an der Lobería.

Flugverbindungen

- Vom **Flughafen Gobernador Castello,** Ruta Provincial 51, Tel. 425311, der etwa 5 km südlich von Viedma liegt, gibt es mehrmals wöchentlich **Flüge nach** Buenos Aires, Bahía Blanca, Puerto Madryn, Trelew und Comodoro Rivadavia.
- **LADE,** Saavedra y Garrone, 576 „B", Tel. 424420.
- **Aerolíneas/Austral,** Colón 212, Tel. 422018.

Überlandbusse

- Vom **Busbahnhof** in Viedma (Guido und Av. Perón) sind die Verbindungen erheblich besser als von Carmen de Patagones.
- Es fahren mehrfach täglich Busse **über Bahía Blanca nach Buenos Aires** (29 US-$, 14 Stunden).

Viedma ist Stopp auf der Ruta 3 nach Süden, so dass täglich mehrere Busse von Buenos Aires in folgende Richtungen fahren:

- **Puerto Madryn,** 17 US-$, 6 Stunden.
- **Trelew,** 20 US-$, 7 Stunden.
- **Comodoro Rivadavia,** 35 US-$, 12 Std.

Tren Patagonico

Ein seltenes Vergnügen: Zugfahren in Argentinien. Von Viedma fährt zweimal wöchentlich ein Zug nach Bariloche (Mo und Fr um 18 Uhr), der am folgenden Tag gegen 10.30 Uhr dort eintrifft. Die Fahrt kostet zwischen 10 und 40 US-$. Infos unter Tel. 422 130 oder www.trenpatagonico.com.ar.

Las Grutas

↗ VI,B2

Für einen **Badeaufenthalt** bietet sich auch das 180 km südlich von Viedma gelegene Las Grutas an. Der Strand ist breit, abhängig von den Gezeiten, und es gibt **große Sanddünen.** Las Grutas ist nicht so überlaufen wie die Badeorte der Provinz Buenos Aires (siehe dort), nur in der Saison sollte man auch hier keine Einsamkeit erwarten.

Praktische Informationen

- Der Ort ist gut zu erreichen, er liegt 15 km von San Antonio Oeste entfernt und ist per **Bus** angebunden. San Antonio Oeste passieren alle Langstreckenbusse der Ruta 3.
- In Las Grutas findet sich eine Fülle von **Hotels** fast aller Preisklassen; die billigste ist eher dünn vertreten. Im Ort gibt es auch mehrere **Campingplätze.**
- Die **Touristeninformation** ist Cosera/Ecke Colonia Catriel, Tel. (02934) 497468.

San Carlos de Bariloche ↗XIV,B3

Von seiner Schokoladenseite präsentiert sich Argentinien in Bariloche, der mit knapp 100.000 Einwohnern größten Stadt am Rand der patagonischen Anden. Die Stadt liegt wunderbar **am Ostufer des großen Nahuel-Huapi-Sees** und am Ostrand des Nationalparks Nahuel Huapi, sie ist daher auch der beste Ausgangspunkt für ausgedehnte Touren in den Nationalpark. Es existiert eine exzellente touristische Infrastruktur, die große Besucherströme verkraften kann, aber dennoch muss der Individualreisende nicht verschreckt den Ort meiden. Im Nationalpark locken auch unberührte Natur, Einsamkeit und Ruhe.

Schokoladenseite aber auch im Wortsinn: In der Stadt riecht es nach **Schokolade,** man sieht sie in allen Auslagen, in dicken Tafeln, in Bruchstücken, in vielerlei Varianten und Geschmacksrichtungen wird sie präsentiert. Schließlich gilt es einen Ruf zu verteidigen: Stadt und Umgebung nennen sich die **„Schweiz Argentiniens“,** und manche Postkartenansichten der Umgebung, vom Seeufer mit den darüber aufragenden, teilweise schneebedeckten Bergen, könnten auch in den Alpen aufgenommen worden sein. Und so gibt es denn auch folgerichtig das Hotel „Edelweiß“ oder „Tirol“, auf allen Speisekarten steht das Käse- oder Schokoladenfondue, und auf dem Hauptplatz kann man sich vor dem in einem Pseudo-Schweizer-Chalet-Stil erbauten Centro Civico mit einem Bernhardiner, dem nicht einmal das kleine Fässchen um den Hals fehlt, fotografieren lassen ...

Der Tourismus und die Schokoladenherstellung sind inzwischen die wichtigsten Einnahmequellen der Bewohner. Besucher kommen das ganze Jahr über: in den Sommermonaten zum Wandern, im Winter ist Bariloche **eines der wichtigsten Skizentren der Anden.** Diesen Boom erlebt die Stadt noch nicht lange: Nachdem die hier lebenden Mapuche, Pehuelche und Vuriloche beim so genannten „Wüstenfeldzug“ ausgerottet worden waren – ein Denkmal auf der Ecke Mitre/Independencia nahe des Centro Cívico erinnert nicht an die Indianer, sondern an General *Roca,* den so „erfolgreichen“ Anführer dieses Unternehmens! –, ließen sich die ersten deutschsprachigen Siedler hier nieder. Als Stadtgründer gilt der Deutsche *Karl Wiederhold.* Nach dem Bau der Eisenbahnlinie von Buenos Aires kamen auch die ersten Besucher.

Sehenswürdigkeiten

Centro Cívico, Museo de la Patagonia

Bariloche besitzt im Stadtzentrum recht wenige Sehenswürdigkeiten: Die wichtigste ist das erwähnte Centro Cívico, in dem sich auch das sehr lohnenswerte Museo de la Patagonia befindet. Es ist didaktisch, mit vielen (nur spanischen) Schrifttafeln, und zeigt auch ausgestopfte Tiere und indianische Kultur- und Alltagsgegenstände. Es ist Di bis Fr 10–12.30 und 14–19 Uhr sowie Sa 10–17 Uhr geöffnet.

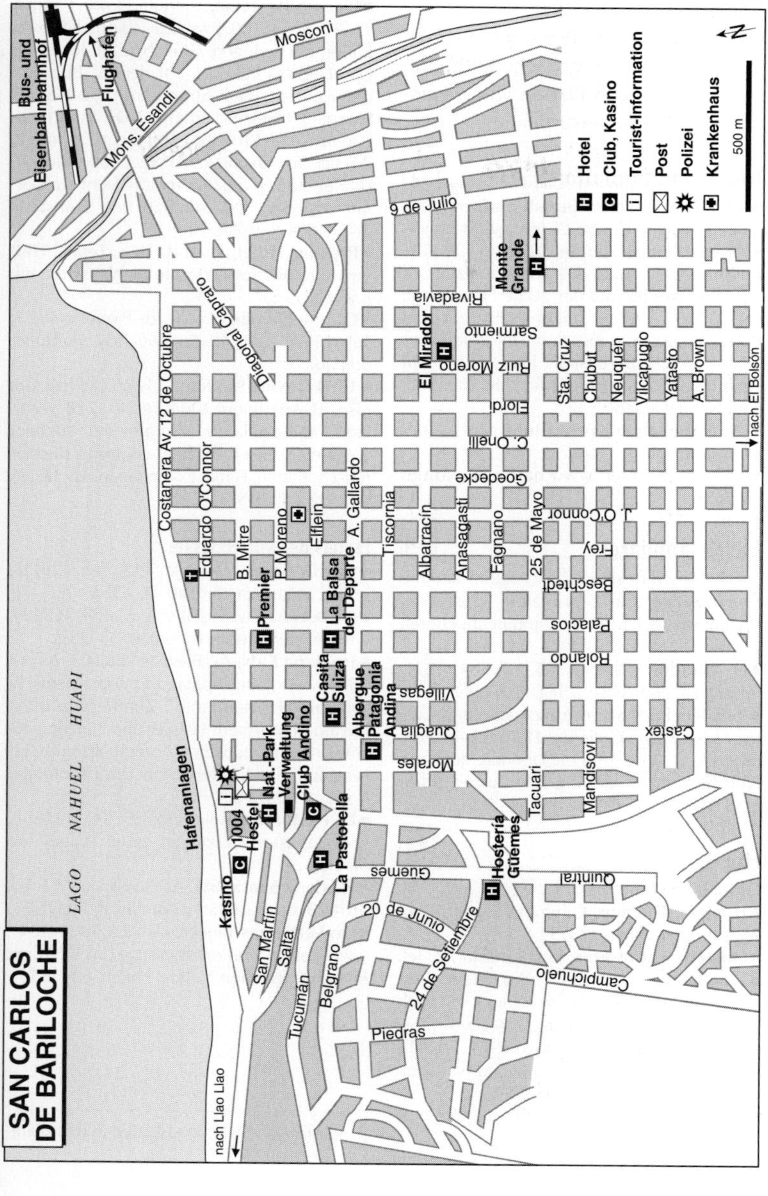
SAN CARLOS DE BARILOCHE
LAGO NAHUEL HUAPI
Hafenanlagen
Kasino
1004 Hostel
Nat.-Park Verwaltung
Club Andino
La Pastorella
Casita Suiza
La Balsa del Departe
Premier
Albergue Patagonia Andina
Hostería Güemes
El Mirador
Monte Grande
Bus- und Eisenbahnbahnhof
Flughafen
Mons. Esandi
Mosconi
9 de Julio
Costanera Av. 12 de Octubre
Diagonal Capraro
Eduardo O'Connor
B. Mitre
P. Moreno
Elflein
A. Gallardo
Tiscornia
Albarracín
Anasagasti
Fagnano
25 de Mayo
Rivadavia
Sarmiento
Ruiz Moreno
Elordi
C. Onelli
Goedecke
J. O'Connor
Frey
Beschtedt
Palacios
Rolando
Villegas
Quaglia
Morales
Tacuari
Mandisovi
Castex
Sta. Cruz
Chubut
Neuquén
Vilcapugio
Yatasto
A. Brown
nach El Bolsón
Guemes
Quintral
20 de Junio
24 de Setiembre
Campichuelo
San Martín
Salta
Belgrano
Tucumán
Piedras
nach Llao Llao
Hotel
Club, Kasino
Tourist-Information
Post
Polizei
Krankenhaus
500 m
N

Kathedrale

Etwas außerhalb des direkten Zentrums steht die neogotische Kathedrale, die 1946 nach Plänen von *Alejandro Bustillo* erbaut wurde.

Touristeninformation

- Die sehr hilfreiche **Touristeninformation** befindet sich im Centro Cívico und ist Mo bis So 8–20 Uhr geöffnet, Tel. (02944) 429850.
- Informativ ist auch das Auskunftszentrum des **Club Andino** auf der 20 de Febrero 30, Tel. 422266, der auf seiner Website, www.clubandino.com.ar, exzellente Informationen (auf Spanisch) bereitstellt. Hier erhält man auch das Trekking-Permit für den Nationalpark Nahuel Huapi.
- Die **Nationalpark-Verwaltung** liegt auf der San Martín 24.
- Infos auch unter **www.barilochepatagonia.info.**

Casas familiares

Die preiswertesten Möglichkeiten sind die so genannten „Casas familiares", kleine Pensionen, wo auch Mehrbettzimmer angeboten werden.

- **El Mirador,** Moreno 652, Tel. 422221; freundlich, deutschsprachig, ab 6 US-$.
- **Residencial Matterhorn,** *Adrian* und *Grethe Meier,* Pasaje Gutiérrez 1122, Tel. 422768; pro Person 14 US-$ für die Übernachtung mit Frühstück. Privatpension, sehr sauber, schöner Garten.

Hotels

Einfach und billig:

- **Hostería Güemes,** Güemes 715, Tel. 4247 85; sehr freundlich, 22 US-$.
- **Hostería Las Moiras,** Reconquista 72, Tel. 427883; sehr zentral, doch ruhig gelegen, am besten sind die Zimmer im 3. Stock mit Blick über den Lago Nahuel Huapi, 30 US-$.
- **Monte Grande,** 25 de Mayo 1544, Tel. 422 159, rucamalenturismo@ciudad.com.ar, kleines Haus, nur 6 Zimmer, 36 US-$.
- **Hospedaje Olimpia,** Bustillo bei km 1,3, Tel. 425194; 35 US-$.
- **Piccolo Paradiso,** Calquín Norte/Panque 12521, Tel. 462009, www.piccoloparadiso.ch; außerhalb gelegen (Bus Nr. 20 Richtung Llao-Llao bis km 12,5 auf der Av. Bustillo), dafür mit eigenem Strand am Lago Nahuel Huapi. Schweizer Leitung; 2 DZ mit Privatbad und eine Wohnung (Küche mit Essraum, 2 Schlafräumen und geräumiges Badezimmer), sehr gemütlich und traumhafte Sicht auf Garten und See. DZ mit Bad und Frühstück 50 US-$, 4 Pers. 80.
- **Premier Hotel,** Rolando 263, Tel. 426168 www.premierhotel.com; empfehlenswert, mit Bad 28 US-$.
- **Quime-Quipán,** Av. de los Pioneros km 1, Tel. 425423; 10 US-$, www.hosteriaquimequipan.com.ar.
- **1004 Hostel,** San Martín 127/Ecke Pagano, piso 10, Apartment 1004, Tel. 432228, www.lamoradahostel.com; Zimmer mit Aussicht aus dem 10. Stock, Küchenbenutzung, Büchertausch, Kamin, Filme, Exkursionen, ab 8 US-$ p.P., DZ 24 US-$.

Hotels der Mittelklasse:

- **Casita Suiza,** Quaglia 342, Tel. 426111, www.casitasuiza.com; ab 44 US-$.
- **De la Luna,** Av. Bustillo km 7,5, Tel. 462424, www.hosteriadelaluna.com.ar; 38 US-$.
- **Hostería Katy,** Av. Bustillo, km 24,3, Tel. 44 8023, www.gringospatagonia.com; deutschsprachige Hostería mit 7 Zimmern, alle mit Privatbad, warmem Wasser und Heizung sowie einem gemütlichen Aufenthaltsraum, Essensraum und Wintergarten; dazu Tourangebote, ab 52 US-$.
- **La Pastorella,** Belgrano 127, Tel. 424656, www.lapastorella.com.ar; gute Lage, ab 50 US-$.
- **Hostería Santa Rita,** Av. Bustillo km 7,2, Tel. 461028, www.santarita.com.ar, ab 70 US-$.
- **Las Vertientes,** Pioneros km 2,3, Tel. 441041, www.hosteriavertientes.com.ar; im Wald mit Blick auf den Lago Nahuel Huapi, 68 US-$.

Verführerisch: Schoko-Laden in Bariloche

Luxushotels:

- **La Cascada,** Bustillo, km 6, Tel. 441023, www.lacascada.com; kleines Luxushotel mit nur 25 Zimmern, eines kostet ab 150 US-$.
- **LLao-LLao,** Península Llao-Llao, Tel. 448525, www.llaollao.com; das vielleicht am schönsten gelegene Hotel in Argentinien, ab 280 US-$.

Camping

- Es gibt mehrere Campingplätze außerhalb der Stadt, allein drei auf dem Weg nach Llao-Llao. Der nächste ist der knapp 3 km entfernte **La Selva Negra** (Schwarzwald).

Jugendherbergen

In Bariloche eine Jugendherberge zu finden ist nicht schwer. Hier eine kleine Auswahl:

- **Alaska,** Lilinquen 328 (Av. Bustillo 7,5 km), Tel. (02944) 461564, www.alaska-hostel.com. Auf der Straße nach Llao-LLao bei Kilometer 7,5. Erreichbar per Bus 10, 20 und 21. Sehr empfehlenswert, Kochmöglichkeiten, guter Treffpunkt. 10 US-$ pro Person.
- **La Bolsa del Deporte,** Palacios 405/Ecke Elflein, Tel./Fax 423529, www.labolsadeldeporte.com.ar. Mit Küche, Waschmöglichkeit, TV, Garten, Ski- und Fahrradverleih, Camping und Verpflegung. P. P. 12 US-$, DZ 38 US-$.
- **Albergue Patagonia Andina,** Morales 564, Tel. 421861, www.elpatagoniaandina.com.ar; kleine Zimmer, Küchenbenutzung,Treffpunkt, etwa 10 US-$ pro Person.

Essen und Trinken

- Recht preiswerte **Schnell-Restaurants** sind im Puerto unterhalb des Centro Cívico am Seeufer zu finden.
- **Spezialitäten** sind Fondue, Forellen- und Wildschweingerichte, meistens nach mitteleuropäisch beeinflussten Rezepten. Die meisten Restaurants finden sich entlang der Av. Mitre, der Parallelstraße Elflein sowie deren Stichstraßen. Einige Adressen:
- **Le Chalet,** Moreno 23.
- **Familia Weiss,** Palacios 167; eigenes Spezialitäten-Geschäft auf der Ecke zur Mitre.

a67-348 Foto: gw

- **El Patacón,** Av. Bustillo km 7; teuer, aber auch sehr gut. 1998 durfte auch *Bill Clinton* bei seinem Staatsbesuch in Argentinien hier speisen.
- **Kandahar,** 20 de Febrero 730, Tel. 433090; gutes und stilvolles vegetarisches Restaurant.

Bariloche:

- **Parilla El Boliche de Alberdi,** Villegas 347, empfehlenswert für ein gutes Steak vom Grill
- **S'top,** Quaglia 111/Costanera. Fensterplätze mit Seeblick. Das Maskottchen ist ein weißes Kaninchen namens *Stoppi,* das hin und wieder durchs Lokal hoppelt. Hervorragendes Essen (Forelle, Hirsch, hausgemachte Pasta) und guter Service zu kleinen Preisen.

Flugverbindungen

- Der **Flughafen** liegt 12 km außerhalb der Stadt, er ist per Bus vom Büro der Aerolíneas Argentinas/Austral für 3 US-$ zu erreichen.
- Es gibt **täglich mehrere Flüge nach:** Buenos Aires, Esquel, Comodoro Rivadavia und Neuquén.
- **Mehrmals wöchentlich Flüge nach:** Bahía Blanca, Calafate, Mendoza, Río Gallegos, Ushuaia, Viedma, Puerto Montt (Chile) und Santiago de Chile.

Fluggesellschaften:

- **Aerolíneas Argentinas/Austral,** Mitre 185, Tel. 422425.
- **Lan,** Mitre 534, Tel. 427755.
- **Lade,** Villegas 480, Tel. 423562.

Überlandbusse

- Als **Busbahnhof** dient der alte Eisenbahnbahnhof, von dem aus auch noch zweimal wöchentlich ein **Zug** über Ing. Jacobacci nach Viedma fährt. Die Fahrt kostet je nach Luxus zwischen 10 und 40 US-$. Infos unter Tel. 422130 oder www.trenpatagonico.com.ar. Der Bahnhof ist mit den Bussen 20 und 21 vom Zentrum zu erreichen. Es fahren täglich mehrere Busse nach:
- **Buenos Aires,** 49 US-$, 23 Stunden.
- **Río Gallegos,** 52 US-$, knapp 24 Std.
- **San Martín de los Andes,** 8 US-$, 4½ Std.
- **Trelew,** 32 US-$, 13 Stunden.
- **Comodoro Rivadavia,** 33 US-$, 14 Std.
- **Córdoba,** 55 US-$, 22 Stunden.
- **Mendoza,** 54 US-$, 20 Stunden.
- **Neuquén,** 15 US-$, 5 Stunden.
- **Puerto Madryn,** 48 US-$, 14 Stunden.
- **Esquel,** 12 US-$, 4 Stunden.
- **El Bolsón,** 5 US-$, 2 Stunden.
- **Osorno** (Chile), 30 US-$, 6 Stunden.

Autoverleih

- **Hertz** und **Avis** haben jeweils ein Büro **am Flughafen.**

Einige Büros in der Stadt:

- **Rent a Car Bariloche,** Rolando 258, Tel. 42 6420.
- **Avis,** San Martín 162, Tel. 431648.
- **Budget,** Mitre 106, Tel. 422482.
- Weitere Verleiher auf der Av. San Martín und Mitre.

Fahrradverleih

Ein Fahrrad eignet sich gut, um die Umgebung von Bariloche kennen zu lernen. Für einzelne Rundtouren, wie z.B. den Circuito Chico (s.u.), ist es ideal. Beim Verleih sollte man nach einem Fahrradschloss *(Cerradura)* fragen. Fahrräder kosten etwa 20 US-$ am Tag.

- **Bikeway Mountain,** Moreno 237, Tel. 424 202, auch San Martín 210.
- **La Bolsa de Deporte** bietet Räder für Gäste für 15 US-$ am Tag, Palacios 405/Ecke Elflein, Tel. 423529.

Post

- Die Post befindet sich Moreno 175.

Geldwechsel

- Bargeld und Reiseschecks tauscht z.B. **Cambio Sudamericano,** Mitre 63. **Geldautomaten** haben fast alle Banken in der Innenstadt.

Konsulat

- Das **Deutsche Honorarkonsulat** ist auf der Emilio Morales 460, Tel. (02944) 425695 oder 425017.
- Das **Österreichische Konsulat** ist Pettoruti 262, Tel. 462600.

Reiseveranstalter

- Die meisten Reiseveranstalter bieten dasselbe Programm zu weitgehend denselben Preisen an. Die **beliebtesten** halbtägigen **Rundfahrten** von Bariloche sind der Circuito Chico (10 US-$), der Ausflug zum Cerro Catedral (10 US-$) und zum Cerro López (20 US-$), die populärsten Ganztagesfahrten sind der Circuito Grande (30 US-$), die Fahrt zum Tronador und der Cascada Alerces (26 US-$) sowie die Touren Siete Lagos (25 US-$), Puerto Blest/Selva Valdiviana (24 US-$) und die Tour nach El Bolsón (24 US-$). Nach El Bolsón kommt man auch mit den Linienbussen, sie nehmen die gleiche Strecken und die Hin- und Rückfahrt kostet 10 US-$. Meistens sind die Extras wie beispielsweise Fahrten mit der Seilbahn oder dem Sessellift nicht inbegriffen. Eine Liste der Tourangebote und Preise bekommt man in der Touristeninformation.
- Eine gute Möglichkeit, **weiter nach Chile** zu reisen, bietet die zweitägige Schiffs-Bus-Tour von Bariloche nach Puerto Montt. Von Bariloche geht es nach Llao-Llao per Bus, von dort per Schiff bis Puerto Blest, weiter bis zum Lago Frías per Bus, dann über den See, später im Bus nach Peulla. Eine zweieinhalbstündige Bootsfahrt über den Lago Todos Los Santos zu Füßen des Vulkans Osorno nach Petrohue folgt am nächsten Tag, von dort fährt ein Bus nach Puerto Montt.
- Viele Reiseveranstalter, die diese Touren anbieten, haben ihr Büro auf der Av. Mitre. Sie bieten aber auch speziellere Touren wie **Rafting** auf dem Río Manso, Mountain-Bike-Touren sowie Wander- und Kletter-Ausflüge an.
- Wer ausgedehnte **Trekking-Touren** in unberührteren Gebieten machen will, sollte sich an besondere Agenturen wenden. Informativ und Pflicht ist ein Besuch des **Club Andino,** 20 de Febrero 30. Der *Club Andino* hat auch einen Führer mit Karte zum Nationalpark herausgegeben. Die Karte ist mittelmäßig, die Beschreibung der Wege recht gut.

Eine ausgedehnte **Trekking-Tour mit Führer** ist durchaus preiswert. Der Führer kostet ca. 80 US-$ am Tag, er leitet eine Gruppe von fünf bis sechs Personen. Insgesamt muss jeder Teilnehmer der Gruppe etwa mit einem Tagessatz von etwa 30 US-$ rechnen (inklusive Transport, Führer, Übernachtung, Essen etc.). Am besten wendet man sich an die **Asociación de Guías de Montañas,** Güemes 691, www.aagm.com.ar.

Nationalpark Nahuel Huapi ⇗XIV,B2/3

Der Nationalpark Nahuel Huapi (Mapuche-Wort für Pumainsel) umfasst etwa 705.000 ha Gebirgs- und Seenlandschaft, er ist **einer der größten und beliebtesten Nationalparks in ganz Argentinien.** Sein Herzstück ist der Lago Nahuel Huapi, ein **Gletschersee,** der insgesamt fast 500 km² misst, fast 100 km lang ist, aber nirgendwo breiter als 12 km. Seine Arme erstrecken sich wie Fjorde in das Bergland. Daneben gibt es zahlreiche weitere Seen im Park, es bietet sich so fast überall eine eindrucksvolle Kulisse von **schneebedeckten Andengipfeln,** die sich im **blauen Gletscherwasser** spiegeln. Der höchste Gipfel ist der **Cerro Tronador** mit 3478 m.

Der Nationalpark wurde 1903 eingerichtet, um Flora und Fauna der patagonischen Andenregion zu schützen. Allerdings sind die meisten Tiere der Region sehr scheu, und der Nationalpark ist durch seine touristische Erschließung auch streckenweise weniger ein echtes Schutzgebiet als eher ein Freizeitpark, in dem Rücksicht auf die Natur genommen wird.

Den Besucher erwartet eine **Bilderbuchlandschaft,** die er sich erfahren, erreiten oder erwandern kann. Auskünfte bieten die Touristeninformation und der Club Andino in Bariloche, von dort aus werden auch die meisten

Rundfahrten oder Wanderungen organisiert.

Beim Club Andino gibt es **Wanderkarten** im Maßstab 1:100.000 und 1:50.000 zu kaufen. Leider ist die Darstellung der Wege nicht überall sehr gut. Die Karten bieten in der Regel nur einen Überblick über mögliche Touren, daher empfiehlt es sich vor einer ausgedehnten Wandertour, noch Infos beim Club Andino in Bariloche einzuholen. Besonders bei der Wegführung von Pampa Linda zum Refugio Viejo gibt es Fehler – die Parkwächter von Pampa Linda verteilen eine Skizze mit verbesserter Wegführung. Im Park sind einige **Refugios** und zahlreiche **Campingplätze** vorhanden, mittlerweile bieten sich auch einige Hotels zu Übernachten an.

Die Parkverwaltung ist in Bariloche, Tel. (02944) 423111, der **Eintritt** kostet 4 US-$ (www.parquesnacionales.gov.ar). Für die vier Nationalparks Lanín, Nahuel Huapi, Lago Puelo und Los Alerces gibt es auch ein gemeinsames Eintrittsticket. Es ist 21 Tage gültig und kostet 8 US-$.

Vorschläge zur Erkundung

Circuito Chico

Der Circuito Chico ist eine kleine, etwa **60 km lange Rundfahrt.** Sie beginnt in Bariloche, führt dann am See entlang nach Westen, bis bei km 18 auf der Straße nach Llao-Llao die Talstation des **Cerro Campanario** erreicht ist. Mit dem Lift sollte man hochfahren (7 US-$, beide Fahrten), denn der Blick von oben über den See ist einfach wunderbar. Weiter geht es nach **Llao-Llao** und zum Hafen Puerto Pañuelo, wo das schicke Hotel Llao-Llao steht. Auch gewöhnliche Sterbliche dürfen einen Blick hineinwerfen.

Die Fahrt geht weiter über eine schmale, aber hohe Landbrücke zwischen der **Bahía López,** die zum Lago Nahuel Huapi gehört, und dem **Lago Moreno** nach Colonia Suiza unterhalb des Cerro López (2075 m). Dort führt an der schmalsten Stelle eine Brücke über den Lago Moreno. Sie leitet zu der Straße, über die man wieder Bariloche erreicht.

Diese Tour dauert mit einem **Reiseunternehmen** einen halben Tag, sie kann aber auch mit **öffentlichen Bussen** gemacht werden. Mit dem **Fahrrad** ist sie am schönsten, dauert dann allerdings einen Tag.

Eine **Ergänzung des Circuito Chico** wäre es, mit dem Bus bis Llao-Llao zu fahren und dann den Weg zur **Bahía López** zu erwandern. Der Wanderweg führt die meiste Zeit abseits der Straße (nur die letzten 2 km führen die Straße entlang, werden aber dafür mit schönen Aussichten belohnt) durch Südbuchen- und Bambuswälder und vorbei am Lago Moreno und dem kleineren, sehr malerischen Lago Escondido (insgesamt ca. 8 km).

Vom Hafen Pto. Pañuelo aus folgt man vorbei am Golfplatz der Straße. Nach ungefähr 800 m zweigt an einer kleinen Lichtung der Wanderweg nach links ab. Nach 4 km gelangt man erneut auf die Straße und folgt ihr ca. 400 m nach links bis zur Försterei. Dort biegt der Wanderweg nach rechts ab. Bei der nächsten Abzwei-

Lago Pirihueico
L. Lolog
nach Zapala
Hua Hum
Chimehuin
Lago Ranca
L. Lacar
San Martin de los Andes
A. Quemquemtreu
40
La Union
234
L. Falkner
Caleufú
nach Neuquén
L. Espejo
L. Traful
63
Limay
Paso Flores
Paso Chacabuco
Correntoso
Villa Traful
64
237
nach Osorno
Confluencia
Villa La Angostura
A. Pichileufú
CHILE
Lago Nahuel Huapi
231
Lago Todo los Santos
Peulla
Llao-Llao
23
Pto. Varas
Nirihuau
Pilcaniyeu
Bariloche
Cerro Tronador
A. Pichileufú
Villa Mascardi
Pto. Montt
258
Las Bayas
Puelo
40
Golfo de Ancud
A. Los Repollos
ARGENTINIEN
nach Esquel
El Bolsón
UMGEBUNG VON BARILOCHE
L. Puelo
Epuyén
20 km
N

gung hält man sich links und gelangt so zum Lago Escondido. Von dort folgt die Straße mit herrlichen Ausblicken über die Landenge bis zum Hotel Bahía López.

Per Bus kann man von dort nach Bariloche zurückkommen (3 US-$). Man kann aber auch weiterwandern (nicht mehr ganz so schön) bis zur Colonia Suiza und zum Fuß des Cerro Campanario (insgesamt dann 18 km). Von dort fahren alle 20 Minuten Busse nach Bariloche.

Von **Arroyo López** (3 km hinter der Bahía López) führt ein mit einer Eidechse markierter Wanderweg zum **Refugio Cerro López** (1602 m). Der Aufstieg durch die Wälder ist sehr abwechslungsreich und in zwei bis drei Stunden zu schaffen (800 Höhenmeter). Dem Wanderer bieten sich herausragende Ausblicke über die Seen und Berge. Im Refugio López kann man ab 8 US-$ **übernachten** (Schlafsaal, Privatzimmer mit Dusche ab 22 US-$), auch Mahlzeiten und Getränke sind dort zu haben.

Die Strecke führt in **drei Varianten** zum Refugio hinauf. Die linke Strecke, die einfachste, führt über die Schotterpiste zum Refugio. Die rechte, die schwierigste, erfordert ein wenig Bergerfahrung. Von ihr zweigt nach links ein mittelschwerer Pfad ab. Vom Refugio aus sind weitere alpine Wanderungen und Gipfelbesteigungen möglich.

a68-353 Foto: gw

arg3-355 Foto: gw

Cerro Otto

Entweder geht man die Av. de los Pioneros stadtauswärts bis zur Tankstelle und von dort weiter über die nach links abzweigende Naturstraße bis zum Gipfel, oder man nimmt den **Teleférico** (Kabinenseilbahn) weiter stadtauswärts auf der Av. de los Pioneros bis zum Gipfel. Von oben hat man einen sehr guten Ausblick über Stadt und See. Wegdauer etwa 2½ Stunden. Wer allerdings zu Fuß auf den Cerro Otto geht, kann oben nicht das Restaurant besuchen. Das ist nur über die Seilbahn zugänglich. Dafür gibt es etwa 600 Meter vor dem Gipfel das Restaurant **Berghof,** wo man essen und trinken kann.

Landschaft im Nationalpark Nahuel Huapi

Blick auf den Lago Moreno

Über den Paso de las Nubes nach Pampa Linda

Eine sehr schöne Tour führt von Bariloche über den Paso de las Nubes nach Pampa Linda. Vom Hafen in Bariloche nimmt man das **Schiff nach Puerto Blest.** Lohnend ist auch eine Nacht im **Hotel Puerto Blest** (Tel. 425443, www.hotelpuertoblest.com.ar,

Halbpension ab 90 US-$, deutschsprachiger Besitzer), abends hat man einen tollen Blick über die Lagune. Zelten an der Lagune ist verboten.

In Puerto Blest schifft man sich nach Puerto Frías ein. Bei der dortigen Polizeistation sollte man anmelden, dass man zum Paso de las Nubes geht. Der Weg führt zunächst durch **dichten Wald,** er ist recht gut sichtbar, hat aber keine Kennzeichnung. Nach etwa 30 Minuten erreicht man den **Río Frías,** der milchweißes Gletscherwasser führt. Er muss auf einem Baumstamm überquert werden, obwohl der eigentliche Weg zunächst weiterzuführen scheint. Das tut er auch, allerdings nur noch bis zu einer Brücke, die zerstört ist. Man überquert also den Fluss, der neue Pfad ist inzwischen auch gut zu erkennen. Er führt in der Richtung immer flussaufwärts, obwohl man des dichten Waldes wegen den Fluss nicht sieht. Nach etwa sechs Stunden gelangt man zum **Gletscher Frías,** wo man übernachten sollte. Dann überquert man einen kleinen Bach und geht links hinauf, zunächst vorbei an Felsen, später in den Wald, bis man schließlich den **Pass** erreicht. Von hier hat man eine sehr guten Blick auf das Tal des Río Frías, das man hinaufgestiegen ist, auf den Gletscher Frías und auf das Tal des Río Alerce, in das man nun hinabsteigt. Die Passhöhe selbst wäre ein weiterer schöner Platz zum Übernachten, allerdings ist im Sommer hier fast kein Wasser zu finden. Der Weg bergab ist leicht zu finden. Man überquert später ein größeres **Sumpfgebiet,** dann gelangt man an den **Río Alerce,** den man immer links neben sich hat. Später trifft man dann auf den Río Castaño Overo, dem man flussabwärts bis nach Pampa Linda folgt. Der **Höhenunterschied** auf der Strecke beträgt etwa 450 m, die reine **Wegzeit etwa 13 Stunden.** Der Weg ist leicht und verlangt keine Bergsteigererfahrung.

Von Pampa Linda fahren **Busse** zurück nach Bariloche. Wer mehr Zeit hat, kann diese Tour gut mit einer weiteren kombinieren.

Von Pampa Linda zum Refugio Otto Meiling am Cerro Tronador

In Pampa Linda beginnt der Aufstieg zum Cerro Tronador (ausgeschildert). Nach etwa 3 km erreicht man den **Río Castaño Overo,** der eiskaltes Wasser führt. Man überquert ihn und folgt den weißen Pfeilen in den Wald nach links, der rechte Weg ist falsch und führt Richtung Paso de las Nubes. Im Verlauf des Weges berührt man manches Mal die Straße, die ebenfalls zur Hütte hinaufführt, aber nur von Jeeps zu befahren ist. Der Weg schlängelt sich durch den Wald bis zum Kamm, dort endet der Wald, es wächst nur noch Gebüsch. Der Pfad ist weiterhin gut sichtbar, dort wo das Gestrüpp endet, ist er mit Farbe auf dem Fels markiert. Er führt **zwischen zwei Gletschern hindurch** zur **Berghütte,** die auf ungefähr 2000 m liegt. Sie bietet Platz für sechzig Personen, eine Küche und einen kleinen Kiosk. Man hat einen herrlichen Ausblick auf die Gletscher Castaño Overo und Los Alerces. Von hier bieten sich weitere Touren an, die einfachste in 2 Stunden zum Kamm De La Mott. Für alle anderen (z.B. auf einen der Gipfel des 3478 m hohen Cerro Tronador) braucht man eine Gletscherausrüstung und besser einen Führer.

Bis zur Berghütte läuft man von Pampa Linda etwa **5 Stunden,** der **Höhenunterschied** beträgt ca. 1000 m.

Informationen zur Hütte und zu weiteren Wandermöglichkeiten von dort erhält man beim Club Andino in Bariloche.

Cruce de Lagos

Eine originelle Art, den Nationalpark Nahuel Huapi zu erkunden und dabei nach Chile zu gelangen, bietet die **kombinierte Schiffs- und Bustour** Cruce de Lagos. Dabei kreuzt man drei landschaftlich reizvolle Andenseen mit Passagierschiffen. In der Sommersaison (16.09.–15.04.) kann man die gesamte Strecke an einem langen Tag absolvieren, ca. 170 US-$; es empfiehlt sich aber, in Puerto Blest oder in Peulla zu übernachten und von dort aus kleinere Ausflüge oder Wanderungen zu unternehmen. Im Winterhalbjahr (16.04.–15.09.) wird die Tour auf zwei Tage aufgeteilt.

Abfahrt ist im Januar/Februar täglich, ansonsten Mo bis Fr frühmorgens in Bariloche. Per Bus geht es zunächst ins 25 km entfernte **Puerto Pañuelo.** Von dort verkehrt der Katamaran „Cóndor" über den Lago Nahuel Huapi nach Puerto Blest (1 Std.). In Puerto Blest gibt es ein kleines Hotel, wer will, kann hier absteigen und z.B. am Nachmittag mit der „Cóndor" die **Wasserfälle Los Cántaros** besuchen – mit einem Spaziergang durch den Naturwald. Von Puerto Blest fährt ein Bus zum 3 km entfernten Lago Frías, welcher mit einem weiteren Schiff gekreuzt wird (20 Min.). Auf der anderen Seite wartet ein Bus, der die Passagiere in 2 Stunden über einen knapp 1000 m hohen Andenpass auf die chilenische Seite bringt.

Die Urwaldsiedlung **Peulla,** am Ostufer des Lago Todos Los Santos („Allerheiligen") mitten im Nationalpark Vicente Pérez Rosales gelegen, bietet sich an für einen Zwischenstopp von ein oder zwei Tagen, die man für ausführliche Wanderungen oder Reittouren durch den südchilenischen Regenwald nutzen kann. Wer nicht im gediegenen **Hotel Peulla** (ab 120 US-$, Buchung zusammen mit der Tour) übernachten möchte, kann das auch im **Residencial La Palomita** (eng, aber okay) tun, auf einem Conaf-Campingplatz oder eventuell in einer Privatunterkunft (auf Schilder achten).

Das nächste Teilstück der Anden-Kreuzfahrt ist zweifellos das beeindruckendste, führt es doch mit dem Katamaran „Lagos Andinos" über den lang gezogenen, vielarmigen Allerheiligen-See, von dessen Ufern der imposante Dreiergipfel des Cerro Tronador, der markante Zacken des Vulkans Puntiagudo und der perfekte Schneekegel des Vulkans Osorno grüßen – gutes Wetter vorausgesetzt. Von Petrohué am Westende des Sees (kleines, aber feines Hotel oder Camping) geht es schließlich per Bus über Puerto Varas nach Puerto Montt.

El Bolsón ↗XIV,B3

Warum die fast ausschließlich jüngeren Urlauber nach El Bolsón kommen, ist nicht ganz klar: wegen des wundervollen **Bergpanoramas** mit dem Piltriquitrón-Massiv auf der einen und den Andengipfeln auf der anderen Seite, wegen der **dichten Wälder,** wegen des angenehmen Klimas, in dem sogar prächige Erdbeeren reifen, oder wegen des legendären Rufes, den El Bolsón in Argentinien genießt? Der kleine Ort ist nämlich die **„Hippie"- und „Aussteiger"-Hauptstadt Argentiniens.** Seit Mitte der 1960er Jahre zogen Jugendliche und Intellektuelle weit weg von Buenos Aires, weil sie so dem politisch-gesellschaftlichen Druck entfliehen wollten und schufen sich hier ihr alternatives Zuhause. Man lebte weitgehend autark von dem, was man anbaute, inzwischen aber mehr und mehr vom Tourismus, auch und besonders von den Tagesausflüglern von Bariloche, die sich hier auf dem Markt (jeden Di, Do und Sa) mit **Kunsthandwerk** und Andenken für die Lieben daheim versorgen. Rings um El Bolsón gibt es Öko-Bauernhöfen, größtenteils mit Übernachtung und Tourangeboten.

El Bolsón selbst jedoch ist eher trostlos. Sollte der Ort jemals ein besonderes Flair gehabt haben – heute ist in seinen staubigen Straßen davon nichts mehr zu spüren. Er kann höchstens als Station auf dem Weg zum Nationalpark Lago Puelo dienen (s.u.).

Einer der wichtigsten Wirtschaftsfaktoren im Tal ist der **Hopfenanbau,** das lokale Bier hat einen sehr guten Ruf.

Ein spektakuläres, aber nicht billiges Vergnügen bietet der lokale **Flugverein** an. Für etwa 100 US-US-$ je Stunde können sich bis zu drei Passagiere die Andengipfel von oben betrachten. Informationen über das Hotel Cordillera oder unter Tel. 492412.

Touristeninformation

- Das Büro ist auf dem Hauptplatz, der Plaza Pagano, Tel. (02944) 492604, und hat täglich geöffnet.

Hotels

Einfach und billig:

- **Hostería Salinas,** Roca 641, Tel. 492396; 18 US-$.
- **Hostería Steiner,** San Martín 670, 492224; freundlich, sauber, schöner Garten, 22 US-$.
- **Hostería Sukal,** Subida los Maitenes s/n, Tel. 492438; freundlich, mit schönem Garten, sehr gepflegt, 40 US-$.
- **La Posada de Hamelin,** Int. Granollers 2179, Tel. 492030, www.posadadehamelin.com.ar; deutschsprachig, freundlich, gutes Frühstück, 50 US-$.

Hotels der Mittelklasse:

- **Amancay,** San Martín 3207, Tel. 492222, www.hotelamancaybolson.com.ar; 42 US-$.
- **Cordillera,** San Martín 3220, Tel. 492235, cordillerahotel@elbolson.com; ab 46 US-$.
- **La Casona de Odile,** Barrio Luján, Tel. 492 753, www.interpatagonia.com/odile; deutschsprachig und freundlich mit französischer Küche, ab 90 US-$ mit Halbpension.

Camping

- Mehrere Campingplätze finden sich in der Umgebung der Stadt.

Jugendherberge

- **Albergue El Pueblito,** Barrio Luján, km 1 auf der Ruta 258 Richtung Bariloche, 4 km außerhalb des Zentrums, Tel. 493560, www.elpueblitohostel.com.ar. Es gibt eine Koch- und Waschgelegenheit und es werden Ausflüge (auch zu Pferd) angeboten. Rabatt bei Internationalem Studenten- oder Jugendherbergsausweis, die Übernachtung kostet ab 8 US-$ p.P., vermieten auch *cabañas*.

- **Altos del Sur,** Los Tres Cipreses 1237, Tel. 498730, www.altosdelsur.bolsonweb.com; neu, rustikal aber gemütlich, mit Küchenbenutzung ab 10 US-$ pro Person.
- **Refugio Patagónico,** Islas Malvinas/Ecke Pastorino, Tel. 483628, www.refugiopatagonico.com. Schöne Aussicht auf die Berge, Garten, auch Camping, 8 US-$.
- **Sol de Valle,** 25 de Mayo 2329, Tel. 492 087. Hostel mit schlichten Räumen, Garten, 8 US-$.
- **Refugio del Lago,** 40 km südlich von El Bolsón, am Lago Epuyén, liegt das kleine Hotel; neben Übernachtungen mit Frühstück oder auch Vollpension bieten die Eigentümer auch Tourangebote, entweder per pedes oder Pferd. Die Übernachtung kostet im DZ 34 US-$, eine *cabaña* für 4 Personen etwa 40 US-$, Zelten ist möglich. *Sophie* und *Jaques Dupont,* Correo Epuyén, 9211 Chubut, Tel. (02945) 499025, a.sophie@epuyen.net.ar.

Verkehrsverbindungen

- El Bolsón hat **keinen zentralen Busbahnhof.** Der Ort liegt auf der Strecke zwischen Bariloche und Comodoro Rivadavia, die wichtigsten Verbindungen sind die nach
- **Bariloche,** 9 US-$, 2 Stunden.
- **Esquel,** 16 US-$, 2,5 Std.

Reiseveranstalter/Touren

Die meisten Reiseveranstalter in El Bolsón bieten Schiffstouren auf dem Lago Puelo, Trekking- und Wandertouren im Nationalpark, Pferdetouren, Rafting und ähnliches an. Die Preise unterscheiden sich nur wenig, hier einige Empfehlungen von Veranstaltern:

- **Grado 42,** Av. Belgrano 462, Tel. 493124.
- **Patagonia Adventure,** Pablo Hube 418, Tel. 492513.
- **Pulmari Turismo,** Perito Moreno 2871, Tel. 493093.

Sonstiges

- Die **Post** ist San Martín 2608, in der Nähe der Calle Dorrego.
- An der Plaza befindet sich die **Bank** *Banco Patagonia.* **Geld tauschen** kann man in der *Farmacia del Pueblo,* Av. Begrano/Ecke Perito Moreno.

Ausflug

Parque Nacional Lago Puelo

Zwar liegt der knapp 28.000 Hektar große Nationalpark schon jenseits der Grenze der Provinz Chubut, er ist aber am besten von El Bolsón aus mit Bussen zu erreichen. 4 km vor dem See liegt der kleine Ort Lago Puelo, am See selbst ist ein Campingplatz. Hier bieten sich ausgezeichnete Möglichkeiten zum Schwimmen und Fischen, aber auch zu ausgedehnten Wanderungen. In Lago Puelo ist auch die Parkverwaltung, Tel. (02944) 499232, der Eintritt kostet 2 US-$.

Einige Reiseveranstalter in El Bolsón organisieren **Rundfahrten auf dem See** sowie längere **Trekkingtouren.** Im Park gibt es eine Art **Jugendherberge,** die **Albergue El Turbio,** wo ebenfalls Pferde und Boote geliehen werden können.

Am Río Puelo entlang nach Chile

Trekkingfreunde können vom Lago Puelo aus nach Chile und zum **Pazifikfjord Reloncaví** wandern. Direkt am Nordwestufer des Sees ist die Grenzstation, von dort geht es am Lago Interior entlang in die chilenische Wildwest-Siedlung Segundo Corral (Grenzkontrolle) und – teils durch Naturwälder, teils über Weiden – immer am Río Puelo entlang zum **Lago Tagua Tagua.** Diesen kann man per Boot überqueren und gelangt schließlich in die Ortschaft Puelo am Estuario de Reloncaví. Auf chilenischer Seite werden derzeit die einstigen Reitpfade zur Straße ausgebaut, daher sollte man sich in El Bolsón nach dem Stand der Dinge erkundigen. Zu Fuß muss man für die Tour etwa drei Tage einplanen.

Chubut

An den Provinzgrenzen von Chubut kann man genau sehen, wie das Land aufgeteilt wurde: Mit dem Lineal wurden Striche auf der Landkarte gezogen. Aber in Chubut gibt es auch keine auffallenden natürlichen Landmarken: keine besonders tiefen und breiten Flüsse, keine hohen Berge, die ganze Provinz ist eine große weite Fläche, mit Stoppelgras bewachsen, über die der ewige patagonische Wind weht. Nur im Westen findet sich eine auffällige Landmarke, die Höhen der Anden, die Grenze zu Chile.

Langweilig für den Besucher ist die Provinz dennoch nicht: Im Westen liegt der **Nationalpark Los Alerces,** im Osten die **Península Valdés** mit ihrem faszinierenden Tierleben, dort wurden auch die ersten walisischen Orte Trelew, Gaiman und Puerto Madryn gegründet. Denn **Waliser** waren die ersten Siedler in Patagonien. Sie zogen ab 1865 hierher, aus Armut und wegen politischer Verfolgung. Doch als sie landeten, angezogen vom Versprechen auf fruchtbares Land, muss die Enttäuschung groß gewesen sein: Der braune, fast graue Steppenboden war alles andere als viel versprechend. Die ersten Siedler gingen ins Tal des Río Chubut, später durchquerten einige die gesamte Provinz, um sich am Andenrand in den fruchtbareren Regionen niederzulassen.

Das hat bis heute so angehalten. Die mit 224.686 km² drittgrößte Provinz des Landes ist sehr unterschiedlich besiedelt. Insgesamt leben gerade mal 413.000 Menschen hier, auf einer Fläche weit mehr als halb so groß wie Deutschland. An der Atlantikküste finden sich einzelne Orte, darunter die **Hauptstadt Rawson** und die größte Stadt der Provinz, Comodoro Rivadavia, am Andenrand ist eigentlich nur Esquel erwähnenswert. Dazwischen gibt es nichts: nur die ewige graubraune Steppe, sehr selten durchbrochen von einer staubigen Schotterpiste.

Esquel ⇗XVIII,B1

Die etwa 28.000 Einwohner große Stadt liegt am Westrand der patagonischen Ebene auf etwa 530 m, fernab von jeder anderen großen Siedlung: Bis nach Bariloche im Norden sind es mehr als 250 km, entlang dem Andenrand nach Süden folgt überhaupt keine größere Stadt mehr, und im Osten erstreckt sich über Hunderte von Kilometern die patagonische Steppe. Dennoch ist Esquel ein **beliebtes Touristenziel.** Der Ort ist der beste **Ausgangspunkt für eine Erkundung des Nationalparks Los Alerces** und End- bzw. Startpunkt für die beliebte Route, die von San Martín de los Andes über Bariloche bis hierhin immer entlang des patagonischen Seengebietes und der Anden verläuft. Im Winter ist das nahe gelegene **La Hoya** ein beliebtes **Wintersportgebiet.**

Esquel, Anfang des 20. Jahrhunderts als walisische Siedlung gegründet, hat nur wenige Sehenswürdigkeiten aufzuweisen, die Stadt besitzt den normalen Schachbrettgrundriss, dessen Zentrum von den Straßen Fontana, Alvear, Moreno und Ameghino begrenzt wird. Eine zentrale Plaza gibt es nicht.

Touristeninformation

- Die sehr hilfreiche Touristeninformation ist Alvear/Ecke Sarmiento, Tel. (02945) 451927, www.esquel.gov.ar.

Privatunterkünfte

Die preiswerteste Möglichkeit sind Übernachtungen in Privathäusern, die auch von der Touristeninformation vermittelt werden.

Zwei Adressen von Privatunterkünften, die Preise verstehen sich jeweils pro Person:

- **Rowlands Elvey,** Rivadavia 330, Tel. 452 578; 8 US-$ pro Person.
- **Argentino,** 25 de Mayo 862, Tel. 452237; okay, mit Bad 28 US-$.

Hotels

Preiswert:

- **Huentrú Niyeu,** Chacabuco 606, Tel. 45-2576; kein Türschild, freundlich, ruhig, modern, DZ 26 US-$.
- **Las Mutisias,** Av. Alvear 1021, Tel. 452083, www.hosterialasmutisias.com.ar; freundlich, 28 US-$.

Hotels der Mittelklasse:

- **Angelina,** Av. Alvear 758, Tel. 45-2763; sehr freundlich, gutes Essen, ab 40 US-$.
- **Sol del Sur,** 9 de Julio 1094, Tel. 452189, www.hsoldelsur.com.ar; 44 US-$.
- **Tehuelche,** 9 de Julio 825, Tel. 452420; Vier-Sterne-Hotel, ab 98 US-$.

arg3-362 Foto: gw

Patagonien

Wildwest in Patagonien

Wer auf den Spuren des Wilden Westens in Patagonien wandern will, sollte nach Cholila, etwa 50 km nördlich von Esquel, fahren. Denn dort lebten von 1901 bis 1905 *Robert Leroy Parker* und *Harry Longabaugh,* besser bekannt als **Butch Cassidy und Sundance Kid,** gemeinsam mit ihrer Freundin *Etta Place*. Sie waren, verfolgt von allen gesetzestreuen Menschen in den Vereinigten Staaten, besonders aber von der Agentur Pinkerton, 1901 von New York nach Buenos Aires gekommen und hatten dort Land in Chubut gekauft. Bei Cholila besaßen sie ihre Farm und gleichzeitig auch einen Kolonialwarenladen. Die Tür dieses Farmhauses steht heute übrigens in Chile – sie lehnt angeblich an einer Wand im Büro der Agentur Outsider in Puerto Varas (outsider@telsur.cl), die auf den Spuren von *Butch Cassidy* und *Sundance Kid* Reittouren durch Patagonien veranstaltet.

Pinkerton blieb den Banditen auf der Spur, und lange hielten die das ungewohnte Farmerleben auch nicht aus. Inzwischen war auch *Harvey Lorgan,* ein viertes Mitglied ihrer alten Bande, in Patagonien eingetroffen, und so machte man das, was man am besten konnte: Banken überfallen.

1905 in Río Gallegos: Gringos betreten die Banco Anglo Sudamericano, um mit deren Leiter über einen Kredit zum Landkauf zu verhandeln. Am Ende zeigen sie sich am Kredit aber wenig interessiert. Sie erfahren, dass viel Geld in den Kassen ist, und überfallen die Bank. 1907 folgt die Banco de la Nación in Villa Mercedes (Provinz San Luis). Danach verliert sich ihre Spur. Sie verkaufen im Dezember 1907 ihr Gut in Cholila und verlassen das Land.

Alles weitere sind Vermutungen. 1930 veröffentlichte der US-amerikanische Schriftsteller *Arthur Chapman* seine Darstellung des Todes der drei Banditen. Angeblich wurden sie im Dezember 1909 beim Versuch eines Überfalls auf das Lohnbüro einer Goldmine in Bolivien erschossen. Der Wahrheitsgehalt der Geschichte ist umstritten, Pinkerton vermutete nämlich, dass das erst die uruguayische Polizei 1911 erledigte. Möglich ist aber, dass beides nicht stimmt: Schließlich hatte sich *Butch Cassidy* schon früh vorgenommen, in Südamerika „erschossen" zu werden, um danach unbehelligt wieder in den USA zu leben. Gerüchteweise wurde das immer wieder bestätigt, so wurde *Etta Place* angeblich 1924 in Denver gesehen.

Camping

- **La Colina,** Darwin 1400; 4 US-$ pro Person, heiße Duschen, auch einige Betten im Schlafsaal, s.u..

Jugendherberge

- **El Gaucho Hostel,** Urquiza 929, Tel. 453 920, www.elgauchohostel.com.ar; zwei Blocks vom Busbahnhof, Mehrbettzimmer 10 US-$.
- **La Colina,** Darwin 1400, Tel. 455264, www.lacolinaesquel.com.ar; nettes Ambiente, Übernachtung p.P. ab 10 US-$.

Flugverbindungen

- Der **Flughafen** liegt 20 km östlich der Stadt. Er ist mit Bussen zu erreichen.
- **Tägliche Verbindungen** nach Bariloche und Comodoro Rivadavia.
- **Mehrmals wöchentlich** gehen Flüge nach Buenos Aires, Mendoza, Neuquén, Trelew, Ushuaia und Calafate.

Fluggesellschaften:

- **Aerolíneas Argentinas/Austral,** Fontana 408, Tel. 453614.
- **Lade,** Alvear 1085, Tel. 452124.

Überlandbusse

Vom **Busbahnhof** Alvear/Ecke Fontana, Tel. 451584, bestehen Verbindungen nach:

- **Bariloche,** 12 US-$, 5 Stunden.
- **Trelew,** 25 US-$, 9 Stunden.
- **Comodoro Rivadavia,** 25 US-$, 9 Stunden.
- **Buenos Aires,** 45 US-$, 30 Stunden.
- **Osorno (Chile),** 40 US-$.
- **Santiago (Chile),** 60 US-$.

Die beiden letzten Busse fahren über Bariloche und überqueren dort die Grenze nach Chile. Eine andere Möglichkeit, **über die Anden nach Chile** zu gelangen, führt über **Trevelin** und von dort aus per Bus nach **Futaleufú** (Chile; zweimal wöchentlich). Von Futaleufú fahren Busse weiter bis **Chaitén** oder **Coyhaique** an der **Carretera Austral.**

Eisenbahn

Esquel war der Endpunkt der Bahnlinie von Buenos Aires über Bahía Blanca und Ingeniero Jacobacci. Zwischen Ingeniero Jacobacci und Esquel fuhr **„La Trochita",** eine Schmalspureisenbahn (75 cm Spurbreite, gezogen von Dampfloks). Der „Patagonien-Express" verband die wichtigsten Estanzias in der Region, und so wundert es nicht, dass die Strecke insgesamt mehr als 400 km lang war, um die beiden nur 260 km voneinander entfernten Orte zu verbinden.

Anfang 2005 verkehrte der Patagonien-Express nur zwischen Esquel und Nahuel Pan (Pumaschnauze), tägl. Abfahrt ist ab Esquel in der Saison um 10 Uhr. Die Tickets kann man in den örtlichen Reisebüros oder der Bahnstation Esquel, Tel. 451403, kaufen. Die Fahrt kostet 10 US-$.

Die gesamte Fahrt mit dem Patagonien-Express wird übrigens in einem Kapitel (dem letzten) des Buches „Der alte Patagonien-Express" von *Paul Theroux* beschrieben. *Theroux* mochte die Reise nicht besonders, er beklagt sich fortwährend vehement über seine Mitreisenden und die „Hässlichkeit der Landschaft".

Auch wer nicht mit dem Zug fahren möchte: Ein Besuch des Bahnhofs in Esquel lohnt allemal. Die Dienststube des Stationsvorstehers würde jedes Eisenbahnmuseum zieren.

Autoverleih

- **Los Alerces Rent a Car,** Sarmiento 763, Tel. 456008.
- **Patagonia Travel,** Alvear 1069, Tel. 455811.

Sonstiges

- Die **Post** ist gegenüber der Touristeninformation (Alvear/Ecke Sarmiento).
- Die Bank Banco del Chubut hat einen **Geldautomaten** auf Alvear 1131.

Ausflüge

Trevelín

↗ XVIII,B1

Stadt *(tre)* und Mühle *(velin)* sind die beiden walisischen Worte, aus denen sich der Namen des Ortes, 23 km südwestlich von Esquel, zusammensetzt. Mehr als Esquel hat sich Trevelín seine **walisische Vergangenheit** bewahrt.

An sie erinnert auch ein Museum in der alten Mühle, die der Stadt den Namen gab (im Sommer Mo bis So 9–21 Uhr geöffnet).

Trevelín ist ein gutes Ziel für einen Tagesausflug, es ist leicht mit dem Bus von Esquel zu erreichen. Die dortige Touristeninformation befindet sich auf der Hauptplaza.

Von Trevelín gibt es **Busverbindungen** nach Futaleufú (Chile, dreimal wöchentlich). Von dort geht es weiter am grün schäumenden Río Futaleufú zum Lago Yelcho und zur Carretera Austral (Chaitén im Norden oder Coyhaique im Süden).

Parque Nacional Los Alerces

⇗ XVIII,B1

Etwa 60 km westlich von Esquel beginnt der Nationalpark Los Alerces, der eine Fläche von 263.000 ha einnimmt. Er erstreckt sich entlang der chilenischen Grenze. In ihm liegen bis zu **2300 m hohe Berge, zahlreiche fischreiche Seen** und relativ große Bestände des Baumes, der ihm den Namen gab: Alerce, der bei den Mapuche „lahuen" heißt, woanders als patagonische Zypresse bekannt ist und von Botanikern *Fitzroya cupressoides* genannt wird.

Alercen werden bis zu 70 m hoch und besitzen dann einen Durchmesser von bis zu 4 m. Solche Bäume sind uralt, denn im Umfang wächst der Alerce pro Jahr etwa nur einen Millimeter. Im Park stehen einzelne Bäume, deren Alter auf etwa 3500 Jahre geschätzt wird. Der Alerce besitzt sehr hartes und wertvolles Holz, deshalb sind seine Bestände in den letzten Jahrzehnten stark zurückgegangen. Um Alercen zu sehen, muss man denn auch tiefer in den Nationalpark eindringen – im östlichen, mit Straßen und Wegen erschlossenen Teil bekommt man keine einzige zu Gesicht. Einzige Chance ist eine relativ teure Schiffstour über drei Seen bis zu einem Alerce-Reservat am **Lago Cisnes** (als Paket von Esquel aus zu buchen; Näheres bei der Touristeninformation in Esquel oder bei der Nationalparkverwaltung in Villa Futaufquen, Tel. (02945) 471015, www.parquesnacionales.gov.ar). Ansonsten sind die Wälder des Nationalparks immergrüner, aber nicht tropischer **Regenwald.**

Der Park verfügt zwar über eine touristische Infrastruktur, ist aber bei weitem nicht so gut ausgebaut wie der nördlich liegende und vergleichbare Nationalpark Nahuel Huapi. Es gibt einige **Hotels, Hosterías und Campingplätze,** eine Liste erhält man beim Touristenbüro in Esquel. Der Eintritt kostet 4 US-$.

Wer mit dem Auto unterwegs ist, kann sich den Umweg über Esquel sparen und von El Bolsón auf der **Ruta 71** direkt in den Park fahren. Die gute Schotterstraße führt von Nord nach Süd hindurch, vorbei an den Seen Rivadavia, Menéndez und Futalaufquén mit mehreren schönen Zeltplätzen. Mit dem Bus kommt man nur von Esquel aus in den Park. Man fährt nach **Villa Futalaufquén** am gleichnamigen See, dort sind verschiedene Läden sowie die Parkverwaltung zu finden. In Villa Futalaufquén beginnen auch ver-

a70-326 Foto: gw

schiedene kurze und längere **Tageswanderungen** in den Park, darunter der lohnenswerte Aufstieg auf den Cerro Alto El Dedal mit tollem Rundblick. Wer längere Touren machen will, sollte sich an die Nationalparkverwaltung wegen Informationen wenden oder an die Touristeninformation in Esquel.

Puerto Madryn ⇗XV,D3

Wenn man mit dem Flugzeug nach Puerto Madryn anreist, sieht man deutlich, warum sich die ersten Siedler hier 1865 nur mit langen Gesichtern niederließen. Puerto Madryns Lage, zwar am Meer, aber auch in der graubraunen patagonischen Wüste, ist erst einmal wirklich wenig attraktiv.

Heute lebt die 60.000-Einwohner-Stadt, die nach ihrem Gründer *Parry Madryn* benannt ist, von ihrer Meeresnähe, das heißt vom Tourismus, von der Fischerei und seit 1974 auch von dem ersten **Aluminiumwerk** Argentiniens, das auf Voranmeldung zu besichtigen ist.

Die Besucher kommen vorwiegend der **Strände** wegen – außerhalb der Hauptsaison ist es auch schön ruhig. Allerlei Wassersportmöglichkeiten, vom Surfen über die Bootstour bis zum Tauchen, werden angeboten.

Der Pier in Puerto Madryn

Man spaziert am breiten Sandstrand entlang und beobachtet abends auf der Mole die Fischer, wie sie ihre Fänge anlanden und ab und zu den schnorrenden Seelöwen-Bullen einige Brocken hinwerfen.

Vor allem eignet sich der Ort aber gut, um von hier die Península Valdés und das **faszinierende Tierleben** dort und im Golfo Nuevo zu erkunden. Denn dafür ist der Atlantik hier weltberühmt: für die **Wale,** die sich im Frühling (im europäischen Herbst) paaren, für die **Seelöwen** und die **Seeelefanten.**

Wer sich vorher auf die patagonische Tierwelt einstimmen will, sollte das **Museo Oceanográfico y Ciencias Naturales,** Domec García/Ecke Menéndez, aufsuchen (Mo bis Fr 9–13 und 15–19 Uhr, Sa 15–19 Uhr). Es zeigt eine Fülle von ausgestopften Meeres- und Landtieren Patagoniens.

Besser noch ist ein Besuch des frisch renovierten **Ecocentro Puerto Madryn,** ein Zentrum, das sich der Ökologie des Meeres und der Kunst widmet: Hier wird die Fauna des Südatlantik ausgestellt – Vögel, Seelöwen und Wale – es gibt einen Gezeitenpool, einen Naturgarten sowie Ausstellungsräume für Malerei und Fotografie und eine gut sortierte Bibliothek. Ein Vortragssaal, Café und Souvenirshop fehlen natürlich auch nicht. Die Adresse: Julio Verne 3784, Tel. 457470.

Touristeninformation

- Die sehr hilfreiche Touristeninfo, die auch Hotellisten bereithält, ist auf der Strandpromenade Juan A. Roca 223 zwischen 28 de Julio und Belgrano, Tel. (02965) 453504. Abends werden hier manchmal kostenlos Filme gezeigt, z.B. über das Tierleben vor der Küste.

Hotels

- **Hotel del Centro,** 28 de Julio 149, gegenüber dem *Tia* Supermarkt, Tel. 473742; einfach, mit Bad ab 25 US-$.
- **Hostel Viajeros,** Gobernador Maíz 545, Tel. 456457, www.hostelviajeros.com; Zwei- und Dreibettzimmer mit Garten und Fahrradverleih, DZ ab 34 US-$, sonst ab 10 US-$ pro Person.
- **La Tosca,** Sarmiento 437, Tel. 456133, www.latoscahostel.com; Küchenbenutzung, Garten, Wäscheservice, Fahrradverleih, DZ ab 24 US-$, im Mehrbettzimmer ab 9 US-$ pro Person.
- **Petit,** Alvear 845, Tel. 451460; gut, ruhig, sauber, 32 US-$.
- **Jo's,** Bolívar 75, Tel. 471433; 36 US-$.
- **Bahía Nueva,** Roca 67, Tel./Fax 451677, www.bahianueva.com.ar; mit Blick auf die „Wal-Bucht", 64 US-$.
- **Costanera,** B. Brown 759, Tel. 473219; gute Lage mit Meerblick; ab 55 US-$.
- **Península Valdés,** Roca 155, Tel. 471292, www.hotel-peninsula-valdes.com; 4-Sterne-Hotel mit Meerblick, 55 US-$.
- **Playa,** Roca 187, Tel. 450732, www.playahotel.com.ar; ab 70 US-$.
- **Tolosa,** R. S. Peña 253, Tel. 471850, www.hoteltolosa.com.ar; 130 US-$.
- **Península Valdés,** Roca 151, Tel. 471292, www.hotelpeninsula.com.ar; 4-Sterne-Hotel mit Meerblick, ab 145 US-$.

Camping

- Außerhalb der Stadt befinden sich einige Campingplätze, so der städtische im Süden, etwa 3 km vom Zentrum.

Jugendherberge

- **El Gualicho Hostel,** Marcos A. Zar 480, Tel. 454163 www.elgualicho.com.ar; sehr gut, freundlich, mit Garten, empfehlenswert, auch einige Doppelzimmer ab 30 US-$, Mehrbettzimmer ab 9 US-$ pro Person.
- **Puerto Madryn,** 25 de Mayo 1136, Tel. 474 426, www.advance.com.ar/usuarios/hi-pm;

besser vorbestellen, Drei- und Vierbettzimmer pro Person 11 US-$, DZ 33 US-$, im Zentrum des Ortes, nahe zum Strand, Exkursionen und Mountain-Bike-Verleih; Küchenbenutzung, guter Treffpunkt.

Flugverbindungen

- Der **Flughafen** liegt etwa 7 km außerhalb der Stadt. Er ist nicht per Bus zu erreichen. Bessere Flugverbindungen bietet allerdings der Flughafen von Trelew (siehe dort).
- **Buenos Aires,** nicht täglich.
- **Comodoro Rivadavia,** täglich.
- **Río Gallegos,** mehrmals wöchentlich.
- **Río Grande,** mehrmals wöchentlich.
- **Ushuaia,** mehrmals wöchentlich.

Fluggesellschaften:

- **Aerolíneas Argentinas/Austral,** Roca 427, Tel. 471463.
- **LADE,** Roca 117, Tel. 451256.

Überlandbusse

Der neue **Busbahnhof** liegt auf der Irigoyen zwischen Maíz und San Martín, hinter dem schönen alten Bahnhof, Tel. 475971. Von hier fahren mehrfach täglich Busse nach:

- **Buenos Aires,** 55 US-$, 19 Stunden.
- **Neuquén,** 24 US-$, 9 Stunden.
- **Comodoro Rivadavia,** 23 US-$, 5–6 Std.
- **Córdoba,** 54 US-$, 17 Stunden.
- **Río Gallegos,** 50 US-$, 18 Stunden.

Autoverleih

- **Puerto Madryn Turismo,** Roca 624, Tel. 452355.
- **Localiza,** Roca 15, Tel. 458000.
- **Cuyunco,** Roca 165, Tel. 451845.

Reiseveranstalter

- Es gibt ein **Fülle von Reiseveranstaltern** in Puerto Madryn, die alle dieselben Touren zu denselben Preisen anbieten. Die Standardrundfahrten sind **Besuche der Península Valdés** sowie eine Rundfahrt, die über Trelew, Rawson, Gaiman und **Punta Tombo** führt.

Alle diese Ausflüge haben auch dieselben **Nachteile:** Oft sind die Gruppen zu groß – man erkundige sich vorher, ob die Gruppe mit einem Kleinbus oder einem Reisebus unterwegs ist –, und bei allen Touren geht zu viel Zeit für Mittagspausen, Fahrerei und ein sehr vollgestopftes Programm verloren.

Besser ist es, sich mit mehreren ein Auto zu mieten, das kostet etwa 70 plus Benzin am Tag, am besten mit Kreditkarte, die als Sicherheit hinterlegt werden kann. Bei vier bis fünf Personen hat man den Tourpreis schnell raus und kann sein Zeitbudget besser planen, beispielsweise morgens früher losfahren oder am Nachmittag erst zur Pinguinkolonie Punta Tombo rausfahren.

- Die **Standardausflüge** von Puerto Madryn: **Península Valdés:** Isla de los Pájaros – Punta Norte – Caleta Valdés – Punta Delgada – Puerto Pirámide – Puerto Madryn; Kosten 40 US-$ ohne Eintrittskarte. Es gibt ein Restaurant, wo eine Mittagspause gemacht wird, besser ist es, sich einen Picknick-Korb zu packen. Der Preis beinhaltet übrigens nicht die anderthalbstündige, sehr lohnende Bootsfahrt, bei der man die Wale fast hautnah zu sehen bekommt (25–50 US-$).

Punta Tombo: Puerto Madryn – Punta Tombo (1–1½ Stunden) – Trelew – Gaiman – Rawson – Puerto Madryn. Kosten auch hier 40 US-$ plus Eintrittskarte, auch hier empfiehlt sich die Mitnahme von Speisen und Getränken.

Einige **Reiseveranstalter:**

- **Nievemar Tours,** Av. Roca 493, Tel. 455 544. Empfehlenswert.
- **Costa Blanca,** D. García 365, Tel. 454504.
- **Cuyunco,** Roca 171, Tel. 451845.
- **Turismo Puma,** Av. 28 de Julio 46, Tel. 451 063. Touren mit dem Kleinbus mit maximal 10 Personen. Gleiches Programm und dieselben Preise wie die anderen Veranstalter, aber durch die Kleingruppe höhere Flexibilität.

Sonstiges

- **Post:** Ecke Belgrano und A. Maiz.
- **Geld und Schecks** wechseln der *Banco de la Nación,* 25 de Mayo/Ecke 9 de Julio, und das *Casa de Cambio Thaller,* Roca 497. Die meisten Banken haben **Geldautomaten.**
- Ein schönes **Internet-Café** ist das **Café Lizard,** Av. Julio A. Roca/Ecke Av. Gales.

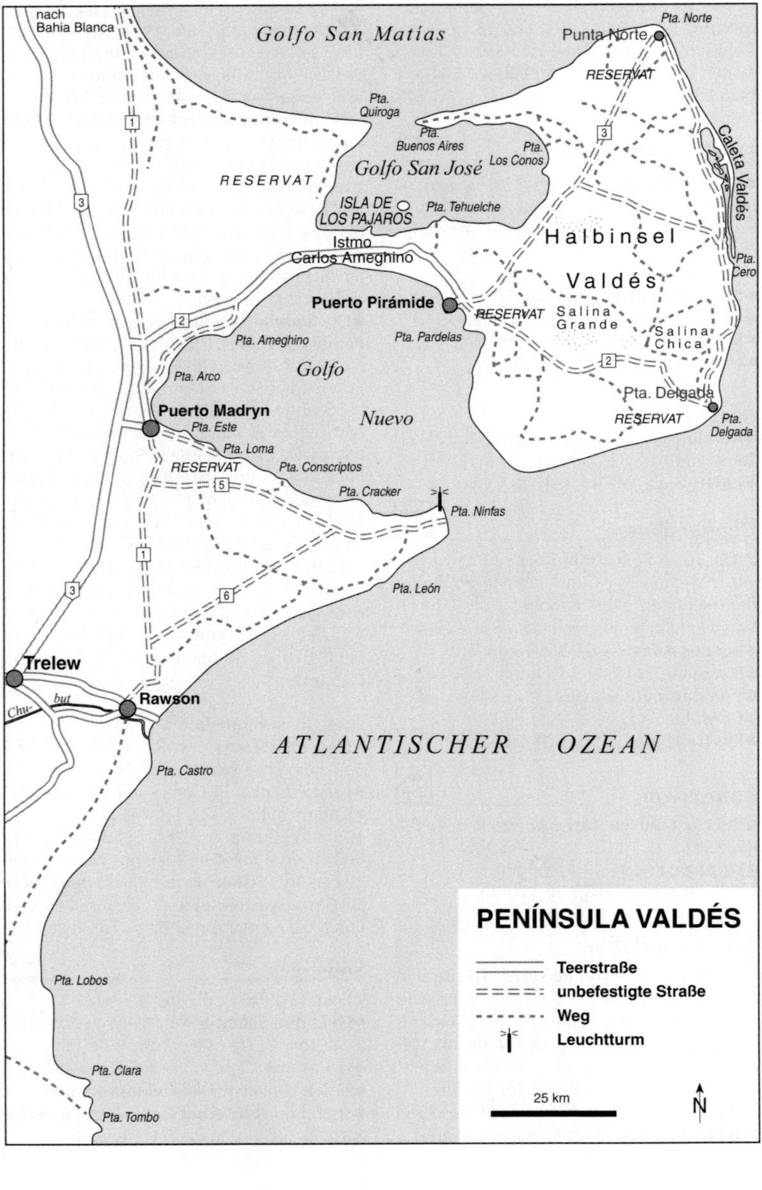
nach
Bahia Blanca
Golfo San Matías
Punta Norte
Pta. Norte
RESERVAT
Pta.
Quiroga
Pta.
Buenos Aires
Pta.
Los Conos
Golfo San José
Caleta Valdés
RESERVAT
ISLA DE
LOS PAJAROS
Pta. Tehuelche
Istmo
Carlos Ameghino
Halbinsel
Valdés
Pta.
Cero
Puerto Pirámide
RESERVAT
Salina
Grande
Salina
Chica
Pta. Ameghino
Pta. Pardelas
Golfo
Nuevo
Pta. Arco
Pta. Delgada
RESERVAT
Pta.
Delgada
Puerto Madryn
Pta. Este
Pta. Loma
RESERVAT
Pta. Conscriptos
Pta. Cracker
Pta. Ninfas
Pta. León
Trelew
Chu-
but
Rawson
ATLANTISCHER OZEAN
Pta. Castro
Pta. Lobos
Pta. Clara
Pta. Tombo
PENÍNSULA VALDÉS
Teerstraße
unbefestigte Straße
Weg
Leuchtturm
25 km
N

- Laverap (in der 25 de Mayo zwischen Sarmiento und Av. Gales) wäscht und trocknet für 9 US-$ ein Maschine **Wäsche.**
- **Fahrräder** verleiht XT Mountain Bikes, Roca 742, Tel. 472232.

Reserva Faunística Punta Loma

⇗XV,D3

17 km südwestlich von Puerto Madryn liegt diese **Seelöwenkolonie,** an der sich auch Robben und Seevögel beobachten lassen. Man folgt der Uferstraße in Puerto Madryn Richtung Süden. Nach 11 km erreicht man den Eingang zur Reserva (4 US-$), von dort sind es noch weitere 6 km bis zu einem Aussichtspunkt. Diese Tour kann man mit dem Auto machen oder als organisierten Trip buchen, am schönsten ist sie aber – trotz des oft heftigen Windes, der über die Schotterpiste bläst –, wenn man mit dem Fahrrad unterwegs ist.

Península Valdés

⇗XV,D3

Valdés ist eine 3625 km² große **Halbinsel,** die durch den schmalen Istmo Ameghino mit dem Festland verbunden ist. Sie ist weitgehend eine Wüstenregion, in deren Zentrum **drei kleinere Salzseen** liegen. Die Salinas Grandes markieren mit einer Lage von 35 m unter dem Meeresspiegel einen der tiefsten Punkte in Argentinien und Südamerika.

Die Halbinsel ist bekannt für ihr **reiches Tierleben,** vor allem von Meeres- und Küstenbewohnern. Hier leben Seelöwen, Seeelefanten und Pinguine, vor der Küste verschiedene Walarten. Im Landesinnern sind bei Fahrten nicht selten Guanakos, Füchse und Ñandus zu sehen.

Die Halbinsel ist ein **Naturreservat,** 12 US-$ Eintritt sind zu zahlen, das Geld wird kurz vor der Landenge kassiert. Die wichtigsten Punkte sind die **Isla de los Pájaros,** die aber nur per Fernglas „besichtigt" werden kann – man sieht nicht sehr viel –, die **Punta Norte,** wo Seelöwen und Seeelefanten leben und vor der Küste die schwarz-weißen Orca-Wale, **Caleta Valdés** (Seeelefanten) und die **Punta Delgada** (Seelöwen) sowie **Puerto Pirámide,** der beste Punkt, um den Golfo Nuevo zu erkunden – hier treffen sich die Bartenwale *(Eubalaena australis).* Zu beobachten sind die bis zu 16 Meter langen und 54 Tonnen schweren Meeressäuger mit den beeindruckenden Schwanzflossen im Prinzip zwischen Mitte Juni und Mitte Dezember, vor allem aber im Frühjahr zur Paarungszeit (September/Oktober). Dagegen ist der Schwertwal *(Orcinus orca),* der den ganzen Sommer über bis April an der Küste entlangstreift, ein Leichtgewicht: Er wiegt nur maximal 10 Tonnen bei bis zu 10 m Länge. Er verschmäht auch einen Seelöwen nicht; diese sind im Januar/Februar am aktivsten, beste Beobachtungszeit für die Seeelefanten *(Mirounga leonina)* ist im Oktober. Die Pinguine nisten hier zwischen Anfang November und Ende März.

Praktische Informationen

In **Puerto Pirámide** gibt es einen **Zeltplatz** sowie einige Unterkünfte:

Wale, Pinguine, Seelöwen und See-Elefanten

Überall vor und an der Küste Patagoniens leben Wale, Pinguine, Seelöwen und die riesigen See-Elefanten. Die Küste vor Puerto Madryn, speziell die Halbinsel Valdés und Punta Tombo, ist aber der beste Platz, um die Tiere in Ruhe zu beobachten.

Die **Wale** halten sich jedes Jahr von Juli bis Mitte Dezember vor der Halbinsel Valdés auf, die besten Monate zur Beobachtung sind September, Oktober und November. Man unterscheidet im Allgemeinen zwei Arten von Walen, und zwar die Zahnwale, zu denen auch der Delphin und der schwarz-weiße „Killerwal" Orca gehören, und die Bartenwale. Die Zahnwale ernähren sich vorwiegend von Fischen, die Bartenwale hingegen – obwohl viel größer – lediglich von Plankton, das sie aus dem Meerwasser mit ihren Barten herausfiltern, und von Krill. Gemeinsam ist diesen größten Säugetieren jedoch, dass sie stets eine waagerecht gestellte Schwanzflosse haben (und sich dadurch auch äußerlich von den Fischen unterscheiden), dass eine

img580 Foto: ab

dicke Fettschicht (Blubber) sie gegen die Wasserkälte schützt und dass sie ihre Nasenlöcher (Spritzlöcher) weit hinten auf der Oberseite des Kopfes haben. Dadurch atmen sie aus, sie blasen die Luft von sich, und an der Art des Blasens kann der Fachmann schon erkennen, um was für einen Wal es sich handelt. Gemeinsam ist fast allen Walarten auch, dass sie stark bejagt werden und deshalb viele Arten vom Aussterben bedroht sind.

Sowohl Zahn- als auch Bartenwale sind vor der Península Valdés vertreten: die Bartenwale durch den hier „Ballena Franca Austral" genannten *Eubalaena australis* (zu deutsch: Südkaper), die Zahnwale durch den Orca oder Schwertwal, wissenschaftlich *Orcinus orca* bezeichnet. Der Orca lebt in „Schulen" von bis zu vierzig Artgenossen und bleibt meistens im relativ offenen Meer; er hält sich vor der Punta Norte auf. Er kann bis zu fast 10 m groß werden und dabei ein Gewicht von annähernd einer Tonne erreichen. Er ernährt sich von anderen Tieren, von Fischen und Pinguinen. Sogar kleinere Seelöwen fallen ihm hin und wieder zum Opfer.

Die Ballena Franca kommt vorwiegend im Golfo Nuevo vor. Sie ist noch größer als der Orca, die größeren Weibchen erreichen eine Länge von etwa 13 m, es wurden aber auch schon welche von 16 m Länge gemessen. Die Männchen sind meistens etwa einen Meter kleiner. Das Gewicht einer ausgewachsenen Ballena Franca beträgt etwa 30–40 Tonnen. Auffällig sind bei ihnen der große Kopf – er nimmt etwa ein Viertel bis die Hälfte des gesamten Körpers ein – und die fehlende Rückenflosse. Die Ballenas Francas kommen in den Golfo Nuevo zur Paarung und um ihre

Jungen zu werfen, von Puerto Pirámide kann man sich ihnen gefahrlos mit dem Boot nähern. Weltweit gibt es nur noch 3000 dieser Wale.

Pinguine trifft man überall vor der patagonischen Küste, die meisten aber an der Punta Tombo. Es sind Magellan-Pinguine *(Spheniscus magellanicus).* Sie kommen an der Atlantikküste Südamerikas von etwa der Península Valdés bis nach Feuerland vor und im wegen des Humboldt-Stromes kälteren Wasser des Pazifiks bis etwa zur Insel Chiloé.

Diese Magellan-Pinguine sind leicht zu erkennen: Sie sind recht klein, maximal 50–60 cm, wiegen ca. 5 kg und haben als besondere Charakteristika den schwarz-weißen Kopf sowie zwei horizontale schwarze Streifen am oberen Rand ihrer Brust. Pinguine sind flugunfähige Vögel, sie legen ein bis mehrere Eier, brüten in Kolonien und ernähren sich von Meerestieren. Die Jungtiere tragen zunächst Flaumfedern.

Auch wenn Pinguine viele natürliche Feinde haben, etwa Seelöwen, auch manche Walarten und große Raubfische, und an Land oftmals ihre Nester geplündert werden, so ist ihre Population dennoch groß, vielleicht auch deshalb, weil sie nicht vom Menschen gejagt werden.

Ihren Namen erhielten die Meeresvögel, so die Überlieferung, von walisischen Matrosen, die auf dem Schiff von *Thomas Cavendish* 1586 nach Puerto Deseado kamen: Sie nannten die Tiere „pengwyn", ein Wort, das auf gälisch „weißer Kopf" bedeutet.

Eine der größten Pinguinkolonien Patagoniens ist Punta Tombo, etwa 110 km südlich von Trelew. Hier leben während des ganzen Jahres etwa 500.000 Tiere in ihren Höhlen.

Seelöwen und See-Elefanten (hier vertreten mit den Arten *Otaria flavescens* und *Mirounga leonina)* sind, zumindest was die Männchen angeht, leicht zu erkennen. Die männlichen Seelöwen tragen wirkliche eine Art Mähne, die männlichen See-Elefanten einen Rüssel. Den weiblichen Tieren fehlen diese ausgeprägten Charakteristika, sie sind, auch da sie wesentlich kleiner als die Männchen sind, leicht mit anderen Robbenarten zu verwechseln.

Männliche Seelöwen werden bis zu 2½ m groß und erreichen dabei ein Gewicht von 300 kg, die Weibchen sind zwar mit 1,8 m oftmals fast genauso groß, aber mit bloß 100 kg wesentlich leichter. Ein männlicher Seelöwe kann sehr bedrohlich wirken, wenn er sich aufrichtet und seinen vermeintlichen Gegner anschreit. Die Männchen leben auch in großer Konkurrenz untereinander. Sie haben einen Harem, den sie gegen andere Männchen in oft blutigen Revierkämpfen verteidigen müssen.

Auch die männlichen See-Elefanten leben mit mehreren Weibchen (bis zu achtzig) zusammen. Die männlichen Tiere werden riesengroß: Im Durchschnitt 5 m lang und 2500 kg schwer, gibt es aber auch 7 m große Tiere, die dann sogar 4500 kg wiegen. Die Weibchen werden bis zu 5 m groß und erreichen ein Maximalgewicht von ca. 500 kg.

Für ihre Größe sind Seelöwen und See-Elefanten auch auf dem Land erstaunlich behände. Während Seelöwen auf die vorderen Flossen gestützt „gehen", robben See-Elefanten. Beide Tierarten können aggressiv werden, man sollte sich nicht zu sehr nähern und ihnen nie den Fluchtweg zum Wasser verstellen.

Seelöwen und See-Elefanten kommen vorwiegend auf der Península Valdés vor, die See-Elefanten habe dort an der Punta Norte ihre einzige Kolonie in Südamerika. Seelöwen finden sich rund um den Golfo Nuevo sowie an der Punta Delgada.

a71-369 Foto: gw

●**Posada Pirámides,** Av. Las Ballenas s/n, Tel. 495040, www.posadapiramides.com; freundlich, guter Treffpunkt, 13 US-$ pro Person mit Frühstück. Essen kann man im dazugehörigen Restaurant.

Walisisches Haus in Gaiman

●**Aca-Motel,** Tel. 495004; ab 35 US-$ mit Frühstück.

●In Punta Delgada liegt das sehr schöne **Hotel Faro Punta Delgada** (Leuchtturm), Tel. (02965) 458444, www.puntadelgada.com. Das Doppelzimmer, von den Seelöwen nur über ein paar Treppenstufen getrennt, kostet ca. 90 US-$ (2 Personen mit Frühstück, Hochsaisons 170 US-$), mit Vollpension 210/290 US-$.

●**La Restinca,** primera bajada al mar, Puerto Pirámides, Tel. 495101, direkt am Sandstrand; sehr freundlich, mit großen, sehr sauberen Zimmern mit Meeresblick und Frühstück ab 240 US-$.

●Von Puerto Pirámide starten in der Saison auch die **Bootstouren zur Walbeobachtung** (25 US-$ pro Person).

●Die Halbinsel Valdés kann am leichtesten im Rahmen einer **organisierten Tour** besucht werden. Ansonsten ist man auf die Miete eines Autos angewiesen, da es keinen öffentlichen Verkehr dort gibt (siehe Reiseveranstalter bei Puerto Madryn).

Trelew ⇗XIX,D1

Die 90.000-Einwohner-Stadt ist das wirtschaftliche Zentrum der Region. Es ist eine **moderne Industriestadt,** der man in einigen Ecken aber noch ansieht, dass sie 1886 als Eisenbahnstation von walisischen Siedlern gegründet wurde. Daher stammt auch der Namen: „trelew" bedeutet Stadt *(tre)* des Lewis *(lew)*, schließlich war *Lewis Jones* einer der ersten und bekanntesten Einwohner.

Sehenswürdigkeiten

Die beiden wichtigsten Sehenswürdigkeiten sind zwei Museen:

Museo Regional Pueblo de Luis

Das Museum beschäftigt sich mit Geschichte und Natur der Region. Es ist im alten Bahnhof (Av. Fontana/Ecke 9 de Julio) untergebracht. Geöffnet Mo bis Fr von 8–20 Uhr sowie Sa, So von 14–20 Uhr.

Museo Paleontológico Egidio Feruglio

Das zweite Museum zeigt **Fossilien aus prähistorischen Zeiten** von vor 300 Mio. Jahren – unbedingt empfehlenswert! Es ist weltweit eines der besten paläontologischen Museen, denn schließlich ist Patagonien das El Dorado der Fossiliensammler. Vor etwa 10 Millionen Jahren lebten hier unzählige **Dinosaurier,** und mehrmals im Jahr melden heute noch Estanzieros große Funde von Knochen prähistorischer Tiere. Zu den Prunkstücken des Museums gehören das weltweit einzige Exemplar des gehörnten Sauriers, des *Carnotaurus sastrei*, ein wunderbar erhaltenes Saurier-Ei und eine mit 30 Zentimetern Größe (Körper ohne die Beine) beunruhigend beeindruckende prähistorische Spinne. Das Museum bietet Führungen in unterschiedlichen Sprachen, auch Exkursionen zu vorgeschichtlichen Stätten und Fundorten von Saurierskeletten in der Provinz Chubut.

Das Museum ist in einem Gebäude ganz in der Nähe des Busbahnhofs untergebracht (Fontana 140/Ecke 9 de Julio, Mo bis Fr 10–20 Uhr, Sa, So 11–16 Uhr) – auch eine wundervolle Möglichkeit, eine Wartezeit zu überbrücken. Der Eintritt kostet 3 US-$.

Touristeninformation

- Die Touristeninformation befindet sich auf der San Martín 171 im Palacio Municipal, Tel. (02965) 420139. Weitere Büros gibt es im Flughafen und im Busbahnhof.

Hotels

Einfach und billig:

- **Argentino,** Moreno 95, Tel. 436134; gut, sauber, 28 US-$.
- **San Carlos,** Sarmiento 758, Tel. 421038; gut, 12 US-$.
- **Rivadavia,** Rivadavia 55, Tel. 434472, 25 US-$.

Hotels der Mittelklasse:

- **Centenario,** San Martín 150, Tel. 420542; 40 US-$.
- **Libertador,** Rivadavia 31, Tel. 420220, www.hotellibertadortw.com; 55 US-$.
- **Hotel Galicia,** Av. 9 de Julio 214, Tel. 433 802, www.hotelgalicia.com.ar; zentral gelegen, mit Bad und Frühstück 70 US-$.
- **Rayentray,** San Martín/Ecke Belgrano, Tel. 434702; mit Restaurant und Pool, 80 US-$.

Essen und Trinken

- **El Viejo Molino,** Av. Gales 250, mit guter internationaler Küche.

Flugverbindungen

- Der **Flughafen** liegt 5 km außerhalb der Stadt, Tel. 433443, Taxis fahren nach Trelew, nach Puerto Madryn gibt es einen Minibus-Service im Auftrag der Fluggesellschaften (wartet bei der Ankunft). Er kostet 4 US-$ pro Person.
- Es gibt **täglich mehrere Flüge nach** Buenos Aires (163 US-$), Comodoro Rivadavia, Río Gallegos und Ushuaia.
- **Mehrmals in der Woche** gehen Flüge nach Córdoba, Bariloche und Río Grande.

Die Büros der **Fluggesellschaften:**

- **Aerolíneas Argentinas/Austral,** 25 de Mayo 33, Tel. 42-0210.

Überlandbusse

- Vom **Busbahnhof** Urquiza 150, Tel. 420121, fahren mehrfach täglich Busse nach:
- **Buenos Aires,** 54 US-$, 22 Stunden.
- **Esquel,** 25 US-$, 10 Stunden.
- **Comodoro Rivadavia,** 15 US-$, 6 Std.
- **Río Gallegos,** 46 US-$, 17 Stunden.
- **Rawson,** 0,7 US-$, alle 15 Min.
- **Gaiman,** 1 US-$, alle 1½ Stunden.
- **Puerto Madryn,** 3 US-$, stündlich.

Autoverleih

Alle großen Autoverleiher haben ein Büro **am Flughafen,** in der Stadt sind:

- **Rent A Car,** San Martín 125, Tel. 42-0898.
- **Avis,** Italia 98, Tel. 436060.
- **Localiza,** Urquiza 310, Tel. 435344.

Reiseveranstalter

Es gibt eine Fülle von Reiseveranstaltern, die alle dieselben Touren zu denselben Preisen anbieten. Die Standardrundfahrt führt nach Rawson, Gaiman und Punta Tombo (38 US-$). Alle diese Ausflüge haben auch dieselben Nachteile wie die von Puerto Madryn: zu große Gruppen und zu viel Zeit, die für Mittagspausen und Fahrerei verloren geht. Auch hier ist es besser, sich mit mehreren ein Auto zu mieten.

Zwei **Reiseveranstalter** sind:

- **Nievemar Tours,** Italia 20, Tel. 434114, www.nievemartours.com.ar.
- **Patagonia Grandes Espacios,** Belgrano 338, Tel. 435161.
- Viele andere finden sich auf der San Martín und auf Belgrano.

Sonstiges

- Die **Post** ist 25 de Mayo/Ecke Mitre.
- Die meisten **Banken** (Geldautomaten) sind auf der 25 de Mayo.

Ausflüge

Gaiman

Das kleine herausgeputzte Dorf, problemlos von Trelew per Bus zu erreichen, präsentiert **walisische Gemütlichkeit,** wie sie die ersten Siedler gerne gehabt hätten: Man kann nachmittags stundenlang Tee trinken und dazu Fruchtkuchen und belegte Brote essen (alles in Riesenportionen) und sich beim Spaziergang an den gepflegten Gärten, Rosenstöcken und niedlichen Häuschen erfreuen. Jeder scheint in dieser **walisischen Musterkolonie** vom Tourismus zu leben.

Das Originellste im Ort ist **der Parque el Desafío,** ein köstliches Sammelsurium hergestellt aus Müll: Wo lässt sich schon sonst auf der Welt ein griechischer Tempel aus alten Flaschen und Dosen bewundern ...?

Punta Tombo ⇗ XIX,D1

Punta Tombo ist ein **Naturreservat für Magellan-Pinguine** (vgl. entsprechenden Exkurs weiter oben). Die Angaben über die Zahl der hier lebenden Tiere schwanken zwischen 500.000

und 2 Mio. Jedenfalls ist Punta Tombo die größte Ansiedlung der putzigen Vögel auf dem argentinischen Festland.

Etwa 120 km südlich von Trelew gelegen, ist die Pinguinkolonie **nicht ganz** so **leicht zu erreichen.** Hierhin gibt es keinen öffentlichen Verkehr, man muss deshalb entweder eine organisierte Tour mitmachen, wobei zu wenig Zeit bei den Pinguinen bleibt und viele Tourbusse gleichzeitig ankommen, so dass das Gelände etwas überfüllt ist, oder man mietet sich ein Auto. Das hat den Vorteil, dass man dann früh genug (die Tourbusse kommen ab ca. 11 Uhr) oder spät genug (nach 15 Uhr) dort ankommen kann.

Für die Fahrt muss man etwa 2½ Stunden kalkulieren; der Eintritt zur Pinguinkolonie kostet 6 US-$. Die Besucher laufen auf angelegten Wegen, teilweise über Stege durch die Pinguinkolonie – man kann die Tiere hier wunderbar ohne trennende Zäune beobachten.

Comodoro Rivadavia ⇗XIX,C2

Alles andere als ein Touristenziel ist diese mit über 140.000 Einwohnern **größte Stadt im südlichen Patagonien.** Sie ist ein wichtiger Verkehrsknotenpunkt und deshalb für viele Besucher ein notwendiger Zwischenstopp. Andere fahren von hier zu den **Bosques Petrificados,** den versteinerten Wäldern bei Sarmiento, oder zu den versteinerten Wäldern in der Provinz Santa Cruz. Reisebüros bieten von hier Ausflüge an.

Alles war anders geplant. Ursprünglich sollte hier nur ein Hafen entstehen, um die landwirtschaftlichen Produkte der Region zu verladen. 1901 wurde also eine Stadt gegründet, und bei der Suche nach trinkbarem Grundwasser wurde man schnell fündig. Aber nicht Wasser sprudelte aus den Bohrlöchern, **Öl** hatte man stattdessen gefunden. Heute kommen etwa 30 Prozent des argentinischen Öls aus Comodoro, und schon weit vor der Stadt sind überall die Erdöl-Pumpen zu sehen.

Sehenswürdigkeiten

Wer länger als zum Umsteigen nötig in Comodoro Rivadavia bleiben muss/will, der sollte die Stadt verlassen und mit dem Bus Nr. 7 oder Nr. 8 vom Busbahnhof zum etwa 3 km entfernten Ort **General Mosconi** fahren. Dort befindet sich das **Museo Nacional del Petróleo,** das Öl-Museum der Erdölfirma YPF: Es bietet einen hervorragenden Einblick in die Geschichte der Ölindustrie, mit alten und neuen Fotos, mit Modellen, Werkzeug und Maschinen. Das Museum ist wegen Renovierung geschlossen. Zum 100. Jahrestages der Ölfunde soll es am 13. Dezember 2007 wieder eröffnet werden.

Touristeninformation

- Die Touristeninformation befindet sich an der Rivadavia/Ecke Pellegrini, Tel. (0297) 4474111.

Hotels

- **Hospedaje Belgrano,** Belgrano 546, Tel. 4478439, ab 20 US-$.

- **Hospedaje 25 de Mayo,** 25 de Mayo 989, Tel. 4472350, hosp25demayo@uol.com.ar; ab 25 US-$.
- **Rúa Marina,** Belgrano 738, Tel. 4468777; 40 US-$.
- **Comodoro,** 9 de Julio 770, Tel. 4472300, www.comodoro-hotel.com.ar; 62 US-$.
- **Lucania Palazzo Hotel,** Moreno 676, Tel. 4460100, www.lucania-palazzo.com; Vier-Sterne-Hotel, 160 US-$.

Camping

- Mehrere Campingplätze liegen in der Umgebung der Stadt, die schönsten sind jedoch 12 km südöstlich **in Rada Tilly** an der Küste (per Bus erreichbar). *Camping Municipal Rada Tilly,* Tel. (0297) 4452918.

Essen und Trinken

Die meisten **Restaurants** finden sich auf der Av. Rivadavia und der Av. Costanera.

Flugverbindungen

- Der 9 km außerhalb der Stadt gelegene **Flughafen** ist mit dem Bus vom Büro der Aerolíneas Argentinas aus zu erreichen.
- Von Comodoro Rivadavia gibt es **täglich mehrere Flüge nach** Buenos Aires, Esquel, Río Gallegos, Río Grande und Trelew.
- **Mehrmals wöchentlich Flüge** nach Puerto Madryn, Neuquén, Bariloche und Ushuaia.

Fluggesellschaften:

- **Aerolíneas Argentinas/Austral,** Rivadavia 156, Tel. 4440050.
- **Lade,** Rivadavia 360, Tel. 4470585.

Überlandbusse

- Der **Busbahnhof** liegt sehr zentral Ameghino/Ecke 25 de Mayo, Tel. 4467305. Von hier fahren Busse mehrmals täglich nach:
- **Buenos Aires,** 68 US-$, 24 Stunden.
- **Río Gallegos,** 52 US-$, 11 Stunden.
- **Trelew,** 15 US-$, 6 Stunden.
- **Esquel,** 20 US-$, 8 Stunden, vorbuchen!
- **Sarmiento,** 6 US-$, 2½ Stunden.
- **Coyhaique** (Chile), zweimal wöchentlich, 20 US-$, 12 Stunden, vorbuchen!

Autoverleih

- **Localiza,** Polonia/Ecke Ruta Nacional 3, Tel. 4482155.
- **Europcar,** Av. H. Yrigoyen 2180, Tel. 444 5132.
- **Budget,** Moreno 864, Tel. 4440008.

Post

- San Martín/Ecke Moreno.

Banken

- Die meisten Banken und Cambios sind auf der San Martín.

Sarmiento

↗XIX,C2

Colonia Sarmiento, wie der kleine Ort eigentlich heißt, liegt 156 km westlich von Comodoro Rivadavia entfernt im Landesinnern. Der Ort selbst ist nichts Besonderes, aber in seiner Umgebung liegen zwei große schilfbewachsene Seen: der **Lago Musters** westlich der Stadt und der **Lago Colhué Huapi** östlich der Stadt. Der Lago Musters ist wesentlich kleiner, dafür bis zu 40 m tief, während der Lago Colhué Huapi nur eine Tiefe von 2 m erreicht.

Touristeninformation

- Die Touristeninformation ist Pietrobelli 388, Tel. (0297) 4898220.

Hotels

- Übernachten kann man in Sarmiento entweder im **Hotel Colón,** Moreno 650, Tel. 4894212, gut, etwa 28 US-$, oder etwas schicker in der **Hostería Los Lagos,** Roca/Ecke Alberdi, Tel. 4893046, etwa 34 US-$, sowie in der **Hosteria Chacra El Labrador,** Tel. 4893329, auf der Ruta 20, etwa 10 km vor Sarmiento, einer kleinen Estanzia, die auch ein Restaurant betreibt (ab 30 US-$).

Von hier werden auch Touren zu den versteinerten Wäldern (s.u.) angeboten. Abholung ab Busbahnhof in Sarmiento möglich.

Busverbindungen

- Sarmiento wird mehrmals täglich von Bussen aus Comodoro Rivadavia angefahren; es liegt an der Bustrecke von dort nach Esquel und ins chilenische Coyhaique.

Ausflug zu den Bosques Petrificados José Ormalchea

Der versteinerte Wald liegt etwa 30 km südlich der Stadt. Man darf ihn nicht mit den versteinerten Wäldern etwa 200 km südlich in der Provinz Santa Cruz verwechseln. Ohne eigenen Wagen dorthin zu gelangen, ist schwierig, da es keinerlei Busverbindung gibt. Es bieten sich zwei Möglichkeiten an: Entweder fragt man den Parkwächter, ob er einen mitnehmen kann *(Sr. Juan José Valdera,* Uruguay 43), oder man nimmt ein Taxi für die Fahrt. Das kostet etwa 20 US-$, jede Stunde Wartezeit etwa 5 US-$ mehr. Der Eintritt beträgt 3 US-$.

Die Gegend ist bizarr. Es ist eine **kahle Hügellandschaft,** in der verstreut **bis zu 65 Mio. Jahre alte versteinerte Baumstämme** herumliegen. Überall finden sich Stein-Holz-Splitter, die Erosion und die Verschiebung der Erdoberfläche bringt immer wieder Neues ans Tageslicht.

Monumento Natural Bosques Petrificados ↗XIX,C3

Ähnlich wie die bei Sarmiento sind auch die etwa 250 Kilometer südlich von Comodoro Rivadavia in der Provinz Santa Cruz liegenden versteinerten Wälder recht schwierig zu erreichen. Man macht entweder eine **organisierte Exkursion** von Comodoro Rivadavia aus oder fährt die Ruta 3 zum Wegweiser (km 242), der auf den versteinerten Wald hinweist, und biegt dort nach Westen (nach rechts) und erreicht nach weiteren 50 km das Monumento Natural Bosques Petrificados. Öffentliche Verkehrsmittel fahren nicht dorthin. Das Monumento Natural Bosques Petrificados kostet keinen Eintritt.

Santa Cruz

Die zweitgrößte Provinz Argentiniens ist die **am dünnsten besiedelte.** Auf 243.943 km², in etwa die Fläche der alten Bundesrepublik Deutschland, leben gerade einmal 200.000 Menschen, also knapp weniger als beispielsweise in Leverkusen, Osnabrück oder Ludwigshafen. Das **Landesinnere der Provinz ist nahezu menschenleer,** im Westrand an den Anden finden sich einige wenige Siedlungen: Wo Touristen vorbeikommen, haben sich auch andere niedergelassen.

Im Osten, an der Atlantikküste, liegen die wichtigsten Städte, Río Gallegos und Puerto San Julián. Man lebt dort von der Weiterverarbeitung der auf den **riesigen Schaf-Estanzias** erwirtschafteten Wolle sowie von der Energie-Industrie, im Landesinnern von der Viehwirtschaft und zunehmend auch vom Tourismus, dem einzigen Bereich mit kräftigen Zuwachsraten. Kein Wunder, hat Santa Cruz doch mit dem Moreno-Gletscher und dem Fitzroy Massiv spektakuläre Naturschönheiten zu bieten.

Die besten Routen: Kommt man auf der Andenseite von Norden, empfiehlt es sich, zunächst den Ort Perito Moreno in der Nähe des Lago Buenos Aires und anschließend den **Nationalpark Perito Moreno** (sehr schwierige Anreise) aufzusuchen.

Ist man an der Atlantikküste unterwegs, sollte man von Comodoro Rivadavia zunächst das Monumento Natural Bosques Petrificados (s.o.) aufsuchen und dann weiter die Küste über Puerto San Julián bis nach Río Gallegos hinunterfahren. Von dort gelangt man am besten nach El Calafate und zum **Nationalpark Los Glaciares.**

Perito Moreno ⇗XVIII,B2

Die Kleinstadt, **Zentrum der Viehzüchter** der Region, die sich hier mit allen Produkten der Zivilisation versorgen, liegt an der Laguna de los Cisnes, der „Schwanenlagune", und nur etwa 20 km östlich des Lago Buenos Aires, wo der Río Deseado entspringt. Der mündet nach knapp 500 km bei Puerto Deseado in den Atlantik.

Perito Moreno darf nicht verwechselt werden mit dem Nationalpark Perito Moreno oder dem Gletscher Perito Moreno im Nationalpark Los Glaciares oder mit einem der vielen anderen Orte, die alle nach *Francisco Pascasio Moreno* benannt wurden. Perito ist kein Name, es ist ein Ehrentitel, der ihm beigegeben wurde: Das spanische Wort bedeutet einfach „Fachmann" oder „Sachverständiger". *F. P. Moreno* (1852–1919) war auch ein Fachmann: Er erforschte in zahlreichen Expeditionen die Tier- und Pflanzenwelt sowie die Geografie Patagoniens.

Der Ort Perito Moreno bietet nicht viel Sehenswertes, er ist nur der beste Punkt, um zum Lago Buenos Aires, zur Cueva de las Manos und zum Nationalpark Perito Moreno zu fahren.

Touristeninformation

- Die Touristeninformation ist auf der San Martín/Ecke Mariano Moreno, Tel. (02963) 432732.

Hotels

- **Hostería Americano,** Av. San Martín 1327, Tel. 432074; okay, aber nichts Besonderes, 30 US-$.
- **Belgrano,** Av. San Martín 1001, Tel. 432 019; Restaurant im Haus, jedoch ohne Frühstück 35 US-$.
- **Posada del Caminate,** Rivadavia 937, Tel. 432204; freundlich, gemütlich, 38 US-$.

Camping

- Paseo Julio A. Roca/Ecke Mariano Moreno befindet sich der städtische Campingplatz. Dort stehen auch einige Cabañas zur Verfügung, in denen man etwa 25 US-$ bezahlt.

Busse

Der **Busbahnhof** ist auf der Ecke der Ruta Provincial 43 mit der 45, am Nordende der Stadt, Tel. 432063.

- **Täglich** fährt ein Bus zur Ostküste nach Comodoro Rivadavia, Caleta Olivia und zu anderen Zielen.
- **In der Sommersaison** fährt an den geraden Tagen von Los Antiguos über Perito Moreno ein Minibus nach El Chaitén und Calafate (beide liegen am Nationalpark Los Glaciares). Die Fahrt kostet 80 US-$, sie kann in Los

arg3-378 Foto: gw

Unten: der Gletscher Perito Moreno

Oben: Landschaft im P.N. Perito Moreno

026-a Foto: jv

Antiguos bei Chaltén Travel, San Martín s/n, Tel. (02962) 493084, gebucht werden. An den ungeraden Tagen fährt der Bus von El Chaltén zurück nach Los Antiguos.

Ausflüge

Los Antiguos/Lago Buenos Aires

Der kleine Ort direkt am Lago Buenos Aires, 67 km westlich von Perito Moreno, eignet sich hervorragend, um ein paar ruhige Tage am See zu verbringen. Im Sommer ist das Gletscherwasser sogar warm genug, um dort zu baden. Es gibt einen sehr guten **Campingplatz** und das **Argentino Hotel** (Tel. (02902) 491132, 40 US-$), dreimal wöchentlich fahren Busse von hier über Perito Moreno nach Caleta Olivia.

Der **Lago Buenos Aires** ist grenzübergreifend. Er heißt auf seiner Westseite, die zu Chile gehört, Lago General Carrera. Mit mehr als 180.000 Hektar Größe ist er nach dem Titicacasee (Bolivien/Peru) der **zweitgrößte See in Südamerika.** Die argentinische Seite liegt inmitten der patagonischen Ebene, auf der chilenischen Seite erheben sich schneebedeckte Gipfel bis zu fast 4000 m. Am Südufer des Sees führt eine Straße entlang, sie verbindet Perito Moreno über Los Antiguos mit dem chilenischen Ort Chile Chico (mehrmals täglich Busse). Von dort bestehen Fährverbindungen über den Lago General Carrera, wie er hier heißt, nach Puerto Ibáñez, wo Anschluss an die chilenische Carretera Austral Richtung Coyhaique besteht (täglich Minibusse). Auch am Südufer des Sees entlang führt eine spektakuläre Schotterpiste. Sie trifft bei El Maitén auf die Carretera Austral. Wer von Argentinien nach Chile reisen will, findet hier eine tolle Möglichkeit, die Anden zu überqueren.

Cueva de las Manos

165 km südlich von Perito Moreno liegt die Cueva de las Manos („Höhle der Hände"). In einer etwa 25 mal 15 m großen **Höhle** in der Schlucht des Río Pinturas, die ca. zwischen 9500 v.Chr. und 1000 n.Chr. bewohnt war, hinterließen die **indianischen Ureinwohner** zahlreiche **Malereien,** die zu den ältesten menschlichen Zeugnissen in Südamerika gehören. Gezeigt werden Tierdarstellungen, zumeist Guanacos, sowie Negativ-Drucke von Handflächen in verschiedenen Farben.

Unterschieden werden **vier Epochen:** die erste von etwa 9500 bis 7000 v.Chr., in der vorwiegend Jagdszenen entstanden. Zu erkennen ist beispielsweise eine Gruppe von zwölf Jägern, die Dutzende von Guanakos jagt. Vorherrschende Farben sind Ocker, Rot, Violett und Schwarz. Auch in der zweiten Phase (bis 5000 v.Chr.) dominieren die Jagdszenen. Man sieht aber auch schon Tiere mit ihren Jungen. Die dritte Phase datiert bis etwa 1500 v.Chr. In dieser Zeit entstanden die meisten der farbigen Hand-Negativ-Drucke, und die Tierdarstellungen werden statischer und mehr stilisiert. Danach, in der vierten Phase, schuf man vorwiegend geometrische Motive, Zick-Zack-Linien, Dreiecke und konzentrische Kreise, aber auch weitere Handnegative.

Zu den Höhlen fahren keinerlei öffentliche Verkehrsmittel. Touren zur

Cueva de las Manos bietet: **Guanacondor Tours,** Perito Moreno 1089, Tel. (02963) 432303, guanacondor@ argentina. com. Touren in Kleinbussen (max. 12 Pers.) via Estancia Los Toldos mit einer Wanderung (ca. 2 Std. hin und zurück) über einen steilen Pfad zur Höhle oder via Bajo Caracoles ohne Wanderung (Fahrt ist länger). Kosten: 35 US-$ pro Person. Verpflegung mitnehmen. Ansonsten führt die Anreise über die Ruta 40 Richtung Süden, bei km 120 führt nach links (nach Osten) ein Weg in Richtung der Cueva ab. Die Höhlen kosten 5 US-$ Eintritt, übernachten kann man in der Nähe (20 km von den Höhlen entfernt an der RN 40) in der **Hostería Cueva de las Manos,** Tel. (011) 49010436, für rund 85 US-$ im DZ mit Bad und Frühstück oder im Schlafsaal (ohne Frühstück) für 13 US-$ und in der **Estancia Turistica Casa de Piedra,** 75 km südlich von Perito Moreno an der RN 40, Tel. (02963) 432199, wo man auch sein Zelt aufschlagen kann.

Parque Nacional Perito Moreno ⇗XVIII,B3

Der 115.000 ha große Nationalpark an der chilenischen Grenze ist der **ursprünglichste und am wenigsten besuchte Nationalpark Argentiniens.** Kein Wunder, er liegt weitab von jeder öffentlichen Verkehrsanbindung, weitab von jeder Siedlung, etwa 310 km südwestlich der Ortschaft Perito Moreno. Er bietet Einsamkeit, Gletscher und Gletscherseen, bis zu 3700 m hohe Berge, wilde Tiere wie Pumas, Füchse und Wildkatzen, Ñandus und Flamingos, dazu Überreste frühester Besiedelung durch Tehuelche-Indianer. Bergsteiger können sich am zweithöchsten Gipfel Patagoniens, dem 3706 m hohen **Monte San Lorenzo** auf der Grenze zu Chile, versuchen. Die drei Probleme: Wie kommt man dorthin, wo bleibt man dort und wovon ernährt man sich?

Die **Anreise** ist nur mit dem eigenen oder geliehenen Auto einfach, öffentliche Verkehrsmittel gibt es nicht. Mit dem PKW fährt man über die Ruta 40 von Perito Moreno bis nach Las Horquetas, dort biegt man auf die Ruta 37 Richtung Estanzia La Oriental und Lago Belgrano nach Westen ab.

Die **Estanzia La Oriental** liegt im Park, dort kann man übernachten (DZ ab 100 US-$, zelten ist für 15 US-$ möglich), sich verpflegen und Pferde mieten. Von dort ist es nicht mehr weit bis zum Parkzugang (7 US-$), vom Wächter erhält man – mit Glück – eine Kartenskizze. Im Park kann man campen, der gesamte Proviant ist aber mitzubringen. Die nächstgelegene Ortschaft ist Gobernador Gregores, hier befindet sich auch die Parkverwaltung, Tel. (02962) 491477, www.parquesnacionales.gov.ar. Der Eintritt in den Park ist noch gratis, Spenden sind aber sehr willkommen.

Puerto Deseado ⇗XIX,D3

Der (Industrie-)Fischerort hat sicher bessere Tage gesehen und selbst nicht viel zu bieten, aber dennoch lohnt sich der Umweg: Hier fließt eigentlich der

Rio Deseado ins Meer, doch die Strömung des Atlantik drückt Seewasser 40 km landeinwärts, so dass ein ideales **Brutgebiet für Seevögel** entstanden ist. An den steilen Klippen nisten fünf Arten Kormorane und Seeschwalben. Außerdem gibt es eine große Kolonie von Magellanpinguinen, Seelöwen und Delphine.

Sehenswert ist auch der **Bahnhof** von 1909, der in privater Initiative liebevoll restauriert wurde. Besichtigung ist täglich von 16–19 Uhr möglich, Eintritt ist frei. Im Stadtzentrum steht der **Vagón Historico** (Av. San Martin/Almirante Brown), der Eisenbahnwaggon, mit dem der Rebellenführer *Facón Grande* die „Patagonia Rebellion" vorbereitete. Der Waggon sollte 1979 verschrottet werden, doch die Einwohner von Puerto Deseado waren dagegen und blockierten die Straße. Heute kann der Waggon besichtigt werden (12–19 Uhr täglich).

Touristeninformation

- Es gibt eine sehr freundliche Touristeninformation im Busbahnhof, Tel. (0297) 4870220.

Hotels

- **Los Acantilados,** España 1611, Tel. 487 2167; manche Zimmer mit Seeblick, 38 US-$ inkl. reichhaltigem Frühstück.
- **Hotel Colon,** Almirante Brown 430, Tel./Fax 4870082, Stadtzentrum; 28 US-$ inkl. kargem Frühstück; dafür ist die beste Bäckerei der Stadt zwei Häuser weiter.

Essen und Trinken

- **Panaderia/Confiteria Santa Cruz,** San Martín 974/Almirante Brown. Man kann den Bäckern bei der Arbeit zusehen, es gibt einen kleinen Tisch, ausgezeichneter Apfelkuchen!
- **El Pinguino,** Piedra Buena 950. Gutes Essen und guter Service für wenig Geld. Sonntags geschlossen.

Überlandbusse

- Sportman Ltda. fährt zweimal täglich via **Caleta Olivia** nach **Comodoro Rivadavia** und einmal täglich nach **Río Gallegos.**
- La Union hat 3 Fahrten nach **Comodoro Rivadavia** via **Caleta Olivia,** sonntags nur zwei.

Ausflüge

2–3 stündige Touren in die Reserva Natural Ria Deseado mit dem Schlauchboot bietet für 22 US-$ pro Person:

- **Darwin Expediciones,** España s/n, 1250, Tel. 0297-156247554, www.darwin-expeditions.com. Eine Tour zum 225 km entfernten versteinerten Wald von Jaramillo wird ebenfalls von Darwin Expediciones angeboten. Preis 35 US-$/Person. Ein Taxi kostet (inkl. Wartezeit) 100 US-$.

Puerto San Julián ⇗XIX,C3

Die Kleinstadt mit 5000 Einwohnern bietet all denjenigen Reisenden eine **willkommene Aufenthaltsmöglichkeit,** denen die 834 km von Comodoro Rivadavia nach Río Gallegos zu weit sind. Hier lässt sich auf etwa der Hälfte der Strecke eine kurze Pause einlegen.

Eine Pause machte auch **Magellans Expedition** im Winter 1520 hier. Am 31. März ging man von Bord, am 2. April begann eine Meuterei unter den Matrosen, die Rädelsführer wurden verhaftet. Einer wurde fünf Tage später hingerichtet, die beiden anderen einfach an der Küste, in der Wüste, ausgesetzt. Nur 57 Jahre später wiederholte sich die Geschichte. **Francis Drake,** der englische Pirat, der später geadelt wurde, ließ genau an dieser Stelle einen seiner Kapitäne exekutieren. Danach passierte in Puerto San Julián erst einmal nichts mehr. 1780 gründete *Antonio de Viedma* etwas außerhalb der heutigen Stadt, die von 1901 stammt, eine Kolonie.

Auch heute passiert in Puerto San Julián nicht viel. Zwar ist der Ort Zentrum der Region, aber was will das heißen, angesichts der unbesiedelten Weiten. Westlich der Stadt liegt der Gran Bajo de San Julián, eine Depression, deren tiefster Punkt 105 m unter dem Meeresspiegel liegt.

Touristeninformation

- Die Touristeninformation befindet sich in der San Martín 500, Tel. (02962) 452900.

Hotels

- **Hospedaje La Casona,** Av. Hernando de Magellanes 650, Tel. 452940; gut und preiswert für 22 US-$.
- **Hostería Munícipal,** 25 de Mayo 917, Tel. 452300; 34 US-$.
- **Residencial Sada,** San Martín 1112, Tel. 452013, www.hotelsada.com.ar; 34 US-$.

Camping

- Der städtische Campingplatz ist in der Av. Hernando de Magallanes/Ecke Mariano Moreno.

Verkehrsverbindungen

- Puerto San Julián liegt an der Ruta 3, alle **Busse** von Río Gallegos nach Comodoro Rivadavia legen hier eine Pause ein.

Río Gallegos

⇗XXI,C1

Mit rund 80.000 Einwohnern ist die **Hauptstadt der Provinz Santa Cruz** auch gleichzeitig die größte Stadt der Provinz. Sie wurde 1885 am Südufer des Río Gallegos, kurz vor dessen Mündung in den Atlantik gegründet. Sie war und ist wichtig als Versorgungszentrum der Schaf-Estanzias der Provinz sowie der Minen bei Río Turbio; über den Hafen von Río Gallegos wurden und wird Wolle exportiert oder nach Norden verschifft. Während des Falkland/Malwinen-Krieges war der Ort der wichtigste argentinische Marinestützpunkt.

Für Besucher hat die Stadt wenig zu bieten. Wer nicht bleiben muss, fährt sofort weiter nach Süden ins chilenische Patagonien, nach Feuerland oder weiter Richtung Calafate, zum Nationalpark Los Glaciares.

Sehenswürdigkeiten

Strandpromenade, Kirche

Wessen Anschluss nicht direkt funktioniert, der kann ein wenig an der schönen Strandpromenade am Fluss entlang spazieren, die Holzkirche der Salesianer am Hauptplatz besichtigen oder sich die Zeit in einem der beiden Museen vertreiben:

Museo de los Pioneros

Das romantischere ist das Museo de los Pioneros, ein Sammelsurium alter Fotos, Möbel und Musikinstrumente aus der frühen Kolonialzeit, untergebracht in einem der wenigen erhaltenen Kolonialgebäude. Es ist in der El-

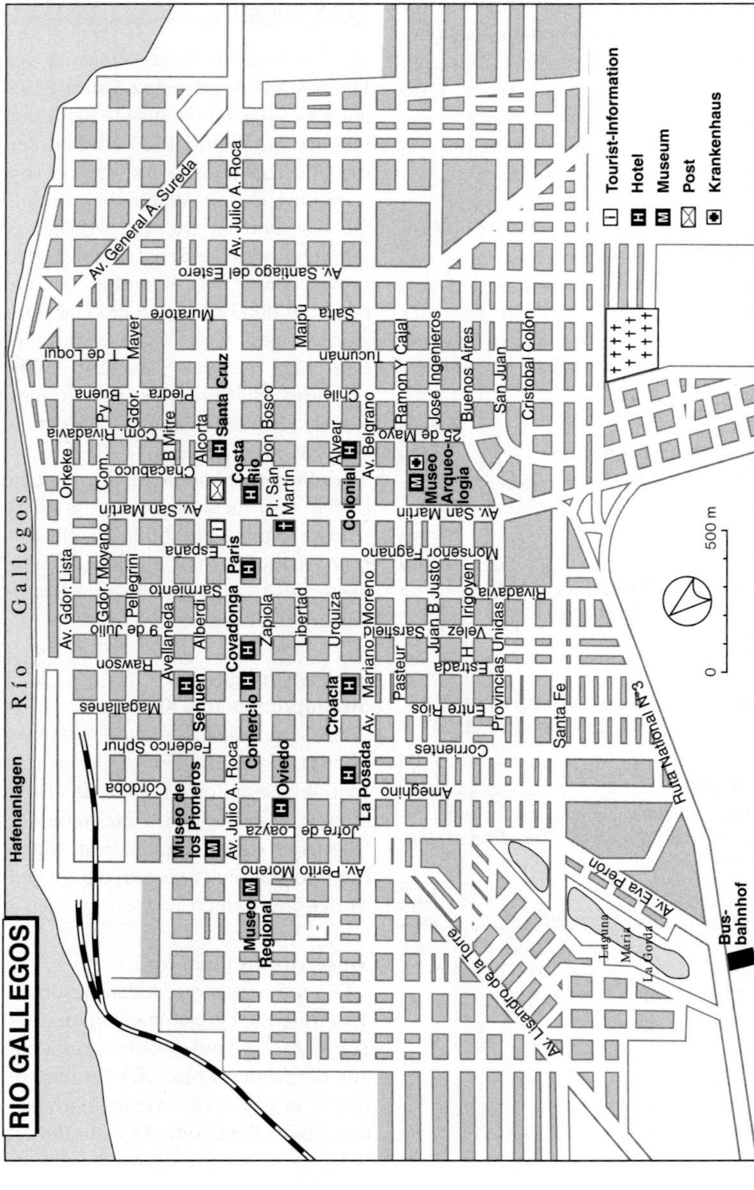
RIO GALLEGOS
Río Gallegos
Hafenanlagen
Av. General A. Sureda
Av. Julio A. Roca
Av. Santiago del Estero
Av. Gdor. Lista
Av. San Martín
Av. Perito Moreno
Av. Belgrano
Av. Lisandro de la Torre
Av. Eva Peron
Ruta National N°3
Museo Regional
Museo de los Pioneros
Museo Arqueo-logia
Sehuen
Covadonga
Comercio
Oviedo
Croacia
La Posada
Paris
Costa Rio
Santa Cruz
Colonial
Pl. San Martín
Laguna María La Gorda
Bus-bahnhof
500 m
Tourist-Information
Hotel
Museum
Post
Krankenhaus

cano/Ecke Alberdi und hat Mo bis Fr von 10–19 und Sa von 11–15 Uhr geöffnet.

Museo Regional Provincial

Das Museum (Perito Moreno, etwa Ecke Roca, Mo bis Fr 10–19 Uhr, Sa, So 11–19 Uhr) präsentiert, allerdings recht ungeordnet, Natur- und Kulturgeschichte der Provinz, angefangen von ausgestopften Tieren über Stücke von versteinerten Bäumen bis hin zum Fahrrad, mit dem *Charlotte Fairchild* 1964 von Río Gallegos über Punta Arenas nach Puerto Natales fuhr und 1965 auf ihre größte Reise ging: Sie bewältigte mit dem schweren, schwarzen Herrenrad ohne Gangschaltung die Strecke Río Gallegos – Luján – Mendoza und zurück.

Touristeninformation

- Die Touristeninformation befindet sich auf der Av. Julio Roca 863, Tel. (02966) 438725. Eine kleinere Information ist auch im Busbahnhof.

Hotels

Einfach und billig:

- **Colonial,** Urquiza/Ecke Rivadavia, Tel. 42 2329; manchmal etwas laut, trotzdem gut, 20 US-$.
- **Hotel Paris,** Av. Roca 1040, Tel. 420111; renoviert, gut, ab 20 US-$.
- **Covadonga,** Roca 1244, Tel. 420190, ab 22 US-$.
- **Hotel Oviedo,** Libertad 746, Tel. 420118; Tel. 420118; freundlich, sauber, empfehlenswert, 29 US-$.
- **Hostería la Posada,** Ameghino 331, Tel. 436445; schöne, bequeme Zimmer mit TV und Bad für 34 US-$.

Hotels der Mittelklasse:

- **Hotel Sehuen,** Rawson 160, Tel. 425683, www.hotelsehuen.com; neu, gut, 38 US-$.
- **Croacia,** Urquiza 431, Tel. 422997; 55 US-$.
- **Comercio,** Av. Roca 1302, Tel. 422458; 75 US-$.
- **Costa Río,** Av. San Martín 673, Tel. 423412 www.costarioaparthotel.com.ar; 80 US-$.
- **Hotel Santa Cruz,** Av. Roca y Rivadavia, Tel. 420601, große Räume, gutes Frühstück, ab 68 US-$.

Essen und Trinken

- Die meisten Restaurants liegen auf der zentralen Av. Roca, empfehlenswert sind das **Restaurant Rocco** (Hausnummer 1143), **18 Horas,** klein, gemütlich und preiswert (1315) sowie der **Club Británico** (935).

Flugverbindungen

- Zum 7 km außerhalb der Stadt gelegenen **Flughafen** fahren nur Taxis, sie kosten etwa 4 US-$ (vorher Preis klären). Busse von auswärts (z.B. von Calafate) halten fast alle am Flughafen, bevor sie zum Busbahnhof fahren.
- Es gibt **täglich mehrere Flüge nach** Buenos Aires (204 US-$), Comodoro Rivadavia, Calafate, Río Grande, Trelew und Ushuaia.
- **Mehrmals wöchentlich Flüge nach** Mendoza, Neuquén, Bariloche und Puerto Madryn.

Fluggesellschaften:

- **Aerolíneas Argentinas/Austral,** San Martín 545, Tel. 420020.
- **Lade,** Fagnano 53, Tel. 422316.
- **Southern Winds,** Mitre 943, Tel. 4467200.
- **Lan,** am Flughafen, Tel. 457189.

Überlandbusse

- Der **Busbahnhof** ist etwa 3 km außerhalb des Zentrums an der Ecke der Ruta 3 mit Av. Eva Perón. Von dort fahren Busse in die Stadt. Es gibt täglich mehrere Busse nach:
- **Buenos Aires,** 93 US-$, 36 Stunden.
- **Río Turbio,** 14 US-$, 5 Stunden.
- **Calafate,** 13 US-$, 5 Stunden, früh buchen.
- **Puerto Madryn,** 48 US-$, 18 Std.
- **Trelew,** 46 US-$, 18 Stunden.
- **Comodoro Rivadavia,** 29 US-$, 10 Std.
- **San Julian,** 14 US-$, 5–6 Stunden.
- **Puerto Natales,** 11 US-$, 7 Stunden.

- **Punta Arenas,** 12 US-$, 6 Stunden.
- **Rio Grande,** 35 US-$, 8 Stunden.
- **Ushuaia,** 39 US-$, 12 Stunden.

Autoverleih

- **Localiza,** Rivadavia 535, Tel. 436717.
- **Servicar,** Av. España 311, Tel. 427293.

Sonstiges

- Die **Post** ist in der Roca 893.
- Die meisten **Banken** sind ebenfalls auf der Av. Roca.

Ausflug zum Cabo Vírgenes

Etwa 130 km südlich von Río Gallegos liegt an der Einfahrt in die Magellan-Straße das Cabo Vírgenes, von *Magellan* so getauft, weil er am Ursulatag, dem 21. Oktober 1520, in die Meerenge hineinsegelte, und er sich der Heiligenlegende mit den 11.000 Jungfrauen erinnerte. Hier lebt eine etwa 30.000 Tiere große Kolonie von **Magellan-Pinguinen.** Der Eintritt zur Pinguinkolonie kostet 4 US-$, die Tiere sind hier vergleichsweise scheu.

Es gibt dorthin **keine öffentlichen Verkehrsmittel,** man muss entweder ein Auto leihen oder eine der organisierten Touren mit Magallania, San Martín 919 (35 US-$) mitmachen.

Calafate

↗ XX,B1

Der kleine Ort wäre noch kleiner und auch gänzlich unbekannt, läge er nicht am Rande des Nationalparks Los Glaciares und würde über ihn nicht der beste Zugang zum Park führen. Calafate hat seine touristische Infrastruktur in den letzten Jahren erheblich ausgebaut. Vom Luxushotel bis zur kleinen Herberge ist alles vorhanden. Nahezu alle 10.000 Einwohner leben direkt oder indirekt vom Tourismus. Der Ort selbst hat keinerlei Sehenswürdigkeiten, er ist lediglich das infrastrukturelle Zentrum.

Calafate liegt am Südufer des **Lago Argentino,** eines typischen Gletschersees der patagonischen Anden. Er bedeckt mit seinem milchig-trüben Gletscherwasser etwa eine Fläche von 1600 km² und ist damit **der größte See Argentiniens** und der **drittgrößte Südamerikas.** Die Laguna Nimes bietet ein kleines Vogelschutzgebiet. Wer den Rundweg geht, sieht mit etwas Glück auch Flamingos.

Der Name der Siedlung, eigentlich El Calafate, stammt von einer kleinen **Blaubeerpflanze** *(Berberis buxifolia),* die bis zu 30 cm hoch wird und recht hartschalige Blaubeeren trägt, die nicht ganz so süß wie die europäischen werden. Ihr Genuss hat – so sagt man – zwei Folgen: Zum einen sind sie verdauungsfördernd, zum anderen kehrt, wer sie isst, wieder nach Patagonien zurück ...

Touristeninformation

- Die sehr hilfreiche Touristeninformation befindet sich im Busbahnhof, Tel. (02902) 491090.
- Ausführliche und aktuelle Infos über Calafate und den Nationalpark Los Glaciares hält die exzellente Website www.losglaciares.com bereit (auch auf Englisch).

Hotels

Einfach und billig:

- **America del Sur Hostel,** Calle Puerto Deseado, Tel. 493525, www.americahostel.com.ar; Hostel mit wunderschönem Blick auf den Lago Argentina, DZ mit Frühstück 54 US-$,

CALAFATE
Hotel
Jugendherberge
Zeltplatz
Museum
Bank
Tourist-Information
Post
Polizei
Tankstelle
Krankenhaus
Telefongesellschaft
250 m
N
Flughafen
America del Sur
Av. del Libertador
Los Pieneros
Kau Yatún
Pantin
del Norte
Calafate Hostel
Moreno
Arroyo Calafate
de los Pios
Los Lagos
Los Gauchos
Av. del Libertador
Busbahnhof (mit Tourist-Information)
Buenos Aires
Schilling
Kalken
N° 6
Los Alamos
Bustillo
allago
9 de Mayo
Nationalpark-verwaltung
G. Moyano
A Lago Roca
A.C.A.
Cabaña Nevis
BAHIA REDONDA
Glaciar P. Moreno

a74-382 Foto: gw

Der Perito-Moreno-Gletscher
im Parque Nacional Los Glaciares

Reservierung empfohlen, im Mehrbettzimmer ab 10 US-$ pro Person.

- **Residencial Los Lagos,** 25 de Mayo 220, Tel. 491170; gemütlich, freundlich, Frühstück kostet extra, DZ mit Bad 60 US-$.
- **Cabaña Nevis,** Libertador 1696, Tel. 493 180, www.cabanasnevis.com.ar. Hütten für bis zu 4 oder 8 Personen (ab 85 US-$), einige davon haben Blick auf den See.
- **Hosteria Newenkelen,** Calle Puerto Deseado 223, Tel.493943 www.newenkelen.com.ar; kleines Hotel, Zimmer teilweise mit Blick auf den Lago Argentina, mit Frühstück 45–70 US-$.
- **Hostería Schilling,** Gob Paradelo 141, Tel. 491453, www.hosteriaschilling.com.ar; gut, empfehlenswert, 68 US-$.
- **Hostería Kalkén,** V. Feilberg 119, Tel. 4910 73; sehr gutes Frühstück, mit Bad 75 US-$.
- **Hostería Posta Sur,** Puerto San Julián 490, Tel. 492406, www.hosteriapostasur.com.ar, ab 90 US-$.

Luxushotels:

- **Los Alamos,** Moyano 1355, Tel. 491145, www.posadalosalamos.com; ab 200 US-$.
- **Kau Yatun,** Est. 25 de Mayo, Tel.491259, www.kauyatun.com; 120 US-$, Estanzia-Aufenthalt der Extraklasse, ab 220 US-$.
- **Kempinski Patagonia Park Plaza,** Straße 998 Nr. 50; Tel. 491777, www.patagoniapark.com.ar; ab 260 US-$.

Camping

- Im Ort selbst gibt es nahe der Tankstelle an der Brücke über den Arroyo Calafate einen Campingplatz (4 US-$ pro Person, gute Duschen). Andere liegen außerhalb, an der Straße zum Nationalpark.

Jugendherbergen

- **Hospedaje Buenos Aires,** Ciudad de Buenos Aires 296, Tel. 491147; sehr schlicht, direkt am Busbahnhof.
- **Calafate Hostel,** Gobernador Moyano 1226, Tel. 492450, www.calafatehostels.com; Übernachtung ab 10 US-$ p. P., DZ ab 35 US-$.
- **Hostal del Glaciar Pioneros,** Los Pioneros 251, Tel. 491243, www.glaciar.com; gut, freundlich, Mehrbettzimmer, aber auch DZ mit Bad (40 US-$), Küchenbenutzung, Waschmöglichkeiten, eigene, sehr gute Touren in den Nationalpark, Abhol- und Bringservice zum Flughafen und Busbahnhof. Ab 10 US-$ p.P. mit Internationalem Jugendherbergsausweis, 12 US-$ ohne.
- **Hostal del Glaciar Libertador,** Av. Libertador 587, Tel. 491792; ähnlich wie das vorgenannte, da unter gleicher Leitung.
- **Hospedaje del Norte,** Los Gauchos 813, Tel. 491117; gut und einfach, je nach Ausstattung pro Person 10–15 US-$. Frühstück kostet extra, Küche kann benutzt werden.
- **Hospedaje de los Pinos,** 9 de Julio 358, Tel. 491271; große und schöne Räume, Mehrbettzimmer ab 10 US-$ p.P., DZ ab 25 US-$.

Essen und Trinken

- An Restaurants herrscht in El Calafate kein Mangel. Frühstück und kleine Snacks bieten zahlreiche Cafés auf der Av. Libertador, darunter die **Confitería Casa Blanca** (1202) und **La Esquina** (1000).
- Gute Restaurants für große Fleischportionen sind **Mi Viejo** (Av. Libertador 1111) und **La Tablita** auf der Ecke der Av. Libertador und der Coronel Rosales.
- **Don Diego de la Noche** auf der Av. Libertador 1603 hat Mariscos, Lamm und Forellen auf der Speisekarte.
- Wer es vegetarisch liebt, ist bei **Pura Vida** (Av. Libertador 2000) gut aufgehoben.

Flugverbindungen

- Der neue Flughafen **Aeropuerto Internacional El Calafate** liegt 23 km östlich der Stadt und ist leicht mit Aerobus (Tel. 492492) für 3 US-$ vom Hotel aus zu erreichen. Von hier gibt es **Flüge** nach Trelew, Puerto Natales (Chile), Buenos Aires, Ushuaia, Río Gallegos und Bariloche, nicht so häufig nach Perito Moreno und Río Grande.

Fluggesellschaften:

- **Aerolíneas Argentinas,** 9 de Julio 57, Tel. 492815.
- **Lade,** Av. Roca 1004 (Busbahnhof), Tel. 491262.

Überlandbusse

- Der **Busbahnhof** liegt oberhalb der Av. Libertador San Martín an der Av. Roca 1004 und ist über die Treppe gegenüber der Calle Espora zu erreichen. Tickets kann man auch in den Büros der **Busgesellschaften Interlagos** und **El Pingüino** (beide auf der Av. Libertador) kaufen. Dies sollte man frühzeitig tun, da in der Hochsaison viele Busse, besonders nach den Wochenenden, ausgebucht sind.

Vom Busbahnhof fahren (mehrfach) täglich Busse nach:

- **Río Gallegos,** 13 US-$, 4–5 Stunden.
- **Río Turbio,** 14 US-$, 7 Stunden.
- **Puerto Natales (Chile),** 18 US-$, 5 Std.
- **El Chaltén,** 17 US-$, „Los Glaciares" hat einen Anhänger für Fahrradtransport.

Geldwechsel

- Die **Bank** Banco de la Provincia de Santa Cruz auf der Av. Libertador 1285 wechselt Bargeld (Geldautomat); **Schecks** werden **in der Jugendherberge** getauscht.

Reiseveranstalter

Die meisten Reiseveranstalter bieten **dasselbe Programm** an. Am besten informiert man sich in der sehr freundlichen Touristeninformation über die aktuellen Angebote. Die Touren führen alle in den Nationalpark. Alle Preise verstehen sich pro Person ohne den Parkeintrittspreis von 10 US-$. Angeboten werden u.a.:

- **Minitrekking** über den Perito-Moreno-Gletscher: 85 US-$.
- **Safari Náutico,** d.h. Bootsfahrt über den Lago Argentino bis etwa 150 Meter vor die Gletscherwand: 14 US-$ (nicht unbedingt zu empfehlen).

- **Tagesfahrt zum Perito-Moreno-Gletscher** (Fahrt dorthin mit den normalen Bus, etwa drei Stunden Aufenthalt, Rückfahrt): 20 US-$.
- **Fahrt zum Upsala-Gletscher:** 65 US-$.
- **Mehrtagestouren zum Fitzroy** (günstige Angebote über die Touristeninformation).

Einige **Reiseveranstalter:**

- **Transpatagonia Expeditions,** 9 de Julio 68, Tel. 491349; sehr freundlich und hilfsbereit, gute Ausflüge, großes Leserlob.
- **Chaltén Travel,** Av. Libertador 1174, Tel. 49 2212; großes Tourangebot, dazu Service auf der Ruta 40 bis nach Los Antiguos. Freundlich und gut.
- **Hielo y Aventura,** Av. Libertador 935, Tel. 491053; empfehlenswert.
- Die Jugendherberge **Hostal del Glaciar** in Calafate bietet **sehr empfehlenswerte Touren** zum Perito-Moreno-Gletscher an. Man fährt dabei nicht einfach mit dem Bus zum Gletscher, sondern nähert sich zu Fuß der Eismasse, am Seeufer entlang. Es besteht Gelegenheit zu Tierbeobachtungen, die Erläuterungen sind sehr gut, und am Gletscher selbst hat man schließlich über zwei Stunden zur eigenen Verfügung. Wer im Nationalpark übernachten möchte, kann ebenfalls mitfahren und dann einige Tage später wieder mit zurückkehren. Adresse s.o.

Sonstiges

- Die **Post** ist auf der Av. Libertador zwischen 9 de Julio und Espora.
- Eine **Telefonzentrale** gibt es Espora/Ecke Gregores.

Parque Nacional Los Glaciares ⇗XX,B1

Nicht umsonst ist der 600.000 Hektar große Nationalpark Los Glaciares einer der meistbesuchten **in Argentinien.** Hier liegen spektakuläre Naturschönheiten, **60–100 m hohe Gletscher,** von denen unter ohrenbetäubendem Dröhnen riesige Stücke abbrechen und wie kleine Eisberge im milchig-trüben Wasser der **Gletscherseen** schwimmen, **steil aufragende Berge,** deren wolkenverhangene Spitzen unbezwingbar erscheinen. Die bekanntesten Punkte im Park sind der **Perito-Moreno-Gletscher im Süden** sowie das **Fitzroy-Massiv im Norden.**

Auf dem Weg zum Nationalpark passiert man die **Estancia Alta Vista.** Sie gehörte früher zur Estancia La Anita. Als 1920/21 die Landarbeiter in Patagonien gegen die Großgrundbesitzer streikten und einige Estanzias selbst übernommen hatten, schickte Präsident *Irigoyen* das Militär unter der Führung von Coronel *Héctor Benigno Varela* nach Patagonien, um das Land zu „befrieden". Die Armee machte kurzen Prozess mit den Streikenden: Etwa 1500 Menschen wurden im Laufe eines Jahres erschossen, auf der Estancia La Anita kam es zum größten Massaker an den meist chilenischen Arbeitern. Ungefähr 120 unbewaffnete Männer wurden einfach niedergemacht. Der argentinische Schriftsteller *Osvaldo Bayer* hat über den Landarbeiteraufstand in Patagonien ein dreibändiges Werk geschrieben („La Patagonia Rebelde", leider nicht auf Deutsch erschienen); es wurde auch von *Héctor Olivera* verfilmt.

Die Gletscher

Die Gletscher im Nationalpark Los Glaciares sind Ausläufer des **Inlandeises** der südlichen Halbkugel. Auf der Grenze zwischen Argentinien und Chile erstreckt sich in Patagonien die – abgesehen von den Polregionen –

größte zusammenhängende Eismasse der Erde: 22.000 km² groß ist die Fläche, sie entspricht etwa der Größe Hessens. Der größte Einzelgletscher ist der **Upsala-Gletscher.** Mit einer Fläche von 595 km² gehört er auch zu den größten der Welt.

Tipp: Wer noch Geld in der Reisekasse übrig hat, sollte einen **Bootsausflug zum Upsala-Gletscher** machen. Der Transfer dorthin kostet 20 US-$, die Bootsfahrt selbst 95 US-$. Das auf dem Schiff angebotene Mittagessen kann man sich sparen – lieber selbst Proviant einpacken.

Mehr bestaunt wird aber der **Perito-Moreno-Gletscher,** dessen Eiswand, die sogenannte Gletscherzunge, sich 60 Meter hoch aus dem Lago Argentino erhebt. Er ist eine Besonderheit, denn er ist einer der wenigen wachsenden Gletscher weltweit. Während die meisten anderen Gletscher langsam abzutauen scheinen, wird der Perito-Moreno-Gletscher jährlich langsam, aber sicher größer.

Gletscher sind nämlich **Eisströme,** die sich oberhalb der Schneegrenze bilden. Aus Schnee entwickelt sich das gepresste Gletschereis, das durch den andauernden Prozess von Frieren und Tauen beweglich wird und langsam, mit einer Geschwindigkeit von höchstens 1–2 Zentimetern pro Stunde, auf einer Wasserschicht ins Tal fließt. Am Ende bildet sich eine hohe, beim Perito-Moreno-Gletscher eben 60 Meter hohe und 4 Kilometer breite Gletscherzunge. Dort taut das Eis ab, es bilden sich Risse, ab und an stürzt ein mächtiger Eisquader in den See.

Beim Perito-Moreno-Gletscher war es nun in den letzten Jahrzehnten so, dass der Gletscher schneller nachfloss, als er unten am Ende abtaute. Dadurch schob er sich langsam immer weiter vorwärts. Was passierte? Alle paar Jahre hatte sich der Gletscher so weit vorgeschoben, dass er einen Teil des Lago Argentino, den Brazo Rico, vom Hauptsee abschnürte. Der Wasserstand im Brazo Rico stieg und stieg, insgesamt um eine Höhe von etwa 18 Meter. Damit stieg dann natürlich auch der Wasserdruck auf die vom Gletscher aus Eis gebildete Staumauer. Irgendwann konnte die nicht mehr standhalten, und sie wurde mit einer mächtigen Explosion weggesprengt. Von 1937 bis 1988 passierte das Schauspiel alle paar Jahre, dann herrschte lange Ruhe. Im März 2004 war es endlich wieder soweit: Das teilweise tage- und wochenlange Warten der Schaulustigen hatte sich gelohnt. Mit einem riesigen Bersten zerbrach der Eisdamm. Doch insgesamt hat sich das Wachstum des Gletschers verlangsamt; woran das liegt, kann man mit Gewissheit noch nicht sagen.

Reisebüros in Calafate bieten organisierte Touren zum Perito-Moreno und zu den anderen Gletschern an. Wer im Nationalpark bleiben will, kann dort campen. Die Eintrittsgebühr für den Park beträgt 10 US-$.

Am Fitzroy Massiv

Der Fitzroy, benannt nach dem Kapitän von Darwins Forschungsschiff, ist mit seinen **3405 m** zwar einer der niedrigeren Berge Argentiniens, dennoch aber ein **Traumziel für Bergsteiger** aus aller Welt. Schon zig Kilometer, bevor man El Chaltén, das kleine Dorf an seinem Fuß, erreicht, sieht man, wie seine spitzen Zacken, auf denen sich nicht einmal der Schnee zu halten scheint, aus der Ebene aufragen. Schade, dass der Bus weiterfährt und man das Bild nicht festhalten kann: ein Guanaco in der Steppe, dahinter der Lago Viedma, wo man in der Ferne schon den gleichnamigen Gletscher blitzen sieht, und dahinter die Spitzen des Fitzroy-Massivs.

Das Dorf **El Chaltén,** so hieß ursprünglich der Fitzroy in der Sprache der Tehuelche, ist eine Ansammlung von ein paar Häusern am Zusammenfluss von Río de las Vueltas und Río Fitzroy. Es besteht aus Verwaltungsgebäuden und Herbergen.

Unterkunft:

- Die teuerste der Herbergen ist die **Estancia La Quinta,** auf die man 4 km vor dem Ort trifft und in der man 170 US-$ für ein Doppelzimmer bezahlt, Tel. (02962) 493012 www.estancialaquinta.com.ar. Die billigsten Übernachtungsmöglichkeiten kosten ab 12 US-$ p.P., z.B. der **Albergue Rancho Grande** (Tel. 493005, www.ranchograndehostel.com, ein DZ gibt es ab 60 US-$); der Besitzer gibt gute Tipps, auch für Tagestouren am Fitzroy-Massiv. Das **Fitzroy Inn** (Tel. 493062, www.caltur.com.ar) verlangt 95 US-$ für das DZ. **B&B Nothofagus,** Riquelma, Tel. 493087, www.elchalten.com/nothofagus; nette Zimmer, Nichtraucher, ab 32 US-$/DZ inkl. Frühstück, ohne eigenes Bad. In der Hauptsaison empfiehlt sich eine Reservierung. **La Casita,** Av. San Martin (gegenüber Bus Chaltur) bietet hervorragendes Essen zu moderaten Preisen und mit guter Bedienung.
- Dann gibt es noch einige **Campingplätze** Wie Camping **El Relincho** oder **Camping El Refugio,** die etwa 3 US-$ pro Person verlangen und auch heiße Duschen besitzen (kosten extra, zum Camping El Refugio gehört auch ein kleines und recht gemütliches Hostal mit Kochmöglichkeit und schönem Aufenthaltsraum) sowie **Camping Madsen,** das umsonst ist, allerdings nur kaltes Wasser und keine Toiletten hat. Wichtig und obligatorisch ist ein Besuch des Nationalparkbüros am Ortseingang (hier ist die 5-US-$-Gebühr für den Nationalpark zu entrichten).
- El Chaltén ist problemlos per **Bus** von Calafate aus zu erreichen. Es fahren in den Sommermonaten täglich mehrere Busse, im Winter allerdings nur zwei in der Woche und zudem haben viele Herbergen geschlossen.

Fahrt von Chaltén/Calafate via Ruta 40 nach Perito Moreno und Bariloche: **Chaltén Travel** fährt die Strecke in der Hochsaison an ungeraden Tagen. Vorbuchung empfehlenswert. Die Fahrt dauert ca. 13 Std. Chaltén Travel hält in Perito Moreno direkt vor dem Hotel Belgrano und nimmt auf Wunsch die Reservierung für die Übernachtung vor.

Auch wer kein Bergsteiger ist – und um den Fitzroy zu besteigen, muss man mehr als nur ein bisschen Erfahrung haben – kommt im Park auf seine Kosten. Es gibt ausgedehnte **Wanderwege,** man kann im Norden bis zur Laguna del Desierto (der Bus fährt ebenfalls bis dorthin) wandern. Mit Verpflegung muss man sich in El Chaltén eindecken, auch feste Unterkünfte gibt es nur dort. Der Vorteil des Fitzroy-Gebietes: Hier sind hervorragende Ein- oder Mehrtagestouren möglich, auch ohne einen teuren Wanderführer zu verpflichten. Pflicht sind allerdings eine gute Ausrüstung und eine aktuelle Wanderkarte, die man vor Ort erwerben kann. Auch sollte man sich unbedingt an die markierten und beschriebenen Wege halten. Wer wenig Zeit hat, sollte sich auf zwei Touren beschränken: eine zum Campamento Poincenot und evtl. weiter zum Basislager des Fitzroy, die andere zum Campamento Maestri am Fuß des Gletschers Torre.

Der chilenische Teil Patagoniens

Die beliebtesten Touristenziele im chilenischen Teil Patagoniens liegen entlang der Carretera Austral bei Punta Arenas und Puerto Natales. Ein absoluter Höhepunkt ist der Besuch des Nationalparks Torres del Paine.

Punta Arenas

⇗XX,B2

Auf genau 70 Grad, 54 Minuten westlicher Länge sowie 53 Grad, 10 Minuten südlicher Breite, direkt an der Magellanstraße und Feuerland gegenüber, liegt Punta Arenas, die **Hauptstadt der Región** de Magallanes y de la Antárctica Chilena. Die **südlichste Kontinentalstadt der Welt** hat 116.000 Einwohner und ist die **schönste Stadt in Patagonien.** Am vermeintlichen Ende der Welt gelegen, verblüfft sie mit einer schönen Plaza, einem gepflegten Stadtzentrum, sehenswerten alten Gebäuden, einem hervorragenden Museum und einem **Friedhof,** der lediglich in Buenos Aires seinesgleichen findet.

465 Foto: gw

Geschichte

Punta Arenas (Sandige Spitze), Mitte des 19. Jahrhunderts als **Militärstützpunkt und Strafgefangenenkolonie** gegründet, entwickelte sich schnell zu einer wichtigen Hafenstadt. Denn bis zum Bau des Panama-Kanals (Eröffnung 1914) nahmen alle Schiffe die Route durch die 1520 von *Fernando Magellan* erstmalig entdeckte Ost-West-Passage. Nicht nur die Handelsschiffe, deren Güter für chilenische oder peruanische Häfen bestimmt waren, machten hier einen Zwischenstopp, auch Auswandererschiffe, deren Passagiere eigentlich ihr Glück bei der Goldsuche in Kalifornien finden wollten, von denen aber ein Teil im chilenischen Süden blieb.

Denn hier gab es auch Gold – „weißes Gold": 1876 hatten die Einwanderer die Erlaubnis zur **Schafzucht** erhalten. Land war billig und reichlich vorhanden, das Klima bekam den Schafen, und so begann mit der Wolle der Aufschwung der Region: „Alles war Schaf", so lapidar beschreibt der Historiker *Mateo Martinic* die goldenen Jahre von Punta Arenas. Die Besitzer der riesigen Schaf-Estanzias der Umgebung ließen sich repräsentative Häuser im Stadtzentrum erbauen. Vom Boom angezogen, kamen **Auswanderer fast sämtlicher europäischer Länder** als Handwerker und Geschäftsleute in die Stadt; man sieht das heute noch: Schweizerische, kroatische, englische und deutsche Namen finden sich überall auf Tür- und Reklameschildern – die Vorfahren etwa des Elektrohändlers *Enrique Schadenberg-Heine* oder des Optikers *Rudolfo Römer-Kuch* sind nicht zu verleugnen.

Sehenswertes

Das **Zentrum** von Punta Arenas ist **übersichtlich;** am besten erschließt sich das vom Aussichtspunkt La Cruz, vier Blocks westlich der Plaza über eine Treppe an der Ecke Fagnano/Señoret zu erreichen. Hinter der Stadt und dem blauen Band der Magellanstraße zeichnet sich Feuerland ab. Das Zentrum erstreckt sich etwa vier oder fünf Blocks um die zentrale Plaza de Armas, auf der ein bronzener Magellan stolz über zwei ebenfalls bronzenen Indianern thront und in die Ferne (oder eine glänzende Zukunft) schaut. Die Indianer repäsentieren die später ausgerotteten Stämme der Ona und Aonikenk, und die beiden Schwänze der Meerjungfrau stehen für den Atlantischen und den Pazifischen Ozean, die von der Magellanstraße verbunden werden.

Direkt an der Plaza stehen auch die Kathedrale und das **Stadtpalais von Sara Braun,** in dem heute der Club de la Unión seinen Sitz hat sowie ein Nobel-Hotel und ein Pub fungieren. Die Familie *Braun* gehörte zu den reichsten Viehzüchterfamilien der Stadt, ebenso wie die Familie *Menéndez,* und so braucht es nicht zu wundern, dass sich **Mauricio Braun** und **Josefina Menéndez** nach ihrer Hochzeit ebenfalls ein höchst repräsentatives Haus im Zentrum von Punta Arenas erbauen ließen: Ihr **Stadthaus,** Magallanes 949, einen halben Block von der Plaza entfernt, beherbergt heute das **Regio-**

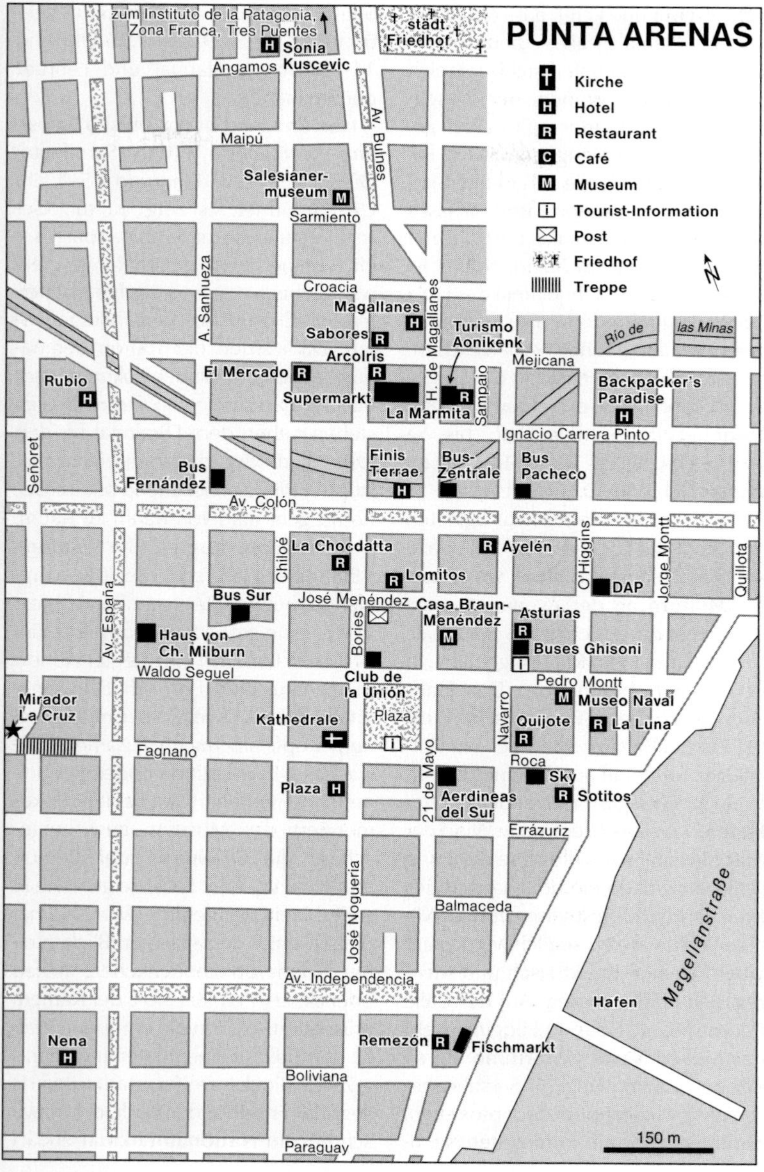
PUNTA ARENAS
Kirche
Hotel
Restaurant
Café
Museum
Tourist-Information
Post
Friedhof
Treppe
N
zum Instituto de la Patagonia, Zona Franca, Tres Puentes
städt. Friedhof
Sonia Kuscevic
Angamos
Maipú
Av. Bulnes
Salesianer-museum
Sarmiento
Croacia
A. Sanhueza
H. de Magallanes
Magallanes
Sabores
ArcoIris
El Mercado
Supermarkt
La Marmita
Turismo Aonikenk
Sampaio
Mejicana
Río de las Minas
Backpacker's Paradise
Ignacio Carrera Pinto
Rubio
Señoret
Bus Fernández
Finis Terrae
Bus-Zentrale
Bus Pacheco
Av. Colón
Chiloé
La Chocdatta
Lomitos
Ayelén
O'Higgins
Jorge Montt
Quillota
DAP
Av. España
Bus Sur
José Menéndez
Casa Braun-Menéndez
Asturias
Buses Ghisoni
Haus von Ch. Milburn
Bories
Waldo Seguel
Club de la Unión
Pedro Montt
Museo Naval
Mirador La Cruz
Kathedrale
Plaza
Navarro
Quijote
La Luna
Fagnano
Roca
21 de Mayo
Plaza
Sky
Aerdineas del Sur
Sotitos
Errázuriz
José Nogueria
Balmaceda
Magellanstraße
Av. Independencia
Hafen
Nena
Remezón
Fischmarkt
Boliviana
Paraguay
150 m

nalmuseum und zeigt, dass die Oberschicht damals alles andere als schlecht lebte: Tapeten aus Frankreich schmücken die Wände, der Waschtisch ist mit Marmor aus Italien gedeckt, die lederbezogenen Sessel kamen aus England, die vergoldeten Kamingitter aus Flandern, und *Picassos* Vater *Ruiz Blasco* malte das Bild mit dem Gänsepaar im Salon. Nichts ist aus Patagonien, nicht einmal das Holz des Parkettfußbodens, alles wurde eigens über den Atlantik herbeigeschifft; auf dem Rückweg nahmen die Schiffe dann tonnenweise Schafwolle mit (geöffnet im Sommer Mo bis Sa 10.30–17 Uhr, So 10.30–14 Uhr, im Winter Di bis So 10.30–14 Uhr).

Die anderen Sehenswürdigkeiten der Stadt sind weiter von der Plaza entfernt. Eine ist das **Haus von Charles Milburn** an der Avenida España 959 (nicht zu besichtigen), das *Bruce Chatwin* in seinem Reportageband „In Patagonien" beschreibt: „Das Haus hatte spitze Giebel und gotische Fenster. Zur Straße hin befand sich ein viereckiger Turm und auf der hinteren Seite ein achteckiger." Eine andere ist der **Hafen,** wo einem der frische Wind der Magellanstraße um die Nase weht und vielleicht gerade ein hochhausgroßes Kreuzfahrtschiff festgemacht hat. Wenige Schritte weiter südlich werden auf einem kleinen Markt Fisch und Meeresfrüchte feil geboten. Auf der Calle Pedro Montt/Ecke O'Higgins steht das **Museo Naval y Marítimo** mit einer guten Sammlung zur Seefahrtsgeschichte (Schiffsmodelle, Fotos etc.), darunter auch ein kompletter Nachbau eines kleinen Kriegsschiffes (geöffnet Di bis Sa 9.30–12.30 Uhr und 14–17 Uhr, im Januar und Februar durchgehend).

Hervorragend ist das **Museo Salesiano,** Av. Bulnes 374 (nahe Sarmiento; Di–So 10–12.30 Uhr und 15–17.30 Uhr) geöffnet. Es zeigt Kultur, Geschichte und Natur Südpatagoniens – ein Sammelsurium ersten Ranges, teilweise hervorragend aufgearbeitet, teils mit Charme durcheinandergeworfen: Da werden die Touren der namensgebenden Brüder dokumentiert, die Wanderschuhe von *Padre Agostini* stehen neben dem Denkmal für den Ordensgründer, daneben ein ausgestopfter Pinguin. Schauend und schaudernd geht man von Raum zu Raum, überall starren ausgestopfte Kondore, Albatrosse im Sturzflug, Seelöwen und Nandus auf den Besucher herab, dazu gibt es eine große Sammlung fein säuberlich in Formalin eingelegter Abnormitäten aus dem Tierreich: Schweineföten im Glas, zwei Kälber mit nur einem Kopf, am Bauch zusammengewachsen, Enten mit drei oder vier Beinen und Füßen. Gleichzeitig dokumentiert das Museum auch ungeschönt die Eroberung der Region durch die Weißen. Fotos zeigen, wie in weiße Hemden gehüllte Kanu-Nomadinnen unter den strengen Blicken einer Nonne Spitzendeckchen sticken oder sich ein Weißer stolz der Kamera präsentiert: im Arm die erhobene Waffe, den Fuß auf einem toten Indianer.

Zwei Blocks weiter stadtauswärts liegt der **Friedhof** der Stadt, der inzwischen zum **Nationaldenkmal** erklärt wurde. Hier lässt sich noch besser als in der Innenstadt der verflossene Reichtum bewundern. Nahe des Eingangs steht das haushohe Mausoleum der Familie *Braun-Menéndez,* ein fester Block aus schwarzem Marmor. Das Mausoleum für *José Menéndez* ist verspielter, es mischt barocke und Jugendstilformen. Schlicht sind die Gräber zahlreicher deutscher Einwanderer. Dass sie nicht zu den ganz Reichen gehörten, beweist die gemeinsame Grabstelle unter einem Kreuz der „Deutschen Kranken Kasse". An die indianischen Ureinwohner erinnert ein schlichtes Denkmal.

Touristeninformation

- **Sernatur:** Das freundliche Informationsbüro (gute Hotellisten) befindet sich auf der Lautaro Navarro 999 Ecke Montt, Tel. 241330. infomagallanes@sernatur.cl.
- Die Stadt unterhält einen **Infopavillon** auf der Plaza.
- **Conaf** (Nationalparkverwaltung): Av. Bulnes 309, 4. Etage, Tel. 238570.

Unterkunft

- **Hospedaje Magallanes,** Magallanes 570, Tel. 22-8616. Kleine, familiäre Herberge mit zwei Zimmern (reservieren!). Im Haus des deutsch-chilenischen Ehepaares *Sebastian Borgwardt* und *Marisol Cárcamo,* die auch die Reiseagentur Aonikenk betreiben. Ruhig, sauber, hausgemachtes Frühstück mit Bohnenkaffee, Küchen- und Waschmaschinenbenutzung, gute Informationen, Internet, 14 US-$ p.P., www.aonikenk.com/de/hospedaje.
- **Hospedaje Nena,** Boliviana 366, Tel. 24 2411, www.chileaustral.com/nena. Sauber, sehr freundlich, zum Frühstück gibt es selbst gebackenen Kuchen. Pro Person ab 10 US-$.
- **Residencial Sally,** Boliviana 302, Tel. 221275. Sauber, mit TV und Frühstück. 10 US-$ p.P.
- **Pink House,** Caupolicán 99, Tel. 222436, www.chileanpatagonia.com/pinkhouse. Sehr schön, sauber, freundlich, man spricht Englisch; leider nicht ganz zentral, ohne Bad 28 US-$, mit Bad 38 US-$.
- **Backpacker's Paradise,** Carrera Pinto 1022, Tel. 240104. Einfache Unterkunft in Mehrbettzimmern, guter Treffpunkt, ab 3 US-$ p.P.
- **Hostal La Estancia,** O'Higgins 765, Tel. 24 9130. Empfohlen, Küchenbenutzung, Internet, DZ 38/50 US-$.
- **Hostal Sonia Kuscevic,** Pje. Darwin 175, Tel. 248543, www. hostalsk.cl. Familiär, tolles Frühstück. Leserempfehlung, DZ ab 40 US-$.
- **Hostal Ayelén,** Lautaro Navarro 763, Tel. 242413. Leserempfehlung: Große Zimmer mit Kabel-TV und Zentralheizung, nette und hilfsbereite Gastwirte, ruhig. DZ 47 US-$.
- **Hostal Rubio,** España 640, Tel. 226458, www.hostalrubio.cl. Sehr freundlich und hilfsbereit, mit Bad 75 US-$.
- **Hosel Carpa Manzano,** Lautaro Navarro 336, Tel. 710744, carpamanzano@terra.cl. Gut und freundlich, mit Bad ab 66 US-$.
- **Plaza,** José Nogueira 1116, Tel. 241300, www.hotelplaza.cl., frisch renoviert, mit Bad 95 US-$.
- **Hotel Finis Terrae,** Av. Colón 766, Tel. 22 8200, www.hotelfinisterrae.com. Luxushotel, Dachrestaurant/Bar. Zimmer ab 176 US-$.

Essen und Trinken

- **Quijote,** Lautaro Navarro 1087. Gutes Mittagsmenü, Sandwiches.
- **Sabores del Mundo,** Mejicana Ecke Bories. Fleisch, Fisch, Meeresfrüchte, Pasta: gut und preiswert.
- **Asturias,** Lautaro Navarro 967. Gute Fleischgerichte, teuer.
- **El Mercado,** Mejicana 617. Über dem Markt, einfach und gut, aber nicht billig.
- **La Luna,** O'Higgins 1017. Fleisch und Fisch, preiswert und gemütlich.
- **El Remezón,** 21 de Mayo 1469. Lamm in allen Varianten, auch Guanaco, Ñandu, Centolla und Biber... Vorzüglich, aber kleine Portionen und teuer.
- **Lomito's,** José Menéndez 722. Imbiss und Café, sehr beliebt, empfehlenswert.
- **Sotito's,** O'Higgins 1138. Exquisite Meeresfrüchte, die Spezialität sind Königskrabben *(centolla),* sehr gut, aber teuer.

●**Arco Iris,** Bories 671. All-you-can-eat Asien-Restaurant, gut und preiswert.
●**La Marmita,** Plaza Sampaio 678. Chilenische Küche, organische, regionale Produkte, auch vegetarisch. Nettes Ambiente, sehr freundlich.
●**La Chocolatta,** Bories 852, Gemütliche Kaffeestube mit leckerem Kuchen und selbstgemachter Schokolade.

Flugzeug

●Der **Flughafen** mit dem langen Namen **Carlos Ibáñez de Campo** liegt 20 Kilometer nördlich der Stadt. Buses Pacheco (Av. Colón Ecke Lautaro Navarro, Tel. 225527) fährt zu den meisten Flügen, Preis: 3 US-$. *Transfer Turismo Sandy Point* (Lautaro Navarro 975, Tel. 222241) bedient die Strecke für 5 US-$, dafür wird man von der Unterkunft abgeholt. Ein Taxi vom Zentrum zum Flughafen kostet ca. 10 US-$, umgekehrt 16 US-$. *Buses Fernández,* Av. Sanhueza 745, Tel. 242313, fährt bei Bedarf auf dem Weg von und nach Puerto Natales am Flughafen in Punta Arenas vorbei und lässt Passagiere ein- und aussteigen.

Fluggesellschaften:
●**LAN,** Bories 884, Tel. 241232. Tgl. mehrmals nach Santiago und Puerto Montt, seltener nach Coyhaique und Ushuaia.
●**Sky,** Roca 935, Tel. 710645. Mehrfach tgl. nach Santiago und Puerto Montt.
●**Aerolineas del Sur,** Roca 809, Tel. 227102. Täglich nach Santiago und Puerto Montt.
●**Aerovías DAP,** O'Higgins 891 Ecke J. Menéndez, Tel. 223340, www.aeroviasdap.cl. Zweimal täglich (außer So) mit einer neunsitzigen Cessna über die Magellanstraße nach Porvenir (36 US-$); täglich außer So mit einer Twin Otter (20 Passagiere) nach Puerto Williams (98 US-$), alle Preise one way; sowie Charter-Überflüge zum Kap Hoorn, über die Torres del Paine und zur Isla Rey Jorge in der Antarktis.

Überlandbusse

Punta Arenas hat **keinen zentralen Busbahnhof,** aber immerhin eine **zentrale Buchungsstelle: Central de Pasajeros,** Av. Colón Ecke Magallanes, Tel. 245811. Die Unternehmen nach Fahrtzielen sortiert:

●nach **Puerto Natales** (alle ca. 8 US-$, 3 Stunden): Buses Fernández, Av. Sanhueza 745, Tel. 242313, siebenmal täglich; Bus Sur, José Menéndez 552, Tel. 614224, fünfmal täglich; Bus Transfer, P. Montt 966, Tel. 229 613, einmal täglich, Buses Pacheco, Av. Colón 900, Tel. 225527, einmal täglich.
●nach **Porvenir** (Chile), **Río Grande** und **Ushuaia** (30–40 US-$, 8 Std. Río Grande, 12 Std. Ushuaia; rechtzeitig vorbuchen!): Ghizoni/Tecni Austral, L. Navarro 975, Tel. 222078, und Buses Pacheco/Tolkeyén, Colón 900, Tel. 222527, im täglichen Wechsel, alle über Punta Delgada; beide Linien können über die Central de Pasajeros reserviert werden (s.o.).
●**andere Gesellschaften und Fahrtziele**: Bus Ghisoni, L. Navarro 975, Tel. 222078, nach Río Gallegos (5 Std., 13 US-$); Bus Pinguino, Av. Sanhueza, Tel. 221812, nach Río Gallegos (5 Std., 11 US-$); Bus Sur, José Menéndez 552, Tel. 614224, nach Río Gallegos (5 Std., 15 US-$) und Coyhaique; Bus TMT und Bus Pacheco, Av. Colón 900, Tel. 242 174, nach Río Gallegos (5 Std., 15 US-$), Osorno, Puerto Montt und Chiloé.

Schiff/Fähre

●**Barcaza Melinka,** Av. Bulnes 05075, Tel. 218100, Fax 212126. Fährschiff von Tres Puentes (vom Hafen 4 km nördlich des Zentrums, zu erreichen mit Colectivo Nr. 15 und 20) zur Bahía Chilota (Hafen von Porvenir) für Autos und Personen. Die Überfahrt dauert 2–3 Stunden, die Fähre fährt Di bis Sa um 9 Uhr, So um 9.30 Uhr. Auto mit Fahrer kostet 51 US-$, eine einzelne Person 8 US-$.
●**Ferry Bahia Azul,** Av. Bulnes 05075, Tel. 218100, Fax 212126, www.tabsa.cl. Fracht- und Personenschiff, das von Tres Puentes nach Puerto Williams (Isla Navarino) fährt. Das Boot fährt normalerweise einmal die Woche, Mi um 19 Uhr, die Fahrt dauert 34 Stunden und kostet 145–175 US-$ (normaler Sitzplatz oder Viererkabine, Mahlzeiten inkl.). Besser ein bis zwei Wochen im Voraus buchen.
●**Mare Australis/Via Australis,** Magallanes 990, Tel. 200200 (Punta Arenas), oder Av. El Bosque Norte 0440, Tel. 4423110 (Santiago); www.australis.com. Luxusschiff für 129 Personen. Route: Punta Arenas – Magellan-

straße – Canal Beagle – vorbei an mehreren Gletschern – Puerto Williams – **Ushuaia** – Kap Hoorn – weitere Gletscher – Isla Magdalena (Pinguine) – Punta Arenas. Die komplette Tour dauert eine Woche, man kann aber auch nur bis Ushuaia fahren (vier Nächte, Sa ab Punta Arenas) bzw. von Ushuaia Mi nach Punta Arenas (drei Nächte). Preis pro Person Punta Arenas – Ushuaia je nach Saison und Klasse 1150–2540 US-$.

●**Navimag,** Magallanes 990, Tel. 200200, www.navimag.com. Von Puerto Natales einmal wöchentlich mit der „Magallanes" nach Puerto Montt (drei Tage, 370–1800 US-$).

Mietwagen

●**Adel Rent a Car,** Pedro Montt 962, Tel. 224819. Freundlich, hilfsbereit, Rabatt für ADAC-Mitglieder.

●**Budget,** O'Higgins 964, Tel. 202720.

●**Hertz,** O'Higgins 987, Tel. 248742.

●**International,** Waldo Seguel 443, Tel. 22 8323.

●**Lubac,** Magallanes 970, Tel. 242023.

Reiseveranstalter

Die meisten Reiseveranstalter bieten dasselbe oder ein ähnliches Programm zu denselben oder sehr ähnlichen Preisen an. „Klassiker" sind **Ausflüge zu den Pinguinkolonien** am Seno Otway (20 US-$) und auf der Isla Magdalena (40 US-$), **zum Puerto Hambre** und dem **Fuerte Bulnes,** dazu kommen hochpreisige **Kreuzfahrten** und **Besuche des Nationalparks Torres del Paine.** Reiseveranstalter (u.a.):

●**Turismo Aonikenk,** Magallanes 619, Tel. 221982. Sehr empfehlenswerte, erfahrene Agentur unter deutscher Leitung, spezialisiert auf Abenteuer- und Erlebnisreisen in Patagonien, u.a. Trekking im Torres del Paine, Fitzroy-Massiv, Isla Navarino. Auch bei Buchungen der Herbergen im Torres del Paine und der diversen Schiffstouren ab Punta Arenas, vermittelt auch günstige Mietwagen-Tarife und Hotels, www.aonikenk.com.

●**Turismo Comapa,** Magallanes 990 (direkt an der Plaza), Tel. 200200. Große, unpersönliche Agentur, offizieller Vertreter der Navimag-Schiffstouren. www.comapa.com.

●**Turismo Viento Sur,** Fagnano 585, Tel. 710 840, u.a. Reit- und Angeltouren in Feuerland. www.vientosur.com.

●**Turismo Yámana,** Errázuriz 932, Tel. 71 0567. Spezialist für Trekking- und Kajaktouren. www.yamana.cl.

●**PatagoniAlternativa,** Roca 907, Tel. 225 889. Günstige Tarife für alle Flüge.

Sonstiges

●**Geldwechsel: Geld und Schecks** lassen sich problemlos in den **Wechselstuben** auf der Lautaro Navarro wechseln. Auch Sa/So kann man Geld wechseln im Busreservierungsbüro Colón Ecke Magallanes. Mehrere Geldautomaten in den Banken in der Nähe der Plaza.

●**Post und Telefon:** Die **Hauptpost** befindet sich auf der Bories 911, nahe der José Menéndez. Die **Vorwahl** von Punta Arenas ist **61; Telefonzentralen** z.B. Nogueira 1117, Lautaro Navarro 957 und Errázuriz 856.

●**Wäscherei:** *Record* auf der O'Higgins 969.

●**Einkaufen:** Im **Hipermercado Abu Gosch** auf der Magallanes zwischen Carrera Pinto und Mejicana kann man sich gut für längere Touren eindecken, hier ist das Angebot besser als in Puerto Natales. **Pachamama,** Magallanes 619, gleich neben *Aonikenk.* Naturkostladen mit umfangreichem Angebot an Trockenfrüchten, ideal für Wanderungen.

●**Bike Service:** Sarmiento 1132; hat Spezialwerkzeug und kann auch Ersatzteile aus Santiago beziehen.

●**Internet:** Es gibt jede Menge **Internet-Cafés** in der Stadt, alle verlangen um die 1,50 US-$ pro Stunde. Zwei seien genannt: *Ciber Room Gonfish,* Croacia 1028. Freundlich, familiär. *NetSur,* Mejicana 702/Ecke Bories.

Die Umgebung von Punta Arenas

Pinguinkolonien am Seno Otway und auf der Isla Magdalena ⇗XX,B2

Zwei große Pinguinkolonien können in der Nähe von Punta Arenas besucht werden: Auf der Isla Magdalena leben schätzungsweise 200.000 Magellan-Pinguine, am Seno Otway nisten etwa 11.000 Tiere in einer weiten Wiesenlandschaft. Die Pinguine leben **nur in den Sommermonaten** hier, Ende März ziehen sie sich in wärmere Gewässer zurück und kehren – ohne zwischendurch an Land zu gehen – erst Ende Oktober wieder. Pinguine trifft man überall vor der patagonischen Küste, egal ob am Pazifik oder am Atlantik. Es sind **Magellan-Pinguine** *(Spheniscus magellanicus),* und sie sind leicht zu erkennen: Sie sind recht klein, etwa 70 Zentimeter, wiegen etwa 4 Kilo und haben als besondere Charakteristika den schwarz-weißen Kopf sowie einen schwarzen Streifen, der am oberen Rand ihrer Brust verläuft. Pinguine sind flugunfähige Vögel, sie legen zwei Eier, brüten in Kolonien und ernähren sich von Meerestieren. Die Jungtiere tragen zunächst graue Flaumfedern. Sie sind exzellente Schwimmer, an Land aber bewegen sie sich schwerfällig; ihr Schwerpunkt liegt in der Mitte des Körpers, dadurch wirkt ihr Gang „putzig".

Ihren **Namen** erhielten die Meeresvögel, so die Überlieferung, von walisischen Matrosen, die auf dem Schiff von *Thomas Cavendish* 1586 nach Puerto Deseado kamen: Sie nannten die Tiere „pengwyn", ein Wort, das auf gälisch „weißer Kopf" bedeutet.

Die **Pinguinkolonie am Seno Otway** ist im Rahmen einer organisierten Tour oder mit einem geliehenen Pkw zu erreichen. Man verlässt Punta Arenas auf der Ruta 9 nach Norden und biegt nach 22 Kilometern nach Westen (links) ab. Ca. 35 Kilometer weiter erreicht man die Otway-Bucht und die *Pingüinera.* Der Eintritt kostet 7 US-$. Man kann dort nicht übernachten, es gibt aber einen kleinen Imbiss. Die **organisierten Touren** finden größtenteils nachmittags (16–20 Uhr) statt, da zu dieser Zeit die meisten Pinguine zu sehen sind – sie kommen vom Fischen zurück.

Die **Isla Magdalena** liegt **in der Magellanstraße,** nördlich von Punta Arenas, und ist allein schon wegen der enormen Zahl der Pinguine (die Angaben schwanken zwischen 150.000 und 400.000) ein Erlebnis der besonderen Art. Die Tiere stehen vor ihren Erdhöhlen oder in Gruppen am Strand und beäugen die Touristen eher neugierig denn scheu; ab Dezember sind auch die hellbraunen Jungtiere zu beobachten. Auf einem markierten Weg kann man sich ihnen teilweise bis auf Armlänge nähern. Möwen und Sturmvögel sowie ein **Leuchtturm mit Minimuseum** runden das Panorama ab. Die Fahrt dauert ca. 1½ Stunden, man bleibt 2 Stunden auf der Insel, insgesamt also 5 Stunden hin und zurück. Die „Melinka" fährt im Sommer dreimal wöchentlich (zuletzt Di, Do, Sa um 16 Uhr), Preis: 40 US-$, zu buchen bei jeder Reiseagentur.

Besser und preiswerter ist die Fahrt mit einem großen **Motorschlauchboot** zur Isla Margarita und zu einer Seelöwenkolonie auf der Isla Marta. Die Boote fahren täglich (bei ausreichend gutem Wetter), mitunter sogar zweimal. Zu buchen über eine Agentur oder direkt bei *Solo Expediciones* (José Nogueira 1255, Tel. 243354, www.soloexpediciones.net, 30 US-$).

Wale im Parque Marino Francisco Coloane

190 Kilometer südwestlich von Punta Arenas erstreckt sich rings um die **Isla Carlos III** in der Magellanstraße der **erste Meeres-Nationalpark Chiles.** Der Parque Marino Francisco Coloane wurde 2003 eingerichtet und verdankt seinen Namen dem im Jahr zuvor verstorbenen Schriftsteller *Francisco Coloane,* der in seinen Erzählungen die raue Schönheit Patagoniens und das harte Leben seiner Bewohner schilderte. Der Meerespark soll in erster Linie die **Buckelwale** *(Megaptera novaeangliae)* schützen, die im Sommer hier zu Dutzenden gesichtet werden. Die bis zu 19 Meter langen und bis zu 48 Tonnen schweren Meeressäuger gelten als die „Springer" unter den Walen und sind daher besonders gut zu beobachten. Seit sie unter strengem Schutz stehen, erholen sich die Populationen in den patagonisch-antarktischen Gewässern langsam wieder.

Whale Sound, eine Forschungs-Organisation, organisiert von Mitte Dezember bis Ende April **„Whale Watching"** mit einem Expeditionsboot und Motorschlauchbooten zur besse-

471 Foto: gw

Patagonien

ren Annäherung an die Wale. Auf der Insel unterhält sie ein streng ökologisches **Camp** mit großen, fest installierten Zelten. Die hoch gelobte Tour ist allerdings sehr teuer: Der stolze Preis von 900–1000 US-$ für drei Tage einschließlich Übernachtung und Verpflegung trägt auch zur Unterstützung der wissenschaftlichen Studien bei. Infos und Fotos unter www.whalesound.com, Buchungen über Reisebüros (z.B. Aonikenk in Punta Arenas).

Puerto del Hambre und Fuerte Bulnes

↗ XXI,B/C2

Fährt man von Punta Arenas immer entlang der Magellanstraße nach Süden, zweigt nach 26 Kilometern eine schmale Seitenstraße westwärts zur **Reserva Forestal Laguna Parrillar** ab. Mitten im südpatagonischen Wald liegt die Lagune, die das Süßwasserreservoir von Punta Arenas ist (gute Möglichkeiten zum Fischen). Zurück an der Magellanstraße passiert man zunächst einen alten Pionierfriedhof, dann einen Monolithen, der darauf hinweist, dass hier die geographische Mitte Chiles ist: die Hälfte der Strecke vom Südpol bis nach Arica.

Nach links zweigt dann eine Erdstraße ab zum **Puerto del Hambre,** dem Hungerhafen. 1582 segelte *Sarmiento de Gamboa* mit 19 Schiffen aus Spanien los, insgesamt waren etwa 3000 Personen an Bord. Vier Schiffe mit 800 Personen kenterten bereits unterwegs, eine Epidemie forderte weitere 600 Todesopfer, und mit acht Schiffen erreichte er schließlich die östliche Einfahrt in die Magellanstraße. Dort gründete er 1583 in der Bahía Posesión eine Kolonie und wenige Wochen später mit 300 Menschen eine zweite hier, am Puerto Hambre, die er Ciudad Rey don Felipe nannte. Aus Rey Felipe wurde schnell der Hungerhafen, denn die Kolonisten verhungerten kläglich – Ruinenreste und ein Gedenkstein erinnern an die Spanier. Übernachtungsmöglichkeiten bietet ein Campingplatz.

Wenige Kilometer weiter liegt **Fuerte Bulnes,** eine rekonstruierte Festung aus dem Jahr 1843, die die Chilenen an strategisch günstiger Stelle erbauten, um von hier aus die Meerenge zu überwachen und in Südpatagonien Präsenz zu zeigen.

Zum Cabo Froward

Wenige Kilometer südlich des Fuerte Bulnes endet die Straße. Von hier sind es noch ca. 25 km bis zum Cabo Froward, dem südlichsten Punkt des amerikanischen Kontinents; südlich davon liegt nur noch die Inselwelt Feuerlands. Den **geografischen Extrempunkt** kann man in einer fünftägigen, anspruchsvollen Trekkingtour durch die patagonische Wildnis erreichen. Buchungen (200 US-$) über *Turismo Aonikenk* in Punta Arenas.

Estancia San Gregorio und NP Pali-Aike

↗ XXI,C2

Die Ruta 9 führt von Punta Arenas nach Norden. Bei Gobernador Philippi biegt rechts (nach Osten) die Ruta 255 ab, über die man nach 147 Kilometern die chilenisch-argentinische Grenze erreicht. Von dort aus sind es noch 54 Kilometer bis nach Río Gallegos. Unterwegs passiert man die **Estancia San Gregorio** (etwa 90 Kilometer hinter der Abzweigung), die 1862 gegründet wurde und in Blütezeiten 90.000 Hektar Land umfasste. Sie wird heute von einer Kooperative bewirtschaftet, wirkt aber mit den verlassenen Gebäuden der früheren Estancia (Kapelle, Läden, Unterkünfte) wie eine Geisterstadt.

Etwa 35 Kilometer weiter zweigt bei Punta Delgada nach links (Nordwesten) eine Erdstraße zum **Parque Nacional Pali-Aike** ab, der weniger wegen der 5000 Hektar Steppenlandschaft interessant ist, sondern vielmehr wegen der archäologischen Ausgrabungen, die man hier machte. In der **Cueva de Fell** („Fells Höhle") wurden 11.000 Jahre alte Höhlenzeichnungen gefunden, auch Überreste des Riesenfaultiers *(milodon)* und des südamerikanischen Pferdes *(onohippidium)*.

Wer den Park besuchen will, muss von Punta Arenas aus eine Tour mit einem Reiseveranstalter buchen oder sich ein Auto leihen; es gibt keinen öffentlichen Transport dorthin. Busse nach Río Gallegos können einen bei Punta Delgada (18 Kilometer vom Park entfernt) rauslassen.

Puerto Natales ⇗XX,B1/2

Puerto Natales ist eine **kleine Hafenstadt** mit 17.000 Einwohnern. Sie ist Ziel von Besuchern aus aller Welt,

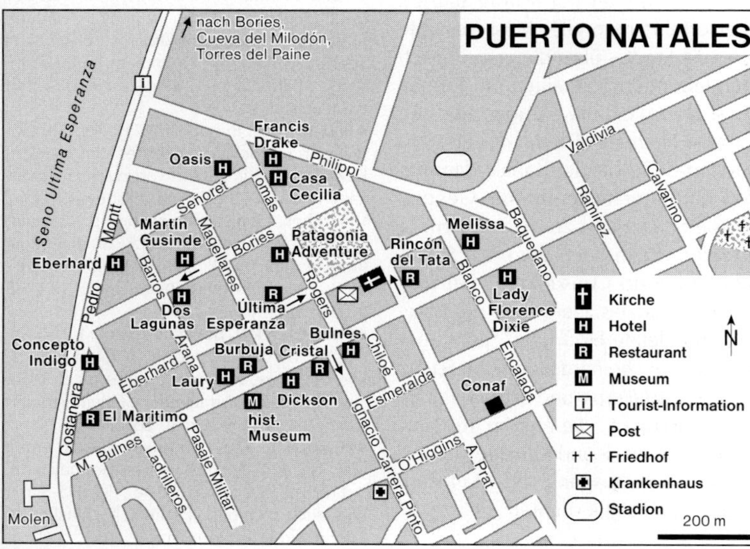

nicht, weil sie selbst so viel zu bieten hätte, sondern weil sie der beste **Ausgangspunkt für einen Besuch des** großartigen **Nationalparks Torres del Paine** ist.

Der Ort liegt lang gestreckt am Ufer des Fjords Ultima Esperanza, und der schönste Platz ist genau dort, an der Einmündung der Calle Phillipi in die Uferstraße, dort, wo die alte Mole vor sich hin verrottet: Sie dient hunderten von **Kormoranen** als Sitzplatz, im Wasser paddeln **Schwarzhalsschwäne,** und im Hintergrund erhebt sich die großartige Kulisse der schneebedeckten Sarmiento-Kordillere. An den patagonischen Abenden gibt es hier die schönsten Sonnenuntergänge.

Im Ort selbst sollte man das **Museo Histórico** aufsuchen (Bulnes 285, Mo bis Fr 10–19, Sa 10–13 und 15–19 Uhr; im Winter immer mit Mittagspause). Hier erfährt man alles Wissenswerte über die Stadt – über die ursprünglich hier lebenden Yámana und Tehuelches, über die Tierwelt und über den Kapitän *Hermann Eberhard,* der 1892 durch das Gewirr der Kanäle dampfte und Karten erstellte, um die Gegend für die Schafzucht zu erschließen. Er gründete dann auch die erste Schaffarm in Puerto Consuelo, 15 km vom heutigen Natales. Der Name des Meeresarms, „letzte Hoffnung", geht aber weniger auf *Eberhard* als auf die Spanier *Juan Ladrilleros* und *Sarmiento de Gamboa* zurück, die hier im 16. Jahrhundert im Insel- und Kanalgewirr verzweifelt den Ausgang der Magellanstraße zum Pazifik suchten.

Touristeninformation

- **Sernatur:** Av. Costanera Pedro Montt/Ecke Phillipi, Tel. 412125, infonatales@sernatur.cl.
- **Conaf** (Nationalparkverwaltung): O'Higgins 584, Tel. 411438.
- Sehr nützlich ist die **Zeitschrift Black Sheep.** Das englischsprachige Magazin wird kostenlos in Hotels, Hostels, Restaurants u.a. in ganz Patagonien verteilt. www.patagonia-blacksheep.com

Unterkunft

- **Hospedaje Laury,** Bulnes 222. Sauber, freundlich und das für 8 US-$ p.P.
- **Casa Anita,** Esmeralda 735. Einfach und freundlich, sauber. Wäscheservice, Gemeinschaftsbad, Küchenbenutzung, ab 7 US-$.
- **Patagonia Adventure,** Tomás Rogers 179, Tel. 411028. Freundlich, Schlafsaal und Einzelzimmer, sauber, Küchenbenutzung, Equipment-Verleih, hilfsbereit. 30–40 US-$.
- **Casa de Famila Dickson,** Bulnes 307. Sauber und freundlich, deutschsprachig, hilfsbereit, mit gutem Frühstück, Kochgelegenheit und Wäscheservice. Etwa 10 US-$ p.P.
- **Casa Cecilia,** Tomás Rogers 60, Tel. 613 560. Deutschsprachig, freundlich, sauber, hilfsbereit, Küchenbenutzung, organisiert Touren, Verleih von Equipment, gutes Frühstück, 11–18 US-$ p.P. (ohne/mit Bad), www.casaceciliahostal.com.
- **Erratic Rock,** Baquedano 719, Tel. 410355, www.erraticrock.com. Bestes Backpacker-Hostel der Stadt, geführt von zwei US-Amerikanern. Sauber, freundlich, hilfsbereit, Küche, Videothek, Gepäckaufbewahrung, kostenloses Internet, tolles Frühstück. Auch Verleih hochwertiger Trekkingausrüstung. Rechtzeitig reservieren! Mehrbettzimmer für 12 US-$ pro Person.
- **Erratic Rock II,** Benjamin Zamora 732, Tel. 414317, www.erraticrock.com. Gute Alternative für Paare, hier gibt es alles für 2, Frühstück am Bett, Fahrradverleih. Freundlich und hilfsbereit. DZ mit Bad 50 US-$.
- **Hospedaje Dos Lagunas,** Barros Arana 104, Tel. 415733, doslagunas@hotmail.com. 3 DZ, ein Sechsbettzimmer, 19 US-$ mit Frühstück. Sauber, freundlich, hilfsbereit, Küche und Wäscheservice.

- **Residencial Bernardita,** O'Higgins 765, Tel. 411162, www.residencialbernardita.cl. Einfache Zimmer mit Gasheizung und Gemeinschaftsbad für 19 US-$ p.P. oder Zimmer mit Privatbad, Zentralheizung und TV für 28 US-$ p.P., jeweils mit Frühstück.
- **Residencial Oasis,** Señoret 332, Tel. 411 675, resoasis@hotmail.com Sehr gemütlich, der Service ist freundlich und persönlich. Es gibt Zimmer mit und ohne Privatbad. DZ 28 bzw. 38 US-$.
- **Hostal Sir Francis Drake,** Philippi 383, Tel. 411553, francisdrake@chileaustral.com. Solider Service, familiär, empfohlen. DZ mit Bad 56–65 US-$.
- **Aqua Terra,** Bulnes 299, Tel. 412239, www.aquaterrapatagonia.com. Nette Lodge mit alternativem Touch: Massagen, Reiki, Shiatsu-Zen, Bachblüten; Café und Bar. DZ 70/95 ohne/mit Bad.
- **Hotel Lady Florence Dixie,** Bulnes 655, Tel. 411158, www.chileanpatagonia.com/florence. Gute Mittelklasse, bessere „Superior"-Zimmer, deutschsprachig, DZ 94– 106 US-$ je Saison und Kategorie.
- **Hotel Martín Gusinde,** Bories 278, Tel. 41 2770, www.austrohoteles.cl. Modern und gut, je nach Saison 136–145 US-$.
- **Weskar Patagonian Lodge,** Ruta 9 km 1, Tel. 414168, www.weskar.cl. Am Ortsrand mit tollem Blick über den Sund, 21 gemütliche Zimmer, einheimische Küche. 127 US-$.
- **Hotel Indigo Patagonia** Ladrilleros 105, Tel. 413609, www.indigopatagonia.com. Neues, todschickes, dabei gemütliches Design-Hotel mit 29 komfortablen Zimmern, schönen Aufenthaltsräumen, Lounge Bar und sehr gutem Restaurant. Auf dem Dach: Sauna und Jacuzzi mit Blick auf den Sund. 155–200 US-$.
- **Hotel Altiplánico Sur** Huerto 282, Tel. 412 525. Neues Hotel 3 km außerhalb des Ortes, mit Blick auf den Sund aus allen 22 spartanisch-schönen Zimmern. Schickes Design, gute Küche. DZ 170 US-$. www.altiplanico.cl.

Essen und Trinken

- **La Mesita Grande,** Arturo Prat 196, an der Plaza. Alle sitzen an einem großen Tisch, beste Pizza weit und breit, lokales Bier.
- **La Casa de Pepe,** Tomas Rogers 131, an der Plaza. Chile-Spezialitäten trotz bayrischer Besitzerin. Empfehlenswert!
- **El Living,** Arturo Prat 156, an der Plaza. Café mit leckeren Kuchen, gutem Kaffee und Tee, vegetarische Gerichte, gute Musik.
- **Oveja Negra,** Tomas Rogers 169. Café-Pub mit augezeichneter patagonischer Speisekarte.
- **La Ultima Esperanza,** Eberhard 354. Guter Fisch, v.a. große Portionen Lachs, teuer.
- **El Marítimo,** Pedro Montt 214. Schöner Blick auf das Meer, guter Lachs.
- **La Burbuja,** Bulnes 371. Große Portionen, natürlich Fisch und Lachs, preiswert.
- **El Rincon del Tata,** Arturo Prat 236. Treffpunkt, gemütliche Pubatmosphäre. Pizzas, Salate, Fisch. Faire Preise. Auch Internet, Touren und Verleih von Equipment.
- **Andrés,** Ladrilleros 381, Tel. 41-2380. Sehr guter Fisch, faire Preise, große Portionen.
- **La Frontera,** Bulnes 819. Café und Restaurant, flink, familiär. Preiswerte Fisch- und Fleischgerichte sowie Salate.

Überlandbusse

- Puerto Natales hat **keinen zentralen Busbahnhof.** Wer direkt ein Rückfahrticket Puerto Natales – El Calafate – Puerto Natales kauft, sollte es unbedingt in Calafate rückbestätigen. Überbuchungen kommen vor.

Einige **Busunternehmen** und ihre Fahrtziele sowie Preise:

- **Buses Fernández,** Esmeralda Ecke Ramirez. Punta Arenas (8 US-$).
- **Bus Sur,** Baquedano 534. Punta Arenas (8 US-$), Río Gallegos (Argentinien 16 US-$), El Calafate (16 US-$, 4,5 Stunden).
- **Buses Cootra,** Baquedano. El Calafate (25 US-$).
- **Buses Pacheco/Transfer,** Baquedano 500. Beide nach Punta Arenas (8 US-$).
- **Turismo Zaahj,** Arturo Prat 236. El Calafate (4½ Stunden, 16 US-$).
- **Buses Gómez,** Arturo Prat. Torres del Paine (30 US-$ hin und zurück).
- **Buses JB,** Arturo Prat 258. Torres del Paine (30 US-$ hin und zurück).

Einzelne Reiseagenturen bieten in der Saison täglich Fahrten **nach El Calafate** (Argentinien) an, fast alle Touren in den Torres del Paine; am besten vorbuchen.

Schiff

- **Navimag** (Bulnes 533, Tel. 414300) fährt von Puerto Natales einmal wöchentlich mit der **„Magallanes"** nach Puerto Montt (drei Tage, 370–1800 US-$). Frühzeitige Buchung wird empfohlen.
- Das Luxusschiff **„Skorpios III"** fährt von Puerto Natales aus sechs Tage lang durch die Kanäle, u.a. in den Calvo-Fjord und zum Gletscher Pío XI. Preis je nach Saison und Kategorie 1760–3300 US-$. Tel. Stgo. 2311030, www.skorpios.cl.
- Schiffstouren auf dem **Seno Ultima Esperanza** siehe unten.

Mietwagen

- **Avis,** Bulnes 632, Tel. 410775.
- **Motorcar,** Blanco Encalada 330, Tel. 41 3593.

Weiterfahrt nach Argentinien

Die Weiterfahrt **nach El Calafate und zum Nationalpark Los Glaciares** in Argentinien erfolgt von Puerto Natales entweder über den Grenzübergang Río Turbio oder (besser) über den von Cerro Castillo nach **Esperanza.** Der Ort ist auf allen Karten eingezeichnet, aber nicht mehr als eine Straßenkreuzung in der patagonischen Ebene: Darum gruppieren sich eine Tankstelle, drei Häuser, zwei Restaurants und eine Busstation.

Über weitgehend asphaltierte Pisten geht es weiter, bis nach rund vier Stunden El Calafate am südlichen Ufer des **Lago Argentino** erreicht ist. Der Gletschersee bedeckt eine Fläche von 1600 Quadratkilometern und ist damit der größte See Argentiniens.

Reiseveranstalter

Puerto Natales ist voll von Reiseveranstaltern. Die meisten bieten die selben Touren an. Es sind **Ausflüge in den Nationalpark Torres del Paine** (Tagestour 34 US-$, ohne Essen und ohne Eintritte), **zur Cueva del Milodón oder Schiffsausflüge auf dem Seno Ultima Esperanza.** Einige verleihen auch Trekking-Equipment und vermieten Pferde oder Fahrräder. Wer für Touren im Nationalpark Unterkünfte reservieren will (Hotels oder Refugios), sollte dies nicht erst in Puerto Natales tun, sondern frühzeitig über eine Agentur buchen.

Eine Auswahl von Veranstaltern mit guter Reputation:

- **Erratic Rock,** Baquedano 719, Tel. 410355. Hilfsbereit, alles für Backpacker, tgl. 15 Uhr Info-Runde zu Torres del Paine, Verleih von Campingausrüstung. www.erraticrock.com.
- **Bigfoot,** Bories 206, Tel. 413247. U.a. Gletschertrekking auf dem Grey-Gletscher und Kajaktouren auf den Fjorden. www.bigfoot-patagonia.com.
- **Onas Patagonia,** Blanco Encalada 211, Tel. 6143000. Hilfsbereit, Schlauchboot-Fahrten auf dem Río Serrano zum NP Torres del Paine; Verleih von Campingausrüstung, www.onaspatagonia.com.
- **Turismo Mily,** Blanco Encalada 183, Tel. 413843.
- **Fortaleza Aventura,** Tomás Rogers 235, Tel. 41-0595. Gute Infos, auch auf Englisch, vermietet Trekking-Utensilien. www.fortalezapatagonia.cl

Sonstiges

- **Geldwechsel:** Einige **Wechselstuben** finden sich auf der Calle Baquedano im 500er Block, drei **Geldautomaten** stehen **in den Banken** an der Calle Bulnes zur Verfügung.
- **Post und Telefon:** Die **Post** befindet sich an der Plaza de Armas (Eberhard 4253). Die **Vorwahl** von Puerto Natales ist **61;** eine **Telefonzentrale** findet sich Blanco Encalada 298.
- **Wäscherei:** Gut ist Milodón, Baquedano 642.
- **Supermärkte:** Drei größere Supermärkte auf der Calle Bulnes, oberhalb von Blanco Encalada.

Die Umgebung von Puerto Natales

Puerto Bories

Wenige Kilometer nördlich von Puerto Natales liegt Puerto Bories, ein großer Komplex, den die Sociedad Explotadora de Tierra del Fuego 1913 errichten ließ. Heute sind lediglich noch der **Schlachthof** und die **Kühlhäuser** in Betrieb, zu Beginn des Jahrhunderts wurden von hier die drei großen Schaf-Estanzias der Region versorgt. Es gab Schafschuranlagen, Wollwäschereien, und von hier aus wurde auch Wolle und gefrorenes Fleisch nach Europa verschifft. Interessant ist die Besichtigungstour durch die alten Industrieanlagen.

Cueva del Milodón ⇗XX,B1

1896 machte *Hermann Eberhard* 25 Kilometer nordwestlich von Puerto Natales eine Entdeckung: In einer Höhle fand er gut erhaltene Fell- und Knochenreste eines großen Tieres. Es war ein **Mylodon,** wie sich später herausstellte, ein etwa 3,5–4 Meter großes **Riesenfaultier,** eine Pflanzen fressende Tierart, die Ende des Pleistozäns ausgestorben ist. Vor der 30 Meter hohen, 80 Meter breiten und etwa 200 Meter tiefen Höhle steht die Plastiknachbildung eines solchen Tieres. Die Höhle diente nicht nur dem Riesenfaultier als Unterschlupf, man fand hier auch viele Spuren prähistorischer Menschen.

Die Höhle ist zu erreichen im Rahmen einer organisierten Ausflugsfahrt von Puerto Natales aus, mit geliehenem Pkw oder per Fahrrad. Die meisten Ganztagstouren zum Nationalpark machen auch einen Abstecher zur Cueva del Milodón. Eintritt: 9 US-$.

Seno Ultima Esperanza und Balmaceda-Gletscher ⇗XX,B1

Eine bei gutem Wetter wunderschöne, bei schlechtem leicht aufregende Fahrt führt mit dem Boot über den Seno Ultima Esperanza zu den Gletschern Balmaceda und Serrano. Etwa 60 Kilometer geht es nach Nordwesten durch den **Seno Ultima Esperanza.** Während der Bootsfahrt sieht man Kormorane und Schwarzhalsschwäne, Seelöwen und mit Glück auch Delphine. Die lang gezogene, tief eingeschnittene Meerenge, an deren Seiten die Berge teilweise lotrecht aufsteigen, teilweise flach auslaufen, endet im **Nationalpark Bernardo O'Higgins.** Dieser Nationalpark ist mit mehr als 3,5 Millionen Hektar der **größte Chiles,** allerdings auch einer der unzugänglichsten. Unterhalb des steil aus dem Meer bis auf 2035 Meter Höhe aufragenden **Monte Balmaceda** liegt die kleine Bootsanlegestelle Puerto Toro. Hier verlässt man das Boot zu einer kleinen Wanderung hin zu einem Gletschersee, der durch einen schmalen Erddamm vom Seno abgetrennt ist und in den der **Serrano-Gletscher** kalbt. Dessen Eisdecke ist stellenweise 15–20 Meter dick, und immer wieder brechen größere Stücke ab und treiben dann als blauweiße Eisberge auf dem See.

Vom Seno Ultima Esperanza aus hat man bei klarem Wetter einen wundervollen Blick auf die Granittürme des Torres del Paine. Theoretisch kann man von Puerto Toro auch zu Fuß in den Nationalpark Torres del Paine gelangen. Man lässt sich an der Mündung des Río Serrano in den Seno Ultima Esperanza vom Boot absetzen und läuft dann flussaufwärts bis zum Lago de Toro im Nationalpark. Dafür braucht man aber eine Erlaubnis der Grundstücksbesitzer (weitere Informationen bei Conaf in Puerto Natales).

Turismo 21 de Mayo fährt mit drei kleinen Passagierschiffen im Sommer täglich, ansonsten unregelmäßig von Puerto Natales in den Seno Ultima Esperanza. Die Fahrt kostet pro Person 75 US-$.

Auf dem Rückweg legt man an der Estancia Perales an, wo ein zünftiges Mittagessen serviert wird (22 US-$ zusätzlich).

Diese Tour kann auch **mit der Fahrt in den Nationalpark Torres del Paine kombiniert** werden. Vom Serrano-Gletscher aus geht es in Motorschlauchbooten weiter, den **Río Serrano** hinauf bis zum Camping Río Serrano, von dort gibt es einen Transfer zur Parkverwaltung. Die sehr empfehlenswerte Route kann auch in umgekehrter Richtung dienen, um den Park auf einem anderen Weg zu verlassen. Die Tour startet in der Saison von Puerto Natales täglich um 8 Uhr, Ankunft gegen 16.30 Uhr im Nationalpark, umgekehrt geht es um 8 Uhr an der Parkverwaltung *(administración)* los, Ankunft um 17.30 Uhr in Natales. Der Preis beträgt 140 US-$ pro Person, die Vorabbuchung bei einem Reisebüro wird empfohlen, da die Schlauchboote im Sommer oft ausgebucht sind.

- **Turismo 21 de Mayo,** Eberhard 554 (zwischen Plaza und B. Encalada), Tel. 411176, 21demayo@chileaustral.com.

Parque Nacional Torres del Paine ↗XX,B1

Der Nationalpark – ein **Höhepunkt jeder Chile-Reise** – umfasst ein 242.000 Hektar großes Gebiet in den südchilenischen Anden mit **atemberaubender Landschaft:** Die windzerzauste patagonische Ebene trifft hier unvermittelt auf die Gipfel der Südkordillere, auf die steil aufragenden Berge, die sich wie eine uneinnehmbare Felsenburg mit granitenen Nadelspitzen emportürmen. Sie ragen mehr als 2000 Meter aus der Ebene auf. Der höchste Gipfel ist der 3050 Meter hohe **Cerro Paine Grande,** umgeben von den Spitzen des Paine Chico (bis 1720 m), der Torres del Paine (bis 2850 m) und der Cuernos del Paine (bis 2600 m). Im Park liegen zahlreiche blaugrüne **Gletscherseen.** In einem von ihnen, dem Lago Grey, treiben auch zur Sommerzeit dicke weißblaue Eisblöcke – schließlich brechen immer wieder unter großem Getöse meterhohe Eisblöcke aus der Eiswand des **Grey-Gletschers.** Rund 120 Vogelarten, darunter Kondore und Nandus, sind hier zu Hause, Guanakos trifft man auf Schritt und Tritt, Füchse und Pumas leben in den entlegeneren Regionen. Die Pflanzenwelt ist noch artenreicher – auch wenn man das den Bäumen, die sich zusammengekrümmt gegen den

479 Foto: gw

Wind stemmen, nicht unbedingt ansieht: Mehr als 200 verschiedene Arten sind im Park zu finden. Konsequenterweise wurde 1959 das Naturschutzgebiet eingerichtet, seit 1978 ist es als Welt-Biosphären-Reservat von der Unesco anerkannt. Vorher gehörte das Gelände zu Schaf-Estanzias, und die Landbesitzer brannten auch hier den Urwald nieder, um Weidefläche zu schaffen.

Heute muss der Park den **wachsenden Besucherandrang** verkraften: Ungefähr 130.000 Touristen aus aller Welt strömen im Jahr hierher. Um dem gerecht zu werden, wurde in den letzten Jahren die Infrastruktur ausgebaut – Straßen verbessert, Wege angelegt, Hotels und Hütten gebaut. Es bleibt die Pflicht jedes Einzelnen, die **Natur** zu **schützen** und möglichst keine Spuren zu hinterlassen:

Landschaft im Nationalpark Torres del Paine

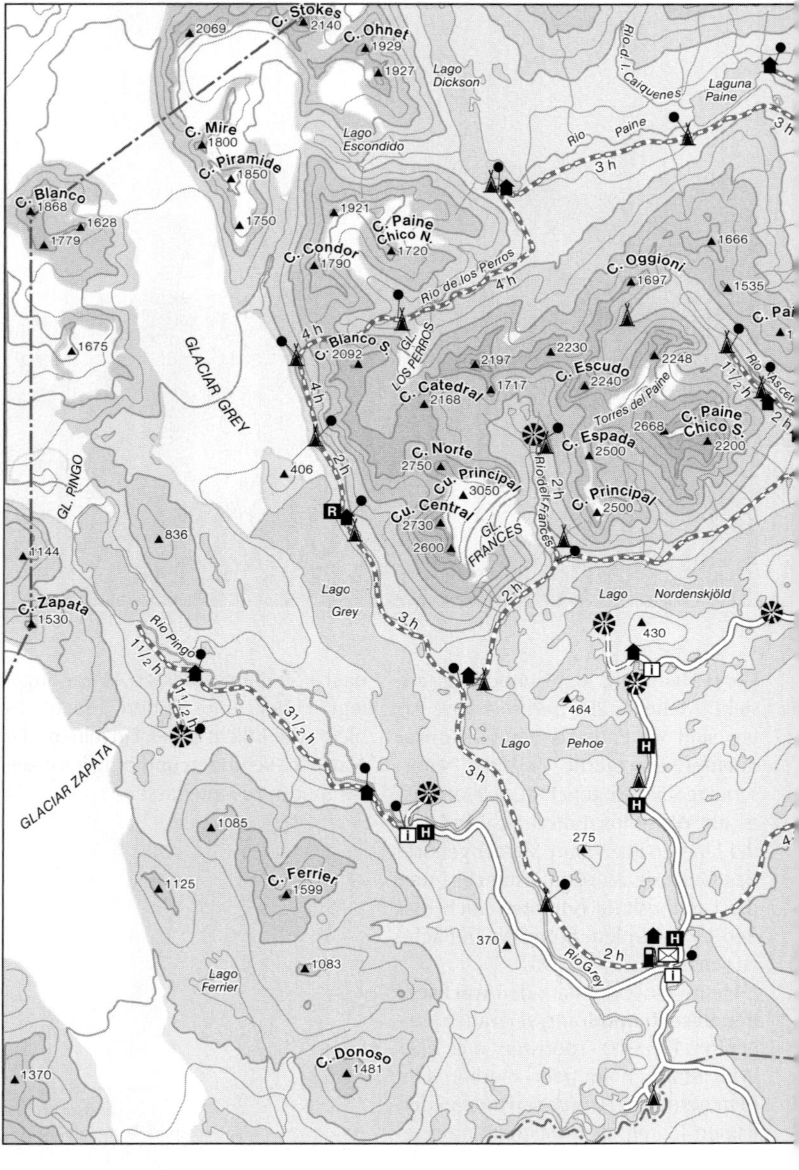
C. Stokes
2140
2069
C. Ohnet
1929
1927
Lago Dickson
Río d. l. Caiquenes
Laguna Paine
Río Paine
3 h
C. Mire
1800
C. Piramide
1850
Lago Escondido
C. Blanco
1868
1628
1779
1750
1921
C. Paine Chico N.
1720
C. Condor
1790
1666
C. Oggioni
1697
1535
Río de los Perros
4 h
GL. LOS PERROS
C. Blanco S.
2092
1675
GLACIAR GREY
2197
2230
2248
C. Escudo
2240
C. Catedral
2168
1717
Torres del Paine
2668
C. Paine Chico S.
2200
C. Espada
2500
C. Norte
2750
406
2 h
Cu. Principal
3050
C. Principal
2500
Río del Francés
GL. PINGO
Cu. Central
2730
2600
GL. FRANCES
836
1144
Lago Grey
C. Zapata
1530
Río Pingo
1 1/2 h
Lago Nordenskjöld
430
464
3 1/2 h
Lago Pehoe
GLACIAR ZAPATA
1085
275
C. Ferrier
1599
1125
370
Río Grey
1083
Lago Ferrier
C. Donoso
1481
1370

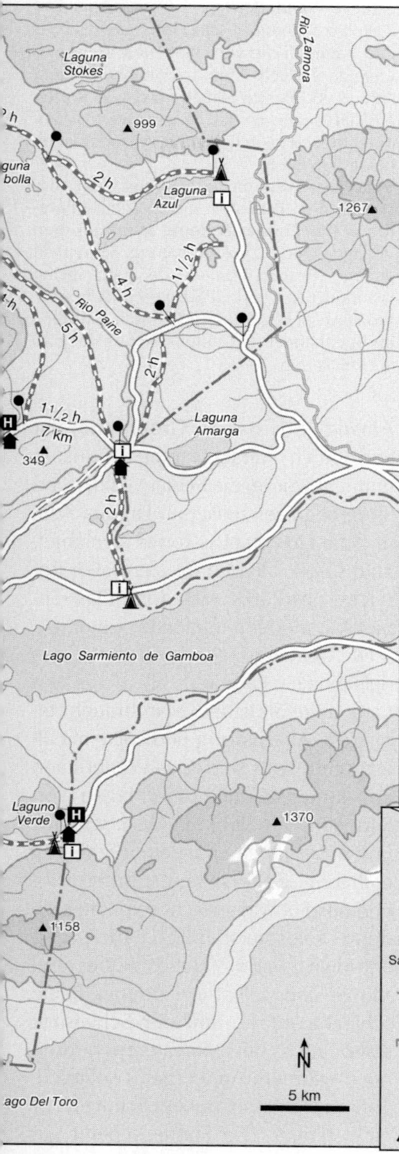

TORRES DEL PAINE

- **H** Hotel
- **R** Restaurant
- **C** Café
- **i** Parkaufsicht, Information
- Post, Telefon
- Tankstelle
- Hütte, Refugio
- Aussichtspunkt
- Campingplatz
- 3/4 h Trekkingroute mit Marschdauer
- Grenze P.N.

H Hotels

1 Las Torres
2 Pehoé
3 Explora
4 Lago Grey
5 Río Serrano
6 Lago Tyndall
7 Cabañas Paine
8 Mirador del Paine

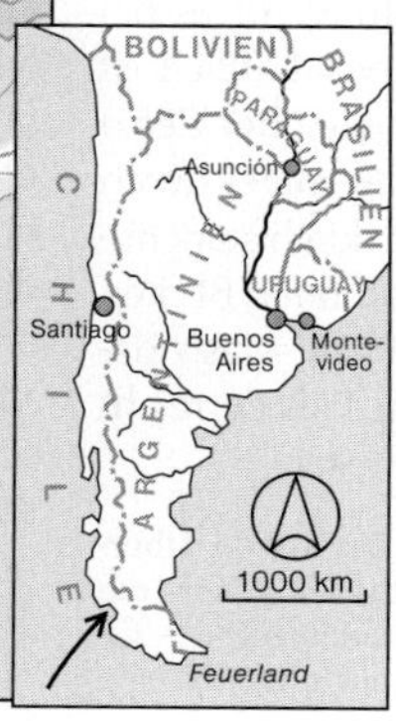

●Übernachten Sie nur an den dafür vorgesehenen Plätzen!
●Nehmen Sie all Ihren Müll wieder mit!
●Verlassen Sie nicht die markierten Wege!

Der Nationalpark Torres del Paine liegt nördlich von Puerto Natales und ist auf dem **Landweg** über zwei Routen zu erreichen. Die klassische ist die gut ausgebaute Schotterstraße über Cerro Castillo zum Nordufer des Lago Sarmiento. Dort teilt sich die Straße: Links geht es zum Parkeingang Portería Sarmiento, rechts zur Portería Laguna Amarga (jeweils 113 km von Natales). Die Wahl hängt einzig davon ab, welche Route man geplant hat. An beiden Punkten gilt es, sich registrieren zu lassen und den Parkeintritt zu bezahlen (30 US-$ für Ausländer).

Am 1. Juni 2007 wurde die neue **Schotterstraße von Puerto Natales** in den Park eröffnet. Sie führt ca. 20 km nördlich von Punto Natales links ab in Richtung Mylodon-Höhle und dann direkt zum Lago del Toro und der Administración (Parkverwaltung von CONAF, ca. 65 km, Registrierung). Die Straße ist schmal und lediglich als Einbahnstraße in Richtung Torres del Paine freigegeben. Landschaftlich ist sie attraktiver als die Route über Cerro Castillo, führt sie doch weniger durch die Pampa als vielmehr durch stark hügelige Landschaft mit schönen Blicken auf die Seen mit dem Paine-Masiv dahinter. Den Westteil des Parks erreicht man so wesentlich schneller.

●Auch wenn in diesem Band eine **Übersichtskarte** des Parks enthalten ist und die Wanderwege recht gut markiert sind – für Trekkingtouren sollte man auf jeden Fall eine aktuelle **Wanderkarte** erwerben. Darin sind Zeltplätze, Refugios und Hotels verzeichnet und natürlich die verschiedenen Wege mit ungefähren Gehzeiten. Im Handel in Punta Arenas und Puerto Natales sind zwei Karten erhältlich, eine von JLM (rotes Cover), die andere (bessere) von Patagonia Interactiva, beide für 5–6 US-$.

●Das beste Karten- und Infomaterial zum Wandern im Park stellt die Broschüre **Patagonia Trail Guides & Route Maps** aus dem Verlag Latitud 90 zur Verfügung. Sie enthält genaue Beschreibungen der wichtigsten Wanderrouten (mit GPS-Daten und Höhenprofilen) auf Englisch und Spanisch. Erhältlich im Buchhandel und unter www.trekkingchile.com/karten.

Anfang 2005 hat ein **Großbrand,** der von einem unachtsamen Touristen entfacht wurde, die Lenga-Wälder und Steppengräser zwischen Laguna Azul und der Hostería Las Torres vernichtet, zum Glück blieben die zentralen Bereiche des Parks verschont. Das Gebiet soll wieder aufgeforstet werden.

Für Trekking-Freunde ist der Torres del Paine ein Paradies – allerdings kein ganz ungefährliches. Man braucht eine **gute Ausrüstung** und sollte nie allein unterwegs sein. Das Wetter kann in Minutenschnelle umschlagen, von Sonnenschein direkt in Hagelschauer, und unvermittelte Kälteeinbrüche gibt es häufig. Zelte sollten sturmerprobt und absolut wasserdicht sein, die Kleidung selbstverständlich auch und natürlich warm (Handschuhe und Mütze sind, selbst im Sommer, keine schlechte Idee), und der Schlafsack sollte auch bei Minustemperaturen noch wärmen. Andererseits sollte die Sonnencreme mit hohem Schutzfaktor nicht fehlen. Die Sonne scheint gar

chi05_523 Foto: fs

nicht so selten auf dieser, der wetterabgewandten Seite der Anden, und dann kann es im Sommer schnell 25–30 Grad warm werden. Dass man als Camper ein gutes Kochgeschirr etc. mit sich führt, ist selbstverständlich.

Es gibt zahlreiche kürzere und längere **Tages-** oder **Mehrtagestreks** in den Park, und es existiert der so genannte **Paine-Rundweg,** eine Wanderung, die in 6–10 Tagen einmal um das gesamte Massiv herumführt. **Kürzere Routen** finden sich reichlich. Ein sehr guter Ausgangspunkt ist beispielsweise die neue **Lodge de Montaña Paine Grande** am Nordwestufer des Lago Pehoé. Von dort führt eine achtstündige Wanderung (hin und zurück) zum Glaciar Grey oder eine ebenfalls achtstündige Wanderung (hin und zurück) durch das Tal des Río Francés hin zum Campamento Británico. Fünf Stunden sind es durch die windige Ebene von der Paine-Grande-Lodge zur Parkverwaltung am Lago Toro (Busstation), in dem der Río Serrano entspringt. Andere gute Ausgangspunkte für Tages- oder Mehrtagestrips sind die Hostería Las Torres bzw. der Campingplatz oder das Refugio daneben (wunderschöne, einschließlich Rückweg siebenstündige Tour zu den Füßen der Torres) oder das Refugio Pingo (Wan-

Herrliche Panoramasicht
im Nationalpark Torres del Paine

derung von zehn Stunden für Hin- und Rückweg zum Lago Pingo).

Gut für einen **mehrtägigen Aufenthalt** ist auch eine **Wanderung in W-Form.** Man fährt über den Lago Pehoé und wandert mit Gepäck bis zum Camping Grey (1. Tag). Von dort geht es am nächsten Tag ohne Gepäck, dafür mit schönem Blick auf den Gletscher bis zum Paso John Garner (5–6 Stunden aufwärts) und wieder zurück zum Zelt (2. Tag). Am 3. Tag wandert man mit Rucksack zum Campamento Italiano. Der 4. Tag sieht wieder eine rucksacklose Wanderung vor – hinauf ins Valle del Francés und zurück zum Zelt. Am nächsten Tag geht es mit Gepäck zum Camping Las Torres (5. Tag). Von dort erwandert man schließlich das Valle Ascencio und die Torres (6. Tag).

Übrigens: Wer länger in den Park geht, sollte so viel **Lebensmittel** wie möglich **mitnehmen.** Im Park ist alles sehr teuer und außerdem nicht immer erhältlich (z.B. Brot).

Verkehrsmittel

Die **Busse von Puerto Natales** fahren eine festgelegte Strecke: Sie kommen an der Guardería Laguna Amarga in den Park, fahren weiter bis zur Guardería Lago Pehoé, von dort vorbei an der Hostería Pehoé und dem Hotel Explora bis zur Verwaltung des Parks *(Sede Administrativa).* Man kann an den genannten Punkten ein- oder aussteigen, die Busse halten u.U. auch auf Zuruf an der Strecke. Erkundigen Sie sich genau nach den Abfahrtszeiten für die Rückfahrt.

Über den Lago Pehoé fährt im Sommer dreimal täglich ein **Boot** in jede Richtung. Vom See aus hat man einen tollen Blick auf das Paine-Massiv mit den Cuernos im Vordergrund. Zuletzt fuhr der Katamaran ab Pudeto um 9.30, 12 und 18 Uhr, die Überfahrt zur Lodge Paine Grande (ex Refugio Pehoé) dauert eine halbe Stunde, das Boot fährt sofort wieder zurück; Preis: 22 US-$ pro Strecke, 34 US-$ hin und zurück.

Von der Hostería Grey am Südende des Lago Grey fährt fünfmal täglich (9, 15 und 18 Uhr) ein Schiff zum **Grey-Gletscher,** die Rundtour von drei Stunden kostet 80 US-$. Man kann auch nur eine Richtung buchen und am Refugio Grey am Nordufer aus- bzw. zusteigen (70 US-$). Dabei verpasst man u.U. die Gletscherfront, fragen Sie vorher nach! Buchungen über Reisebüros.

Unterkunft

Zur Übernachtung im Park stehen zahlreiche Möglichkeiten zur Verfügung; alle sind in der Karte im Kartenatlas eingezeichnet.

- Es gibt einige **Campingplätze.** Kostenfrei sind die Camps Torres (im Valle Ascencio), Japonés, Coirón, Paso und Los Guardias. Die Plätze Las Torres (an der Hostería), Los Cuernos, Chileno, Serón, Grey, Dickson und Los Perros kosten 7 US-$ p.P., der Platz an der Laguna Azul 24 US-$ pro Stellplatz. Der Campingplatz Pehoé am Südostarm des Lago Pehoé (mit tollem Blick auf das komplette Paine-Massiv) kostet 8 US-$ p.P., der Campingplatz Río Serrano (ruhig am Fluss, ebenfalls schöner Blick) 6 US-$ p.P.
- Dann gibt es einzelne **Refugios,** in denen die Übernachtung nichts kostet, die aber wirklich nur Schutzhütten sind, so die Refugi-

os Pudeto und Laguna Verde. Andere verlangen etwas, das einfache Refugio Lago Toro etwa 8 US-$ pro Person. Alle anderen **Hütten** werden von Konzessionären bewirtschaftet und bieten Gemeinschafts-Schlafräume (Schlafsack mitbringen!), heißes Wasser, Verpflegung und/oder Küchenbenutzung, allerdings zu deftigen Preisen. Die Firma Andescape (Tel. 61/ 412592, www.andescape.cl) verwaltet die Refugios Grey und Dickson, hier bezahlt man 25 US-$ p.P. für die Schlafstätte und 59 US-$ mit Vollpension. Fantástico Sur (Punta Arenas: Sarmiento 846, reser vas@fantasticosur.com) hat die Hütten Torre Norte, Chileno und Cuernos unter sich, sie kosten 33 US-$ bzw. 62 US-$ mit Vollpension. Neben dem Refugio Cuernos hat Fantástico Sur vier Cabañas für 2 Pers. (103 US-$ pro Cabaña bzw. 163 US-$ mit Vollpension). Im Lodge de Montaña Paine Grande (60 Betten), das von Vértice Patagonia verwaltet wird (www.verticepatagonia.cl), kostet die Nacht 35 US-$ bzw. 63 US-$ mit Vollpension; 2008 sollen noch einmal 40 Betten hinzukommen. Die Refugios sind im Sommer oft voll und sollten unbedingt mit mehreren Tagen Vorlauf reserviert werden, am besten über eine Agentur wie Aonikenk in Punta Arenas (siehe dort).

Alle anderen Übernachtungsmöglichkeiten sind **deutlich teurer:**

- **Hostería Las Torres,** Tel. 360360, westlich der Laguna Amarga, rustikal, Restaurant/ Bar, Internet, kleines Spa. Von Sept. bis April geöffnet, je nach Saison ab 174 bzw. 278 US-$. www.lastorres.com
- **Hostería Pehóe,** Tel. 61/41-1390 oder 244506. Auf einer kleinen Insel im Lago Pehoé, per Brücke erreichbar, mit Blick auf die Cuernos, 15.9. bis 30.4. geöffnet, 15 neuere Zimmer („superior"), ab 260 US-$. E-Mail: ventas@pehoe.cl
- **Hostería Mirador del Payne,** Tel. 61/22-6930 oder 22-516, www.miradordelpayne.com. Ehemals Estancia Lazo, an der Laguna Verde mit Panorama-Blick auf den Park, Restaurant. Von September bis April geöffnet, je nach Saison ab 160 bzw. 195 US-$.
- **Hostería Lago Grey,** Tel. 61/410172 oder 712100. Am Südufer des Lago Grey, ganzjährig, Restaurant. DZ je nach Saison 120 bzw. 275 US-$. Bootstour zum Grey-Gletscher 80 US-$ (hin und zurück).
- **Posada Río Serrano,** Tel./Fax 61/412911 oder besser 613531. Neben der Parkverwaltung am Lago Toro, DZ ohne/mit Bad 103 bzw. 140 US-$, in der Nebensaison billiger.
- **Cabañas del Paine,** Tel./Fax 61/24-1197 oder 22-0174. Am Río Serrano. Der Name trügt: keine Cabañas, sondern eine runderneuerte Hostería mit Restaurant und Tourprogrammen. Ganzjährig geöffnet, DZ mit Bad je nach Saison 100 bzw. 210 US-$. E-Mail: aventour@entelchile.net
- **Hostería Lago Tyndall,** Tel. 61/41-3139 oder 22-1303, www.hosteriatyndall.com. Komfortable Herberge am Río Serrano, mit Restaurant. Ganzjährig geöffnet, DZ je nach Saison 120 bzw. 200 US-$. Auch Cabañas: 4 Personen 220 US-$, Nebenan gibt es ein neues Refugio für 40 US-$ p.P.
- **Hostería Lago del Toro,** Tel. 412481 oder 220014. Neue rustikale Herberge am Río Serrano mit nur 12 Zimmern, familiäres Ambiente, Restaurant. November bis März geöffnet, DZ 150 US-$.

arg3-423 Foto: gw

Feuerland – Tierra del Fuego

012-a Foto: jv

492 Foto: gw

Im chilenischen Teil Feuerlands

Bahia Lapataia

Hafen bei Porvenir

Feuerland – Tierra del Fuego

„Tierra del Fuego", „Feuerland" – der Name allein löst Assoziationen aus: von sturmumtosten Inseln, von Kälte und ewiger Finsternis, seltsam erhellt von flackernden Feuern, die *Magellan* 1520 bei seiner Durchsegelung der Meerenge am Ufer sah und ihn zur Namensgebung veranlassten.

Der **Archipel,** bestehend aus der Hauptinsel Feuerland und einigen südlich vorgelagerten Inselchen, ist der **südlichste Punkt der Erde,** der nicht vom ewigen Eis überlagert ist. Hier liegen die südlichste Stadt der Erde, Ushuaia – das chilenische Puerto Williams ist eigentlich nur ein Militärstützpunkt –, hier gibt es im Nationalpark Feuerland eine *Confitería* (Restaurant), die sich selbst die südlichste nennt, und hier ist das Traumziel für alle Segler erreicht: **Kap Hoorn** (Chile), der südliche Abschluss der Inselgruppe, wo Atlantik und Pazifik aufeinandertreffen.

Feuerland umfasst die 47.000 km² große Insel, die von den ersten Europäern zunächst für Festland gehalten wurde, sowie zahlreiche kleinere Nebeninseln. Insgesamt ist der **Feuerlandarchipel 73.500 km² groß.** Zu Argentinien gehören 21.363 km², was etwa der Größe Hessens entspricht. Das Gebiet wird heute von etwa 120.000 Menschen bewohnt, 1975 waren es erst 16.000.

Feuerland boomte in den letzten Jahrzehnten. Die argentinische Regierung lockte mit Steuerfreiheit bei Investitionen einige internationale Unternehmen an, darunter zahlreiche der Elektroindustrie, die hier Teile fertig montieren lassen. Dadurch prosperierte das ehemalige Nationalterritorium, das seit 1991 gemeinsam mit dem argentinischen Teil der Antarktis und den so genannten Islas del Atlántico die 23. Provinz bildet. Zuwanderer kamen aus den nördlichen Provinzen des Landes, auf der Suche nach Arbeit.

Inzwischen ist die Boomzeit wieder vorbei, die Vergünstigungen wurden abgeschafft, und die Menschen in Ushuaia und Río Grande müssen jetzt mit den Folgen leben, denn auf Feuerland ist das Leben teurer als in allen andern Orten des Landes.

Traditionell lebt die Insel von der **Viehwirtschaft,** den Schafen und der Wolle. Dazu kommen die **Fischerei** und die Verwertung, sprich das **Abholzen, der Urwälder.** Auch der **Tourismus** wird immer wichtiger.

Die Hauptinsel **Feuerland erinnert landschaftlich stark an Patagonien:** Im Norden erstreckt sich weites Tafelland, im Süden folgt der letzte Ausläufer der Kordillere, die hier noch Höhen von etwa 2500 m erreicht. Diese Fortsetzung ist natürlich, schließlich liegt die Insel nicht isoliert. Man vermutet, dass sie erst vor etwa 10.000 Jahren entstand, als die Gletscher die Magellan-Straße einschliffen und so die Südspitze des Kontinents vom Festland trennten. Auch die Beagle-Straße war ursprünglich ein Gletschertal.

Das **Klima** ist ozeanisch und kühlgemäßigt, was heißt, das die Temperaturen im Winter oft bei -15°C liegen

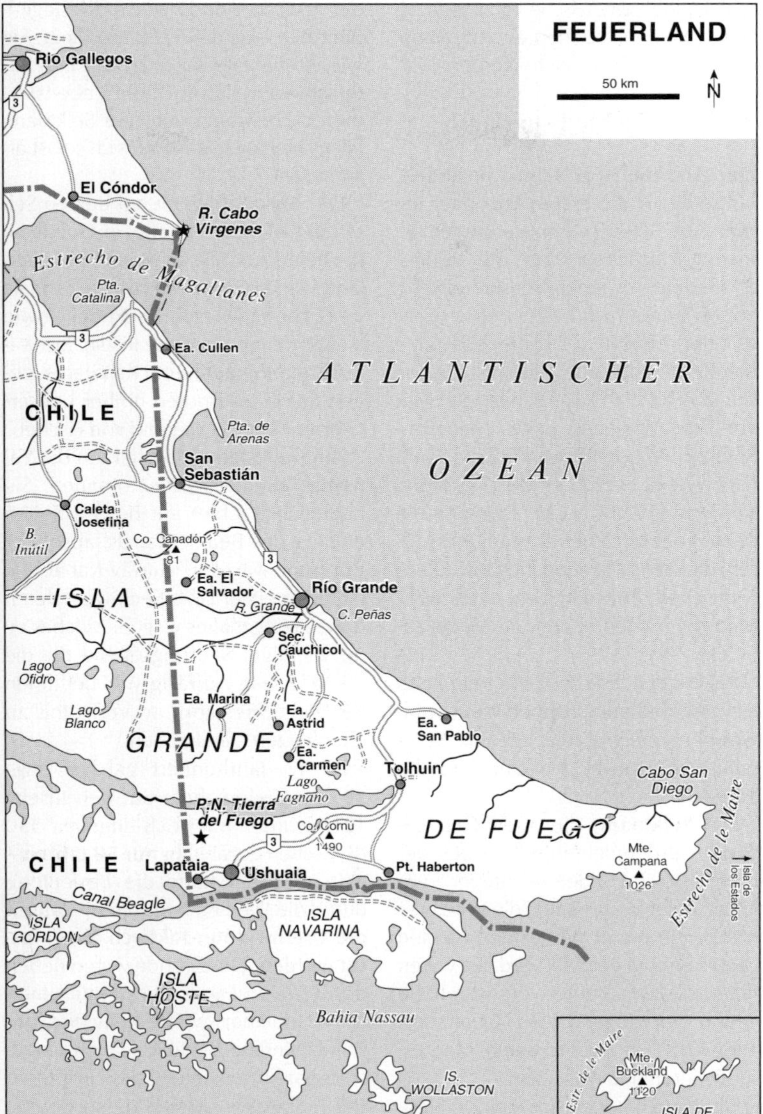
FEUERLAND
50 km
N
Rio Gallegos
3
El Cóndor
R. Cabo Virgenes
Estrecho de Magallanes
Pta. Catalina
3
Ea. Cullen
ATLANTISCHER
OZEAN
CHILE
Pta. de Arenas
San Sebastián
Caleta Josefina
B. Inútil
Co. Canadón
81
3
Ea. El Salvador
Río Grande
ISLA
R. Grande
C. Peñas
Sec. Cauchicol
Lago Ofidro
Ea. Marina
Lago Blanco
Ea. Astrid
Ea. San Pablo
GRANDE
Ea. Carmen
Tolhuin
Lago Fagnano
Cabo San Diego
P.N. Tierra del Fuego
Co. Cornu
1490
3
DE FUEGO
Estrecho de le Maire
Mte. Campana
1026
Isla de los Estados
CHILE
Lapataia
Ushuaia
Pt. Haberton
Canal Beagle
ISLA GORDON
ISLA NAVARINA
ISLA HOSTE
Bahia Nassau
IS. WOLLASTON
Estr. de le Maire
Mte. Buckland
1120
ISLA DE LOS ESTADOS

und im Sommer zwischen 8° und 20°C schwanken, es können auch Spitzenwerte von 30°C erreicht werden.

Zur Geschichte Feuerlands

Der Archipel war schon besiedelt, lange bevor die ersten Europäer kamen. Um 30.000 v.Chr. wanderten die ersten Menschen über die Bering-Straße nach Amerika (Alaska) ein. Sie zogen langsam südwärts und erreichten um 12.600 v.Chr. die Südspitze des Kontinents, wie man aus Ausgrabungen bei Pali Aike (Chile, nördlich von Punta Delgada an der Magellan-Straße) und Los Toldos (Provinz Santa Cruz) weiß. Sie lebten dort als Jäger. Von etwa 10.400 v.Chr. stammen die ersten menschlichen Besiedlungsspuren, die man auf Feuerland fand. Diese Menschen überschritten wohl während der letzten Eiszeit die Magellan-Straße.

Als die ersten Europäer kamen, gab es **verschiedene Gruppen von Ureinwohnern,** die größten waren die Selk'nam, die Haush, Alakaluf und die Yámana.

Die **Selk'nam,** die auch *Ona* genannt wurden, lebten im Norden der Hauptinsel. Im Süden reichte ihr Siedlungsgebiet bis zur Linie, die durch die Meerenge Kanal Whiteside und den Lago Fagnano gebildet wird. Sie waren Jäger, die zu Fuß unterwegs waren, sie lebten vorwiegend von Guanacos, aber auch von Wasservögeln, Meeressäugetieren und Muscheln.

Die **Haush** hatten das kleinste Siedlungsgebiet. Es lag im äußersten Osten der Insel, in dem Dreieck, das gegenüber den Islas de los Estados liegt. Sie waren ebenfalls Jäger zu Fuß und unterschieden sich in ihren Lebensformen recht wenig von den Selk'nam. Die Haush bezeichneten sich selbst als *Manekenk.*

Die **Alakaluf** lebten auf beiden Seiten der Magellan-Straße, in Gebieten, die heute zu Chile gehören. Auf Feuerland war das die westlich von Ushuaia gelegene Halbinsel Brecknock sowie einige weiter westliche Inseln. Sie waren Kanunomaden und Kanujäger, zogen mit ihren Booten umher und ernährten sich vorwiegend von Fischen.

Am weitesten südlich lebten die **Yámana,** ebenfalls Kanunomaden. Sie hatten ihr Gebiet auf beiden Seiten entlang des Beagle-Kanals, absolutes Zentrum war der Murray-Kanal. Sie jagten in erster Linie Seelöwen, deren hohen Fettgehaltes wegen, welches eine wichtige Nahrungsquelle für die Yámana war. Auffällig war bei ihnen der weite Brustkorb im Verhältnis zu eher kurzen Gliedmaßen.

Im 17. Jahrhundert gab es etwa 10.000 Ureinwohner auf den Inseln, 1910 wurden nur noch ungefähr 350 Menschen gezählt. **In nur 50 Jahren** – erst um 1860 hatte die Besiedlung durch die Weißen begonnen – **waren die Ureinwohner faktisch ausgerottet worden.** Die Gründe waren neben der brutalen Landnahme – für einen toten Indianer wurde teilweise ein Pfund Sterling bezahlt – auch eingeschleppte Krankheiten, das Einsperren der Indianer in Reservate sowie das grenzenlose Überjagen der Meeressäuger durch die Weißen, wodurch den Eingeborenen die Lebensgrundlage genommen wurde.

Die **ersten Europäer** waren nicht an den Inseln interessiert. *Magellan* wollte seine Meerenge finden, der nächste war 1578 *Francis Drake,* den ebenfalls nur die Durchfahrt lockte. *Juan Ladrillero* hatte als einziger bereits um 1560 begonnen, sich auch mit der Lebensweise der Eingeborenen und der Pflanzen- und Tierwelt zu beschäftigen. 1615 entdeckten zwei holländische Kapitäne, dass Feuerland eine Inselgruppe und kein, wie bis dahin angenommen, mit dem Südpol verbundenes Festland ist. *Willem Schouten* und *Jakob (Santiago) Le Maire* nannten den absolut südlichsten Punkt nach ihrem holländischen Heimathafen Kap Hoorn. Auf *Darwins* zweiter Reise um die Welt mit der „Beagle" unter dem Kommando des Kapitäns *Fitzroy* wurde 1834 der „Beagle-Kanal" entdeckt.

Nach der Unabhängigkeit Chiles und Argentiniens begann der Streit der beiden Länder um Feuerland. Schließlich wurde vor etwa 120 Jahren die Isla Grande per Strich auf der Landkarte geteilt, **Grenzkonflikte** gab es aber immer wieder, zuletzt um einige Inseln an der Einfahrt zum Beagle-Kanal (1979–84).

Reisezeit und Anreise

Die **beste Reisezeit** für einen Besuch Feuerlands ist natürlich der kurze **Sommer,** aber auch im Herbst, z.B. im März, kann man noch sehr schöne Tage haben.

Wer nicht direkt **per Flugzeug** nach Ushuaia einschwebt – ein fantastisches Erlebnis und nichts für Menschen mit Flugangst –, muss über Chile einreisen. Sämtlicher **Busverkehr** geht über die südlichste chilenische Festlandstadt Punta Arenas, dort setzt man entweder nach Porvenir (chilenisches Feuerland) über und fährt dort weiter nach Río Grande (Argentinien), oder man fährt zunächst an der Magellan-Straße entlang bis Punta Delgada/ Bahía Azul und nimmt dort die kürzere Fähre nach Feuerland.

Wer **mit dem eigenen Fahrzeug** unterwegs ist, kann ebenfalls bei Punta Delgada (Chile, 98 km südlich von Río Gallegos) zur Magellan-Straße abbiegen, dort fährt stündlich (8–21 Uhr) eine **Fähre** nach Puerto Espora, der Fährstation auf dem chilenischen Feuerland. Der nächste Ort ist Sombrero (27 km), wo es auch eine Tankstelle gibt. Von hier fehlen noch 167 km bis Río Grande.

Ushuaia

⇗ XXI,C3

Zwischen „bunt, lebhaft und putzig" sowie „trist und heruntergekommen" schwanken die Urteile über die **südlichste Stadt der Welt.** Die Provinzhauptstadt mit heute gut 50.000 Einwohnern ist eine prosperierende Siedlung mit bunten Holzhäuschen, aber auch eine Stadt, in der gnadenlos schnell hässliche Provisorien hochgezogen wurden und wo Baustellen und Bretterbuden das Bild bestimmen.

a78-396 Foto: gw

In Ushuaia

Vor allem ist Ushuaia der **Haupttouristenort der Insel.** Hier gibt es die meisten Hotels, und von hier aus kann man die besten Ausflüge unternehmen. Die Lage der „Bucht, die nach Osten sieht", so die wörtliche Übersetzung des Indianerwortes Ushuaia, ist herausragend: Vor der Stadt das eisblaue Meer, dann mehrere Reihen bunt gestrichener Häuser, die im Sonnenlicht dekorativ herausgeputzt blinken, dahinter steigen steil die zwar nur etwa 1500 Meter hohen, aber auch im Sommer von einer dicken Schneeschicht bedeckten Berggipfel an. Am Hafen riecht es nach Fisch und Teer, mitunter wird ein deutsches Kreuzfahrtschiff mit frischem Bier beladen. Die Möwen kreischen, eine Katze schleicht um die Container, die Sonne strahlt, und der Wind bläst eiskalt durch die Reißverschlüsse.

Verlaufen kann man sich in der Stadt nicht. Die Hauptstraße Av. San Martín verläuft einen Block parallel zum Ufer, insgesamt umfasst das kleine Zentrum etwa sechs Blocks vom Ufer landeinwärts und ungefähr 13 Blocks senkrecht zum Uferverlauf. Eine zentrale Plaza gibt es nicht.

Sehenswertes

Viele Sehenswürdigkeiten hat die Stadt selbst nicht, zwei Dinge aber sollte auch der eilige Besucher nicht versäumen: das Museo del Fin del Mundo und das Presidio.

Museo del Fin del Mundo

Das Museo del Fin del Mundo, in einem der ältesten Häuser der Stadt untergebracht, hat sehr beengte Räumlichkeiten, aber einen recht großen Fundus; deshalb, und weil der Direktor auch den Einheimischen öfter etwas Neues bieten will, wechseln die Ausstellungen. Gezeigt wird die **Natur- und Kulturgeschichte des Archipels.** Unter den Exponaten sind ausgestopfte Tiere, frühe Fotografien, Kleidung aus der Sträflingskolonie, indianische Kultgegenstände und Teile von Schiffswracks. Im Museum gibt es eine kleine, öffentlich zugängliche Präsenzbibliothek und einen gut sortierten Laden mit einer guten Literaturabteilung über Feuerland. Das Museum ist in der Maipú 173, direkt am Ufer; Öffnungszeiten: täglich 9–20 Uhr, Führungen um 11 und 17 Uhr, Eintritt: 3,50 US-$.

Presidio – Museo Marítimo de Ushuaia

Das Presidio verweist auf ein düsteres Kapitel in der Geschichte Feuerlands: **Sträflinge** waren unter den ersten Bewohnern der Insel, neben den reichen Estanzieros und deren Untergebenen. Im Dezember 1902 waren die Häftlinge nach Ushuaia verlegt worden, „aus humanitären Gründen", wie es hieß – und ein gewisser Fortschritt war der „Wohnsitzwechsel" tatsächlich, waren die Sträflinge im 19. Jahrhundert doch noch weiter entfernt von jeder Zivilisation gefangengehalten worden: auf den Islas de los Estados. Wenn man heute in das teilweise renovierte Gefängnisgebäude geht, kann man sich gut ein Bild von den damaligen Haftbedingungen machen. Die engen düsteren Zellen, denen auch der frische Anstrich keine Helligkeit verleiht, haben die wenigsten Häftlinge lebendig wieder verlassen. Zumal sie harte Arbeit leisten mussten: Schließlich bauten sie die Zugtrasse, die von Ushuaia Richtung Nationalpark führt und auf der heute ein Touristenzug verkehrt. 1947 wurde das Presidio als Gefängnis aufgelöst, seitdem gehört das Gelände zum **Militärstützpunkt.** Teilweise in den Zellen selbst, teilweise in anderen Räumen erinnern thematische Ausstellungen an die Geschichte der Seefahrt in Feuerland und an Pioniere der geografischen Erkundung wie *Alberto Agostini, Otto Nordenskjöld* oder den „Feuerland-Flieger" *Gunther Plüschow.* Der Zugang zum Presidio ist an der Ecke Yaganes und Gobernador Paz; täglich ist geöffnet von 9–20 Uhr, Führungen um 11, 14, 16.30 und 17.45 Uhr, Eintritt: 10 US-$, www.museomaritimo.com.

Sehenswert ist auch das private **Museo de Maquetas Mundo Yámana** (Rivadavia 56, tägl. 10–20 Uhr), das sich mit der Geschichte der Ureinwohner beschäftigt und in Dioramen deren Leben vorstellt.

Touristeninformation

- Die sehr hilfreiche Touristeninformation (mitunter wird auch Deutsch gesprochen) ist in der San Martín 22, geöffnet Mo bis Fr 8–21, Sa/So 9–20 Uhr, Tel. (02901) 432000. Ein kleines Büro gibt es auch am Flughafen. Beide haben aktuelle Listen mit Unterkunftsmöglichkeiten. Diese stehen, ebenso wie sämtliche Bus-, Flug- und Schifffahrtspläne, auch im Internet unter **www.e-ushuaia.com.**

Unterkunft

Preiswerte Hotels zu finden ist nicht mehr ganz so einfach. Inzwischen haben die Ushuaier gemerkt, dass man auch gut mit Rucksacktouristen Geld verdienen kann. Wer mit dem Bus aus Punta Arenas ankommt, kann sicher sein, angesprochen zu werden. Im Folgenden einige Empfehlungen:

- **Amanecer de la Bahía,** Magellanes 594, Tel. 424405, amanecerdelabahia@arnet.com.ar. Gemütlich und sauber, Küchenbenutzung, Gepäckaufbewahrung, Wäscheservice, Tourorganisation. Übernachtung ab 10 US-$.
- **Antarctica Hostel,** Antartida Argentina 270, Tel. 435774, www.antarcticahostel.com. Küchenbenutzung, mit Frühstück, Garten, Wäscheservice, freier Internetzugang, Fahrradverleih, 10 US-$ pro Person.
- **Albergue Los Cormoranes,** Kamshen 788, Tel. 423459, www.loscormoranes.com. Abholung vom Busbahnhof oder Flughafen. Nette und hilfsbereite Besitzer. Wäscheservice, Küchenbenutzung, freies Internet. Sehr zu empfehlen. P.P. 11 US-$ mit Frühstück.
- **Cumbres del Fuego,** Teshne 718, Tel. 421322, glaciar@infovia.com.ar. 15 US-$ pro Person mit gutem Frühstück. Vollständig eingerichtetes Haus (Küche, Waschmaschine alles inklusive), Besitzerin spricht auch Englisch. Nachteil: Das Haus liegt am Stadtrand (etwa 15 Min. zu Fuß vom Zentrum), hat aber einen perfekten Blick auf die Bucht.
- **Aloj. Turístico Kaiken,** Gobernador Paz 7, Tel. 436756. Sauber, sehr gepflegtes Haus, gemütlich eingerichtet, Kochgelegenheit. Übernachtung ohne Frühstück ab 11 US-$, mit 13 US-$.
- **Torre al Sur,** Gob. Paz 1437, Tel. 430745, www.torrealsur.com.ar. Jugendherberge mit Kochgelegenheit, Zwei- und Mehrbettzimmer, sauber, guter Treffpunkt. P. P. 9 US-$.
- **Familia Velásquez,** Juana Fadul 361, Tel. 421719. Recht neu, sauber und okay. Mit Kochgelegenheit. Übernachtung ab 30 US-$.
- **Albergue Yaktemi,** San Martín 626, Tel. 43 7437, yaktemi@speedy.com.ar. Mitten im Zentrum, ab 8 US-$.
- **Hostal Los Calafates,** Fagnano 456, Tel. 435515, www.hostalloscalafates.com.ar, mit Bad und Frühstück 42 US-$. Küchenbenutzung, sehr freundlich.
- **Hostal de la Laguna,** Las Lajas 1247, Tel. 443424, 50 US-$.
- **Hospadaje Yaktemi,** Las Lajas 1247, Tel. 437437, www.yaktemihostal.com.ar. Mitten im Zentrum, zwischen 40 und 60 US-$.
- **Hostal Malvinas,** Gob. Deloqui 615, Tel. 422626, www.hostalmalvinas.net. 60 US-$.
- **Hostería Mustapic,** Piedrabuena 230, Tel. 421718, www.ushuaiamustapic.com. 60 US-$.
- **La Casa,** Gobernador Paz 1380, Tel. 423 202. Sehr sauber, freundlicher Service, schöne Holzarchitektur und herrlicher Panoramablick über Beagle-Kanal, die Stadt und die Berge, 80 US-$.
- **Hotel Albatros,** Maipú 505, Tel. 437300, www.albatroshotel.com.ar. Moderne Zimmer mit Blick auf den Beagle-Kanal, 160 US-$.
- **Cumbres del Martial,** Luis F. Martial 3560, Km 5, auf dem Weg zum Martial-Gletscher, Tel. 434699, www.cumbresdelmartial.com.ar, ab 195 US-$.
- **Hotel del Glaciar,** Luis Martial 2355, Tel. 430640, www.hoteldelglaciar.com. 4-Sterne-Hotel mit schönem Blick über Stadt und Bucht, ab 200 US-$.
- **Las Hayas Resort,** Luis F. Martial 1650, Km 2,5 auf dem Weg zum Martial-Gletscher, Tel. 430710, www.lashayashotel.com; 275 US-$.

Essen und Trinken

Man kann gut essen in Ushuaia, allerdings nicht so preiswert wie in anderen Teilen Argentiniens. Gute Restaurants sind:

- **Tía Elvira,** Av. Maipú 349. Häufig sehr voll, gute Fischgerichte.

- **Mi Viejo,** Campos 758, tenedor libre.
- **Volver,** Maipú 37. Sehr schön, guter Fisch, exzellent wie in fast allen Restaurants sind die Königskrabben *(centolla)*.

Flugverbindungen

- Der **Flughafen Aeropuerto Internacional Malvinas Argentinas** liegt etwa 4 km vom Stadtzentrum entfernt, ein Taxi dorthin kostet etwa 3 US-$. Die Flughafensteuer macht einen arm: Bei Inlandsflügen werden 5 US-$, bei Flügen ins Ausland gar 20 US-$ kassiert.
- **Flüge** gehen mehrmals täglich nach Buenos Aires, Comodoro Rivadavia, Calafate, Trelew, Río Gallegos und Río Grande. Mehrmals wöchentlich werden Bariloche, Córdoba, Esquel, Mendoza, Neuquén, Puerto Madryn und Punta Arenas (Chile) angeflogen. Die Preise differieren je nach Fluggesellschaft erheblich. Die Flüge sollte man möglichst frühzeitig buchen!

Fluggesellschaften:
- **Aerolíneas Argentinas,** Roca 116, Tel. 421218.
- **Lade,** San Martín 542, Tel. 421123.
- **LAN Chile,** 25 de Mayo 62, Tel. 431110/1.

Überlandbusse

- Ushuaia hat **keinen Busbahnhof,** die Busse halten an den Büros der Gesellschaften.
- Durchgehende Busse nach Porvenir und Punta Arenas (beides Chile) gibt es nicht, einige **Gesellschaften** bieten Tickets an, mit denen man in Río Grande in einen chilenischen Bus umsteigen kann. Mehr Möglichkeiten gibt es in Río Grande, wohin sämtliche Busse verkehren. Von dort gelangt man auch nach Río Gallegos.
- **Tecni Austral,** Roca 157, Tel. 431412; Mo, Mi, Fr nach Punta Arenas über Punta Delgada, 12 Std. 26 US-$, zweimal täglich nach Río Grande, 9 US-$. Nach Río Gallegos 10 Std., 26 US-$.
- **Tolkeyen,** Maipú 237, Tel. 437073; Di, Do, Sa nach Punta Arenas über Punta Delgada, Mo über Porvenir, selbe Preise. Viermal täglich nach Río Grande.
- **Líder,** Gob. Paz 921, Tel. 436421; fünf- bis sechsmal täglich nach Río Grande, 9 US-$.
- **Montiel,** Marcos Zar 330, Tel. 431366; drei- bis viermal täglich nach Río Grande, 9 US-$.

Autoverleih

Für einen Kleinwagen sind etwa 50 US-$ (Kilometer frei) pro Tag zu veranschlagen.

Vermieter sind:
- **Avis,** Maipú 1259, Tel. 436665.
- **Cardos,** San Martín 845, Tel. 436388.
- **Wagen Rent a Car,** San Martín 1222, Tel. 430739.
- **EuropCar,** Maipú 857, Tel. 430786.
- **ABC Tagle,** San Martín 1199, Tel. 422744.

Nachtleben

- Das **Kino** in der Marinebasis – selber Eingang wie zum Presidio, am Ostende der Gobernador Paz – zeigt täglich drei Filme, meist relativ neues Mainstream-Kino (ausländische Filme mit Untertiteln), Eintritt je nach Uhrzeit 4–6 US-$.
- **„Ozono",** San Martín zwischen Yaganes und Antártida Argentina. Größte **Diskothek** der Stadt. Vor 1 Uhr lohnt der Besuch nicht.

Reiseveranstalter

Die meisten Veranstalter bieten dieselben Touren zu denselben Preisen an. Es sind **Schiffsausflüge auf dem Beagle-Kanal, Besuche der Estancia Harberton, Besuche im Nationalpark** und **Ausflüge zu den Seen.** Die aktuellen Ziele und Preise erhält man in der Touristeninformation. Lohnenswert sind die Schiffstouren auf dem Kanal, besonders mit dem kleinen Boot „Tres Marías" (Abfahrt 9.30 und 15 Uhr ab Hafenmole, 4½ Stunden, 20 US-$), oder anstrengendere Ausflüge wie z.B. zu den Islas de los Estados sowie mehrtägige Trekking-Touren und Ausritte. Auch Kanu- und Kajakfahrten auf dem Beagle-Kanal kann man nur über Reiseveranstalter buchen.

Für Seefeste lohnt sich ein Segeltörn auf dem Beagle-Kanal. **Patagonia Explorer** bie-

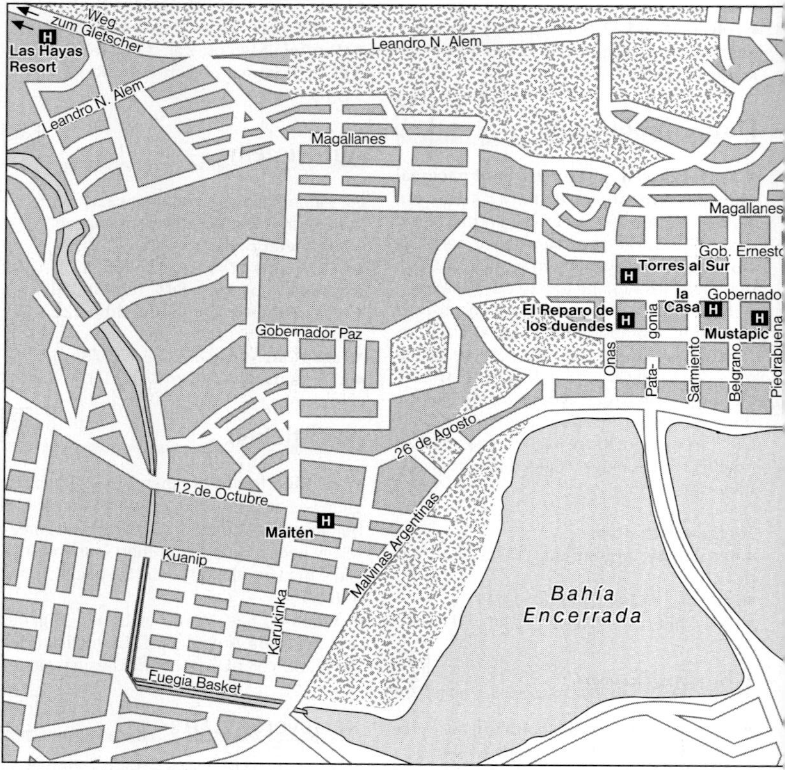

tet eine vierstündige Tour (tägl. um 9.30 und um 15 Uhr) mit Landgang auf der Insel Bridges. Die Fahrt ist allerdings stark vom Wetter abhängig und mit 40 US-$ gut 10 US-$ teurer als die Ausflüge mit dem Motorboot. Tickets gibt es am Hafen, an der Muelle Turistico.

Von Ushuaia starten die mehrtägigen, teuren **Reisen Richtung Antarktis;** eine zwölftägige Tour kostet mindestens 4000 US-$ pro Person und sollte am besten im Voraus über eine Reiseagentur gebucht werden. In Ushuaia bieten im Sommer mehrere Yachten Segeltörns um das Kap Hoorn oder sogar bis zur Antarktis an; nähere Informationen bei den Veranstaltern oder direkt am Hafen.

Die meisten anderen Touren, insbesondere kurze Ausflüge in den Nationalpark, kann man selbst genauso gut organisieren. Die notwendigen Infos bekommt man beim Fremdenverkehrsamt.

Einige **Reiseveranstalter:**

- **Antartur,** Gob. Paz 1569, Tel. 423240. Auch Trekkingtouren.
- **Rumbo Sur,** San Martín 342, Tel. 421139, www.rumbsour.com.ar.
- **Tiempo Libre,** 25 de Mayo 260, Tel. 421017, tiempolibreushuaia@speedy.com.ar.
- **Canal Fun & Nature,** 9 de Julio 118, Tel. 437610, www.canalfun.com, info@canalfun.com. Exkursionen und Trekking im National-

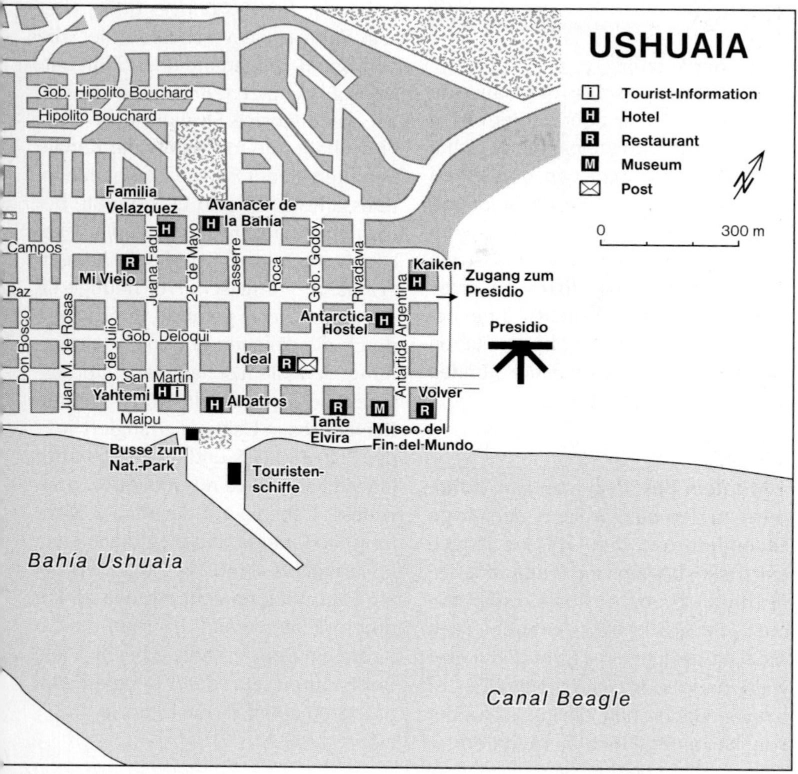

park, Kajaktouren, Reitausflüge, Rundfahrten zum Lago Fagnano – sehr empfehlenswert.

- **All Patagonia,** Juana Fadul 26, Tel. 433622. Trekking- und Fahrradtouren.
- **Turismo de Campo,** 25 de Mayo 70, Tel. 437351. Reit-, Trekking- und Angeltouren, Segeltörn nach Puerto Williams/Chile.

Sonstiges

- Das **Deutsche Konsulat** befindet sich in der Bdier. Gral Juan Manuel de Rosas 516, Tel. (02901) 430763.
- Die Adresse der **Post** ist San Martín/Ecke Gody.
- Der *Banco del Tierra del Fuego* tauscht **Bargeld und Schecks. Geldautomaten** finden sich im Innenstadtbereich auf der Av. San Martín.
- Mehrere Telefonzentralen auf der San Martín bieten auch einen **Internetservice.**
- **Wäscherei:** Die *Lavanderia Los tres Angeles* (Manuel Rosas/Ecke San Martin) ist empfehlenswert.
- Gut sortiert ist die **Buchhandlung** *Boutique del Libro* auf der Av. San Martín 1129.

Ausflüge

Gletscher Martial

Der Gletscher selbst ist relativ unspektakulär. Da er aber an dem Berg liegt, der sich unmittelbar hinter Ushuaia erhebt, hat man von dort einen wunderbaren Blick über die Stadt und den Beagle-Kanal. Mit dem Bus vom Zentrum oder zu Fuß (7 km) ist die Talstation des **Sesselliftes** zu erreichen (täglich von 10–18.30 Uhr in Betrieb, 3 US-$). Von der oberen Station des Liftes sind es zwei weitere Stunden Fußweg bis zum Gletscher.

Die Seen

Mit dem Bus kann man eine **Rundreise** zu den beiden Seen, dem **Lago Escondido** und dem 100 km langen und 10 km breiten **Lago Fagnano,** beide nördlich von Ushuaia, unternehmen. Die Strecke folgt der Straße nach Río Grande. Der Weg führt durch eine wald- und moorreiche Gegend, es ist eine Berglandschaft, die immer wieder von kleineren Hochtälern unterbrochen wird. An beiden Seen besteht die Möglichkeit, die Fahrt für eine Nacht zu unterbrechen: am Lago Escondido in der **Hostería Petrel** (sehr altes Haus mit renovierten Zimmern, 40 US-$ p.P., hpetrel@infovia.com.ar, Tel. 43-3569), am Lago Fagnano in der **Hostería Kaikén,** Tel. 02901/492372, www.hosteriakaiken.com.ar, zwischen 65 und 85 US-$. Die Rundtour kostet 25 US-$.

Estancia Harberton

Die **älteste Estanzia auf Feuerland** kann besucht werden. Der britische Missionar *Thomas Bridges* und später sein Sohn *Lucas* versuchten hier, die bedrohten Yahgan-Indianer Südfeuerlands zu schützen. *Bridges* verdanken wir das intensive Studium dieser Ureinwohner, die mit Kanus die Kanäle befuhren. In der Estanzia kann man interessante Fotos und Dokumente bewundern, darunter auch *Bridges'* Lebenswerk: ein Wörterbuch Yahgan (Yámana) – Englisch. Der heutige Eigentümer bietet geführte Rundgänge durch die Anlagen und in die Umgebung (Waldlandschaft) an. Der Estanzia-Besuch kann durch die meisten **Reisebüros** in Ushuaia arrangiert werden (ca. 25 US-$ und 3 US-$ Eintritt); individuell geht es nur **mit Auto.** Man verlässt Ushuaia auf der Ruta 3 Richtung Río Grande und biegt nach etwa 40 km rechts ab auf die Ruta J. Vorbei am Lago Victoria geht es etwa 25 km durch dichten Wald, bis man die Estanzia am Beagle-Kanal erreicht. Viele Bootstouren auf dem Beagle-Kanal passieren ebenfalls die Estanzia.

Biberschäden im Nationalpark Tierra del Fuego

Parque Nacional Tierra del Fuego

Nur 18 km westlich von Ushuaia liegt der **Nationalpark Feuerland,** der 1960 direkt an der Grenze zu Chile gegründet wurde. Er umfasst etwa 63.000 Hektar und ist für Besucher zumindest in seinem südlichen Teil gut erschlossen. Die Ruta 3 führt mitten in ihn hinein, bis an die **Bahía Lapataia,** wo ein großes Schild auf ihr Ende hinweist und verrät, dass es von hier 3065 km nach Buenos Aires sind.

Von Ushuaia ist der Park **problemlos mit Bussen** zu erreichen; sie fahren an der Ecke der Straßen Maipú und 25 de Mayo los. Die Fahrt hin und zurück kostet 8 US-$, sie endet an der Confitería/Restaurant im Park.

Insgesamt gibt es im Nationalpark **sechs Campingplätze,** die meisten allerdings im Südteil, im Norden existieren keine offiziellen Campingmöglichkeiten. Der Park zieht sich die chilenisch-argentinische Grenze bis weit nördlich des Lago Fagnano entlang.

Es gibt zahlreiche, meist markierte Pfade. Die **Karten,** die man beim Eingang (Eintritt 7 US-$), bei der Parkverwaltung oder im Tourismusbüro in Ushuaia erhält, sind schlecht, reichen aber für kürzere Wanderungen völlig aus. In Ushuaia selbst gibt es bessere Karten zu kaufen. Längere Touren im Park sind nur mit Führer oder nach größerer Vorbereitung möglich.

Für einige Tage oder auch nur einen Tagesbesuch lohnt der Aufenthalt immer. Die **Landschaft ist** einfach **faszinierend.** Schroffe Klippen und bedrohlich wirkende Gletscher wechseln sich ab mit tiefem, undurchdringlich erscheinendem kalten Regenwald, es gibt idyllische Ecken wie die Bahía Lapataia, andererseits aber auch über-

a79-398 Foto: gw

schwemmte Waldgebiete, wo die Bäume verfaulen, langsam umfallen, abgenagt sind und tot in den Himmel ragen: das Werk von Bibern, die - irgendwann ausgesetzt - sich rasch vermehrten, da sie hier keine natürlichen Feinde haben. Mit Glück bekommt man Guanacos und Seelöwen zu Gesicht, nur ein wenig Geduld braucht man, um an der Küste Seevögel zu entdecken.

Am besten informiert man sich bei der Touristeninformation in Ushuaia sowie bei der Verwaltung des Nationalparks, ebenfalls dort (auf der Av. San Martín zwischen Patagonia und Sarmiento). Von Ushuaia aus werden auch Touren in den Park angeboten (vgl. dort die Ausführungen unter dem Stichwort „Reiseveranstalter").

In den Nationalpark fährt auch die **südlichste Eisenbahn der Welt,** eine Dampfeisenbahn, die **„Tren del Fin del Mundo"** genannt wird. Die Strecke der Schmalspurbahn, ursprünglich Anfang des 20. Jahrhunderts von Sträflingen gebaut, ist 6 km lang. Die Fahrt kostet 25 US-$ und ist eher ein Freizeitspaß als eine echte Attraktion. Die Strecke wird viermal täglich bedient, der Spielzeug-Zug startet an der Fin-del-Mundo-Station in Ushuaia (Ruta 3, km 8), die Fahrscheine erhält man im Büro des *Ferrocarril Austral Fueguino.*

Río Grande

↗XXI,C2

Die etwa 70.000 Einwohner große Stadt an der Mündung des Río Grande in den Atlantik ist das **ökonomische Zentrum Feuerlands.** Die Stadt ist ein **Ölhafen** und besitzt eine kleine Raffinerie. Gleichzeitig ist sie das **Zentrum der Schafzuchtregion** in Nordfeuerland. Als solches wurde sie auch offiziell am 11. Juli 1927 vom Estanciero *José Menéndez* gegründet, obgleich hier schon seit Mitte der 90er Jahre des 19. Jahrhunderts eine Salesianermission bestand (s.u.). Touristisch ist der Ort allerdings nur als Durchgangsstation interessant.

Touristeninformation

- Fremdenverkehrsbüro **Instituto Fueguino de Turismo,** Tel. (02964) 422887, T. Espora 533.
- Die **städtische Touristenauskunft** ist in der Rosales 350, geöffnet tägl. 9–17 Uhr.

Unterkunft

- **Hotel Argentina,** San Martín 64, Tel. 422 546, www.hostelargentino.com.ar. Das beste unter den preiswerten. Schönes Haus mit Küchenbenutzung, etwa 10 US-$ pro Person.
- **Hotel Atlántida,** Belgrano 582, Tel. 431914, atlantida@netcombbs.com.ar. Das erste Haus am Platz, vorbestellen! 36 US-$.
- **Hospedaje Noal,** Rafael Obligado 557, Tel. 427516. Freundlich, sauber, gutes Frühstück. 15 US-$.
- **Hotel Residencial Rawson,** J. M. Estrada 750, Tel. 430352. Kleine, saubere DZ mit Bad für 25 US-$.
- **Hotel Villa,** San Martín 281, Tel. 425307, 27 US-$.

Flugverbindungen

- Vom Flughafen – 4 km außerhalb der Stadt und per Bus zu erreichen – gibt es mehrfach täglich Flüge nach Buenos Aires, Comodoro Rivadavia, Río Gallegos, Trelew und Ushuaia, mehrmals wöchentlich werden Bahía Blanca, Córdoba, Calafate, Neuquén, Puerto Madryn und Puerto Deseado angeflogen. Täglich außer So auch Flüge nach Punta Arenas (Chile).

Fluggesellschaften:
- **Aerolíneas Argentinas/Austral,** Av. San Martín 607, Tel. 424467.
- **Lade,** Lasserre 447, Tel. 422968.

Überlandbusse

Río Grande hat **keinen Busbahnhof,** die Busse halten an den Büros der Gesellschaften. (*Tecni Austral,* Moyano 516, Tel. 432885; *Líder,* Perito Moreno 1056, Tel. 420003; *Montiel,* 25 de Mayo 712, Tel. 427225).
- **Punta Arenas,** 8 Stunden, 20 US-$.
- **Ushuaia,** täglich zweimal, 10 US-$.

Autoverleih

- **Avis,** Brown 1045, Tel. 425248, und am Flughafen.

Reiseveranstalter

- **Estancias Fueguinas,** Rivadavia 754, Tel. 423618, estanciasfueguinas@speedy.com.ar.
- **Shelk'Nam Viajes,** Av. Belgrano 1122, Tel. 426278, shelknamviajes@speedy.com.ar.

Sonstiges

- Die **Post** ist Rivadavia 968.
- **Geld** wechselt der *Banco Tierra del Fuego,* San Martín 193.

Ausflüge

Salesianer-Museum

Etwa 11 km nördlich der Stadt liegt die Salesianermission, die 1893 von *Monseñor Fagnano* gegründet wurde. Heute beherbergt sie eine agrotechnische Schule. Zu besichtigen ist ein Gebäude, das 1897 von den Indígenas erbaut wurde, ein Museum, das nicht besonders gut organisiert, aber sehr reichhaltig ist. Es zeigt historische Fotografien, Landmaschinen, archäologische Funde und indianische Kulturgegenstände.

Estancia María Behety

Die 22 km westlich der Stadt gelegene Estancia besitzt die **größte Schafschuranlage der Welt.** Ein Besuch kann über Estancias Fueguinas, Rivadavia 754, organisiert werden.

Der chilenische Teil Feuerlands

Porvenir ↗XXI,C2

„Punta Arenas gegenüber, an der Küste des Feuerlandes, liegt das kleine Porvenir (Zukunft) als Wintersitz von Goldwäschern und Schafzüchtern. Dort ist beinah jedes Haus eine Kneipe." So urteilte *Otto Bürger* 1926 über die damals südlichste Stadt Chiles. Seitdem hat sich vieles verändert – die Zeit des **kurzen Goldrausches** ist längst vorbei, weiter südlich gibt es inzwischen auf der Isla Navarino den Ort Puerto Williams, und die Zahl der Kneipen hat auch stark abgenommen, nur groß ist Porvenir immer noch nicht geworden. Zwar ist es die **größte chilenische Stadt auf Feuerland,** aber sie zählt

nur wenig mehr als 5000 Einwohner. Die meisten sind **Nachfahren kroatischer Siedler,** die im Zuge des erwähnten Goldrausches nach 1880 auf die Insel kamen.

Porvenir ist eine **hübsche, verschlafene Kleinstadt.** Sie liegt am Ostende der tief eingeschnittenen, gleichnamigen Bucht, gut geschützt vor den Winden der Magellanstraße. Die meisten Besucher halten sich nur kurz hier auf, sie sind auf der Durchreise von/nach Punta Arenas von/nach Ushuaia im argentinischen Teil Feuerlands.

Sehenswert ist das örtliche Museum mit dem langen Namen **Museo de Tierra del Fuego Fernando Cordero Rusque,** das im selben Gebäude wie die Touristeninformation untergebracht ist. Es zeigt archäologische Funde aus der Region, Materialien zur Kultur der Feuerland-Indianer sowie Ausstellungsstücke, die an die ersten Pioniere erinnern; eine große Abteilung widmet sich dem frühen chilenischen Kino (Valdivieso 402, direkt an der Plaza, Mo bis Fr 9–16 Uhr, Nov. bis März auch Sa, So 11–14 und 15–17 Uhr).

Touristeninformation

- Ein städtisches **Informationsbüro** liegt direkt an der Plaza (Valdivieso 402).
- Ein **Informationskiosk** steht an der Uferstraße zwischen Santos Mardones und Muñoz Gamero.

Unterkunft/ Essen und Trinken

- **Hotel España,** Croacia 698, Tel. 61/580160, www.hotelespana.cl. 45 US-$.
- **Hotel Rozas,** Bernardo Philippi 296, Tel. 580088. Mit gutem Restaurant. Mit Heizung und Bad ca. 40 US-$.
- **Hostería Los Flamencos,** Teniente Merion, Tel. 580049, www.hosterialosflamencos.com. Bestes Hotel im Ort, Blick über den Hafen. Mit Bad ca. 40 US-$.

Flugzeug

- **Aerovías DAP,** Av. Señoret 542, Tel. 580089. Fliegt zweimal täglich **nach Punta Arenas** (www.aeroviasdap.cl).

Schiff/Fähre

- Einmal täglich außer montags verkehrt zu wechselnden Uhrzeiten die **Fähre „Melinka" nach Punta Arenas** von der Bahía Chilota, dem südlich des Ortes gelegenen Hafen (Minibusservice dorthin, 1–2 US-$). Die Fähre braucht 2½ Stunden für die Überfahrt, die Tickets kosten 8 US-$ p.P., für den Pkw sind 45 US-$ fällig. Tickets erhält man im Kiosk an der Uferstraße zwischen Santos Mardones und Muñoz Gamero, Tel. 580089.

Sonstiges

- **Geldwechsel:** Denken Sie daran, genügend **Bargeld** mitzubringen. Zur Not gibt es auf der Philippi 265 eine Filiale des *Banco Estado.* Dollars tauscht der Laden Estrella del Sur auf der Santos Mardones, evtl. geht es auch in Hotels.
- **Post und Telefon:** Die **Post** befindet sich auf der Ecke Philippi und Briceño, an der Plaza. Die **Vorwahl** von Porvenir ist **61;** eine **Telefonzentrale** findet sich auf der Damián Riobó zwischen Valdivieso und Briceño.

Die Umgebung von Porvenir

Der chilenische Teil Feuerlands lässt sich gut in einer **mehrtägigen Rundfahrt** erkunden. Dabei gibt es ein Problem: **Öffentliche Verkehrsmittel fehlen,** man benötigt also ein eigenes Fahrzeug (in Porvenir gibt es keine Autovermietung). Die Straßen sind recht gut. **Tanken** kann man nur in Porvenir, Cerro Sombrero und Cullen, Reservekanister sind also Pflicht, da alle Tankstellen nur im Nordteil der Insel zu finden sind. Auch eine **Campingausrüstung** sollte man dabei haben, denn Restaurants und Hotels sind Mangelware.

In Porvenir wendet man sich nach Süden und erreicht bald die **Bahía Inútil.** Die „Nutzlose Bucht" erhielt ihren Namen von den Seefahrern, die auf der Suche nach der Ost-West-Passage in jede Bucht hineinfahren mussten, da sich überall der Durchgang befinden konnte. Die Fahrt führt durch eine lichte Steppenlandschaft, nach 99 Kilometern ist **Onaisin** erreicht. Hier liegt der **Cementerio Inglés,** ein Friedhof für vorwiegend schottische (!) Aufseher auf den großen Schaf-Estanzias. *Otto Bürger* schrieb 1926: „Die Grassteppen des Feuerlandes dienen der Schafszucht, welcher sich vornehmlich Engländer widmen. Die Schafe weiden aufsichtslos gleich wilden Geschöpfen."

Bei km 150 ist **Cameron** erreicht. Der Ort entstand um die Wirtschaftsgebäude einer früheren Schaf-Estanzia, und viel hat sich seit den Tagen der Sociedad Explotadora de Tierra de Fuego, die hier ab 1904 agierte, nicht verändert – nur die Schafe werden jährlich im Dezember inzwischen mit elektrisch betriebenen Maschinen (im Akkord) geschoren. Benannt ist der Ort übrigens nach dem schottischen Verwalter der Estanzia. Folgt man weiter der Küstenstraße, gelangt man nach 76 Kilometern an ihr Ende: Das ist bei **Puerto Arturo,** einer winzigen Siedlung. Kurz vorher passiert man den Río Cóndor. Wer sein Zelt dabei hat, kann hier in sehr schöner Umgebung campen.

Die Hauptstraße führt von Cameron nach Südosten ins Land hinein. Nach 37 Kilometern (von Cameron) leitet ein kleiner Abzweig nach links zu einem unter Denkmalschutz stehenden **Goldschürfbagger,** der 1904 aus England importiert worden war. Unterwegs sieht man häufig Guanakos, mitunter auch Ñandus in der offenen Steppe, es folgen vereinzelte Waldgebiete, dann ist nach 59 Kilometern (von Cameron) der Abzweig nach Süden erreicht. Weitere 35 Kilometer südlich teilt sich die Straße erneut, der linke (östliche) Arm führt zur **Estancia Vicuña** und zur 20 Kilometer weiter südlich gelegenen **Hostería Tierra del Fuego** (Voranmeldung in Punta Arenas; Tel. 61/241197, nur mäßige Qualität und völlig überteuerte DZ für ca. 150 US-$; Angelexkursionen, auch eine Hütte auf der Insel im Lago Blanco). Folgt man dem westlichen (rechten) Arm, gelangt man in die ersten Wälder, zum **Lago Blanco,** einem der schönsten Seen auf Feuerland, mit tollen Aussichten über den See hinweg auf die Darwin-Kordillere (einfacher Zeltplatz) und zum **Valle de los Castores,** dem Tal der Biber, das wie viele Täler in Südfeuerland von der Nagewut der Tiere gezeichnet ist.

Zurück auf der „Hauptstraße" von Cameron, wendet man sich nach Osten (rechts), dann biegt die Straße nach Norden ab und verläuft parallel zur chilenisch-argentinischen Grenze, vorbei an Wiesen, Mooren, vereinzelten Wäldern und einigen alten Estanzias, bis man schließlich auf die Ruta 257 trifft, die gen Westen nach Porvenir und nach Osten zum Grenzübergang ins argentinische Feuerland bei **San Sebastián** führt. Beide Grenzorte, sowohl der chilenische als auch der argentinische, heißen San Sebastián, dazwischen liegen 14 Kilometer.

55 Kilometer sind es von San Sebastián nach Norden bis **Cullen** (Tankstelle), weitere 50 Kilometer bis **Cerro Sombrero,** einer Siedlung von 500 Menschen, die 1958 von der Ölgesellschaft, größer als je gebraucht, gebaut wurde. Von hier sind es 43 Kilometer bis **Puerto Espora,** wo mehrmals täglich eine **Fähre** nach Punta Delgada an der schmalsten Stelle (Primera Angostura) **über die Magellanstraße** übersetzt (alle 1½ Std., 2 US-$ p.P., PKW 15 US-$, Fahrrad 1 US-$). Wer nicht hier übersetzt, gelangt auf einer recht guten Schotterstraße immer die Magellanstraße entlang zurück nach Porvenir (141 km).

Cordillera Darwin und Beagle-Kanal ⇗XXI,C3

Die spektakulärsten Landschaften Feuerlands rund um die vergletscherte, von Fjorden und Kanälen zerfranste Darwin-Kordillere sind **nur vom Wasser aus zu erreichen.** Die Cordillera Darwin ist der einzige Andenstrang, der in Ost-West-Richtung verläuft. Obwohl relativ niedrig – höchster Berg ist der **Monte Darwin** (2488 m) –, ist die Kette angesichts des rauen Klimas dieser Breiten auch im Sommer bis weit nach unten verschneit. Oben hält sich ein zusammenhängendes, dickes Eisfeld, von dem nach Norden und Süden blaue Gletscherzungen ins Meer stoßen und ihre Eisbrocken in lang gestreckte Fjorde „spucken".

Dank der Unwegsamkeit dieser Landschaft kann sich die südpatagonische **Tier- und Pflanzenwelt** vom Menschen weitgehend ungestört entfalten. An den Ufern ducken sich Südbuchen und Canelos unter dem Wind, mehrere Seelöwenarten leben an den Küsten, in den Kanälen tummeln sich Delphine und Wale, Albatrosse und Sturmvögel begleiten die Schiffe, und auf den Inseln nisten Wildenten und Magellangänse, Skuas, Kormorane und Pinguine. Nahe des Marinelli-Gletschers findet sich die einzige Kolonie von **See-Elefanten** in ganz Südamerika. Die bis zu drei Tonnen schweren Tiere ziehen hier ab Oktober ihren Nachwuchs auf.

Die schönsten Stellen – darunter auch die See-Elefanten-Kolonie – besucht das **Luxusschiff „Mare Australis"** auf seiner Tour von Punta Arenas bzw. Ushuaia aus (www.australis.com). Das Schiff ist – abgesehen von der Fähre „Fueguino", die einmal pro Woche von Punta Arenas (Tel. 61/218100, Dauer 34 Std., 120 US-$) nach Puerto Williams verkehrt, aber nicht an die Gletscher heranfährt – das einzige reguläre touristische Angebot für diese Gegend. Das erstklassige Programm mit zahlreichen Landgängen und der Fahrt zum Kap Hoorn rechtfertigt den hohen Preis durchaus (ab 900 US-$ in der Nebensaison, in der Hauptsaison 1300 US-$). Alternativ kann man sich bei Reiseagenturen in Punta Arenas nach Spezialtouren erkundigen oder einen Segeltörn buchen (siehe Puerto Williams).

Puerto Williams und Isla Navarino ⇗ XXI,C/D3

Ein paar geschotterte Straßenzüge mit Betongehsteigen und blassen Häuserfassaden, Kirche und Schule, Hafenmole und Marinekaserne vor dem Panorama verschneiter Berge – überaus bescheiden präsentiert sich der **südlichste Ort der Welt,** Puerto Williams auf der Isla Navarino, die von der Hauptinsel Feuerlands durch den Beagle-Kanal getrennt wird. Seinen Namen verdankt das Städtchen dem Begründer des Fuerte Bulnes bei Punta Arenas, *Juan Williams,* seine Existenz einem Stützpunkt der Marine. Rund 2000 Einwohner zählt die „Hauptstadt" und einzige Siedlung der **Provincia Antárctica Chilena,** deren Gouverneur die größte Fläche, aber zugleich die wenigsten Bürger unter sich hat. Wer hier lebt, stammt von der Insel, wurde entsandt oder ist auf Abenteuer und Einsamkeit versessen. Das Klima ist harsch, im Sommer erreichen die mittleren Höchsttemperaturen 13 °C, im Winter gerade mal 5 Grad. In die nächste chilenische Stadt (Punta Arenas) verkehrt einmal in der Woche ein Schiff und einmal täglich ein wackliges Kleinflugzeug.

Wer einen schönen Tag erwischt, wird Puerto Williams ein gewisses Flair nicht abstreiten können. Vor dem blank gefegten Himmel ragen die Zacken der **Dientes de Navarino** auf, und der Ort selbst kann durchaus mit ein paar Sehenswürdigkeiten aufwarten, sogar mit einem Nationaldenkmal: Oberhalb des Hafens ist der **Bug des Patrouillenbootes „Yelcho"** ausgestellt, welches 1916 die gescheiterte britische Expedition unter *Ernest Shackleton* aus der Antarktis rettete. Das hervorragend geordnete **Museo Martin Gusinde** ist nach dem deutschen Missionar und Ethnologen benannt, der von 1918 bis 1924 unter Feuerland-Indianern (Selk'nam und Yámana) lebte. Das Museum widmet sich der Naturgeschichte Feuerlands sowie der Ethnographie – *Martin Gusinde* selbst machte in den 1920er Jahren zahlreiche Fotos vom Alltagsleben der letzten Indianer.

Eine Gruppe von rund 100 Indianern, darunter noch eine „reine" Yámana und wenige, die die Sprache sprechen, lebt in **Villa Ukika** am Ortsrand von Puerto Williams. In ihrem **Gemeinschaftszentrum** verkaufen sie Kunsthandwerk und eine CD mit Yámana-Gesängen. Einen Besuch lohnt auch der kleine **Jachthafen.** Hier ankern im Sommer Hochseesegler aus aller Welt, magisch angezogen von der rauen Schönheit des Beagle-Kanals und von der Herausforderung, das Kap Hoorn zu umschiffen. Hier liegt auch die **„Micalvi", die südlichste Bar der Welt** – ein ehemaliger Rheindampfer (!), der in den 1950er Jahren in Puerto Williams als Versorgungsschiff für abgelegene Siedlungen diente und 1962 im Hafen sank. Das Oberdeck und die Brücke ragen aus dem Wasser und wurden zum Jachtclub umfunktioniert.

Wenige Kilometer außerhalb des Orts liegt der neu geschaffene **Parque Etnobotánico Omora,** der auf 800 Hektar eine Mischung aus antarktischer und tropischer Vegetation schützt und mit Lehrpfaden erschließt. Hier gedeiht neben und an den drei Nothofagus-Arten *Coihue, Ñirre* und *Lenga* eine große Vielfalt an Moosen und Flechten – daher auch das Leitmotiv des enthusiastischen Parkdirektors *Ricardo Rossi:* „Tourismus mit Lupe" (www.omora.org, Tel. 61/621305).

Naturfreunde finden südlich von Puerto Williams rund um die markanten Dientes (Zähne) de Navarino ein einsames **Trekkinggebiet** mit bewaldeten Hängen und Gletschertälern, das den Torres del Paine kaum nachsteht. Allerdings muss man sich auf Kälte, heftige Winde und Schneefall selbst im Sommer einstellen und entsprechend ausgerüstet sein.

Sehr gute Infos zu den Trekkingtouren (inklusive Kartenmaterial) enthält die Broschüre **Patagonia Trail Guides & Route Maps** aus dem Verlag *Latitud 90* (in den meisten Buchläden des Landes zu kaufen, ca. 13 US-$).

Touristeninformation

- Ein **städtisches Informationsbüro** nahe dem Museum erteilt Auskunft, auch Karten der Insel sind hier zu haben.

Unterkunft/ Essen und Trinken

Alle Hotels servieren auch Mahlzeiten.

- **Hostal Pusaki,** Piloto Pardo 222, Tel. 621 116, www.hostalpusaki.com. Sehr nette, familiäre Herberge, auch Mahlzeiten. 15 US-$ p.P. mit Gemeinschaftsbad, 20 US-$ p.P. mit Privatbad, jeweils mit Frühstück.
- **Hostal Coirón,** Maragaño 168, Tel. 621227, www.hostalcoiron.cl. Sehr gute Herberge des deutschen Seglers *Wolf Kloss,* mit Küchenbenutzung und Gemeinschaftsbad, 25 US-$ p.P.
- **Hostería Camblor,** Patricio Captdeville 41, Tel. 621033. DZ ohne Bad kosten 25 US-$, mit Bad das Doppelte.
- **Yagán Hostal,** Piloto Pardo 260, Tel. 621 151, hostalyagan@hotmail.com; 24 US-$ p.P.

Flugzeug

- Aerovías DAP, Centro Comercial, Tel. 621 051, fliegt täglich außer Sonntag von und nach Punta Arenas. Der Flug ist wundervoll und sollte so früh wie möglich gebucht werden, www.aeroviasdap.cl.

Schiff/Fähre

Es bestehen nur **wenige Schiffsverbindungen.** Die Route von Punta Arenas nach Puerto Williams führt durch die Magellanstraße südwärts, dann durch die Kanäle Magdalena und Cockburn und zuletzt durch den Beagle-Kanal bis Puerto Williams, vorbei an unzähligen Inseln und den Gipfeln der Darwin-Kordillere.

- **Ferry „Fueguino",** Fracht- und Personenschiff, das von Punta Arenas nach Puerto Williams fährt. Mi ab Punta Arenas, Sa ab Puerto Williams, Dauer 34 Stunden, Punta Arenas, Tel. 61/218100, Dauer 34 Std., 120 US-$.
- **„Mare Australis",** Expeditions-Kreuzfahrtschiff auf der Route Punta Arenas – Puerto Williams – Ushuaia – Kap Hoorn. Nähere Informationen unter „Cordillera Darwin und Beagle-Kanal", www.australis.com.

Die dritte Möglichkeit ist die **Mitfahrt mit einem Versorgungsschiff** der chilenischen Marine. Man erkundige sich bei der **Tercera Zona Naval,** Lautaro Navarro 1150, Punta Arenas, oder direkt beim zweiten Offizier der Versorgungsschiffe.

Nach sporadisch verkehrenden Booten zwischen dem argentinischen **Ushuaia** und Puerto Williams kann man sich in den jeweiligen Touristeninformationen erkundigen.

Touren/Reiseveranstalter

Trekkingtouren zu den Dientes de Navarino organisiert *Turismo Aonikenk,* Magallanes 619, Punta Arenas, Tel. 61/221982, www.aonikenk.com. Den Sommer über bieten etliche Hochseejachten von Puerto Williams aus **Segeltörns** durch den Beagle-Kanal, zum Kap Hoorn und zur Antarktis an. Kurzentschlossene können im Jachthafen fragen, besser bucht man allerdings im Voraus bei:

- **Sea, Ice & Mountains,** die Agentur des deutschen Seebären *Wolf Kloss* organisiert Touren auf ihrer Jacht „Santa María". Preise ab 1350 Euro für eine Woche zum Kap Hoorn oder der Darwin Range. Tel. 61/621150, capehorn.wolf@gmail.com, www.simltd. com.

Sonstiges

Telefon, Supermarkt und Post finden sich an der Presidente Ibáñez. Die **Telefonvorwahl** für Puerto Williams lautet 61.

arg3-552 Foto: gw

Anhang

arg3-553 Foto: gw

arg3-554 Foto: gw

Iguazú-Wasserfälle

Perito-Moreno-Gletscher

Magellan-Pinguin

Reisegesundheits-Informationen

Stand: August 2007

Die Angaben wurden nach bestem Wissen und sorgfältiger Recherche zusammengestellt. Eine Gewähr oder Haftung kann nicht übernommen werden.

Die nachstehenden Angaben dienen der Orientierung, was für eine geplante Reise nach Argentinien an Gesundheitsvorsorgemaßnahmen zu berücksichtigen ist. Die Informationen wurden uns freundlicherweise vom Centrum für Reisemedizin zur Verfügung gestellt. Auf der Homepage **www.travelmed.de** werden diese Informationen stetig aktualisiert. Es lohnt sich, dort noch einmal nachzuschauen.

Grundsätzlich gilt: Welche **Impfungen** letztendlich vorzunehmen sind, ist abhängig vom aktuellen Infektionsrisiko vor Ort, von der Art und Dauer der geplanten Reise, vom Gesundheitszustand sowie dem eventuell noch vorhandenen Impfschutz des Reisenden.

Da im Einzelfall unterschiedlichste Aspekte zu berücksichtigen sind, empfiehlt es sich immer, rechtzeitig (etwa 4 bis 6 Wochen) vor der Reise eine **persönliche Reisegesundheits-Beratung** bei einem reisemedizinisch erfahrenen Arzt oder Apotheker in Anspruch zu nehmen.

Ratschläge zur Reiseapotheke:

- Vergessen Sie nicht, eine kleinere oder größere Reiseapotheke mitzunehmen (wenigstens Medikamente gegen Durchfall, Fieber und Schmerzen sowie Verbandstoff, Pflaster und Wunddesinfektion), damit Sie für kleinere Notfälle gerüstet sind. Nicht vergessen: Medikamente, die der Reisende ständig einnehmen muss!
- Wenn Sie spezielle Fragen zur Reiseapotheke haben, wenden Sie sich am besten an eine Apotheke mit reisemedizinisch qualifizierten Mitarbeitern.

Klima:

Norden subtropisches bis tropisches Klima mit Sommerregen, um Buenos Aires warmgemäßigt, im Zentrum und in Patagonien Steppen- und Wüstenklima, im äußersten Süden subpolares Klima; durchschnitliche Juli-Temperatur in Buenos Aires 9,4° C, Januar-Mittel 23,1° C.

Einreise-Impfvorschriften: keine.

Empfohlener Impfschutz:

Generell: Tetanus, Diphtherie.

Außerdem sind zu erwägen: Hepatitis A, Typhus, Hepatitis B [e], Tollwut [f] und Gelbfieber [g] bei folgenden Reisebedingungen: Reise durch das Landesinnere unter einfachen Bedingungen (Rucksack-/Trecking- /Individualreise) mit einfachen Quartieren/Hotels; Camping-Reisen, Langzeitaufenthalte, praktische Tätigkeit im Gesundheits- oder Sozialwesen, enger Kontakt zur einheimischen Bevölkerung wahrscheinlich.

Ein Impfschutz gegen Hepatitis A ist auch zu erwägen bei folgenden Reisebedingungen: Aufenthalt in Städten oder touristischen Zentren mit (organisierten) Ausflügen ins Landesinnere (Pauschalreise, Unterkunft und Verpflegung in Hotels bzw. Restaurants mittleren bis gehobenen Standards).

(e) bei Langzeitaufenthalten und engerem Kontakt mit der einheimischen Bevölkerung
(f) bei vorhersehbarem Umgang mit Tieren
(g) nur für die Provinzen Corrientes und Misiones einschließlich Iguazú-Nationalpark im Nordosten

Malaria:

Geringes Risiko vorwiegend von Oktober bis Mai im äußersten Norden: tiefer gelegene ländliche Grenzgebiete zu Bolivien (Provinzen Salta und Jujuy) sowie zu Paraguay (Provinzen Misiones und Corrientes); alle übrigen Landesteile sind malariafrei.

Vorbeugung: Ein konsequenter Mückenschutz in den Abend- und Nachtstunden verringert das Malariarisiko erheblich **(Expositionsprophylaxe).** Die wichtigsten Maßnahmen sind: in der Dämmerung und nachts Aufenthalt in mückengeschützten Räumen (Räume mit Air Condition, Mücken fliegen nicht vom Warmen ins Kalte); beim Aufenthalt im Freien in Malariagebieten abends und nachts weitgehend körperbedeckende Kleidung (lange Ärmel, lange Hosen); Anwendung von insektenabwehrenden Mitteln an unbedeckten Hautstellen (Wade, Handgelenke, Nacken), Wirkungsdauer ca. 2–4 Std. Im Wohnbereich Anwendung von insektenabtötenden Mitteln in Form von Aerosolen, Verdampfern, Kerzen, Räucherspiralen. Schlafen unter dem Moskitonetz (vor allem in Hochrisikogebieten).

Ergänzend ist die Einnahme von Anti-Malaria-Medikamenten **(Chemoprophylaxe)** zu empfehlen. Zu Art und Dauer der Chemoprophylaxe fragen Sie Ihren Arzt oder Apotheker, bzw. informieren Sie sich in einer qualifizierten reisemedizinischen Beratungsstelle. Malariamittel sind verschreibungspflichtig.

Aktuelle Meldungen:

Gesundheitszeugnis/HIV-Test: Für Langzeitaufenthalte werden ein Gesundheitszeugnis („Health Certificate") sowie ein HIV-Test in deutscher und englischer Sprache verlangt (Formular auf Anfrage über die Botschaft).

Sprache

In Argentinien wird fast ausschließlich Spanisch gesprochen. Wie in den meisten Ländern Südamerikas bezeichnen auch die Menschen am Río de la Plata ihre Sprache nicht als Spanisch, sondern als **Castellano.**

Als Reisender in Argentinien kann man sich sicher auch **mit Englisch durchschlagen;** wer aber mehr will, als bloß ein Hotelzimmer zu finden oder einen Kaffee oder etwas zu essen zu bestellen, sollte schon ein wenig Castellano lernen.

Das argentinische Castellano unterscheidet sich in Aussprache, Grammatik und Wortschatz vom europäischen Spanisch.

Argentinien gehört zu den **„vos"-statt „tú"-Ländern.** „Du sagst" heißt somit nicht „tú dices", sondern „vos decís". Der Plural von „du", also „ihr", wird mit „ustedes" statt wie im Spanischen mit „vosotros" gebildet.

In der **„Kauderwelsch"**-Reihe des REISE KNOW-HOW Verlages, gibt es einen sehr guten Sprechführer **„Spanisch für Argentinien",** der sowohl für Anfänger als auch für Spanischsprechende ist.

Kleine Sprechhilfe

Regeln zur Aussprache

- **c** wie „k" vor a, o, u und Mitlauten: **carro** „karro" (Auto), **costa** „kosta" (Küste); stimmlos wie „ß" vor e, i: **cerca** „ßerka" (nahe), **cero** „ßero" (null)
- **cc** wie „kß": **occidental** „okßidental" (westlich)
- **ch** wie stimmloses „tsch" in „watscheln": **chévere** „tscheevere" (toll), **chistoso** „chißtosso" (witzig)
- **g** wie „g" vor a, o, u und vor Mitlauten: **gallo** „gaijo" (Hahn), **gobierno** „gobjierno" (Regierung); vor e und i wie „ch" in „Bauch": **gente** „chente" (Leute)
- **gu** wie „g", vor e und i ist das u stumm: **agua** „agua" (Wasser), **guerra** „gerra" (Krieg), **guía** „giia" (Führer)
- **h** ist stumm: **habitación** „abitasion" (Zimmer)
- **j** wie „ch" in Bach: **jugar** „chugar" (spielen)
- **ll** wie „sch" oder „dsch" in „Dschungel": **llamar** „dschamar" (anrufen)
- **ñ** wie „nj" in Anja: **cariño** „karinjo" (Zuneigung)
- **qu** (nur vor e und i) wie „k" gesprochen, u ist stumm: **que** „kee" (was), **quiero** „kieero" (ich will)
- **r** Zungenspitzen-r: **claro** „klaaro" (klar)
- **rr** stark gerollt: **perro** „perro" (Hund)
- **s** stimmlos wie **„ß"**: **mesa** „meßa" (Tisch); vor stimmhaften Konsonanten wie „s" in Vase: **mismo** „miesmo" (selbst)
- **v** wie „w" in „Wind": **visa** „wißa" (Visum)
- **x** wie „ks" in „Keks": **éxito** „eksito" (Erfolg)
- **y** wie „sch" in „schön": **yo** „scho" (ich)
- **z** stimmlos wie „ß": **zapato** „sapato" (Schuh)

Der bestimmte Artikel

Einzahl

männlich: **el** hombre – der Mann

weiblich: **la** mujer – die Frau
sächlich: **lo** mismo – das gleiche

Mehrzahl
männlich: **los** hombres – die Männer
weiblich: **las** mujeres – die Frauen
sächlich: **los** mismos – die gleichen

Der unbestimmte Artikel

Einzahl/Mehrzahl
männlich: **un/unos** hombre/s – ein Mann/einige Männer
weiblich: **una/s** mujer/es – eine Frau/einige Frauen

Bei Worten, die mit Selbstlaut enden, erfolgt die Mehrzahlbildung durch Anhängen eines **„s"**, bei Worten, die mit Mitlaut enden, durch Anhängen eines **„es"**.

Eigenschaftswörter

Eigenschaftswörter richten sich in Geschlecht und Zahl nach dem Hauptwort, auf das sie sich beziehen. Sie stehen anders als im Deutschen fast immer hinter dem Hauptwort und haben die Endungen:

weiblich: Einzahl -a, Mehrzahl -as
la montaña alta (der hohe Berg)
las camas nuevas (die neuen Betten)
männlich: Einzahl -o, Mehrzahl -os
el hombre alto (der große Mann)
los libros nuevos (die neuen Bücher)

Enden Eigenschaftswörter auf **-e** oder einen Mitlaut, wird in der Mehrzahl beider Geschlechter immer **-es** angehängt.

Persönliche Fürwörter

yo/ich – (tú/du) – **tú**/vos/du – **él**/er – **ella**/sie – **Usted**/Sie (höfliche Anrede, Einzahl) – **nosotros**/wir (männlich) – **nosotras**/wir (weiblich) – **ustedes**/ihr – **ellos**/sie (männliche Mehrzahl) – **ellas**/sie (weibliche Mehrzahl) – **Ustedes**/Sie (Anrede, Mehrzahl)

Wendungen, die weiterhelfen

Estoy buscando ... – Ich suche ...
Estoy buscando un banco.
Ich suche eine Bank.
Hay ...? – Gibt es ...?
Hay algo para comer?
Gibt es etwas zu essen?
Donde hay ...? – Wo gibt es ...?
Donde hay un médico?
Wo gibt es einen Arzt?
Donde está ...? – Wo ist ...?
Donde está la librería?
Wo ist die Buchhandlung?
Tenés vos ...? – Haben Sie ...?
Tenés vos cambio?
Haben Sie Kleingeld?
Puedo tener ...? – Kann ich ... haben?
Quiero .../Quisiera ...
Ich will .../Ich möchte gern ...
Quisiera hablar con el señor ...
Ich möchte mit Herrn ... sprechen
Cuánto es (cuesta, vale) ...?
Wieviel kostet ...?
Por favor/Gracias
Bitte/Danke
de nada
Nichts zu danken
Buenos días!
Guten Tag!
Hasta luego!
Bis bald!
Qué es esto?
Was ist das?
Cómo?
Wie bitte?

Cómo se dice (en castellano)?
Wie sagt man (auf Spanisch)?
Cómo se llama (usted)?
Wie heißen Sie?
Cómo te llamas?
Wie heißt Du?
Me llamo ...
Ich heiße ...
Perdone, disculpe
Entschuldigen Sie
Hable un poco más lento, por favor.
Sprechen Sie bitte ein bisschen langsamer.
Qué colectivo va a ...?
Welcher Bus fährt nach ...?

Fragewörter

cuándo? – wann?
por qué? – warum?
qué? – was?
cuál? – welche(r)?
quién? – wer?
cómo? – wie?
cuánto? – wieviel?
cuántos? (m) – wie viele?
cuántas? (w) – wie viele?
dónde? – wo?

a dónde? – wohin?

Bindewörter

y – und
o – oder
pero – aber
aunque – obwohl
porque – weil
si – ob, wenn,falls
cuando – als, wann
como – wie, da
que – dass, welche(r,s)

Wichtige Eigenschaftswörter

cerca(no) – nah
lejos – weit
bajo – niedrig
alto – hoch
grande – groß
pequeño – klein
largo – lang
corto – kurz
claro – hell
oscuro – dunkel
frío – kalt
caliente – warm, heiß
bueno – gut
malo – schlecht
mucho – viel
poco – wenig
viejo – alt
joven – jung
barato – billlig
caro – teuer
rápido – schnell
lento – langsam

Zahlen

0 – **cero**
1 – **un, uno, una**
2 – **dos**
3 – **tres**
4 – **cuatro**
5 – **cinco**
6 – **seis**
7 – **siete**
8 – **ocho**
9 – **nueve**
10 – **diez**
11 – **once**
12 – **doce**
13 – **trece**
14 – **catorce**
15 – **quince**

16 – **dieciseis**
17 – **diecisiete**
18 – **dieciocho**
19 – **diecinueve**
20 – **veinte**
30 – **treinta**
40 – **cuarenta**
50 – **cincuenta**
60 – **sesenta**
70 – **setenta**
80 – **ochenta**
90 – **noventa**
100 – **cien, ciento...**
200 – **doscientos**
500 – **quinientos**
1000 – **mil**
1.000.000 – **un millón**
1.000.000.000 – **mil millónes**

Zeitangaben

hoy – heute
ahora – jetzt
mañana – morgen
enseguida – sofort
pasado mañana – übermorgen
al punto – gleich
ayer – gestern
pronto – bald
antes de ayer – vorgestern
a veces – manchmal
temprano – früh
muchas veces – oft
tarde – spät
siempre – immer
todavía – noch
nunca – nie
ya – schon

Monate

enero – Januar
febrero – Februar
marzo – März
abril – April
mayo – Mai
junio – Juni
julio – Juli
agosto – August
se(p)tiembre – September
octubre – Oktober
noviembre – November
diciembre – Dezember

Wochentage

lunes – Montag
martes – Dienstag
miércoles – Mittwoch
jueves – Donnerstag
viernes – Freitag
sábado – Samstag
domingo – Sonntag

001-a Foto: jv

Bücher, Zeitschriften und Landkarten

Bücher

Hier erfolgt nur eine Auflistung unter den Rubriken Geschichte/Politik/Wirtschaft, Kultur sowie Geografie/Reisebeschreibungen/Allgemeines. Wer sich für die Literatur interessiert, sollte im Kapitel „Kultur" das Unterkapitel „Literatur" nachlesen. Dort werden Leseempfehlungen genannt (auch in deutscher Übersetzung).

Geschichte/Politik/Wirtschaft

- *Boris, Dieter/Tittor, Anne,* **Der Fall Argentinien.** Krise, soziale Bewegungen und Alternativen. Hamburg: VSA-Verlag.
- *Deutsch-Südamerikanische Bank,* verschiedene Kurzberichte über Lateinamerika
- **Fischer-Weltgeschichte,** mehrere Bände, Südamerika. Frankfurt: Fischer.
- *Galeano, Eduardo,* **Die offenen Adern Lateinamerikas. Die Geschichte eines Kontinents von der Entdeckung bis zur Gegenwart.** Wuppertal: Peter Hammer Verlag.
- *Goñi, Uki,* **Odessa – wahre Geschichte. Fluchthilfe für NS-Kriegsverbrecher.** Hamburg: Verlag Assoziation.
- *Hübener, Karl-Ludolf; Karnofsky, Eva; Lozano, Pilar,* **Weißbuch Lateinamerika. Eigenes und Fremdes.** Peter Hammer Verlag.
- *Kahle, Günter u.a.,* **Lateinamerika-Ploetz. Die Geschichte der lateinamerikanischen Staaten zum Nachschlagen.** Freiburg, Würzburg: Ploetz.
- *Kuhn, Christoph,* **Wo der Süden im Norden ist. Streifzüge durch Argentinien.** Zürich: Rotpunkt Verlag.
- *Ribeira, Darcy,* **Amerika und die Zivilisation.** Frankfurt: Suhrkamp.
- *Rosencof, Maurico; Huidobro, E. Fernandez,* **Wie Efeu an der Mauer. Erinnerungen aus den Kerkern der Diktatur.** Hamburg: Verlag Libertäre Assoziation.
- *Sábato, Ernesto,* **Nunca más, nie wieder.** Weinberg.
- *Thun, Konstantin,* **Außenpolitik und Menschenrechte. Deutschland – Argentinien 1976–1983.** Aktualisierte Neuauflage. Bad Honnef: Horlemann Verlag.
- *Weber, Gabi,* **Daimler-Benz und die Argentinien-Connection.** Von Rattenlinien und Nazigeldern. Hamburg: Verlag Assoziation.
- *Wöhlcke, Manfred,* **Der Fall Lateinamerika. Die Kosten des Fortschritts.** München: Beck.

Kultur

- *Birkenstock, Arne/Ruegg, Helena,* **Tango. Geschichte und Geschichten.** Mit Audio CD. München: DTB Verlag.
- *Christen, Maike,* **Praxis: Tango tanzen in Buenos Aires,** Reise-Know-How Verlag.
- *Oehrlein, Sieglinde,* **Buenos Aires. Ein Reisebegleiter.** Frankfurt: Insel Taschenbuch.

Exil 1933–45, Band 4, Leipzig: Reclam.

- *Rapela, Enrique,* **Cosas de Nuestra Tierra Gaucha.** Buenos Aires: Ediciónes Syndipress, (vermutlich um 1960).
- *Reichardt, Dieter,* **Tango. Verweigerung und Trauer, Kontexte und Texte.** Frankfurt/Main: Suhrkamp.
- *Reichardt, Dieter* (Hrsg.), **Autorenlexikon Lateinamerika.** Frankfurt/Main: Suhrkamp.
- *Sauter, Christian,* **Mit dem Tango im Herzen. Begegnungen in Buenos Aires.** Mit Audio CD. Berlin: Nicolai Verlag.
- *Schreiner, Claus,* **Musica Latina. Musikfolklore zwischen Kuba und Feuerland.** Frankfurt: Fischer.

Geografie, Reisebeschreibungen und Allgemeines

- *Alberto M. de Agostini,* **Zehn Jahre im Feuerland. Entdeckungen und Erlebnisse.** Brockhaus 1924 (!).
- *Bayer, Rodolfo Alejando,* **Verhalten in Argentinien.** Arbeitsmaterialien für den landeskundlichen Unterricht aus der Reihe „Verhaltenspapiere". Heft 34, Zentralstelle für Auslandskunde; Deutsche Stiftung für internationale Entwicklung. Unkel/Rhein.

- *Chatwin, Bruce,* **In Patagonien. Reise in ein fernes Land.** Reinbeck: Rororo.
- *Bruce Chatwin/Paul Theroux,* **Wiedersehen mit Patagonien.** München, Wien: Carl Hanser.
- *Darwin, Charles,* **Reise um die Welt 1831–36,** herausgegeben von Gernot Giertz. Darmstadt: Wissenschaftliche Buchgesellschaft.
- *Die Neue Welt,* **Chroniken Lateinamerikas von Kolumbus bis zu den Unabhängigkeitskriegen.** Frankfurt/Main: Suhrkamp.
- *Theroux, Paul,* **Der alte Patagonien-Expreß.** Hamburg: Hoffmann & Campe.
- *Wulschner, Hans Joachim* (Hrsg.), **Vom Río Grande zum La Plata.** Deutsche Reiseberichte des 19. Jahrhunderts aus dem südlichen Amerika. Tübingen und Basel: Horst Erdmann Verlag.
- *Zapata, José A. Friedl* (Hrsg.), **Argentinien. Natur, Gesellschaft, Geschichte, Kultur, Wirtschaft.** Tübingen und Basel: Horst Erdmann Verlag.

Zeitschriften

In Deutschland werden zwei Zeitschriften herausgegeben, die sich monatlich mit Politik, sozialen Bewegungen und Kultur in Lateinamerika befassen. Hier finden sich auch aktuelle Berichte zu Argentinien:

- **Lateinamerika Nachrichten,** Gneisenaustr. 2A, 10961 Berlin, Tel. (030) 6946100, www.lateinamerikanachrichten.de.
- **Zeitschrift der Informationsstelle Lateinamerika – ILA,** Heerstr. 205, 53111 Bonn, Tel. (0228) 658613, www.ila-web.de.

Landkarten

Der argentinische **Automobilclub ACA** gibt die besten und zuverlässigsten Straßenkarten heraus. Der *ACA* bietet zudem einzelne Straßenkarten zu den Provinzen. Sie sind aber nur selten an den Tankstellen zu bekommen, auf jeden Fall aber in der Zentrale, Av. del Libertador 1850 in Buenos Aires (www.aca.org.ar). Empfehlenswert ist auch die Argentinienkarte von *Firestone.* Sie deckt auch Chile ab.

Neu auf dem Markt ist: **Argentina – Guía YPF de Circuitos Turísticos.** Versehen mit Kartenmaterial vom Automobilclub *ACA,* umfasst er aber nicht ganz Argentinien.

Schwierig ist es immer, gute **topografische Karten** zu bekommen. Selbst in den meisten Nationalparks gibt es so etwas nicht. Hier mag ein Besuch des *Instituto Geográfico Militar,* Cabildo 381, Buenos Aires, weiterhelfen. Vor zu viel Optimismus sei aber gewarnt, denn die vorliegenden Kartenblätter sind oft hoffnungslos veraltet.

Eine sehr gute **Übersichtskarte** im Maßstab 1:2 Mio. ist die Argentinien-Karte von world mapping project/ Reise Know-How. Sie ist robust, GPS-tauglich, bildet deutlich das klassifizierte Straßennetz ab und zeichnet sich durch eine moderne Kartengrafik aus.

Landkartenspezialisten

Falls Sie die gesuchte Landkarte nicht bei Ihrem Buchhändler finden, können Sie sich an eine der folgenden Buchhandlungen und Ausrüster wenden, die sich auf Landkarten und Reiseliteratur spezialisiert haben (es handelt sich dabei um eine Auswahl; auch andere Läden haben ein vergleichbares Angebot):

Aachen
- **Mayersche Buchhandlung,** Ursuliner Str. 17–19, Tel. (0241) 4777126, Fax 4777167.

Berlin
- **Kiepert KG,** Hardenbergstr. 9a, 10623 Berlin, Tel. (030) 311880, 3180523-0, Fax 318 052344, www.kiepert.de.

- **Schropp Land + Karte,** Potsdamer Str. 129, 10783 Berlin, Tel. (030) 23557320, Fax 235 573210, www.schropp.de.
- **Nautische Buchhandlung Dietrich Reimer,** Unter den Eichen 57, 12203 Berlin-Lichterfelde, Tel. (030) 8312341, Fax 8313873, reimer nautik@sireconnect.de. Seekarten.

Bern

- **Atlas Travel Shop,** Schauplatzgasse 21, CH-3011 Bern, Tel. (031) 3119044, Fax 3125405; Filiale in CH-3232 Ins, Tel. (032) 3134407, Fax 3134408, www.atw.ch.

Bielefeld

- **Universitätsbuchhandlung Thalia,** Oberntorwall 23, Tel. (0521) 583060, Fax 5830640.

Bremen

- **Fata Morgana,** Geographische Buchhandlung, Auf den Häfen 9/10, 28203 Bremen, Tel. (0421) 78717, Fax 703059, Fata-morga na@t-online.de.

Dresden

- **Das internationale Buch,** Kreuzstr. 4, 01067 Dresden, Tel. (0351) 4954190, Fax 4954178.

Düsseldorf

- **Sack und Pack,** Brunnenstr. 6, 40223 Düsseldorf, Tel. (0211) 341742, Fax 331406, www.sackpack.de.

Essen

- **Orgs Buch- und Landkartenhaus,** Rosastraße 12, 45130 Essen, Tel. (0201) 781778, Fax 780402.
- **Baedeker,** Kettwiger Str. 35, Tel. (0201) 206 8153, Fax 2068100, www.baedeker.de.

Frankfurt/M.

- **Hugendubel,** Steinweg 1260313, Frankfurt/M. Tel. (069) 29982130, Fax 2977322.
- **Landkarten und Reiseführer Richard Schwarz KG,** Eckenheimer Landstr. 36, 60318 Frankfurt/M, Tel. (069) 553869, Fax 5975166, Berliner Str. 72 (Eingang: Großer Hirschgraben), Tel. (069) 287278.

Freiburg

- **Landkartenhaus Voigt,** Schiffstr. 6, 79098 Freiburg, Tel. (0761) 23908, Fax 2020054.

Gera

- **Gondrom KG,** Sorge 7, 07545 Gera, Tel. (0365) 8001283, Fax 8001301.

Graz

- **freytag & berndt reisebuchhandlung,** Sporgasse 29, A-8010 Graz, Tel. (0043) 316/ 818230, Fax 81823030, shopgraz@freytag berndt.at.

Hamburg

- **Dr. Götze Land & Karte,** Bleichenbrücke 9 (In der Bleichenhof-Passage), 20354 Hamburg, Tel. (040) 3574630, Fax 3480318.

Hannover

- **Schmorl & von Seefeld,** Bahnhofstr. 14, 30159 Hannover, Tel. (0511) 3675131, Fax 325625, www.schmorl.de.
- **ADAC – das Reisehaus,** Nordmannpassage 4, 30159 Hannover.

Karlsruhe

- **Buch-Kaiser GmbH,** Kaiserstr. 199, 76133 Karlsruhe, Tel. (0721) 929290, Fax 9292990.

Kiel

- **Geobuchhandlung,** Schülperbaum 9, 24103 Kiel, Tel. (0431) 91002, Fax 94249.

Köln

- **Landkartenhaus Gleumes & Co,** Hohenstaufenring 47–51, 50674 Köln, Tel. (0221) 211550, 215650, Fax 249417, www.landkar tenhaus-gleumes.de.

Leipzig

- **Reisefibel,** Salzgässchen 21, 04109 Leipzig, Tel. (0341) 9604641, Fax 9604642.

Ludwigsburg

- **Buchhandlung Aigner,** Arsenalstr. 8, 71638 Ludwigsburg, Tel. (07141) 936322, Fax 936350.

Mainz

- **Gutenbergbuchhandlung,** Große Bleiche 29, 55116 Mainz, Tel. (06131) 2703312, Fax 2703360, www.gutenbergbuchhandlung.de.

Monheim

- **Nordis Versand GmbH,** Postfach 10 03 43, 40767 Monheim, Tel. (02173) 95370, Fax 54278, www.nordis-versand.de.

München

- **Äquator GmbH,** Bücher – Ausrüstung – Reisen, Hohenzollernstr. 93, 80796 München, Tel. (089) 2711350, Fax 2714599.
- **Därr Expeditionsservice GmbH,** Theresienstr. 66, 80333 München, Tel. (089) 282032, Fax 282525, www.daerr.de.
- **Deutscher Alpenverein,** Tel. (089) 140030, Paul-Gerhard-Allee 24, 81245 München, Tel. (089) 82999494, www.alpenverein.de.
- **Geobuch GmbH,** Geografische Buchhandlung, Rosental 6, 80331 München, Tel. (089) 265030, Fax 263713, geobuch@t-online.de.

Neuenkirchen

● **Nordland-Versand,** Postfach 5, 49585 Neuenkirchen, Tel. (05465) 476, Fax 834, www.nordland-shop.de.

Nürnberg

● **Hugendubel,** Ludwigsplatz 1, 90403 Nürnberg, Tel. (0911) 2362125, Fax 2362112.

Regensburg

● **freytag & berndt,** Kohlenmarkt 1, Tel. (0941) 5840832, Fax 5840833, shopregensburg@freytagberndt.de.

Stuttgart

● **Buchhandlung Wittwer,** Königstr. 30, Tel. (0711) 2507185, Fax 2507145.

● **Woick Versand-Team,** Pf. 13 43 01, 70774 Filderstadt, www.woick.de.

Trier

● **Akademische Buchhandlung,** Fleischstr. 62, Tel. (0651) 9799285, Fax 9799290, www.interbook.de.

Tübingen

● **Osiandersche Buchhandlung,** Wilhelmstr. 12, 78074 Tübingen, Tel. (07071) 92010, Fax 920192, www.osiander.de.

Wien

● **freytag & berndt reisebuchhandlung,** Kohlmarkt 9, A-1010 Wien, Tel. (0043) 1/5338685, Fax 533868586, www.freytagberndt.at.

Wiesbaden

● **Landkartenhaus und Buchhandlung Angermann,** Mauergasse 21, 65183 Wiesbaden, Tel. (0611) 376061, Fax 300385, www.landkartenhaus.de.

Zürich

● **Travel Book Shop,** Rindermarkt 20, CH-8001 Zürich (Briefadresse: Postfach 322, CH-8022 Zürich), Tel. 01/2523883, Fax 01/252 3832, www.travelbookshop.ch.

HILFE!

Dieses Reisehandbuch ist gespickt mit unzähligen Adressen, Preisen, Tipps und Infos. Nur vor Ort kann überprüft werden, was noch stimmt, was sich verändert hat, ob Preise gestiegen oder gefallen sind, ob ein Hotel, ein Restaurant immer noch empfehlenswert ist oder nicht mehr, ob ein Ziel noch oder jetzt erreichbar ist, ob es eine lohnende Alternative gibt usw.

Unsere Autoren sind zwar stetig unterwegs und versuchen, alle zwei Jahre eine komplette Aktualisierung zu erstellen, aber auf die Mithilfe von Reisenden können sie nicht verzichten.

Darum: Schreiben Sie uns, was sich geändert hat, was besser sein könnte, was gestrichen bzw. ergänzt werden soll. Nur so bleibt dieses Buch immer aktuell und zuverlässig. Wenn sich die Infos direkt auf das Buch beziehen, würde die Seitenangabe uns die Arbeit sehr erleichtern. Gut verwertbare Informationen belohnt der Verlag mit einem Sprechführer Ihrer Wahl aus der über 200 Bände umfassenden Reihe „Kauderwelsch".

Bitte schreiben Sie an:

REISE KNOW-HOW Verlag Peter Rump GmbH, Postfach 140666, D-33626 Bielefeld, oder per E-Mail an: info@reise-know-how.de

Danke!

Register

Anhang

Der Autor

Jürgen Vogt (* 1961) studierte Politische Wissenschaft und arbeitete zwölf Jahre als Redakteur und Geschäftsführer für die Lateinamerika Nachrichten in Berlin. Seit 2005 lebt er in Buenos Aires. Als freier Journalist und Korrespondent schreibt er für die Tageszeitung „taz", das Neue Deutschland und den Evangelischen Pressedienst. Doch am liebsten fährt er mit dem Motorrad durch Argentinien.

Danksagung

Mein Dank gilt *Günther Wessel,* der mir die Weiterarbeit an diesem Reiseführer übertragen hat. Danke, *Mariel Sanchez,* für deine tatkräftige Mitarbeit, *Valentin Schönherr,* für deinen literarischen Sachverstand, *Carl Moses,* für deine ökonomischen Hinweise und *Rodolfo Reich,* für deine gastronomischen Tipps.

Dankeschön an alle, die offen und hilfsbereit auf meine Fragen antworteten, an die Leserinnen und Leser für ihre konstruktiven Anregungen. Und an eine zuverlässige 650er.

002-a Foto: jv

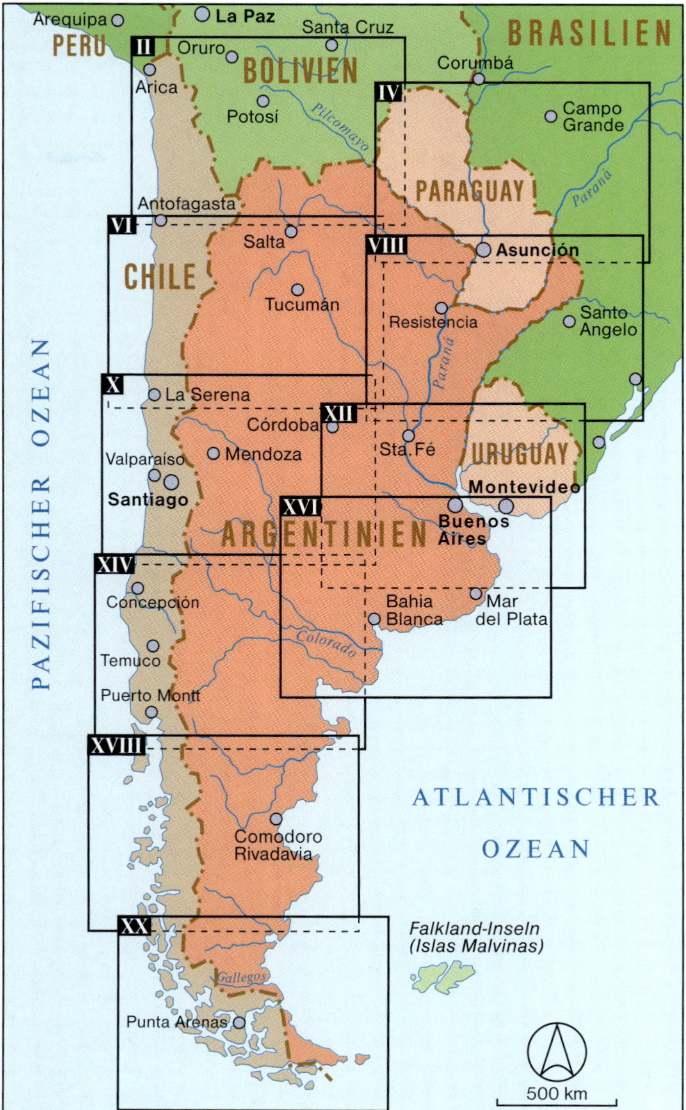
Arequipa
La Paz
PERU
Santa Cruz
BRASILIEN
II
Oruro
BOLIVIEN
Arica
Corumbá
IV
Potosí
Pilcomayo
Campo Grande
PARAGUAY
Paraná
Antofagasta
VI
Salta
VIII
Asunción
CHILE
Tucumán
Resistencia
Santo Angelo
Paraná
X
La Serena
XII
Córdoba
Mendoza
Valparaíso
Sta. Fé
URUGUAY
Montevideo
Santiago
XVI
Buenos Aires
ARGENTINIEN
PAZIFISCHER OZEAN
XIV
Concepción
Bahia Blanca
Mar del Plata
Colorado
Temuco
Puerto Montt
XVIII
ATLANTISCHER OZEAN
Comodoro Rivadavia
XX
Falkland-Inseln (Islas Malvinas)
Gallegos
Punta Arenas
500 km

A
B
Cochabamba
PERU
Arequipa, Lima
Charaña
Visviri
S. Pedro de Carangas
Caracollo
Curahuara de Carangas
Oruro
Tacna
Lago Chungara
Machacamarca
Boca del Rio
Putre
Corque
Vol. Guallatiri 6063
P. N. Lauca
1
Arica
Poconchile
San Miguel de Azapa
Lago Poopó
Pocoat
R. N. Las Vicuñas
Challapata
REGIÓN DE
Sabaya
Chipaya
Cuya
Vol. Isluga 5530
Isluga
Salar de Coipasa
Sevaruyo
Pisagua
P. N. Volcán Isluga
Salinas de Garci Mendoza
Potos
Río Mulatos
R. N. Pampa del Tamarugal
TARAPACÁ
Llica
Tarapacá
Huara
Salar de Uyuni
BOLIVIEN
Mamiña
Humberstone
Iquique
Pozo Almonte
La Tirana
Aguaquiza
Uyuni
Pica
S. Pedro de Quemes
2
R. N. Pampa del Tamarugal
Pintados
Río Grande
Cerdas
Julaca
PAZIFIK
Guatacondo
Puquios
San Cristóbal
Vol. Miña 5611
Ollagüe
Vol. Ollagüe 5865
Villa Alota
Loa
San Pablo de Lípez
Quillagua
Soniquera
Ascotán
Vol. San Pedro 6154
Vol. San Pablo 6118
Tocopilla
Geiser del Tatio
Quetana
M. N. Lag. de los Pozuelos
CHILE
María Elena
Chuquicamata
Calama
R. N. Eduardo Avaroa
Rinconada
Baños de Puritima
REGIÓN DE
San Pedro de Acatama
Sierra Gorda
Coranzuli
3
Mejillones
Toconao
Paso de Jama
Salar de Atacama
Susques
Baquedano
Portezuelo de Guaitiquina 4288
Salinas Grandes
Juan López
S. Cristóbal
Peine
Socaire
ANTOFAGASTA
Antofagasta
Tilomonte
Paso de la Laguna 4079
Catua
Olacapato
Chañaral, Santiago
Pan de Azúcar
VI

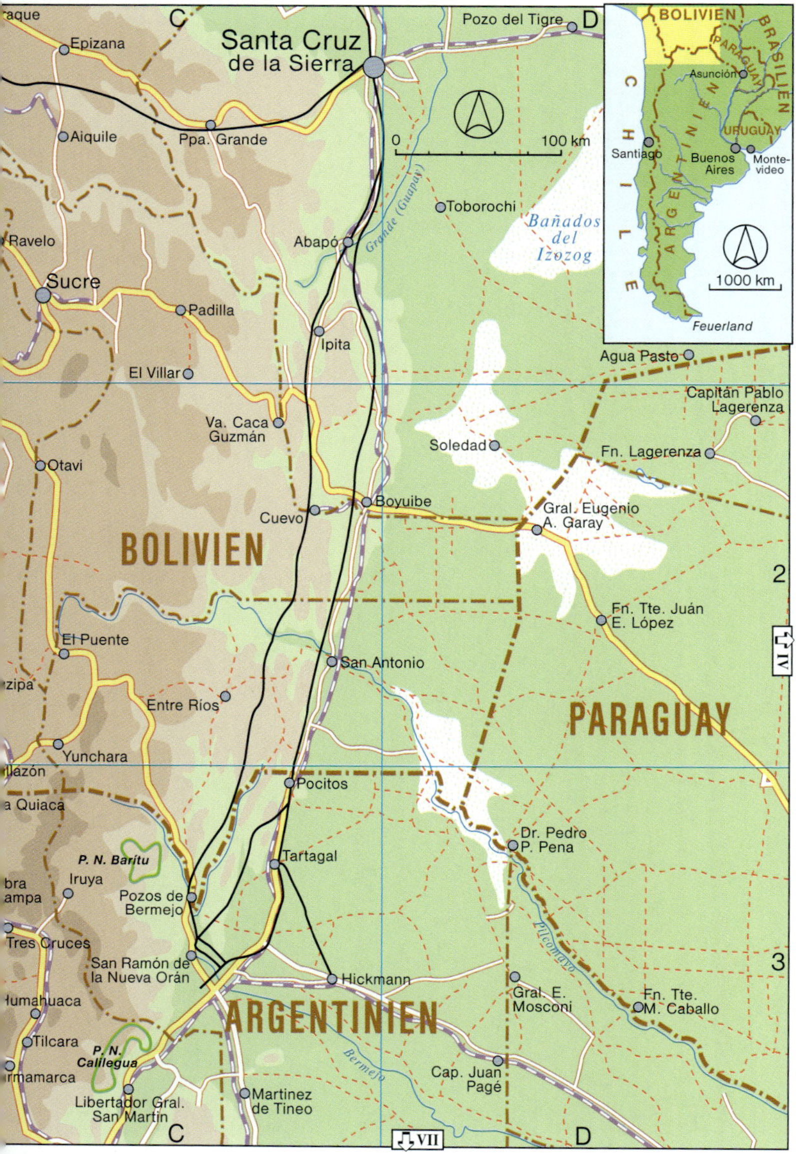

Santa Cruz de la Sierra
Epizana
Aiquile
Ppa. Grande
Pozo del Tigre
0 100 km
Toborochi
Bañados del Izozog
Abapó
Grande (Guapay)
Ravelo
Sucre
Padilla
Ipita
El Villar
Agua Pasto
Capitán Pablo Lagerenza
Va. Caca Guzmán
Soledad
Fn. Lagerenza
Otavi
Boyuibe
Cuevo
Gral. Eugenio A. Garay
BOLIVIEN
Fn. Tte. Juán E. López
El Puente
San Antonio
Entre Ríos
PARAGUAY
Yunchara
Pocitos
Dr. Pedro P. Pena
P. N. Barítu
Tartagal
Iruya
Pozos de Bermejo
Tres Cruces
San Ramón de la Nueva Orán
Hickmann
Pilcomayo
Gral. E. Mosconi
Fn. Tte. M. Caballo
Humahuaca
ARGENTINIEN
Tilcara
P. N. Calilegua
Bermejo
Cap. Juan Pagé
Libertador Gral. San Martin
Martinez de Tineo
C
D
2
3
IV
VII
BOLIVIEN
BRASILIEN
PARAGUAY
Asunción
CHILE
ARGENTINIEN
URUGUAY
Santiago
Buenos Aires
Montevideo
1000 km
Feuerland

A
B
1
2
3
Pto. Suárez
Quijarro
Guachalla
Pto. Manga
Fn. Ravelo
Fn. Máx Paredes
Agua Pasto
Bañados de Otuquis
Morrinho
Paraguay
Mayor Pablo Lagerenza
Fn. Lagerenza
P. N. Defensores del Chaco
Fn. Tte. H. Mendoza
Fn. Mayor Santacruz
Pto. Busch
São Simão
Pto. Bahia Negra
Campo dos Indios
Sucre, Santa Cruz, Bolivia
Fn. Madrejón
Fn. Cnl. Bogado
Naitaca
Fn. Tte. Juán E. López
Fn. Tte. Martinez
Fn. Torres
Fuerte Olimpo
Faz.Firme
Fn. Carlos López
III
Porto Murtinho
Fn. Hernandarias
Fn. Tte. Montania
Mariscal Estigarribia
Km 180
San Lázaro
San Carlos
Filadelfia
Fn. Toledo
Campo Esperanza
Colonia Neuland
PARAGUAY
Fn. Gaspar de Francia
Fn. Zalazar
Pto. Colon
Loreto
Fn. Tte. M. Caballo
Pozo Colorado
Concepción
Fn. Avalos Sánchez
Fn. Gral. Diaz
Misión Central
Fn. Pilcomayo
Pilcomayo
Psto. Monte Lindo
Fn. Tte. Martinez
Laguna Yema
Posto Cambio a Zalazar
Hotel Rio Negro
San Martin 1
San Martin 2
San Camilo
Las Lomitas
Ea. Alina
Va. Gral. Güemes
Nva. Pompeya
Benjamin Aceval
Estanislao del Campo
P. N. Rio Pilcomayo
Arroyos y Esteros
Bermejo
Espinillo
Campo Alegre
Ibarreta
La Blanca
Asunción
ARGENTINIEN
Cdte. Fontana
Formosa
Clorinda
VIII

C
D
0
100 km
Bañados
BRASILIEN
Miranda
Campo Grande
Bonito
Agro. São Victor
Jardim
Nova Alvorada
Sta. Rita do Pardo
Panorama
Tupi Paulista
Maracaju
Vista Alegre
Río Brilhante
Continental
Pres
2
Antônio João
Angélica
Dourados
Deodápolis
Nova Andradina
Planalto do Sul
Paranapanema
Pedro Juan Caballero
Ponta Porã
P. N. del Cero Corá
Jateí
Rosana
Pto. São José
Sto. Ignácio
Col. Co. Memby
Pto. Rico
Terra Rica
Pto. Peroba
Paraná
Amambai
Paranacity
Capitán Badó
Pto. Caiua
Arabongas
Tacuru
Maringá
Iguatemi
Ivaté
Cianorte
Apucarana
ima
Paranhos
Altônia
P. N. de Mbaracayú
Salto del Guaíra
Pto. Cln. Renato
Guaíra
Campo Mourão
3
Palotina
Goiô-Erê
Curuguaty
Col. Y. Jhoby
San Estanislao
Mcl. Cândido Rondon
Iretama
Ivaiporã
Pto. Marangatú
Ubiratã
Toledo
Sta. Rosa Carayao
Yhú
Sta. Helena
Cascavel
P. N. do Iguaçu
IX
Catanduvas
BOLIVIEN
PARAGUAY
BRASILIEN
Asunción
URUGUAY
CHILE
ARGENTINIEN
Santiago
Buenos Aires
Monte-video
1000 km
Feuerland

II
X
A
B
1
2
3
Iquique, Arica, Peru
Calama
Santiago
San Juan, Mendoza
0
100 km
PAZIFIK
CHILE
ARGENTINIEN
REGIÓN DE ANTOFAGASTA
REGIÓN DE ATACAMA
REGIÓN DE COQUIMBO
Antofagasta
Augusta Victoria
Pan de Azúcar
Catua
Paso Sico 4079
Cauchari
Vol. Soconpa 6050
P. Nt. de Los Andes
Blanco Encalada
Salar de Arizaro
Socampa
Vol. Llullaillaco 6739
Caipé
Los Vientos
Paposo
Mina La Casualidad
Oficina Alemania
Vol. Lastarria 5700
Incahuasi
Agua Verde
Taltal
Plato de Sopa
Vol. Antofalla 6100
Cifuncho
La Pólvora
Planta Esmeralda
P. N. Pan de Azúcar
Antofagasta de la Sierra
Cta. Pan de Azúcar
Diégo de Almagro
El Salvador
Chañaral
Potrerillos
Las Grutas
Paso de San Francisco 4726
Villavil
Caldera
Carrera Pinto
Hualfin
Nev. Ojos del Salado 6862
Palo Blanco
Copiapó
Co. Copiapó 6052
Barranquillas
Tierra Amarilla
Los Marayes
Belén
Fiambalá
La Guardia
Chaschuil
Punta de Diáz
Tinogasta
Las Juntas
Miraflores
Alpasinche
Huasco
Vallenar
Pituil
Aimogasta
Jagué
Alto del Carmen
Vinchina
Conay
Cta. Sarco
Domeyko
San Félix
Ea. de Maz
Chilecito
Va. Sanagasta
Observatorio Astronómico Las Campanas
Cta. Chañaral
Observatorio Astronómico La Silla
Villla Unión
La Rioja
Trapiche
Las Breas
Sta. Clara
Chungungo
Baños del Toro
P. N. Talampaya
La Serena
Malimán de Abajo
Patquia
Coquimbo
Vicuña
R. N. Ischigualasto
Paso del Agua Negra 4765
Rodeo
Los Baldecitos
S. José de Jáchal

Humahuaca
Libertador Gral. San Martin
Santa Cruz, Bolivien
Martinez de Tineo
III
S. Agustin
Igr. G. N. Juárez
Antonio de Cobres
San Salvador de Jujuy
Sta. Clara
Sta. Rosa
Bermejo (Viejo)
Bermejo
Fn. Tte. M. Caballo
Tren a las Nubes
A. Saravia
Curva del Turco
Sta. Rosa de Tastil
Gral. Güemes
Salta
Las Lajitas
Nueva Pompeya
P. N. El Rey
ARGENTINIEN
Cayogasta
Rosario de Lerma
Joaquin V. González
Ftze. Esperanza
Cachi
Lumbrera
Seclantas
Cnl. Moldes
El Túnal
Macapillo
Molinos
Metán
Taco Pozo
Rosario de la Frontera
El Bordo
Va. Matoque
Monte Quemando
San Carlos
La Fragua
Nueva Esperanza
Cafayate
Trancas
7 de Abril
Amaichá del Valle
Gdor. Garmendia
Campo Gallo
Tafí del Valle
Punta Balasto
San Miguel de Tucumán
Las Cejas
Salado
Tintina
Concepción
Bandera Bajada
Otumpa
Termas de Río Hondo
Embalse Río Hondo
Pampa Mayo
Gral. Pinedo
Andalgala
La Banda
Santiago del Estero
Quimilí
Campo del Cielo
VIII
Suncho Cerral
Taboada
Las Juntas
La Merced
Lavalle
Gato Colorado
Saujil
Sol de Mayo
Va. San Martin
Añatuya
Los Juries
San Fernando de Valle de Catamarca
Frias
Bandera
Los Telares
Salinas Grandes
Salado
Tostado
San Martin
Recreo
Sumampa
Va Unión
Telaritos
Va. Ojo de Agua
Dulce
Esteban Rams
Lucio V. Mansilla
Limache
Ceres
Va. de María
Va. Trinidad
San Cristóbal
Chamical
Deán Funes
Córdoba, Buenos Aires
XI
Arrufó
C
D
1
3
BOLIVIEN
PARAGUAY
BRASILIEN
Asunción
CHILE
ARGENTINIEN
URUGUAY
Santiago
Buenos Aires
Montevideo
1000 km
Feuerland
Kartenatlas

IV
A
B
Bermejo
Estanislao del Campo
Espinillo
P. N. Río Pilcomayo
Santa Cruz de la Sierra
Asunción
Ftze. Esperanza
Campo Alegre
Ibarreta
La Blanca
Cdte. Fontana
Las Hacheras
Las Lomas
Miraflores
Fn. Lavalle
Pirané
Paraguay
Paraguari
Castelli
Mojon de Fierro
La Colme
1
Pampa de los Guanacos
El Colorado
Formosa
El Paraisal
Herradura
Colonias Unidas
S. Juán Neembucú
Sachayo
Pampa del Infierno
Avia Teray
Roque Sáenz Peña
P. N. Chaco
Col. Cano
Pilar
S. Migu
San Ignaci Guatú
Colonia Elisa
La Leonesa
Ea. Santa Elisa
Paso de Patria
S. Patri
Isla del Cerrito
Va. Berthet
Yabebyry
VII
Gral. Pinedo
Resistencia
Corrientes
Itá-Ibaté
Charadai
Campo del Cielo
Las Avispas
N. Sra. del Rosari de Caa-Cati
Empedrado
Gato Colorado
Los Amores
Mourucuya
Las Toscas
R. N. Iberá
Sta. Rosa
2
Saladas
Va. Ocampo
Concepción
Intivaco
Carlos Pellegri
ARGENTINIEN
Paraná
Desmochado
Reconquista
Goya
Mercedes
Tostado
La Cruz
Salado
Perugorria
Mariano Loza
Vera
Yapeyu
Romang
Esteban Rams
Paso de los Libres
Curuzú Cuatiá
Ceres
La Concepción
Uruguaia
Calchaquio
Va. Trinidad
San Cristóbal
Libertad
Uruguay
Arrufó
Monte Caseros
Bella Unión
S. José de Feliciano
3
San Javié
Artig
La Paz
Baltasar Brum
María Luisa
Helvecia
URUGUAY
Federal
Rafaela
Concordia
Salto
Biassini
Rosario, Buenos Aires
Angélica
Santa Fé
Buenos Aires
XII

PARAGUAY
BRASILIEN
Sta. Rosa
Yhú
Carayao
Coronel Oviedo
Yguazú
Ciudad del Este
Foz do Iguaçu
P. N. do Iguaçu
P. N. Iguazú
Puerto Iguazú
Indepen-dencia
Villarrica
Gral. E. Garay
Nepomuceno
Nacunday
Dolores
Pto. Mayor Otaño
Eldorado
Paraná
Toledo
Sta. Helena
Cascavel
Catanduvas
Santo Antônio do Sudoeste
Francisco Beltrão
Bern. de Irigoyen
Pato Branco
Campo Eré
S. Miguel d'Oeste
Maravilha
Trinidad
Encarnación
Jardin América
S. Ignacio
Posadas
Itaizingo
Oberá
El Soberbio
L. N. Alem
Pto. Mauá
San José
Santa Rosa
Itapiranga
Chapecó
Frederico Westphqlen
Uruguay
Erexim
Marcelino Ramos
Palmeira das Missões
Santo Angelo
Ijuí
Passo Fundo
Santo Tomé
São Borja
S. Luis Gonzaga
Cruz Alta
Buriti
Itaqui
Itacurubi
Sobradinno
Tupanciretá
Fortaleza dos Valos
Soledade
Nova Prata
Encantado
S. Vincente do Sul
Alegrete
Santa Maria
Venâncio Aires
Canoas
S. Jerônimo
Jacuí
Porto Alegre
Rosário do Sul
São Gabriel
Capané
Caçapava do Sul
Santana do Livramento
Rivera
Lavras do Sul
Dom Pedrito
Santa da Boa Vista
Tapes
Bagé
0
100 km
C
D
2
3
V
XIII
BOLIVIEN
PARAGUAY
BRASILIEN
Asunción
URUGUAY
CHILE
ARGENTINIEN
Santiago
Buenos Aires
Monte-video
1000 km
Feuerland

VI
XIV
A
B
1
2
3
PAZIFISCHER OZEAN
CHILE
REGIÓN DE COQUIMBO
REGIÓN DE VALPARAÍSO
SANTIAGO
REGIÓN DEL LIBERTADOR GENERAL BERNARDO O'HIGGINS
REGIÓN DEL MAULE
Calama
La Serena
Coquimbo
M.N. de Pichasca
Tongoy
Vicuña
Pisco Elqui
Baños del Toro
Observatorio Astronómico Cerro Tololo
Pabellón
Central Los Molles
Ovalle
Río Limán
P. N. Fray Jorge
Termas de Socos
Monte Patria
Observatorio Astronómico Guatulame
San Marcos
Combarbalá
Cta. Morritos
Canela Baja
Mincha
Illapel
Salamanca
Los Vilos
Tilama
Pichidanguí
Petorca
Zapallar
Papudo
La Ligua
San Felipe
Putaendo
Concón
P. N. La Campana
Viña del Mar
Valparaíso
Limache
Los Andes
Colina
Cartagena
Santiago
San Antonio
Pomaire
S. Pedro
Litueche
Rancagua
Coya
Pichilemu
Paredones
Sta. Cruz
San Fernando
Curepto
Curicó
Constitución
Talca
Linares
Cauquenes
Cobquecura
Parral
Quirihue
Paso del Agua Negra 4775
Malimán de Abajo
Rodeo
P. P. Ischigualasto
Los Baldecitos
S. José de Jáchal
San Augustin de Valle Fértil
Mogna
Castaño Viejo
Puchuzún
Talacasto
Pachaco
Calingasta
San Juan
Zonda
Aberastain
Los Berros Bajos
Encó
Termas Villavicencio
Co. Aconcagua 6962
Res. Telteca
Uspallata
Nueva California
Paso del Bermejo 3863
Punta de Vacas
Mendoza
Villa Nueva
Cacheuta
Godoy Cruz
P. Prov. Vol. Tupungato
Lujan de Cuyo
Las Catitas
Farellones
Co. Tupungato 6570
Zapata
Tunuyán
San Carlos
S. José de Maipó
Vol. San José 5856
Pareditas
Cmte. Salas
Sewell
Re. E. Nacuñán
Vol. Maipú 5264
San Rafael
Salto Rosas
Vol. Tinguiririca 4300
El Sosneado
El Nihuil
Las Leñas
Lag. Llancañelo
Vol Peteroa 4151
Malargüe
Punta del Agua
Vol Descabezado 3830
Río Chico
Pto. Gentile
Bardas Blancas
Paso Pehuence
El Manzano
Agua Escondida

C
D
VII
XV
XVI
XII
1
2
Patquia
Chamical
Salinas Grandes
San Ramón
El Chaco
San Carlos
Cruz del Eje
Soto
Deán Funes
San Miguel de Tucumán
Va. de María
La Rinconada
Va. Trinidad
S. José de la Dormida
La Posta
Laguna Mar Chiquita
Morteros
Miramar
Capilla del Monte
La Falda
Jesús María
La Puerta
Cosquín
Col. Marina
Río Primero
Chepes
Villa Carlos Paz
Chancani
Sierra de Córdoba
Córdoba
Arroyito
San Francisco
Ulapes
Mina Clavero
Alta Gracia
Villa del Rosario
Pilar
Sastre
Corral de Isaac
Villa Dolores
Villa Gral. Belgrano
Las Varillas
Oliva
Bella Vista
Quines
Río Tercero
Cintra
N. So. de las Quijadas
Merlo
La Cruz
Villa María
Noetinger
San Francisco de Monte de Oro
Lib. Gral. San Martín
Concarán
Arroyito
Carolina
Alcira
Gral. Cabrera
La Laguna
Marcos Juárez
Rosario
El Trapiche
La Toma
Río Cuarto
Las Acequias
Corral de Bustos
Alto Pencoso
San Luís
Villa Mercedes
Cnl. Moldes
La Carlota
Arias
Venado Tuerto
Maquinista Levet
Beazley
Las Isletas
Adelia María
Vicuña Mackenna
ARGENTINIEN
Laboulaye
Rufino
Buenos Aires
Diego de Alvear
Buenos Aires
Va. Valeria
Jovita
Cañada Seca
Salado
Villa Huidobro
Huinca Renancó
Navia
Nahuel Mapá
Buena Esperanza
Chamai-Có
Gral. Villegas
Realico
Canalejas
Unión
Ojeda
Arizona
Fn. Olivarria
General Pico
Sta. Isabel
Telén
Winifreda
Catriló
0
100 km
BOLIVIEN
BRASILIEN
PARAGUAY
Asunción
CHILE
ARGENTINIEN
URUGUAY
Santiago
Buenos Aires
Monte-video
1000 km
Feuerland

A
VII
B
VIII
San Miguel de Tucumán
Resistencia
Corrientes
Col. Marina
El Tío
Córdoba
San Francisco
Rafaela
Helvecia
Pilar
Angélica
Santa Fé
Paraná
Pueblo Arrúa
Las Varillas
Sastre
Viale
Villaguay
Landeta
Río Tercero
Oliva
Gálvez
Diamante
1
La Cruz
Cintra
Villa María
Noetinger
San Genaro
Nogoyá
Basavilbaso
Alcira
Gral. Cabrera
La Laguna
Marcos Juárez
Armstrong
San Lorenzo
Victoria
Rosario
Paraná
Río Cuarto
Las Acequias
Corral de Bustos
Casilda
Gualeguay
Pto. Ruiz
La Carlota
Nicolas de los Arroyos
Arias
Firmat
Tuerto
Ramallo
Adelia María
San Pedro
Ibicuy
Vicuña Mackenna
Baradero
Pergamino
Arrecifes
Zárate
Campana
X
Laboulaye
Rufino
Diego de Alvear
Carmen de Areco
2
Jovita
Cañada Seca
Junín
Luján
Huinca Renancó
Cnl. Granada
Mercedes
Lincoln
Chivilcoy
Realico
Gral. Villegas
Navarro
Carlos Tejedor
Quiroga
25 de Mayo
Ojeda
S. Miguel del Monte
9 de Julio
General Pico
Saladillo
Fn. Olivarría
Pehuajó
ARGENTINIEN
Trenque Lauquén
Velloso
Winifreda
S. Carlos de Bolivar
Henderson
Tapalqué
Catriló
Espigas
Daireaux
Santa Rosa
3
Azúl
Pauch
Olavarría
Cereales
Alamos
Arboledas
Carhué
Doblas
Gral. La Madrid
Chillar
Tandil
Cnl. Suárez
Perú
Pigüe
Darregueira
Bahia Blanca
A
XVI
B
Barker

IX
XVII
C
D
1
2
Féderal
Concordia
Salto
Biassini
Mataojo
Rivera
Santana do Livramento
Tranqueras
Dom Pedrito
Lavras do Sul
Porto Alegre
Bagé
Pinheiro Machado
Uruguay
P. N. I Palmar
Tacuarembó
Vichadero
El Eucalipto
Minas de Corrales
Aceguá
Piedra Sola
Colón
Paysandú
Guichón
Las Toscas
Achar
Km 329
Melo
Jaguarao
Concepción del Uruguay
Paso de los Toros
Río Branco
Tres Bocas
Young
Represa del Río Negro
Lago Merin
Rincón del Bonete
Fray Bentos
Sta. Clara de Olimar
Arrozal "33"
Lagoa Mirim
Mercedes
Greco
Durazno
Treinta y Tres
Soriano
Cebollatí
URUGUAY
Trinidad
Dolores
José P. Varela
Sarandi Grande
Nueva Palmira
Cardona
Xui
Carmelo
Cerro Colorado
Chuy
Barra del Chuy
Florida
Colonia del Sacramento
Velásquez
Punta del Diablo
Tigre
Aiguá
Lagoa de Castillos
Castillos
Minas
S. José de Mayo
Canelones
Buenos Aires
Cerro Catedral 513
Rocha
Cabo Polonio
Las Piedras
La Paloma
La Plata
Atlántida
Montevideo
Piriápolis
Maldonado
Punta del Este
Verónica
Chascomús
Castelli
Dolores
S. Clemente del Tuyú
ATLANTISCHER OZEAN
Maipú
Gral. Juan Madariaga
Pinamar
Villa Gesell
Cnl. Vidal
0
100 km
BOLIVIEN
BRASILIEN
PARAGUAY
Asunción
CHILE
ARGENTINIEN
URUGUAY
Santiago
Buenos Aires
Montevideo
1000 km
Feuerland

A
B
X
XVIII
1
3
0
100 km
Santiago
Quirihue
Dichato
Chillán
La Punilla
Vol. Cillán
3212
R. N. Ñuble
Varvarco
Buta Ranquil
Talcahuano
Concepción
REGIÓN DEL
BIOBÍO
Termas de Chillán
Andacollo
Coronel
Lota
Cabrero
Huepil
P. N. Laguna del Laja
Chos-Malal
Llico
Antuco
Los Angeles
Vol. Antuco
3585
Lebú
Angol
Quilaco
Copahue
P. N. Nehuelbuta
R. N. Ralco
PAZIFISCHER OZEAN
Los Sauces
Loncopué
P. N. Tolhuaca
Traiguen
Victoria
Tirúa
Curacautín
Vol. Lonquimay
2890
Lonquimay
Las Lajas
R. N. Isla Mocha
REGIÓN DE LA
ARAUCANÍA
Carahue
Temuco
Lautaro
P. N. Conguillío
Icalma
Mariano Moreno
Puerto Saavedra
Vol. Llaima
3125
Paso Icalma
Zapala
R. N. China Muerta
P. N. Laguna Blanca
Mehuín
P. N. Huerquehue
Aluminé
Lago Villarrica
CHILE
Villarrica
Pucon
Rahué
Vol. Villarrica
2840
P. N. Lanín
Lican Ray
P. N. Villarrica
S. José de la Mariquina
Vol. Lanín
3776
Catán Lil
Panguipulli
Junín de los Andes
Valdivia
REGIÓN
Piedra de Aguila
Lima
Corral
Vol. Choshuenco
2415
Paillaco
S. Martín de los Andes
Lifén
Hueicollla
Lago Ranco
Paso Limay
Osorno
DE LOS
LAGOS
Villa La Angostura
Bahía Mansa
Entre Lagos
P. N. Puyehue
P. N. Nahuel Huapi
Pto Octay
Pto Rico
Purranque
Las Cascadas
Vol. Osorno
2660
Lago Llanquihue
Ingeniero Jacobacci
Frutillar
P. N. Vicente Peréz Rosales
San Carlos de Bariloche
Pilcaniyeu
Puerto Varas
Ensenada
Las Quemas
Vol. Calbuco
La Tronchita
Puerto Montt
P. N. Alerce Andino
Maulín
Calbuco
Norquinco
Pargua
P. N. Hornopirén
Ancud
Chacao
Hornopirén
El Bolsón
Quemchi
El Maitén
P. N. Lago Puelo
Dalcahue
GOLFO DE ANCUD
Ea. Fofo Cahuel
P. N. de Chiloé
Castro
Caleta Gonzalo
Mayocó
Parque Pumalín
Gualjaina
Isla Grande de Chiloé
Achao
Chonchi
P. N. Los Alerces
Esquel
Queilén
Chaitén
BOLIVIEN
BRASILIEN
PARAGUAY
Asunción
CHILE
ARGENTINIEN
URUGUAY
Santiago
Buenos Aires
Montevideo
1000 km
Feuerland

XI
C
D
Buenos Aires
Catriló
Tres Chorros
Algarrobo del Aguila
Po. de los Algarrobos
El Durazno
Santa Rosa
Valle Daza
P. Prov. Luro
Cereales
Limay Mahuida
Doblas
Salado
El Carancho
1
La Reforma
Perú
El Cruce
25 de Mayo
Catriél
P. N. Lihuél Calal
Bernasconi
Casa de Piedra
Añelo
Cuchillo-Có
Embalse Cerros Colorados
Gdor. Duval
Neuquén
Fn. Uno
Plaza Huincul
La Adela
Bahia Blanca
Gral. Roca
Va. Regina
Colorado
Choele Choel
XVI
Embalse Ezequiel Ramos Mexía
Trica-Có
ARGENTINIEN
2
Gral. Conesa
El Solito
Negro
Chasicó
La Esperanza
Ministro Ramos Mexía
San Antonio Oeste
Viedma
Valcheta
Las Grutas
Vicealmirante E. O' Connor
Balneario Bahía Creek
La Lobería
Maquinchao
GOLFO SAN MATÍAS
A. de la Ventana
Sierra Grande
El Cain
Cona Niyeu
Pto. Lobos
Punta Norte
3
Gastre
Ea. La Criolla
PENÍNSULA VALDÉS
R. Nt. Península Valdés
Telsen
Pto. Pirámides
Gan-Gan
Puerto Madryn
Pta. Delgada
R. F. Punta Loma
Comodoro Rivadavia, Río Gallegos
Trelew
Ea. Mengolarra
XIX

XI
XII
XV
A
B
1
2
3
Jovita
Huinca Renancó
Buena Esperanza
Chamai-Có
Realico
Ojeda
La Verde
Arizona
General Pico
Telén
Winifreda
El Durazno
Santa Rosa
Cereales
Parque Luro
Valle Daza
Quehué
Doblas
El Carancho
Hucal
P. N. Lihué Calel
Bernasconi
Cuchillo-Có
Cañada Seca
Cnl. Granada
Junín
Lincoln
Gral. Villegas
Carlos Tejedor
Quiroga
25 de May
9 de Julio
Fn. Olivarría
Pehuajó
Trenque Lauquén
S. Carlos de Bolivar
Henderson
Tapalc
Espigas
Catriló
Daireaux
Olavarría
Alamos
Arboledas
Carhué
Gral. La Madrid
Cnl. Suárez
Darregueira
Pigüe
929
1025
Coronel Pringles
Sierra de la Ventana
Co. Tres Picos 1239
Indio Rico
Va. Iris
Chasicó
Tres Arroyos
Bahía Blanca
Punta Alta
Pehuén-Có
Balneário Oriente
Clarome
Fn. Uno
Río Colorado
Montes deOcá
Colorado
Choele Choel
Pedro Luro
Balneário San Antonio
Gral. Conesa
El Solito
Stroeder
Negro
San Antonio Oeste
Vicealmirante E. O'Connor
Bahía San Blás
Carmen de Patagones
Viedma
Puerto Madryn, Río Gallegos
Balneario Bahía Creek
La Lobería
Balneário El Cóndor

XIII
C
D
1
2
Carmen de Areco
Mercedes
Morón
Buenos Aires
Chivilcoy
Lomas de Zamora
La Plata
Navarro
Lobos
S. Miguel del Monte
Saladillo
Chascomús
Verónica
Gral. Belgrano
Castelli
Velloso
ARGENTINIEN
Dolores
S. Clemente del Tuyú
Azúl
Rauch
Maipú
Mar de Ajó
Ayacucho
Gral. Juan Madariaga
Pinamar
Villa Gesell
Tandil
446
Cnl. Vidal
Laguna Mar Chiquita
Barker
Balcarce
Mar del Plata
Lobería
Miramar
Energía
Necochea
Colonia del Sacramento
S. José de Mayo
Minas
Aiguá
Rocha
Las Piedras
Río de la Plata
Montevideo
Atlantida
Piriápolis
Maldonado
Punta del Este
URUGUAY
ATLANTISCHER OZEAN
0
100 km
BOLIVIEN
PARAGUAY
BRASILIEN
Asunción
CHILE
ARGENTINIEN
URUGUAY
Santiago
Buenos Aires
Monte-video
1000 km
Feuerland

XIV
A
B
1
2
3
PAZIFISCHER OZEAN
CHILE
REGIÓN DE LOS LAGOS
REGIÓN DE
AISEN DEL GENERAL
CARLOS IBANEZ DEL CAMPO
CHILOÉ
Isla Grande de Chiloé
Chonchi
Queilén
Quellón
Chaitén
Pto. Cardenas
Lago Yelcho
Futaleufú
P. N. Los Alerces
Esquel
Trevelín
Gualjaina
Colán Conhué
Tecka
Pto. Ramírez
Corcovado
Palena
Isla Guafo
P. N. Lago Palena
Lago Vintter
José de SanMartín
Gdor. Costa
Isla Guaitecas
Melinka
La Junta
Puerto Puyuhuapi
P. N. Queulat
Ea. Río Cisnes
Nva. Lubeck
P. N. Isla Magdalena
Isla Magdalena
Va. Amengual
I. Benjamín
Pto. Cisnes
P. N. Isla Guamblin
Alto Río Senguerr
Nirehuao
I. Melchor
ARCHIPIÉLAGO DE LOS CHONOS
Puerto Aisén
P. N. Río Simpson
Dr. Ricardo Rojas
Pto. Chacabuco
Coyhaique
Río Mayo
I. Rivero
Balmaceda
Río Guengu
Cerro Castillo 2318
L. Blanco
I. Huemules
Vol. Hudson 2500
Va. Castillo
El Portezuelo
PENÍNSULA SKYING
Puerto Ingeniero Ibañez
Lago Buenos Aires
Perito Moreno
PENÍNSULA DE TAITAO
Chile Chico
Los Antiguos
L. Gral. Carrera
Laguna San Rafael
Monte San Valentín 4058
Pto. Río Tranquilo
PENÍN. TRES MONTES
CAMPO DE HIELO NORTE
El Maitén
Paso Roballo
I. Javier
P. N. Laguna Rafael
Cochrane
Bajo Caracole
L. Posadas
Ea. La Oriental
Tortel
P. N. Perito Moreno
I. Byron
I. Merino Jarpa
Pto. Yungay
Hotel la Horqueta
Villa O'Higgins
Tucu Tucu
Lago Strobel
I. Prat
R. N. Kalatalixar
GRAN CAMPO DE HIELO PATAGÓNICO
Lago O'Higgins
Lago Cardiel
Co. Lautaro 3380
Ea. La Federica
Ea. La Primer Argentina
Isla Wellington
PENÍN. EXMOUTH
Ea. Maipú
El Chaltén
Parque Nacional Bernardo O'Higgins
Cerro Fitz Roy 3404
Lago Viedma
PENÍN WHARTON
Tres Lagos

C
XV
D
Bahia Blanca, Península Valdés
Ea. Mengolarra
Trelew
Rawson
Chubut
Co. Cóndor
Las Plumas
Florentino Ameghino
Emb. Florentino Ameghino
Paso de Indios
Naturreservat Punta Tombo
1
El Sombrero
Cabo Raso
ARGENTINIEN
Garayalde
Camarones
ATLANTISCHER OZEAN
Chico
Buen Pasto
Ea. La Guillermina
Lago Musters
Pampa Salamanca
Pto. Visser
Lago Colhué Huapi
Sarmiento
Comodoro Rivadavia
Pampa del Castillo
Los Monos
GOLFO SAN JORGE
Caleta Olivia
2
Las Heras
Deseado
0
100 km
Pico Truncado
Ea. Balcarce
Fitz Roy
Jaramillo
Cabo Blanco
Ea. Las 3 Hermanas
M. Nt. Bosques Petrificados
Antonio de Biedma
Tellier
Gdor. Moyano
Puerto Deseado
Hotel Dos Manantiales
Tres Cerros
J. J. Albornoz
Bahía Laura
El Salado
Ea. Co. Bombero
Ea. Mata Grande
Chico
Puerto San Julián
Ea. La Bahía
Ea. La Silvita
Río Gallegos
La Julia
C
Río Chico
XXI
D
BOLIVIEN
BRASILIEN
PARAGUAY
Asunción
CHILE
ARGENTINIEN
URUGUAY
Santiago
Buenos Aires
Montevideo
ARG
1000 km
Feuerland

XVIII
A
B
1
2
3
PENÍN. WHARTON
Parque Nacional Bernardo O'Higgins
CAMPO DE HIELOS SUR
Lago Viedma
Tres Lagos
Ea. Helsingfors
Paso R. La Leona
P. N. Los Glaciares
Ea. La Australasia
Ea. La Unión
L. Argentino
Punto Bandera
El Calafate
El Cerrito
Isla Madre de Dios
Isla Duque de York
PENÍN. WILCOCK
P. N. Torres del Paine
Co. Paine Grande 3050
Isla Hanover
GRAN CAMPO DE HIELO PATAGÓNICO
Bahía Salvación
Ea. Tapi Aike
Co. Balmaceda 2035
Co. Castillo
Ea. Tres Marías
REGIÒN DE
M. N. Cueva del Milodón
El Turbio
Puerto Natales
ARCHIPIÉLAGO REÍNA ADELAIDA
R. N. Alacalufes
PENÍN. MUÑOZ GAMERO
Va. Tehuelches
Ea. Rocallosa
Ea. Invierno
Isla Riesco
Seno Otway
MAGALLANES Y
Isla Desolación
PENÍN. CÓRDOVA
CHILE
Isla Santa Inés
Estrecho
Parque Nacional Alberto de Agostini
ANTÁRTICA
PAZIFISCHER OZEAN
0
100 km

Kartenatlas

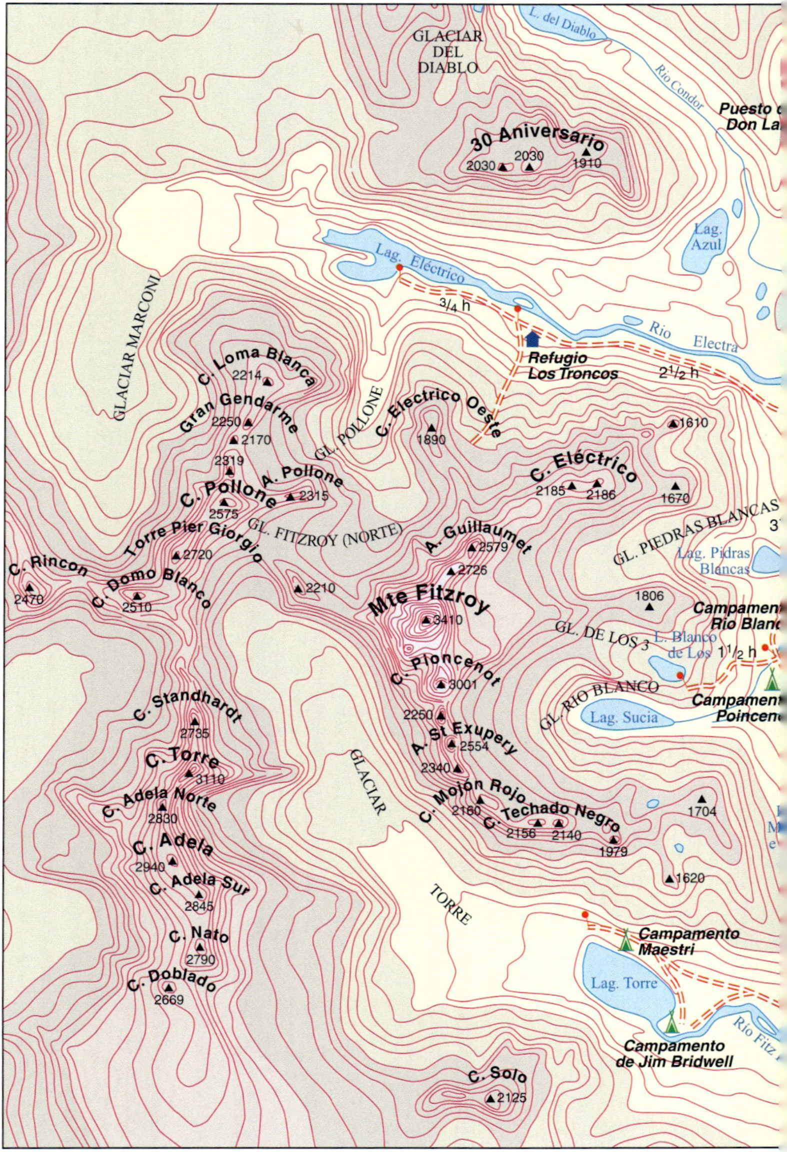
GLACIAR DEL DIABLO
L. del Diablo
Rio Condor
Puesto
Don La
30 Aniversario
2030
2030
1910
Lag. Azul
Lag. Eléctrico
3/4 h
Rio Electra
Refugio Los Troncos
2 1/2 h
GLACIAR MARCONI
C. Loma Blanca
2214
Gran Gendarme
2250
2170
2319
GL. POLLONE
C. Electrico Oeste
1890
1610
C. Eléctrico
2185
2186
1670
A. Pollone
C. Pollone
2315
2575
GL. FITZROY (NORTE)
GL. PIEDRAS BLANCAS
Lag. Pidras Blancas
Torre Pier Giorgio
2720
A. Guillaumet
2579
2726
C. Rincon
2470
C. Domo Blanco
2510
2210
Mte Fitzroy
3410
1806
Campamen
Rio Blan
GL. DE LOS 3
L. Blanco de Los
1 1/2 h
C. Poincenot
3001
GL. RIO BLANCO
Lag. Sucia
Campament
Poincen
C. Standhardt
2735
2250
A. St Exupery
2554
2340
C. Torre
3110
GLACIAR
C. Adela Norte
2830
C. Mojón Rojo
2180
C. Techado Negro
2156
2140
1979
1704
C. Adela
2940
C. Adela Sur
2845
1620
TORRE
C. Nato
2790
Campamento Maestri
C. Doblado
2669
Lag. Torre
Campamento de Jim Bridwell
Rio Fitz
C. Solo
2125

TREKKING AM FITZROY

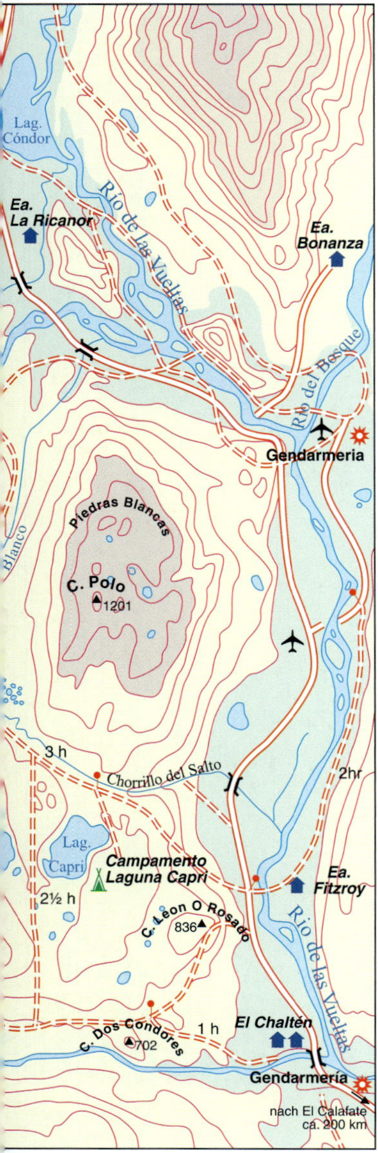

ARGENTINIEN
CHILE
ANDES
LOS
DE
CORDILLERA
Mte. Fitzroy 3375
Co. Torre 3128
Co. Nato 2668
El Chaltén
GLACIAR
VIEDMA
PARQUE NACIONAL ZONA VIEDMA
0
30 km
Lago Viedma
GLACIAR
Co. Don Bosco 2515
Co. Murallon
UPSALA
Co.Norte 2730
Río Condor
PARQUE NACIONAL ZONA CENTRO
Río Guanaco
Lago Viedma
Río La Leona
Co. Bolados 2800
Co. Peineta 2450
Lago Argentino
Peninsula
Magallanes
Calafate
Co. Cervantes 2380
PARQUE NACIONAL ZONA ROCA
GLACIAR
PERITO
MORENO
NATIONALPARK LOS GLACIARES
Nationalpark
Gletscherfläche
Schutzhütte
Campingplatz